Schäfer
Stellmacher
Lamping
Thomsen

Staatsrecht, Allgemeines Verwaltungs- und Verfahrensrecht, Ordnungsrecht, Kommunalrecht

Schäfer
Stellmacher
Lamping
Thomsen

Staatsrecht, Allgemeines Verwaltungs- und Verfahrensrecht, Ordnungsrecht, Kommunalrecht

Merkur
Verlag Rinteln

Wirtschaftswissenschaftliche Bücherei für Schule und Praxis
Begründet von Handelsschul-Direktor Dipl.-Hdl. Friedrich Hutkap †

Verfasser:

Dipl.-Hdl. **Wilfried Schäfer**
Oberstudiendirektor a. D.

Gabriele Stellmacher
Ministerialrätin
Nds. Ministerium für Inneres + Sport

Dipl.-Hdl. **Manfred Lamping**
Studiendirektor a. D.

Dipl.-Hdl., Dipl.-Verw.-Wirt (FH) **Marc Thomsen**
Oberstudienrat
Berufsbildende Schulen I Lüneburg

* * * * *

9. Auflage 2019

Gesamtherstellung:
MERKUR VERLAG RINTELN Hutkap GmbH & Co. KG, 31735 Rinteln

E-Mail: info@merkur-verlag.de
lehrer-service@merkur-verlag.de
Internet: www.merkur-verlag.de

ISBN 978-3-8120-**0439-8**

Vorwort zur 9. Auflage

Die vorliegende Auflage des Lehrbuches wurde grundlegend überarbeitet und erweitert. Der übersichtliche Aufbau in Form von **Lernarrangements** wurde beibehalten. Auf diese Weise wird ein **handlungsorientierter Unterricht** gestützt und gefördert sowie den Lernenden das weitgehend **selbstständige Arbeiten** ermöglicht.

Leitfragen zu Beginn jedes Lernarrangements führen in die grundlegende Problematik des Themas ein. **Methodische Hinweise** zur Erarbeitung des Lernarrangements geben Empfehlungen und Hilfen für den Unterricht zum Thema wieder.

Das bewährte Prinzip der Voranstellung eines **praxisnahen, komplexen Sachverhalts** zu Beginn jedes Lernarrangements wurde beibehalten. Dem **Lernen und Wiederholen** dienen **Merksätze, Beispiele und Schaubilder** sowie die **Schlussseite am Ende eines jeden Lernarrangements.**

Grundlage für die Stoffauswahl ist der **Rahmenlehrplan für den Ausbildungsberuf Verwaltungsfachangestellter/Verwaltungsfachangestellte** (Beschluss der Kultusministerkonferenz vom 19. Mai 1999). Das Buch deckt die **Lernfelder 2, 9 und 10** komplett ab.

Neben den relevanten Inhalten des Allgemeinen Verwaltungs- und Verfahrensrechts sind auch die Inhalte des Rahmenlehrplans berücksichtigt, die dem Staatsrecht und dem Kommunalrecht zuzuordnen sind.

Zahlreiche Schaubilder und Übungen wurden aktualisiert und überarbeitet.

Die Arbeit mit diesem Buch setzt voraus, dass die Rechtsquellen zum jeweiligen Themenkreis benutzt werden.

Mein besonderer Dank gilt dem bisherigen Autorenteam für die Zurverfügungstellung des bestehenden Manuskripts, auf dessen Grundlage ich die Überarbeitung vorgenommen habe.

Für Verbesserungsvorschläge und Anregungen bin ich stets dankbar.

Reppenstedt, im Frühjahr 2019

Marc Thomsen

Inhaltsverzeichnis

1 Staatsbegriff und Staatsaufgaben kennenlernen 13

- Drei-Elemente-Lehre (Außensicht)
- Staat als juristische Person des öffentlichen Rechts (Innensicht)
- Staatsaufgaben

2 Überblick über die Verfassungsprinzipien der Bundesrepublik Deutschland erhalten und Republik und Demokratieprinzip kennernlernen 18

- Staatsformmerkmale des Grundgesetzes
- Republik
- Demokratie

3 Rechtsstaatsprinzip beschreiben 26

- Merkmale des Rechtsstaatsprinzips
- Gewährleistung der Grundrechte
- Grundsatz der Gewaltenteilung
- Wesentlichkeitstheorie
- Verfassungsmäßigkeit der Gesetze und Grundsatz der Gesetzmäßigkeit der Verwaltung
- Grundsatz der Verhältnismäßigkeit
- Rechtssicherheit und Vertrauensschutz
- Rechtsschutz durch unabhängige Gerichte

4 Bundesstaatsprinzip kennenlernen 36

- Begriffserklärung
- Kompetenzverteilung in der Bundesrepublik Deutschland
- Homogenitätsprinzip
- Bundesrecht bricht Landesrecht
- Pflicht zu bundesfreundlichem Verhalten
- Bundeszwang

5 Sozialstaatsprinzip definieren 49

- Inhalte des Sozialstaatsprinzips
- Bedeutung des Sozialstaatsprinzips für die Staatsgewalten

6 Verfassungsorgane unterscheiden 53

- Bundestag
- Bundesrat
- Bundesregierung
- Bundespräsident und Bundesversammlung
- Gesetzgebungsverfahren des Bundes
- Bundesverfassungsgericht

7 Beziehungen zwischen der Europäischen Union und der Bundesrepublik Deutschland beschreiben 65

- Grundvoraussetzungen für einen Beitritt zur Europäischen Union
- Staatstheoretische Einordnung und völkerrechtliche Grundlage
- Von den Europäischen Gemeinschaften zur Europäischen Union des Vertrages von Lissabon
- Repräsentanten der Europäischen Union
- Ziele und Werte der Europäischen Union
- Charta der Grundrechte
- Kompetenzverteilung
- Gemeinsame Außen- und Sicherheitspolitik (GASP)
- Organe der Europäischen Union
- Europäischer Rat (Art. 15 EUV)
- Rat (Ministerrat) (Art. 16 EUV)
- Kommission
- Europäisches Parlament
- Rechtssetzungsverfahren der Europäischen Union
- Gerichtshof der Europäischen Union (EuGH)
- Europäische Zentralbank
- Rechnungshof
- Wirkung des EU-Rechts auf nationales Recht
- Unionsbürgerschaft

8 Kommunalwahlergebnis auswerten und Sitzverteilung im Rat einer Gemeinde berechnen 82

- Verhältnis- und Personenwahl
- Sitzverteilung nach dem Verfahren „Hare-Niemeyer"

9 Rechtmäßigkeit von Ratsbeschlüssen prüfen 89

- Einspruchsrecht der Hauptverwaltungsbeamtin bzw. des Hauptverwaltungsbeamten
- Organzuständigkeit
- Beschlussfähigkeit
- Hauptausschuss
- Abstimmungen/Wahlen
- Mitwirkungsverbot
- Öffentlichkeitsgrundsatz

10 Zulässigkeit eines Bürgerbegehrens prüfen 110

- Bürgerinnen und Bürger
- Einwohnerinnen und Einwohner
- Bürgerbegehren
- Bürgerentscheid

11 Die öffentliche Verwaltung in das Rechts- und Staatssystem einordnen 121

- Begriff und Wesen der öffentlichen Verwaltung
- Staatsgewalt und öffentliche Verwaltung
- Merkmale der öffentlichen Verwaltung

12 Öffentliche Verwaltung nach verschiedenen Kriterien unterscheiden 126

- Träger öffentlicher Verwaltung
- Rechtsform des Verwaltungshandelns
- Verwaltungsaufgaben und Art ihrer Erfüllung
- Organisatorische Einheiten „Behörde" und „Amt"

13 Rechtsquellen unterscheiden und verfahrenstechnisch richtig anwenden 147

- Arten und Rangordnung von Rechtsquellen
- Aufbau und Merkmale von Rechtsnormen

14 Handlungsformen öffentlicher Verwaltung unterscheiden 166

- Arten des Verwaltungshandelns

15 Allgemeine Grundsätze des Verwaltungsrechts beachten 170

- Grundsatz der Gesetzmäßigkeit
- Grundsatz der pflichtmäßigen Ausübung des Ermessens
- Grundsatz der Verhältnismäßigkeit
- Gleichbehandlungsgrundsatz
- Weitere Grundsätze des Verwaltungshandelns

16 Nicht förmliche Verwaltungsverfahren formal richtig durchführen 187

- Arten und Wesensmerkmale des Verwaltungsverfahrens
- Stufen des nicht förmlichen Verwaltungsverfahrens

17 Verwaltungsakte erkennen und abgrenzen, Funktionen und Arten unterscheiden 196

- Begriff und Merkmale des Verwaltungsaktes
- Allgemeinverfügung als Sonderform des Verwaltungsaktes
- Funktionen des Verwaltungsaktes
- Arten des Verwaltungsaktes

18 Rechtsrelevante Zusätze zum Verwaltungsakt erlassen 222

- Zulässigkeit von Nebenbestimmungen
- Arten der Nebenbestimmungen und Abgrenzungsprobleme
- Folgen fehlerhafter Nebenbestimmungen und die Anfechtbarkeit von Nebenbestimmungen
- Zusammenfassung

19 Wirksamkeit und Bestandskraft von Verwaltungsakten beurteilen 233

- Wirksamkeit des VA
- Vollziehbarkeit und Bestandskraft des VA
- Erlöschen eines VA

20 Rechtmäßigkeit von Verwaltungsakten überprüfen 241

- Anforderungen an einen rechtmäßigen Verwaltungsakt

21 Fehlerhafte Verwaltungsakte erkennen und ihre Rechtsfolgen beurteilen 255

- Begriffsabgrenzung
- Fehlerhafte, aber rechtmäßige und wirksame Verwaltungsakte
- Rechtswidrige und unwirksame Verwaltungsakte (nichtige VA)
- Verwaltungsakte mit Rechtsfehlern, die ihn aufhebbar bzw. erfolgreich anfechtbar machen
- Exkurs: Folgen von Zuständigkeitsfehlern

22 Verwaltungsakte aufheben durch Rücknahme und Widerruf 269

- Abgrenzung zwischen Aufhebung durch Rücknahme und Widerruf
- Rücknahme eines Verwaltungsaktes nach § 48 VwVfG
- Widerruf eines Verwaltungsaktes nach § 49 VwVfG

23 Arten öffentlich-rechtlicher Verträge kennen und nach dem Inhalt des Vertrages unterscheiden 281

- Zulässigkeit des öffentlich-rechtlichen Vertrages
- Begriff des öffentlich-rechtlichen Vertrages und Abgrenzung zum Verwaltungsakt und zum privatrechtlichen Vertrag
- Abgrenzung zum privatrechtlichen Vertrag
- Typen und Arten von öffentlich-rechtlichen Verträgen (Verwaltungsverträgen)
- Rechtmäßigkeit des öffentlich-rechtlichen Vertrages und Rechtsfolgen eines fehlerhaften öffentlich-rechtlichen Vertrages
- Rechtsfolgen eines fehlerhaften öffentlich-rechtlichen Vertrages

24 Verwaltungsmaßnahmen im Rahmen des Rechtsschutzes kontrollieren 292

- Formen der Kontrolle von Verwaltungsentscheidungen
- Formlose Rechtsbehelfe
- Förmliche Rechtsbehelfe
- Das Widerspruchsverfahren (Vorverfahren)
- Zulässigkeitsprüfung
- Begründetheitsprüfung
- Übersicht über Zuständigkeit und Prüfungsfolge beim Widerspruchsverfahren
- Zusammenhang zwischen Verwaltungs-, Widerspruchs- und Verwaltungsgerichtsverfahren
- Überblick über das Verwaltungsgerichtsverfahren
- Klagearten im verwaltungsgerichtlichen Verfahren
- Vorläufiger Rechtsschutz

- Vorläufiger Rechtsschutz nach § 80 Abs. 5 VwGO
- Vorläufiger Rechtsschutz nach § 123 VwGO

25 Ein Verwaltungsverfahren beispielhaft von Beginn des Verfahrens bis zum Abschluss des Klageverfahrens durchführen **325**

- Einleitung und Durchführung des Verwaltungsverfahrens
- Abschluss des Verwaltungsverfahrens
- Das Klageverfahren

26 Maßnahmen der Verwaltungsvollstreckung kennen und unterscheiden **337**

- Begriff, Bedeutung und allgemeine Voraussetzungen der Verwaltungsvollstreckung
- Vollstreckung wegen Geldforderung (Beitreibung)
- Erzwingung von Handlungen, Duldungen und Unterlassungen (Verwaltungszwang)

27 Die Rechtmäßigkeitsprüfung von Verwaltungsakten zur Gefahrenabwehr durchführen **354**

- Aufgaben und Befugnisse der Polizei und Ordnungsverwaltung
- Handlungsarten der Polizei und Ordnungsverwaltung
- Aufbaumuster für die Bearbeitung von Rechtsfällen zur Abwehr konkreter Gefahren

28 Das Ordnungswidrigkeitenverfahren kennen und auf Sachverhalte anwenden **382**

- Abgrenzung des Ordnungswidrigkeitenrechts vom Strafrecht
- Ablauf des Ordnungswidrigkeitsverfahrens
- Verwarnungsgeld und Bußgeld

Abkürzungen der verwendeten Gesetzestexte bzw. Verordnungen 391
Sonstige Abkürzungen 392
Literaturverzeichnis 393
Stichwortverzeichnis 394

Lernarrangement 1

Staatsbegriff und Staatsaufgaben kennenlernen

Leitfragen

1. Aufgrund welcher Kriterien wird bestimmt, ob eine Einrichtung ein Staat ist?
2. Wodurch wird ein Staat handlungsfähig?
3. Welche Aufgaben erfüllt ein Staat?

Durch das Arrangement abgedeckte Inhalte des Rahmenlehrplans:

- ✓ Staatsbegriff
- ✓ Staatsaufgaben
- ✓ Grundrechte

Methodische Hinweise zur Erarbeitung des Lernarrangements:

Lehrgespräch unter Mitarbeit der Schüler.

LA 1 Ausgangssituation

Sie haben Ihre Ausbildung begonnen. In der Schule haben Sie im Geschichtsunterricht über die Entstehung des Nationalstaates gesprochen, beginnend mit dem Absolutismus über die konstitutionelle Monarchie bis zur Weimarer Republik und nach 1945 zum Staat des Grundgesetzes. In Ihren Geschichtsbüchern und im Internet befinden sich entsprechende Schaubilder, die die Staatsorganisation der einzelnen Epochen beschreiben. Suchen Sie diese Materialien heraus. Recherchieren Sie, welche Unterschiede es zwischen dem Staatsbild aus der Zeit des Absolutismus zu dem Staatsbegriff der Drei-Elemente-Lehre gibt.

Im Zusammenhang mit Ihrer Ausbildung müssen zunächst der Staatsbegriff und die Aufgaben des Staates bestimmt werden.

Theoretische Grundlagen

Drei-Elemente-Lehre (Außensicht)

Von den verschiedenen Versuchen, den Staat zu definieren, ist die bekannteste Umschreibung die sog. **Drei-Elemente-Lehre.** Danach ist der Staat ein soziales Gebilde, das durch eine Gruppe von Menschen auf einem bestimmten Gebiet unter einer hoheitlichen Gewalt in einer geordneten Gemeinschaft zur Verwirklichung von Gemeinschaftszwecken verbunden ist.

Ein Staat besteht damit aus einem **Staatsgebiet,** dem **Staatsvolk** und der **Staatsgewalt.**

➤ Staatsgebiet

Das **Staatsgebiet** muss ein begrenzter Teil der Erde sein, auf den sich die Staatsgewalt erstreckt. Es wird durch natürliche oder vertraglich festgelegte Grenzen abgegrenzt.

Zum Meer hin liegt die Grenze des Staatsgebiets an der Küstenlinie, allerdings ist es nach der UNO-Seerechtskonferenz möglich, das Hoheitsgebiet auf eine Zwölfmeilenzone auszudehnen. Der Luftraum über dem Territorium gehört bis zu einer Höhe von ca. 100 Kilometern (bis zum Weltraum) zum Staatsgebiet.

➤ Staatsvolk

Das **Staatsvolk** besteht aus den auf dem Staatsgebiet lebenden Staatsangehörigen des betreffenden Staates. Die Staatsangehörigkeit ist das Rechtsverhältnis zwischen einer natürlichen Person und einem bestimmten Staat, aus dem gegenseitige Rechte und Pflichten folgen. Die Staatsangehörigkeit kann auf verschiedene Weise erworben werden. Die wichtigsten Gründe sind der Erwerb durch Geburt und durch Einbürgerung.

Für den Erwerb durch Geburt kommen grundsätzlich zwei Möglichkeiten in Betracht. Zum einen kann die Staatsangehörigkeit erworben werden, weil man von Eltern mit dieser Staatsangehörigkeit abstammt, gleichgültig, in welchem Land die Geburt stattfindet, sog. **Abstammungsprinzip.** Nach dem sog. **Territorialprinzip** erwirbt man die Staatsangehörigkeit des Landes, in dem man geboren ist, ohne Rücksicht auf die Staatsangehörigkeit der Eltern.

Das Staatsangehörigkeitsrecht der Bundesrepublik enthält neben dem Abstammungsprinzip auch Elemente des Territorialprinzips. Danach erwirbt ein Kind ausländischer Eltern gem. § 4 Abs. 3 des Staatsangehörigkeitsgesetzes (StAG) bereits durch die Geburt in Deutschland die deutsche Staatsangehörigkeit, wenn ein Elternteil seit acht Jahren rechtmäßig seinen gewöhnlichen Aufenthalt im Inland hat und eine Niederlassungserlaubnis besitzt. Kinder von freizügigkeitsberechtigten Unionsbürgern oder gleichgestellter Staatsangehöriger eines Staates des Europäischen Wirtschaftsraums (EWR) erhalten mit Geburt in Deutschland ebenfalls die deutsche Staatsangehörigkeit. Da nach wie vor Mehrstaatlichkeit vermieden werden soll, sollen sich Kinder ausländischer Eltern, die durch Geburt in Deutschland die deutsche Staatsangehörigkeit erworben haben, nach Erreichen der Volljährigkeit für eine Staatsangehörigkeit entscheiden.

Bei der **Einbürgerung** wird die deutsche Staatsangehörigkeit durch Übergabe einer Einbürgerungsurkunde verliehen. Nach § 10 Abs. 1 StAG erhalten beispielsweise erwachsene Ausländer nach acht Jahren rechtmäßigen Aufenthalts in Deutschland einen Anspruch auf Einbürgerung, wenn sie ausreichende Kenntnisse der deutschen Sprache besitzen, sich zum Grundgesetz bekennen, strafrechtlich nicht in Erscheinung getreten sind und fähig sind, für ihren Unterhalt aufzukommen.

Aus der Staatsangehörigkeit erwachsen für die Bürger **Rechte** und **Pflichten.** Diese lassen sich wie folgt zusammenfassen:

Rechte	Pflichten
■ Politische Rechte ■ Grundrechte ■ Leistungsansprüche	■ Treuepflicht ■ Gehorsamspflicht ■ Leistungspflicht

Die Staatsangehörigkeit begründet zunächst eine **Treuepflicht,** das heißt, alles zu unterlassen, was geeignet wäre, den Bestand, die Sicherheit und die verfassungsmäßige Ordnung des Staates zu gefährden. Daneben besteht die **Gehorsamspflicht,** die Gesetze und Anordnungen des Staates zu befolgen. Schließlich ergeben sich unterschiedliche **Leis-**

tungspflichten, etwa die Schulpflicht oder die Pflicht zur Übernahme von Ehrenämtern als persönliche Leistungspflichten sowie die Pflicht zur Zahlung der Steuern als sachliche Leistungspflicht.

Aus der Staatsangehörigkeit ergeben sich **politische Rechte** wie das aktive und passive Wahlrecht und die bürgerlichen Ehrenrechte sowie **Grundrechte,** speziell die Bürgerrechte:

- Art. 8 GG: Versammlungsfreiheit,
- Art. 9 GG: Vereinigungsfreiheit,
- Art. 11 GG: Freizügigkeit im Bundesgebiet,
- Art. 12 GG: Berufsfreiheit und
- Art. 16 Abs. 2 GG: Auslieferungsverbot.

Als **Leistung** des Staates wäre an dieser Stelle vor allem der diplomatische Schutz im Ausland zu nennen.

Staatsgewalt

Die **Staatsgewalt** ist die hoheitliche Gewalt, durch die das Staatsvolk auf dem Staatsgebiet zu einer geordneten Gemeinschaft zusammengefasst wird. Es handelt sich dabei um eine ursprüngliche Herrschaftsmacht, weil der Staat seine Existenz und Befugnisse von keiner anderen Stelle ableitet.

Mithilfe der Drei-Elemente-Lehre ist es möglich, festzustellen, ob ein Gebilde aus völkerrechtlicher Sicht ein Staat ist. Die Bundesrepublik Deutschland wie auch die Bundesländer erfüllen die drei Kriterien und sind damit unbestritten Staaten.

Was das Wesen des Staates für den einzelnen Bürger ausmacht und wie die Rechtsbeziehungen zwischen Staat und Bürger ausgestaltet sind, wird durch die Drei-Elemente-Lehre jedoch nicht beantwortet.

Staat als juristische Person des öffentlichen Rechts (Innensicht)

Um das Wesen des Staates aus der Sicht von innen zu erklären, wurde die Lehre vom Staat als juristischer Person des öffentlichen Rechts entwickelt.

Juristische Personen sind künstlich geschaffene Rechtsgebilde, die Träger von Rechten und Pflichten sein können und durch ihre Organe handeln. Wie an anderer Stelle noch erklärt wird *(Lernarrangement 12),* gibt es bei den juristischen Personen des öffentlichen Rechts verschiedene Organisationsformen. Der Staat ist eine Körperschaft, da er aus den Staatsangehörigen (dem Staatsvolk) als seinen Mitgliedern besteht.

Die Bundesrepublik ist eine Gebietskörperschaft, die sich dadurch auszeichnet, dass sie Hoheitsgewalt über das Bundesgebiet besitzt. Gebietshoheit bedeutet, dass Personen und Sachen im Bundesgebiet ihrer Herrschaftsgewalt unterworfen sind. Die Herrschaftsgewalt wiederum zeichnet sich dadurch aus, dass sie, wie oben bereits erwähnt, von keiner anderen Macht abgeleitet – also ursprünglich, originär – ist.

Wenn im Zusammenhang mit den Rechtsbeziehungen des Bürgers zum Staat vom Staat gesprochen wird, handelt es sich dabei um eine Sammelbezeichnung für unterschiedliche Organisationen, die als Verwaltungsträger mit der Wahrnehmung von Verwaltungsaufgaben betraut sind. Auf die Funktion des Staates als Verwaltungsträger wird noch an anderer Stelle *(Lernarrangement 12)* eingegangen.

Staatsaufgaben

Der Staat erfüllt Aufgaben, die abhängig von der Lage, den finanziellen Rahmenbedingungen und von den Bedürfnissen der Bürger anfallen. Wegen der unterschiedlichen Situationen ist eine vollständige, ins Einzelne gehende Aufzählung nicht möglich.

Ein wesentlicher Bereich der Aufgaben des Staates besteht in der Pflege der auswärtigen Beziehungen und in der Landesverteidigung.

So regelt z. B. Art. 32 Abs. 1 GG:

§ **Art. 32 Abs. 1 GG**
„Die Pflege der Beziehungen zu auswärtigen Staaten ist Sache des Bundes."

Für den Verteidigungsfall enthalten die Art. 115a bis 115 Abs. 1 GG spezielle Bestimmungen.

Nach innen hin können die Aufgaben des Staates unter verschiedene Oberbegriffe gefasst werden:

- Gewährleistung der öffentlichen Sicherheit und Ordnung
- Gewährleistung einer sozialen Sicherung
- Gewährleistung einer Daseinsvorsorge

Zur Erledigung dieser Aufgabengruppen erlässt der Staat eine Rechtsordnung und sorgt durch Bereitstellung einer Verwaltung, der Polizei und der Gerichte für deren Durchsetzung.

Auf einzelne Verwaltungsaufgaben wird später eingegangen. Das folgende Schaubild stellt die Lerninhalte zum Staatsbegriff und zu den Aufgaben des Staates zusammenfassend dar.

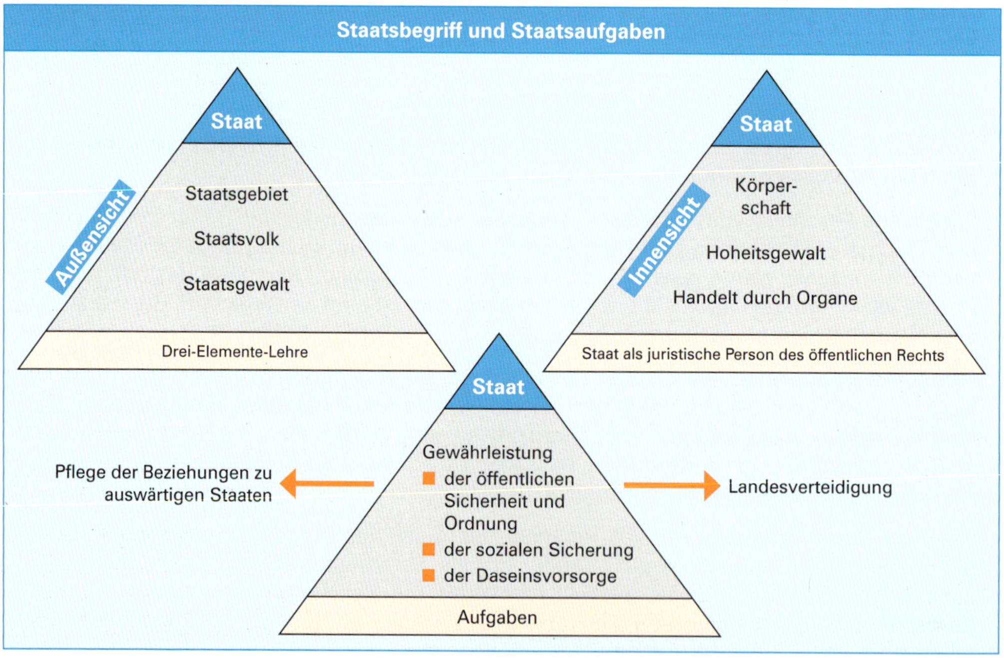

Übungen

1. Wie wird der Staat aus der Sicht von außen definiert, wie aus der Sicht von innen?
2. Begründen Sie anhand der Drei-Elemente-Lehre, dass die Bundesländer Staaten sind. Gibt es im Grundgesetz bzw. in den Landesverfassungen Argumentationshilfen?
3. Welche Möglichkeiten des Erwerbs der Staatsangehörigkeit gibt es? Was gilt in der Bundesrepublik Deutschland?

Zum Nachschlagen

Art. 8 GG,
Art. 9 GG,
Art. 11 GG,
Art. 12 GG,
Art. 16 Abs. 2 GG,
Art. 32 Abs. 1 GG,
Art. 115a bis 115 Abs. 1 GG.

Beispiele:	**Wovon zu unterscheiden:**
■ Bundesrepublik Deutschland ■ Land Niedersachsen	■ Landeshauptstadt Hannover ■ Europäische Union
Hilfen zum Einprägen:	**Definitionen:**
■ **Außensicht:** Drei-Elemente-Lehre ■ **Innensicht:** Lehre von der Körperschaft des öffentlichen Rechts	**Drei-Elemente-Lehre** ■ Staatsgebiet ■ Staatsvolk ■ Nicht abgeleitete Staatsgewalt

2 Schäfer u.a. - ISBN 978-3-8120-0439-8

Lernarrangement 2

Überblick über die Verfassungsprinzipien der Bundesrepublik Deutschland erhalten und Republik und Demokratieprinzip kennernlernen

Leitfragen

1. Welche grundlegenden Verfassungsprinzipien legt das Grundgesetz für die Bundesrepublik Deutschland fest?
2. Was bedeutet Republik als Verfassungsprinzip des Grundgesetzes?
3. Wie ist das Demokratieprinzip im Grundgesetz ausgestaltet?
4. Wie wird die demokratische Legitimation in der repräsentativen Demokratie der Bundesrepublik hergeleitet?
5. Welche Rolle spielen nach dem Grundgesetz die Parteien in der Bundesrepublik?

Durch das Arrangement abgedeckte Inhalte des Rahmenlehrplans:

- ✓ Verfassungsprinzipien der Bundesrepublik Deutschland
- ✓ Grundrechte

Methodische Hinweise zur Erarbeitung des Lernarrangements:

Zunächst könnten mit der Methode des Clusterings alle Begriffe, Beispiele und Argumente, die die Schüler mit dem Demokratieprinzip der Bundesrepublik Deutschland in Verbindung bringen, gesammelt werden.

LA 2 Ausgangssituation

Sie haben den Staatsbegriff und die Staatsaufgaben kennengelernt. Anhand des nachfolgenden Lernarrangements soll Ihnen ein Überblick über die grundlegenden Verfassungsprinzipien der Bundesrepublik Deutschland verschafft werden. Außerdem werden Sie kennenlernen, was im Verfassungssystem der Bundesrepublik Deutschland unter den Begriffen „Republik" und „Demokratie" zu verstehen ist.

Theoretische Grundlagen

Staatsformmerkmale des Grundgesetzes

Die Staatsorganisation der Bundesrepublik wird in Art. 20 Abs. 1 GG und in Art. 28 Abs. 1 GG beschrieben.

§

Art. 20 GG

„(1) Die Bundesrepublik Deutschland ist ein demokratischer und sozialer Bundesstaat."

Art. 28 GG

„(1) Die verfassungsmäßige Ordnung in den Ländern muss den Grundsätzen des republikanischen, demokratischen und sozialen Rechtsstaates im Sinne dieses Grundgesetzes entsprechen."

Aus diesen beiden Artikeln können fünf Grundprinzipien oder Staatsformmerkmale hergeleitet werden. Die Bundesrepublik Deutschland ist demnach:

- eine Demokratie,
- ein Bundesstaat,
- eine Republik,
- ein Rechtsstaat und
- ein Sozialstaat.

Diese fünf Grundprinzipien der Bundesrepublik Deutschland werden in den folgenden Lernarrangements behandelt.

Republik

Das Grundgesetz legt für Deutschland die Staatsform der **Republik** fest. Der Begriff wird von seinem Gegenteil, der Monarchie, bestimmt und wird als bloßes Verbot eines monarchischen Staatsoberhauptes verstanden. Daher bedeutet Republik im Sinne des Grundgesetzes, dass das Staatsoberhaupt nicht aufgrund erbrechtlicher Tatsachen und auf Lebenszeit ins Amt gelangt, sondern frei gewählt wird und auch wieder abwählbar ist.

Demokratie

Situation:

Aufgabe:

Prüfen Sie, ob es sich bei der zitierten Ankündigung um eine Abstimmung in Form einer plebiszitären (direktdemokratischen) Beteiligung im Sinne des Art. 20 Abs. 2 Satz 2 GG handelt.

Ja zu Integration –
Nein zu doppelter Staatsangehörigkeit

Unterschreiben Sie
morgen, Sonnabend, von 10.00 bis 14.00 Uhr,
in der Fußgängerzone in Hildesheim
am Informationsstand der CDU folgenden Aufruf:

Ja zu Integration –
Nein zu doppelter Staatsangehörigkeit

Die Integration der dauerhaft und rechtmäßig in Deutschland lebenden ausländischen Mitbürgerinnen und Mitbürger ist für die Zukunft und den inneren Frieden unseres Landes von großer Bedeutung. Integration erfordert Toleranz für andere Lebensart und das Bemühen, in Deutschland heimisch zu werden.

Wir wollen diesen hier lebenden Ausländern und ihren Kindern die Integration und den Erwerb der deutschen Staatsangehörigkeit erleichtern.

Die Einbürgerung kann erst am Ende einer gelungenen Integration stehen.

Eine klare Entscheidung für Deutschland und die deutsche Staatsangehörigkeit ist dazu unverzichtbar. Deshalb sind wir gegen die generelle Zulassung der doppelten Staatsangehörigkeit.

CDU Hildesheim

Das Demokratieprinzip der Bundesrepublik kann nicht einfach mit der Übersetzung des Begriffs Demokratie (= Volksherrschaft) beschrieben werden. Vielmehr handelt es sich um eine Staatsform, deren vielfältige Ausprägung in einer vom Bundesverfassungsgericht entwickelten Definition der freiheitlichen demokratischen Grundordnung zum Ausdruck kommt.

Die **freiheitliche demokratische Grundordnung** ist „eine Ordnung, die unter Ausschluss jeglicher Gewalt- und Willkürherrschaft eine rechtsstaatliche Herrschaftsordnung auf der Grundlage der Selbstbestimmung des Volkes nach dem Willen der jeweiligen Mehrheit und der Freiheit und Gleichheit darstellt. Zu den grundlegenden Prinzipien dieser Ordnung sind mindestens zu rechnen: die Achtung von den im Grundgesetz konkretisierten Menschenrechten, vor allem vor dem Recht der Persönlichkeit auf Leben und freie Entfaltung, die Volkssouveränität, die Gewaltenteilung, die Verantwortlichkeit der Regierung, die Gesetzmäßigkeit der Verwaltung, die Unabhängigkeit der Gerichte, das Mehrheitsprinzip und die Chancengleichheit für alle politischen Parteien mit dem Recht auf verfassungsmäßige Bildung und Ausübung einer Opposition."[1]

Die grundlegende Vorschrift zum Demokratieprinzip befindet sich in Art. 20 Abs. 2 GG.

§ **Art. 20 Abs. 2 GG**

„Alle Staatsgewalt geht vom Volke aus. Sie wird vom Volke in Wahlen und Abstimmungen und durch besondere Organe der Gesetzgebung, der vollziehenden Gewalt und der Rechtsprechung ausgeübt."

➤ Volkssouveränität

Art. 20 Abs. 2 Satz 1 GG formuliert den Grundsatz der **Volkssouveränität.** Primärer Träger der Staatsgewalt ist das Volk. Daraus folgt, dass jede staatliche Betätigung auf einen Willensentschluss des Volkes zurückführbar und durch ihn legitimiert sein muss. Da die Staatsgewalt nach Art. 20 Abs. 2 Satz 2 GG vor allem durch **Wahlen** ausgeübt wird, bilden die Wahlen zum Bundestag den Legitimationsakt. Durch die Wahlen werden die politischen Grundsatzentscheidungen getroffen, auf deren Grundlage die von der Mehrheit gewählten Volksvertreter konkrete politische Entscheidungen treffen. Damit wird vorgegeben, in welcher Richtung sich die Willensbildung in der Bundesrepublik zu vollziehen hat, und zwar erfolgt die politische Willensbildung im Staat von unten nach oben.

Dies kann anhand folgender Darstellung veranschaulicht werden:

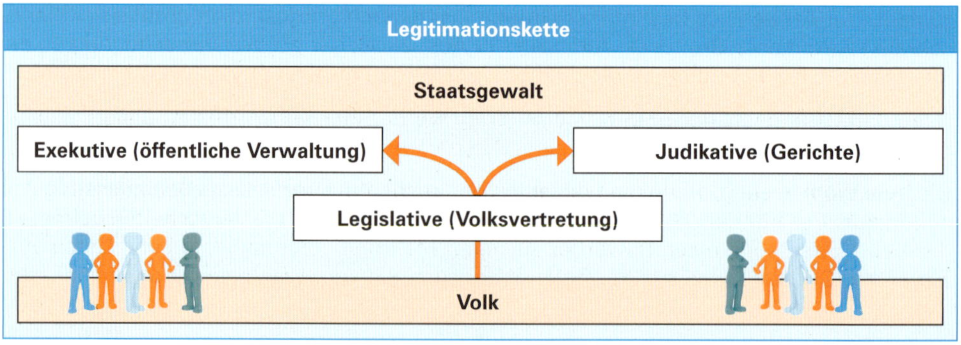

1 BVerfGE 2, 1.

Das Grundgesetz geht hauptsächlich von einer **repräsentativen Demokratie** aus. Zwar wird die Staatsgewalt nach Art. 20 Abs. 2 GG auch durch Abstimmungen ausgeübt, das Grundgesetz sieht in Art. 29 GG jedoch Elemente einer **direkten Demokratie** wie Volksbegehren, Volksbefragung und Volksentscheid nur und ausschließlich für die Neugliederung des Bundesgebiets vor.

Der in der Situation abgedruckte Aufruf zur Unterschriftenaktion der CDU (S. 19) ist rechtlich damit nicht als Aufruf zu einem Volksbegehren zu bewerten, sondern als Mittel zur Bündelung der Meinungen.

Im Gegensatz zum Grundgesetz enthalten alle 16 Länderverfassungen plebiszitäre Elemente wie Volksinitiativen, Volksbegehren, Volksentscheide und/oder Volksabstimmungen. Die damit verfolgten Ziele betreffen überwiegend die Änderung der Verfassungen sowie die Einbringung von Gesetzesvorlagen und die Abstimmung über Gesetze. In einigen Länderverfassungen sind plebiszitäre Elemente auch zur Auflösung des Landtages vorgesehen.[1]

Die durch andere staatliche Organe als dem Bundestag ausgeübte Staatsgewalt muss auch im System der repräsentativen Demokratie durch den Souverän, das Volk, legitimiert sein. Da zum Beispiel der Bundeskanzler nach den Vorgaben des Grundgesetzes nicht direkt vom Volk gewählt wird, wird dessen demokratische Legitimation im Wege einer, allerdings sehr kurzen, **Legitimationskette** über den Bundestag hergeleitet. Nach Art. 63 Abs. 1 GG wird der Bundeskanzler vom Bundestag gewählt. Die Legitimationskette stellt sich daher folgendermaßen dar: Das **Volk** wählt den **Bundestag** und dieser wählt den **Bundeskanzler.** Nach diesem Prinzip wird in der Bundesrepublik die Ausübung sämtlicher staatlicher Gewalt begründet.

➤ Wahlen

Die für die Bundestagswahl maßgeblichen Wahlgrundsätze sind in Art. 38 Abs. 1 Satz 1 GG niedergelegt. Danach werden gemäß

> § **Art. 38 Abs. 1 Satz 1 GG**
>
> „... die Abgeordneten des Deutschen Bundestages ... in allgemeiner, unmittelbarer, freier, gleicher und geheimer Wahl gewählt."

Der Grundsatz der **allgemeinen Wahl** bedeutet, dass das Wahlrecht allen Staatsbürgern zusteht. Der Ausschluss bestimmter Gruppen ist danach grundsätzlich unzulässig. Eingeschränkt wird dieser Grundsat durch Art. 38 Abs. 2 GG, der die Wahlberechtigung an ein Mindestalter knüpft und damit die Gruppe der Minderjährigen von der Wahl ausschließt.

Nach dem Grundsatz der **unmittelbaren Wahl** werden die Abgeordneten ohne Einschaltung von Wahlmännern oder Wahlfrauen direkt vom Wähler gewählt.

Die **freie Wahl** besteht, wenn die Wähler ihr Wahlrecht ohne unzulässige Beeinflussung von außen ausüben können. Garantiert wird in erster Linie die sog. Wahlentscheidungsfreiheit, das heißt, das Recht, einen Bewerber aus einer Mehrheit von Kandidaten und Listen auszuwählen. Ob der Grundsatz der freien Wahl auch die sog. Wahlbeteiligungsfreiheit, das

1 Vgl. Übersicht über direktdemokratische Institutionen in den Landesverfassungen bei Ipsen, Jörn (2016), Rd. Nr. 132.

heißt, die Freiheit erfasst, zu entscheiden, ob man überhaupt am Wahlverfahren teilnimmt, ist umstritten.[1]

Der Grundsatz der **gleichen Wahl** bedeutet, dass jede Stimme den gleichen Zählwert hat und somit jeder Wahlberechtigte die gleiche Stimmenzahl und seine Stimme grundsätzlich auch den gleichen Erfolgswert haben muss. Eine Einschränkung erfährt der Grundsatz der gleichen Wahl durch die sog. 5 %-Klausel, die in § 6 Abs. 3 Bundeswahlgesetz (BWahlG) festgelegt wurde:

§

§ 6 Abs. 3 Satz 1 BWahlG

„Bei der Verteilung der Sitze auf die Landeslisten werden nur Parteien berücksichtigt, die mindestens 5 vom Hundert der im Wahlgebiet abgegebenen gültigen Zweitstimmen erhalten oder in mindestens drei Wahlkreisen einen Sitz errungen haben."

Im Zusammenhang mit der Frage der Verfassungsmäßigkeit der 5 %-Klausel hat das Bundesverfassungsgericht[2] ausgeführt, dass es aus sachlichen Gründen gerechtfertigt ist, Differenzierungen im Erfolgswert der Stimmen vorzunehmen, wenn dies dazu dient, eine Parteienzersplitterung im Parlament zu verhüten und damit ein funktionsfähiges Parlament hervorzubringen.

Die **geheime Wahl** setzt voraus, dass der Wähler seine Wahlentscheidung geheimhalten kann. Die Einhaltung dieses Grundsatzes kann im Zusammenhang mit der Briefwahl problematisch werden, da hierbei nicht verhindert werden kann, dass die Wahl im Beisein von Angehörigen oder Freunden durchgeführt wird.

Das Wahlsystem der Bundesrepublik wird nicht im Grundgesetz, sondern im Bundeswahlgesetz geregelt. Vorgesehen ist eine Kombination aus Mehrheits- und Verhältniswahl. Jeder Wähler hat gem. § 4 BWahlG zwei Stimmen. Mit der Erststimme wird über den Wahlkreiskandidaten abgestimmt. Gewählt ist nach § 5 BWahlG derjenige, der die meisten Stimmen auf sich vereinigt (Mehrheitswahl). Mit der Zweitstimme wird eine von den politischen Parteien aufgestellte starre Landesliste gewählt. Dabei erhalten die Parteien die Anzahl von Sitzen, die dem von ihnen erlangten Stimmenanteil entspricht (Verhältniswahl).[3]

➤ Parlamentarische Demokratie

Das Grundgesetz bestimmt für die Bundesrepublik das System einer **parlamentarischen Demokratie.** Damit ist gemeint, dass die Regierung dem Parlament verantwortlich ist. Der Bundeskanzler wird gem. Art. 63 Abs. 1 GG vom Bundestag gewählt.

Nach Art. 67 Abs. 1 GG kann der Bundestag dem Bundeskanzler das Misstrauen aussprechen, indem er mit der Mehrheit seiner Mitglieder einen Nachfolger wählt (sog. konstruktives Misstrauensvotum).

➤ Parteien

In der oben angeführten Definition der freiheitlichen demokratischen Grundordnung werden das **Mehrparteienprinzip** und die Chancengleichheit für alle politischen Parteien

1 Vgl. v. Münch, Ingo (2015), Rd. Nr. 104.

2 BVerfGE 1, 256; 6, 84, 90 ff.

3 Vgl. zu den Einzelheiten des Verfahrens: Ipsen (2016), Rd. Nr. 106 ff.

erwähnt. Das Grundgesetz beschreibt die Aufgabe und die Stellung der Parteien in Art. 21 GG. Danach wirken die Parteien bei der politischen Willensbildung des Volkes mit. Im Einzelnen werden die Aufgaben der Parteien in § 1 Abs. 2 Parteiengesetz beschrieben.

§ 1 Abs. 2 PartG

„Die Parteien wirken an der Bildung des politischen Willens des Volkes auf allen Gebieten des öffentlichen Lebens mit, indem sie insbesondere auf die Gestaltung der öffentlichen Meinung Einfluss nehmen, die politische Bildung anregen und vertiefen, die aktive Teilnahme der Bürger am politischen Leben fördern, zur Übernahme öffentlicher Verantwortung befähigte Bürger heranbilden, sich durch Aufstellung von Bewerbern an den Wahlen in Bund, Ländern und Gemeinden beteiligen, auf die politische Entwicklung in Parlament und Regierung Einfluss nehmen, die von ihnen erarbeiteten politischen Ziele in den Prozess der staatlichen Willensbildung einführen und für eine ständige lebendige Verbindung zwischen dem Volk und den Staatsorganen sorgen."

Parteien sind keine Verfassungsorgane. Sie sind rechtlich als Vereine organisiert und wurzeln damit im gesellschaftlichen, privatrechtlichen Bereich. Das Vereinsrecht des BGB wird allerdings durch die Vorschriften des Parteiengesetzes überlagert.

Die Aufgabe, an der politischen Willensbildung des Volkes mitzuwirken, wird entsprechend den demokratischen Vorgaben dadurch erfüllt, dass die Parteien den politischen Willen des Volkes anregen, unterstützen und durch die Teilnahme an den Wahlen bündeln. Der Willensbildungsprozess findet damit von unten nach oben, d.h. vom Volk zum Staat statt. Da die Parteien über die Wahl der von ihnen aufgestellten Mandatsträger allerdings auch Einfluss auf die Besetzung der Verfassungsorgane erlangen, kommt es zu Durchdringungen und Verschränkungen zwischen dem gesellschaftlichen und dem staatlichen Bereich. Als ein Beispiel dafür können die **Fraktionen** angeführt werden, die zwar aus Mitgliedern einer Partei bestehen, aber nicht Untergliederungen der jeweiligen Partei sind, sondern Teile des Parlaments.

Es ist notwendig, Parteien von anderen gesellschaftlichen Gruppierungen und Vereinen abzugrenzen. Eine Definition des Parteienbegriffs ist in § 2 Abs. 1 Satz 1 Parteiengesetz nachzulesen. Danach sind Parteien

§ 2 Abs. 1 Satz 1 PartG

„Vereinigungen von Bürgern, die dauernd oder für längere Zeit für den Bereich des Bundes oder eines Landes auf die politische Willensbildung Einfluss nehmen und an der Vertretung des Volkes im Deutschen Bundestag oder einem Landtag mitwirken wollen, wenn sie nach dem Gesamtbild der tatsächlichen Verhältnisse, insbesondere nach Umfang und Festigkeit ihrer Organisation, nach der Zahl ihrer Mitglieder und nach ihrem Hervortreten in der Öffentlichkeit eine ausreichende Gewähr für die Ernsthaftigkeit ihrer Zielsetzung bieten."

Nach dieser Definition ist für eine politische Partei unter anderem kennzeichnend, dass sie an Bundestags- und Landtagswahlen teilnimmt. Dadurch unterscheidet sich eine Partei von kommunalen Wählervereinigungen bzw. von freien Wählergemeinschaften. Im Unterschied zu den Parlamenten, dienen die kommunalen Volksvertretungen der Verwaltung der jeweiligen Gebietskörperschaft. Die Parlamente des Bundes und der Länder dagegen haben Gesetzgebungsfunktion und erfüllen ihre Aufgabe für das gesamte Staatsvolk.

Kennzeichnend für Parteien ist ferner, dass „sie nach dem Gesamtbild der tatsächlichen Verhältnisse, … eine ausreichende Gewähr für die Ernsthaftigkeit ihrer Zielsetzung bieten." Dieses Merkmal wurde bereits mehrfach herangezogen, um den Parteistatus zu verneinen, unter anderem auch im Zusammenhang mit dem Verbot der „Freiheitlich Deutschen Arbeiterpartei" (FAP).

Nach Art. 21 Abs. 2 Satz 2 GG, dem **sog. Parteienprivileg,** entscheidet über die Frage der Verfassungswidrigkeit von Parteien das Bundesverfassungsgericht, gleichgültig, ob es sich um eine Bundes- oder um eine Landespartei handelt. Dagegen werden Vereine, die die Verbotsgründe des Art. 9 Abs. 2 GG erfüllen, vom jeweils zuständigen Bundes- bzw. Landesinnenminister verboten. Für die Entscheidung, welches Verfahren für das Verbot einer Organisation einschlägig ist, kommt es daher entscheidend darauf an, ob die Organisation den Parteistatus hat. Nach Ansicht des BVerfG[1] bietet die FAP keine hinreichende Gewähr für die Ernsthaftigkeit der Zielsetzung. Daher hat das BVerfG die FAP nicht als Partei angesehen und deshalb ein Verbotsverfahren nach Art. 21 Abs. 2 Satz 2 GG für unzulässig angesehen. Die FAP wurde schließlich nach dem Vereinsgesetz vom Bundesinnenminister verboten.

Art. 21 Abs. 2 GG regelt die Voraussetzungen für ein Parteiverbotsverfahren.

§ **Art. 21 Abs. 2 und Abs. 4 GG**

„(2) Parteien, die nach ihren Zielen oder nach dem Verhalten ihrer Anhänger darauf ausgehen, die freiheitliche demokratische Grundordnung zu beeinträchtigen oder zu beseitigen oder den Bestand der Bundesrepublik zu gefährden, sind verfassungswidrig."

„(4) Über die Frage der Verfassungswidrigkeit nach Absatz 2 (…) entscheidet das Bundesverfassungsgericht."

In der Geschichte der Bundesrepublik Deutschland sind bisher zwei Parteien vom Bundesverfassungsgericht verboten worden, und zwar 1952 die rechtsradikale Sozialistische Reichspartei (SRP) und 1956 die linksradikale Kommunistische Partei Deutschlands (KPD).

Im Jahr 2013 wurde zum wiederholten Male ein Verbot der Nationaldemokratischen Partei Deutschlands (NPD) beantragt. Das Bundesverfassungsgericht lehnte im Jahr 2017 den Verbotsantrag ab, da keine Anhaltspunkte für eine erfolgreiche Durchsetzung ihrer verfassungsfeindlichen Ziele festzustellen waren. So wurde die Partei nicht verboten, aber ihre Verfassungsfeindlichkeit festgestellt.

Daran ist zu erkennen, dass die Voraussetzungen des Art. 21 GG für ein Parteiverbot eng ausgelegt werden. Es genügt nicht einfach eine ablehnende Haltung einer Partei oder ihrer Anhänger gegen die freiheitlich demokratische Grundordnung. Das Bundesverfassungsgericht[2] fordert vielmehr eine aktiv kämpferische aggressive Haltung gegenüber der bestehenden Ordnung. Ob eine Partei oder deren Anhänger diese Haltung einnehmen, kann aus dem offiziellen Parteiprogramm, aus den tatsächlichen Zielen oder aus dem Verhalten ihrer Anhänger entnommen werden.

Solange eine als verfassungsfeindlich angesehene Partei nicht durch das Bundesverfassungsgericht verboten wurde, darf sie tätig sein und hat die gleichen Teilhaberechte gegenüber staatlichen Organisationen wie jede andere Partei auch. Sie darf zum Beispiel

1 BVerfGE 91, 276 ff.

2 BVerfGE 5, 85 (141).

Wahlwerbung betreiben und ihr müssen Sendezeiten durch die Rundfunk- und Fernsehanstalten zur Verfügung gestellt werden.

Übungen

1. Was versteht man unter dem Begriff „Republik" im Sinne des Grundgesetzes? Suchen Sie aus dem Grundgesetz die Regelungen heraus, die das Republikprinzip für die Bundesrepublik ausgestalten.
2. Das Grundgesetz geht von einer parlamentarischen Demokratie aus. Erläutern Sie den Begriff und suchen Sie im Grundgesetz neben Art. 63 Abs. 1 und Art. 67 Abs. 1 GG weitere Regelungen heraus, die diesem System zugeordnet werden können. Welche Vorteile hat das System der parlamentarischen Demokratie und welche Argumente könnten dagegen vorgebracht werden?
3. Erläutern Sie das System der repräsentativen Demokratie und stellen Sie mithilfe der einschlägigen Vorschriften des Grundgesetzes die Legitimationskette der Richter des Bundesverfassungsgerichts dar.
4. Stellen Sie die Rechtsstellung der Parteien in der Bundesrepublik Deutschland dar und führen Sie einige Beispiele für eine Einbeziehung der Parteien zur Erfüllung von Staatsaufgaben an.
5. Erläutern Sie die Begriffe:
   - Parteivorsitzender
   - Fraktionsvorsitzender
   - Oppositionsführer

   Wer hat zurzeit diese Positionen im Bund inne?

Zum Nachschlagen

Art. 20 Abs. 1 und Abs. 2 GG, Art. 21 GG, Art. 38 GG.

Beispiele:	**Wovon zu unterscheiden:**
■ Bundesrepublik (parlamentarische Demokratie) ■ Frankreich (Präsidialdemokratie) ■ Großbritannien (parlamentarisch-demokratische Monarchie)	Diktatur
Hilfen zum Einprägen:	**Definition:**
Demokratie ■ Volkssouveränität ■ Wahlen ■ Legitimationskette ■ Parteien	**Republik:** Frei gewähltes und abwählbares Staatsoberhaupt (Nichtmonarchie).

Rechtsstaatsprinzip beschreiben

Leitfragen

1. Was versteht man unter dem Rechtsstaatsprinzip des Grundgesetzes?
2. Wie ist das Prinzip der Gewaltenteilung im Grundgesetz ausgestaltet?
3. Welche Bedeutung haben einzelne Aspekte des Rechtsstaatsprizips für die Verwaltung?

Durch das Arrangement abgedeckte Inhalte des Rahmenlehrplans:

- Verfassungsprinzipien der Bundesrepublik Deutschland

Methodische Hinweise zur Erarbeitung des Lernarrangements:

Möglich wäre die Entwicklung eines Silbenrätsels, aus 10 zum Rechtsstaatsprinzip gehörenden Begriffen.

LA 3 Ausgangssituation

Sie haben sich bereits mit einigen staatstheoretischen Fragen und dem Demokratieprinzip befasst. Der Begriff Rechtsstaatsprinzip ist Ihnen bekannt. Die einzelnen damit zusammenhängenden Gesichtspunkte kennen Sie noch nicht.

Theoretische Grundlagen

Der Begriff Rechtsstaat wird in Art. 28 Abs. 1 Satz 1 GG gebraucht, in dem es heißt:

§ **Art. 28 Abs. 1 Satz 1 GG**

„Die verfassungsmäßige Ordnung in den Ländern muss den Grundsätzen des republikanischen, demokratischen und sozialen Rechtsstaates im Sinne dieses Grundgesetzes entsprechen."

Damit wird vorausgesetzt, dass die Bundesrepublik ein Rechtsstaat ist, obwohl in der sog. „Verfassung in Kurzform" (Art. 20 GG) der Begriff Rechtsstaat nicht verwendet wird. Da jedoch die verfassungsmäßige Ordnung der Länder den Grundsätzen eines Rechtsstaates entsprechen muss, bedeutet dies folgerichtig, dass auch die Bundesrepublik Deutschland ein Rechtsstaat ist.

Merkmale des Rechtsstaatsprinzips

Wie das Demokratieprinzip ist auch das Rechtsstaatsprinzip in der Bundesrepublik Deutschland durch verschiedene Merkmale gekennzeichnet. Als solche werden unter anderem angeführt:

- Gewährleistung der Grundrechte
- Gewaltenteilung
- Verfassungsmäßigkeit der Gesetze
- Grundsatz der Gesetzmäßigkeit der Verwaltung
- Grundsatz der Verhältnismäßigkeit
- Rechtssicherheit und Vertrauensschutz
- Rechtsschutz durch unabhängige Gerichte

Gewährleistung der Grundrechte

Die Gewährleistung der Grundrechte ist für den Bürger eines der wichtigsten Kriterien des Rechtsstaatsprinzips. Daher befindet sich der Grundrechtskatalog am Anfang des Grundgesetzes. Der Staat hat die Menschenwürde zu achten und zu schützen. Aus Art. 1 Abs. 3 GG ergibt sich ferner:

§ **Art. 1 Abs. 3 GG**

„Die nachfolgenden Grundrechte binden Gesetzgebung, vollziehende Gewalt und Rechtsprechung als unmittelbar geltendes Recht."

Die Grundrechte bilden den Rahmen innerhalb dessen die staatliche Gewalt ausgeübt werden kann. Dabei kommt ihnen eine doppelte Funktion zu. Einerseits stehen sie als subjektiv öffentliche Rechte jedem Einzelnen gegen die Staatsgewalt zu und haben damit die Funktion von Abwehrrechten gegen den Staat. Andererseits stellen sie objektive, für alle staatlichen Organe und alle Menschen verbindliche Wertentscheidungen auf. In dieser Funktion spricht man von den Grundrechten als objektiven Rechten.

Grundsatz der Gewaltenteilung

Der Grundsatz der Gewaltenteilung wird aus Art. 20 Abs. 2 Satz 2 GG hergeleitet, der bestimmt, dass die Staatsgewalt

§ **Art. 20 Abs. 2 Satz 2 GG**

„... durch besondere Organe der Gesetzgebung, der vollziehenden Gewalt und der Rechtsprechung ausgeübt."

wird.

Daraus ergibt sich zunächst, dass die Staatsfunktionen den drei Bereichen Legislative, Exekutive und Judikative zugeordnet werden. Bereits der Aufbau des Grundgesetzes bildet diese **funktionale Gewaltenteilung** ab, denn in den Abschnitten VII bis IX sind die Vorschriften über die Bundesgesetzgebung, danach über die Bundesverwaltung und sodann über die Rechtsprechung aufgeführt.

Die **Trennung der verschiedenen Staatsfunktionen** wird durch das folgende Schaubild vereinfacht dargestellt:

Staatsgewalt

gesetzgebende Gewalt (Legislative)	vollziehende Gewalt (Exekutive)	rechtsprechende Gewalt (Judikative)
Erlass allgemeiner Regelungen (Gesetze) für das Zusammenleben von Personen in einer Gesellschaft (grds.: abstrakt-generelle Regelung für die Zukunft)		Entscheidung von Rechtsstreitigkeiten durch einen neutralen Dritten und die Verhängung von Strafen (grds.: konkret-individuelle Regelung für die Vergangenheit)

Vollziehende Gewalt (Exekutive):

- Regierung = politisch verantwortliche Leitung des Staates
- öffentliche Verwaltung =
  - Verwaltung im organisatorischen Sinne = die Einrichtungen/ die Behörden
  - Verwaltung als Tätigkeit = von der Vewaltung ausgeübte Tätigkeit, soweit sie materiell verwaltend ist (grds.: konkret-individuelle Regelung)

Öffentliche Verwaltung ist die Staatstätigkeit, die nicht Gesetzgebung, nicht Rechtsprechung und nicht Regierung ist!

Diese verschiedenen Staatsfunktionen werden durch voneinander getrennte und unabhängige Organe, dem Parlament, den Regierungs- und Verwaltungsbehörden sowie den Gerichten ausgeübt, sog. **organisatorische Gewaltenteilung.** Das Grundgesetz geht von fünf Staatsorganen aus, und zwar Bundestag, Bundesrat, Bundespräsident, Bundesregierung und Bundesverfassungsgericht.

Darüber hinaus besteht auch eine **personelle Gewaltenteilung,** derzufolge die unterschiedlichen Funktionen und Organe von unterschiedlichen Organwaltern wahrgenommen werden müssen. Durch verschiedene Regelungen zur **Inkompatibilität,** das heißt Unvereinbarkeit gleichzeitiger Bekleidung mehrerer öffentlicher Ämter durch eine Person, wird dieser Aspekt sowohl im Grundgesetz als auch einfachgesetzlich ausgeführt. So darf gemäß Art. 55 GG der Bundespräsident weder einer Regierung noch einem Parlament des Bundes oder eines Landes angehören. Ferner ist die Mitgliedschaft im Bundestag unvereinbar mit dem Status als Richter oder Beamter oder mit der Tätigkeit als Angestellter des öffentlichen Dienstes (vgl. §§ 5 und 8 AbgG). Deshalb ruhen die Rechte und Pflichten aus den Dienstverhältnissen dieser Abgeordneten für die Dauer der Mitgliedschaft im Deutschen Bundestag. Andererseits ist es jedoch häufig möglich, dass Mitglieder der Bundesregierung gleichzeitig auch Abgeordnete des Bundestages sind.

Der Sinn der Gewaltenteilung liegt einerseits in einer sachgemäßen Verteilung der staatlichen Kompetenzen, andererseits in einer wechselseitigen Begrenzung und staatlichen Kontrolle der Macht.[1] Der Grundsatz der Gewaltenteilung ist daher nicht in dem Sinne zu verstehen, dass die Organe der drei Gewalten völlig isoliert voneinander und ohne Beziehung zueinander tätig wären. Aus dem Grundgesetz ergibt sich vielmehr, dass es zahlreiche Gewaltenverschränkungen und Kontrollmechanismen gibt. Man spricht von einem System von „checks and balances".

Dies soll durch das folgende Schaubild verdeutlicht werden:

Staatsgewalt und Gewaltenverschränkung

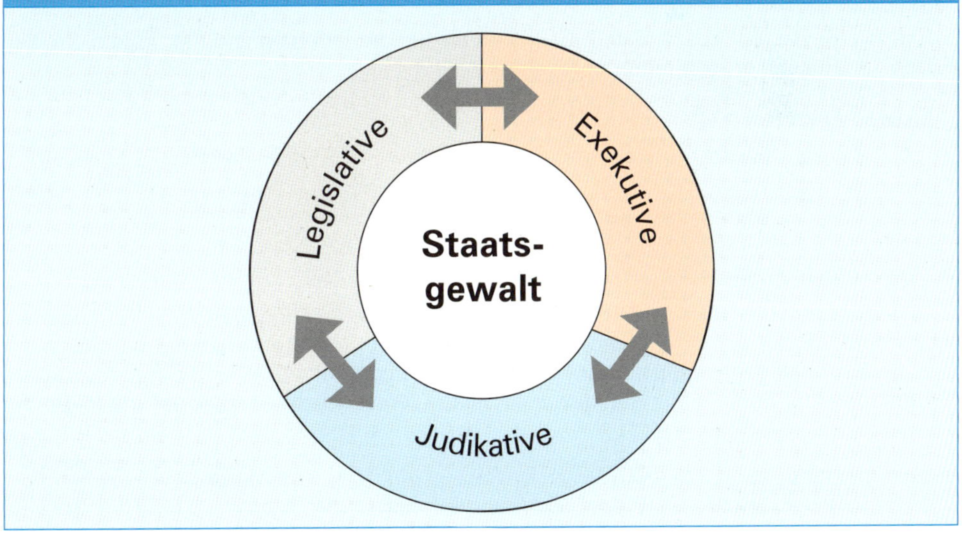

1 BVerfGE in NJW 1971, 279.

Beispiele für Gewaltenverschränkung:

- Die vollziehende Gewalt (Regierung) setzt zum Teil Recht.

> **Art. 80 Abs. 1 Satz 1 GG**
> „Durch Gesetz können die Bundesregierung, ein Bundesminister oder die Landesregierungen ermächtigt werden, Rechtsverordnungen zu erlassen."

- Gerichte werden verwaltend tätig, indem sie bestimmte Register wie das Grundbuch oder das Handelsregister führen.
- Auch die Organe der Gesetzgebung werden verwaltend tätig. Stellt z. B. der Bundes- oder Landtag aufgrund des Haushaltsgesetzes den jeweiligen Haushaltsplan als Gesetz fest, so wird er damit verwaltend tätig.
- Die vollziehende Gewalt ahndet Ordnungswidrigkeiten und übt damit eine Tätigkeit aus, die prinzipiell der Rechtsprechung zusteht.

Ferner gibt es die verschiedensten **Kontrollmechanismen** der Gewalten untereinander.

- Das Parlament kontrolliert die Regierung unter anderem durch die Möglichkeit, Untersuchungsausschüsse einzusetzen.
- Die Gerichte kontrollieren die Exekutive und in eingeschränktem Rahmen auch die Legislative. So kann gem. Art. 100 GG ein Gericht, wenn es eine entscheidungserhebliche Rechtsnorm für verfassungswidrig hält, das Verfahren aussetzen und die Entscheidung des zuständigen Landes- bzw. Bundesverfassungsgerichts einholen.
- Auch die unabhängigen Gerichte unterliegen einer eingeschränkten Kontrolle durch die Legislative dadurch, dass die Parlamente durch die Gesetzgebung eine bestimmte Rechtslage schaffen, an die die Gerichte wiederum gebunden sind.

Überschneidungen zwischen den Staatsgewalten sind möglich und das Bundesverfassungsgericht hält sie für vertretbar, solange die Durchbrechung nicht in den **Kernbereich** einer anderen Gewalt eingreift.

So setzt z. B. Art. 80 Abs. 1 Satz 2 GG Grenzen für die Überschneidung, indem für den Erlass von Rechtsverordnungen geregelt wird:

> **Art. 80 Abs. 1 Satz 2 GG**
> „Dabei müssen Inhalt, Zweck und Ausmaß der erteilten Ermächtigung im Gesetze bestimmt werden."

Wesentlichkeitstheorie

Eine Verletzung des Kernbereichs wird vom Bundesverfassungsgericht dann gesehen, wenn eine Gewalt ein Übergewicht über die anderen Gewalten erlangen würde. Wann dies im Einzelfall gegeben ist, lässt sich allerdings nicht anhand einer Formel feststellen. Grundlegend für Entscheidungen dieser Art ist die **„Wesentlichkeitstheorie"** mit folgender These:

> „Nach den Prinzipien von Demokratie und Rechtsstaat (Art. 20 II, III GG) muss die Volksvertretung die für Staat und Gesellschaft wesentlichen Entscheidungen treffen und darf sie nicht der Verwaltung überlassen. Daraus ergibt sich der Gesetzesvorbehalt für wesentliche Entscheidungen."[1]

1 Vgl. Schmalz, D. (1998), Rd. Nr. 97.

Aufgrund der Wesentlichkeitstheorie wurde im folgenden Beispiel die Zusammenlegung von Justiz- und Innenministerium für verfassungswidrig angesehen.

NWVerfGH: Verfassungswidrigkeit der Einrichtung des „Superministeriums"

Die umstrittene Zusammenlegung des Justiz- mit dem Innenministerium in Nordrhein-Westfalen muss wieder rückgängig gemacht werden. Dies ist die Konsequenz aus der kürzlich gefällten Entscheidung des NWVerfGH (VerfGH 1/98). Die Zusammenlegung der beiden Ressorts durch „schlichten Organisationserlass" des Ministerpräsidenten Wolfgang Clement, so die Münsteraner Verfassungsrichter, stellte eine Verletzung der Rechte des Landtags dar. Die sieben Verfassungsrichter, so erläuterte Präsident Bertrams, seien zu der Auffassung gelangt, dass die Zusammenlegung dieser beiden Ressorts eines Gesetzes bedurft hätte, das im Landtag parlamentarisch beraten worden wäre. Auch Teilbereiche der Organisationsgewalt des Ministerpräsidenten könnten einem Gesetzesvorbehalt unterliegen. Den Gesetzesvorbehalt leitet der NWVerfGH aus der „Wesentlichkeit" dieser Zusammenlegung ab. Nach der hier anwendbaren Wesentlichkeitstheorie des BVerfG ist eine Angelegenheit dann als „gewichtig" zu qualifizieren, wenn sie Grundrechte der Bürger oder Verfassungsprinzipien berührt, wenn sie grundlegende Bedeutung für das Gemeinwesen hat oder tiefgreifend politisch umstritten ist. Bei der Organisation der Gerichtsverwaltung gehe es nun einmal um die grundlegende Frage, wie die Dritte Gewalt, die Judikative, institutionell gesichert und gestärkt sowie ihre Eigenständigkeit hervorgehoben werden solle. Die Tragweite der Zusammenlegung für eben diese Dritte Gewalt und für das Vertrauen der Bürger in deren Unabhängigkeit hätte nach Auffassung des NWVerfGH öffentlich diskutiert und vom Parlament verantwortet werden müssen. Trotz der geäußerten Vorbehalte wird eine Zusammenlegung von Innen- und Justizministerium nicht grundsätzlich ausgeschlossen. Doch verweist das Gericht auf die gewachsene Tradition, mit der der Ministerpräsident gebrochen habe.

Quelle: FAZ vom 10.02.99.

Verfassungsmäßigkeit der Gesetze und Grundsatz der Gesetzmäßigkeit der Verwaltung

§

Art. 20 Abs. 3 GG bestimmt:

„Die Gesetzgebung ist an die verfassungsmäßige Ordnung, die vollziehende Gewalt ... (ist) an Gesetz und Recht gebunden."

Aus Art. 20 Abs. 3 GG ergibt sich zunächst eine Vorrangstellung der Verfassung. Das Parlament darf keine Gesetze erlassen, die dem Grundgesetz widersprechen. Vom Grundgesetz abweichende Bestimmungen können nur in Form einer Verfassungsänderung unter den erschwerten Voraussetzungen nach Art. 79 GG durchgesetzt werden.

Ein verfassungsänderndes Gesetz bedarf der Zustimmung von zwei Dritteln der Mitglieder des Bundestages und zwei Dritteln der Stimmen des Bundesrates. Zudem ist gem. Art. 79 Abs. 3 GG eine Änderung des Grundgesetzes unzulässig, durch die die Gliederung des Bundes in Länder, die grundsätzliche Mitwirkung der Länder bei der Gesetzgebung oder die in den Artikeln 1 und 20 GG niedergelegten Grundsätze berührt werden. Durch diese sog. „Ewigkeitsklausel" werden die grundlegenden Strukturprinzipien der Verfassung der Bundesrepublik somit der Disposition des Gesetzgebers entzogen.

Auch Art. 1 Abs. 3 GG verdeutlicht den Vorrang der Verfassung, denn dort wird geregelt, dass die Grundrechte alle drei staatlichen Gewalten als unmittelbar geltendes Recht binden.

Die oben zitierte Bestimmung, dass die vollziehende Gewalt an Gesetz und Recht gebunden ist, wird als **Grundsatz der Gesetzmäßigkeit der Verwaltung** bezeichnet. Dieser Verfassungsgrundsatz hat zwei Ausprägungen.

Der **Vorrang des Gesetzes** „bestimmt, dass die Verwaltung das Gesetz anwenden muss (Anwendungsgebot), nicht vom Gesetz abweichen (Abweichungsverbot) und nicht gegen das Gesetz verstoßen darf."[1] Dadurch ist die Verwaltung insofern gebunden, als sie nichts tun oder unterlassen darf, was geltendem Recht widerspricht. Der Vorrang des Gesetzes bringt die Überlegenheit des förmlichen Gesetzes gegenüber allen abgeleiteten Rechtsquellen zum Ausdruck.

Demgegenüber besagt der **Vorbehalt des Gesetzes,** dass die Verwaltung nur tätig werden darf, wenn sie dazu gesetzlich ermächtigt ist. Vor allem Eingriffe in Rechte des Bürgers sind nur zulässig, wenn ein Gesetz oder eine daraus abgeleitete Rechtsgrundlage (z. B. Rechtsverordnung) dies ausdrücklich ermöglichen (Ermächtigungsgrundlage).

Umstritten ist, wie weit der Vorbehalt des Gesetzes greift, ob er vor allem auch im Bereich der Leistungsverwaltung gilt. Es ist fraglich, welche Entscheidungen dem Parlament zur Regelung per Gesetz vorbehalten sind und wie weit die Befugnis der Verwaltung reicht, selbstständig, d. h. ohne parlamentarisches Gesetz, zu handeln. Diese Frage wird durch die oben bereits angeführte **Wesentlichkeitstheorie** beantwortet, wonach alle wesentlichen Entscheidungen, vor allem die im grundrechtsrelevanten Bereich, dem Parlament vorbehalten sind.

Das folgende Schaubild stellt die dargelegten Zusammenhänge in verkürzter Form dar:

Grundsatz der Gesetzmäßigkeit

§ **Art. 20 Abs. 3 GG**

„Die Gesetzgebung ist an die verfassungsmäßige Ordnung, die vollziehende Gewalt und die Rechtsprechung sind an Gesetz und Recht gebunden."

Vorbehalt des Gesetzes	Vorrang des Gesetzes
Das Handeln der Verwaltung ist nur rechtmäßig, wenn sich aus einer Rechtsnorm ergibt, dass so gehandelt werden darf!	Kein Handeln der Verwaltung darf gegen Rechtsnormen verstoßen!
„Kein Handeln ohne Gesetz"	**„Kein Handeln gegen das Gesetz"**
Dieser Grundsatz gilt ■ **zunächst** für alle belastenden Maßnahmen der Verwaltung	Dieser Grundsatz gilt für alle Handlungen der Verwaltung (belastende und begünstigende Maßnahmen).

- **aber auch in folgendem Zusammenhang:**
  Der Gesetzgeber ist verpflichtet, in grundlegenden Bereichen (insbesondere in der Grundrechtsausübung) alle wesentlichen Entscheidungen – soweit sie durch Gesetz geregelt werden können – selbst zu treffen und nicht der Verwaltung zu überlassen (Wesentlichkeitstheorie).

1 Ossenbühl in: Erichsen (2010), § 9 Rd. Nr. 7.

Grundsatz der Verhältnismäßigkeit

Aus dem Rechtsstaatsprinzip wird ferner der Grundsatz der Verhältnismäßigkeit, auch Übermaßverbot genannt, abgeleitet. Vor allem Grundrechtseingriffe dürfen nicht unverhältnismäßig sein. Der Grundsatz der Verhältnismäßigkeit stellt auf die Frage nach der Geeignetheit, Erforderlichkeit und Angemessenheit eines Mittels zur Erreichung des angestrebten Zwecks ab.

Im Rahmen des Gefahrenabwehrrechts spielt der Verhältnismäßigkeitsgrundsatz eine wesentliche Rolle. In den Polizeigesetzen der Länder, z. B. § 4 Nds. SOG sind die Kriterien des Verhältnismäßigkeitsgrundsatzes einfachgesetzlich normiert.

Rechtssicherheit und Vertrauensschutz

Ein weiteres Kennzeichen des Rechtsstaats ist, dass das Verhalten der Staatsgewalt für den Bürger berechenbar ist. Dies bedeutet, vor allem im Hinblick auf belastende Gesetze, dass sie nicht mit Wirkung für die Vergangenheit in Kraft gesetzt werden, weil der Einzelne sein Verhalten nicht mehr darauf ausrichten kann.

Für Strafgesetze enthält das Grundgesetz in Art. 103 Abs. 2 GG ein ausdrückliches Verbot der Rückwirkung. Dort heißt es:

§

Art. 103 Abs. 2 GG

„Eine Tat kann nur bestraft werden, wenn die Strafbarkeit gesetzlich bestimmt war, bevor die Tat begangen wurde."

Für die Frage der Zulässigkeit der Rückwirkung anderer Gesetze als der Strafgesetze gibt es keine ausdrückliche Regelung. Fälle, die in Verbindung damit auftreten, werden unter Berücksichtigung der Prinzipien der Rechtssicherheit und des Vertrauensschutzes gelöst.

Dazu muss zunächst klargestellt werden, dass die spezifischen Probleme in Verbindung mit dem Rückwirkungsverbot nur bei **belastenden Maßnahmen** auftreten. In diesem Bereich wird unterschieden zwischen der sog. echten und der sog. unechten Rückwirkung.

Von der **„echten Rückwirkung"** wird gesprochen, wenn ein belastendes Gesetz in einen bereits abgeschlossenen Lebenssachverhalt eingreift. Das wäre etwa der Fall, wenn ein Gesetz für das bereits abgelaufene Steuerjahr die Steuern erhöhen würde. Ein derartiger Fall wäre in der Regel verfassungswidrig, weil er gegen das Gebot der Rechtssicherheit und des Vertrauensschutzes verstößt. Nur ausnahmsweise wäre eine „echte Rückwirkung" gerechtfertigt, wenn das Vertrauen des Einzelnen nicht schutzwürdig ist oder zwingende Gründe des Gemeinwohls eine Durchbrechung des Verbots fordern. Das Bundesverfassungsgericht hat die Zulässigkeit der „echten Rückwirkung" für folgende Fallgruppen[1] bejaht:

- Der Bürger musste zu dem Zeitpunkt, auf den der Eintritt der Rechtsfolgen vom Gesetz zurückbezogen wird, mit einer solchen Regelung rechnen.
- Die Rechtslage war unklar und verworren oder lückenhaft.
- Die rückwirkende Norm ersetzt eine ungültige, die nur einen Rechtsschein hat.
- Die Änderung ist aus zwingenden Gründen des Gemeinwohls geboten.
- Es wird keine oder nur eine ganz unerhebliche Belastung verursacht.

1 Vgl. v. Münch, Ingo (2015), Rd. Nr. 662.

3 Schäfer u.a. - ISBN 978-3-8120-0439-8

Eine sog. **„unechte Rückwirkung"** liegt vor, wenn das Gesetz auf bereits begründete, aber noch nicht abgeschlossene Sachverhalte einwirkt. Ein Beispiel dafür wäre die Änderung arbeitsrechtlicher Vorschriften, die sich auf ein in der Vergangenheit begründetes und derzeit noch bestehendes Arbeitsverhältnis auswirken. Belastende Gesetze mit „unechter Rückwirkung" sind regelmäßig verfassungsgemäß. Allerdings wird auch hier dem Gedanken des Vertrauensschutzes Rechnung getragen, sodass Gesetze mit „unechter Rückwirkung" ausnahmsweise unzulässig sind, wenn die vom Gesetz betroffene Rechtsposition des Bürgers nachträglich entwertet würde und dabei eine Abwägung ergibt, dass das Interesse des Einzelnen gegenüber den öffentlichen Interessen überwiegt.

Einen bedeutenden Anwendungsbereich hat der Grundsatz des Vertrauensschutzes, wenn Verwaltungsakte, die eine Geld- oder teilbare Sachleistung gewähren, im Rahmen der §§ 48 und 49 VwVfG mit Wirkung für die Vergangenheit aufgehoben werden sollen. Einzelne Kriterien der Vertrauensschutzprüfung werden dazu in § 48 Abs. 2 VwVfG angeführt.

Rechtsschutz durch unabhängige Gerichte

§

Art. 19 Abs. 4 Satz 1 GG

„Wird jemand durch die öffentliche Gewalt in seinen Rechten verletzt, so steht ihm der Rechtsweg offen."

Durch diesen Rechtssatz wird gewährleistet, dass gegen Maßnahmen der öffentlichen Gewalt ein Gericht angerufen werden kann. Maßnahmen der öffentlichen Gewalt im Sinne des Art. 19 Abs. 4 GG sind alle Akte der Gesetzgebung und der hoheitlich handelnden vollziehenden Gewalt, nicht jedoch Akte der Rechtsprechung. Eine verfassungsrechtliche Gewährleistung eines Instanzenzugs, wie er in der Bundesrepublik sehr ausgeprägt zur Verfügung steht, kann daher aus Art. 19 Abs. 4 Satz 1 GG nicht hergeleitet werden.

Der Grundsatz der **Unabhängigkeit der Richter** ist in Art. 97 Abs. 1 GG niedergelegt. Er umfasst die sachliche Unabhängigkeit und die persönliche Unabhängigkeit. Unter sachlicher Unabhängigkeit versteht man, dass der Richter bei seiner Entscheidung weisungsfrei und nur den Gesetzen unterworfen ist. Persönliche Unabhängigkeit bedeutet, dass der Richter gegen seinen Willen ohne Gerichtsurteil oder Gesetz weder entlassen noch versetzt werden kann.

Übungen

1. Erläutern Sie das Prinzip der Gewaltenteilung nach dem Grundgesetz.
2. Verschaffen Sie sich aus dem Grundgesetz einen Überblick über die Aufgaben der fünf Staatsorgane und versuchen Sie danach, die einzelnen Staatsorgane den funktionalen Gewalten zuzuordnen. Welche Fälle von Gewaltenverschränkung beziehungsweise Gewaltenkontrolle fallen Ihnen dabei auf?
3. Welche Regelungen zur Inkompatibilität gibt es im Grundgesetz? Welche weiteren Regelungen sind Ihnen bekannt?

4. Lesen Sie zunächst nachfolgenden Sachverhalt.

Anlässlich eines kürzlich vorgefallenen Zwischenfalls mit einem Kampfhund beschließt die kreisfreie Stadt A im Juni des Jahres die Änderung der Hundesteuersatzung. Danach soll die Hundesteuer für einzelne, in § 2 beschriebene Kampfhunderassen von 90,00 € auf 600,00 € jährlich festgesetzt werden. Die Hundesteuersatzung wird zum 01.01. des Vorjahres wirksam.

Die Hundesteuer wird in der Stadt A in zwei Raten, im April und im September eingetrieben. Im September des Jahres erhält Müller, stolzer Besitzer eines Staffordshire Bullterriers, einen Steuerbescheid über insgesamt 1 065,00 €. Der Betrag setzt sich zusammen aus dem Betrag für die zweite Jahreshälfte in Höhe von nunmehr 300,00 € sowie einer Nachforderung für das Vorjahr in Höhe von 510,00 € und für die erste Jahreshälfte in Höhe von 255,00 €.

Müller ist der Meinung, die Steuererhöhung für die Vergangenheit sei sowieso rechtswidrig, aber auch die Steuererhöhung für die Zukunft sei nur für die Fälle zulässig, in denen die Hunde erst noch angeschafft würden. Wenn er von der außergewöhnlichen Steuererhöhung gewusst hätte, hätte er sich keinen Staffordshire Bullterrier angeschafft. Nun aber lebe das Tier in der Familie und könne nicht so ohne Weiteres abgeschafft werden.

Aufgabe:

In welchen Fällen ist die Rückwirkung der Gesetze zulässig? Begründen Sie Ihre Entscheidung.

Zum Nachschlagen

Art. 20 Abs. 2 und 3 GG,

Art. 28 Abs. 1 GG.

Beispiele:	**Wovon zu unterscheiden:**
■ „Unechte Rückwirkung“ ■ Änderung arbeitsrechtlicher Vorschriften, die sich auf ein in der Vergangenheit begründetes Arbeitsverhältnis und derzeit noch bestehendes Arbeitsverhältnis auswirken.	■ „Echte Rückwirkung“ → belastendes Gesetz regelt einen bereits abgeschlossenen Lebenssachverhalt. ■ „Unechte Rückwirkung“ → belastendes Gesetz regelt Sachverhalt, der zwar in der Vergangenheit begründet wurde, der jedoch noch nicht abgeschlossen ist.
Hilfen zum Einprägen:	**Definition:**
■ **Vorrang des Gesetzes:** Kein Handeln gegen das Gesetz. ■ **Vorbehalt des Gesetzes:** Kein Handeln ohne Gesetz.	**Inkompatibilität:** Unvereinbarkeit der gleichzeitigen Bekleidung mehrerer öffentlicher Ämter durch eine Person.

Bundesstaatsprinzip kennenlernen

Leitfragen

1. Was versteht man unter dem Begriff Bundesstaat?
2. Wie sind die Gesetzgebungskompetenzen nach dem Grundgesetz verteilt?
3. Durch welche verfassungsrechtlichen Grundsätze wird die Zusammenarbeit zwischen Bund und Ländern geregelt?

Durch das Arrangement abgedeckte Inhalte des Rahmenlehrplans:

- ✓ Verfassungsprinzipien der Bundesrepublik Deutschland

Methodische Hinweise zur Erarbeitung des Lernarrangements:

Möglich wäre, durch Auswertung einer aktuellen Zeitungsausgabe oder durch ausgesuchte Presseartikel, die sich mit Gesetzesvorhaben des Bundes oder der Länder, mit dem Verwaltungshandeln, mit der Rechtsprechung oder anderen bundesstaatlich relevanten Themen befassen, auf Kompetenzen und Verflechtungen zwischen Bund und Ländern aufmerksam zu machen.

LA 4 Ausgangssituation

Sie haben bisher verschiedene Staatsformmerkmale kennengelernt. In diesem Lernarrangement wird das Bundesstaatsprinzip behandelt. Die Verpflechtungen zwischen Bund und Ländern haben dabei Auswirkungen auf die tägliche Arbeit einer Verwaltung.

Im Bundesland N wird seit einigen Jahrzehnten ein Atomkraftwerk nach dem Atomgesetz (AtomG) betrieben. Entsprechend § 7 Abs. 1 a AtomG soll die Berechtigung des Betriebs dieses Atomkraftwerks zum 31. Dezember 2022 erlöschen. Da die Landesregierung prinzipiell Zweifel an der Sicherheit des Atomkraftwerks hat, soll zum wiederholten Mal das Sicherheitskonzept der Anlage durch Sachverständige geprüft werden. Die Landesregierung verlangt das vorzeitige Erlöschen der Betriebserlaubnis für das genannte Atomkraftwerk. Das zuständige Bundesministerium teilt die Zweifel nicht und will die Betriebserlaubnis bis zum 31. Dezember 2022 aufrechterhalten.

Es finden mehrere Gespräche und ein ausgedehnter Schriftwechsel zwischen dem Bund und dem Land N statt, in denen die unterschiedlichen Standpunkte ausgetauscht werden, ohne dass es zu einer Annäherung kommt. Daraufhin weist der zuständige Bundesminister den Landesminister an, weitere Prüfungen des Sicherheitskonzepts zu unterlassen. Der Landesminister ist der Auffassung, dieses Verhalten verstoße unter anderem gegen das Bundesstaatsprinzip und zwar gegen Art. 8 GG und den Grundsatz des bundesfreundlichen Verhaltens.

Theoretische Grundlagen

Begriffserklärung

Aus Art. 20 Abs. 1 GG ergibt sich als weiteres Staatsformmerkmal für die Bundesrepublik das Bundesstaatsprinzip.

§ **Art. 20 Abs. 1 GG**
„Die Bundesrepublik Deutschland ist ein demokratischer und sozialer Bundesstaat."

Ein **Bundesstaat** ist die Verbindung mehrerer Einzelstaaten – im Fall der Bundesrepublik Deutschland der 16 Bundesländer – zu einem Gesamtstaat. Kennzeichnend für den Bundesstaat ist, dass sowohl die Gliedstaaten, die Bundesländer, als auch der Gesamtstaat, der Bund, entsprechend der Drei-Elemente-Lehre Staatsqualität besitzen. Das Staatsgebiet des Bundes ist identisch mit dem Staatsgebiet aller Bundesländer, die Bürger sind Staatsangehörige des Bundes und eines Bundeslandes und die erforderliche Staatsgewalt wird zwischen dem Gesamtstaat und den Gliedstaaten aufgeteilt.

Im Gegensatz zum Bundesstaat besteht in einem **Einheitsstaat** nur eine staatliche Organisation, die die Staatsgewalt für das gesamte Staatsgebiet ausübt. In Abgrenzung zum Bundesstaat ist ein **Staatenbund** eine völkerrechtliche Verbindung mehrerer souveräner Staaten zur Erfüllung gemeinsamer Aufgaben, ohne dass die Gliedstaaten zu einer staatlichen Einheit verknüpft werden.

Die verschiedenen Staatsorganisationen können anhand der folgenden Darstellung verdeutlicht werden:

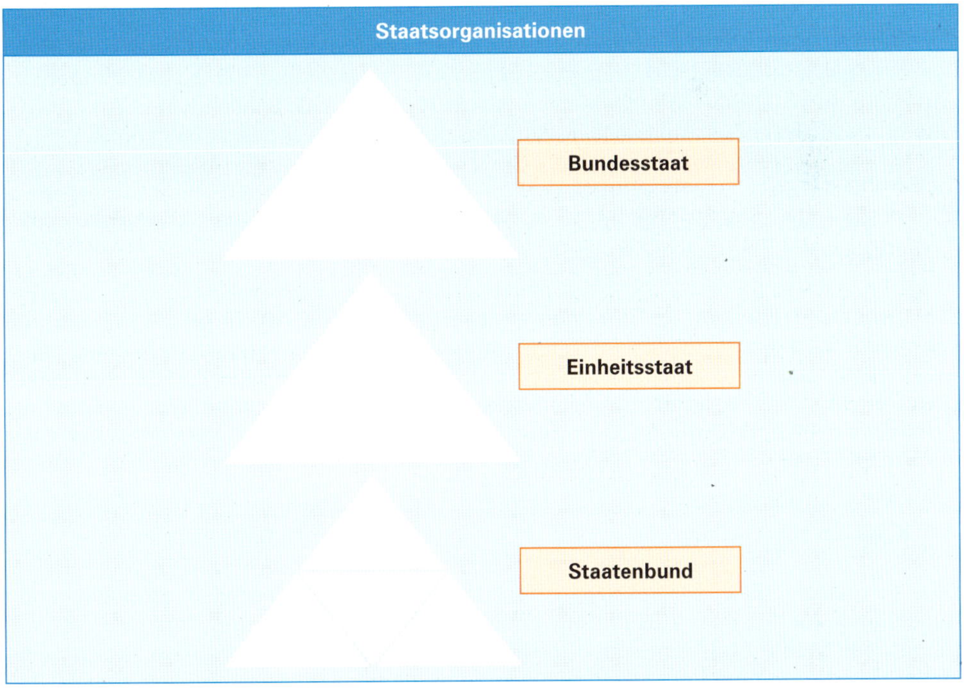

Kompetenzverteilung in der Bundesrepublik Deutschland

Da die Bundesländer im Bundesstaat selbst auch Staatsqualität besitzen, müssen sie – wie der Bund – originäre Staatsgewalt aufweisen. Das bedeutet, dass die Staatsaufgaben zwischen Bund und Ländern aufgeteilt werden. Bund und Länder haben sowohl im Bereich der Legislative als auch in den Bereichen der Exekutive und der Rechtsprechung eigene Kompetenzen.

Um zu gewährleisten, dass die Kompetenzen lückenlos zwischen Bund und Ländern verteilt werden, bestimmt Art. 30 GG, dass die Länder immer dann zuständig sind, soweit das Grundgesetz keine andere Regelung trifft oder zulässt.

§ **Art. 30 GG**

„Die Ausübung der staatlichen Befugnisse und die Erfüllung der staatlichen Aufgaben ist Sache der Länder, soweit dieses Grundgesetz keine andere Regelung trifft oder zulässt."

Durch diese Regelung entsteht auf den ersten Blick der Eindruck, die Länder hätten gegenüber dem Bund den bedeutenderen Anteil der Befugnisse erhalten. Dieser Eindruck erweist sich bei näherer Betrachtung jedoch als unzutreffend. Tatsächlich enthält das Grundgesetz detaillierte Zuweisungen von Kompetenzen an den Bund, sodass die Regelung des Art. 30 GG vor allem sicherstellt, dass nicht eine Situation eintritt, in der es für eine Aufgabe keine Zuständigkeit gibt. Immer dann, wenn sich eine Zuständigkeit des Bundes nicht aus dem Grundgesetz herleiten lässt, sind die Länder zuständig. Wenn daher die verfassungsrechtliche Grundlage für eine spezielle Kompetenzzuweisung benötigt wird, muss sie in den entsprechenden Einzelvorschriften des Grundgesetzes gesucht werden. Bleibt die Suche dort erfolglos, gilt grundsätzlich die Zuständigkeitsvermutung für die Länder.

Gesetzgebungskompetenzen

Für die Legislative führt das Grundgesetz in den Art. 70 bis 74 und 105 GG die Kompetenzverteilung durch. Zunächst befindet sich in Art. 70 Abs. 1 GG, ähnlich wie in Art. 30 GG, eine grundsätzliche Zuständigkeitsverteilung zugunsten der Landesgesetzgebung.

§ **Art. 70 GG**

„(1) Die Länder haben das Recht der Gesetzgebung, soweit dieses Grundgesetz nicht dem Bunde Gesetzgebungsbefugnisse verleiht."

Die Kompetenzverteilung im Einzelnen ergibt sich dann aus Art. 71 bis 74 GG, die insbesondere in den Art. 73 und 74 GG in umfangreichen Katalogen dem Bund Gesetzgebungsbefugnisse verleihen. Tatsächlich hat der Bund im Laufe der Zeit den bedeutenderen Anteil an Gesetzgebungszuständigkeiten zugewiesen bekommen. Im Ergebnis verblieben den Ländern nur noch in wenigen Bereichen eigene Zuständigkeiten, und zwar vor allem für das

- Landesverfassungsrecht
- Kultur- und Schulwesen
- Kommunalrecht
- Polizeirecht und Ordnungsrecht

Da viele Gesetze, die in die Gesetzgebungskompetenz des Bundes fallen, zumindest auch Regelungen zur Art ihrer Ausführung enthalten und die Ausführung durch die Verwaltungen der Städte und Gemeinden in den Ländern übernommen wurden, waren viele dieser Gesetze zustimmungspflichtig. Sie konnten damit nicht ohne die Zustimmung des

Bundesrates verabschiedet werden. Im Laufe der Zeit entstand eine Blockadesituation, die letztlich dazu führte, eine grundlegende Föderalismusreform in Angriff zu nehmen. Am 1. September 2006 trat diese Föderalismusreform in Kraft. Eine wesentliche Folge der zugrunde liegenden Grundgesetzänderung war, dass die Gesetzgebungszuständigkeit des Bundes, die ursprünglich in drei verschiedene Bereiche gegliedert war, und zwar in die ausschließliche, die konkurrierende und die Rahmengesetzgebung, reformiert wurde. Nunmehr ist eine Rahmengesetzgebung, die dem Bund für einzelne im Art. 75 GG genannte Themenkomplexe die Befugnis einräumte, Rahmenvorschriften zu erlassen, die dann durch Landesgesetze ausgefüllt werden mussten, nicht mehr vorgesehen. Nach der Föderalismusreform gibt es nur noch Bereiche der ausschließlichen sowie der konkurrierenden Gesetzgebung.

Im Bereich der **ausschließlichen Gesetzgebung** haben die Länder nach Art. 71 GG die Befugnis zur Gesetzgebung nur, wenn und soweit sie hierzu in einem Bundesgesetz ausdrücklich ermächtigt werden. Die Themenbereiche, für die der Bund die ausschließliche Gesetzgebung innehat, werden unter anderem in Art. 73 GG aufgeführt. Dies sind beispielsweise die auswärtigen Angelegenheiten sowie Verteidigung und Schutz der Zivilbevölkerung, die Staatsangehörigkeit im Bund, das Währungswesen und andere damit im Zusammenhang stehende Bereiche, das Waffen- und Sprengstoffrecht oder das Dienstrecht für die Bundesbeamten. Allen Themenbereichen ist gemeinsam, dass sie entweder nur den Bund betreffen (z. B. Staatsangehörigkeit des Bundes) oder dass die entsprechende Materie eine einheitliche Regelung für den gesamten Bundesstaat erfordert (z. B. Währungswesen). Weitere Kompetenzregelungen gibt es verstreut im gesamten Grundgesetz. So bestimmt z. B. Art. 21 Abs. 5 GG, dass Bundesgesetze das Nähere zum Parteienrecht regeln. Damit ist dem Bund auf diesem Gebiet die Gesetzgebungsbefugnis übertragen worden.

Im Bereich der **konkurrierenden Gesetzgebung** haben die Länder die Befugnisse, solange und soweit der Bund von seinem Gesetzgebungsrecht keinen Gebrauch macht. Die Themenbereiche für die konkurrierende Gesetzgebung sind in dem Katalog des Art. 74 GG festgehalten. Nach Inkrafttreten der Föderalismusreform regelt Art. 72 Abs. 2 GG für zehn in Art. 74 Abs. 1 GG genannte Bereiche, dass der Bund das Recht zur Gesetzgebung hat, wenn und soweit die Herstellung gleichwertiger Lebensverhältnisse im Bundesgebiet oder die Wahrung der Rechts- oder Wirtschaftseinheit im gesamtstaatlichen Interesse eine bundesgesetzliche Regelung erfordern. Die Themenbereiche betreffen unter anderem das Aufenthalts- und Niederlassungsrecht der Ausländer oder die Regelung der Ausbildungsbeihilfen und die Förderung der wissenschaftlichen Forschung. In diesen Bereichen muss somit die Herstellung gleichwertiger Lebensverhältnisse oder die Wahrung der Rechts- und Wirtschaftseinheit die bundesgesetzliche Regelung erfordern, damit der Bund sein Gesetzgebungsrecht ergreifen kann. Die anderen Themenbereiche aus dem Katalog des Art. 74 GG erfordern diese Voraussetzung nicht. Daraus folgt, dass das Grundgesetz die zuletzt genannten Bereiche von vornherein als Bundesangelegenheit ansieht. Dies sind zum Beispiel das bürgerliche Recht und das Strafrecht, das Personenstandswesen oder das Vereinsrecht.

Eine weitere Neuerung im Rahmen der Föderalismusreform ist die Regelung des Art. 72 Abs. 3 GG. Für speziell dort genannte Bereiche können die Länder, nachdem der Bund von seiner Gesetzgebungskompetenz Gebrauch gemacht hat, abweichende Regelungen treffen. Derartige landesgesetzliche Regelungen sind beispielsweise möglich über das Jagdwesen (ohne das Recht der Jagdscheine) oder über die Raumordnung. Bundesgesetze auf diesen Gebieten treten grundsätzlich frühestens sechs Monate nach ihrer Verkündung in Kraft. Außerdem regelt Art. 72 Abs. 3 Satz 3 GG, dass das jeweils spätere Gesetz dem früheren vorgeht.

Das in der *Ausgangssituation* angesprochene Atomgesetz ist ein Bundesgesetz. Die Gesetzgebungsbefugnis des Bundes ergibt sich aus Art. 73 Abs. 1 Nr. 14 GG, also aus einem Bereich der ausschließlichen Gesetzgebung.

Die Grundzüge der Verteilung der Gesetzgebungsbefugnisse werden im folgenden Schaubild dargestellt:

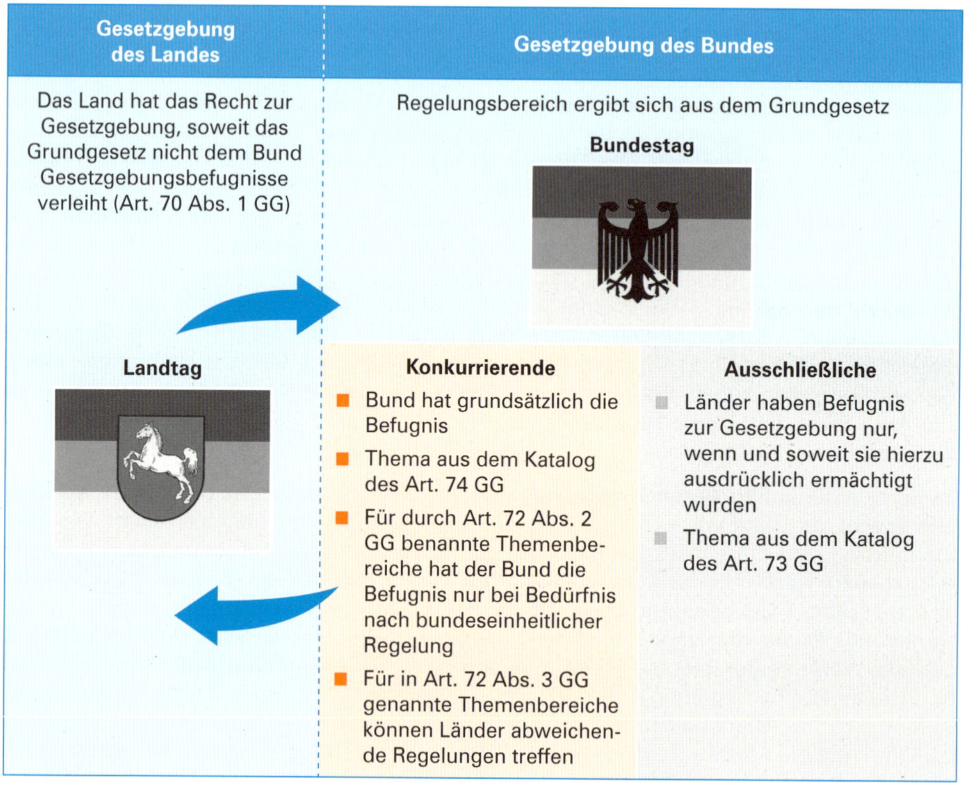

Verwaltungskompetenzen

Für den Bereich der Exekutive enthält das Grundgesetz in den Art. 83 bis 91 GG Regelungen zur Kompetenzverteilung. Dabei geht es um die Frage, wer die Bundesgesetze ausführt, da die Landesgesetze – wie bereits aus dem Bundesstaatsprinzip folgt – von jedem Bundesland in eigener Zuständigkeit ausgeführt werden.

Die grundsätzliche Kompetenzverteilung für die Ausführung von Bundesgesetzen ist in Art. 83 GG festgelegt.

§

Art. 83 GG

„Die Länder führen die Bundesgesetze als eigene Angelegenheit aus, soweit dieses Grundgesetz nichts anderes bestimmt oder zulässt."

Ähnlich wie bei der Verteilung der Gesetzgebungskompetenz besteht somit der Grundsatz, dass die Länder für die Ausführung der Bundesgesetze zuständig sind und dass sie sie als **eigene Angelegenheit** ausführen.

Ausnahmen von diesem Grundsatz sieht das Grundgesetz in zweierlei Hinsicht vor. Für einzelne Bereiche wird geregelt, dass die Länder Bundesgesetze im Auftrag des Bundes ausführen. Diese sog. **Bundesauftragsverwaltung** gilt unter anderem für den Schutz der Zivilbevölkerung (Art. 87b Abs. 2 GG), für die Ausführung des Atomgesetzes (Art. 87c GG), für Aufgaben der Luftverkehrsverwaltung (Art. 87d Abs. 2 GG), für die Verwaltung der Bundeswasserstraßen (Art. 89 Abs. 2 Satz 3 GG) sowie für die Verwaltung der Bundesfernstraßen (Art. 90 Abs. 3 GG). Art. 104a Abs. 3 Satz 2 GG regelt schließlich, dass Leistungsgesetze, bei denen der Bund mehr als die Hälfte der Ausgaben trägt, im Auftrag des Bundes ausgeführt werden.

Weiterhin sieht das Grundgesetz beispielsweise für die in Art. 87 GG genannten Bereiche die **bundeseigene Verwaltung,** das heißt, die Verwaltung durch Bundesbehörden, vor. Gegenstände bundeseigener Verwaltung sind z.B. der Auswärtige Dienst, die Bundesfinanzverwaltung, die Bundeswehrverwaltung (Art. 87b Abs. 1 GG) und andere.

Die **Grundsätze der Verteilung der Verwaltungskompetenzen** werden durch das folgende Schaubild dargestellt:

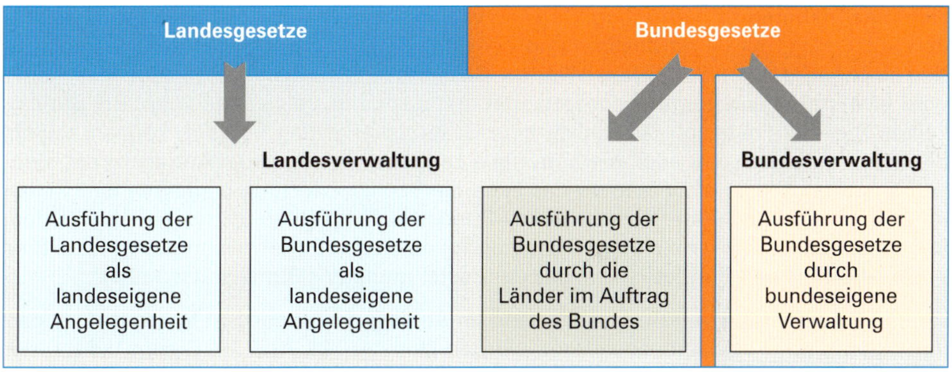

Wie aus dem Schaubild deutlich wird, werden die meisten Gesetze des Bundes durch die Landesverwaltungen ausgeführt, und zwar entweder als eigene Angelegenheit der Länder oder im Auftrag des Bundes. Dabei entsteht die Frage, worin die Unterschiede der Verwaltungstypen bestehen und welche Einwirkungsmöglichkeiten der Bund auf die Durchführung seiner Gesetze hat.

Die Ausführung der Bundesgesetze durch die Länder als **landeseigene Angelegenheit** unterscheidet sich von der Ausführung der Landesgesetze nur insofern, dass die Gesetze von unterschiedlichen Gesetzgebern stammen. Gem. Art. 84 Abs. 1 GG regeln die Länder – wie bei der Ausführung ihrer Landesgesetze – sowohl die Einrichtung der Behörden als auch das Verwaltungsverfahren zur Durchführung dieser Gesetze selbst.

Nach Ipsen[1] lässt sich die Regelung des Art. 84 GG verkürzt wie folgt ausdrücken:

„Der Bund (bestimmt) das ‚Was' – also das materielle Recht – ..., während die Länder das ‚Wer' – die Behördenorganisation – und das ‚Wie' – das Verwaltungsverfahren – regeln."

1 Ipsen, Jörn (2016), Rd. Nr. 616.

Im Zusammenhang mit der Föderalismusreform gibt es auch wesentliche Änderungen zu Art. 84 GG. Nach früherem Recht ließ Art. 84 Abs. 1 GG die Möglichkeit zu, dass der Bund durch Bundesgesetz, das der Zustimmung des Bundesrates bedurfte, Regelungen über die Einrichtung und das Verwaltungsverfahren trifft. Derartige Verfahrensvorschriften fanden sich häufig in Bundesgesetzen, sodass diese zustimmungsbedürftig wurden. Oftmals wurden diese Gesetze aber im Bundesrat durch die Länder blockiert. Um solche Blockadesituationen aufzulösen, regelt Art. 84 Abs. 1 GG nunmehr, dass die Länder für Bundesgesetze, die die Einrichtung und das Verwaltungsverfahren regeln, eigene abweichende Regelungen treffen können. Haben die Länder von dieser Einflussmöglichkeit Gebrauch gemacht, treten weitere bundesgesetzliche Regelungen zu dieser Materie erst nach einer Verzögerung von sechs Monaten in Kraft. In dieser Zeit haben die Länder die Möglichkeit, zu entscheiden, ob sie wiederum eigene landesgesetzliche Vorschriften erlassen wollen. Auch beim Verwaltungsverfahren gilt: Das jüngere Gesetz hat Vorrang vor dem älteren. Nur in Ausnahmefällen kann der Bund das Verwaltungsverfahren bei einem Bedürfnis nach einer bundeseinheitlichen Regelung ohne Abweichungsmöglichkeit der Länder regeln.

Die Überwachung des Gesetzesvollzugs beschränkt sich gem. Art. 84 Abs. 3 GG für den Bund auf eine **Rechtsaufsicht,** d.h. auf die Aufsicht darüber, dass die Länder die Bundesgesetze dem geltenden Recht entsprechend ausführen.

Dem Bund stehen dafür gem. Art. 84 Abs. 3 Satz 2, Abs. 4 und 5 GG verschiedene **Aufsichtsmaßnahmen** zur Verfügung. So kann er Beauftragte zu den obersten Landesbehörden entsenden, mit deren Zustimmung oder mit Zustimmung des Bundesrates auch zu den nachgeordneten Behörden. Werden Gesetzesverletzungen festgestellt, das heißt, wird eine sog. Mängelrüge ausgesprochen, hat das Land sie zu beseitigen. Bei Streitigkeiten über die Frage, ob tatsächlich eine Gesetzesverletzung vorliegt, können sowohl die Bundesregierung als auch die betroffene Landesregierung einen Antrag an den Bundesrat stellen. Dieser stellt fest, ob das Land die Rechtsverletzung begangen hat. Gegen den Beschluss des Bundesrates kann das Bundesverfassungsgericht angerufen werden. In besonderen Fällen kann die Bundesregierung dem Land Einzelweisungen erteilen. Dies geschieht durch ein Bundesgesetz, das der Zustimmung des Bundesrates bedarf.

Auch die Ausführung von Bundesgesetzen **im Auftrag** des Bundes ist Sache der Länderverwaltung, d.h., die Landesbehörden werden gem. Art. 85 Abs. 1 GG zum Vollzug der entsprechenden Gesetze tätig und die Einrichtung der Behörden bleibt grundsätzlich Angelegenheit der Länder. Im Unterschied zur Ausführung von Bundesgesetzen als eigene Angelegenheit der Länder hat der Bund jedoch stärkere Einwirkungsrechte auf die Länder. Dies ergibt sich aus Art. 85 Abs. 4 Satz 1 GG der die Aufsicht des Bundes bei diesem Verwaltungstyp nicht auf die Gesetzmäßigkeit des Gesetzesvollzugs beschränkt, sondern dem Bund auch die Aufsicht über die Zweckmäßigkeit des Gesetzesvollzugs überträgt. Es handelt sich damit um eine **Fachaufsicht.**

Bei den **Aufsichtsmaßnahmen** hat der Bund zudem stärkere Einwirkungsrechte. So ist es ihm möglich, einen Beauftragten zu allen Behörden zu entsenden, ohne dass es einer Zustimmung der obersten Landesbehörden bedarf. Außerdem unterstehen die Landesbehörden den Weisungen der zuständigen obersten Bundesbehörden. Die Weisungen sind – außer in dringlichen Fällen – an die oberste Landesbehörde zu richten, die den Vollzug sicherzustellen hat. Verstärkte Einwirkungsmöglichkeiten für den Bund ergeben sich auch daraus, dass die Bundesregierung gem. Art. 85 Abs. 2 Satz 2 und 3 GG die einheitliche Ausbildung der Beamten und Angestellten regeln kann und die Leiter der Mittelbehörden im Einvernehmen mit der Bundesregierung zu bestellen sind.

Einen Vergleich der verschiedenen Einwirkungsmöglichkeiten beim Vollzug der Bundesgesetze durch die Länder ermöglicht das folgende Schaubild:

	Verwaltung von Bundesgesetzen als eigene Angelegenheit Art. 84 GG	Verwaltung von Bundesgesetzen im Auftrag des Bundes Art. 85 GG
Verwaltungsorganisation und Verwaltungsverfahren	Grundsätzlich durch das Land	Grundsätzlich durch das Land
Aufsicht	Rechtsaufsicht	Fachaufsicht
Aufsichtsmaßnahmen	■ Entsendung eines Beauftragten an die oberste Landesbehörde ■ Mängelrüge (bei fehlender Mängelbeseitigung → Antrag an den Bundesrat) ■ Einzelweisungen nur für besondere Fälle und nur durch zustimmungsbedürftiges Bundesgesetz	■ Entsendung eines Beauftragten an die oberste Landesbehörde ■ Bericht ■ Aktenvorlage ■ Weisungen gegenüber obersten Landesbehörden, in dringlichen Fällen auch gegenüber untergeordneten Behörden
Weitere Einwirkungsmöglichkeiten des Bundes		■ Regelung der einheitlichen Ausbildung der Beamten und Angestellten ■ Bestellung der Leiter der Mittelbehörden im Einvernehmen mit dem Bund

Für den Bereich der Ausführung von Bundesgesetzen in **bundeseigener Verwaltung** regelt die Bundesregierung gem. Art. 86 GG grundsätzlich die Einrichtung der Behörden. Das Grundgesetz lässt drei verschiedene Organisationsformen der bundeseigenen Verwaltung zu. Zum einen können Bundesgesetze durch bundeseigene Verwaltung mit eigenem Verwaltungsunterbau vollzogen werden. Hierbei handelt es sich – ähnlich wie bei vielen Ländern – um einen mehrstufigen Behördenaufbau:

- **Oberste Bundesbehörden**
  z. B.: Bundespräsidialamt, Bundeskanzleramt, Bundesministerien usw.
- **Obere Bundesbehörden**
  z. B.: Bundeskriminalamt, Bundesnetzagentur, Bundesamt für Verfassungsschutz usw.
- **Bundesmittelbehörden**
- **Bundesunterbehörden**
  z. B.: Bundeswehrdienstleistungszentrum, Hauptzollämter usw.

Außerdem ergibt sich aus Art. 87 GG, dass Bundesgesetze durch bundesunmittelbare Körperschaften und Anstalten des öffentlichen Rechts ausgeführt werden können. Hierbei handelt es sich um juristische Personen, d. h. um Organisationen, die Träger von Rechten und Pflichten sein können, die unter der Rechtsaufsicht des Bundes stehen. Es sind bundesunmittelbare Verwaltungsträger, weil ihre Entstehung unmittelbar durch den Bund veranlasst wurde. Da der Bund die Aufgaben jedoch nicht selbst erledigt, sondern durch einen selbstständigen Verwaltungsträger erledigen lässt, liegt ein Fall der mittelbaren Bundesverwaltung vor. Dieser Typ der bundeseigenen Verwaltung findet sich vor allem im

Bereich des Sozialversicherungsrechts. Als Beispiel wäre die Bundesagentur für Arbeit anzuführen.

Schließlich sieht Art. 87 GG die Möglichkeit vor, Bundesgesetze durch Bundesoberbehörden zu vollziehen. Bundesoberbehörden sind Behörden, die unterhalb der Ministerien angesiedelt sind und keine eigene Rechtsfähigkeit besitzen. Ein Beispiel für eine Bundesoberbehörde wäre das Statistische Bundesamt.

Die verschiedenen Verwaltungstypen der bundeseigenen Verwaltung sollen durch das folgende Schaubild verdeutlicht werden:

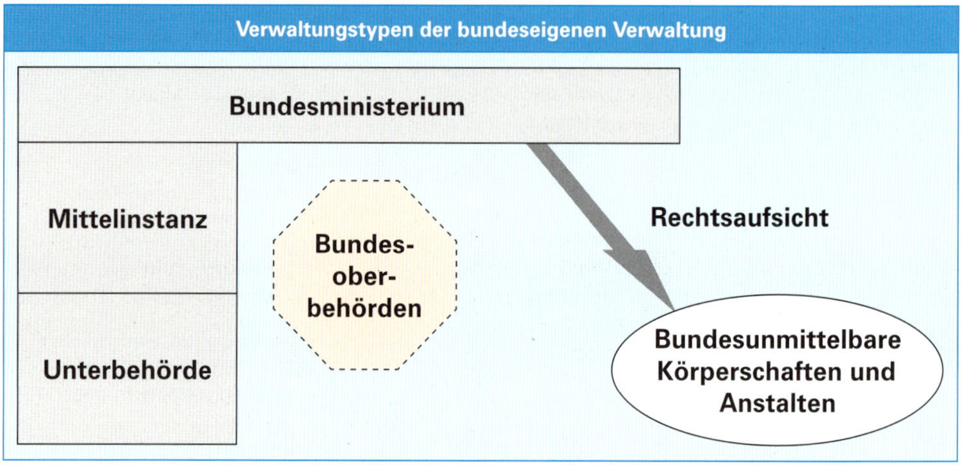

Rechtsprechungskompetenzen

§ **Art. 92 GG**

„Die rechtsprechende Gewalt ist den Richtern anvertraut; sie wird durch das Bundesverfassungsgericht, durch die in diesem Grundgesetze vorgesehenen Bundesgerichte und durch die Gerichte der Länder ausgeübt."

Die Befugnis zur Rechtsprechung steht dem Bund nur insoweit zu, als das Grundgesetz ausdrücklich Bundesgerichte vorsieht. Im Übrigen wird die Rechtsprechung durch die Gerichte der Länder erledigt.

Gemäß Art. 95 Abs. 1 GG sind folgende **Bundesgerichte** vorgesehen:

- Bundesgerichtshof
- Bundesverwaltungsgericht
- Bundesfinanzhof
- Bundesarbeitsgericht
- Bundessozialgericht

Nach Art. 96 GG hat der Bund zudem das Recht, für weitere dort genannte Angelegenheiten Bundesgerichte einzurichten.

Homogenitätsprinzip

§ **Art. 28 GG**

„(1) Die verfassungsmäßige Ordnung in den Ländern muss den Grundsätzen des republikanischen, demokratischen und sozialen Rechtsstaates im Sinne dieses Grundgesetzes entsprechen."

Die Länder haben zwar grundsätzlich die Freiheit, ihre verfassungsmäßige Ordnung selbst zu gestalten. Die wesentlichen Staatsorganisationsmerkmale, die für den Bund gelten, werden gemäß Art. 28 Abs. 1 Satz 1 GG allerdings auch für die Bundesländer vorgeschrieben. Auch diese müssen damit den Grundsätzen des republikanischen, demokratischen und sozialen Rechtsstaats entsprechen. Nach Art. 28 Abs. 3 GG gewährleistet der Bund, dass die verfassungsmäßige Ordnung der Länder den Grundrechten und den zuvor genannten grundlegenden Staatsprinzipien entspricht.

Bundesrecht bricht Landesrecht

Vor allem im Bereich der konkurrierenden Gesetzgebung besteht die Möglichkeit, dass sowohl der Bund als auch die Länder in verfassungsrechtlich einwandfreier Weise themenidentische, aber inhaltlich einander widersprechende Regelungen treffen. Für diesen Fall räumt Art. 31 GG dem Bundesrecht Vorrang ein.

Art. 31 GG ist eine der Regelungen zum Rangverhältnis der Rechtsnormen, die bei Normwidersprüchen im Zusammenhang mit der Anwendung des Rechts zu beachten sind und wird daher in *Lernarrangement 13* nochmals aufgegriffen.

§ **Art. 31 GG**

„Bundesrecht bricht Landesrecht."

Pflicht zu bundesfreundlichem Verhalten

Bei der Pflicht zu bundesfreundlichem Verhalten, auch Bundestreue genannt, handelt es sich um einen ungeschriebenen Grundsatz der gegenseitigen Rücksichtnahme, Zusammenarbeit und Verständigung. Der Grundsatz gilt sowohl im Verhältnis zwischen Bund und Ländern und zwischen den Ländern und dem Bund als auch zwischen den Ländern untereinander.

Das Bundesverfassungsgericht hat bereits in einer seiner ersten Entscheidungen dazu Folgendes ausgeführt:

„Dem bundesstaatlichen Prinzip entspricht ... die verfassungsrechtliche Pflicht, dass die Glieder des Bundes sowohl einander als auch dem größeren Ganzen und der Bund den Gliedern die Treue halten und sich verständigen. Der im Bundesstaat geltende verfassungsrechtliche Grundsatz des Föderalismus enthält deshalb die Rechtspflicht des Bundes und aller seiner Glieder zu ‚bundesfreundlichem Verhalten'; d. h. alle an dem verfassungsrechtlichen ‚Bündnis' Beteiligten sind gehalten, dem Wesen dieses Bündnisses entsprechend zusammenzuwirken und zu seiner Festigung und zur Wahrung seiner und der wohlverstandenen Belange seiner Glieder beizutragen ..."[1]

1 BVerfGE 1, 299 (315).

Dieser Grundsatz verpflichtet somit die einzelnen Glieder des Bundesstaates, sich gegenseitig abzustimmen, aufeinander Rücksicht zu nehmen und zusammenzuarbeiten. Das Gebot der Rücksichtnahme beinhaltet auch, dass die einzelnen Glieder des Bundesstaates es unterlassen, rechtsmissbräuchlich die ihnen zustehenden Kompetenzen auszuüben. Andererseits kann die Pflicht zu bundesfreundlichem Verhalten auch konkrete Handlungspflichten begründen. So sind die Länder zum Beispiel verpflichtet, vom Bund geschlossene völkerrechtliche Verträge zu beachten. Im Verhältnis zur Europäischen Union haben die Länder daher die Verpflichtung, das Gemeinschaftsrecht ordnungsgemäß durchzuführen.

In dem *zu Beginn geschilderten atomrechtlichen Genehmigungsverfahren* hat sich das betroffene Land N darauf berufen, die Weisung verstoße gegen den Grundsatz des bundesfreundlichen Verhaltens, aus dem sich ergebe, dass der Bund bei Weisungen das Interesse des Landes, in diesem Fall selbst eine Entscheidung zu treffen, berücksichtigen müsse. Das Bundesverfassungsgericht[1] hat hergeleitet, dass der Bund zwar grundsätzlich die Pflicht hat, vor Weisungserlass dem Land Gelegenheit zur Stellungnahme zu geben und dessen Standpunkt zu erwägen. Gleichwohl enthält der Grundsatz nicht die Pflicht, in einer streitigen Angelegenheit das Einvernehmen mit dem Land herzustellen oder Rücksicht auf das Landesinteresse zu nehmen, die Sachentscheidung selbst zu treffen. Da die streitige Angelegenheit zwischen dem Bund und dem Land N in mehreren Gesprächen und einem ausgedehnten Schriftwechsel erörtert worden war, ist keine Verletzung des Grundsatzes des bundesfreundlichen Verhaltens festzustellen.

Bundeszwang

Da die Bundesländer nach dem Grundgesetz gegenüber dem Bund eine Fülle von Pflichten zu erfüllen haben, stellt sich die Frage, wie vorzugehen ist, wenn ein Land seine Bundespflichten nicht erfüllt. Für Streitfälle gibt Art. 37 GG dem Bund die Möglichkeit, im Wege des Bundeszwanges gegen das Land vorzugehen. Derartige Maßnahmen sind bislang in der Bundesrepublik allerdings noch nicht ergriffen worden.

§ **Art. 37 GG**

„(1) Wenn ein Land die ihm nach dem Grundgesetze oder einem anderen Bundesgesetze obliegenden Bundespflichten nicht erfüllt, kann die Bundesregierung mit Zustimmung des Bundesrates die notwendigen Maßnahmen treffen, um das Land im Wege des Bundeszwanges zur Erfüllung seiner Pflichten anzuhalten."

Voraussetzungen für den **Bundeszwang** sind:

- Nichterfüllung einer dem Land nach dem Grundgesetz oder einem Bundesgesetz obliegenden Bundespflicht
- Beschluss der Bundesregierung
- Zustimmung des Bundesrates

Nach Art. 37 GG kann die Bundesregierung die **notwendigen Maßnahmen** treffen. Dies wären beispielsweise Weisungen an das Land, Ausübung finanziellen oder wirtschaftlichen Drucks, etwa durch Einstellung von Finanzhilfen, die Entsendung eines Bundeskommissars oder die Ersatzvornahme der entsprechenden Handlung. Die Anwendung des Bundeszwangs hat im Rahmen der Verhältnismäßigkeit zu erfolgen.

1 BVerfGE 81, 310 (337).

Übungen

1. Folgende Aussagen sind nicht korrekt. Wie ist es richtig?
   a) In der Bundesrepublik Deutschland werden die Kompetenzen zwischen dem Bund und den Ländern wie folgt aufgeteilt:
      - Die Länder haben für einzelne Bereiche wie das Landesverfassungrecht, das Kommunalverfassungsrecht, das allgemeine Gefahrenabwehrrecht ausdrücklich Kompetenzen zugewiesen bekommen. Darüber hinaus ist der Bund für alle anderen Bereiche zuständig.
      - Der Bund führt seine Gesetze aus, die Länder ihre. Dazu haben beide jeweils eigene Verwaltungsstrukturen errichtet.
      - Die Gerichte der Länder befassen sich mit Rechtsfragen, die das Landesrecht betreffen, die des Bundes mit Rechtsfragen des Bundesrechts.

   b) Die Bundesaufsicht hat zur Aufgabe, die Verwaltungen der Länder im Hinblick auf Gesetzesverstöße zu überwachen. Wenn der Bund einen Gesetzesverstoß feststellt, kann er das Land anweisen, wie es zukünftig rechtmäßig vorgehen soll.

   c) Wenn es bei der Ausführung der Bundesgesetze zu unterschiedlichen Ansichten zwischen dem Bund und den Ländern kommt, hat der Bund aus dem Grundsatz des bundesfreundlichen Verhaltens die Pflicht, auf die Landesinteressen einzugehen und Einvernehmen mit den Ländern herzustellen, da diese die Entscheidung nach außen hin auch vertreten müssen.

2. Wer hat die Gesetzgebungskompetenz für die folgenden Gesetze? Geben Sie jeweils die einschlägige verfassungsrechtliche Kompetenzregelung für die Themenbereiche an:
   a) Ausländerrecht
   b) Beamtengesetz
   c) Feiertagsgesetz
   d) Kommunalverfassungsrecht
   e) Naturschutzgesetz
   f) Straßenrecht
   g) Straßenverkehrsrecht
   h) Telekommunikationsgesetz
   i) Vereinsgesetz
   j) Wahlgesetz
   k) Zivildienstgesetz

Zum Nachschlagen

Art. 20 Abs. 1 GG,
Art. 28 Abs. 1 GG,
Art. 30 GG,
Art. 31 GG,
Art. 37 GG,
Art. 70–74 GG,
Art. 83–87 d GG,
Art. 89 GG,
Art. 90 GG,
Art. 92–96 GG und
Art. 105 GG.

Beispiele:	**Wovon zu unterscheiden:**
■ USA (Bundesstaat) ■ Österreich (Bundesstaat) ■ Benelux (Staatenbund) ■ Italien (Einheitsstaat)	■ Staatenbund ■ Einheitsstaat
Hilfen zum Einprägen:	**Definition:**
Das Grundgesetz weist dem Bund ausdrücklich bestimmte Kompetenzen zu. Für die Kompetenzen der Länder enthält es eine Zuständigkeitsvermutung.	Bundesstaat ist ein Zusammenschluss von Staaten zu einem souveränen Staat, ohne dass die Gliedstaaten ihre Staatsqualität einbüßen.

Lernarrangement 5

Sozialstaatsprinzip definieren

Leitfragen

1. Was versteht man unter dem Sozialstaatsprinzip des Grundgesetzes?
2. Welche Bedeutung hat das Sozialstaatsprinzip im täglichen Leben?

Durch das Arrangement abgedeckte Inhalte des Rahmenlehrplans:

✓ Verfassungsprinzipien der Bundesrepublik Deutschland

Methodische Hinweise zur Erarbeitung des Lernarrangements:

Gruppenarbeit: Die einzelnen Gruppen könnten sich bei den verschiedenen örtlich vorhandenen Ämtern über die von diesen gewährten Sozialleistungen (etwa Hilfe zum Lebensunterhalt, BAföG, Arbeitslosengeld, Rente etc.) informieren und Informationsmaterial sowie Anträge mitbringen. Das Material könnte zu einem späteren Zeitpunkt im Zusammenhang mit dem Ablauf eines Verwaltungsverfahrens für ein Rollenspiel verwendet werden.

LA 5 Ausgangssituation

Sie kennen bereits das Demokratie-, Rechtsstaats- und Bundesstaatsprinzip. Ihnen ist aus der Zeitung und aus anderen Medien bekannt, dass die Bundesrepublik Deutschland ein Sozialstaat ist.

Lesen Sie zunächst nachfolgenden Auszug aus dem Sozialbericht der Bundesregierung:

„[. ..] Schon der traditionelle Sozialstaat, wie er sich unter der Ägide des Grundgesetzes seit 1949 entwickelt hatte, war nie nur auf die bloße Absicherung der existenziellen Lebensrisiken wie Krankheit, Invalidität, Pflegebedürftigkeit, Alter oder Arbeitslosigkeit beschränkt. Er bot von seinem Anspruch her immer ein ‚Mehr' im Sinne der Gestaltung und Führung eines menschenwürdigen Lebens. Dazu gehörte wesentlich, dass er zu Bedarfsgerechtigkeit und Chancengleichheit beizutragen suchte. Die Mittel, derer er sich hierzu bediente, bestanden insbesondere in der Verteilung von Ressourcen: Sozialstaat in diesem Sinne bestand wesentlich in der Sicherung von Verteilungsgerechtigkeit.

Daneben dehnte sich in den vergangenen Jahrzehnten das, was unter Sozialstaat bzw. Sozialleistungen begriffen wurde, auf immer weitere Bereiche jenseits der herkömmlichen Sozialversicherungs- und Fürsorgesysteme aus. Denn zunehmend wurden die jeweiligen Wechselbezüge beispielsweise von Bildungs-, Gleichstellungs- und Familienpolitik in den sozialen Lebenslagen der Bürgerinnen und Bürger in den Blick genommen. An dieser Expansion des Sozialstaatsverständnisses waren alle gesellschaftlichen und politischen Kräfte beteiligt, die dem Sozialstaat neue Themenfelder zuwiesen.

In Deutschland stand lange die gerechte Verteilung von Ressourcen im Vordergrund sozialpolitischen Handelns. Die gegenwärtigen Herausforderungen haben jedoch die Struktur vor allem des von den Sozialversicherungen geprägten Sozialstaats – insbesondere in den Bereichen Rente, Gesundheit und Arbeitsförderung – an die Grenzen ihrer Belastungsfähigkeit geführt; besonders vor dem Hintergrund, dass zu hohe Lohnnebenkosten Beschäftigung behindern. [. ..]

Sozialpolitik muss diesen veränderten Rahmenbedingungen, die für weite Teile der Bevölkerung Chancen, aber auch Risiken mit sich bringen, flexibel begegnen. [. ..]"

Quelle: 14. Sozialbericht der Bundesregierung (2005), S. 3f.

4 Schäfer u.a. - ISBN 978-3-8120-0439-8

Theoretische Grundlagen

Nach Art. 20 Abs. 1 GG ist

> §
> „Die Bundesrepublik Deutschland ... ein demokratischer und sozialer Bundesstaat“

und Art. 28 Abs. 1 GG schreibt vor, dass

> §
> „die verfassungsmäßige Ordnung in den Ländern ... den Grundsätzen des ... sozialen Rechtsstaats entsprechen“

muss.

Inhalte des Sozialstaatsprinzips

Das Sozialstaatsprinzip des Grundgesetzes ist nicht lediglich ein unverbindlicher Programmsatz, sondern verpflichtet den Staat, „durch aktive Sozialgestaltung für einen Ausgleich der sozialen Gegensätze und damit für eine gerechte Sozialordnung zu sorgen.“[1]

Aus dem Sozialstaatsprinzip wird die staatliche Gewalt somit verpflichtet, soziale Gerechtigkeit herzustellen und durch Gewährleistung von Mindestbedingungen zu erhalten. Der Begriff des Sozialstaats ist weit und unbestimmt und die Frage, was alles zu einer erforderlichen sozialen Grundsicherung gehört, unterliegt einer ständigen Veränderung.

Damit ist die Bestimmung, wie das Ziel der sozialen Gerechtigkeit erreicht wird, der politischen Entscheidung des Gesetzgebers vorbehalten.

Der Gesetzgeber hat die Aufgaben des Sozialgesetzbuches in § 1 Abs. 1 SGB I wie folgt beschrieben:

> §
> **§ 1 Abs. 1 SGB I**
>
> „Das Recht des Sozialgesetzbuchs soll zur Verwirklichung sozialer Gerechtigkeit und sozialer Sicherheit Sozialleistungen einschließlich sozialer und erzieherischer Hilfen gestalten. Es soll dazu beitragen,
>
> - ein menschenwürdiges Dasein zu sichern,
> - gleiche Voraussetzungen für die freie Entfaltung der Persönlichkeit, insbesondere auch für junge Menschen, zu schaffen,
> - die Familie zu schützen und zu fördern,
> - den Erwerb des Lebensunterhalts durch eine frei gewählte Tätigkeit zu ermöglichen und
> - besondere Belastungen des Lebens, auch durch Hilfe zur Selbsthilfe, abzuwenden oder auszugleichen.“

---

1 BVerfGE 59, 231 (263).

Beispiel: Sozialhilfe

Heutzutage gehören Kühlschränke oder Fernsehgeräte zum unteren Lebensstandard und damit zum notwendigen Lebensbedarf. Im Hinblick auf die Ausstattung eines Haushalts mit einem Fernsehgerät hat das Bundesverwaltungsgericht[1] entschieden, dass es auch gerade angesichts der hohen Anschaffungsdichte in Haushalten mit geringem Einkommen durchaus zum notwendigen Bedarf gehört.

Dieses Beispiel zeigt anschaulich, dass sich die Bedürfnisse in der Gesellschaft, aber auch die Leistungsfähigkeit des Staates ständig wandeln, sodass die Ausfüllung des Sozialstaatsprinzips einen fortlaufenden Prozess darstellt.

Bedeutung des Sozialstaatsprinzips für die Staatsgewalten

In erster Linie ist daher der Gesetzgeber gefordert, durch Erlass von entsprechenden Gesetzen das Sozialstaatsprinzip zu verwirklichen. Bei der Frage, in welcher Form und mit welchen Mitteln der Gesetzgeber sozialstaatliche Ziele verwirklichen will, besteht weitgehende Freiheit. Der einzelne Bürger hat grundsätzlich keinen Anspruch darauf, dass der Gesetzgeber in einer bestimmten Weise tätig wird. Andererseits dürfen Gesetze nicht gegen das Sozialstaatsprinzip verstoßen.

Im Rahmen der Verwaltungstätigkeit spielt das Sozialstaatsprinzip vor allem bei der Ermessensausübung eine Rolle. Aber auch die Rechtsprechung ist bei der Auslegung der Gesetze daran gebunden.

Das Sozialstaatsprinzip kann für sich allein grundsätzlich nicht als Anspruchsgrundlage für die Gewährung staatlicher Leistungen herangezogen werden. Ein Anspruch auf eine finanzielle Zuwendung des Staates muss daher immer aus einer gesetzlichen Rechtsnorm hergeleitet werden, ein Anspruch aus einer Verfassungsnorm besteht nicht.

Ungeachtet dessen gibt es bereits im Grundrechtskatalog sozialstaatliche Bezüge. Dazu gehören:

- Schutz der Menschenwürde (Art. 1 Abs. 1 GG)
- Soziale Gleichheit (Art. 3 GG)
- Fürsorge für Familien, Mütter und Kinder (Art. 6 GG)
- Koalitionsfreiheit (Art. 9 Abs. 3 GG)
- Sozialpflichtigkeit des Eigentums (Art. 14 Abs. 2 GG)

Die Umsetzung der im Grundgesetz genannten sozialstaatlichen Bezüge in einfachgesetzliche Konkretisierungen wird beispielsweise in den folgenden Bereichen deutlich:

- Sozialversicherung
- Sozialhilfe
- Ausbildungsförderung
- Arbeitsrecht
- Privatrecht (z. B. Mieterschutz, Verbraucherschutz)
- Prozesskostenhilfe

1 BVerwGE NJW 98, S. 1967 f.

Angesichts der sich verändernden Rahmenbedingungen, etwa gewandelter Arbeitsbedingungen, neuer gesellschaftlicher Strukturen, der demographischen Entwicklung und auch der zunehmenden Globalisierung werden unterschiedliche Modelle diskutiert wie der Sozialstaat weiterentwickelt werden kann. Der eingangs auszugsweise erwähnte Sozialbericht der Bundesregierung enthält eine zusammenfassende Darstellung der Aufgaben und Probleme der Sozialpolitik. Die Bandbreite der sozialpolitischen Themen reicht von sozialen Aspekten der Arbeits- und Bildungspolitik über Sozialhilfe, Alterssicherung und Altersvorsorge, Gesundheit, Rehabilitation und Teilhabe behinderter Menschen, Familien- und Seniorenpolitik bis zur Wohnungs- und Städtebaupolitik. Dies verdeutlicht ebenfalls, wie vielfältig das gesellschaftliche Leben von sozialstaatlichen Vorkehrungen durchdrungen ist und welche Bedeutung das Sozialstaatsprinzip in Deutschland hat.

Übungen

1. Aus welchen Bestandteilen besteht das Sozialversicherungssystem für Arbeitnehmer?
2. Beobachten Sie eine Woche lang die Berichterstattung der örtlichen Presse: Welche der angeführten Berichte auf der Seite Politik haben einen Bezug zum Sozialstaatsprinzip? Worin besteht der Bezug?

Zum Nachschlagen

Art. 20 Abs. 1 GG,

Art. 28 Abs. 1 GG.

Beispiele:	**Wovon zu unterscheiden:**
■ Sozialversicherung ■ Sozialhilfe ■ Ausbildungsförderung ■ Arbeitsrecht ■ Privatrecht (z.B. Mieterschutz, Verbraucherschutz) ■ Prozesskostenhilfe	■ Kapitallebensversicherung ■ Gehalt/Arbeitslohn ■ Rechtsschutzversicherung
Hilfen zum Einprägen:	**Definition:**
Art. 20 Abs. 1 GG ist ■ Auslegungsregel ■ keine Anspruchsnorm	Verpflichtung des Staates zur Verwirklichung sozialer Gerechtigkeit und sozialer Sicherheit.

Lernarrangement 6

Verfassungsorgane unterscheiden

Leitfragen

1. Welche Verfassungsorgane gibt es nach dem Grundgesetz?
2. Wie setzen sie sich zusammen?
3. Welche Aufgaben erfüllen sie?

Durch das Arrangement abgedeckte Inhalte des Rahmenlehrplans:

✓ Verfassungsprinzipien der Bundesrepublik Deutschland

Methodische Hinweise zur Erarbeitung des Lernarrangements:

Möglich wäre, durch Auswertung einer aktuellen Zeitungsausgabe oder durch vorbereitete Presseartikel, die sich mit Gesetzesvorhaben des Bundes oder der Länder, mit dem Verwaltungshandeln, mit der Rechtsprechung oder anderen bundesstaatlich relevanten Themen befassen, die Verfassungsorgane kennenzulernen und dadurch das Verständnis über einzelne Verfassungsprinzipien zu vertiefen.

Weitere Informationen bietet das Internet unter den Homepages der einzelnen Verfassungsorgane.

LA 6 Ausgangssituation

Sie haben in den vorhergehenden Lernarrangements die grundlegenden Verfassungsprinzipien der Bundesrepublik Deutschland kennengelernt. Diese werden durch die Tätigkeit der vom Grundgesetz vorgesehenen Verfassungsorgane in der Praxis umgesetzt.

Lesen Sie zunächst nachfolgende Pressemitteilung:

Der Zweite Senat des Bundesverfassungsgerichts verhandelt am 23. Oktober 2002 über die Normenkontrollanträge gegen das Gesetz zur Steuerung und Begrenzung der Zuwanderung und zur Regelung des Aufenthalts und der Integration von Unionsbürgern und Ausländern (Zuwanderungsgesetz). Die Landes- bzw. Staatsregierungen von Baden-Württemberg, Bayern, Hessen, Saarland, Sachsen und Thüringen halten das Zuwanderungsgesetz für formell verfassungswidrig, weil es mangels Zustimmung des Bundesrates nicht zustande gekommen sei. Sie machen nicht geltend, dass der Inhalt des Gesetzes gegen die Verfassung verstoße.

Nach dem Grundgesetz können im Bundesrat die Stimmen eines Landes nur einheitlich und nur durch anwesende Mitglieder oder deren Vertreter abgegeben werden. Am 22. März 2002 wurde das Zuwanderungsgesetz vom Bundesrat verabschiedet. Nach Auffassung der Antragsteller sind die vier Stimmen des Landes Brandenburg nicht einheitlich abgegeben worden. Folglich sei die Stimmabgabe Brandenburgs ungültig. Der Bundesratspräsident hätte deshalb nicht feststellen dürfen, dass der Bundesrat dem Gesetz zugestimmt habe.

Der Bundespräsident hat das Zuwanderungsgesetz am 20. Juni 2002 ausgefertigt. Es ist am 25. Juni 2002 verkündet worden und soll am 1. Januar 2003 in Kraft treten.

Quelle: Pressemitteilung Nr. 84/2002 des BVerfG vom 1. Oktober 2002.

Theoretische Grundlagen

Nach dem Grundgesetz gibt es in der Bundesrepublik die folgenden Verfassungsorgane des Bundes:

- Bundestag, Art. 38ff. GG
- Bundesrat, Art. 50ff. GG
- Bundesregierung mit Bundeskanzler und Bundesministern, Art. 62ff. GG
- Bundespräsident mit Bundesversammlung, Art. 54ff. GG
- Bundesverfassungsgericht, Art. 94 GG

Entsprechend dem Grundsatz der Gewaltenteilung können die Verfassungsorgane den drei Gewalten zugeordnet werden. Allerdings ist dabei zu berücksichtigen, dass die Organe die Staatsfunktion der jeweiligen Gewalt, zu der sie zugeordnet werden können, nicht ausschließlich, sondern nur überwiegend erfüllen.

Bundestag

Der Bundestag ist das Parlament des Bundes. Es ist das einzige Staatsorgan im Bund, das direkt vom Volk gewählt wird. In der Wahlperiode des 19. Bundestages (2017 bis 2021) hat der Bundestag 709 Mitglieder. Die Sitzverteilung des 19. Bundestages ist aus dem nachfolgend abgedruckten Schaubild ersichtlich.

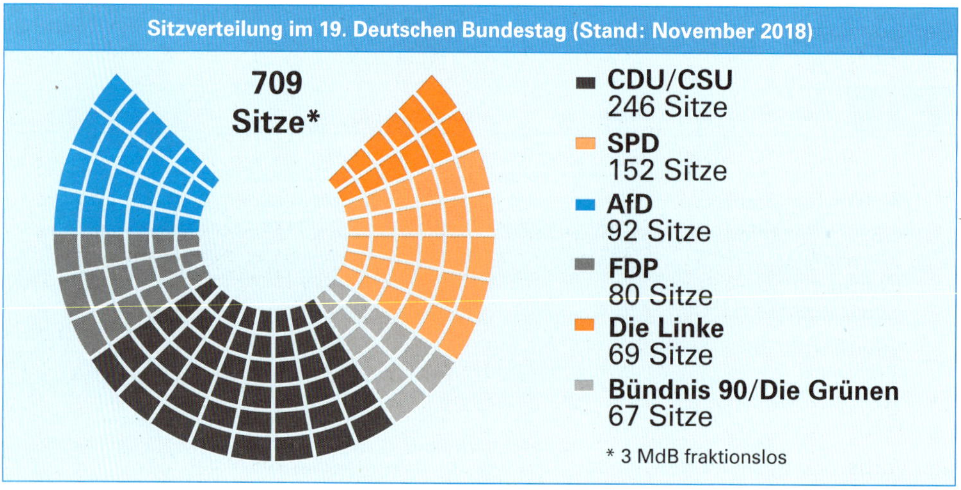

Quelle: www.bundestag.de

Die gesetzliche Anzahl der Bundestagsabgeordneten beträgt gem. § 1 Abs. 1 BWahlG 598 Abgeordnete, die zur Hälfte direkt und zur Hälfte über Landeslisten gewählt werden. Diese Zahl kann sich durch die sog. Überhangmandate noch erhöhen. **Überhangmandate** entstehen, wennn eine Partei durch die Erststimmen mehr Direktmandate erringt, als ihr durch das Zweitstimmenergebnis zustehen würden. Seit 2013 werden die Überhangmandate durch **Ausgleichsmandate** korrigiert. Die Überhangmandate werden so ausgeglichen, dass andere Parteien, die keine Überhangmandate erhalten haben, nicht benachteiligt werden. Dadurch ist sichergestellt, dass die Parteien entsprechend ihres Zweitstimmenanteils im Bundestag vertreten sind.

Die Hauptaufgabe des Bundestages besteht in der Gesetzgebung. Der Bundestag ist das Staatsorgan mit der Befugnis, formelle Bundesgesetze zu erlassen. Eine weitere wichtige Aufgabe des Bundestages liegt in der bereits in *Lernarrangement 2* angesprochenen **Kontrolle der Bundesregierung,** etwa durch die Einrichtung von Untersuchungsausschüssen oder durch das sog. konstruktive Misstrauensvotum gem. Art. 67 Abs. 1 GG, das darin besteht, dass der Bundestag dem Bundeskanzler durch Wahl eines neuen Kanzlers das Misstrauen ausspricht. Der abgewählte Kanzler wird daraufhin vom Bundespräsidenten entlassen. Des Weiteren hat der Bundestag gem. Art. 110 GG das sog. **Budgetrecht,** d.h. das Recht zur Feststellung des Haushalts. Schließlich wirkt der Bundestag auch bei der Besetzung anderer Staatsorgane mit. So wählt er gem. Art. 62 GG den Bundeskanzler und wirkt gem. Art. 94 Abs. 1 Satz 2 GG bei der Wahl der Mitglieder zum Bundesverfassungsgericht mit.

Der Bundestag verhandelt grundsätzlich in öffentlichen Sitzungen (Plenarsitzungen). Die Sitzungen werden durch den Bundestagspräsidenten oder einen seiner Stellvertreter geleitet. Der Bundestag ist gem. § 45 Geschäftsordnung des Bundestages (GO BT) beschlussfähig, wenn mehr als die Hälfte seiner Mitglieder im Sitzungssaal anwesend sind. Die **Beschlussfähigkeit** kann vor Beginn einer Abstimmung von einer Fraktion oder von 5 % der anwesenden Mitglieder des Bundestages oder vom Sitzungsvorstand im Einvernehmen mit den Fraktionen bezweifelt werden. Wird die Beschlussfähigkeit vom Sitzungsvorstand nicht einmütig bejaht, so ist in Verbindung mit der Abstimmung die Beschlussfähigkeit durch Zählung der Stimmen festzustellen. Ist der Bundestag beschlussunfähig, hebt der Sitzungspräsident die Sitzung sofort auf.

Der Bundestag fasst Beschlüsse mit einfacher **Mehrheit,** das heißt mit der Mehrheit der abgegebenen Stimmen. Das Grundgesetz sieht jedoch für gewisse Entscheidungen **besondere Mehrheiten** vor:

- Mehrheit der Mitglieder des Bundestages, sog. **absolute Mehrheit,**
  z. B. Wahl des Bundeskanzlers gem. Art. 63 Abs. 2 Satz 1 GG.
- **einfache Zweidrittelmehrheit,**
  z. B.: Vom Bundesrat mit einer Mehrheit von zwei Dritteln seiner Stimmen beschlossene Einsprüche gegen ein Gesetzesvorhaben kann der Bundestag nur mit der Mehrheit von zwei Dritteln der abgegebenen Stimmen (mindestens aber mit der Mehrheit der Mitglieder des Bundestages) zurückweisen (Art. 77 Abs. 4 Satz 2 GG).
- **absolute Zweidrittelmehrheit,**
  z. B.: Für grundgesetzändernde Gesetze ist gem. Art. 79 Abs. 2 GG die Mehrheit von zwei Dritteln der Mitglieder des Bundestages erforderlich.

Zur Vorbereitung seiner Beschlüsse setzt der Bundestag **Ausschüsse** ein. Das Grundgesetz schreibt vor, dass der Bundestag einen Ausschuss für die Angelegenheiten der Europäischen Union (Art. 45 GG), einen Ausschuss für Auswärtige Angelegenheiten, einen Ausschuss für Verteidigung (beides Art. 45 a GG) und einen Petitionsausschuss gem. Art. 45 c GG bestellen muss. Darüber hinaus gibt es jedoch weitere Ausschüsse wie etwa den Haushaltsausschuss, den Innenausschuss, den Rechtsausschuss usw.

Der Bundestag hat kein Selbstauflösungsrecht. Nach Art. 68 Abs. 1 GG kann er nur aufgelöst werden, wenn ein Antrag des Bundeskanzlers an den Bundestag, ihm das Vertrauen auszusprechen, nicht die erforderliche Mehrheit erhält. In diesem Fall kann der Bundespräsident den Bundestag auf Vorschlag des Bundeskanzlers auflösen (siehe Situation, S. 57).

Bundesrat

Der Bundesrat setzt sich gem. Art. 51 Abs. 1 GG aus Mitgliedern der Landesregierungen, d.h. Ministerpräsidenten oder Minister der Bundesländer, zusammen, die von den Landesregierungen bestellt werden. Durch den Bundesrat wirken die Länder bei der Gesetzgebung und bei der Verwaltung des Bundes und in Angelegenheiten der Europäischen Union mit. Damit wird dem Bundesstaatsprinzip Rechnung getragen, da gewährleistet wird, dass die Interessen und Erfahrungen der Bundesländer eingebracht werden.

Die wichtigste Aufgabe des Bundesrates besteht in der Mitwirkung bei der Bundesgesetzgebung. So hat der Bundesrat gem. Art. 76 Abs. 1 GG das Recht, Gesetzesvorlagen beim Bundestag einzubringen und zu den Vorlagen der Bundesregierung Stellung zu nehmen. Je nachdem, ob es sich um ein zustimmungsbedürftiges Gesetz oder ein Einspruchsgesetz handelt, kommt den Beteiligungsrechten ein unterschiedliches Gewicht zu. Der Bundesrat wirkt ferner beim Erlass von Rechtsverordnungen und Verwaltungsvorschriften des Bundes mit, sofern das Grundgesetz eine Zustimmung des Bundesrates vorschreibt.

Die 16 Bundesländer haben im Bundesrat je nach Anzahl der Einwohner zwischen drei und sechs Stimmen; insgesamt sind es derzeit 69, und zwar:

Länder mit 3 Stimmen	Länder mit 4 Stimmen	Länder mit 5 Stimmen	Länder mit 6 Stimmen
▪ Bremen ▪ Hamburg ▪ Mecklenburg-Vorpommern ▪ Saarland	▪ Berlin ▪ Brandenburg ▪ Rheinland-Pfalz ▪ Sachsen ▪ Sachsen-Anhalt ▪ Schleswig-Holstein ▪ Thüringen	▪ Hessen	▪ Baden-Württemberg ▪ Bayern ▪ Niedersachsen ▪ Nordrhein-Westfalen

Jedes Land kann so viele Mitglieder entsenden wie es Stimmen hat. Die Stimmen des Landes können gem. Art. 51 Abs. 3 GG bei Abstimmungen nur einheitlich und nur durch anwesende Mitglieder oder deren Vertreter abgegeben werden. Es ist somit nicht möglich, bei einer Abstimmungsfrage, die in einer Landesregierung kontrovers diskutiert wurde, etwa weil verschiedene Koalitionspartner eine unterschiedliche Haltung zu dieser Frage einnehmen, die Stimmen aufzuteilen. Das Abstimmungsverhalten Brandenburgs in der Bundesratssitzung, in der über das Zuwanderungsgesetz abgestimmt wurde, war im Dezember 2002 Gegenstand der Überprüfung durch das Bundesverfassungsgericht. In der Sitzung hatte zunächst der damalige Innenminister Brandenburgs dem Gesetzentwurf nicht zugestimmt. Daraufhin widersprach der damalige Ministerpräsident Brandenburgs und stimmte mit „Ja". Der Präsident des Bundesrates bat danach den Innenminister des Landes um Klarstellung. Dieser äußerte: „Sie kennen meine Auffassung, Herr Präsident."

Gegenstand des Verfahrens vor dem Bundesverfassungsgericht[1] war unter anderem die Frage, wie sich in der Abstimmung der Widerspruch eines anwesenden Bundesratsmitglieds eines Landes gegenüber seinem durch das Land selbst bestimmten Stimmführer auswirkt. Das Bundesverfassungsgericht hat dazu ausgeführt, dass der Abgabe der Stimmen durch einen Stimmführer jederzeit durch ein anderes Bundesratsmitglied desselben Landes widersprochen werden kann und damit die Voraussetzungen der Stimm-

1 BVerfG NJW 2003, S. 339 (340f).

führerschaft entfallen. Das Verhalten der Beteiligten ließ keinen einheitlichen Landeswillen erkennen, sodass das Bundesverfassungsgericht eine einheitliche Stimmabgabe nicht als gegeben ansah.

Allerdings bedeutet die Vorgabe, dass die Stimmen nur durch anwesende Mitglieder abgegeben werden können, nicht, dass jeweils eine der Stimmenanzahl entsprechende Anzahl von Vertretern des Landes anwesend sein muss. Es ist rechtlich zulässig, dass ein Vertreter des Landes sämtliche Stimmen für sein Land abgibt.

Bundesregierung

§ **Art. 62 GG**
„Die Bundesregierung besteht aus dem Bundeskanzler und aus den Bundesministern."

„Herr Präsident, meine Damen und Herren!
Am Montag dieser Woche habe ich dem Herrn Bundestagspräsidenten mitgeteilt, dass ich es in der gegebenen Situation als meine Pflicht ansehe, im Deutschen Bundestag die Vertrauensfrage zu stellen.
Mein Antrag hat ein einziges, ganz unmissverständliches Ziel: Ich möchte dem Herrn Bundespräsidenten die Auflösung des 15. Deutschen Bundestages und die Anordnung von Neuwahlen vorschlagen können. [...]"

Quelle: Auszug aus der Rede von Bundeskanzler Gerhard Schröder vor dem Deutschen Bundestag am 01.07.2005.

Der **Bundeskanzler** wird gem. Art. 63 GG auf Vorschlag des Bundespräsidenten vom Bundestag mit der Mehrheit seiner Mitglieder gewählt und nach erfolgter Wahl vom Bundespräsidenten ernannt. Darin wird das nach dem Grundgesetz vorgesehene parlamentarische System deutlich. Der Bundeskanzler ist dem Bundestag gegenüber verantwortlich. Eine Entfernung des Bundeskanzlers aus dem Amt durch den Bundestag ist nur durch das in Art. 67 GG vorgesehene Verfahren über das sog. konstruktive Misstrauensvotum möglich.

Durch die sog. **Vertrauensfrage** nach Art. 68 Abs. 1 GG kann ein Verfahren in Gang gesetzt werden, das zur Auflösung des Bundestages führt. Die Situation, dass der Bundeskanzler die „Vertrauensfrage" stellt, ist in der Geschichte der Bundesrepublik bisher fünf Mal vorgekommen:

- 1972 durch Willy Brandt
- 1982 durch Helmut Schmidt
- 1982 durch Helmut Kohl
- 2001 durch Gerhard Schröder
- 2005 durch Gerhard Schröder

Die **Bundesminister** werden auf Vorschlag des Bundeskanzlers vom Bundespräsidenten ernannt und entlassen. Bundeskanzler und Bundesminister bilden zusammen die Bundesregierung **(Kabinett)**.

Die Stellung der Bundesminister unterscheidet sich von der des Bundeskanzlers dadurch, dass der Bundeskanzler als Einziger direkt vom Bundestag gewählt wird. Im Gegensatz zur direkten Verantwortlichkeit des Bundeskanzlers gegenüber dem Bundestag können einzelne Minister vom Bundestag nicht zum Rücktritt gezwungen werden. Die einzelnen Minister verlieren jedoch ihr Amt, wenn das Amt des Bundeskanzlers endet (Art. 69 Abs. 2 GG).

Art. 65 GG trifft Regelungen über das Zusammenwirken der Bundesregierung:

§ **Art. 65 GG**

„Der Bundeskanzler bestimmt die Richtlinien der Politik und trägt dafür die Verantwortung. Innerhalb dieser Richtlinien leitet jeder Bundesminister seinen Geschäftsbereich selbstständig und unter eigener Verantwortung. Über Meinungsverschiedenheiten zwischen den Bundesministern entscheidet die Bundesregierung. Der Bundeskanzler leitet ihre Geschäfte nach einer von der Bundesregierung beschlossenen und vom Bundespräsidenten genehmigten Geschäftsordnung."

Der Bundeskanzler hat als Regierungschef die sog. **Richtlinienkompetenz,** das heißt, er gibt die Richtlinien der Politik vor und übernimmt damit die Führungsrolle im Kabinett. Die im Rahmen der Richtlinienkompetenz gemachten Vorgaben können nicht durch Beschluss der Bundesregierung abgeändert werden **(Kanzlerprinzip).**

Innerhalb der vorgegebenen Richtlinien leitet jeder Bundesminister seinen Geschäftsbereich selbstständig und eigenverantwortlich **(Ressortprinzip).**

Bei Meinungsverschiedenheiten zwischen den Ministern wird die Entscheidung durch Mehrheitsbeschluss aller gleichberechtigten Kabinettsmitglieder getroffen **(Kollegialprinzip).**

Die Bundesregierung hat die politische Leitung des Staates inne. Im Zusammenhang mit der Gesetzgebung hat sie gem. Art. 76 Abs. 1 GG das Recht, Gesetzesvorlagen beim Bundestag einzubringen. Gem. Art. 80 Abs. 1 GG erlässt sie außerdem Rechtsverordnungen, und sie führt die Aufsicht über die Ausführung von Bundesgesetzen durch die Länder.

■ Bundespräsident und Bundesversammlung

Der **Bundespräsident** ist das Staatsoberhaupt der Bundesrepublik Deutschland. Er wird gem. Art. 54 GG von der Bundesversammlung gewählt. Gewählt ist der Kandidat, der die Mehrheit der Mitglieder der Bundesversammlung erhält. Sofern ein Kandidat auch nach zwei Wahlgängen die absolute Mehrheit nicht erreicht, ist gewählt, wer im dritten Wahlgang die meisten Stimmen auf sich vereinigt. Die Amtszeit beträgt fünf Jahre. Eine anschließende Wiederwahl ist nur einmal zulässig.

Die **Bundesversammlung** besteht gem. Art. 54 GG aus den Mitgliedern des Bundestages und der gleichen Anzahl von Mitgliedern, die von den Landesparlamenten gewählt werden. Die Zahl der jeweils von den einzelnen Landesparlamenten zu wählenden Mitglieder bestimmt sich nach der Bevölkerungszahl der einzelnen Bundesländer. Ihre Anzahl wird daher jeweils vor der Wahl des Bundespräsidenten von der Bundesregierung festgestellt.

Der Bundespräsident hat vor allem repräsentative **Aufgaben,** durch die er den Staat nach außen und nach innen vertritt. Ferner wirkt er bei der Besetzung anderer Verfassungsorgane mit, indem er den Bundeskanzler, die Bundesminister und die Richter am Bundesverfassungsgericht ernennt und entlässt.

Nach Art. 68 Abs. 1 Satz 1 GG kann der Bundespräsident auf Vorschlag des Bundeskanzlers den Bundestag auflösen, wenn der Antrag des Bundeskanzlers an den Bundestag, ihm das Vertrauen auszusprechen, nicht die erforderliche Mehrheit findet. Der Bundespräsident hat am 21.07.2005 den 15. Deutschen Bundestag aufgelöst.

Eine weitere Aufgabe besteht gem. Art. 82 GG darin, die Bundesgesetze auszufertigen. Durch die **Ausfertigung** beurkundet der Bundespräsident, dass der in der Gesetzesurkunde enthaltene Text wörtlich mit dem übereinstimmt, was der Bundestag beschlossen hat und dass das Gesetzgebungsverfahren den Vorschriften des Grundgesetzes entsprechend durchgeführt wurde. Verbunden mit der Ausfertigung der Gesetze prüft der Bundespräsident also, ob die Vorschriften über die Zuständigkeit, also die Gesetzgebungskompetenz des Bundes und das Verfahren, etwa die Abstimmung und das Verfahren im Bundesrat eingehalten wurden.

In dem Gesetzgebungsverfahren zum Zuwanderungsgesetz hatte der Bundespräsident das Gesetz trotz Bedenken ausgefertigt, weil wegen der gewichtigen Gründe, die sowohl die Befürworter der Verfassungsmäßigkeit des Zustandekommens wie deren Gegner angeführt hätten, das Gesetz jedenfalls nicht als offenkundig verfassungswidrig zustande gekommen angesehen werden könne und deshalb die verbindliche Entscheidung über die Auslegung des Grundgesetzes dem Bundesverfassungsgericht vorbehalten sei.

Ob der Bundespräsident über dieses formelle Prüfungsrecht hinaus auch ein materielles Prüfungsrecht hat, also prüft, ob der Inhalt des Gesetzes mit den Vorschriften des Grundgesetzes übereinstimmt, ist umstritten. Beispielsweise hat es in der Bundesrepublik auch Fälle gegeben, in denen der Bundespräsident das Gesetz nicht ausgefertigt hat, weil es in materieller Hinsicht gegen das Grundgesetz verstieß. In einem Fall ging es um eine Änderung des Luftverkehrsgesetzes, das nach Ansicht des Bundespräsidenten unter anderem nicht mit Art. 87d Abs. 1 GG in der damals gültigen Fassung vereinbar war. Den Bedenken wurde 1992 durch eine Neufassung des Art. 87d Abs. 1 GG Rechnung getragen.

Im Jahr 2002 hat der Bundespräsident bei der Ausfertigung des Zuwanderungsgesetzes in Briefen an den Bundeskanzler sowie an die Präsidenten des Bundestages und des Bundesrates seine verfassungsrechtlichen Bedenken im Zusammenhang mit dem Zustandekommen des Gesetzes dargelegt. Das Zuwanderungsgesetz hatte er zugleich ausgefertigt.

Gesetzgebungsverfahren des Bundes

Gesetzesvorhaben des Bundes können gem. Art. 76 Abs. 1 GG von der Bundesregierung aus der Mitte des Bundestages oder durch den Bundesrat eingebracht werden. Gesetzesinitiativen aus der Mitte des Bundestages müssen gem. § 76 Abs. 1 GO BT grundsätzlich von einer Fraktion oder von 5 % der Mitglieder des Bundestages unterzeichnet werden. Die Gesetzesvorhaben durchlaufen im Bundestag grundsätzlich drei Beratungen **(Lesungen)**. Zwischen der ersten und der zweiten Lesung sind die zuständigen Ausschüsse mit der Beratung der Gesetzesvorlage befasst. In der zweiten Lesung wird der Gesetzentwurf im Einzelnen im Bundestag beraten. Nur wenn der Entwurf unverändert angenommen wird, schließt sich die dritte Lesung unmittelbar an. Nach Beendigung der dritten Lesung wird über den Gesetzentwurf abgestimmt.

Das Grundgesetz kennt zwei Verfahren bei Gesetzesbeschlüssen, die sich durch die Art der Mitwirkung des Bundesrates unterscheiden. Bei den sog. **Zustimmungsgesetzen** kommt ein Bundesgesetz nur zustande, wenn der Bundesrat ihm zustimmt.

Sofern der Bundesrat die Zustimmung nicht erteilen will, können sowohl der Bundesrat als auch der Bundestag und die Bundesregierung die Einberufung des **Vermittlungsausschusses** verlangen. Dieser soll eine Einigung zwischen Bundestag und Bundesrat finden. Sofern der im Vermittlungsausschuss gefundene Vorschlag vom Gesetzesbeschluss des Bundestages abweicht, muss der Bundestag erneut darüber beschließen. Ohne Zustimmung des Bundesrates oder gegen eine Ablehnung der Zustimmung kann ein zustimmungsbedürftiges Gesetz nicht in Kraft treten.

Da das Zuwanderungsgesetz ein Zustimmungsgesetz war, bedurfte es der Zustimmung des Bundesrates. Im zweiten Anlauf wurde die Zustimmung im Juli 2004 nach einem langwierigen Vermittlungsverfahren durch den Bundesrat beschlossen.

Die Themenbereiche, bei denen Gesetzesvorhaben der Zustimmung des Bundesrates bedürfen, sind im Grundgesetz ausdrücklich aufgeführt. Allerdings gibt es im Grundgesetz dafür keinen einheitlichen Themenkatalog. Will man überprüfen, ob ein Gesetz zustimmungsbedürftig ist, muss man in unterschiedlichen Artikeln im Grundgesetz danach suchen. Als Anhaltspunkt für die Frage nach der Zustimmungsbedürftigkeit kann die Überlegung dienen, ob das geplante Gesetz Interessen und Angelegenheiten der Länder berührt, da der Bundesrat die Aufgabe hat, die Landesinteressen einzubringen. Zustimmungsbedürftige Gesetze sind zum Beispiel Gesetze, die die Errichtung von Behörden zur Ausführung von Bundesgesetzen in eigener Angelegenheit der Länder oder im Bundesauftrag regeln (Art. 84 Abs. 1 Satz 5, Art. 85 Abs. 1 GG). Durch die Föderalismusreform wurde das Grundgesetz in Art. 84 Abs. 1 GG grundlegend geändert. Waren früher Bundesgesetze, die die Einrichtung der Behörden und das Verwaltungsverfahren regelten, immer zustimmungsbedürftig, regelt Art. 84 Abs. 1 GG nunmehr, dass die Zustimmungspflicht nicht mehr so schnell eintritt, weil die Länder die Möglichkeit haben, von der bundesgesetzlichen Regelung abweichende Bestimmungen zu erlassen. Auch Gesetze, die sich mit der Verteilung des Steueraufkommens beschäftigen, sofern den Ländern Anteile davon zukommen, gehören zu den zustimmungspflichtigen Gesetzen.

Bei allen anderen Themenbereichen, bei denen das Grundgesetz nicht ausdrücklich die Zustimmung des Bundesrates vorschreibt, hat der Bundesrat die Möglichkeit, innerhalb von zwei Wochen gegen den Gesetzesbeschluss Einspruch zu erheben. Bei diesen sog. **Einspruchsgesetzen** kann auf Verlangen des Bundesrates ebenfalls das Vermittlungsverfahren durchgeführt werden. Hat der Bundesrat gegen einen Gesetzesbeschluss des Bundestages Einspruch erhoben, so kann der Bundestag diesen gem. Art. 77 Abs. 4 GG durch einen mit der entsprechenden Mehrheit gefassten Beschluss zurückweisen. Einspruchsgesetze können somit auch gegen den Beschluss des Bundesrates zustande kommen.

Einen Überblick über den Ablauf des Gesetzgebungsverfahrens in seiner Grundstruktur bietet das nachfolgende Schaubild:

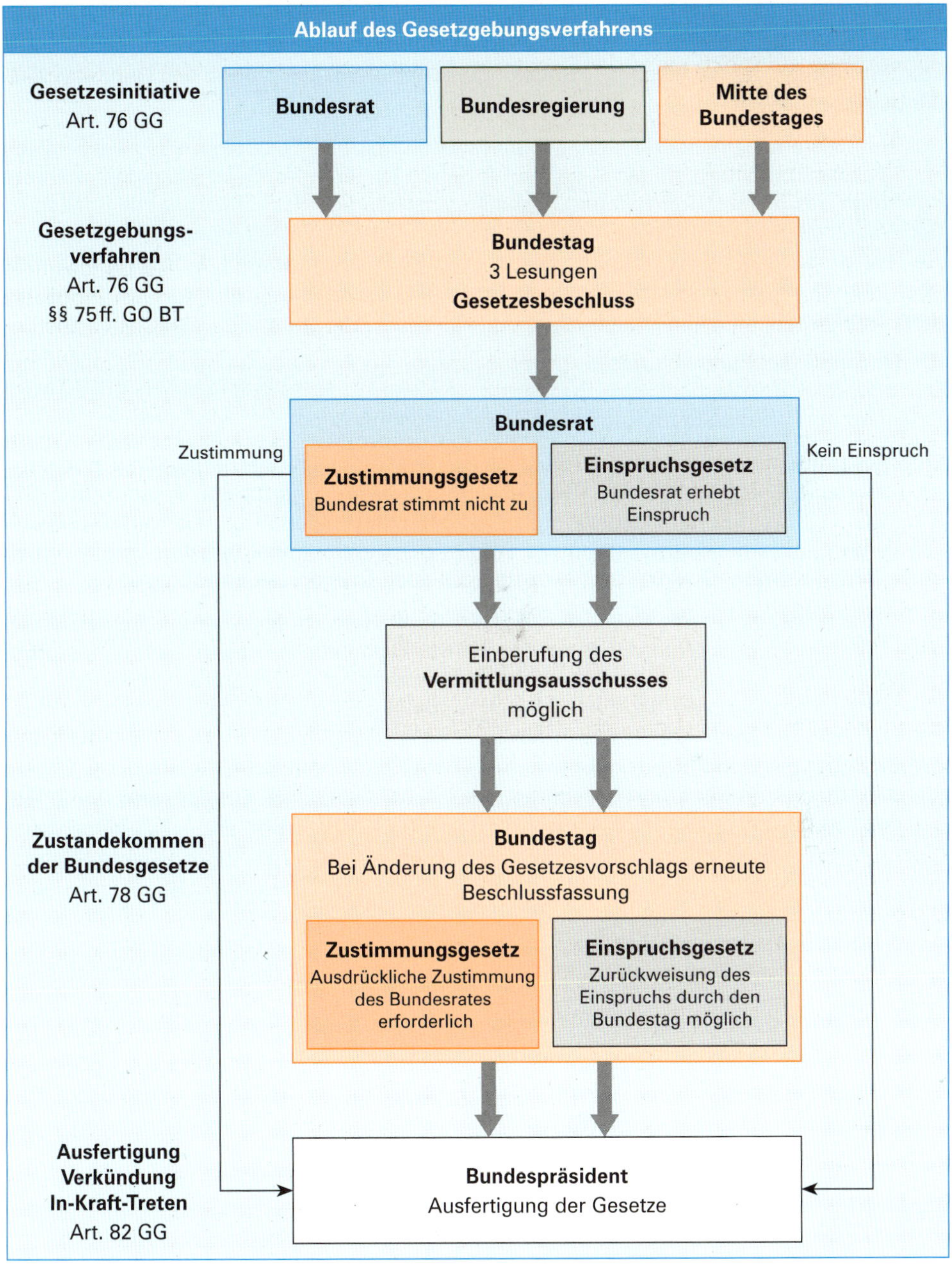

Bundesverfassungsgericht

Das Bundesverfassungsgericht hat die Befugnis zur Kontrolle aller drei staatlichen Gewalten im Hinblick auf Verfassungsverstöße. Es ist keine „Superrevisionsinstanz", d.h. also kein Gericht, das zur Klärung aller denkbaren Rechtsfragen angerufen werden könnte, sondern „Hüter der Verfassung". Regelungen trifft das Gesetz über das Bundesverfassungsgericht (BVerfGG).

Das Bundesverfassungsgericht hat seinen Sitz in Karlsruhe. Es besteht aus zwei Senaten zu jeweils acht Richtern. Jeder Senat beruft für die Dauer eines Geschäftsjahres mehrere Kammern aus jeweils drei Richtern, die als selbstständige Spruchkörper zur Entlastung der Senate eingerichtet werden. Die Mitglieder des Bundesverfassungsgerichts werden je zur Hälfte vom Bundestag und vom Bundesrat für 12 Jahre gewählt. Eine anschließende oder spätere Wiederwahl der Richter ist ausgeschlossen. Die gewählten Richter werden vom Bundespräsidenten ernannt.

An der Spitze des Bundesverfassungsgerichts stehen der Präsident und ein Vizepräsident. Diese werden im Wechsel vom Bundestag und vom Bundesrat gewählt (§ 9 BVerfGG). Präsident und Vizepräsident führen den Vorsitz in ihrem Senat.

Eine Zusammenstellung der Verfahren, für die das Bundesverfassungsgericht zuständig ist, befindet sich in § 13 BVerfGG. Die Zuständigkeitsverteilung für die Senate regelt § 14 BVerfGG: Der Erste Senat ist zuständig für Normenkontrollverfahren und Verfassungsbeschwerden, in denen überwiegend die Fragen der Vereinbarkeit mit den Grundrechten entschieden werden. Dieser Senat wird deshalb auch Grundrechtssenat genannt.

Der Zweite Senat ist zum Beispiel zuständig für Parteiverbotsverfahren, Beschwerden gegen Wahlprüfungsverfahren, Bund-Länder-Streitigkeiten, Anklagen gegen den Bundespräsidenten und Richteranklagen. In dem einleitend aufgeführten Verfahren zum Zuwanderungsgesetz war der Zweite Senat zuständig. Es handelte sich um ein Normenkontrollverfahren nach Art. 93 Abs. 1 Nr. 2 GG i.V.m. §§ 13 Nr. 6, 76 Abs. 1 BVerfGG. Der Zweite Senat des Bundesverfassungsgerichts hat sich auch im Rahmen eines sog. Organstreitverfahrens mit der Frage beschäftigt, ob die Auflösung des Bundestages durch den Bundespräsidenten am 21.07.2005 verfassungsrechtlich zulässig war.

Will ein Senat in einer Rechtsfrage von der in einer Entscheidung enthaltenen Rechtsauffassung des anderen Senats abweichen, so entscheidet darüber das Plenum des Bundesverfassungsgerichts.

Einen Überblick über die Organisation des Bundesverfassungsgerichts gibt das folgende Schaubild:

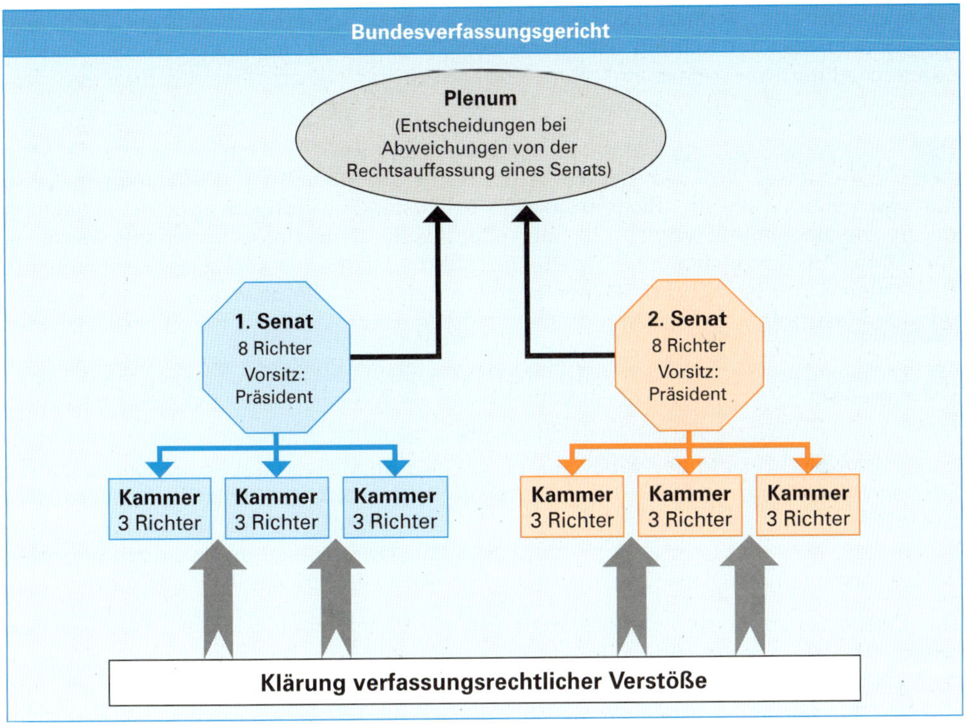

Übungen

1. Ordnen Sie die Verfassungsorgane den drei Gewalten zu. Wo gibt es Berührungspunkte zu einer anderen Gewalt?
2. Welche Mehrheiten bei Abstimmungen des Bundestages sind im Grundgesetz vorgesehen?
3. Stellen Sie die wesentlichen Schritte des Gesetzgebungsverfahrens dar.
4. Im Bundestag gibt es Bestrebungen, die Regelungen zu den Entschädigungsansprüchen gegen den Staat in einem einheitlichen Gesetzeswerk zusammenzufassen. Ein Gesetzentwurf wird fraktionsübergreifend erarbeitet und von 150 Mitgliedern des Bundestages in den Bundestag eingebracht. Bei der Schlussabstimmung im Bundestag sind 280 Bundestagsabgeordnete anwesend. 160 stimmen für den Gesetzentwurf, 120 dagegen. In der Abstimmung im Bundesrat stimmen die Länder Bremen, Hamburg, Mecklenburg-Vorpommern, Niedersachsen, Nordrhein-Westfalen, Saarland, Sachsen-Anhalt und Schleswig-Holstein für den Gesetzentwurf. Die Länder Baden-Württemberg, Bayern, Berlin, Hessen, Rheinland-Pfalz, Sachsen und Thüringen stimmen dagegen. Brandenburg stimmt mit drei Stimmen für den Gesetzentwurf, mit einer Stimme dagegen.

Aufgabe:

Das Gesetz wird dem Bundespräsidenten zur Ausfertigung vorgelegt. Wie wird er sich verhalten?

5. Wie ist das Bundesverfassungsgericht organisiert und welche Aufgaben erfüllt es?

Zum Nachschlagen

Art. 38ff. GG, Art. 50ff. GG, Art. 54ff. GG, Art. 62ff. GG, Art. 76 GG, Art. 77 GG und Art. 94 ff. GG.

Beispiele:	**Wovon zu unterscheiden:**
■ Einführung des Art. 16 a GG → verfassungsänderndes, zustimmungsbedürftiges Gesetz ■ Gesetz zur Regelung von Fragen der Staatsangehörigkeit → Zustimmungsgesetz ■ Bundesbesoldungsgesetz → Einspruchsgesetz	Unterscheidung der Verfassungsorgane nach der Art der demokratischen Legitimation: ■ Bundestag: Mitglieder werden direkt vom Volk gewählt ■ Bundesrat: Mitglieder werden von den Länderregierungen bestellt ■ Bundesregierung: Kanzler wird vom Bundestag gewählt ■ Minister werden vom Bundespräsidenten ernannt ■ Bundesversammlung: eine Hälfte Mitglieder des Bundestages, die andere Hälfte von den Ländervertretungen gewählt ■ Bundespräsident: von der Bundesversammlung gewählt ■ Bundesverfassungsgericht: Richter werden jeweils zur Hälfte vom Bundestag und vom Bundesrat gewählt
Hilfen zum Einprägen:	**Definitionen:**
■ Bundestag: Parlament ■ Bundesrat: Bundesorgan zur Vertretung der Länderinteressen ■ Bundesregierung: Kabinett ■ Bundespräsident: Staatsoberhaupt ■ Bundesversammlung: Organ zur Wahl des Bundespräsidenten ■ Bundesverfassungsgericht: Hüter der Verfassung (entscheidet in verschiedenen verfassungsrechtlichen Angelegenheiten)	■ Bundesregierung = Bundeskanzler und Bundesminister = Kabinett ■ Einfache Mehrheit: Mehrheit der abgegebenen Stimmen ■ Absolute Mehrheit: Mehrheit der gesetzlichen Mitglieder eines Gremiums ■ Einfache Zweidrittelmehrheit: Mehrheit von zwei Dritteln der abgegebenen Stimmen ■ Absolute Zweidrittelmehrheit: Mehrheit von zwei Dritteln der Mitglieder eines Gremiums

Lernarrangement 7

Beziehungen zwischen der Europäischen Union und der Bundesrepublik Deutschland beschreiben

Leitfragen

1. Welche Rechtsnatur hat die Europäische Union?
2. Welche Aufgaben erfüllt die Europäische Union?
3. Welche Organe wirken für die Europäische Union?
4. Wie wirkt das Europäische Recht auf das Rechtssystem der Bundesrepublik ein?
5. Welche Rechte ergeben sich für die Staatsangehörigen der Mitgliedstaaten aus der Unionsbürgerschaft?

Durch das Arrangement abgedeckte Inhalte des Rahmenlehrplans:

✓ Verfassungsprinzipien der Bundesrepublik Deutschland

Methodische Hinweise zur Erarbeitung des Lernarrangements:

Das Lerngebiet könnte mithilfe des Internets erarbeitet werden. Es gibt im Internet eine Fülle an Material zu den Organen der EU, den Politiken usw. Mithilfe des Internets ist es auch möglich, weiteres kostenloses Informationsmaterial zu bestellen. Als Einstiegsadresse könnte die folgende Internetadresse dienen.

www.europa.eu

LA 7 Ausgangssituation

Die Europäische Union nimmt zunehmend Raum in Ihrem Leben ein, da ihr eine Fülle an Aufgaben zugewiesen wurde und weil ihre Rechtsetzungsakte die Bürger der Europäischen Union häufig als unmittelbar geltendes Recht betreffen. Ein Verständnis der Struktur, der Organe und der Aufgaben der Europäischen Union ist daher unerlässlich.

Lesen Sie zunächst folgenden Zeitungsartikel:

Wettbewerbsstrafe von 2,42 Milliarden Euro gegen Google

Die EU-Kommission verhängt die höchste Kartellstrafe der EU-Geschichte gegen Google. Die Firma habe ihre Marktmacht bei der Online-Shopping-Suche missbraucht.

Die EU-Kommission hat eine Rekordstrafe gegen Google verhängt. Der Internetkonzern aus Kalifornien soll wegen Wettbewerbsverzerrung 2,42 Milliarden Euro Strafe zahlen. Die Kommission wirft Google vor, beim Online-Shopping sein eigenes Preisvergleichsangebot in den Suchergebnissen zuerst aufzuführen und damit seine Konkurrenten zu benachteiligen.

Die Geldbuße ist mehr als doppelt so hoch wie die bislang höchste Kartellstrafe von 1,06 Milliarden Euro, die 2009 dem Chipkonzern Intel auferlegt wurde. Die Kommission verzichtet mit ihrer Entscheidung allerdings auf die zu-

5 Schäfer u.a. - ISBN 978-3-8120-0439-8

lässige Höchststrafe für Wettbewerbsvergehen, die bei zehn Prozent des Jahresumsatzes liegt – für Google wären das etwa acht Milliarden Euro.

Die EU-Kommission verlangt neben der Geldstrafe, dass Google innerhalb von 90 Tagen seine Geschäftspraxis in Bezug auf die Online-Shopping-Suche ändert. Sonst drohen zusätzliche Zwangsgelder in Höhe von bis zu fünf Prozent des weltweiten Tagesumsatzes seiner Muttergesellschaft Alphabet.

Google teilte in einer ersten Reaktion mit, man sei nach wie vor anderer Meinung in dem Fall und prüfe eine Berufung. Wenn der Internetkonzern gegen die EU-Entscheidung vor Gericht zieht, dürfte es das bereits seit 2010 laufende Verfahren um weitere Jahre verlängern. Der Rechtsstreit um die 2009 verhängte Strafe gegen Intel ist immer noch nicht endgültig ausgefochten.

In der Shopping-Suche von Google werden prominent die von Händlern bezahlten Anzeigen präsentiert, und zwar ausführlich mit Fotos, Preisen und Links. Diese Anzeigen sind auch Teil einer ganz normalen Google-Suche. Die EU-Kommission und einige Preisvergleichsportale betrachten das als widerrechtliche Bevorzugung eigener Google-Dienste.

Laut Kommission ist die Shopping-Suche von Google keine Preissuchmaschine, die gezielt nach den günstigsten Angeboten sucht. Der US-Konzern konterte in dem Verfahren bisher, die mit Fotos und Details „verbesserten" Suchergebnisse in der Shopping-Suche erleichterten den Nutzern die Auswahl und den Kontakt zu Händlern.

Die verhängte Strafe betrifft eines von drei Verfahren, in denen die EU-Kommission Google vorwirft, den Wettbewerb zu verzerren. In einem weiteren geht es um das Smartphone-Betriebssystem Android. Im Sommer vergangenen Jahres nahm die Kommission erstmals auch das Google-Kerngeschäft mit Suchmaschinenwerbung ins Visier. Dabei geht es um den Teildienst AdSense for Search, mit dem andere Websiten Google-Suchmasken einbinden können.

Quelle: ZEIT ONLINE, 17.06.2017.

Theoretische Grundlagen

Nach Art. 23 Abs. 1 Satz 1 GG wirkt die Bundesrepublik Deutschland

§ „zur Verwirklichung eines vereinten Europas […] bei der Entwicklung der Europäischen Union mit, […]."

Die Bundesrepublik ist damit einer von 28 Mitgliedstaaten der Europäischen Union (EU). Mitgliedstaaten der Europäischen Union sind zurzeit (2017) Belgien, Bulgarien, Dänemark, Bundesrepublik Deutschland, Estland, Finnland, Frankreich, Griechenland, Großbritannien, Irland, Italien, Kroatien, Lettland, Litauen, Luxemburg, Malta, Niederlande, Österreich, Polen, Portugal, Rumänien, Schweden, Spanien, Slowakei, Slowenien, Tschechien, Ungarn und Zypern.

Grundvoraussetzungen für einen Beitritt zur Europäischen Union

Für Beitrittskandidaten schreibt der Vertrag von Lissabon fest, dass sie die in Art. 2 EUV genannten Werte der Europäischen Union achten und sich für ihre Förderung einsetzen müssen. Stellen sie einen Antrag auf Beitritt, beschließt der Rat einstimmig nach Anhörung der Kommission und nach Zustimmung der Mehrheit des Europäischen Parlaments. Beitritten geht regelmäßig ein Anpassungsprozess im Rechtssystem des Beitrittskandidaten voraus, in dem der Besitzstand des Europäischen Rechtssystems, der sog. Acquis Communautaire, übernommen wird. Die durch die Aufnahme eines weiteren Staates erforderlichen Anpassungen der EU-Verträge werden durch ein Abkommen zwischen den Mitgliedstaaten und dem Beitrittskandidaten geregelt und durch alle Vertragsstaaten ratifiziert.

Erstmals enthält der Vertrag von Lissabon auch Regelungen für einen Austritt eines Staates aus der Europäischen Union. Einzelheiten des Austritts werden zwischen dem Staat und dem Rat ausgehandelt. Als Beispiel sei hier der sog. „Brexit" (EU-Austritt des Vereinigten Königreichs) genannt. Über das Abkommen beschließt der Rat mit qualifizierter Mehrheit nach Zustimmung des Europäischen Parlaments.

Zurzeit finden mit Montenegro, Serbien und der Türkei Beitrittsverhandlungen statt.

Die Europäische Union

	Beitrittsjahr	Einwohner 2018[1] in Mio.	BIP[1,2] 2017 pro Kopf in Tausend Euro
Belgien	1958	11,4 Mio.	35,0 Tsd. €
Deutschland	1958	82,9	37,1
Frankreich	1958	67,2	31,2
Italien	1958	60,5	28,9
Luxemburg	1958	0,6	75,9
Niederlande	1958	17,1	38,4
Dänemark	1973	5,8	38,4
Großbritannien	1973	66,2	31,7
Irland	1973	4,8	54,3
Griechenland	1981	10,7	20,2
Portugal	1986	10,3	23,0
Spanien	1986	46,7	27,6
Finnland	1995	5,5	32,7
Österreich	1995	8,8	38,1
Schweden	1995	10,1	36,3
Estland	2004	1,3	23,6
Lettland	2004	1,9	20,0
Litauen	2004	2,8	23,5
Malta	2004	0,5	29,3
Polen	2004	38,0	20,9
Slowakei	2004	5,4	22,9
Slowenien	2004	2,1	25,5
Tschechien	2004	10,6	26,9
Ungarn	2004	9,8	20,3
Zypern	2004	0,9	25,4
Bulgarien	2007	7,1	14,8
Rumänien	2007	19,5	18,8
Kroatien	2013	4,1	18,5

Gründungsmitglieder

13011 © Globus [1]zum Teil vorläufig oder geschätzt [2]kaufkraftbereinigt Quelle: Eurostat

Staatstheoretische Einordnung und völkerrechtliche Grundlage

Die **EU** ist weder ein Bundesstaat noch ein Staatenbund. Sie wird als Staatenverbund angesehen. Sie ist eine supranationale Gemeinschaft, die keine Staatsqualität besitzt, weil ihr vor allem die originäre Staatsgewalt fehlt, da ihr nur teilweise Hoheitsrechte von den Mitgliedstaaten übertragen wurden. Der EU kommt jedoch ein über einen völkerrechtlichen Staatenbund hinausgehender Status zu, da sie eine Rechtsgemeinschaft mit der Befugnis eigener Rechtssetzung ist und die Rechtsakte der Gemeinschaft (sekundäres Gemeinschaftsrecht) in den einzelnen Mitgliedstaaten Anwendungsvorrang genießen.

Die völkerrechtliche Grundlage für die EU bildet der sog. **Vertrag von Lissabon,** der die bisher bestehenden Verträge ersetzt. Der Vertrag von Lissabon besteht hauptsächlich aus dem Vertrag über die Europäische Union (EUV), der die institutionellen Grundlagen regelt und dem Vertrag über die Arbeitsweise der Europäischen Union (AEUV), bei dem es sich um eine Fortschreibung des EG-Vertrages handelt.

Er wurde am 13.12.2007 in Lissabon unterzeichnet und ist am 01.12.2009 in Kraft getreten. Die darin enthaltenen Änderungen sollen die Handlungsfähigkeit der zwischenzeitlich durch die Erweiterungsrunden wesentlich gewachsenen Europäischen Union sicherstellen.

Von den Europäischen Gemeinschaften zur Europäischen Union des Vertrages von Lissabon

Die Geschichte der Europäischen Union nimmt ihren Anfang mit den Europäischen Gemeinschaften. Es handelt sich um drei zwischenstaatliche Einrichtungen: die 1951 gegründete Europäische Gemeinschaft für Kohle und Stahl (EGKS) sowie die 1957 durch Unterzeichnung der Römischen Verträge gegründete Europäische Wirtschaftsgemeinschaft (EWG) und die Europäische Gemeinschaft für Atomenergie EURATOM. Die Organe dieser drei Gemeinschaften wurden durch den sog. Fusionsvertrag vom 08.04.1965 und durch die Einheitliche Europäische Akte vom 28.02.1986 zusammengefasst. Nach drei Erweiterungen durch Beitritte Dänemarks, Irlands, Großbritanniens, Griechenlands, Portugals und Spaniens wurde die Struktur dieser Gemeinschaften durch den sog. Vertrag von Maastricht vom 07.02.1992 grundlegend geändert. Mit Inkrafttreten am 01.11.1993 wurden die Europäischen Gemeinschaften eine von drei Säulen der Europäischen Union. Nach weiteren Beitrittsrunden und der Erweiterung auf jetzt 28 Mitgliedstaaten kam es mit dem Vertrag von Lissabon zu einer erheblichen strukturellen Änderung. Das sog. Drei-Säulen-Modell wurde beseitigt. Die EU ist an die Stelle der Europäischen Gemeinschaften getreten. Sie ist deren Rechtsnachfolgerin und besitzt Rechtspersönlichkeit (Art. 47 EUV). Die Bestimmungen, die die frühere erste Säule, die Europäische Gemeinschaft, betreffen, gelten nun auch für die frühere dritte Säule, die Innen- und Rechtspolitik. Sie sind im EUV festgelegt. Die Gemeinsame Außen- und Sicherheitspolitik (GASP) nimmt weiterhin eine Sonderrolle ein.

Repräsentanten der Europäischen Union

Der Vertrag von Lissabon weist drei Ämter aus, die die EU in besonderer Weise repräsentieren.

- Das Amt des Präsidenten der Europäischen Kommission, der vom Europäischen Parlament auf Vorschlag des Europäischen Rates für fünf Jahre gewählt wird.
- Das Amt des Präsidenten des Europäischen Rates, das erstmals geschaffen wurde. Er wird durch die Mitglieder des Europäischen Rates für die Dauer von zweieinhalb Jahren gewählt und führt den Vorsitz im Europäischen Rat.
- Schließlich wurde das Amt des Hohen Vertreters der Europäischen Union für Außen- und Sicherheitspolitik erweitert.

Ziele und Werte der Europäischen Union

Die Werte der Europäischen Union wurden in Art. 2 EUV festgeschrieben:

§ **Art. 2 EUV**

„Die Werte, auf die sich die Union gründet, sind die Achtung der Menschenwürde, Freiheit, Demokratie, Rechtsstaatlichkeit und die Wahrung der Menschenrechte einschließlich der Rechte der Personen, die Minderheiten angehören. Diese Werte sind allen Mitgliedstaaten in einer Gesellschaft gemeinsam, die sich durch Pluralismus, Nichtdiskriminierung, Toleranz, Gerechtigkeit, Solidarität und die Gleichheit von Frauen und Männern auszeichnet."

Die EU verfolgt das Ziel, den Frieden, ihre Werte und das Wohlergehen ihrer Völker zu fördern. Dazu bietet sie ihren Bürgern unter anderem einen Raum der Freiheit, Sicherheit und des Rechts, errichtet einen Binnenmarkt und eine Wirtschafts- und Währungsunion. Sie wirkt auf eine nachhaltige wirtschaftliche Entwicklung hin und fördert soziale Gerechtigkeit.

Charta der Grundrechte

Die Charta der Grundrechte der Europäischen Union ist nicht Bestandteil des Vertrages von Lissabon. Der EUV nimmt aber Bezug auf sie und erkennt sie als rechtlich gleichrangig an (Art. 3 Abs. 5 EUV). Die Charta der Grundrechte enthält neben den klassischen Grundrechten wie dem Recht auf Leben, körperliche Unversehrtheit, Freiheit, Meinungs- und Informationsfreiheit und Berufsfreiheit auch soziale Grundrechte wie das Recht auf Zugang zu einem unentgeltlichen Arbeitsvermittlungsdienst, auf Schutz vor ungerechtfertigter Entlassung sowie auf gerechte und angemessene Arbeitsbedingungen. Die Charta verpflichtet in erster Linie die Organe der Europäischen Union. Die Garantien beziehen sich nur auf die Anwendung von EU-Recht. Für Akte der deutschen Staatsgewalt, die auf deutschem Recht beruhen, sind weiterhin die Grundrechte des Grundgesetzes maßgeblich.

Kompetenzverteilung

Die Kompetenzen der Europäischen Union werden im AEUV beschrieben. Ähnlich wie bei der Kompetenzabgrenzung von Bund und Ländern nach dem Grundgesetz beschreibt der AEUV drei verschiedene Kompetenzkriterien:

- ausschließliche Zuständigkeit der Europäischen Union (Art. 3 AEUV),
- geteilte Zuständigkeiten von Europäischer Union und Mitgliedstaaten (Art. 4 AEUV),
- koordinierende, unterstützende, ergänzende Zuständigkeiten der Europäischen Union (Art. 5 und Art. 6 AEUV).

Innerhalb der ausschließlichen Zuständigkeit wird allein die EU gesetzgeberisch tätig und erlässt verbindliche Rechtsakte. Die ausschließliche Zuständigkeit besteht unter anderem für die Zollunion, die Wettbewerbspolitik, die gemeinsame Handelspolitik sowie für die Währungspolitik für die Mitgliedstaaten, deren Währung der Euro ist.

Im Rahmen der geteilten Zuständigkeit nehmen die Mitgliedstaaten diese nur wahr, sofern und soweit die Union ihre Zuständigkeit nicht ausgeübt hat. Hierbei geht es unter anderem um Rechtsakte für den Binnenmarkt, die Landwirtschaft und Fischerei, die Umwelt, den Verbraucherschutz, den Verkehr, die transeuropäischen Netze, die Energie sowie den Raum der Freiheit, der Sicherheit und des Rechts (Art. 4 AEUV).

In den Bereichen Schutz und Verbesserung der menschlichen Gesundheit, Industrie, Kultur, Tourismus, allgemeine und berufliche Bildung, Jugend und Sport, Katastrophenschutz und Verwaltungszusammenarbeit ist die EU (gem. Art. 6 AEUV) lediglich dafür zuständig, Maßnahmen zur Unterstützung, Koordinierung oder Ergänzung der Maßnahmen der Mitgliedstaaten durchzuführen. Die Zuständigkeit der Mitgliedstaaten bleibt hier bestehen und geht nicht auf die EU über.

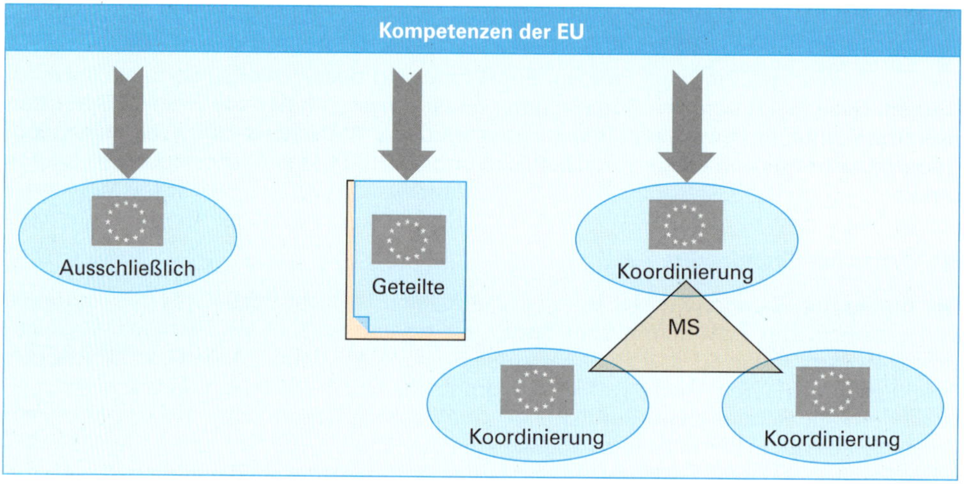

Gemeinsame Außen- und Sicherheitspolitik (GASP)

Die Zuständigkeit der EU in der GASP erstreckt sich auf alle Fragen der Außenpolitik sowie auf sämtliche Fragen der Sicherheit der Europäischen Union. Im Bereich der GASP gibt es durch den Vertrag von Lissabon einige Neuerungen.

Das bereits vorhandene Amt des Hohen Vertreters der EU für Außen- und Sicherheitspolitik wurde neu gestaltet und aufgewertet. Der jeweilige Amtsinhaber erhält die Funktion eines Außenministers der Europäischen Union, ohne dass er jedoch als solcher bezeichnet wird. Er vertritt die Union in den Bereichen der Gemeinsamen Außen- und Sicherheitspolitik. Gleichzeitig ist er Außenkommissar und Vizepräsident der Kommission und zugleich Vorsitzender des EU-Außenministerrates. Er trägt durch seine Vorschläge zusammen mit dem Außenministerrat zur Festlegung der Gemeinsamen Außen- und Sicherheitspolitik bei. Der Hohe Vertreter für Außen- und Sicherheitspolitik wird vom Europäischen Rat mit Zustimmung des Kommissionspräsidenten und des Europäischen Parlaments für eine Amtsdauer von fünf Jahren ernannt.

Neu ist ein Europäischer Auswärtiger Dienst (EAD), der dem Hohen Vertreter unterstellt ist. Der EAD soll den Hohen Vertreter bei der Erfüllung seines Auftrages unterstützen und dabei mit den diplomatischen Diensten der Mitgliedstaaten zusammenarbeiten.

Für die GASP gelten besondere Verfahren. Es gilt grundsätzlich das Prinzip der Einstimmigkeit. In diesem Bereich werden keine Rechtsakte beschlossen und der Europäische Gerichtshof ist nicht zuständig. Die Ziele der GASP werden durch die Bestimmung allgemeiner Leitlinien und gemeinsamer Aktionen und Standpunkte verfolgt. Die allgemeinen

Leitlinien der Gemeinsamen Außen- und Sicherheitspolitik werden durch Beschlüsse des Europäischen Rates festgelegt, die dann durch Beschlüsse des Rates gestaltet und durch den Hohen Vertreter ausgeführt werden.

Organe der Europäischen Union

Art. 13 Abs. 1 des EUV listet die **Organe** der Europäischen Union auf. Dies sind der Europäische Rat, das Europäische Parlament, der Rat, die Kommission, der Europäische Gerichtshof, die Europäische Zentralbank und der Rechnungshof. Die Aufgaben der wichtigsten Organe werden im EUV beschrieben. Weitere Details zu allen Organen enthält der AEUV.

Europäischer Rat (Art. 15 EUV)

Der Europäische Rat, in dem die Staats- und Regierungschefs sowie der Präsident der Kommission unter dem Vorsitz des Präsidenten des Europäischen Rates zusammenkommen, gibt der Union die für ihre Entwicklung erforderlichen Impulse und legt die allgemeinen politischen Zielvorstellungen und Prioritäten fest. Der Hohe Vertreter für Außen- und Sicherheitspolitik nimmt an den Arbeiten des Europäischen Rates teil. Er tritt pro Halbjahr zweimal zusammen.

Rat (Ministerrat) (Art. 16 EUV)

Der **Rat,** auch **Ministerrat** genannt, setzt sich aus einem Vertreter jedes Mitgliedstaates auf Ministerebene zusammen. Diese sind weisungsgebundene Vertreter ihrer nationalen Regierungen. Sie sind befugt, für die nationale Regierung das Stimmrecht auszuüben und verbindlich zu handeln. Der Rat tagt entsprechend der behandelten Thematik in verschiedenen Besetzungen. Beispielsweise gibt es den Rat der Landwirtschaftsminister, den Rat für Wirtschaft und Finanzen oder den Rat für Justiz und Inneres. Die Bundesrepublik wird gem. Art. 23 Abs. 6 GG durch einen Landesminister vertreten, wenn ausschließliche Gesetzgebungsbefugnisse der Länder auf den Gebieten der schulischen Bildung, der Kultur oder des Rundfunks betroffen sind.

Der Vorsitz wird im Wechsel für jeweils sechs Monate von den Mitgliedstaaten wahrgenommen. Nur im Rat „Auswärtige Angelegenheiten", in dem die Außenminister der EU-Mitgliedstaaten zusammenkommen, gibt es diese Rotation nicht, weil er unter dem Vorsitz des für fünf Jahre gewählten Hohen Vertreters für die Gemeinsame Außen- und Sicherheitspolitik tagt.

Der Rat wird zusammen mit dem Europäischen Parlament als Gesetzgeber tätig und übt gemeinsam mit ihm die Haushaltsbefugnisse aus.

Die Beschlussfassung des Rates erfolgt im Regelfall mit qualifizierter Mehrheit, soweit in den Verträgen nichts anderes festgelegt wurde. Ab dem 1. November 2014 gilt das Prinzip der doppelten Mehrheit. Beschlüsse, die auf Vorschlag der Kommission gefasst werden, kommen dann zustande, wenn

- 55%, gebildet aus mindestens 15 Mitgliedstaaten, zustimmen und
- mindestens 65 % der Gesamtbevölkerung die Europäische Union repräsentieren.

Für eine Sperrminorität sind mindestens vier Mitglieder des Rates erforderlich, andernfalls gilt die qualifizierte Mehrheit als erreicht.

Kommission

Die Kommission ist ein überstaatliches und unabhängiges Organ, das im Gegensatz zum Europäischen Rat und zum Rat auf die Interessen der Gemeinschaft verpflichtet ist. Die Kommission, die seit dem 1. November 2014 im Amt ist, setzt sich folgendermaßen zusammen (Stand: April 2019):

Mitglieder (Name)	Funktion/Zuständigkeit für Politikfelder
Jean-Claude Juncker	Präsident
Frans Timmermans	Erster Vizepräsident (Bessere Rechtssetzung, interinstitutionelle Beziehungen, Rechtsstaatlichkeit und Grundrechtecharta)
Federica Mogherini	Hohe Vertreterin für Außen- und Sicherheitspolitik
Andrus Ansip	Vizepräsident (Digitaler Binnenmarkt)
Maroš Šefčovič	Vizepräsident (Energieunion)
Vladis Dombrovskis	Vizepräsident (Euro und sozialer Dialog)
Jyrki Katainen	Vizepräsident (Arbeitsplätze, Wachstum, Investitionen und Wettbewerbsfähigkeit)
Günther Oettinger	Haushalt und Personal
Marija Gabriel	Digitale Wirtschaft und Gesellschaft
Phil Hogan	Landwirtschaft und ländliche Entwicklung
Miguel Arias Cañete	Klimaschutz und Energie
Margrethe Vestager	Wettbewerb
Pierre Moscovici	Wirtschafts- und Finanzangelegenheiten, Steuern und Zollunion
Tibor Navracsics	Bildung, Kultur, Jugend und Bürgerschaft
Marianne Thyssen	Beschäftigung, soziale Angelegenheiten, Qualifikation und Mobilität der Arbeitnehmer
Karmenu Vella	Umwelt, maritime Angelegenheiten und Fischerei
Johannes Hahn	Europäische Nachbarschaftspolitik und Erweiterungsverhandlungen
Vytenis Andriukaitis	Gesundheit und Lebensmittelsicherheit
Christos Stylianides	Humanitäre Hilfe und Krisenschutz
Elzbieta Bieńkowska	Binnenmarkt, Industrie, Unternehmertum und KMU
Neven Mimica	Internationale Zusammenarbeit und Entwicklung
Věra Jourová	Justiz, Verbraucher und Gleichstellungsfragen
Dimitris Avremopoulos	Migration und Inneres
Corina Crețu	Regionalpolitik
Carlos Moedas	Forschung, Wissenschaft und Innovation
Cecilia Malmström	Handel
Violeta Bulc	Verkehr und Weltraum
Julian King	Sicherheitsunion

Der Präsident der Kommission wird auf Vorschlag des Europäischen Rates vom Europäischen Parlament mit qualifizierter Mehrheit gewählt. Auf Vorschlag der Regierungen der Mitgliedstaaten werden die von den Regierungen der Mitgliedstaaten ausgewählten Kommissare auf eine Liste gesetzt, die der Rat im Einvernehmen mit dem Kommissionspräsidenten annimmt. Der Kommissionspräsident, der Hohe Vertreter der Union für Außen- und Sicherheitspolitik und die anderen Mitglieder der Kommission stellen sich als Kollegium einem Zustimmungsvotum des Europäischen Parlaments. Aufgrund dieser Zustimmung wird die Kommission dann für fünf Jahre vom Europäischen Rat ernannt.

Nach einer anschaulichen Beschreibung ist die Kommission einerseits „Hüterin der Verträge", andererseits „Motor der Gemeinschaft". Um das ordnungsgemäße Funktionieren und die Entwicklung der Europäischen Union zu gewährleisten, überwacht sie unter anderem die Anwendung der Verträge und des Unionsrechts. Sie hat das alleinige Initiativ- und Vorschlagsrecht für Rechtsakte des Rates und des Europäischen Parlaments. Außerdem führt sie die Beschlüsse des Rates durch, führt den Haushaltsplan aus und verwaltet die Programme. Sie nimmt die Vertretung der Europäischen Union nach außen wahr, sofern die Vertretung nicht anderen Amtsinhabern wie etwa dem Hohen Vertreter der Union für Außen- und Sicherheitspolitik übertragen worden ist.

Die Kommission ist dem Europäischen Parlament gegenüber verantwortlich. Das Parlament kann einen Misstrauensantrag gegen die Kommission annehmen mit der Folge, dass die Kommission geschlossen ihr Amt niederlegt.

Nach Art. 101 AEUV sind alle Vereinbarungen zwischen Unternehmen, Beschlüsse von Unternehmensvereinigungen und aufeinander abgestimmte Verhaltensweisen, welche den Handel zwischen Mitgliedstaaten beeinträchtigen können und eine Verhinderung, Einschränkung oder Verfälschung des Binnenmarktes bezwecken oder bewirken, mit dem Binnenmarkt unvereinbar, verboten und nichtig. Die Kommission achtet gem. Art. 105 AEUV auf die Verwirklichung dieser Grundsätze. Sie kann von Amts wegen Fälle untersuchen, in denen Zuwiderhandlungen gegen diese Grundsätze vermutet werden. Um Zuwiderhandlungen abzustellen, kann sie geeignete Mittel, etwa Bußgelder, vorschlagen. Die zu Beginn des *Lernarrangements* abgedruckte Zeitungsmitteilung kündigt ein derartiges Bußgeldverfahren an.

■ Europäisches Parlament

Die Anzahl der Sitze im Europäischen Parlament beträgt in der 8. Wahlperiode (2014 bis 2019) 751. Die Abgeordneten werden für fünf Jahre in allgemeiner, unmittelbarer, freier und geheimer Wahl gewählt. Die Mandate sind entsprechend der Bevölkerungszahl der Mitgliedstaaten aufgeteilt. Die Mindestanzahl der Mandate liegt bei fünf. Auf die Bundesrepublik entfallen in der 8. Wahlperiode 96 Mandate.

Die Europawahl ist gem. § 2 Europawahlgesetz – abweichend von der Bundestagswahl und den anderen bundesdeutschen Wahlen – eine reine Verhältniswahl nach (starren) Listen. Die Wähler haben eine Stimme, mit der die Liste der wahlvorschlagsberechtigten Partei, nicht aber eine bestimmte Persönlichkeit gewählt wird.

Abgeordnete sind nicht an Aufträge und Weisungen gebunden und genießen Immunität (Strafverfolgungsfreiheit) und Indemnität (Rede- und Äußerungsfreiheit). Im Parlament treten die Abgeordneten nicht als nationale Delegationen auf, sondern in nach parteipolitischen Gesichtspunkten gebildeten Fraktionen. In der aktuellen Wahlperiode gibt es sieben Fraktionen, daneben gibt es noch eine Anzahl fraktionsloser Abgeordneter.

Die aktuelle **Zusammensetzung des Europäischen Parlaments** der 8. Wahlperiode lässt sich aus der folgenden Tabelle entnehmen:[1]

Fraktion	Abkürzung	Anzahl der Sitze
Christdemokraten, Konservative	EVP	217
Sozialdemokraten	S&D	187
Konservative, EU-Skeptiker	EKR	75
Liberale, Zentristen	ALDE	68
Grüne, Regionalparteien	Grüne, EFA	52
Linke, Kommunisten	GUE/NGL	52
EU-Skeptiker, Rechtspopulisten	EFDD	41
Rechtspopulisten, Rechtsextreme	ENF	37
Fraktionslose		22

Das Europäische Parlament verfügt über 24 Ausschüsse, in denen die Parlamentsarbeit vorbereitet wird. Während das Plenum abwechselnd in Brüssel und Straßburg tagt, treten die Ausschüsse in Brüssel zusammen.

Das Europäische Parlament wird gemeinsam mit dem Rat als Gesetzgeber tätig.

Es hat selbst kein Recht, Gesetzesentwürfe einzubringen (Initiativrecht), sondern kann – wie auch der Rat – die Kommission lediglich auffordern, geeignete Vorschläge zu Rechtsakten zu unterbreiten.

Das Europäische Parlament hat ferner Kontrollrechte gegenüber der Kommission. So kann es schriftliche und mündliche Anfragen an die Kommission richten und einen Misstrauensantrag gegenüber der Kommission annehmen. Gegenüber dem Rat kann das Europäische Parlament schriftliche und mündliche Anfragen an den Rat richten.

Rechtssetzungsverfahren der Europäischen Union

Der hauptsächliche Teil der Rechtsakte der Europäischen Union kommt im sog. ordentlichen Gesetzgebungsverfahren nach Art. 294 AEUV zustande. In diesem Verfahren kann ein zu erlassender Rechtsakt nicht gegen die Entscheidung des Parlaments zustande kommen (auch Mitentscheidungsverfahren genannt).

Art. 294 AEUV sieht für das ordentliche Gesetzgebungsverfahren vor, das Europäische Parlament und den Rat bis zu drei Mal zu beteiligen (drei Lesungen). Zunächst legt die Kommission einen Vorschlag vor und leitet ihn an den Rat und das Europäische Parlament. Das Europäische Parlament legt in der ersten Lesung seinen Standpunkt fest und übermittelt ihn an den Rat. Billigt der Rat diesen Standpunkt, so ist der betreffende Rechtsakt in der Fassung des Standpunkts erlassen. Wird der Standpunkt des Europäischen Parlaments nicht berücksichtigt, legt der Rat einen gemeinsamen Standpunkt fest, den er dem Europäischen Parlament übermittelt.

In einer zweiten Lesung wird der gemeinsame Standpunkt vom Europäischen Parlament behandelt. Das Europäische Parlament kann innerhalb von drei Monaten nach der Übermittlung den Standpunkt des Rates billigen. In diesem Fall gilt der Rechtsakt als in der

1 Quelle: www.europarl.europa.eu, Stand: 21.01.2019.

Fassung des Standpunkts des Rates als erlassen. Das gilt auch, wenn das Europäische Parlament sich innerhalb der drei Monate zu dem Standpunkt des Rates nicht äußert. Lehnt es den gemeinsamen Standpunkt ab, gilt der vorgeschlagene Rechtsakt als nicht erlassen. Schlägt das Europäische Parlament Änderungen vor, erhält die Kommission Gelegenheit zur Stellungnahme. Der Rat hat nun innerhalb von drei Monaten die Möglichkeit, die Änderungen zu billigen und damit den Rechtsakt zu erlassen. Billigt er den Rechtsakt nicht, beruft der Präsident des Rates im Einvernehmen mit dem Präsidenten des Europäischen Parlaments innerhalb von sechs Wochen den Vermittlungsausschuss ein, der eine Einigung über einen gemeinsamen Entwurf erzielen soll. Kann sich der Vermittlungsausschuss innerhalb von sechs Wochen nicht auf einen gemeinsamen Entwurf einigen, gilt der Rechtsakt als nicht erlassen.

Kommt es zu einem gemeinsamen Entwurf des Vermittlungsausschusses, wird dieser dem Europäischen Parlament und dem Rat zur dritten Lesung zugeleitet. Wird der Rechtsakt in der Fassung dieses Entwurfs nicht innerhalb von sechs Wochen angenommen, gilt er als nicht erlassen.

Der AEUV sieht für bestimmte Bereiche ein besonderes Gesetzgebungsverfahren, das sog. Zustimmungsverfahren vor. In diesen Fällen können Rechtsakte auch durch das Parlament oder den Rat jeweils mit der Beteiligung des anderen Organs erlassen werden. Das besondere Gesetzgebungsverfahren wird zum Beispiel durch den Rat für die Beitrittsverfahren, die Einführung eines einheitlichen Verfahrens für die Wahlen zum Europäischen Parlament, den Abschluss internationaler Übereinkünfte und für die Festlegung des mehrjährigen Finanzrahmens der Europäischen Union angewandt.

Zunächst wird der Vorschlag der Kommission, dem Rat und dem Europäischen Parlament zur Stellungnahme zugeleitet. Der Rat legt daraufhin einen gemeinsamen Standpunkt fest, der dem Europäischen Parlament übermittelt wird. Der Rat kann Änderungsvorschläge des Europäischen Parlaments übernehmen oder ablehnen. Hat das Europäische Parlament den gemeinsamen Standpunkt abgelehnt, so kann der Rat den Rechtsakt durch einstimmigen Beschluss dennoch fassen. In diesem Verfahren kann also der Rechtsakt auch gegen die Ablehnung durch das Parlament erlassen werden.

■ Gerichtshof der Europäischen Union (EuGH)

Der Gerichtshof der Europäischen Union umfasst den Gerichtshof, das Gericht und Fachgerichte (Art. 19 Abs. 1 EUV). Er sichert im Rahmen der jeweiligen Zuständigkeiten die Wahrung des Rechts bei der Auslegung und Anwendung der Verträge.

Der **Europäische Gerichtshof** besteht aus je einem Richter pro Mitgliedstaat, die von den Regierungen der Mitgliedstaaten im gegenseitigen Einvernehmen für sechs Jahre ernannt werden. Die Richter wählen aus ihrer Mitte für drei Jahre einen Präsidenten. Der Gerichtshof kann tätig werden als Verfassungsgericht, etwa bei Streitigkeiten zwischen den Mitgliedstaaten über die Vertragsanwendung und Vertragsauslegung. Er wird tätig in verwaltungsrechtlichen Verfahren, etwa bei Streitigkeiten zwischen den Gemeinschaftsorganen und Einzelpersonen. Als Zivilgericht entscheidet der EuGH z.B. bei Schadensersatzklagen. Er kann auch tätig werden als Straf- oder Disziplinargericht, wenn er beispielsweise über die Frage der Abberufung von Kommissaren entscheiden muss. Schließlich kann der EuGH als Schiedsgericht tätig werden, wenn dies von den Parteien vereinbart wurde. Außerdem ist er das Revisionsgericht über Entscheidungen des Gerichts.

Die Struktur des Europäischen Gerichtshofs soll anhand des nachfolgenden Schaubilds verdeutlicht werden:

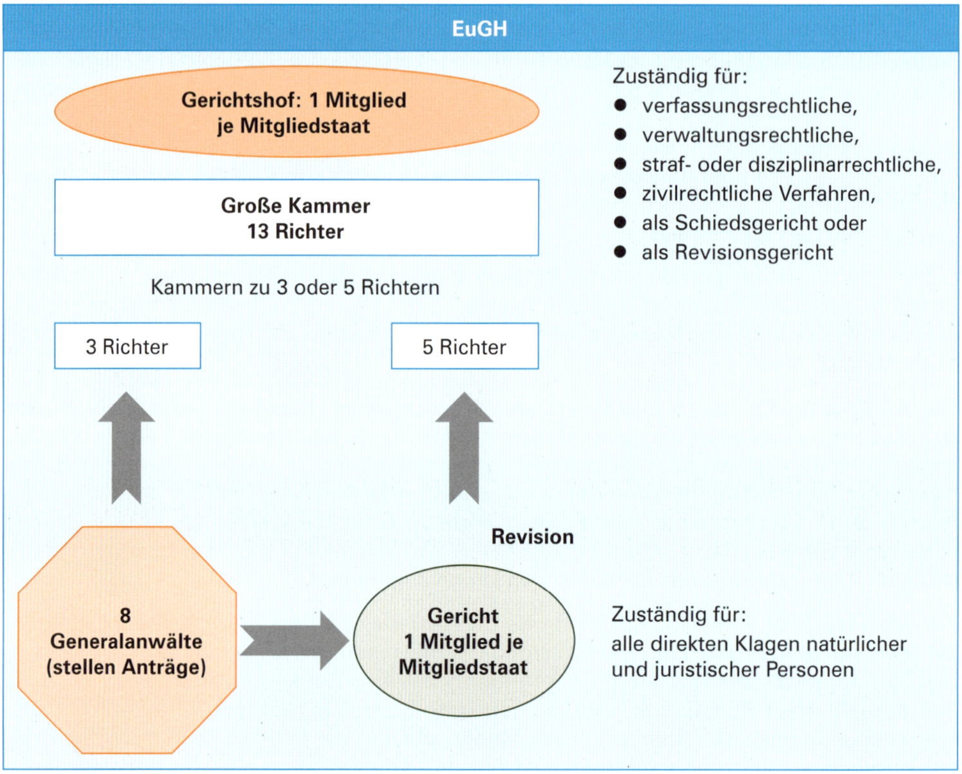

Der Gerichtshof tagt grundsätzlich in Kammern aus drei oder fünf Richtern oder in Form der Großen Kammer, die mit 13 Richtern besetzt ist.

Der Gerichtshof wird von **acht Generalanwälten** unterstützt, deren Aufgabe es ist, am Ende jeder Verhandlung einen begründeten Vorschlag zur Lösung des Streitfalles zu unterbreiten. Sie werden wie die Richter des Gerichtshofs für die Dauer von sechs Jahren von den Regierungen im gegenseitigen Einvernehmen ernannt. Die Generalanwälte üben ihr Amt unparteilich und unabhängig aus. Der Gerichtshof ist an die unterbreiteten Vorschläge nicht gebunden.

Das **Gericht** besteht aus mindestens einem Richter pro Mitgliedstaat. Sie werden ebenfalls von den Regierungen der Mitgliedstaaten im gegenseitigen Einvernehmen für sechs Jahre ernannt. An der Spitze steht, wie beim Gerichtshof, ein Präsident, der aus der Mitte der Richter für die Dauer von drei Jahren gewählt wird. Anders als der Gerichtshof verfügt das Gericht nicht über ständige Generalanwälte. Es besteht jedoch die Möglichkeit, dass es von Generalanwälten unterstützt wird. Das Gericht ist unter anderem zuständig für alle direkten Klagen von natürlichen und juristischen Personen gegen Maßnahmen der Organe, die sie unmittelbar betreffen, und für Klagen der Mitgliedstaaten gegen die Kommission.

Das Europäische Parlament und der Rat können außerdem durch Verordnung, die im ordentlichen Gesetzgebungsverfahren erlassen wird, Fachgerichte bilden, die für in der Verordnung bestimmte Sachgebiete für Entscheidungen im ersten Rechtszug zuständig sind. Die Richter dieser Fachgerichte werden vom Rat ernannt. Bisher wurde das Gericht für den öffentlichen Dienst der Europäischen Union als Fachgericht eingerichtet, das zuständig für Entscheidungen über Streitigkeiten zwischen der Europäischen Union und ihren Bediensteten ist.

Europäische Zentralbank

Die Europäische Zentralbank bildet zusammen mit den nationalen Zentralbanken der Eurostaaten das Europäische System der Zentralbanken, das die Währungspolitik der Europäischen Union betreibt. Sein vorrangiges Ziel ist es, die Preisstabilität zu gewährleisten. Ferner legt es die Geldpolitik der Europäischen Union fest, führt die Devisengeschäfte aus und verwaltet die offiziellen Währungsreserven. Außerdem unterstützt das Europäische System der Zentralbanken die allgemeine Wirtschaftspolitik in der Europäischen Union. Die Europäische Zentralbank hat eigene Rechtspersönlichkeit und ist unabhängig. Sie hat die alleinige Befugnis, die Ausgabe des Euro zu genehmigen.

Der Präsident der Europäischen Zentralbank wird auf Empfehlung des Rates vom Europäischen Rat ernannt. Seine Amtszeit beträgt acht Jahre. Eine Wiederernennung ist nicht möglich. Es muss sich um eine für Währungs- und Bankfragen anerkannte Persönlichkeit handeln.

Rechnungshof

Der **Rechnungshof** besteht aus jeweils einem nicht weisungsgebundenen Mitglied je Mitgliedstaat, das im jeweiligen Heimatland Prüfungsorganen angehört hat oder angehört. Sie werden vom Rat nach Anhörung des Europäischen Parlaments einstimmig auf sechs Jahre ernannt.

Zu den Aufgaben des Rechnungshofs gehören die Prüfung der Rechnung über alle Einnahmen und Ausgaben der Gemeinschaft, die Prüfung der Rechtmäßigkeit, Ordnungsmäßigkeit der Einnahmen und Ausgaben sowie der Wirtschaftlichkeit. Der Rechnungshof erstattet einen Jahresbericht, der mit der Mehrheit der Stimmen seiner Mitglieder angenommen werden muss. Er wirkt ferner bei der Entlastung der Kommission zur Ausführung des Haushaltsplans mit.

Wirkung des EU-Rechts auf nationales Recht

Das europäische Recht wird unterschieden in **primäres** und **sekundäres Gemeinschaftsrecht.** Zum primären Gemeinschaftsrecht gehören der Vertrag über die Europäische Union (EUV) und der Vertrag über die Arbeitsweise der Europäischen Union (AEUV) sowie zahlreiche weitere Regelungen wie die den Verträgen beigefügten Protokolle und Erklärungen sowie die Beitrittsverträge der beigetretenen Länder. Außerdem hat der EuGH eine Anzahl von allgemeinen Rechtsgrundsätzen entwickelt, die – zum Teil als ungeschriebene Prinzipien – zum Primärrecht gehören. Dazu gehören unter anderem der Grundsatz der Verhältnismäßigkeit, das Prinzip der Gesetzmäßigkeit der Verwaltung, das Rückwirkungsverbot, aber auch Rechte aus dem Grundrechtsbereich wie der Gleichheitssatz oder das Eigentumsrecht. Für das primäre Gemeinschaftsrecht gilt das Prinzip des **Vorrangs des**

Gemeinschaftsrechts, d. h., das Gemeinschaftsrecht geht dem nationalen Recht, auch der Verfassung, vor.

Zum sekundären Gemeinschaftsrecht gehören alle Rechtsvorschriften, die von den Organen der Europäischen Gemeinschaften aufgrund der Gründungsverträge erlassen wurden. Die Rechtsakte des sekundären Gemeinschaftsrechts werden in Art. 288 AEUV genannt.

§ **Art. 288 AEUV**

„Für die Ausübung der Zuständigkeiten der Union nehmen die Organe Verordnungen, Richtlinien, Beschlüsse, Empfehlungen und Stellungnahmen an."

Für die Rechtsakte der Europäischen Gemeinschaften gilt, dass sie grundsätzlich Vorrang gegenüber dem nationalen Recht entfalten. Dies ergibt sich ebenfalls aus Art. 288 AEUV.

EU-Recht	
Primäres Gemeinschaftsrecht	**Sekundäres Gemeinschaftsrecht (Art. 288 AEUV)**
■ EUV ■ AEUV ■ Protokolle und Erklärungen zu den Verträgen ■ Beitrittsverträge der Länder ■ allgemeine Rechtsgrundsätze → Verhältnismäßigkeit → Gesetzmäßigkeit der Verwaltung → Rückwirkungsverbot → Gleichheitssatz → Eigentumsrecht	■ Verordnungen ■ Richtlinien ■ Beschlüsse ■ Empfehlungen ■ Stellungnahmen

Danach hat die **Verordnung** allgemeine Geltung. Sie ist in allen ihren Teilen verbindlich und gilt unmittelbar in jedem Mitgliedstaat. Eine Verordnung ist eine abstrakt-generelle Regelung, die unmittelbar Rechte und Pflichten für die Unionsbürger begründet. Sie entspricht damit nach deutschem Recht einem Gesetz.

Eine **Richtlinie** ist für jeden Mitgliedstaat, an den sie gerichtet wird, hinsichtlich des zu erreichenden Ziels verbindlich, überlässt jedoch den innerstaatlichen Stellen die Wahl der Form und der Mittel. Eine Richtlinie muss von den einzelnen Mitgliedstaaten innerhalb einer vorgesehenen Frist in nationales Recht umgesetzt werden. Daraus folgt, dass grundsätzlich erst die nationale Regelung für den einzelnen Bürger Verbindlichkeit entfaltet.

Für den Fall, dass der nationale Gesetzgeber eine Richtlinie nicht innerhalb der vorgegebenen Frist oder nicht ordnungsgemäß umsetzt, hat der EuGH unter bestimmten Voraussetzungen eine **unmittelbare Wirkung von Richtlinien** angenommen. Die Gründe für diese Rechtsprechung liegen darin, zu verhindern, dass die Mitgliedstaaten die praktische Wirksamkeit einer Richtlinie erheblich beeinträchtigen, weil sie die Umsetzung der Regelung hinauszögern. Außerdem soll sich ein Mitgliedstaat nicht darauf berufen können, dass eine in einer Richtlinie vorgesehene Begünstigung für einen Bürger nicht gewährt werden kann, nur weil die Richtlinie noch nicht umgesetzt wurde.

Die unmittelbare Wirkung einer Richtlinie wird unter folgenden Voraussetzungen angenommen:

- Die Richtlinie wurde nicht fristgemäß oder nicht ordnungsgemäß, d.h. unzutreffend oder unvollständig umgesetzt,
- die Richtlinie ist inhaltlich unbedingt, d.h., sie begründet eine Verpflichtung, die weder an eine Bedingung geknüpft ist noch zu ihrer Erfüllung einer Maßnahme der Gemeinschaftsorgane oder der Mitgliedstaaten bedarf,
- die Richtlinie ist hinreichend bestimmt, d.h., sie begründet unmissverständlich eine konkrete Verpflichtung.

Der EuGH hat eine unmittelbare Wirkung von Richtlinien allerdings nur im Verhältnis Bürger – Staat angenommen. Die unmittelbare Wirkung von Richtlinien eines Bürgers gegenüber Privaten hat der EuGH in ständiger Rechtsprechung abgelehnt. Der EuGH begründet diese Ansicht damit, dass eine Richtlinie nicht selbst Verpflichtungen für einen Bürger begründen könne, sodass ihm gegenüber eine Berufung auf die Richtlinie als solche nicht möglich sei.

Der **Beschluss** ist in allen seinen Teilen für diejenigen verbindlich, die er bezeichnet. Es handelt sich dabei um eine konkret-individuelle Regelung, die mit dem Verwaltungsakt nach deutschem Recht vergleichbar ist.

Empfehlungen und Stellungnahmen sind rechtlich nicht verbindlich, können jedoch als offizielle Verlautbarungen politische Bedeutung erlangen.

Unionsbürgerschaft

§

Art. 20 AEUV

„(1) Es wird eine Unionsbürgerschaft eingeführt. Unionsbürger ist, wer die Staatsangehörigkeit eines Mitgliedstaats besitzt. Die Unionsbürgerschaft tritt zur nationalen Staatsbürgerschaft hinzu, ersetzt sie aber nicht.

(2) Die Unionsbürger haben die in diesem Vertrag vorgesehenen Rechte und Pflichten."

Aus der Unionsbürgerschaft ergeben sich für die Staatsangehörigen der Mitgliedstaaten beispielsweise die folgenden Rechte. So genießt jeder Unionsbürger das Recht der Freizügigkeit, d.h., er kann sich im Rahmen der europarechtlichen Vorschriften im Hoheitsgebiet der Mitgliedstaaten frei bewegen und aufhalten. Aus der Unionsbürgerschaft ergibt sich ferner ein Wahlrecht bei Kommunalwahlen in dem Mitgliedstaat, in dem ein Staatsbürger eines anderen Mitgliedstaats seinen Wohnsitz hat. Jeder europäische Bürger hat außerdem das Recht zur Wahl zum Europäischen Parlament, gleichgültig, ob er in seinem Herkunftsland oder in einem anderen Mitgliedstaat seinen Wohnsitz hat. In Hoheitsgebieten eines Drittlandes genießen Unionsbürger unter bestimmten Voraussetzungen den diplomatischen Schutz eines anderen EU-Mitgliedstaats, dessen Staatsangehörigkeit sie nicht besitzen. Jeder Unionsbürger besitzt schließlich das Petitionsrecht beim Europäischen Parlament und kann sich mit Beschwerden über Missstände bei der Tätigkeit der Organe oder Institutionen der Gemeinschaft an den vom Europäischen Parlament ernannten Bürgerbeauftragten wenden.

Mit dem Vertrag von Lissabon wurden die Mitwirkungsrechte der Unionsbürger erweitert. Mindestens eine Million Unionsbürger aus mehreren Mitgliedstaaten können eine Initiative ergreifen und die Kommission auffordern, geeignete Vorschläge zu Themen zu unterbreiten, in denen Rechtsakte zur Umsetzung der Verträge für erforderlich gehalten werden.

Übungen

1. Welche Repräsentanten gibt es nach dem Vertrag von Lissabon in der EU?
2. Stellen Sie die Organe der EU den Staatsorganen der Bundesrepublik gegenüber und vergleichen Sie ihre Aufgaben. Inwieweit unterscheidet sich die Organisation der EU von der Organisation der Bundesrepublik? Welche Konsequenzen können sich für einzelne Staatsprinzipien des GG ergeben?
3. Art. 8 Abs. 1 der Richtlinie 92/85 EWG des Rates vom 19. 10. 1992 (EG-Mutterschutzrichtlinie) regelt: „Die Mitgliedstaaten treffen die erforderlichen Maßnahmen, um sicherzustellen, dass den Arbeitnehmerinnen im Sinne des Artikels 2 ein Mutterschaftsurlaub von mindestens 14 Wochen ohne Unterbrechung gewährt wird, die sich entsprechend den einzelstaatlichen Rechtsvorschriften und/oder Gepflogenheiten auf die Zeit vor und/oder nach der Entbindung aufteilen."

   Die Richtlinie wurde in mehreren Schritten, unter anderem durch das Gesetz zum Schutz von Müttern bei der Arbeit, in der Ausbildung und im Studium **(Mutterschutzgesetz)** sowie durch die Verordnung über den Mutterschutz für Beamtinnen des Bundes und die Elternzeit für Beamtinnen und Beamten des Bundes **(Mutterschutz- und Elternzeitverordnung)**, umgesetzt.

§

§ 3 Mutterschutzgesetz: Schutzfristen vor und nach der Entbindung

„(1) Der Arbeitgeber darf eine schwangere Frau in den letzten sechs Wochen vor der Entbindung nicht beschäftigen (Schutzfrist vor der Entbindung), soweit sie sich nicht zur Arbeitsleistung ausdrücklich bereit erklärt. [...]

(2) Der Arbeitgeber darf eine Frau bis zum Ablauf von acht Wochen nach der Entbindung nicht beschäftigen (Schutzfrist nach der Entbindung). [...]"

§ 1 Mutterschutz- und Elternzeitverordnung: Allgemeines

„Für den Mutterschutz von Personen in einem Beamtenverhältnis beim Bund sowie bei bundesunmittelbaren Körperschaften, Anstalten und Stiftungen des öffentlichen Rechts gelten die §§ 2 bis 5."

§ 2 Mutterschutz- und Elternzeitverordnung: Anwendung des Mutterschutzgesetzes

„(1) Die folgenden Vorschriften des Mutterschutzgesetzes sind entsprechend anzuwenden:

1. zu Begriffsbestimmungen (§ 2 Abs. 1 Satz 1, Absatz 3, Satz 1 und Absatz 4 des Mutterschutzgesetzes),
2. zur Gestaltung der Arbeitsbedingungen (§§ 9, 10 Absatz 1 und 2, §§ 11, 12, 13 Absatz 1 Nummer 1 des Mutterschutzgesetzes),
3. zum Arbeitsplatzwechsel (§ 13 Absatz 1 Nummer 2 des Mutterschutzgesetzes),
4. zur Dokumentation und Information durch den Arbeitgeber (§ 14 des Mutterschutzgesetzes),
5. zu Beschäftigungsverboten (§§ 3 bis 6, 10 Absatz 3, § 13 Absatz 1 Nummer 3 und § 16 des Mutterschutzgesetzes),
6. [...]"

Der Geburtstermin, der für die Berechnung der Fristen maßgeblich ist, kann sich jedoch aufgrund verschiedener Umstände verschieben, unter anderem dadurch, dass sich der Arzt oder die Hebamme bei der Berechnung des Geburtstermins geirrt hat. Wird das Kind aufgrund einer irrtümlichen Berechnung des Arztes zu früh geboren (was häufiger vorkommt), verkürzt sich der Mutterschaftsurlaub entsprechend, ohne dass der Mutter die Möglichkeit eingeräumt wird, den vor der Geburt nicht in Anspruch genommenen Mutterschaftsurlaub an den Urlaub nach der Geburt anzuhängen.

a) Ist für diese Fälle die EG-Mutterschutzrichtlinie unmittelbar anwendbar?

b) Im Mutterschutzgesetz gibt es Regelungen gleichen Inhalts, die für Frauen gelten, die in einem Arbeitsverhältnis stehen. Wie wäre die Lösung, wenn der geschilderte Fall bei einer Arbeitnehmerin in der Privatwirtschaft geschehen wäre?

Zum Nachschlagen

Art. 23 GG

Beispiele:	**Wovon zu unterscheiden:**
■ Europäische Union ■ Bundesrepublik Deutschland ■ NATO	■ Staatenverbund ⟷ Bundesstaat ⟷ Staatenbund ■ EuGH ⟷ Europäischer Gerichtshof für Menschenrechte ■ Europäischer Rat ⟷ Rat

Hilfen zum Einprägen:

- Die Kommission ist „Hüterin der Verträge" und „Motor der Gemeinschaft"
- Verordnung entspricht den nationalen EU-Gesetzen, ein Beschluss entspricht dem VA
- Richtlinien bedürfen grundsätzlich der Umsetzung in nationales Recht, unmittelbare Wirkung entfalten sie unter folgenden Voraussetzungen:
  - → keine fristgemäße Umsetzung
  - → inhaltlich unbedingt
  - → hinreichend bestimmt

6 Schäfer u.a. - ISBN 978-3-8120-0439-8

Lernarrangement 8

Kommunalwahlergebnis auswerten und Sitzverteilung im Rat einer Gemeinde berechnen

Leitfragen

1. Welche Rechtsgrundlagen sind anzuwenden, um zu einer Sitzverteilung im Rat einer Gemeinde zu kommen?
2. Wie wird eine Sitzverteilung konkret für ein praktisches Beispiel errechnet?

Durch das Arrangement abgedeckte Inhalte des Rahmenlehrplans:

- Grundlagen der kommunalen Selbstverwaltung

LA 8 Ausgangssituation

Gehen Sie davon aus, dass am vergangenen Sonntag in Niedersachsen die Kommunalwahl stattgefunden hat. In der Stadt Neustadt (42 500 Einwohner) führte die Kommunalwahl zu folgendem amtlichen Endergebnis:

Fachdienst 30
– Recht –

Kommunalwahl in Neustadt
hier: Amtliches Endergebnis

Aktenvermerk

Das amtliche Endergebnis der Kommunalwahl vom vergangenen Sonntag wurde durch den Wahlausschuss gem. § 36 Absatz 1 NKWG festgestellt:

Wahlvorschlag	Stimmen der Gesamtliste	Stimmen für Einzelbewerber	Stimmen für den Wahlvorschlag insgesamt
A-Partei	6 936	20 692	27 628
B-Partei	15 156	26 600	41 756
C-Partei	3 240	5 828	9 068
D-Partei	2 380	4 800	7 180
			85 632

Koberstein

Ihnen liegen zudem die konkreten Zahlen hinsichtlich der Ergebnisse der einzelnen Wahlvorschläge vor. Für die A-Partei stellt sich das Ergebnis exemplarisch folgendermaßen dar:

Wahlvorschlag: A-Partei					**6936**
1.	**Marlies Schäfer**	◯	◯	◯	512
2.	**Jörg Janssen**	◯	◯	◯	849
3.	**Max Achtermann**	◯	◯	◯	1856
4.	**Fred Lorenzen**	◯	◯	◯	2611
5.	**Sven Schultze**	◯	◯	◯	560
6.	**Siegbert Sigismund**	◯	◯	◯	274
7.	**Manfred Müller**	◯	◯	◯	1485
8.	**Clemens Evers**	◯	◯	◯	992
9.	**Nancy Goldau**	◯	◯	◯	1522
10.	**Nadine Peters**	◯	◯	◯	1718
11.	**Wolfgang Struve**	◯	◯	◯	1261
12.	**Sonja Pohlmann**	◯	◯	◯	2782
13.	**Kai-Peter Nielsen**	◯	◯	◯	1912
14.	**Joachim Petersen**	◯	◯	◯	1258
15.	**Egon Kuhlmey**	◯	◯	◯	1100

Arbeitsaufträge:

1. Bestimmen Sie die Sitzverteilung im Rat der Stadt Neustadt.
2. Bestimmen Sie, welche Bewerber der A-Partei in den Rat der Stadt Neustadt einziehen werden.

Theoretische Grundlagen

Verhältnis- und Personenwahl

Maßgebliche Rechtsquellen für die Auswertung eines Kommunalwahlergebnisses sind das Niedersächsische Kommunalverfassungsgesetz (NKomVG) und das Niedersächsische Kommunalwahlgesetz (NKWG). Die Ratsfrauen/-herren werden gem. § 4 Abs. 1 Satz 1 NKWG aufgrund von Wahlvorschlägen in einer mit der Personenwahl verbundenen Verhältniswahl gewählt.

Die **Verhältniswahl** ist ein Wahlverfahren, bei dem eine Partei oder eine Wählergruppe im Verhältnis der erhaltenen Wählerstimmen eine entsprechende Anzahl an Sitzen in dem zu besetzenden Gremium (z. B. Rat der Gemeinde) erhält. Dabei steht die Partei- bzw. Listenzugehörigkeit des Kandidaten im Vordergrund; die Person steht im Hintergrund. Die Anzahl der Mandate soll dem Anteil der Stimmen für einen Wahlvorschlag (Wahlliste) entsprechen. Damit dieses Verhältnis möglich ist, können die Kandidaten bei einer reinen Verhältniswahl grundsätzlich nicht als einzelne Person, sondern nur als Gruppe (Wahlpartei, Liste) kandidieren. Erhält eine gewählte Gruppe z. B. 10 % der Stimmen, so erhält sie auch 10 % der Sitze im zu wählenden Gremium.

Bei der **Personenwahl** steht die zu wählende Person im Vordergrund; nicht die Partei- bzw. Listenzugehörigkeit.

Im Rahmen der niedersächsischen Kommunalwahl wird das sogenannte **personalisierte Verhältniswahlrecht** angewendet.

Die Wahlberechtigten haben bei der Wahl der Ratsfrauen/-herren je drei Stimmen (§ 4 Abs. 3 NKWG). Die Wahlberechtigten können einer Liste oder einem Bewerber ihre drei Stimmen geben **(kumulieren)**. Sie können ihre Stimmen aber auch auf verschiedene Listen und/oder Bewerber derselben oder verschiedener Listen aufteilen **(panaschieren)**. Dies ergibt sich aus § 30 Abs. 2 NKWG:

§

§ 30 Abs. 2 NKWG

„Die wählende Person kann bis zu drei Stimmen vergeben. Sie kann die Stimmen verteilen auf

1. eine Liste oder verschiedene Listen,
2. eine Bewerberin oder einen Bewerber in einer Liste oder auf einen Einzelwahlvorschlag,
3. Bewerberinnen und Bewerber derselben Liste oder verschiedener Listen,
4. Bewerberinnen und Bewerber derselben Liste oder verschiedener Listen und Einzelwahlvorschläge,
5. Listen, Bewerberinnen und Bewerber dieser oder anderer Listen und Einzelwahlvorschläge.

An die Reihenfolge der Bewerberinnen und der Bewerber innerhalb einer Liste ist sie nicht gebunden.“

Sitzverteilung nach dem Verfahren „Hare-Niemeyer“

Die in dem Wahlgebiet zu vergebenen Sitze im Rat werden nach dem **Verfahren „Hare-Niemeyer“** verteilt. Dabei wird das bei der Wahl ermittelte Stimmenverhältnis proportional auf die zu vergebenen Sitze (Mandate) übertragen.

Die **Sitzverteilung** wird in **fünf Schritten** vorgenommen:

1. Feststellung der Stimmenzahlen für die jeweiligen Listen, Listenbewerber/-innen und Einzelwahlvorschläge im Wahlgebiet durch den Wahlausschuss (§ 36 Abs. 1 NKWG).
2. Die im Wahlgebiet zu vergebenen Sitze werden nach dem Verfahren „Hare-Niemeyer" auf die verschiedenen Wahlvorschläge verteilt (§ 36 Abs. 2 und Abs. 3 NKWG).
3. Die auf den Wahlvorschlag einer Partei oder Wählergruppe entfallenen Sitze werden auf ihre Liste und auf die Gesamtheit ihrer Listenbewerber/-innen nach dem Verfahren „Hare-Niemeyer" verteilt (§ 36 Abs. 4 NKWG).
4. Die auf die Gesamtheit der Listenbewerber/-innen des Wahlvorschlags entfallenen Sitze werden den Bewerber/-innen mit den höchsten Stimmenzahlen zugeteilt (§ 36 Abs. 5 NKWG).
5. Die auf die Liste einer Partei oder Wählergruppe entfallenen Sitze erhalten die Bewerber/-innen in der Reihenfolge, in der sie in der Liste aufgeführt sind (§ 36 Abs. 6 NKWG).

Lösungshinweise zum Arbeitsauftrag 1

Vorüberlegung: Zahl der zu vergebenden Sitze

Die Zahl der zu vergebenden Ratssitze für die Ratsfrauen und Ratsherren (RF/RH) hängt gem. § 46 Abs. 1 Satz 1 NKomVG von der Einwohnerzahl der betrachteten Kommune ab. Die Stadt Neustadt hat in der vorliegenden Situation 42500 Einwohner. Somit ziehen in den Rat der Stadt Neustadt 40 RF/RH ein.

Verteilung der Ratssitze auf die Wahlvorschläge nach § 36 Abs. 2 NKWG

1. Schritt:

Anwendung des § 36 Abs. 2 Satz 2 NKWG durch folgende **Formel:**

$$\frac{\text{Zahl der gültigen Stimmen für einen Wahlvorschlag} \cdot \text{Zahl der zu vergebenden Sitze}}{\text{Zahl der insgesamt abgegebenen gültigen Stimmen}}$$

Das bedeutet für die einzelnen Wahlvorschläge:

A-Partei	B-Partei	C-Partei	D-Partei
$\frac{27628 \cdot 40}{85632} = 12{,}91$	$\frac{41756 \cdot 40}{85632} = 19{,}50$	$\frac{9068 \cdot 40}{85632} = 4{,}24$	$\frac{7180 \cdot 40}{85632} = 3{,}35$

2. Schritt:

Jeder Wahlvorschlag erhält gem. § 36 Abs. 2 Satz 3 NKWG zunächst so viele Sitze, wie **ganze Zahlen** auf ihn entfallen. Das bedeutet für die hier vorliegende Situation:

- A-Partei: 12 Sitze
- B-Partei: 19 Sitze
- C-Partei: 4 Sitze
- D-Partei: 3 Sitze

Somit sind 38 der insgesamt 40 zu vergebenden Sitze auf die Wahlvorschläge verteilt worden. **(Hinweis:** § 36 Abs. 3 NKWG findet keine Anwendung, da keine Partei mehr als die Hälfte der gültigen Stimmen erhalten hat.)

3. Schritt:

Die weiteren zu vergebenden Sitze werden gem. § 36 Abs. 2 Satz 4 NKWG in der Reihenfolge der **höchsten Zahlenbruchteile** vergeben. Hier sind noch zwei weitere Sitze zu vergeben, sodass folgende Wahlvorschläge noch mit jeweils einem weiteren Sitz bedacht werden:

- Der 39. Sitz geht an die A-Partei (Zahlenbruchteil: 0,91).
- Der 40. Sitz geht an die B-Partei (Zahlenbruchteil: 0,50).

Es ergibt sich folgendes Endergebnis hinsichtlich der Sitzverteilung:

- A-Partei: 13 Sitze
- B-Partei: 20 Sitze
- C-Partei: 4 Sitze
- D-Partei: 3 Sitze

Lösungshinweise zum Arbeitsauftrag 2

Verteilung der 13 Ratssitze, die der A-Partei zustehen, auf die Bewerber der A-Partei

Die Verteilung der Ratssitze auf die Bewerber der A-Partei erfolgt gem. § 36 Abs. 4 NKWG in analoger (entsprechender) Anwendung des Verfahrens nach § 36 Abs. 2 Satz 2–5 NKWG.

Zunächst wird ermittelt, wie viele Sitze auf die Listenbewerber (die Bewerber mit den meisten Stimmen) entfallen. Danach werden die Sitze für die Liste (Listenreihenfolge) berechnet (analoge Anwendung des § 36 Abs. 2 Satz 2 NKWG).

A-Partei	
Listenbewerber	**Listenreihenfolge**
$\frac{20\,692 \cdot 13}{27\,628} = 9{,}74$	$\frac{6\,936 \cdot 13}{27\,628} = 3{,}26$

Zunächst werden wieder die ganzen Zahlen berücksichtigt (analoge Anwendung des § 36 Abs. 2 Satz 3 NKWG. Demnach gehen neun Sitze an die Listenbewerber und drei Sitze werden nach der Listenreihenfolge verteilt. Damit sind zwölf Sitze für die A-Partei vergeben.

Der 13. Sitz wird (in analoger Anwendung des § 36 Abs. 2 Satz 4 NKWG) nach dem höheren Zahlenbruchteil vergeben. Im vorliegenden Beispiel entfällt somit der 13. Sitz auf die Listenbewerber (aufgrund des Zahlenbruchteils 0,74).

Es gehen also zehn Sitze an die Bewerber der A-Partei mit den höchsten Stimmenzahlen und drei Sitze werden anschließend an die Bewerber der A-Partei nach der Listenreihenfolge verteilt.

Zunächst erfolgt gem. § 36 Abs. 5 Satz 1 NKWG die Ermittlung der Personen, die über die höchsten Stimmenzahlen in den Rat der Stadt Neustadt einziehen. Dies wären im vorliegenden Fall:

1. Sonja Pohlmann (2782 Stimmen)
2. Fred Lorenzen (2611 Stimmen)
3. Kai-Peter Nielsen (1912 Stimmen)
4. Max Achtermann (1856 Stimmen)
5. Nadine Peters (1718 Stimmen)
6. Nancy Goldau (1522 Stimmen)
7. Manfred Müller (1485 Stimmen)
8. Wolfgang Struve (1261 Stimmen)
9. Joachim Petersen (1258 Stimmen)
10. Egon Kuhlmey (1100 Stimmen)

Danach werden die restlichen drei Sitze über die Liste („von oben nach unten") gem. § 36 Abs. 6 Satz 1 NKWG verteilt. Bewerber, die gem. § 36 Abs. 5 Satz 1 NKWG bereits einen Sitz erhalten haben, bleiben dabei gem. § 36 Abs. 6 Satz 2 NKWG unberücksichtigt. Somit ziehen folgende Personen über die **Listenreihenfolge für die A-Partei** in den Rat ein:

1.	Marlies Schäfer	(Listenplatz 1)
2.	Jörg Janssen	(Listenplatz 2)
3.	Sven Schultze	(Listenplatz 5)

Hinweise:

- Die Listenbewerber Achtermann (Listenplatz 3) und Lorenzen (Listenplatz 4) ziehen bereits wegen ihrer hohen Stimmenzahl in den Rat ein und bleiben bei der Anwendung des § 36 Abs. 6 NKWG demnach unberücksichtigt.
- Nicht gewählte Personen sind gem. § 38 Abs. 1 NKWG Ersatzpersonen.

Übungen

Die letzte Kommunalwahl in Niedersachsen führte bei der Gemeinde Altdorf (6985 Einwohnerinnen und Einwohner) zu folgendem Ergebnis für die zur Wahl stehenden Wahlvorschläge:

Wahlvorschlag	Stimmen für die Liste	Stimmen für Einzelbewerber	Summe
A-Partei	620	605	1225
B-Partei	1044	1021	2065
C-Partei	250	503	753
D-Partei	420	467	887

1. Stellen Sie fest, wie viele Ratsfrauen und Ratsherren in den Rat der Gemeinde Altdorf einziehen. Begründen Sie Ihre Auffassung mithilfe der entsprechenden Rechtsgrundlage.
2. Verteilen Sie die Sitze im Rat der Gemeinde Altdorf auf die vier zur Wahl stehenden Wahlvorschläge (Parteien).
3. Verteilen Sie die Sitze, die der B-Partei zustehen, auf die Einzel- und Listenbewerber/-innen der B-Partei.

Wahlvorschlag: B-Partei					1044
1.	**Arthur Fenske** Grundschullehrer Im Graben 6	◯	◯	◯	22
2.	**Hedwig Janssen** Tischlerin Hohe Luft 5	◯	◯	◯	159
3.	**Kurt Tander** Landwirt Westerstraße 4	◯	◯	◯	76
4.	**Hauke Jensen** Polizist Markt 36	◯	◯	◯	250
5.	**Harry Schütz** Verwaltungsfachangestellter Gartenstraße 4	◯	◯	◯	75
6.	**Gerlinde Meyerhofer** Rentnerin Gartenstraße 8	◯	◯	◯	100
7.	**Norbert Jaschke** Informatikkaufmann Im Graben 16	◯	◯	◯	74
8.	**Hugo von Crampe** Dipl.-Verwaltungswirt (FH) Westliche Hohe 10	◯	◯	◯	73
9.	**Nathalie Andresen** Richterin Rehmkamp 37	◯	◯	◯	120
10.	**Ute Gabriel** Betriebswirtin Neue Landstraße 5	◯	◯	◯	72

Lernarrangement 9

Rechtmäßigkeit von Ratsbeschlüssen prüfen

Leitfragen

1. Welche Möglichkeiten sieht das Niedersächsische Kommunalrecht für die Überprüfung von Ratsbeschlüssen vor?
2. Welche Prüfungsschritte sind zu durchlaufen, wenn die Bürgermeisterin bzw. der Bürgermeister gegen einen Ratsbeschluss Einspruch einlegen möchte?

Durch das Arrangement abgedeckte Inhalte des Rahmenlehrplans:

✓ Grundlagen der kommunalen Selbstverwaltung

LA 9 Ausgangssituation

Lesen Sie zunächst nachfolgende Einladung des Bürgermeisters der Gemeinde Wiesental sowie den Auszug der Niederschrift über die öffentliche Sitzung des Rates.

Gemeinde Wiesental

Der Bürgermeister

An die
Ratsfrauen und Ratsherren
des Rates der Gemeinde Wiesental

Wiesental, 10. Oktober 20..

Einladung

Sehr geehrte Ratsfrauen und Ratsherren,

ich lade Sie zur öffentlichen Sitzung des Rates der Gemeinde Wiesental am

Mittwoch, 24.10.20..
um 19:00 Uhr
im Sitzungssaal des Rathauses der Gemeinde Wiesental

ein.

Tagesordnung:

1. Eröffnung der Sitzung und Feststellung der Beschlussfähigkeit
2. Feststellung der Tagesordnung
3. Genehmigung der Niederschrift über die Sitzung vom 18. Juni 20..
4. (...)
5. Beratung und Beschlussfassung über die Auftragsvergabe für den Bau einer Mensa für die Grundschule
6. (...)
7. Verschiedenes

Mit freundlichen Grüßen

Andreas Philipp

(Bürgermeister)

Gemeinde Wiesental

Der Bürgermeister

Niederschrift
über die öffentliche Sitzung des Rates
der Gemeinde Wiesental
vom 24.10.20..
im Sitzungssaal des Rathauses der Gemeinde Wiesental
(Auszug)

Beginn: 19:00 Uhr
Ende: 21:15 Uhr

(...)

Tagesordnung:

TOP 1: Eröffnung der Sitzung und Feststellung der Beschlussfähigkeit

Der Ratsvorsitzende RH Renner eröffnet die Sitzung. Er begrüßt die anwesenden Ratsfrauen und Ratsherren sowie Bürgermeister Philipp, die Vertreter der örtlichen Presse, die Zuschauer sowie die Vertreter der Gemeindeverwaltung.

Es sind insgesamt 14 Ratsfrauen und Ratsherren anwesend. Es fehlen RF Zemke und RH Seydlitz (beide entschuldigt).

Die ordnungsgemäße Ladung sowie die Beschlussfähigkeit werden festgestellt.

TOP 2: Feststellung der Tagesordnung

Der Ratsvorsitzende RH Renner stellt die Tagesordnung fest.

TOP 3: Genehmigung der Niederschrift über die Sitzung vom 18. Juni 20..

Der Rat genehmigt einstimmig die Niederschrift über die Sitzung vom 18. Juni 20..

TOP 4: (...)

TOP 5: Beratung und Beschlussfassung über die Auftragsvergabe für den Bau einer Mensa für die Grundschule

Bürgermeister Philipp trägt vor, dass bereits im vergangenen Jahr der Beschluss gefasst wurde, für die Grundschule in Wiesental eine Mensa zu errichten. Nach einer öffentlichen Ausschreibung hätten bereits der Bauausschuss sowie der Schulausschuss über die vorliegenden Angebote beraten und vorgeschlagen, dem Unternehmen Linseisen Bau GmbH den Auftrag zu erteilen. Die Linseisen Bau GmbH hätte sich als preisgünstigster Anbieter mit dem besten Leistungsumfang herausgestellt.

Im Übrigen hätte der Verwaltungsausschuss in seiner letzten Sitzung am 18.10.20.. nach kurzer Aussprache den Beschluss über die Auftragsvergabe an die Linseisen Bau GmbH bereits entsprechend vorbereitet.

Sodann lässt der Ratsvorsitzende RH Renner über den Antrag abstimmen, dem Unternehmen Linseisen Bau GmbH den Bauauftrag zu erteilen.

Abstimmungsergebnis:

Ja	8
Nein	6
Enthaltungen	1

Im Anschluss bemängelt RF Wienecke den hier gefassten Beschluss, da ihrer Meinung nach der RH Kuntze, der hauptberuflich als Architekt bei der Linseisen Bau GmbH beschäftigt sei, gar nicht an der Beschlussfassung hätte teilnehmen dürfen.

Der Ratsvorsitzende RH Renner will diesen Einwand nicht gelten lassen und geht zum nächsten TOP über.

(...)

Am 25.10.20.. kommen bei Bürgermeister Philipp Bedenken hinsichtlich der Ratssitzung vom Vortag auf. Insbesondere zieht er die Rechtmäßigkeit der Beschlussfassung zu TOP 5 (Beratung und Beschlussfassung über die Auftragsvergabe für den Bau einer Mensa für die Grundschule) in Zweifel. Er möchte gegen diesen Beschluss vorgehen.

Arbeitsaufträge:

Prüfen Sie, ob und unter welchen Voraussetzungen der Bürgermeister gegen den Beschluss zu TOP 5 vorgehen kann.

Bearbeitungshinweise:

Für die Ausgangssituation gelten folgende Annahmen:

1. Die Gemeinde Wiesental hat 5523 Einwohner
2. Die Einladung zur Ratssitzung wurde den Ratsfrauen und Ratsherren am 10. Oktober 20.. über das Ratsinformationssystem zugänglich gemacht und alle Ratsmitglieder nehmen am Ratsinformationssystem teil.
3. Die Geschäftsordnung für den Rat der Gemeinde Wiesental sieht eine Ladungsfrist von einer Woche vor.
4. Alle Ratsmitgliedern haben am 10. Oktober 20.. eine E-Mail erhalten, mit der sie darüber informiert wurden, dass die Einladung zur Ratssitzung im Ratsinformationssystem hinterlegt wurde.
5. Die Sitzung wurde durch den Ratsvorsitzenden RH Renner ordnungsgemäß geleitet.
6. Der Beschluss zu TOP 5 wurde materiell rechtmäßig gefasst.
7. Die Abgeordneten haben sich dazu bereit erklärt, gefasste Beschlüsse für den Fall der Rechtswidrigkeit neu zu fassen.

Theoretische Grundlagen[1]

Das Eingreifen des Bürgermeisters stellt eine von zwei möglichen Maßnahmen dar, um gegen einen Ratsbeschluss vorzugehen. Die Alternative wäre das Eingreifen der Kommunalaufsichtsbehörde für den Fall, dass der Bürgermeister der Kommunalaufsichtsbehörde davon entsprechend berichtet hat. Als Rechtsgrundlage für beide Varianten dient § 88 des Niedersächsischen Kommunalverfassungsgesetzes (NKomVG):

§

§ 88 Abs. 1 Satz 1 und 2 NKomVG

„Hält die Hauptverwaltungsbeamtin oder der Hauptverwaltungsbeamte einen Beschluss der Vertretung im eigenen Wirkungskreis oder einen Bürgerentscheid für rechtswidrig, so hat sie oder er der Kommunalaufsichtsbehörde unverzüglich über den Sachverhalt zu berichten und die Vertretung davon zu unterrichten. Gegen einen Beschluss der Vertretung kann sie oder er stattdessen Einspruch einlegen."

Im Folgenden wird der vorliegende Ratsbeschluss dahingehend überprüft, ob eine Beanstandung des Beschlusses durch den Bürgermeister der Gemeinde Wiesental in Form eines **Einspruches** rechtmäßig wäre.

1 Die Ausgangssituation bezieht sich auf einen Ratsbeschluss in der niedersächsischen Gemeinde Wiesental. Deshalb wird bei den Organbezeichnungen im Folgenden die konkrete Organbezeichnung für die Gemeinde verwendet (Rat, Bürgermeister/-in bzw. Verwaltungsausschuss gem. § 7 Abs. 2 Nr. 1 NKomVG).

Die Prüfung erfolgt nach folgendem Aufbaumuster:[1]

I. **Rechtsgrundlage:** § 88 Abs. 1 NKomVG
II. **Formelle Rechtmäßigkeit des Eingreifens** (Zuständigkeit)
III. **Materielle Rechtmäßigkeit des Eingreifens**
   1. Tatbestandsmerkmale des § 88 Abs. 1 Satz 1 NKomVG
      a) Beschluss oder Bürgerentscheid
      b) Eigener Wirkungskreis
      c) Rechtswidrigkeit des Beschlusses
         ca) Formelle Rechtswidrigkeit des Beschlusses
            (1) Organzuständigkeit
            (2) Beschlussfähigkeit
            (3) Vorbereitung des Beschlusses durch den Verwaltungsausschuss
            (4) Abstimmung oder Wahl
            (5) Mitwirkungsverbot
            (6) Öffentlichkeit
            (7) Sonstige formelle Rechtmäßigkeitskriterien
         cb) Materielle Rechtswidrigkeit des Beschlusses
   2. Rechtsfolge aus § 88 Abs. 1 Satz 1 NKomVG
IV. **Entscheidungsvorschlag**

Im Folgenden wird jeder Prüfungspunkt des Aufbaumusters kurz erläutert, bevor dann der konkrete Bezug zur Ausgangssituation hergestellt wird.

I. Rechtsgrundlage

Die Ermächtigung des Bürgermeisters gegen einen Ratsbeschluss Einspruch einzulegen, ergibt sich ausschließlich aus § 88 Abs. 1 NKomVG.

II. Formelle Rechtmäßigkeit des Eingreifens

Als einzige formelle Rechtmäßigkeitsvoraussetzung ergibt sich aus § 88 Abs. 1 NKomVG die **Zuständigkeit** für das Beanstanden eines Ratsbeschlusses. Diese liegt ausschließlich bei der Bürgermeisterin bzw. beim Bürgermeister. Es ist also nicht möglich, dass ein/e Abgeordnete/r (also eine Ratsfrau oder ein Ratsherr) gegen einen Ratsbeschluss Einspruch einlegt.

Im vorliegenden Fall möchte Bürgermeister Philipp gegen den gefassten Ratsbeschluss Einspruch einlegen. Die Zuständigkeit dafür ist gegeben.

III. Materielle Rechtmäßigkeit des Eingreifens

1. Tatbestandsmerkmale des § 88 Abs. 1 Satz 1 NKomVG

a) Beschluss oder Bürgerentscheid

Ein Beschluss ist eine abschließende Entscheidung eines Kollegialorgans, die durch Abstimmung oder Wahl getroffen wird, und Bindungswirkung für die Kommune besitzt.[2]

1 Das Aufbaumuster orientiert sich an dem Aufbaumuster für die Bearbeitung kommunalrechtlicher Fälle des Niedersächsischen Studieninstituts für kommunale Verwaltung e. V. (Stand: 2016).

2 Thiele (2011), Kommentierung zu § 66 NKomVG.

Ein **Bürgerentscheid** ist definiert in

§ 32 Abs. 1 NKomVG

„Mit einem Bürgerbegehren kann beantragt werden, dass Bürgerinnen und Bürger über eine Angelegenheit ihrer Kommune entscheiden."

Das Bürgerbegehren führt dann – sofern es erfolgreich durchgeführt wurde – zu einem Bürgerentscheid.

Merkmale eines Beschlusses	Erläuterungen
Abschließende Entscheidung	Beschlüsse liegen immer dann vor, wenn die getroffene Entscheidung abschließend ist. Vorbereitende Maßnahmen sind somit nicht vom Begriff „Beschluss" erfasst. Im vorliegenden Fall handelt der Rat der Gemeinde Wiesental abschließend, indem der Auftrag für den Mensabau endgültig vergeben wird. Vorbereitende Maßnahmen sind hier in den Beratungen der genannten Ausschüsse (Bauausschuss, Schulausschuss, Verwaltungsausschuss) zu sehen.
Kollegialorgan	Die Organe einer Gemeinde sind gem. § 7 Abs. 1, § 7 Abs. 2 Nr. 1 NKomVG der Rat, der Verwaltungsausschuss und die Bürgermeisterin bzw. der Bürgermeister. Die Bürgermeisterin bzw. der Bürgermeister ist ein Einzelorgan, während der Rat und der Verwaltungsausschuss kollegial besetzt sind (d. h. aus mehreren Personen bestehen). Naturgemäß können nur kollegial besetzte Organe Beschlüsse fassen. Hier liegt eine Entscheidung des Rates der Gemeinde Wiesental vor; es handelt also ein Kollegialorgan.
Abstimmung oder Wahl	Beschlüsse können als Abstimmung oder Wahl gefasst werden. Abstimmungen sind Beschlüsse über Sachangelegenheiten, während es bei einer Wahl immer um die Besetzung bestimmter Stellen mit Personen geht (Personenauswahl). Dabei liegt immer dann eine Wahl vor, wenn das Gesetz für den gefassten Beschluss ausdrücklich den Begriff „Wahl" verwendet.[1] Im vorliegenden Fall liegt eine Abstimmung vor, da über eine Auftragsvergabe für die Mensabau entschieden wird (Sachangelegenheit). Es geht nicht darum, dass eine Personenauswahl für die Besetzung einer bestimmten Stelle getroffen werden soll.
Bindungswirkung für die Kommune	Beschlüsse haben eine Bindungswirkung für die Kommune (hier: Gemeinde Wiesental). Das bedeutet, dass – wenn der Beschluss im Rat gefasst wurde – dieser durch die Bürgermeisterin bzw. den Bürgermeister umgesetzt werden muss (§ 85 Abs. 1 Satz 1 Nr. 2 NKomVG). Dies wird im Rahmen der Geschäftsverteilung der Gemeinde über die einzelnen Mitarbeiterinnen und Mitarbeiter in der Gemeindeverwaltung geschehen. Für den vorliegenden Fall ist unzweifelhaft eine Bindungswirkung für die Gemeinde Wiesental erkennbar, indem das Unternehmen Linseisen Bau GmbH den Auftrag für den Neubau der Mensa erhalten soll.

Im vorliegenden Fall liegt also ein Beschluss des Rates der Gemeinde Wiesental vor.

1 Blum, Häusler, Meyer (2014), Kommentierung zu § 66 NKomVG.

b) Eigener Wirkungskreis

Bei den kommunalen Aufgaben ist zu unterscheiden zwischen den Aufgaben des **eigenen** Wirkungskreises und denen des **übertragenen** Wirkungskreises. Die folgende Übersicht soll dazu Klarheit verschaffen:

Aufgaben der Kommunen

Grundsatz der Allzuständigkeit (aber: Einschränkungen); Art. 57 III NV und § 4 NKomVG

Aufgaben des eigenen Wirkungskreises
(Selbstverwaltungsaufgaben)
§ 5 NKomVG

bei Gemeinden:
freiwillig übernommene Aufgaben
(alle Aufgaben der örtlichen Gemeinschaft)

- **Basisversorgung** (Wasser, Energie, Nahverkehrsmittel, ...)
- **Soziales und Gesundheit** (Betreung Behinderter, Frauenhaus, Drogenberatung, ...)
- **Bildung und Kultur** (Theater, Museum, VHS, ...)
- **Sport, Freizeit, Erholung** (Sportanlagen, Parks, Grünanlagen, ...)
- **Bauwesen** (Wohnungsbau, Bereitstellung von Bauland, ...)

bei Samtgemeinden:
Aufgaben, die für die Mitgliedsgemeinden erfüllt werden

- Aufstellung F-Plan
- Schulträgerschaft gem. NSchG
- Errichtung und Unterhaltung von Sportstätten
- Gesundheitseinrichtungen
- Altenbetreuung
- Bau und Unterhaltung von Gemeindeverbindungsstraßen
- Hilfe bei Verwaltungsangelegenheiten
- ...

bei Landkreisen und der Region Hannover:
freiwillig übernommene Aufgaben
(alle Aufgaben der örtlichen Gemeinschaft)

bei allen Kommunen:
Aufgaben, die den Kommunen durch Gesetz oder sonstige Rechtsvorschrift als eigene zugewiesen sind

vom Bund zugewiesen:
- Aufstellung von Bauleitplänen (§ 2 I 1 BauGB)
- ...

vom Land zugewiesen:
- Schulträgerschaft gem. § 102 I, II NSchG
- Straßenbaulast gem. § 43 I 2 oder § 48 Satz 1 NStrG
- Straßenreinigung gem. § 52 I 1 NStrG
- Brandschutz und Hilfeleistung (NBrandschG)
- ...

Finanzielle Mittel zur Aufgabenerfüllung sind **grundsätzlich aus eigenen Mitteln** aufzubringen.

Aufgaben des übertragenen Wirkungskreises
(Auftragsaufgaben)
§ 6 NKomVG

Nur Aufgaben, die nach Gesetz oder Herkommen zum Wirkungskreis des Staates (Bund oder Land) gehören.

Die Kommunen fungieren hier als „untere Verwaltungsbehörden", ohne staatliche Behörden zu sein.

Beispiele:
- Gefahrenabwehr (seit jeher Staatsaufgabe)
- Bauaufsicht (Gemeinden und Landkreise als untere Bauaufsichtsbehörden)
- Naturschutz (Gemeinden und Landkreise als untere Naturschutzbehörden)
- Gesundheits- und Veterinärwesen
- Katastrophenschutz
- Personenstandswesen (Standesamt)
- Durchführung von Wahlen (BT/LT)
- ...

Mittel sind **vom Staat** (als Auftraggeber) zur Verfügung zu stellen.

Im vorliegenden Fall geht es um den Bau einer Mensa für die Grundschule in der Gemeinde Wiesental. Einschlägig für Grundschulangelegenheiten ist das Niedersächsische Schulgesetz (NSchG). Gem. § 108 Abs. 1 NSchG haben die Schulträger die erforderlichen Schulanlagen zu errichten, mit der notwendigen Einrichtung auszustatten und ordnungsgemäß zu unterhalten. Dazu gehört auch das Vorhalten einer Mensa, um die Versorgung der Schülerinnen und Schüler sicherzustellen. Die Gemeinden sind gem. § 102 Abs. 1 NSchG die Schulträger für die Grundschulen. Die Schulträgerschaft gehört gem. § 101 Abs. 2 NSchG zum **eigenen Wirkungskreis** der Schulträger.

c) Rechtswidrigkeit des Beschlusses

Damit ein Beschluss rechtswidrig ist, dürfte er formell und/oder materiell nicht mit geltendem Recht übereinstimmen. Den Schwerpunkt bildet im Rahmen der Überprüfung der Rechtswidrigkeit die Feststellung, ob formelle Fehler vorliegen.

ca) Formelle Rechtswidrigkeit des Beschlusses

(1) Organzuständigkeit

Das NKomVG sieht für die niedersächsischen Kommunen grundsätzlich über § 7 Abs. 1 NKomVG drei Organe vor:

- die Vertretung,
- den Hauptausschuss und
- die Hauptverwaltungsbeamtin bzw. den Hauptverwaltungsbeamten (HVB).

Je nachdem, welche konkrete Kommune betrachtet wird, haben die Organe gem. § 7 Abs. 2 NKomVG spezielle Bezeichnungen:

	Vertretung	Hauptausschuss	HVB
Gemeinden	Rat	Verwaltungsausschuss	Bürgermeister/-in
Kreisfreie und große selbstständige Städte[1]	Rat	Verwaltungsausschuss	Oberbürgermeister/-in
Samtgemeinden	Samtgemeinderat	Samtgemeindeausschuss	Samtgemeindebürgermeister/-in
Landkreise	Kreistag	Kreisausschuss	Landrat/Landrätin
Region Hannover	Regionsversammlung	Regionsausschuss	Regionspräsident/-in

Zu erwähnen ist noch, dass die kreisangehörigen Städte, die nicht große selbstständige Städte sind, im Niedersächsischen Kommunalrecht wie Gemeinden behandelt werden. Dies ergibt sich aus § 20 Abs. 1 Satz 1 NKomVG. Daraus lässt sich folgern, dass jede Stadt auch eine Gemeinde ist und die Organe einer Stadt dieselbe Bezeichnung führen wie in einer Gemeinde. Einen Sonderstatus genießt die Stadt Göttingen (siehe § 16 NKomVG).

1 Die großen selbstständigen und kreisfreien Städte nennt § 14 Abs. 5 und Abs. 6 NKomVG in einer jeweils abschließenden Aufzählung.

Nachfolgende Übersicht zeigt die wichtigsten Zuständigkeiten im Kommunalrecht.

Feststellung der Organzuständigkeit in einer Gemeinde		
Rat **(Vertretung)**	**Bürgermeister/-in** **(HVB)**	**Verwaltungsausschuss** **(Hauptausschuss)**
1. **Aufgaben des Ausschließlichkeitskataloges** (§ 58 Abs. 1, Abs. 2 NKomVG) 2. **Spezielle Zuständigkeiten** (z. B.: § 12 Abs. 2 NKomVG, § 61 Abs. 1 Satz 1 NKomVG, § 69 Satz 1 NKomVG, ...) 3. **Vorbehalts- und Vorlagenbeschlüsse** 3.1 Vorbehalt im Einzelfall (§ 58 Abs. 3 Satz 1 NKomVG) 3.2 Vorbehalt für eine Gruppe von Aufgaben (§ 58 Abs. 3 Satz 2 NKomVG) 3.3 Vorlagenbeschlüsse (§ 58 Abs. 3 Satz 3 NKomVG)	1. **Aufgaben des Zuständigkeitskataloges** (§ 85 Abs. 1 Nr. 1–6 NKomVG) 2. **Geschäfte der laufenden Verwaltung** (§ 85 Abs. 1 Nr. 7 NKomVG) 3. **Spezielle Zuständigkeiten** 3.1 Spezialgesetze (z. B.: § 55 Abs. 2 Satz 2 Nds. SOG) 3.2 NKomVG (z. B.: § 11 Abs. 1 Satz 1 NKomVG, § 117 Abs. 1 Satz 2 NKomVG, § 72 Abs. 3 Satz 1 NKomVG, ...) 4. **Übertragende Aufgaben (delegiert) vom** 4.1 Rat (z. B.: § 107 Abs. 4 NKomVG) 4.2 Verwaltungsausschuss (z. B.: § 107 Abs. 4 NKomVG)	1. **Aufgaben nach § 76 NKomVG** 2. **Spezielle Zuständigkeiten** (z. B.: § 32 Abs. 7 Satz 1 NKomVG, § 89 Abs. 1 Satz 1 NKomVG, § 107 Abs. 4 Satz 1 NKomVG, ...) 3. **Vom Rat delegierte Aufgaben** (§ 58 Abs. 5 NKomVG) 4. **Vorbehaltsbeschlüsse** (§ 76 Abs. 2 Satz 2 NKomVG) 5. **Vorlagenbeschlüsse** (§ 76 Abs. 2 Satz 3 NKomVG) 6. **Lückenkompetenz** (§ 76 Abs. 2 Satz 1 NKomVG)

Damit der Ratsbeschluss formell rechtmäßig ist, muss zunächst mit dem Rat das zuständige Organ gehandelt haben. Es darf sich also nicht um eine Aufgabe handeln, die einem anderen Organ (Bürgermeister oder Verwaltungsausschuss) zugewiesen ist.

In der vorliegenden *Ausgangssituation* geht es um die Errichtung einer Mensa für die Grundschule der Gemeinde Wiesental. Schulen werden i. d. R. als kommunale Anstalt geführt. Der Bau der neuen Schulmensa ist als wesentliche Erweiterung dieser kommunalen Anstalt zu sehen, sodass sich die Zuständigkeit des Rates (Vertretung der Gemeinde Wiesental) aus § 58 Abs. 1 Nr. 11 NKomVG ergibt.

(2) Beschlussfähigkeit

Die Beschlussfähigkeit des Rates einer Gemeinde richtet sich nach § 65 Abs. 1 Satz 1 NKomVG. Demnach kann der Rat einer Kommune nach zwei Alternativen beschlussfähig sein.

<table>
<tr><th colspan="3">Alternative 1</th></tr>
<tr><th colspan="2">Ordnungsgemäße Einberufung gem. § 59 Abs. 1 NKomVG</th><th>Anwesenheit der Mehrheit der Mitglieder der Vertretung</th></tr>
<tr><td>1. Einladung durch die richtige Person</td><td>Grundsätzlich Einladung durch HVB (§ 59 Abs. 1 Satz 1 NKomVG)</td><td rowspan="4">Maßgeblich für die Ermittlung der Mehrheit der Mitglieder der Vertretung ist die gesetzliche Anzahl gem. § 45 Abs. 1 Satz 2 NKomVG und § 46 Abs. 1 NKomVG (absolute Mehrheit).

Beispiel:
Besteht der Rat einer Gemeinde aus 40 RH bzw. RF und der/dem Bürgermeister/-in (Summe 41 RM) = Mehrheit ab 21 RM.</td></tr>
<tr><td>2. Einladung der Abgeordneten</td><td>■ Abgeordnete sind die gem. § 45 Abs. 1 Satz 3 NKomVG bezeichneten Personen.
■ Zahl der Abgeordneten hängt ab von der Einwohnerzahl der Kommune (§ 46 Abs. 1 Satz 1 NKomVG)</td></tr>
<tr><td>3. Form der Einladung</td><td>■ Gem. § 59 Abs. 1 Satz 1 NKomVG ist schriftlich oder durch ein elektronisches Dokument einzuladen.
■ Die Tagesordnung ist mitzuteilen.</td></tr>
<tr><td>4. Einhaltung der Ladungsfrist</td><td>■ Für die konstituierende Sitzung gilt gem. § 59 Abs. 2 Satz 2 NKomVG eine Ladungsfrist von einer Woche.
■ Für die übrigen Sitzungen regelt die Geschäftsordnung der Vertretung die Länge der Ladungsfrist.</td></tr>
</table>

<table>
<tr><th colspan="3">Alternative 2</th></tr>
<tr><th>Keine ordnungsgemäße Einberufung</th><th>Anwesenheit aller Mitglieder der Vertretung</th><th>Keine Rüge des Ladungsmangels durch ein Mitglied der Vertretung</th></tr>
<tr><td>Die Vertretung ist nicht ordnungsgemäß einberufen, wenn ein oder mehrere TBM bzgl. der ordnungsgemäßen Einberufung nicht erfüllt sind (Vorliegen eines Ladungsmangels).</td><td>Maßgeblich für die Ermittlung der Zahl der Mitglieder der Vertretung ist die gesetzliche Anzahl gem. § 45 Abs. 1 Satz 2 NKomVG und § 46 Abs. 1 NKomVG.</td><td>Eine Rüge des Ladungsmangels wäre bei der Feststellung der Beschlussfähigkeit zu Beginn der Sitzung geltend zu machen.</td></tr>
</table>

7 Schäfer u.a. - ISBN 978-3-8120-0439-8

Schematisch lässt sich die Prüfungsreihenfolge im Rahmen der Beschlussfähigkeit folgendermaßen darstellen:

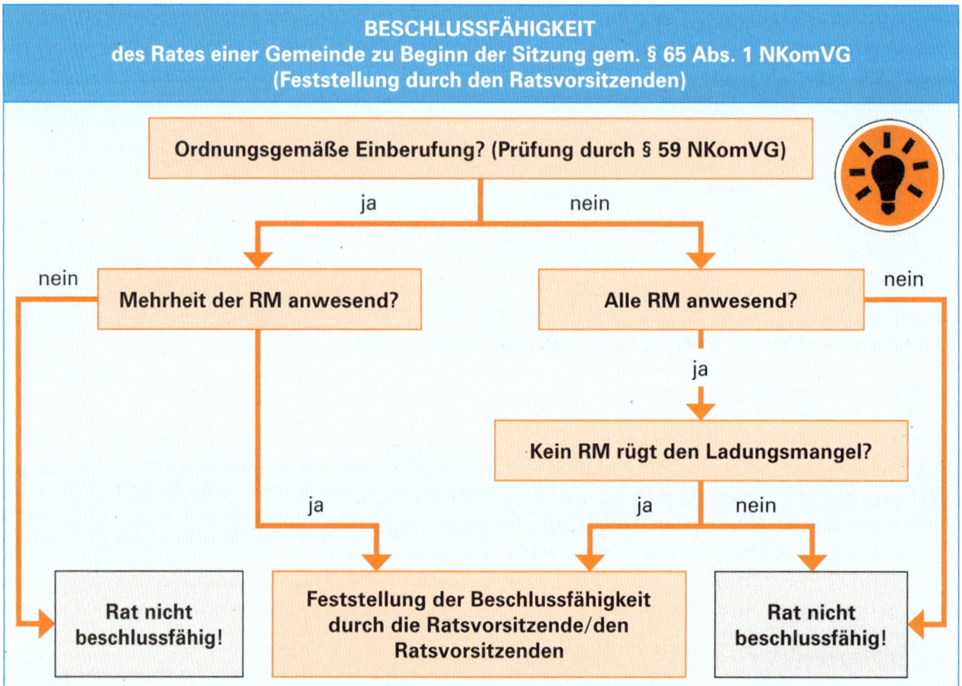

Sodann (also nach der Feststellung der Beschlussfähigkeit zu Beginn der Sitzung) bleibt der Rat beschlussfähig, auch wenn sich die Zahl der RM verringert (§ 65 Abs. 1 Satz 3 NKomVG).

Wenn jedoch die Zahl der Ratsmitglieder unter die Mehrheit der gesetzlichen Anzahl sinkt und ein Ratsmitglied Beschlussunfähigkeit geltend macht, wird der Rat beschlussunfähig. Dabei zählt das Ratsmitglied, welches Beschlussunfähigkeit geltend macht, zu den Anwesenden!

Im vorliegenden Fall könnte sich die Beschlussfähigkeit des Rates der Gemeinde Wiesental aus § 65 Abs. 1 Satz 1 Alternative 1 NKomVG ergeben.

Dazu muss eine **ordnungsgemäße Einberufung** gem. § 59 Abs. 1 NKomVG erfolgt sein.

Einladung durch die richtige Person

Gem. § 59 Abs. 1 Satz 1 NKomVG lädt grundsätzlich die Hauptverwaltungsbeamtin bzw. der Hauptverwaltungsbeamte (HVB) zur Ratssitzung ein. Der bzw. die HVB trägt in den Gemeinden (also auch bei der Gemeinde Wiesental) gem. § 7 Abs. 2 Nr. 1 NKomVG die Bezeichnung Bürgermeisterin bzw. Bürgermeister. Ausnahmsweise kann sich eine Vertretung der Bürgermeisterin bzw. des Bürgermeisters bei der Einladung zur Ratssitzung gem. § 59 Abs. 3 Satz 3 NKomVG ergeben. Dafür gibt es hier jedoch keine Anhaltspunkte. Im vorliegenden Fall hat Bürgermeister Philipp die Einladung zur Ratssitzung unterschrieben und somit eingeladen.

Einladung der Abgeordneten

Entsprechend § 59 Abs. 1 Satz 1 NKomVG sind die Abgeordneten einzuladen. Die Abgeordneten sind in den Gemeinden die gewählten Ratsfrauen und Ratsherren (§ 45 Abs. 1 Satz 3 NKomVG). Im vorliegenden Fall wurde gem. Anschriftenfeld der Einladung an die Ratsfrauen und Ratsherren der Gemeinde Wiesental versendet. Überdies ist gem. *Bearbeitungshinweis 2* davon auszugehen, dass die Einladung allen Ratsfrauen und Ratsherren über das Ratsinformationssystem der Gemeinde Wiesental zugänglich gemacht wurde.

Form der Einladung

Hinsichtlich der Form der Einladung sieht § 59 Abs. 1 Satz 1 NKomVG vor, dass schriftlich oder durch ein elektronisches Dokument unter Mitteilung der Tagesordnung einzuladen ist. Hier liegt eine Einladung in Schriftform vor, die die Tagesordnung enthält. Diese Einladung wird über das Ratsinformationssystem den Abgeordneten zur Verfügung gestellt. Die Form der Einladung wirft hier also keine Probleme auf.

Einhaltung der Ladungsfrist

Hinsichtlich der Ladungsfrist trifft das NKomVG nur eine Regelung für die konstituierende Ratssitzung (erste Sitzung nach der Kommunalwahl); für diese Sitzung ist eine Ladungsfrist von einer Woche vorgesehen. Hinsichtlich der „normalen" Ratssitzungen sind gem. § 59 Abs. 1 Satz 2 NKomVG Regelungen in der Geschäftsordnung des Rates zu treffen. Hier ist gem. *Bearbeitungshinweis 3* davon auszugehen, dass die Geschäftsordnung des Rates der Gemeinde Wiesental eine Ladungsfrist von einer Woche vorsieht. Die Ladungsfrist ist als eine Mindestfrist anzusehen, die i. d. R. nicht unterschritten werden darf.[1]

Die **Fristberechnung** erfolgt in analoger Anwendung der §§ 187–193 BGB.[2]

➢ Fristbeginn

> **§ 187 Abs. 1 BGB**
>
> „Ist für den Anfang einer Frist ein Ereignis oder ein in den Lauf eines Tages fallender Zeitpunkt maßgebend, so wird bei der Berechnung der Frist der Tag nicht mitgerechnet, in welchen das Ereignis oder der Zeitpunkt fällt."

Das maßgebliche fristauslösende Ereignis ist im vorliegenden Fall die Information der Ratsfrauen und Ratsherren darüber, dass die Einladung zur Ratssitzung im Ratsinformationssystem hinterlegt wurde. Diese Nachricht erreichte die Abgeordneten gem. *Bearbeitungshinweis 4* am Mittwoch, 10. Oktober 20.. Dieser Tag wird gem. § 187 Abs. 1 BGB bei der Berechnung der Frist nicht mitgerechnet, sodass die Frist am Donnerstag, 11. Oktober 20.. um 00:00 Uhr zu laufen beginnt.

➢ Fristende

> **§ 187 Abs. 2 BGB**
>
> „Eine Frist, die nach Wochen, nach Monaten oder nach einem mehrere Monate umfassenden Zeitraum – Jahr, halbes Jahr, Vierteljahr – bestimmt ist, endigt im Falle des § 187 Abs. 1 mit dem Ablauf desjenigen Tages der letzten Woche oder des letzten Monats, welcher durch seine

1 Blum, Häusler, Meyer (2014), Kommentierung zu § 59 NKomVG.

2 Ebenda.

Benennung oder seine Zahl dem Tage entspricht, in den das Ereignis oder der Zeitpunkt fällt, im Falle des § 187 Abs. 2 mit dem Ablauf desjenigen Tages der letzten Woche oder des letzten Monats, welcher dem Tage vorhergeht, der durch seine Benennung oder seine Zahl dem Anfangstag der Frist entspricht."

Da hier eine Frist nach § 187 Abs. 1 BGB vorliegt, ist für die Lösung des Falles der erste Halbsatz des § 188 Abs. 2 BGB relevant. Filtert man nun die Tatbestandsmerkmale heraus, die für die Lösung des Falles wesentlich sind, ergibt sich für § 188 Abs. 2 BGB folgendes Bild:

„Eine Frist, die nach Wochen (...) bestimmt ist, endigt im Falle des § 187 Abs. 1 mit dem Ablauf desjenigen Tages der letzten Woche (...), welcher durch seine Benennung (...) dem Tage entspricht, in den das Ereignis (...) fällt."

Das fristauslösende Ereignis war im vorliegenden Fall die Benachrichtigung der Abgeordneten über das Einstellen der Einladung in das Ratsinformationssystem am Mittwoch, 10. Oktober 20.. Der Tag, der diesem Tage von seiner Benennung her entspricht (nach dem Ablauf der einwöchigen Ladungsfrist), ist Mittwoch, 17. Oktober 20.. Die Frist endet also mit Ablauf des Mittwoch, 17. Oktober 20.. (um 24:00 Uhr).

Demnach ist der frühestmögliche Sitzungstermin der Donnerstag, 18. Oktober 20.. ab 00:00 Uhr. Im vorliegenden Fall fand die Ratssitzung am 24. Oktober 20.. statt. Dieser Termin liegt außerhalb der Ladungsfrist, sodass die Frist eingehalten wurde.

Zwischenergebnis:

Der Rat wurde zu der am 24. Oktober 20.. stattfinden Sitzung ordnungsgemäß einberufen.

Weiterhin müsste zu Sitzungsbeginn die Mehrheit der Mitglieder der Vertretung (Mehrheit der Ratsmitglieder) anwesend sein.

Die Zahl der Ratsmitglieder ergibt sich gem. § 45 Abs. 1 Satz 2 NKomVG aus den gewählten Abgeordneten (RF/RH gem. § 45 Abs. 1 Satz 3 NKomVG) und der bzw. dem HVB (kraft Amtes). Die Zahl der Abgeordneten ist gem. § 46 Abs. 1 Satz 1 NKomVG abhängig von der Einwohnerzahl der betrachteten Kommune: Je größer die Einwohnerzahl ist, desto größer ist die Zahl der Abgeordneten. Im vorliegenden Fall besteht die Gemeinde Wiesental gem. *Bearbeitungshinweis 1* aus 5523 Einwohnerinnen und Einwohnern. Demnach hat der Rat der Gemeinde Wiesental 16 Ratsfrauen bzw. Ratsherren. Hinzu kommt gem. § 45 Abs. 1 Satz 2 NKomVG Bürgermeister Philipp, sodass der Rat der Gemeinde Wiesental insgesamt 17 Mitglieder hat.

Die Mehrheit der Ratsmitglieder wäre erreicht, wenn mindestens neun Ratsmitglieder zu Beginn der Sitzung anwesend gewesen wären. Im vorliegenden Fall ergibt sich aus dem Auszug aus der Niederschrift über die Ratssitzung vom 24. 10. 20.., dass lediglich RF Zemke und RH Seydlitz zu Beginn der Ratssitzung nicht anwesend waren. Somit ist davon auszugehen, dass 15 Ratsmitglieder an der Ratssitzung teilgenommen haben.

Zwischenergebnis:

Die Mehrheit der Ratsmitglieder war zu Beginn der Sitzung anwesend.

Ergebnis zu (2) Beschlussfähigkeit:

Also war der Rat der Gemeinde Wiesental zu Beginn der Sitzung am 24.10.28.. beschlussfähig gem. § 65 Abs. 1 Satz 1 Alt. 1 NKomVG.

(3) Vorbereitung des Beschlusses durch den Hauptausschuss (Verwaltungsausschuss)

Die Hauptaufgabe des Verwaltungsausschusses in den Gemeinden ist die Vorbereitung der Ratsbeschlüsse (Rechtsgrundlage: § 76 Abs. 1 Satz 1 NKomVG). Dabei genügt es nicht, dass sich der Verwaltungsausschuss lediglich mit einer Angelegenheit beschäftigt hat, es muss vielmehr eine **Beschlussempfehlung** für den Rat der Gemeinde ausgesprochen werden.[1]

Nach herrschender Meinung unterbleibt eine Vorbereitung durch den Verwaltungsausschuss bei folgenden Angelegenheiten:[2]

- Beschlüsse des Rates zum Verfahren in den Ratssitzungen (z.B.: Genehmigung des Protokolls der letzten Sitzung, Anträge auf Erweiterung der Tagesordnung in dringenden Fällen, Entscheidungen über die Öffentlichkeit der Ratssitzung, ...).
- Beschlüsse, die die Selbstorganisation des Rates betreffen (z.B.: Wahl oder Abwahl des Ratsvorsitzenden, Bildung von Ausschüssen, Entscheidungen zur Geschäftsordnung des Rates, ...).
- Beschlüsse, die die Kreation des Verwaltungsausschusses betreffen, d.h. die Bildung/Besetzung des Hauptausschusses zu Beginn der Wahlperiode ist nicht vorbereitungsbedürftig.

Im vorliegenden Fall ist entsprechend des Auszugs aus der Niederschrift über die Ratssitzung vom 24.10.20.. davon auszugehen, dass der Verwaltungsausschuss des Beschluss über die Auftragsvergabe bzgl. des Neubaus der Mensa für die Grundschule ordnungsgemäß vorbereitet hat.

(4) Abstimmung oder Wahl

Beschlüsse sind die typische Form der Willensbildung in kollegial besetzten Organen und Organteilen. Man unterscheidet Abstimmungen und Wahlen.

Abstimmungen (§ 66 NKomVG)

➢ Einfache Mehrheit

Abstimmungen sind Beschlüsse über Anträge in Sachangelegenheiten.[3] Die Beschlussfassung erfolgt im Regelfall durch **einfache Mehrheit** (Mehrheit der anwesenden Ratsmitglieder). Ausschlaggebend ist die Mehrheit der auf **Ja** oder **Nein** lautenden Stimmen. Stimmenthaltungen und ungültige Stimmen werden weder positiv noch negativ berücksichtigt. Bei Stimmengleichheit ist ein Antrag abgelehnt.

1 Blum, Häusler, Meyer (2014), Kommentierung zu § 76 NKomVG.

2 Ebenda.

3 Ebenda, Kommentierung zu § 66 NKomVG.

- 15 Ja-Stimmen, 14 Nein-Stimmen → Antrag angenommen
- 1 Ja-Stimme, 28 Enthaltungen → Antrag angenommen
- 14 Ja-Stimmen, 15 Nein-Stimmen → Antrag abgelehnt
- 14 Ja-Stimmen, 14 Nein-Stimmen, 1 Enthaltung → Antrag abgelehnt

Beispiel:

Zur Sitzung des Rates der Stadt N. (insgesamt 41 Ratsmitglieder) sind alle Ratsmitglieder erschienen. Es kommt zur Abstimmung über die Vergabe eines Auftrages für den Neubau der Sporthalle mit folgendem Abstimmungsergebnis: 19 Ja-Stimmen; 18 Nein-Stimmen; 4 Enthaltungen. Der Beschluss ist somit mit einfacher Mehrheit gefasst worden.

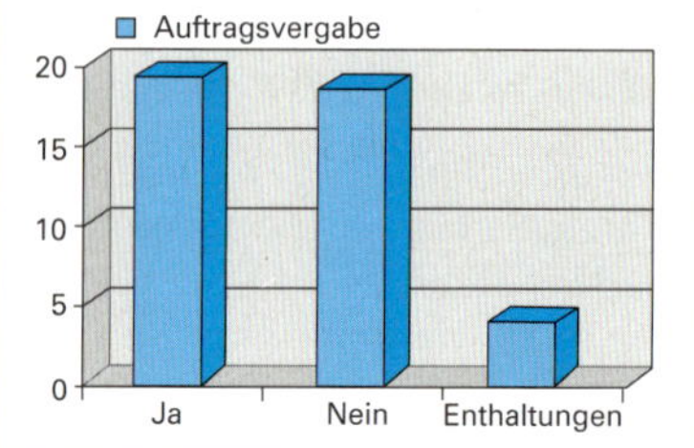

Die grundsätzliche Regelung des § 66 Abs. 1 Satz 1 NKomVG gilt dann nicht, wenn **qualifizierte Mehrheiten** gesetzlich vorgeschrieben sind. Bei diesen speziell geregelten Mehrheiten ist immer von der gesetzlichen Zahl der Ratsmitglieder gem. § 45 Abs. 2 NKomVG auszugehen.

➢ Mehrheit der Ratsmitglieder (absolute Mehrheit)

Für den Erlass und die Änderung der Hauptsatzung ist gem. § 12 Abs. 2 NKomVG die absolute Mehrheit erforderliches. Gleiches gilt für den Beschluss über den Ausschluss eines Ratsmitgliedes von der Ratssitzung (§ 63 Abs. 3 Satz 1 NKomVG).

Beispiel:

Im Rat der Stadt N. soll ein Beschluss über die Änderung der Hauptsatzung herbeigeführt werden. Dafür ist gem. § 12 Abs. 2 NKomVG die Mehrheit der Mitglieder der Vertretung **(absolute Mehrheit)** notwendig. Maßgeblich ist gem. § 45 Abs. 2 NKomVG die gesetzliche Zahl der Ratsmitglieder. Die gesetzliche Zahl beträgt hier 41 RM.

Das bedeutet, dass für eine Beschlussfassung über die Änderung der Hauptsatzung mindestens 21 Ja-Stimmen notwendig sind.

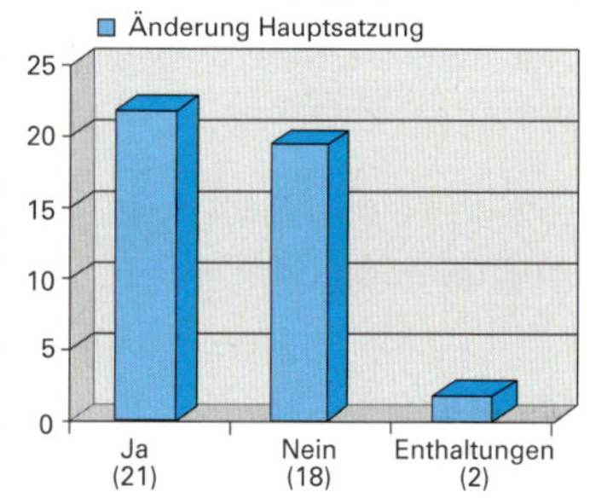

➢ Zweidrittelmehrheit

Für den Beschluss über die Erweiterung der Tagesordnung in dringenden Fällen ist gem. § 59 Abs. 3 Satz 5 NKomVG eine Zweidrittelmehrheit erforderlich.

➢ Dreiviertelmehrheit

Eine Dreiviertelmehrheit erfordert zum Beispiel der Beschluss über die Einleitung eines Abwahlverfahrens für die bzw. den HVB (§ 82 Abs. 2 Satz 1 NKomVG) oder der Beschluss über die Abberufung einer Beamtin oder eines Beamten auf Zeit (§ 109 Abs. 3 Satz 2 NKomVG).

Beispiel:

Im Rat der Stadt N. soll ein Beschluss über die Einleitung eines Abwahlverfahrens für den Bürgermeister gefasst werden. Dafür ist gem. § 82 Abs. 2 Satz 1 NKomVG eine **Dreiviertelmehrheit der Abgeordneten** gem. § 46 Abs. 1 Satz 1 NKomVG erforderlich. Zu beachten ist, dass nur die Zahl der Abgeordneten (ohne die bzw. den HVB) maßgeblich ist.

Das bedeutet, dass für eine Beschlussfassung über die Einleitung des Abwahlverfahrens mindestens 30 Ja-Stimmen notwendig sind.

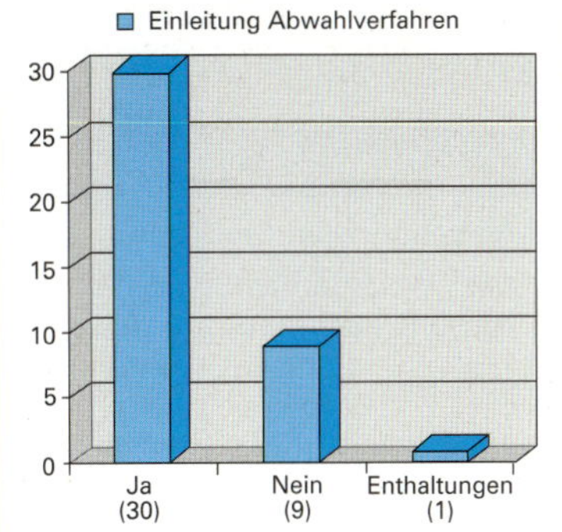

■ Wahlen (§ 67 NKomVG)

Wahlen liegen immer dann vor, wenn die jeweils einschlägige gesetzliche Regelung auch den Begriff „Wahl" verwendet. Es geht bei Wahlen immer um die Besetzung von Stellen durch Einzelpersonen bzw. durch mehrere Personen.[1]

Für die Wahlergebnisfindung sieht § 67 NKomVG folgende **Regelung** vor:

1. Wahlgang = absolute Mehrheit
2. Wahlgang = relative Mehrheit

Im **vorliegenden Fall** geht es um eine Beschlussfassung über eine Sachangelegenheit (Auftragsvergabe für den Neubau der Schulmensa), sodass eine **Abstimmung** vorliegt. Das Erfordernis einer qualifizierten Mehrheit ist hier nicht ersichtlich. Somit ist für die Beschlussfassung grundsätzlich die einfache Mehrheit (mehr Ja- als Nein-Stimmen) ausreichend. Das vorliegende Abstimmungsergebnis zeigt, dass acht Ratsmitglieder für die Auftragsvergabe an das Unternehmen Linseisen Bau GmbH gestimmt haben, während es lediglich sechs Gegenstimmen gab. Es wurden mehr Ja- als Nein-Stimmen erreicht, sodass eine korrekte Mehrheit erzielt wurde (die Stimmenthaltung wird hier weder positiv noch negativ berücksichtigt).

(5) Mitwirkungsverbot

Das Mitwirkungsverbot beinhaltet das Verbot an der Beratung und/oder Entscheidung in einer kommunalen Angelegenheit mitzuwirken.

Im Rahmen des Beschlussverfahrens ist zu prüfen, ob beispielsweise eine Ratsfrau oder ein Ratsherr in einer Gemeinde im Rahmen einer Ratssitzung vom **Mitwirkungsverbot** betroffen ist.

- Ist jemand durch die Vorschriften des Mitwirkungsverbots daran gehindert, an einer Sitzung oder an der Beschlussfassung über einen Tagesordnungspunkt (TOP) teilzunehmen, so hat er dies vorher mitzuteilen (§ 41 Abs. 4 Satz 1 NKomVG). Das Mitwirkungsverbot bedeutet somit **Anwesenheitsverbot.** Derjenige, der vom Mitwirkungsverbot betroffen ist, muss den Beratungsraum verlassen (§ 41 Abs. 5 Satz 1 NKomVG) bzw. sich in den für Zuhörerinnen und Zuhörer bestimmten Teil des Beratungsraumes begeben (§ 41 Abs. 5 Satz 2 NKomVG).

1 Blum, Häusler, Meyer (2014), Kommentierung zu § 67 NKomVG.

- Ein Beschluss, der unter Verletzung des Mitwirkungsverbots gefasst wurde, ist dann unwirksam (nichtig), wenn die Mitwirkung der Person, die vom Mitwirkungsverbot betroffen war, für das Abstimmungsergebnis entscheidend war (§ 41 Abs. 6 Satz 1 NKomVG).

Prüfungsreihenfolge beim Mitwirkungsverbot[1]

(1) Anwendbarkeit der Norm

Dem Wortlaut nach gilt § 41 NKomVG für ehrenamtlich Tätige. Über § 54 III NKomVG findet das Mitwirkungsverbot auch auf die Abgeordneten im Rat Anwendung.[2]

(2) Voraussetzungen für das Vorliegen des Mitwirkungsverbots

a) Persönliche Voraussetzungen

b) Sachliche Voraussetzungen

(3) Ausnahmen vom Mitwirkungsverbot

a) Ausnahmenkatalog nach § 41 Abs. 3 NKomVG

b) Ausnahmenkatalog nach § 41 Abs. 1 Satz 3 NKomVG

(1) Anwendbarkeit der Norm

Im vorliegenden Ausgangsfall könnte RH Kuntze vom Mitwirkungsverbot betroffen sein. Die Anwendbarkeit des § 41 NKomVG auf den RH Kuntze ergibt sich aus § 54 Abs. 3 NKomVG.

(2) Voraussetzungen für das Vorliegen eines Mitwirkungsverbots

a) Persönliche Voraussetzungen

Alternative 1	Alternative 2
Mitwirkungsverbot für den Personenkreis nach § 41 Abs. 1 Satz 2 NKomVG	**Mitwirkungsverbot für den Personenkreis nach § 41 Abs. 2 NKomVG**
■ Ratsmitglied ist selbst betroffen. ■ Ehegattin bzw. Ehegatte oder Lebenspartnerin bzw. Lebenspartner i. S. d. LPartG des Ratsmitglieds ist betroffen. ■ Verwandte/-r bis zum 3. Grade oder Verschwägerte/-r bis zum 2. Grad (während des Bestehens der Ehe oder der Lebenspartnerschaft) ist betroffen oder ■ Person, die vom Ratsmitglied vertreten wird, ist betroffen → gesetzliche Vertretung bei Vereinsvorstand, Geschäftsführer einer Gesellschaft, Vormund, Betreuer, Eltern usw. → rechtsgeschäftlich eingeräumte Vertretungsmacht bei Stellvertretung, Interessenwahrnehmung durch Anwälte usw.	■ Ratsmitglied ist beschäftigt bei einer natürlichen oder juristischen Person des öffentlichen oder privaten Rechts oder Vereinigung. ■ Gegen Entgelt.

1 Vgl. Seybold, Neumann, Weidner (2017), S. 236 ff.

2 Anwendbarkeit auf den HVB: § 87 Abs. 4 NKomVG; Anwendbarkeit auf Zuhörer im Hauptausschuss: § 78 Abs. 2 Satz 3 NKomVG, ...

Die persönlichen Voraussetzungen könnten sich in der vorliegenden Ausgangssituation aus § 41 Abs. 2 NKomVG ergeben. Dazu müsste RH Kuntze bei einer natürlichen oder juristischen Person des öffentlichen oder privaten Rechts oder Vereinigung gegen Entgelt beschäftigt sein.

RH Kuntze ist gem. Sachverhaltsdarstellung bei der Linseisen Bau GmbH als Architekt beschäftigt. Die GmbH ist eine juristische Person des privaten Rechts. Es ist bei lebensnaher Auslegung des Sachverhalts davon auszugehen, dass Herr Kuntze für seine Tätigkeit als Architekt bei der Linseisen Bau GmbH ein Entgelt erhält.

Demnach liegen die persönlichen Voraussetzungen vor.

b) Sachliche Voraussetzungen

Alternative 1	Alternative 2
Mitwirkungsverbot für den Personenkreis nach § 41 Abs. 1 Satz 2 NKomVG	**Mitwirkungsverbot für den Personenkreis nach § 41 Abs. 2 NKomVG**
■ Vor- oder Nachteil bei einer der o.g. Person. ■ Unmittelbarkeit des Vor- oder Nachteils.	■ Vor- oder Nachteil für den Arbeitgeber, den Dienstherrn oder die Vereinigung. ■ Unmittelbarkeit des Vor- oder Nachteils.

Die sachlichen Voraussetzungen könnten sich ebenfalls aus § 41 Abs. 2 NKomVG ergeben. Dafür müsste bei dem o.g. Arbeitgeber ein unmittelbarer Vor- oder Nachteil entstehen. Ein Vor- oder Nachteil ist gem. § 41 Abs. 1 Satz 2 NKomVG dann unmittelbar, wenn er sich aus der Entscheidung selbst ergibt, ohne dass (abgesehen von der Ausführung des Beschlusses) weitere Ereignisse eintreten oder Maßnahmen getroffen werden müssen.

Im vorliegenden Fall ist davon auszugehen, dass die Auftragsvergabe mit dem Beschluss zu TOP 5 abschließend entschieden wurde. Ein weiterer Folgebeschluss ist nicht notwendig. Durch die Beschlussfassung ergibt sich für die Linseisen Bau GmbH der Vorteil, dass sie den Auftrag für den Mensabau erhält. Daraus ergibt sich ein entsprechender Umsatz für die GmbH und somit ein unmittelbarer finanzieller Vorteil.

Die sachlichen Voraussetzungen liegen also auch vor.

(3) Ausnahmen vom Mitwirkungsverbot

a) Ausnahmenkatalog nach § 41 Abs. 3 NKomVG

§

§ 41 Abs. 3 NKomVG

„(3) Das Verbot des Absatzes 1 Sätze 1 und 2 gilt nicht für

1. die Beratung und Entscheidung über Rechtsnormen,
2. Beschlüsse, welche die Besetzung unbesoldeter Stellen oder die Abberufung aus ihnen betreffen,
3. Wahlen,
4. ehrenamtlich Tätige, die dem Vertretungsorgan einer juristischen Person als Vertreterin oder Vertreter der Kommune angehören."

b) Ausnahmenkatalog nach § 41 Abs. 1 Satz 3 NKomVG

Das Mitwirkungsverbot findet ebenfalls keine Anwendung für Mitglieder einer Berufs- oder Bevölkerungsgruppe, deren gemeinsame Interessen durch den Ratsbeschluss berührt sind (z. B. Berufsgruppe „Bäcker", Bevölkerungsgruppe „Hundebesitzer", „Einwohner eines Ortsteils", „Sportverein", ...).

In der Ausgangssituation sind Ausnahmen vom Mitwirkungsverbot gem. § 41 Abs. 1 Satz 3 NKomVG bzw. § 41 Abs. 3 NKomVG nicht ersichtlich.

Zwischenergebnis:

RH Kuntze ist vom Mitwirkungsverbot betroffen. Er hätte gem. § 41 Abs. 5 NKomVG den Sitzungssaal verlassen müssen bzw. wäre im Falle eines öffentlich beratenden TOP berechtigt gewesen, sich im Bereich der Zuhörerinnen und Zuhörer aufzuhalten.

Konsequenzen:

Es ist davon auszugehen, dass RH Kuntze für die Auftragsvergabe an die Linseisen Bau GmbH gestimmt hat. Hätte er nicht an der Beratung und Beschlussfassung teilgenommen, so wäre nebenstehendes Abstimmungsergebnis zustande gekommen:

- Ja: 7
- Nein: 6
- Enthaltungen: 1

Es würde also noch eine Ja-Stimme mehr als Nein-Stimmen bestehen, mit der Folge, dass der Beschlussantrag gem. § 66 Abs. 1 Satz 1 NKomVG trotzdem angenommen worden wäre. Die Stimme des RH Kuntze war also für die Beschlussfassung nicht entscheidend.

Der Beschluss weist hier zwar einen formellen Fehler auf (rechtswidrig); der Beschluss ist jedoch nicht unwirksam (vgl. § 41 Abs. 6 NKomVG).

(6) Öffentlichkeit

Die Sitzungen der Vertretung einer Kommune sind grundsätzlich öffentlich (§ 64 Satz 1 NKomVG). Aus dem **Öffentlichkeitsgrundsatz** leitet sich auch ab, dass gem. § 59 Abs. 5 NKomVG die Zeit, der Ort und die Tagesordnung der Sitzung der Vertretung ortsüblich bekannt zu machen sind. Diese Regelungen sind getroffen worden, weil die Entscheidungsfindung in der Vertretung (z. B.: im Rat) für die Bürgerinnen und Bürger nachvollziehbar sein soll. Außerdem ist so eine Kontrolle der Mitglieder der Vertretung möglich.

Von dem Grundsatz der Öffentlichkeit gibt es gem. § 64 Satz 1 NKomVG zwei **Ausnahmen.** Die Öffentlichkeit ist demnach auszuschließen, wenn

- das **öffentliche Wohl** oder
- **berechtigte Interessen Einzelner**

den Ausschluss der Öffentlichkeit rechtfertigen.

- **„Öffentliches Wohl"**

Das öffentliche Wohl rechtfertigt den Ausschluss der Öffentlichkeit, wenn die Interessen der Gemeinde durch die Teilnahme der Öffentlichkeit an der Ratssitzung gefährdet werden (z. B.: Grundstücksgeschäfte der Gemeinde).

„Berechtigte Interessen Einzelner“

Berechtigte Interessen Einzelner können zum Beispiel in folgenden Fällen vorliegen:

- Die Vertretung entscheidet über die Einstellung eines Beamten für die Kommunalverwaltung oder eines Auszubildenden. In der Sitzung wird im Zuge dessen über persönliche Angelegenheiten des Bewerbers gesprochen (z. B. Lebenslauf, Zeugnisnoten). Solche Dinge sind nicht für die Öffentlichkeit bestimmt.
- Die Vertretung entscheidet über die Auftragsvergabe für den Neubau einer öffentlichen Einrichtung (z. B. Sporthalle, Schule, Theater, Museen, Bäder etc.). Im Rahmen der Sitzung wird dann über die Leistungsfähigkeit der interessierten Bauunternehmen gesprochen (dies kann auch betriebsinterne Dinge beinhalten). Auch solche betrieblichen Interna sind nicht für die Öffentlichkeit bestimmt.

Immer dann, wenn es in einer Sitzung der Vertretung um persönliche und/oder interne Angelegenheiten Dritter geht, die im Rahmen der Sitzung thematisiert werden, rechtfertigt dies den Ausschluss der Öffentlichkeit.

Im vorliegenden Fall geht es um die Auftragsvergabe über den Neubau einer Mensa für die Grundschule. Es stehen vermutlich mehrere Unternehmen für die Auftragsvergabe zur Auswahl mit der Konsequenz, dass im Rahmen der Beschlussfassung vermutlich auch betriebliche Interna bezüglich der infrage kommenden Unternehmen besprochen wurden. Das berechtigte Wohl dieser privatrechtlichen juristischen Personen hätte den Ausschluss der Öffentlichkeit gerechtfertigt. Insofern liegt hier ein **formeller Fehler** hinsichtlich der **Beschlussfassung** vor.

(7) Sonstige formelle Rechtmäßigkeitskriterien

Sonstige formelle Fehler sind hier nicht ersichtlich. Insbesondere ist gem. *Bearbeitungshinweis 5* davon auszugehen, dass die Ratssitzung ordnungsgemäß durch den Ratsvorsitzenden Renner geleitet wurde (§ 63 NKomVG).

Es sind zwei formelle Fehler ersichtlich. Zum einen hätte RH Kuntze aufgrund des vorliegenden Mitwirkungsverbots nicht an der Beratung und Beschlussfassung zu TOP 5 teilnehmen dürfen. Dieser Fehler ist allerdings gem. § 41 Abs. 6 NKomVG hier unbeachtlich. Des Weiteren hätte die Öffentlichkeit gem. § 64 NKomVG bei TOP 5 ausgeschlossen werden müssen. Der Ratsbeschluss ist also formell rechtswidrig.

cb) Materielle Rechtswidrigkeit des Beschlusses

Ein materieller Fehler bei der Beschlussfassung ist gem. *Bearbeitungshinweis 6* hier nicht ersichtlich.

2. Rechtsfolge aus § 88 Abs. 1 Satz 1 NKomVG

Es liegt ein **rechtswidriger** Ratsbeschluss im eigenen Wirkungskreis der Gemeinde Wiesental vor. Somit sind die Tatbestandsmerkmale des § 88 Abs. 1 Satz 1 NKomVG erfüllt.

Ein Entschließungsermessen (d. h. die Frage, ob eingegriffen werden muss) besteht hier nicht.

Für den HVB besteht ein **Auswahlermessen** (d.h. die Frage, wie eingegriffen werden muss) hinsichtlich der zu treffenden Maßnahme. Bürgermeister Philipp kann eines der beiden vorgegebenen Mittel (Einspruch einlegen oder Kommunalaufsichtsbehörde unterrichten) wählen. Er muss sein Ermessen gem. § 40 VwVfG entsprechend dem Zweck der Ermächtigung ausüben und die gesetzlichen Grenzen einhalten. Dabei ist insbesondere der Grundsatz der Verhältnismäßigkeit zu beachten.

Der Zweck der Ermächtigung (§ 88 Abs. 1 S. 1 NKomVG) besteht darin, rechtmäßige Zustände wieder herzustellen. Durch einen Einspruch des Bürgermeisters Philipp gegen den Ratsbeschluss wird die Herstellung rechtmäßiger Zustände zumindest gefördert und ist demnach geeignet.

Alternativ stünde die Unterrichtung der Kommunalaufsichtsbehörde über den rechtswidrig gefassten Ratsbeschluss im Raum. Da sich die Abgeordneten jedoch bereit erklärt haben, rechtswidrig gefasste Ratsbeschlüsse neu zu fassen *(Bearbeitungshinweis 7)*, ist der **Einspruch** das mildeste Mittel und demnach erforderlich.

Hinsichtlich der Angemessenheit ist die Prüfung hier ebenso unproblematisch, da der im Raum stehende Einspruch eine ausdrücklich durch das NKomVG zugelassene Rechtsfolge darstellt.

Ein Einspruch wäre also materiell rechtmäßig.

IV. Entscheidungsvorschlag

Bürgermeister Philipp sollte gegen die Beschlussfassung zu TOP 5 einen Einspruch einlegen.

Übungen

1. Entscheiden Sie, ob es sich bei den vorliegenden Aufgaben, die die niedersächsische Stadt Grunau wahrnimmt, um Aufgaben des eigenen oder übertragenen Wirkungskreises handelt. Geben Sie nach Möglichkeit eine Rechtsgrundlage an.
   a) Müllabfuhr (Abfallbeseitigung)
   b) Freiwillige Feuerwehr (Brandschutz)
   c) Gefahrenabwehr (Ordnungsrecht)
   d) Grundschule (Schulträgerschaft)
   e) Freibad

2. In der niedersächsischen Stadt Wiesental gibt es gem. § 7 NKomVG drei Organe: den Rat, den Verwaltungsausschuss und den Bürgermeister. Welches Organ ist für die folgenden kommunalen Aufgaben zuständig?
   a) Aufstellung eines Bebauungsplanes
   b) Vorbereitung der Beschlüsse des Verwaltungsausschusses
   c) Änderung der Geschäftsordnung für den Rat
   d) Vorbereitung von Ratsbeschlüssen
   e) Entscheidung über die Zulässigkeit eines Bürgerbegehrens

f) Änderung des Stadtwappens

g) Ernennung eines Beamten

h) Ausführung der Ratsbeschlüsse

3. Prüfen Sie, ob die nachfolgenden Beschlüsse im Rat der Stadt Lindenberg (41 Ratsmitglieder) mit den richtigen (ausreichenden) Mehrheiten gefasst wurden:

a) Der Rat stimmt mit 22 Ja-Stimmen für die Änderung des Stadtwappens. Ein neuer Entwurf für das Stadtwappen liegt vor. Vier Ratsmitglieder enthalten sich und 15 Ratsmitglieder stimmen mit Nein.

b) In der konstituierenden Sitzung soll der Ratsvorsitzende gewählt werden. Es findet ein erster Wahlgang statt, in dem Ratsherr Voigt 20 Stimmen erhält; Ratsherr Neumann kann 19 Stimmen auf sich vereinigen; zwei Ratsherren enthalten sich. Ist in diesem ersten Wahlgang ein Ratsvorsitzender gewählt worden? Wie ist ggf. weiter zu verfahren?

c) Es soll ein Beschluss über die Änderung der Hauptsatzung gefasst werden. Die Abstimmung über die geplante Änderung bringt folgendes Ergebnis: 21 Ja-Stimmen; 10 Nein-Stimmen; 10 Enthaltungen.

d) Jan Bauer – Erster Stadtrat der Stadt Lindenberg – ist Beamter auf Zeit. Er soll nun gem. § 109 Abs. 3 NKomVG aus seinem Amt abberufen werden. Darüber beschließt der Rat der Stadt Lindenberg mit folgendem Abstimmungsergebnis: 31 Ja-Stimmen und 10 Nein-Stimmen.

4. Prüfen Sie, ob in den folgenden Fällen ein Mitwirkungsverbot erkennbar ist.

a) Im Rat der Stadt Neustadt soll abschließend über Maßnahmen zur Verkehrsberuhigung im Wohngebiet „Auetal“ beschlossen werden. Mitglied des Rates ist auch Ratsherr Evers, der sich (wie andere Bewohner des o. g. Wohngebietes) stark für die Verkehrsberuhigung in dem genannten Bereich einsetzt.

b) Der Verwaltungsausschuss der Stadt Neustadt soll über die Einstellung eines Verwaltungsfachangestellten für das Sozialamt entscheiden. Ratsherr Wegener, der als Beigeordneter Mitglied des Verwaltungsausschusses ist, ist der Bruder eines der in Frage kommenden Bewerber.

c) Der Rat der Stadt Neustadt plant eine gemeindliche Hochbaumaßnahme, für die nun die öffentliche Ausschreibung beschlossen werden soll. Mitglied des Rates ist Ratsherr Witte, der als Geschäftsführer bei der Hoffmann GmbH arbeitet. Die Hoffmann GmbH ist ein Hochbauunternehmen, welches Interesse an dem Auftrag hat.

Fallvariante (1): Darf Ratsherr Witte an der Beratung und Beschlussfassung über die Ausschreibung teilnehmen?

Fallvariante (2): Darf Ratsherr Witte – für den Fall, dass die Hoffmann GmbH sich an der Ausschreibung beteiligt und ein Angebot abgegeben hat – an der Beratung und Beschlussfassung über die endgültige Auftragsvergabe teilnehmen?

Lernarrangement 10

Zulässigkeit eines Bürgerbegehrens prüfen

Leitfragen

1. Welche Möglichkeiten haben die Bürgerinnen und Bürger einer Kommune, um an der politischen Willensbildung teilzunehmen?
2. Welche Kriterien entscheiden über die Zulässigkeit und Begründetheit eines Bürgerbegehrens?
3. Worin unterscheiden sich Einwohnerinnen und Einwohner einer Kommune von den Bürgerinnen und Bürgern einer Kommune?

Durch das Arrangement abgedeckte Inhalte des Rahmenlehrplans:

✓ Grundlagen der kommunalen Selbstverwaltung

LA 10 Ausgangssituation

Der Rat der niedersächsischen Gemeinde Blumenberg (4512 Einwohner, 3125 Wahlberechtigte) beschließt in der Ratssitzung am 2. April 2019 den Ausbau der – seit Jahrzehnten unveränderten, mit Kopfsteinpflaster gepflasterten – innerörtlichen Hauptstraße (Gemeindestraße). Die Straße soll eine verbreiterte Fahrbahn, einen einseitigen Fahrradweg und beidseitig einen befestigten Bürgersteig erhalten.

Der geplante Ausbau der Hauptstraße führt in der Gemeinde Blumenberg zu heftigen Auseinandersetzungen innerhalb der Bevölkerung. Vor allem die Tatsache, dass die Eigentümer der an die Hauptstraße angrenzenden Grundstücke entsprechend der geltenden Ausbaubeitragssatzung zur Zahlung von Ausbaubeiträgen herangezogen werden sollen, ist Teil der öffentlichen Diskussion. Aufgrund dessen formiert sich die Bürgerinitiative „Hände weg von der Hauptstraße!", die sich massiv gegen den o.g. Ausbau stemmt. Rechtsanwalt Jan Wiese wird als Vertreter der Bürgerinitiative benannt.

Hinsichtlich der Bürgerinitiative liegen Ihnen als Sachbearbeiter/-in bei der Gemeindeverwaltung Blumenberg folgende Unterlagen vor:

Jan Wiese ♦ Rechtsanwalt ♦ Strucksdamm 1 ♦ 21338 Blumenberg

Gemeindeverwaltung Blumenberg
Langer Weg 1
21338 Blumenberg

Gemeinde Blumenberg
eingegangen am:
16. April 2019

13. April 2019

Anzeige eines Bürgerbegehrens

Sehr geehrter Herr Bürgermeister,

hiermit zeige ich die Durchführung eines Bürgerbegehrens an. Von der Bürgerinitiative „Hände weg von der Hauptstraße!" bin ich beauftragt worden, die Interessen der Initiative zu vertreten. Es wird nunmehr ein Bürgerbegehren mit folgender Fragestellung durchgeführt:

Soll die Hauptstraße der Gemeinde Blumenberg ausgebaut werden?

Die erforderlichen Unterschriftenlisten lasse ich Ihnen zu gegebener Zeit zukommen.

Mit freundlichen Grüßen

Jan Wiese

Jan Wiese

Zulässigkeit eines Bürgerbegehrens prüfen

Jan Wiese ♦ Rechtsanwalt ♦ Strucksdamm 1 ♦ 21338 Blumenberg

Gemeindeverwaltung Blumenberg
Langer Weg 1
21338 Blumenberg

Gemeinde Blumenberg
eingegangen am:
3. Juli 2019

2. Juli 2019

Einreichung eines Bürgerbegehrens

Sehr geehrter Herr Bürgermeister,

das mit Schreiben vom 13. April 2019 angezeigte Bürgerbegehren zur Fragestellung

„Soll die Hauptstraße der Gemeinde Blumenberg ausgebaut werden?"

wurde erfolgreich durchgeführt. Die erforderliche Unterschriftenliste liegt diesem Schreiben bei. Bitte veranlassen Sie alle weiteren Maßnahmen.

Mit freundlichen Grüßen

Jan Wiese

Jan Wiese

Bürgerbegehren – Unterschriftenliste (Auszug)

Die Unterzeichnerinnen und Unterzeichner beantragen, dass folgende Angelegenheit der Gemeinde Blumenberg zum Bürgerentscheid gestellt wird:

Soll die Hauptstraße der Gemeinde Blumenberg ausgebaut werden?

Begründung:

Der Rat der Gemeinde Blumenberg plant den Umbau der Hauptstraße in Blumenberg (Gemeindestraße). Die Straße soll eine verbreiterte Fahrbahn, einen einseitigen Fahrradweg und beidseitig einen befestigten Bürgersteig erhalten. Die Eigentümer der an die Hauptstraße angrenzenden Grundstücke sollen entsprechend der geltenden Ausbaubeitragssatzung zur Zahlung von Ausbaubeiträgen herangezogen werden. Das ist für viele Grundstückseigentümer nicht leistbar. Dagegen wehren wir uns.

Unterschriften:

Nr.	Name, Vorname	Straße	Ort	Geburtsdatum	Unterschrift
1	Mahr, Arnold	Westerdamm 1	21338 Blumenberg	06.06.1999	Mahr
2	Pengel, Iris	Im Dorf 21	37073 Göttingen	23.11.1974	I. Pengel
3	Heintz, Manuel	Hohlacker 2	21338 Blumenberg	12.04.2006	Heintz
⋮	⋮	⋮	⋮	⋮	⋮
316	Escudero, José	Birkenweg 12	21338 Blumenberg	26.12.1965	Escudero

Arbeitsaufträge:

1. Prüfen Sie, ob das Bürgerbegehren zulässig und begründet ist.
2. Unterbreiten Sie einen entsprechenden Entscheidungsvorschlag.

Bearbeitungshinweise:

1. Bearbeitungstag ist der 3. Juli 2019
2. Gehen Sie davon aus, dass die Unterschriften 4–315 gültig sind.
3. José Escudero ist portugiesischer Staatsbürger.

Theoretische Grundlagen

Die Gemeindemitgliedschaft einer natürlichen Person kann gem. § 28 des Niedersächsischen Kommunalverfassungsgesetzes (NKomVG) zwei verschiedene Ausprägungen haben:

- Einwohnerin bzw. Einwohner oder
- Bürgerin bzw. Bürger.

§

§ 28 NKomVG: Begriffsbestimmungen

„(1) Einwohnerin oder Einwohner einer Kommune ist, wer in dieser Kommune den Wohnsitz oder ständigen Aufenthalt hat. Der Wohnsitz im Sinne dieses Gesetzes ist der Ort der Wohnung im Sinne des Melderechts. Hat eine Person im Bundesgebiet mehrere Wohnungen, so ist ihr Wohnsitz der Ort der Hauptwohnung. (…)

(2) Bürgerinnen und Bürger einer Kommune sind die Einwohnerinnen und Einwohner, die zur Wahl der Vertretung dieser Kommune berechtigt sind.“

Um zu bestimmen, wer als **Bürgerin oder Bürger** einer Kommune gilt, müssen die **Voraussetzungen für die Wahlberechtigung** nach § 48 NKomVG geklärt werden.

§

§ 48 NKomVG: Recht zur Wahl der Mitglieder der Vertretung

„(1) Zur Wahl der Abgeordneten und der Hauptverwaltungsbeamtin oder des Hauptverwaltungsbeamten sind Personen berechtigt, die Deutsche im Sinne des Artikels 116 Abs. 1 des Grundgesetzes für die Bundesrepublik Deutschland sind oder die Staatsangehörigkeit eines anderen Mitgliedstaates der Europäischen Union besitzen und am Wahltag

1. mindestens 16 Jahre alt sind und
2. seit mindestens drei Monaten in der Kommune den Wohnsitz haben.

Bei der Berechnung der Dreimonatsfrist nach Satz 1 Nr. 2 ist der Tag der Wohnsitz- oder Aufenthaltsnahme in die Frist einzubeziehen.

(2) Vom Wahlrecht ausgeschlossen sind Personen,

1. für die nicht nur durch einstweilige Anordnung eine Betreuerin oder ein Betreuer zur Besorgung
   a) aller ihrer Angelegenheiten oder
   b) aller ihrer Angelegenheiten mit Ausnahme der in § 1896 Abs. 4 und § 1905 des Bürgerlichen Gesetzbuchs (BGB) bezeichneten Angelegenheiten

   bestellt ist,
2. die durch Entscheidung eines Gerichts nach deutschem Recht kein Wahlrecht besitzen oder
3. die sich aufgrund einer Anordnung nach § 63 in Verbindung mit § 20 StGB in einem psychiatrischen Krankenhaus befinden.“

Der Personenkreis der Einwohnerinnen und Einwohner ist naturgemäß größer als der der Bürgerinnen und Bürger.

Aus dem jeweiligen Rechtsstatus leiten sich für Einwohnerinnen und Einwohner bzw. für Bürgerinnen und Bürger zahlreiche Pflichten, aber auch Rechte ab. Die folgende Übersicht soll exemplarisch die Rechte und Pflichten verdeutlichen:

	Einwohnerinnen und Einwohner	Bürgerinnen und Bürger
Pflichten	**Gemeindelasten tragen** § 30 Abs. 1 NKomVG	**Gemeindelasten tragen** § 30 Abs. 1 NKomVG
		Übernahme von Ehrenämtern und ehrenamtlichen Tätigkeiten § 30 Abs. 2 NKomVG
Rechte		**Recht zur Wahl der Vertretung der Kommune** § 28 Abs. 2, § 48 NKomVG
	Benutzung öffentlicher Einrichtungen § 30 Abs. 1 NKomVG	**Benutzung öffentlicher Einrichtungen** § 30 Abs. 1 NKomVG
	Einwohnerantrag § 31 NKomVG (unter bestimmten Voraussetzungen)	**Einwohnerantrag** § 31 NKomVG
		Bürgerbegehren § 32 NKomVG
		Bürgerentscheid § 33 NKomVG
	Anregungen und Beschwerden § 34 NKomVG	**Anregungen und Beschwerden** § 34 NKomVG
	Einwohnerbefragung § 35 NKomVG (unter bestimmten Voraussetzungen)	**Einwohnerbefragung** § 31 NKomVG
	Hilfe bei Verwaltungsangelegenheiten § 37 NKomVG	**Hilfe bei Verwaltungsangelegenheiten** § 37 NKomVG

Der Rechtsstatus einer Bürgerin bzw. eines Bürgers zieht also auf der einen Seite mehr Pflichten nach sich, auf der anderen Seite ergeben sich jedoch auch mehr Rechte für die Bürgerinnen und Bürger.

Im Folgenden wird näher auf das **Bürgerbegehren,** welches bei Feststellung seiner Zulässigkeit und Begründetheit in einen Bürgerentscheid mündet, eingegangen.

Mit einem **Bürgerbegehren** kann beantragt werden, dass Bürgerinnen und Bürger über eine Angelegenheit ihrer Kommune entscheiden (§ 32 I NKomVG).

Ein Bürgerbegehren führt dann zu einem Bürgerentscheid, wenn es zulässig und begründet ist.

8 Schäfer u.a. - ISBN 978-3-8120-0439-8

Das in der Ausgangssituation vorliegende Bürgerbegehren soll anhand des folgenden Aufbaumusters geprüft werden:

Aufbaumuster: Erfolgsaussichten eines Bürgerbegehrens [1]
(Zulässigkeit und Begründetheit eines Bürgerbegehrens gem. § 32 NKomVG)

A. Zulässigkeit

1. **Angelegenheit des eigenen Wirkungskreises** (§ 32 Abs. 2 Satz 1 NKomVG)

   Die Angelegenheiten des eigenen Wirkungskreises der jeweils betrachteten Kommune ergeben sich aus § 5 NKomVG. Hier muss abgegrenzt und geprüft werden – ggf. unter Zuhilfenahme des jeweils einschlägigen Spezialgesetzes – ob wirklich eine Angelegenheit des eigenen Wirkungskreises Gegenstand des Bürgerbegehrens ist oder ob es sich um eine Angelegenheit des übertragenen Wirkungskreises handelt. In letzterem Fall wäre die Zulässigkeit des Bürgerbegehrens bereits an dieser Stelle nicht gegeben.

2. **Zuständigkeit der Vertretung** (§ 32 Abs. 2 Satz 2 NKomVG)

   Ausgeschlossen vom Bürgerbegehren sind Angelegenheiten, die dem Hauptausschuss oder der Hauptverwaltungsbeamtin bzw. dem Hauptverwaltungsbeamten ausschließlich zugewiesen sind.[2]

3. **Ausschlussfrist** (§ 32 Abs. 2 Satz 1 NKomVG)

   Diese Frist wurde vom Gesetzgeber gesetzt, um keine „Unruhe in die Gemeinde" zu bringen, denn die Durchführung eines Bürgerbegehrens verursacht einen nicht unerheblichen Kosten- und Zeitaufwand.[3]

4. **Keine Unzulässigkeit** (§ 32 Abs. 2 Satz 2 NKomVG)

   Der in § 32 Abs. 2 Satz 2 NKomVG aufgeführte Negativkatalog ist als abschließend anzusehen und stellt – bei genauerer Betrachtung – eine weitreichende Einschränkung der Anwendbarkeit des § 32 NKomVG dar.

5. **Genaue Bezeichnung der Sachentscheidung** (§ 32 Abs. 3 Satz 1 NKomVG)

   Die Bürgerin bzw. der Bürger muss sich bereits im Rahmen der Unterschriftensammlung für das Bürgerbegehren eine Vorstellung bilden können, über welchen Gegenstand ggf. im Rahmen eines folgenden Bürgerentscheides abzustimmen ist. Hier ist ein enger Zusammenhang zur nächsten Zulässigkeitsvoraussetzung (Ja-/Nein-Formulierung) zu sehen.

6. **Ja-/Nein-Formulierung** (§ 32 Abs. 3 Satz 1 NKomVG)

   Die Abstimmungsfrage des Bürgerbegehrens ist so zu formulieren, „dass über die zur Entscheidung stehende Sachfrage mit Ja oder Nein abgestimmt werden kann."[4] Dabei ist die Frage so zu formulieren, dass „Befürworter des Begehrens mit Ja abstimmen" können.[5] Dies dient der Klarheit des Bürgerbegehrens und des anschließenden Bürgerentscheides, um ein nachvollziehbares Votum der Bürgerinnen und Bürger zu erzielen.

7. **Begründung** (§ 32 Abs. 3 Satz 2 NKomVG)

   Mit der geforderten Begründung soll den Befürwortern des Bürgerbegehrens mit ihrer Unterschrift klargemacht werden, welche „Argumente der Initiatoren" vorliegen. So wird die politische Meinungsbildung erleichtert.[6]

---

1 Das nachfolgende Aufbaumuster orientiert sich an einem vom Prof. Dr. Jan Michael Seybold (NSI Hannover e. V.) angewendeten Aufbaumuster, welches im Rahmen einer Fortbildungsveranstaltung für Berufsschullehrerinnen und Berufsschullehrer vorgestellt wurde. Zu weiteren Vertiefung sei verwiesen auf Seybold, Neumann, Weidner (2017), S. 68ff.

2 Blum, Häusler, Meyer (2014), Kommentierung zu § 32 NKomVG.

3 Ebenda.

4 Ebenda.

5 Ebenda.

6 Ebenda.

Aufbaumuster: Erfolgsaussichten eines Bürgerbegehrens (Zulässigkeit und Begründetheit eines Bürgerbegehrens gem. § 32 NKomVG)

8. **Benennung von bis zu drei Vertretern** (§ 32 Abs. 3 Satz 3 NKomVG)

   Die zu benennenden bis zu drei Vertreter dienen als Ansprechpartner für die Kommune, wenn es um die Angelegenheit des Bürgerbegehrens geht.

9. **Anzeige in Schriftform** (§ 32 Abs. 3 Satz 4 NKomVG)

   Durch die Schriftform soll sichergestellt sein, dass alle Beteiligten (also Initiatoren des Bürgerbegehrens, die Unterzeichnenden und auch die Kommunalverwaltung) vom gleichen Sachverhalt, sprich vom gleichen Bürgerbegehren, ausgehen.

10. **Einhaltung der Einreichungsfrist** (§ 32 Abs. 5 Satz 1, 5 NKomVG)[1]

    Hier ist zu unterscheiden zwischen den initiierenden Bürgerbegehren und den sogenannten kassatorischen Bürgerbegehren. Initiierende Bürgerbegehren, die ein „neues" Thema auf die kommunalpolitische Ebene heben sollen, haben eine Einreichungsfrist von sechs Monaten (§ 32 Abs. 5 Satz 1 NKomVG). Dem stehen die kassatorischen Bürgerbegehren, die sich gegen einen bekanntgemachten Vertretungsbeschluss richten, gegenüber. Hier beträgt die Einreichungsfrist lediglich drei Monate (§ 32 Abs. 5 Satz 5 NKomVG).

    Grundsätzlich soll mit den gesetzten Fristen ein „zeitlich unbegrenztes Ansparen von Unterstützungsfristen verhindert werden."[2]

B. Begründetheit (insbesondere: Anforderungen an die Unterschriftenliste)

1. **Anzahl der Unterschriften** (§ 32 Abs. 4 Satz 1 NKomVG)

   Das Bürgerbegehren muss ein bestimmter Prozentsatz der wahlberechtigten Einwohnerinnen und Einwohner der betrachteten Kommune durch ihre Unterschrift unterstützen. Dabei gilt: Je einwohnerstärker die Kommune, desto geringer ist der geforderte Prozentsatz. Hinsichtlich der Feststellung, wer in der Kommune wahlberechtigt ist, wird der Rückgriff auf § 48 NKomVG vorgenommen. Die zu erfüllenden Voraussetzungen wurden oben bereits erwähnt.

2. **Form der Unterschriftenliste** (§ 32 Abs. 4 Satz 3 i. V. m. § 31 Abs. 3 NKomVG)

   a) **Name, Anschrift und Geburtsdatum zweifelsfrei erkennbar** (§ 32 Abs. 4 Satz 3 i. V. m. § 31 Abs. 3 NKomVG)

      Hier erfolgt ein Rückgriff auf die Erfordernisse für einen Einwohnerantrag. Es müssen – auch bei einem Bürgerbegehren – Name, Anschrift und Geburtsdatum der Unterzeichnenden zweifelsfrei erkennbar sein. Hintergrund ist, dass im Rahmen der Prüfung der Zulässigkeit und Begründetheit des Bürgerbegehrens klar festzustellen sein muss, ob die Unterzeichnenden wahlberechtigt sind und somit auch das Bürgerbegehren unterstützen dürfen.

   b) **Schriftform** (§ 32 Abs. 5 Satz 1, 3 NKomVG)

      Letztlich muss die Unterschriftenliste, die auch aus mehreren fest miteinander verbundenen Listen bestehen kann, in schriftlicher Form eingereicht werden. Elektronische Unterschriftenlisten, die ggf. mittels einer elektronischen Signatur eingereicht werden, sind unzulässig und dürfen nicht bei der Ermittlung des Antragsquorums berücksichtigt werden.

C. Ergebnis/Entscheidungsvorschlag

Am Ende steht im Rahmen der Ergebnisfindung bzw. des Entscheidungsvorschlags die Feststellung, ob das eingereichte Bürgerbegehren zulässig und begründet ist. Es ist mithin eine Beschlussempfehlung für den Hauptausschuss auszusprechen, der formal die Zulässigkeit (und Begründetheit) des Bürgerbegehrens feststellt.

1 Blum, Häusler, Meyer (2014), Kommentierung zu § 32 NKomVG.

2 Ebenda.

Ein Bürgerentscheid kann – auch wenn das Bürgerbegehren zulässig und begründet ist – noch abgewendet werden. Gem. § 32 Abs. 6 Satz 5 NKomVG hat die Vertretung der betrachteten Kommune die Möglichkeit, vollständig oder im Wesentlichen im Sinne des Bürgerbegehrens zu entscheiden. Wenn dies der Fall ist, haben die Initiatoren des Bürgerbegehrens ihr Ziel erreicht und somit wäre die Durchführung eines aufwendigen Bürgerbegehrens obsolet.

Den schematischen Ablauf, wie es von einem Bürgerbegehren zu einem Bürgerentscheid kommen kann, zeigt die folgende Grafik.

Vom Bürgerbegehren zum Bürgerentscheid[1]

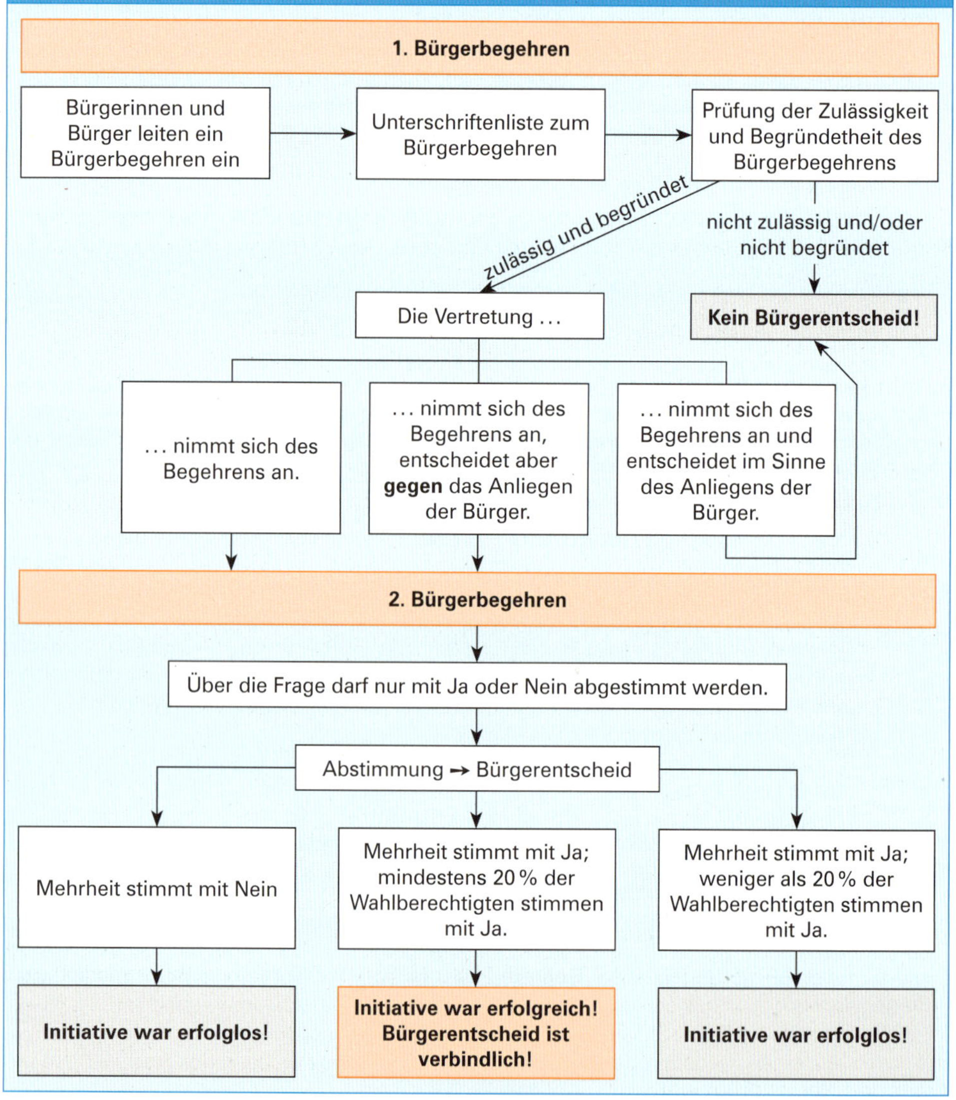

1 Vgl. Schäfer, Glufke-Redeker (2003), S. 38.

Lösungshinweise zur Ausgangssituation

A. Zulässigkeit des Bürgerbegehrens

1. Angelegenheit des eigenen Wirkungskreises (§ 32 Abs. 2 Satz 1 NKomVG)

Hier geht es darum, dass die Initiatoren des Bürgerbegehrens nicht möchten, dass die Gemeindestraße umgestaltet wird. Träger der Straßenbaulast für die Gemeindestraßen sind gem. § 48 Satz 1 des Niedersächsischen Straßengesetzes (NStrG) die Gemeinden. Von der Straßenbaulast sind gem. § 9 Abs. 1 Satz 1 NStrG alle mit dem Bau und der Unterhaltung der Straßen zusammenhängenden Aufgaben umfasst. Der Bau und somit auch die Umgestaltung einer Gemeindestraße ist eine Angelegenheit der örtlichen Gemeinschaft im Sinne des § 5 Abs. 1 Nr. 1 NKomVG. Eine Angelegenheit des eigenen Wirkungskreises liegt also vor.

2. Zuständigkeit der Vertretung (§ 32 Abs. 2 Satz 1 NKomVG)

Die Umgestaltung der Gemeindestraße fällt unter die Verfügung über das Vermögen der Kommune und liegt somit im Zuständigkeitsbereich der Vertretung (also des Rates der Gemeinde Blumenberg).

3. Ausschlussfrist (§ 32 Abs. 2 Satz 1 NKomVG)

Es gibt keine Anhaltspunkte im Sachverhalt, dass es in den letzten zwei Jahren bereits ein Bürgerbegehren zu der fraglichen Angelegenheit gab. Es ist vielmehr davon auszugehen, dass der Rat der Gemeinde Blumenberg das Thema relativ neu auf der Agenda hat. Insofern ist davon auszugehen, dass es zur Fragestellung der Umgestaltung der Gemeindestraße in den letzten zwei Jahren kein Bürgerbegehren (und somit auch keinen Bürgerentscheid) gab.

4. Keine Unzulässigkeit (§ 32 Abs. 2 Satz 2 NKomVG)

Unzulässigkeitsgründe aus § 32 Abs. 2 Satz 2 NKomVG sind hier nicht ersichtlich.

5. Genaue Bezeichnung der Sachentscheidung (§ 32 Abs. 3 Satz 1 NKomVG)

In der Anzeige des Bürgerbegehrens bei der Gemeinde Blumenberg und auch auf dem vorliegenden Auszug aus der Unterschriftenliste wird deutlich, dass genau bezeichnet ist, um welches Anliegen es den Initiatoren des Bürgerbegehrens geht. Die Unterzeichner können sich ein genaues Bild darüber machen, welches Begehren sie mit einer Unterschrift unterstützen.

6. Ja-/Nein-Formulierung (§ 32 Abs. 3 Satz 1 NKomVG)

Die Frage des Bürgerbegehrens („Soll die Hauptstraße der Gemeinde Blumenberg ausgebaut werden?“) ist mit Ja oder Nein zu beantworten. Darüber hinaus ist die Frage so formuliert, dass – sollte diese Frage auch Gegenstand eines Bürgerentscheids werden – Befürworter des Ausbaus mit Ja antworten und Gegner des Ausbaus der Hauptstraße ihr Kreuz bei „Nein“ setzen würden.

7. Begründung (§ 32 Abs. 3 Satz 2 NKomVG)

Eine Begründung ist auf der vorliegenden Unterschriftenliste enthalten. Somit wird klar, warum die Befürworter des Begehrens dieses unterstützen.

8. Benennung von bis zu drei Vertretern (§ 32 Abs. 3 Satz 3 NKomVG)

Gem. Sachverhalt ist der Rechtsanwalt Jan Wiese als Vertreter für das Bürgerbegehren benannt worden. Weitere Vertreter sind im Sachverhalt nicht benannt.

9. Anzeige in Schriftform (§ 32 Abs. 3 Satz 4 NKomVG)

Die Einleitung des Bürgerbegehrens wurde hier durch den Brief des Rechtsanwalts Jan Wiese vom 13. April 2019 schriftlich angezeigt.

10. Einhaltung der Einreichungsfrist (§ 32 Abs. 5 Satz 1, 5 NKomVG)

Hier liegt ein initiatives Bürgerbegehren vor. Gem. des vorliegenden Sachverhalts plant der Rat der Gemeinde Blumenberg lediglich den Umbau der Hauptstraße. Dass ein Ratsbeschluss vorliegt, gegen den sich das Bürgerbegehren richtet, kann hier nicht unterstellt werden. Somit beträgt die Frist für die Einreichung der erforderlichen Unterschriften gem. § 32 Abs. 5 Satz 1 NKomVG sechs Monate.

Die Fristberechnung erfolgt auch hier entsprechend der Vorschriften der §§ 187–193 BGB.

Das fristauslösende Ereignis ist gem. § 32 Abs. 5 Satz 2 NKomVG der Eingang der Anzeige des Bürgerbegehrens bei der Gemeinde Blumenberg. Dies erfolgte gem. des Eingangsstempels auf der Einleitungsanzeige am Montag, 16. April 2019. Dieser Tag wird bei der Berechnung der Frist gem. § 187 Abs. 1 des Bürgerlichen Gesetzbuches (BGB) nicht mitgerechnet, sodass die Einreichungsfrist am Dienstag, 17. April 2019 zu laufen beginnt.

Für das Fristende ist § 188 Abs. 2 BGB maßgeblich. Demnach endet eine Frist, die nach Monaten bestimmt ist, im Falle des § 187 Abs. 1 BGB mit Ablauf desjenigen Tages des letzten Monats der Frist, welcher durch seine Zahl dem Tag entspricht, in den das (fristauslösende) Ereignis fällt. Das fristauslösende Ereignis ist hier der Montag, 16. April 2019 (Eingang der Einleitungsanzeige). Die Frist endet demnach mit Ablauf des 16. Oktober 2019 (Dienstag). Das bedeutet, dass bis zum 16. Oktober 2019 um 24:00 Uhr Zeit ist, die erforderlichen Unterschriften zu sammeln und das Bürgerbegehren einzureichen.

Hier wurde das Bürgerbegehren gem. Eingangsstempel am 3. Juli 2019 bei der Gemeinde Blumenberg eingereicht. Die Einreichungsfrist wurde offensichtlich gewahrt.

Zwischenergebnis:
Alle Anforderungen an die Zulässigkeit eines Bürgerbegehrens sind erfüllt.

B. Begründetheit (insbesondere Anforderungen an die Unterschriftenliste)

1. Anzahl der Unterschriften (§ 32 Abs. 4 Satz 1 NKomVG)

Gem. Sachverhalt hat die Gemeinde Blumenberg 4512 Einwohner, 3125 Wahlberechtigte. Somit müssen 10 % der wahlberechtigten Einwohnerinnen und Einwohner (Bürgerinnen und Bürger) das Bürgerbegehren unterstützen. Demnach ergibt sich ein Antragsquorum von 313 Wahlberechtigten (rechnerisch: 312,5 → 313).

Bei der Prüfung der vorliegenden Unterschriften ergibt sich folgendes Bild:

- **Unterschrift 1: Arnold Mahr**

Es ist mangels gegenteiliger Aussagen im Sachverhalt davon auszugehen, dass er die deutsche Staatsangehörigkeit besitzt. Zudem ist davon auszugehen, dass er bereits seit mindestens drei Monaten in der Gemeinde Blumenberg seinen Wohnsitz hat. Überdies ist er am 06.06.1999 geboren und heute (Bearbeitungstag 3. Juli 2019) 20 Jahre alt und somit mindestens 16 Jahre alt. Arnold Mahr ist also wahlberechtigt i. S. d. § 48 NKomVG und somit Bürger der Gemeinde Blumenberg. Er ist berechtigt, das Bürgerbegehren zu unterstützen.

- **Unterschrift 2: Iris Pengel**

Es ist mangels gegenteiliger Aussagen im Sachverhalt davon auszugehen, dass sie die deutsche Staatsangehörigkeit besitzt. Zudem ist davon auszugehen, dass sie bereits seit mindestens drei Monaten in der Gemeinde Blumenberg ihren Wohnsitz hat. Zudem ist sie am 23.11.1974 geboren und am heutigen Bearbeitungstag (3. Juli 2019) 44 Jahre alt und somit mindestens 16 Jahre alt. Iris Pengel ist also wahlberechtigt i. S. d. § 48 NKomVG und somit Bürgerin der Gemeinde Blumenberg. Auch sie ist berechtigt, das Bürgerbegehren zu unterstützen.

- **Unterschrift 3: Manuel Heintz**

Auch hier ist mangels gegenteiliger Angaben im Sachverhalt davon auszugehen, dass er die deutsche Staatsangehörigkeit besitzt. Zudem kann unterstellt werden, dass er bereits mindestens drei Monate in der Gemeinde Blumenberg lebt. Allerdings ist er zum heutigen Bearbeitungstag (2019) erst 13 Jahre alt, da er am 12.04.2006 geboren wurde. Manuel Heintz ist also nicht wahlberechtigt gem. § 48 NKomVG und somit kein Bürger. Er darf das Bürgerbegehren nicht unterstützen. Seine Unterschrift darf nicht berücksichtigt werden.

Die Unterschriften 3 bis 315 sind gem. des vorliegenden Bearbeitungshinweises als gültig anzusehen.

- **Unterschrift 316: José Escudero**

José Escudero ist gem. Bearbeitungshinweis portugiesischer Staatsbürger. Portugal ist Mitgliedsstaat der Europäischen Union und somit erfüllt er die Anforderungen hinsichtlich der Staatsangehörigkeit, die § 48 NKomVG fordert. Es ist davon auszugehen, dass er seit mindestens drei Monaten seinen Wohnsitz in der Gemeinde Blumenberg hat. Letztlich ist er am 26.12.1965 geboren und somit am heutigen Bearbeitungstag (2019) 53 Jahre alt und folglich mindestens 16 Jahre alt. José Escudero ist also wahlberechtigt i. S. d. § 48 NKomVG und somit Bürger der Gemeinde Blumenberg. Er darf das Bürgerbegehren unterstützen.

Schließlich lässt sich festhalten, dass von den 316 vorliegenden Unterschriften 315 Unterschriften die Anforderungen aus § 48 NKomVG erfüllen. Das notwendige Antragsquorum von mindestens 313 Unterschriften wurde also erfüllt.

2. Form der Unterschriftenliste (§ 32 Abs. 4 Satz 3 i. V. m. § 31 Abs. 3 NKomVG) und Schriftform (§ 32 Abs. 5 Satz 1, 3 NKomVG)

Name, Anschrift und Geburtsdatum sind aus der vorliegenden Unterschriftenliste zweifelsfrei erkennbar. Die Schriftform ist auch eingehalten. Elektronische Unterschriftenlisten liegen hier nicht vor.

Zwischenergebnis:

Auch die Anforderungen an die Begründetheit eines Bürgerbegehrens sind erfüllt.

C. Ergebnis/Entscheidungsvorschlag

Das Bürgerbegehren ist zulässig und begründet. Dies ist durch den Hauptausschuss der Gemeinde Blumenberg noch formal festzustellen. Das Bürgerbegehren führt somit zu einem Bürgerentscheid.

Übungen

1. Geben Sie für die nachfolgenden Aussagen jeweils an, ob diese **richtig** oder **falsch** sind. Sie müssen auch in der Lage sein, Ihre Antwort zu begründen (ggf. mit einer entsprechenden Rechtsgrundlage).

a) Ein Gemeindebürger muss folgende Voraussetzungen nebeneinander erfüllen:
- Deutscher im Sinne des Art. 116 GG,
- seit mindestens sechs Monaten in der Gemeinde seinen Wohnsitz haben und
- zum Bürgermeister wählbar sein.

b) Der Hauptwohnsitz (Erstwohnsitz) ist maßgeblich für die Beurteilung, ob jemand Einwohner einer Gemeinde ist.

c) Nur eine Ratsfrau oder ein Ratsherr kann die Ehrenbürgerschaft einer Gemeinde erhalten.

d) Eine Gemeindemitgliedschaft ergibt sich auch, wenn eine Person in einer Kommune Grundbesitz hat oder über eine gewerbliche Niederlassung verfügt.

e) Ein Einwohner einer Gemeinde hat weniger Rechte und Pflichten als ein Bürger einer Gemeinde.

2. In Niedersachsen findet am kommenden Sonntag die Kommunalwahl statt. Der Gemeindewahlleiter der Gemeinde Neudorf hat die Wahllisten der Parteien erhalten. Sie unterstützen ihn und sollen prüfen, ob die nachfolgenden Personen für den Rat der Gemeinde Neudorf wählbar sind:

a) Dr. Maxwell Burns, geb. 01.09.1949 in Battle Creek (Michigan), wohnt seit 1971 in Neudorf und arbeitet dort in seiner eigenen Zahnarztpraxis. Er erhielt die deutsche Staatsangehörigkeit im Januar 2006.

b) Hein van Kerkhof, geb. 22.12.1991 in Edam, lebt seit drei Jahren in Neudorf, Niederländer.

c) Nadine Busch, geb. 23.08.1954 in Hannover, lebt seit 1974 in Neudorf, ist Beamtin bei der Gemeindeverwaltung Neudorf.

Die öffentliche Verwaltung in das Rechts- und Staatssystem einordnen

Leitfragen

1. In welcher Beziehung steht die „öffentliche Verwaltung" zu den Staatsgewalten?
2. Durch welche Merkmale ist die öffentliche Verwaltung gekennzeichnet?

Durch das Arrangement abgedeckte Inhalte des Rahmenlehrplans:

- Verfassungsprinzipien der Bundesrepublik Detuschland
- Grundrechte

Methodische Hinweise zur Erarbeitung des Lernarrangements:

In Gruppenarbeit aus verschiedenen Büchern zum Staats- und Verwaltungsrecht Erklärungen bzw. Definitionen für den Begriff „öffentliche Verwaltung" heraussuchen und gegeneinander abgrenzen lassen.

LA 11 Ausgangssituation

Sie haben bereits im Zusammenhang mit der Bearbeitung des Rechtsstaatsprinzips den Grundsatz der Gewaltenteilung als wesentliches Organisationsprinzip des GG kennengelernt. Außer vielleicht einigen persönlichen und eher unsystematischen Erfahrungen mit „öffentlicher Verwaltung" verfügen Sie bisher über keine oder nur geringe Kenntnisse über die „öffentliche Verwaltung", welche es Ihnen ermöglicht, „öffentliche Verwaltung" in unser Rechts- und Staatssystem einzuordnen. Die verschiedenartigen Aufgaben und die jeweils gewählte Rechtsform sind Ihnen im Allgemeinen unbekannt.

Lesen Sie zunächst folgenden Zeitungsartikel:[1]

Der Hygienepranger kann kommen

Diese Überschrift war im Frühsommer 2018 in einigen Tageszeitungen zu lesen. Es hieß dann u. a. weiter:

„Behörden müssen Verbraucher ab sofort wieder über Verstöße gegen Hygiene- und Gesundheitsvorschriften informieren. Das Bundesverfassungsgericht hat rechtliche Bedenken weitgehend ausgeräumt. Karlsruhe forderte allerdings eine zeitliche Befristung der Informationen.

Nach Skandalen über Dioxin in Futtermitteln und die falsche Deklaration von Käse-Imitaten hat der Bundestag 2012 das Lebensmittelrecht verschärft. Die Behörden sind nun verpflichtet, die Öffentlichkeit stets zu informieren, wenn Unternehmen Grenzwerte überschreiten oder andere der Gesundheit und Hygiene dienende Vorschriften verletzen. Die Information muss auch erfolgen, wenn die Gesundheit der Verbraucher nicht (mehr) konkret gefährdet ist. Auch der Name des betroffenen Unternehmens muss dabei genannt werden. (...) Die Bundesländer richteten danach entsprechende Internetportale ein.

Die Lebensmittelindustrie, aber auch das Bäcker- und Metzgerhandwerk, liefen Sturm

1 Quelle: www.badische-zeitung.de/wirtschaft-3/der-hygienepranger-kann-kommen (04.05.2018).

gegen die Reform. Eine öffentliche Namensnennung könne die betroffenen Unternehmen oder Marken irreparabel schädigen oder gar finanziell ruinieren. Die Regelung sei völlig unverhältnismäßig. Zahlreiche Verwaltungsgerichte, z. B. in Baden-Württemberg, schlossen sich der Kritik an und verboten den Behörden in Einzelfällen die Nennung von Unternehmen. Moniert wurde vor allem eine fehlende Löschungsfrist im Gesetz.

Die damals rot-grüne Landesregierung von Niedersachsen stellte daraufhin 2013 einen Normenkontrollantrag an das Bundesverfassungsgericht. Die Behörden bräuchten Rechtssicherheit, wenn sie ‚Ross und Reiter' nennen, sagte Agrarminister Christian Meyer (Grüne). Zunächst führte der Gang nach Karlsruhe aber dazu, dass alle Bundesländer die Veröffentlichung von Missständen beendeten. (…)

Im Kern ist das Gesetz verfassungskonform, so die Entscheidung des Ersten Senats des Bundesverfassungsgerichts im Jahr 2017. Es verfolge den legitimen Zweck, dem Verbraucher Informationen für ‚eigenverantwortliche Konsumentscheidungen' zu geben. Die Publikation von Verstößen könne Unternehmen zwar schwer belasten, es sei aber angemessen, hier den Verbraucherinteressen Vorrang zu geben, so die Richter."

Bis April 2019 muss der Bundestag das Lebensmittel- und Futtermittelgesetzbuch entsprechend nachbessern. Das bis dato vorliegende Gesetz darf so lange weiter angewendet werden. Verstöße von Unternehmen gegen Gesundheits- und Hygienevorschriften müssen jedoch spätestens nach einem Jahr wieder gelöscht werden.

Arbeitsaufträge:

1. In diesem Zeitungsartikel sind mehrere Elemente der Staatsgewalt angesprochen.
   1.1 Welche Elemente der Staatsgewalt werden im Zeitungsartikel angesprochen und welche Funktion kommt diesen Elementen im Zusammenhang des Zeitungsartikels zu?
   1.2 Welche Rolle spielt hier die öffentliche Verwaltung und welche Aufgabe der öffentlichen Verwaltung wird hier ersichtlich?
2. Welches Element der Staatsgewalt musste die Entscheidung darüber treffen, ob das verschärfte Lebensmittelrecht angewendet werden darf?

Theoretische Grundlagen

Begriff und Wesen der öffentlichen Verwaltung

Im oben wiedergegebenen Zeitungsartikel sind alle drei im Art. 20 GG vorgegebenen Elemente der Staatsgewalt angesprochen.

- Die **vollziehende Gewalt** wird durch die genannten Behörden tätig, indem diese Verstöße gegen das Lebensmittel- und Futtergesetz auf den eingerichteten Internetportalen veröffentlichten und so die Bürger darüber informierten. Letztlich wird der damalige niedersächsische Agrarminister Christian Meyer als Teil der Landesregierung angesprochen.
- Die **rechtsprechende Gewalt** spielt in der Situation ebenfalls eine Rolle, denn es ist davon die Rede, dass zahlreiche Verwaltungsgerichte den Behörden in Einzelfällen die Nennung von Unternehmen untersagten. Letztlich hat das Bundesverfassungsgericht rechtliche Bedenken gegen die genannten Regelungen nunmehr ausgeräumt und die grundsätzliche Verfassungskonformität des Gesetzes bestätigt.
- Die **gesetzgebende Gewalt** ist angesprochen, indem der Bundestag 2012 das geltende Lebensmittelrecht verschärft hat.

Um die Rolle der öffentlichen Verwaltung bestimmen zu können, muss zunächst Klarheit darüber geschaffen werden, welcher Teil der Staatsgewalt als öffentliche Verwaltung anzusehen ist.

Staatsgewalt und öffentliche Verwaltung

Die Einordnung (und gleichzeitige Abgrenzung) der öffentlichen Verwaltung in die drei Staatsgewalten Legislative, Judikative und Exekutive wird in der Fachliteratur unterschiedlich diskutiert.

In einer weiten Fassung ist die öffentliche Verwaltung nicht nur als Exekutive eigenständige Staatsgewalt, sondern wirkt gleichzeitig über die Parlamente auf die Legislative und über die Gerichte auf die Judikative ein. In dieser weiten Begriffsfassung werden alle drei Elemente der Staatsgewalt (Legislative, Exekutive, Judikative) – wie sie in Art. 20 GG *(vgl. Lernarrangement 3)* aufgeführt sind – als öffentliche Verwaltung angesehen.[1]

In der engen Fassung wird die öffentliche Verwaltung der Legislative und der Judikative gar nicht, und der Exekutive nur zum Teil zugeordnet. Der Begriff der öffentlichen Verwaltung umfasst hiernach lediglich den Teil der Exekutive, der nicht gleichzeitig Regierung ist.[2]

Hier soll von der engen Fassung, die sich auch nach dem Text des Verwaltungslexikons in der Praxis durchgesetzt hat, ausgegangen werden. Öffentliche Verwaltung wird danach „negativ" definiert:

Öffentliche Verwaltung ist die Staatstätigkeit, die nicht Gesetzgebung, nicht Rechtsprechung und nicht Regierung ist.[3]

Unter Anwendung der nachfolgenden Abgrenzung wird die Verwaltung in der **Ausgangssituation** durch die Behörden tätig. Sie handeln für das Gemeinwesen (für den Staat) im Rahmen der Gesetze und des gesprochenen Rechts sowie im Auftrag der Regierung.

In der *dargestellten Situation* wurde auch die Frage aufgeworfen, welcher Teil der Staatsgewalt die Entscheidung darüber treffen müsste, ob die genannten Internetportale zugelassen werden sollen.

Grundlegend für Entscheidungen dieser Art ist die bereits oben *(Lernarrangement 3)* angesprochene **„Wesentlichkeitstheorie"**, die besagt, dass grundlegende, vor allem auch grundrechtsrelevante Fragen vom Parlament selbst geregelt werden müssen.

Die Entscheidung über die Zulassung der genannten Internetportale ist mit ihren Auswirkungen nach dieser Abgrenzung sicher eine wesentliche Entscheidung, die demnach dem Gesetzgeber, dem Parlament, überlassen werden muss.

1 Vgl. Eichhorn, Peter, Verwaltungslexikon (2003), S. 760ff.

2 Vgl. Schmalz, D. (1998), Rd. Nr. 3ff.

3 Vgl. Ehlers, Pünder (2016), § 1 Rd. Nr. 7.

Staatsgewalt und öffentliche Verwaltung

Staatsgewalt

gesetzgebende Gewalt (Legislative)

Erlass allgemeiner Regelungen (Gesetze) für das Zusammenleben von Personen in einer Gesellschaft

(grds.: abstrakt-generelle Regelung für die Zukunft)

vollziehende Gewalt (Exekutive)

- Regierung = politisch verantwortliche Leitung des Staates
- öffentliche Verwaltung =
  - Verwaltung im organisatorischen Sinne = die Einrichtungen/die Behörden
  - Verwaltung als Tätigkeit = von der Vewaltung ausgeübte Tätigkeit, soweit sie materiell verwaltend ist (grds.: konkret-individuelle Regelung)

rechtsprechende Gewalt (Judikative)

Entscheidung von Rechtsstreitigkeiten durch einen neutralen Dritten und die Verhängung von Strafen

(grds.: konkret-individuelle Regelung für die Vergangenheit)

Öffentliche Verwaltung ist die Staatstätigkeit, die nicht Gesetzgebung, nicht Rechtsprechung und nicht Regierung ist!

Merkmale der öffentlichen Verwaltung

Es ist bisher nicht gelungen, öffentliche Verwaltung abschließend positiv zu definieren. Es lassen sich aber Wesensmerkmale von öffentlicher Verwaltung aufzählen.

Merkmale öffentlicher Verwaltung	
Öffentliche Verwaltung handelt:	
im öffentlichen Interesse Ausrichtung auf das Ganze der menschlichen Gemeinschaft, was nicht ausschließt, dass auch einzelne Bürger gefördert werden.	*durch öffentlich-rechtliche Organisationsträger* Ausnahmen von dieser Regel sind allerdings möglich (vgl. z. B. Beliehene).
unter umfassender Leitung und Kontrolle durch: ■ Gesetz ■ Rechtsaussicht ■ Fachaufsicht ■ Dienstaufsicht ■ Justiz ■ Medien	*in verschiedenen Rechtsformen* ■ öffentlich-rechtlich ■ privatrechtlich

Zum Nachschlagen

Art. 20 GG,

Art. 80 GG.

Beispiele:	**Wovon zu unterscheiden:**
■ Standesamt ■ Jugendamt ■ Gemeindeverwaltung	■ privater Verwaltung ■ Regierung ■ Legislative ■ Judikative
Hilfen zum Einprägen:	**Definition:**
Handeln der öffentlichen Verwaltung ist auf das Ganze der menschlichen Gemeinschaft ausgerichtet.	Öffentliche Verwaltung ist die Staatstätigkeit, die nicht Gesetzgebung, nicht Rechtsprechung und nicht Regierung ist.

Lernarrangement 12

Öffentliche Verwaltung nach verschiedenen Kriterien unterscheiden

Leitfragen

1. Welche Träger öffentlicher Verwaltung gibt es und wodurch unterscheiden sie sich?
2. In welchen Rechtsformen handelt öffentliche Verwaltung und wodurch ist das unterschiedliche Handeln gekennzeichnet?
3. Die öffentliche Verwaltung wird in der Literatur häufig entsprechend ihren Aufgaben differenziert. Durch welche üblichen Einteilungen wird die Verwaltung entsprechend ihrer jeweiligen Aufgabe unterschieden? Geben Sie jeweils beispielhaft Verwaltungshandlungen an.
4. Durch welche Merkmale sind „Behörde" und „Amt"
   a) umgangssprachlich
   b) organisationsrechtlich
   c) verwaltungsrechtlich

   gekennzeichnet?

Durch das Arrangement abgedeckte Inhalte des Rahmenlehrplans:

- Träger der öffentlichen Verwaltung
- Horizontale und vertikale Gliederung der Verwaltung in der Bundesrepublik Deutschland
- Ziele und Aufgaben der Verwaltung
- Aufbau der Verwaltung

Methodische Hinweise zur Erarbeitung des Lernarrangements:

Die o. a. Leitfragen könnten arbeitsteilig in Gruppenarbeit bearbeitet werden. Die Präsentation der Arbeitsergebnisse könnte durch den jeweiligen Themenexperten vor den anderen Gruppenmitgliedern oder aber den anderen Arbeitsgruppen erfolgen.

LA 12 Ausgangssituation

Sie sind aufgrund der in den vorangegangenen Lernarrangements erworbenen Kenntnisse in der Lage, die Stellung der öffentlichen Verwaltung in unser Staats- und Rechtssystem einzuordnen und typische Merkmale der öffentlichen Verwaltung zu bezeichnen.

Öffentliche Verwaltung begegnet dem Bürger in vielfältiger Art und Weise. Das lässt sich exemplarisch an dem Lebensweg von der Geburt bis zum Tod oder an dem Weg durch einen Schultag verdeutlichen.

Lebensweg	Schultag
Geburt ■ in einem städtischen Krankenhaus ■ Eintragung beim zuständigen Standesamt ■	**am frühen Morgen** ■ Nutzung der Strom- und Wasserversorgung durch die Stadtwerke ■ hören der Musik eines öffentlich-rechtlichen Rundfunksenders ■ ....
Kindheit ■ Besuch des städtischen Kindergartens ■	**am Vormittag** ■ Besuch der Berufsschule ■ ....
Jugend ■ die Berufsausbildung wird durch Ablegung der Prüfung vor der zuständigen Stelle beendet ■ Erwerb des Führerscheins ■	**zur Mittagszeit** ■ Heimfahrt mit einem öffentlichen Verkehrsmittel, z. B. der Deutschen Bank AG ■ .... ■ ....
Berufsleben ■ Beiträge zu den verschiedenen Zweigen der Sozialversicherung werden vom Gehalt einbehalten ■	**am Nachmittag** ■ eine Sportanlage der Gemeinde wird genutzt ■ .... ■ ....
Alter ■ Erhalt der Altersrente ■ Aufenthalt im städtischen Altenheim ■	**am Abend** ■ Besuch eines Kurses der Volkshochschule ■ eine Fernsehsendung der öffentlich-rechtlichen Fernsehanstalten wird gesehen ■ ....
Tod ■ Registrierung des Sterbefalles durch das Standesamt ■	**in der Nacht** ■ ruhiger Schlaf, denn für die „öffentliche Sicherheit" sorgen die Gemeindeverwaltung und die Polizei ■ ....

Arbeitsaufträge:

1. Ergänzen Sie in Gruppenarbeit jeweils weitere „Berührungspunkte" zwischen Bürger und öffentlicher Verwaltung in diesen Abschnitten!
2. Überlegen Sie sich Kriterien, nach denen Sie die oben aufgeführten Kontakte zur öffentlichen Verwaltung unterscheiden könnten.
3. Arbeiten Sie die nachstehenden theoretischen Grundlagen durch und ordnen Sie die o. a. Kontakte mit der öffentlichen Verwaltung diesen Kriterien zu.

Theoretische Grundlagen

Die Einteilung der **öffentlichen Verwaltung** kann nach den verschiedensten Merkmalen erfolgen. Typischerweise wird die öffentliche Verwaltung nach den folgenden **Kriterien** unterschieden:

- **Träger öffentlicher Verwaltung** (s. u.)
- **Rechtsform des Verwaltungshandelns** (s. S. 136)
- **Verwaltungsaufgaben und Art ihrer Erfüllung** (s. S. 140)
- **organisatorische Einheiten „Behörde" und „Amt"**(s. S. 144)

Träger öffentlicher Verwaltung

Verwaltungsträger können natürliche und juristische Personen des privaten oder juristische Personen des öffentlichen Rechts sein. Als juristische Personen des öffentlichen Rechts gelten Körperschaften, Anstalten und Stiftungen. Neben diese Verwaltungsträger als juristische Personen treten noch natürliche oder juristische Personen des privaten Rechts hinzu, sofern sie öffentlich-rechtliche Aufgaben wahrnehmen.

Orientiert man sich an der Rechtsform der Träger öffentlicher Verwaltung, so ergibt sich das folgende Schaubild:

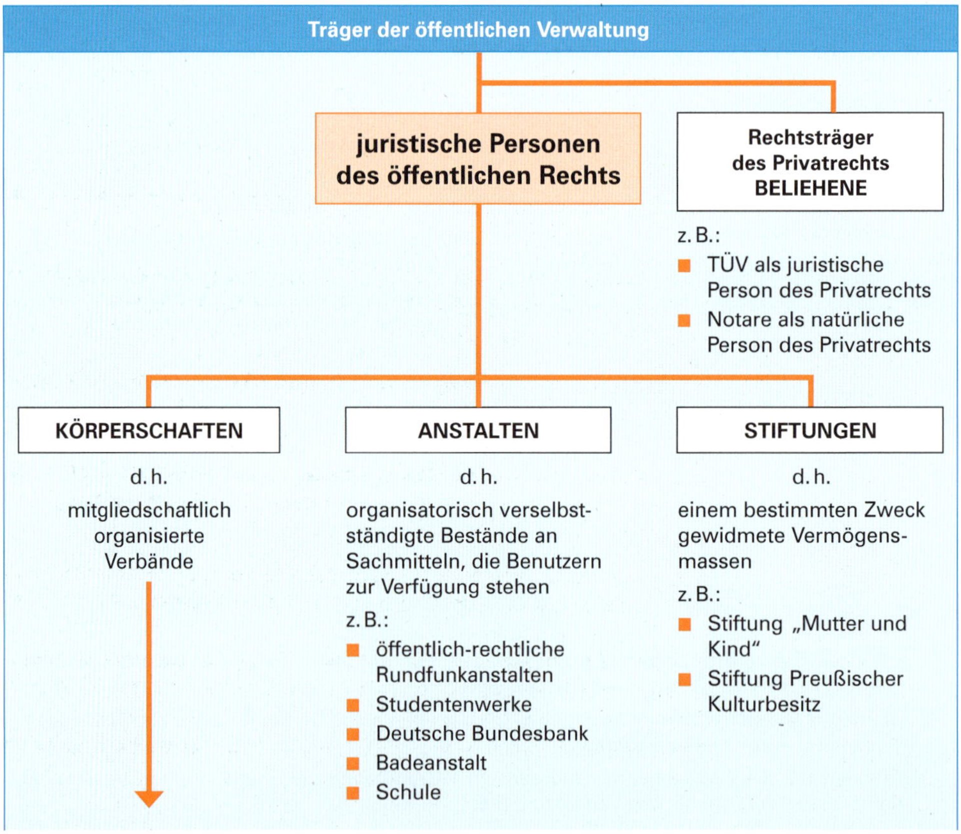

sonstige Körperschaften

Personenkörperschaften
- (Landkreis)
- Handwerkskammern
- Hochschulen
- Krankenkassen

Realkörperschaften
- Deichgenossenschaften

Verbandskörperschaften
- Landkreis*
- Samtgemeinde
- Zweckverband

Gebietskörperschaften

Bund, Länder → staatliche Verwaltung

Gemeinde, Landkreis* → Kommunalverwaltung

* Doppelcharakter des Landkreises

Anmerkungen zum Schaubild auf S. 128 f.:

- **Juristische Personen des öffentlichen Rechts**
  - juristische Person: künstlich geschaffene Rechtsgebilde, handeln durch Organe.
  - die Organe der Rechtsträger öffentlicher Verwaltung werden im Allgemeinen als **Behörde** bezeichnet.

- **Rechtsträger des privaten Rechts (Beliehener)**

In Einzelfällen nehmen auch natürliche oder juristische Personen des Privatrechts Aufgaben der öffentlichen Verwaltung wahr. Die Aufgaben werden den privaten Rechtsträgern zur selbstständigen Erledigung nach außen durch Gesetz oder aufgrund eines Gesetzes übertragen und begründen ein öffentlich-rechtliches Auftragsverhältnis zwischen dem Beliehenen und dem beleihenden Verwaltungsträger. Der Beliehene ist dabei als selbstständiger Hoheitsträger im Rahmen der ihm verliehenen Kompetenz Behörde i. S. d. § 1 Absatz 4 VwVfG.

Sie haben das Recht, die ihnen verliehenen öffentlich-rechtlichen Aufgaben wahrzunehmen, z. B. öffentliche Urkunden auszustellen, Gebühren zu erheben oder Verwaltungsakte zu erlassen, z. B.:

- **TÜV:** seine amtlich anerkannten Sachverständigen oder Prüfer werden nach der StVO verpflichtet und berechtigt, Prüfplaketten des TÜV auszugeben.
- **Notare:** haben die Aufgabe, Rechtsvorgänge zu beurkunden, z. B. Beurkundung eines Grundstückskaufvertrages.

Weitere Beispiele:

- Schiffs- und Flugkapitäne
- Schiedsmänner
- Jagdaufseher
- Fleischbeschauer
- Bezirksschornsteinfeger

Von den Beliehenen sind die sog. **Verwaltungshelfer** zu unterscheiden. Dies sind Personen des Privatrechts, denen für die Durchführung öffentlicher Aufgaben die hoheitlichen Befugnisse nicht übertragen werden. Der Verwaltungshelfer hat – im Gegensatz zum Beliehenen – keinen eigenen Entscheidungsspielraum; er handelt insofern unselbstständig.

9 Schäfer u.a. - ISBN 978-3-8120-0439-8

Beispiele

- Tiefbauunternehmer regelt durch Beschilderung den Straßenverkehr wegen einer Straßenausbesserung.
- Schülerlotse geleitet Schüler über die Fahrbahn.
- Abschleppunternehmer schleppt im Auftrag der Polizei einen verkehrsbehindernd geparkten Pkw ab.

- **Körperschaften**

Mitgliedschaftlich organisierte Verbände, die wesensnotwendig **Personen** als **Mitglieder** haben. Der Bestand der Körperschaft ist vom Wechsel der Mitglieder unabhängig.

natürliche Person	←→	juristische Person
Mitglieder der Gemeinden = Einwohner		Mitglieder der Samtgemeinden sind die Mitgliedsgemeinden

➤ **Personenkörperschaften**

In der Regel ist der Beruf oder eine bestimmte (persönliche) Eigenschaft der Mitglieder Voraussetzung für die Mitgliedschaft. Die Personenkörperschaften haben zwar öffentlich-rechtliche Befugnisse über ihre Mitglieder, jedoch keine Gebietshoheit; sie haben nur spezielle Aufgaben der öffentlichen Verwaltung wahrzunehmen. Suckow[1] unterscheidet bei den Personenkörperschaften zwischen sonstigen und kommunalen:

- **Sonstige Körperschaften,** z. B.: Handwerkskammer, Rechtsanwaltskammer, Ärztekammer, Krankenkasse (AOK), BVA.
- **Kommunale Körperschaften,** z. B.:
  - **Landkreis**: Nach § 3 Abs. 1 NKomVG ist der Landkreis sowohl Gebietskörperschaft als auch Gemeindeverband.[2] Seine Mitglieder sind die einzelnen Gemeinden als juristische Personen des öffentlichen Rechts. Insoweit kann man auch sagen, dass er den Status einer Personenkörperschaft besitzt, zumal er als Gemeindeverband nur noch in Erscheinung tritt, wenn er seine Ausgleichs- und Unterstützungsfunktion wahrnimmt.[3] Der Landkreis besitzt also **Doppelcharakter.**
  - **Samtgemeinden**: Zusammenschluss mehrerer kleiner Gemeinden zu einem Kommunalverband.

➤ **Gebietskörperschaften**: Sie zeichnen sich dadurch aus, dass sie **Hoheitsgewalt** über ein bestimmtes Gebiet (Bund, Länder, Kreis, Gemeinde) besitzen. Dieser Gebietshoheit sind nicht nur die der Gebietshoheit kraft Gesetzes angehörigen Mitglieder, sondern auch andere, das Gemeindegebiet berührende Rechtsvorgänge unterworfen, z. B.: Bebauungspläne in der Gemeinde gelten für alle Bewohner/-innen; Bau einer Autobahn über Gemeindegebiet.

Sie umfassen **alle** Einwohner ihres Gebietes, besitzen für ihr Gebiet eine **allgemeine Aufgabenallzuständigkeit** und haben eine aus **unmittelbaren** Wahlen hervorgegangene Vertretung.

---

1 Vgl. Suckow, Weidemann (2008), Rd. Nr. 12.

2 Unter der pauschalen Sammelbezeichnung Gemeindeverband werden alle Kommunalkörperschaften zusammengefasst, die auf einer Ebene **über** den Gemeinden angesiedelt sind. Sie haben die Aufgaben wahrzunehmen, die die Leistungsfähigkeit der Gemeinden übersteigen (vgl. Maurer, Waldhoff (2017), § 23 Rd. Nr. 30 ff.

3 Vgl. Blum, Häusler, Meyer (2011), S. 40 ff.

- **Anstalten**

  Sie haben keine Mitglieder, sondern **Benutzer** sowie einen Bestand an sachlichen und persönlichen Verwaltungsmitteln. Sie haben eine eigene Rechtspersönlichkeit. Das Rechtsverhältnis Anstalt Benutzer wird meist durch eine Anstaltsordnung in Satzungsform geregelt.

  Anstalten des öffentlichen Rechts können rechtsfähig sein; dann sind sie selbst Verwaltungsträger und als solche berechtigt und verpflichtet, die ihnen übertragenen Aufgaben eigenverantwortlich wahrzunehmen. Häufig sind sie jedoch in der Praxis nicht selbst rechtsfähig, sondern nur organisatorisch verselbstständigte und zweckgebundene Sondervermögen der dahinter stehenden juristischen Person, also rechtlich Teil eines anderen Verwaltungsträgers.

  ➤ **Rechtsfähige Anstalten:** z. B. Rundfunk- und Fernsehanstalten, Sparkassen, Filmförderungsanstalt, Deutsche Bundesbank.

  ➤ **Nicht rechtsfähige (unselbstständige) Anstalten:** z.B. Schulen, Kreiskrankenhaus, Badeanstalt (sind nicht selbst rechtsfähig, sondern unterstehen ihrem Rechtsträger, z.B. Kreiskrankenhaus dem Landkreis).

- **Stiftungen**

  Hierbei handelt es sich um eine rechtlich selbstständige Vermögensmasse, die einem gemeinsamen Zweck gewidmet ist. Stiftungen haben **Nutznießer.** Gründungsakt für eine öffentlichrechtliche Stiftung ist heute meist ein Gesetz.

Beispiele bekannter Stiftungen

öffentlich-rechtlich	privat-rechtlich
Stifung preußischer Kulturbesitz	Contergan-Stiftung
Hilfswerk für behinderte Kinder	Stiftung Volkswagenwerk
Stiftung „Mutter und Kind“	Bertelsmann-Stiftung

Als ursprünglicher Verwaltungsträger gilt in Deutschland der **Staat,** der entsprechend unserer Verfassung als Bund (Deutschland) oder Land (z.B. Niedersachsen) in Erscheinung tritt. Der Staat ist Körperschaft, da er aus den Staatsangehörigen (dem Staatsvolk) als seinen Mitgliedern besteht.

Nimmt der Staat seine Aufgaben durch eigene Verwaltungsbehörden wahr, so sprechen wir von **unmittelbarer Staatsverwaltung;** bedient er sich demgegenüber anderer, rechtlich weitgehend selbstständiger Verwaltungsbehörden, so sprechen wir von **mittelbarer Staatsverwaltung.** Diese tritt sowohl als Träger kommunaler Selbstverwaltung durch Landkreise und Gemeinden als auch andere Selbstverwaltungsträger (z.B. IHK, Ärztekammer etc.) in Erscheinung.

Die Staatsverwaltung sowohl des Bundes als auch die vieler Bundesländer ist durch einen mehrstufigen Aufbau (Instanzen) gekennzeichnet.

Innerhalb dieses gestuften Aufbaus können den jeweils nachgeordneten Verwaltungsstellen Anordnungen erteilt werden, es besteht Über- bzw. Unterordnung innerhalb des jeweiligen Zweiges der Verwaltung. Die jeweils höhere Behörde übt Fachaufsicht aus, d.h., sie überprüft sowohl die Rechtmäßigkeit als auch die Zweckmäßigkeit des Verwaltungshandelns.

Das Maß der Übertragung von Zuständigkeiten auf niedrigere Stufen bestimmt den Grad der Konzentration bzw. Dekonzentration. Je mehr Zuständigkeiten auf niedrigere Stufen übertragen werden, desto stärker dekonzentriert ist die staatliche Verwaltung.

Neben die Staatsverwaltung tritt die verfassungsrechtlich geschützte Selbstverwaltung (Art. 28 Abs. 2 GG) der Kommunen und die anderer eigenständiger Verwaltungsträger wie z. B. die als Körperschaften des öffentlichen Rechts geführten Sozialversicherungsträger.

Verwaltungsaufbau im Überblick[1]	
I. Behörden des Bundes	
Oberste Bundesbehörden	Bundeskanzler, Bundesminister, Bundesrechnungshof
Bundesoberbehörden	z. B. Bundeskriminalamt, Bundeskartellamt
Einen **mehrstufigen** (meist 3-stufigen) Verwaltungsaufbau gibt es nur in Ausnahmefällen, wie zum Beispiel bei der **Bundeswehrverwaltung**:	
Oberste Bundesbehörde	Bundesministerium für Verteidigung
Bundesoberbehörde	Bundesamt für das Personalmanagement der Bundeswehr
Untere Bundesbehörde	Bundeswehr-Dienstleistungszentrum
II. Behörden des Landes	
Oberste Landesbehörden	Ministerpräsident, Landesminister
Landesoberbehörden	z. B. Landeskriminalamt, Landesamt für Soziales, Jugend und Familie
Landesmittelbehörden	Bezirksregierungen (in Nds. seit 2005 aufgelöst)
Untere Landesbehörden	z. B. Landkreise, kreisfreie Städte, große Kreisstädte
III. Kommunalverwaltung	
Im Bereich der Kommunalverwaltung gibt es keinen vergleichbaren hierarchischen Behördenaufbau	

Je mehr Kompetenzen der mittelbaren Staatsverwaltung bzw. der Selbstverwaltung übertragen werden, desto stärker dezentralisiert ist ein Staat.

Die starke Dezentralisation des Verwaltungsaufbaus in der Bundesrepublik zeigt sich auch darin, dass grundsätzlich kein „Über-/Unterordnungsverhältnis" zwischen den staatlichen Behörden einerseits und Behörden der selbstständigen Verwaltungsträger andererseits besteht.

Ein vergleichbarer Behördenaufbau wie der der unmittelbaren Staatsverwaltung existiert im Bereich der mittelbaren Staatsverwaltung nicht. Dennoch besteht eine Beziehung zwischen dem Verwaltungsaufbau des Staates und den Behörden der mittelbaren Staatsverwaltung. Exemplarisch soll dies in Anlehnung an Maurer[2] verdeutlicht werden für die staatlichen Körperschaften (Land Niedersachsen) und der entsprechenden Körperschaften im Bereich der Selbstverwaltung (Landkreis, Gemeinde).

1 Maurer, Waldhoff (2017), Rd. Nr. 18ff.

2 Ebenda.

Verwaltungsaufbau eines Bundeslandes

Zusammenhang zwischen staatlicher Verwaltung und Kommunalverwaltung
– dargestellt am **Beispiel Niedersachsens** –

Dezentralisation →

Stufe	Staatliche Verwaltung: **unmittelbare Staatsverwaltung**		Staatliche Verwaltung: **mittelbare Staatsverwaltung**	**Selbstverwaltung**
„Oberstufe" = oberste Landesbehörde	Ministerien für ■ Soziales ■ Bildung	■ Wirtschaft ■ …		
„Mittelstufe" = obere Landesbehörde/ Mittelbehörde	Behörden der Sonderverwaltung z. B.: NLZSA	allgemeine Verwaltung*		
„Unterstufe" = untere Landesbehörde („Ortsinstanz")	z. B. ■ Versorgungsämter ■ Eichämter ■ Straßenbauämter ■ …		**Landkreis** übertragener Wirkungskreis	**Landkreis** eigener Wirkungskreis
			Gemeinde übertragener Wirkungskreis	**Gemeinde** eigener Wirkungskreis
			andere Körperschaften, Anstalten, Stiftungen des öffentlichen Rechts übertragener Wirkungskreis	andere Körperschaften, Anstalten, Stiftungen des öffentlichen Rechts eigener Wirkungskreis
			Beliehene nur übertragener Wirkungskreis	
	Fachaufsicht		Fachaufsicht	Rechtsaufsicht

↓ Dekonzentration

Der Landkreis ist und bleibt Kommunalverwaltung.

- Sein Gebiet bildet zugleich den Bezirk der unteren Verwaltungsbehörden (§ 3 Abs. 2 NKomVG).
- Er nimmt somit zugleich die Aufgaben einer unteren Verwaltungsbehörde des Landes wahr!

* In Niedersachsen ist im Bereich der allgemeinen Verwaltung die „Mittelstufe" seit dem 1. Januar 2005 aufgelöst; in anderen Bundesländern ist hier die „Bezirksregierung" bzw. eine vergleichbare Behörde für die allgemeine Verwaltung eingerichtet.

Aus der Übersicht wird die Doppelrolle des Landkreises noch einmal ersichtlich; zum einen nimmt der Landkreis die Aufgaben einer unteren Verwaltungsbehörde des Landes wahr, zum anderen ist er Selbstverwaltungsbehörde.

Bei der Aufgabenerfüllung im Rahmen des eigenen Wirkungskreises besteht folgerichtig nur eine Rechtsaufsicht. Werden selbstständige Behörden im Auftrag oder auf Weisung der staatlichen Verwaltungsträger – innerhalb der mittelbaren Staatsverwaltung tätig – so übt der Staat neben der Rechts- auch die Fachaufsicht aus.

Aufsicht bedeutet, dass die beaufsichtigende Stelle auf die beaufsichtigte Stelle einwirken kann. Es ist zu unterscheiden zwischen Rechtsaufsicht, Fachaufsicht und Dienstaufsicht.[1]

Rechtsaufsicht	Die **Rechtsaufsicht** beschränkt sich auf die Kontrolle der Rechtmäßigkeit des Handelns. Eine Kontrolle der Zweckmäßigkeit findet hier nicht statt.
Fachaufsicht	Die **Fachaufsicht** berechtigt (neben der Kontrolle der Rechtmäßigkeit des Handelns) auch zur Überprüfung der Zweckmäßigkeit des Verwaltungshandelns. Die Fachaufsichtsbehörde ist im Einzelfall dazu berechtigt, Maßnahmen der beaufsichtigten Behörde aufzuheben oder auch fachliche Anweisungen zu erteilen.
Dienstaufsicht	Die **Dienstaufsicht** bezieht sich auf die innere Ordnung, die allgemeine Geschäftsführung und die Betätigung des Personals. Es handelt sich dabei um ein personalwirtschaftliches Instrument und bezieht sich auf die internen Angelegenheiten der Behörde.

Übungen

1. Grenzen Sie folgende Begriffe gegeneinander ab:
   a) Körperschaften, Anstalten, Stiftungen
   b) Beliehener und Verwaltungshelfer

2. Grenzen Sie den Beliehenen gegenüber den juristischen Personen des öffentlichen Rechts ab.

3. Unterscheiden Sie selbstständige von unselbstständigen Anstalten.

4. Nennen Sie die Ihnen bekannten Gebietskörperschaften und erläutern Sie das Wesensmerkmal einer Gebietskörperschaft.

5. Worin ist die Besonderheit der Landkreise zu sehen?

6. Geben Sie zu den nachfolgenden Beispielen den jeweiligen Träger der öffentlichen Verwaltung (vgl. Schaubild auf S. 128f.) an und ordnen Sie sie in den Verwaltungsaufbau eines Bundeslandes (vgl. Schaubild auf S. 132) ein:
   a) der niedersächsische Kultusminister
   b) das Hauptzollamt in A.

1 Vgl. Erbguth (2016), § 6 Rd. Nr. 24ff.

c) das Nds. Landesamt für Soziales, Jugend und Familie
d) der TÜV Hannover
e) die Stadt Bockenem als Schulträger der Grundschule
f) der Bundesminister für Verkehr
g) die AOK Hildesheim
h) eine Rundfunkanstalt
i) der Landkreis Hildesheim als Straßenverkehrsbehörde
j) die Stiftung Preußischer Kulturbesitz
k) der Landkreis Aurich als Naturschutzbehörde
l) die Ärztekammer für den Bezirk A.
m) die Stadtsparkasse P.
n) der Bezirksschornsteinfeger
o) die Oberfinanzdirektion
p) das städtische Krankenhaus der Stadt A.
q) die Stadt S. als Gefahrenabwehrbehörde
r) der zuständige Jagdaufseher
s) Flug- und Schiffskapitän
t) Schiedsmann
u) Fleischbeschauer
v) die Berufsbildenden Schulen des Landkreises Lüneburg

7. Skizzieren Sie den organisatorischen Verwaltungsaufbau der unmittelbaren Staatsverwaltung und grenzen Sie ihn von der mittelbaren Staatsverwaltung bzw. vom Behördenaufbau der Selbstverwaltung ab.

8. Erläutern Sie die Beziehung zwischen dem Verwaltungsaufbau des Staates und den Behörden der mittelbaren Staatsverwaltung bzw. der Selbstverwaltungsbehörden.

9. Ordnen Sie den Landkreis und die Gemeinde in den Stufenaufbau der Landesverwaltung ein.

10. Grenzen Sie begrifflich die unmittelbare und mittelbare Staatsverwaltung gegeneinander ab.

11. Man sagt, der Landkreis übernimmt im Verwaltungsaufbau des Landes Niedersachsen eine Doppelrolle. Was ist damit gemeint?

12. Nennen Sie Aufsichtsarten und grenzen Sie sie gegeneinander ab.

Zum Nachschlagen

Art. 20 GG, Art. 28 GG, § 3 NKomVG.

Beispiele:	Wovon zu unterscheiden:
Körperschaft: ■ Stadt Aurich ■ Landkreis Lüneburg ■ Handwerkskammer *Anstalt:* ■ Berufsbildende Schule *Stiftung:* ■ Preußischer Kulturbesitz	Verwaltungshelfer
Hilfen zum Einprägen:	**Definition:**
staatliche Verwaltung: ■ Bundesverwaltung ■ Landesverwaltung *Kommunalverwaltung:* ■ Gemeinde ■ Gemeindeverband (z. B. Landkreis) *Körperschaften:* ■ Mitglieder *Anstalten:* ■ Benutzer *Stiftungen:* ■ Nutznießer	Beliehene sind natürliche oder juristische Personen des privaten Rechts, denen Aufgaben der öffentlichen Verwaltung zur selbstständigen Erledigung übertragen wurden.

Theoretische Grundlagen (Fortsetzung LA 12)

■ Rechtsform des Verwaltungshandelns

Die Verwaltung handelt sowohl auf dem Gebiet des öffentlichen Rechts als auch auf dem Gebiet des privaten Rechts.

Verwaltungshandeln in öffentlich-rechtlicher Form = **hoheitliche Verwaltung**	Verwaltungshandeln in privatrechtlicher Form = **fiskalische Verwaltung**

Beispiele für Verwaltungshandlungen:

- Die Stadt A. will für den Neubau des Verwaltungsgebäudes von Herrn Birgel ein zentrumsnahes Grundstück erwerben. Zwischen Herrn Birgel und der Stadt A. wird ein Kaufvertrag geschlossen.
- Die Stadt A. will für die Anlage eines Stadtparks von Herrn Napf ein Gartengrundstück käuflich erwerben. Da Herr Napf sich weigert, kann die Stadt das Grundstück nach dem Baugesetzbuch (BauGB) unter bestimmten Voraussetzungen von einer höheren Behörde für sich „enteignen" lassen.

Diese beiden Beispiele zeigen die beiden wesentlichen Teilgebiete des Rechts auf. Beide Sachverhalte – Kaufvertrag und Enteignung – haben einen Eigentumswechsel zur Folge, unterscheiden sich aber ganz wesentlich durch die Rechtsstellung der Partner zueinander.

Im **1. Beispiel** stehen die Vertragspartner auf einer völlig gleichen Ebene, keiner kann gegen den Willen des anderen seinen eigenen durchsetzen. Zwei übereinstimmende Willenserklärungen sind erforderlich, damit der Kaufvertrag entsteht.

Im **2. Beispiel** hingegen ist die Rechtsstellung der beiden Parteien durch eine Über- und Unterordnung gekennzeichnet, eine Partei (Stadt) kann ihren Willen rechtlich geschützt notfalls mit Zwang gegenüber der anderen Partei (Napf) durchsetzen.

Die Unterschiede in der Rechtsstellung der Partner haben zu der Einteilung des Rechts in Privatrecht und öffentliches Recht geführt. Ist die Rechtsstellung der Vertragsparteien ein Gleichordnungsverhältnis und ist das Recht im Wesentlichen an dem Schutz des Einzelinteresses orientiert, so wird das Handeln dem Rechtsgebiet „Privatrecht" zugeordnet. Ist demgegenüber die Rechtsstellung der Beteiligten durch ein Über-/Unterordnungsverhältnis gekennzeichnet, das Handeln am Gemeinwohl orientiert oder ist das Handeln der Verwaltung auf ein nur für sie geltendes Sonderrecht gestützt, welches nur sie berechtigt oder verpflichtet, so wird das Rechtsgebiet dem „öffentlichen Recht" zugeordnet.

Bei vielen Gesetzen und insbesondere bei einzelnen gesetzlichen Regelungen in den Gesetzen ist die Abgrenzung und Zuordnung zur hoheitlichen oder fiskalischen Verwaltung schwierig. Es haben sich verschiedene Methoden herausgebildet, die diese Abgrenzung ermöglichen sollen.

Auslegungstheorien: öffentliches oder privates Recht	
Subjektions- oder Subordinationstheorie	Nach der Subjektions- oder Subordinationstheorie liegt öffentliches Recht vor, wenn entsprechend der Rechtsnorm ein Verhältnis der **Über- und Unterordnung** zwischen Staat (im weitesten Sinne) und Bürger besteht. Bei rechtlicher Gleichordnung ist hingegen von einer Privatrechtsnorm auszugehen.
Interessentheorie	Nach der Interessentheorie sind diejenigen Vorschriften öffentliches Recht, die ausschließlich oder überwiegend zum Schutz **öffentlicher Interessen** erlassen sind. Demgegenüber schützen die Normen des Privatrechts primär das **Individualinteresse** einzelner Personen. Entsprechend handelt die Verwaltung öffentlich-rechtlich, wenn ihr Handeln auf einer Rechtsnorm fußt, die überwiegend am öffentlichen Interesse orientiert ist. Privatrechtliche Handlungen sind entsprechend auf Privatrechtsnormen gestützt.

Auslegungstheorien: öffentliches oder privates Recht	
Subjektstheorie (modifiziert)	Nach der Subjektstheorie ist das Handeln öffentlich-rechtlich, wenn sich die Verwaltung bei ihrem Handeln auf ein nur für die Verwaltung geltendes **Sonderrecht** berufen kann, welches nur sie berechtigt und verpflichtet. Öffentlich-rechtlich sind nach der Subjektstheorie diejenigen Rechtsnormen, bei denen Berechtigter oder Verpflichteter ausschließlich der Staat im weitesten Sinne ist.

Beispiel zur Anwendung dieser Theorien:

§ 20 Abs. 2 des Bundes-Immissionsschutzgesetzes (BImSchG) lautet:

§ „Die zuständige Behörde soll anordnen, dass eine Anlage, die ohne die erforderliche Genehmigung errichtet, betrieben oder wesentlich geändert wird, stillzulegen oder zu beseitigen ist. Sie hat die Beseitigung anzuordnen, wenn die Allgemeinheit oder die Nachbarschaft nicht auf andere Weise ausreichend geschützt werden kann."

- **Anwendung der Subordinationstheorie:**
  Das Recht der zuständigen Behörde,
  „die Beseitigung anzuordnen",
  bringt ein Über-/Unterordnungsverhältnis zwischen dem Staat und dem Bürger zum Ausdruck. Es handelt sich demnach um eine öffentlich-rechtliche Norm.

- **Anwendung der Interessentheorie:**
  Die Norm des § 20 Abs. 2 BImSchG schützt primär die Interessen der Allgemeinheit, was z. B. an der Formulierung,
  „wenn die Allgemeinheit ... nicht auf andere Weise ausreichend geschützt werden kann",
  erkennbar ist. Auch nach dieser Theorie liegt also eine öffentlich-rechtliche Norm vor.

- **Anwendung der modifizierten Subjektstheorie:**
  Das Recht, die Stilllegung oder Beseitigung anzuordnen, wird ausdrücklich der
  zuständigen Behörde
  eingeräumt. Berechtigt aus dieser Norm ist also ausschließlich der Staat im weitesten Sinne.
  Der Verwaltung wird mit dieser Regelung ein nur für sie geltendes Sonderrecht eingeräumt. Es liegt also eine Norm des öffentlichen Rechts vor.
  Alle Theorien belegen somit, dass die Regelung des § 20 BImSchG eine öffentlich-rechtliche ist und somit eine darauf gestützte Handlung der Verwaltung öffentlich-rechtlicher Art ist.

Die Zuordnung einer Verwaltungsmaßnahme zu einem der beiden Rechtsgebiete ist z. B. wichtig für den Rechtsweg, den der Bürger beschreiten muss, wenn er sich gegen diese Maßnahme der Verwaltung wehren möchte. Auch die Anwendbarkeit einiger Gesetze, insbesondere des Verwaltungsverfahrensgesetzes (VwVfG), hängt davon ab, welchem Rechtsgebiet die Norm zuzurechnen ist, auf der die Maßnahme der Verwaltung fußt.

Innerhalb dieser beiden großen Gebiete des Rechts wird weiter nach Teilgebieten aus verschiedenen Lebensbereichen unterschieden.

Dabei wird das für unseren Bereich relevante Teilgebiet „Verwaltungsrecht" weiter in „Allgemeines Verwaltungsrecht" und „Besonderes Verwaltungsrecht" zugeordnet.

Eine **vereinfachte** Übersicht soll die Einteilung des Rechts und die Einordnung des Verwaltungsrechts hierin verdeutlichen:

Einordnung und Gliederung des Rechtsgebiets „Verwaltungsrecht"

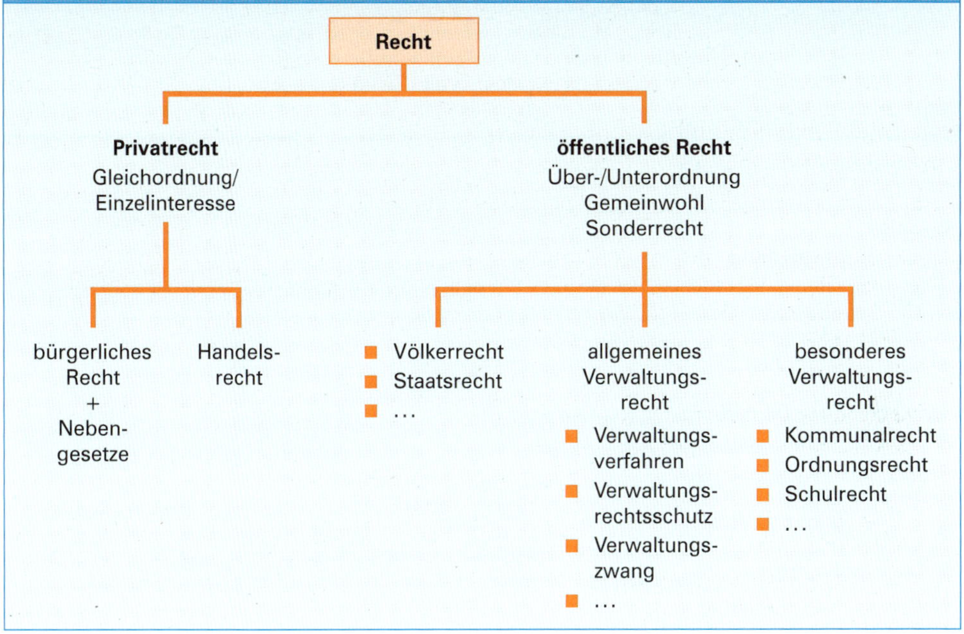

Übungen

1. Unterscheiden Sie hoheitliche und fiskalische Verwaltung.
2. Grenzen Sie öffentliches und privates Recht anhand verschiedener Auslegungstheorien voneinander ab.
3. Ordnen Sie die nachstehenden Handlungsweisen der Verwaltung nach den verschiedenen Auslegungstheorien dem öffentlichen bzw. privaten Recht zu:
   a) Kaufvertrag über Büromaterial zwischen der Verwaltung und einem Bürowarenhändler.
   b) Die Stadt A. teilt dem Grundstückseigentümer K., der sein Grundstück an B. verkaufen will, mit, dass sie von ihrem Vorkaufsrecht entsprechend dem Baurecht Gebrauch macht.
   c) Die Stadt A. schließt mit Einwohnern der Stadt A. einen Mietvertrag über Einstellplätze in der örtlichen Tiefgarage ab.
   d) Anlässlich von Ausschreitungen während einer genehmigten Demonstration löst die Polizei die Demonstration mit Zwangsmitteln gewaltsam auf.
   e) Aufgrund Verwahrlosung des 6-jährigen Kindes Peter der Familie K. wird den Eltern das Sorgerecht durch die zuständige Behörde entzogen.

f) Zwischen der Stadt Aurich und der Gemeinde Ihlow kommt es aufgrund einer vertraglichen Vereinbarung zu einer Gebietsänderung; der Hof des Landwirts C. gehört jetzt zur Gemeinde Ihlow und nicht mehr zur Stadt Aurich.

g) Das Finanzamt Aurich fordert aufgrund eines Steuerbescheids von S. eine Steuernachzahlung von 3000,00 EUR.

Zum Nachschlagen

Z. B.: § 20 Abs. 2 BImSchG

Beispiele:	**Wovon zu unterscheiden:**
fiskalisches Handeln: ■ Kaufvertrag *hoheitliches Handeln:* ■ Gebührenbescheid *allgemeines Verwaltungsrecht:* ■ VwVfG *besonderes Verwaltungsrecht:* ■ Ordnungsrecht ■ Schulrecht	Privatwirtschaftliches Handeln natürlicher und juristischer Personen des privaten Rechts.

Hilfen zum Einprägen:

fiskalisch = Gleichordnung

hoheitlich = Über-/Unterordnung

- Subordinationstheorie
  → enthält **O = oben**
  → enthält **U = unten**
- Interessentheorie
  → öffentl. gegenüber privatem Interesse
- Subjektstheorie
  → Sonderrecht

Theoretische Grundlagen (Fortsetzung LA 12)

■ Verwaltungsaufgaben und Art ihrer Erfüllung

Ein Blick in die Organisationspläne einer obersten Landesbehörde (hier: Nds. Kultusministerium) und einer Kommunalverwaltung (Landkreise/Gemeinden) zeigt eine Fülle von Verwaltungszweigen, die jeweils für verschiedene Verwaltungsaufgaben zuständig sind, die sich teilweise überschneiden und eine überzeugende Systematisierung bisher nicht ermöglicht haben.

Nach dem typischen Wesensgehalt der Verwaltungstätigkeit könnte wie in der folgenden Darstellung systematisiert werden:

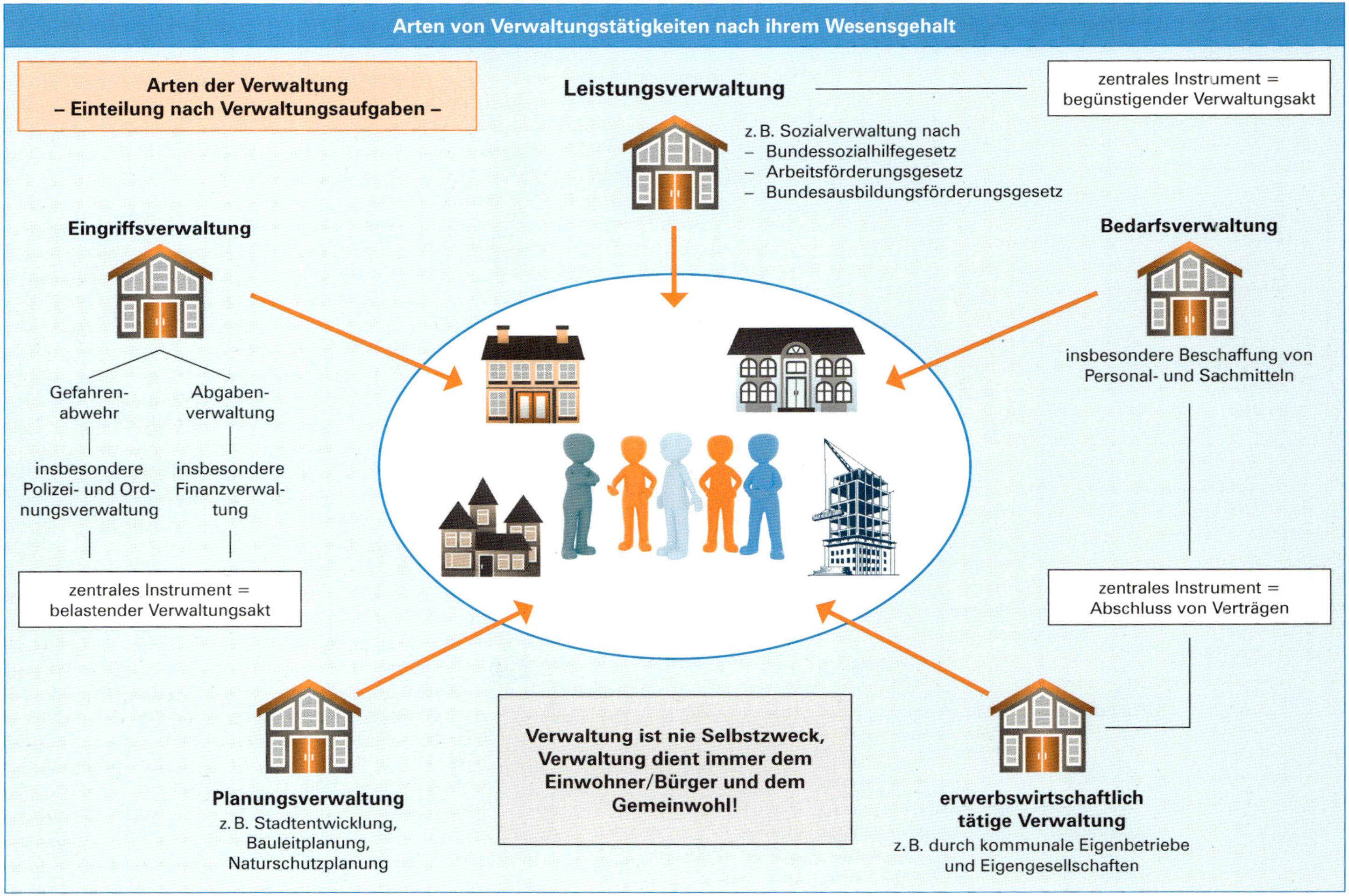
Arten von Verwaltungstätigkeiten nach ihrem Wesensgehalt
Arten der Verwaltung
– Einteilung nach Verwaltungsaufgaben –
Leistungsverwaltung
zentrales Instrument = begünstigender Verwaltungsakt
z. B. Sozialverwaltung nach
– Bundessozialhilfegesetz
– Arbeitsförderungsgesetz
– Bundesausbildungsförderungsgesetz
Eingriffsverwaltung
Gefahren-abwehr
Abgaben-verwaltung
insbesondere Polizei- und Ordnungsverwaltung
insbesondere Finanzverwaltung
zentrales Instrument = belastender Verwaltungsakt
Bedarfsverwaltung
insbesondere Beschaffung von Personal- und Sachmitteln
zentrales Instrument = Abschluss von Verträgen
Planungsverwaltung
z. B. Stadtentwicklung, Bauleitplanung, Naturschutzplanung
Verwaltung ist nie Selbstzweck, Verwaltung dient immer dem Einwohner/Bürger und dem Gemeinwohl!
erwerbswirtschaftlich tätige Verwaltung
z. B. durch kommunale Eigenbetriebe und Eigengesellschaften

Organisationsplan: Landesbehörde

Ministerbüro
Leitung:
Wolfgang Toboldt (m.d.W.d.G.b.) 7111, Fax: 7454
Pers. Referentin des Ministers:
Cornelia Schneider-Pungs 7110
Projekt „Schule 2040":
Nina Graf 7384

Gleichstellungsbeauftragte
Elena Sannwald 7359
Vertreterin: Claudia Pappert 7363
Zweite Vertreterin: Alke Schillings 7309

Minister
Grant Hendrik Tonne
7101, Fax: 7454

Staatssekretärin
Gaby Willamowius
7106, Fax: 7455

Presse-und Öffentlichkeitsarbeit
Sebastian Schumacher 7148, Fax 7451
Tanja Meister 7145

Referat 01
Parlaments- und Kabinettsangelegenheiten, allgemeine Koordination
Bernd Maschke 7150, Fax: 7456
Christin Schmialek 7109
Grundsatzfragen, Sonderaufgaben und zentrale Vorhabenplanung
Dr. Barbara Lottermoser 7198

Abteilung 1 – Zentrale Aufgaben
Leitung: Michael Markmann 7144
Stellv. Leitung: Wolfgang Köhler 7141

Referat 11
Organisation, Koordinierung, Steuerung und Personal NLSchB und NLQ
NN 7183

Referat 12
Haushalt, Finanzplanung, zentrale Vergabestelle
Beauftragter für den Haushalt
Wolfgang Köhler 7141

Referat 13
Leitung: Sebastian Böhrs 7234
13.1 Personal
Sebastian Böhrs 7234
13.2 Innerer Dienst
Dieter Vogel 7222

Referat 14
Dienstrecht
Martina Zapfe 7065

Geschäftsstelle „Arbeitszeitanalyse"
Thomas Castens 7293

Referat 15
Gesetzgebung, Schulträger, übergreifende Rechts- und Verwaltungsangelegenheiten
Gerald Nolte 7049

Abteilung 2 – Schulformübergreifende Angelegenheiten
Leitung: Jan ter Horst 7207
Stellv. Leitung: Birgit Wenzel 7201

Referat 21
Europäische und Internationale Angelegenheiten des Geschäftsbereichs, Schulpflicht, Rechts- und Verwaltungsangelegenheiten
Christel Schröder (m.d.W.d.G.b.) 7280

Referat 22
Arbeitsschutz und Gesundheitsmanagement, betriebliches Eingliederungsmanagement, Alternative Verwendung, CARE
Karin Kayser 7314

Referat 23
Politische Bildung, Gedenkstätten, Globales Lernen und Mobilität, Bildung für nachhaltige Entwicklung (BNE)
Claudia Schanz 7160

Referat 24
Leitung: Horst Roselieb 7124
24.1 Berufliche Orientierung
Petra Peter 7189
24.2 Schulsport, Gesundheitsförderung, Schulpsychologie
Horst Roselieb 7124

Anlaufstelle für Opfer und Fragen sexuellen Missbrauchs und Diskriminierung in Schulen und Tageseinrichtungen für Kinder
Horst Roselieb 7124

Referat 25
Migration, Kultur, Sprachbildung, Schulsozialarbeit, Ganztag
Birgit Wenzel 7201

Abteilung 3 – Allgemein bildendes Schulwesen, Kirchen
Leitung: Heiner Hoffmeister 7213
Stellv. Leitung: Petra Crysmann 7210

Referat 31
Qualitätsentwicklung, Eigenverantwortliche Schule, Fokusevaluation, Eltern- und Schülervertretungen, Landesschulbeirat
Gesa Johannes (m.d.W.d.G.b.) 7215

Referat 32
Leitung: Roland Henke 7282
32.1 Grundschulen
Anke Matthaei 7278
32.2 Oberschulen, Hauptschulen, Realschulen
Roland Henke 7282

Referat 33
Leitung: Andreas Stein 7239
33.1 Gymnasien, Abendgymnasien, Kollegs, Deutsche Schulen im Ausland
Andreas Stein 7239
33.2 Gesamtschulen
Thorsten Frenzel-Früh 7067

Referat 34
Unterrichtsversorgung, Einstellung, Bedarfsplanung der allgemein bildenden Schulen
Gudrun Köppen-Castrop 7240

Referat 35
Aus- und Fortbildung der Lehrkräfte, Personalentwicklung in Schulen
Jörg Hoffmeister 7272

Referat 36
Kirchen und Religionsgemeinschaften, Schulen in freier Trägerschaft, Rechts- und Verwaltungsangelegenheiten
Petra Crysmann 7210

Abteilung 4 – Berufliche Bildung
Leitung: NN 7374
Stellv. Leitung: Dr. Dag Danzglock 7356

Referat 41
Grundsätzliche und übergreifende Angelegenheiten des berufsbildenden Schulwesens, Schulformen BBS, Rechts- und Verwaltungsangelegenheiten
Friedrich-Wilhelm Krömer 7372

Referat 42
Qualitätsmanagement und Steuerung, Schulinspektion BBS, Statistik, Aus- und Fortbildung der Lehrkräfte
Frauke Keck-Pergner 7397

Referat 43
Schulische Berufsbildung Wirtschaft, Gesundheit und Soziales, berufsübergreifender Lernbereich sowie Digitalisierung BBS
Cornelia Frerichs 7368

Referat 44
Gewerblich-technische Berufsbildung, Integration durch berufliche Bildung
Georg Weßling 7395

Referat 45
Betriebliche und überbetriebliche Berufsausbildung, Ausbildung in den Gesundheitsfachberufen, LABB, Europäische Strukturfonds
Dr. Dag Danzglock 7356

Geschäftsstelle
„Bündnis Duale Berufsausbildung"
Dr. Dag Danzglock 7356

Abteilung 5 – Frühkindliche Bildung, Inklusion, Digitalisierung
Leitung: NN
Stellv. Leitung: Ute Wormland (m.d.W.d.G.b.) 7260

Referat 51
Frühkindliche Bildung, Qualitätsentwicklung und Finanzen
Dr. Monika Lütke-Entrup 7333

Referat 52
Modellvorhaben, Fortbildung, Aufsicht und Beratung in der Kindertagesbetreuung (Fachbereich II Landesjugendamt)
NN

Referat 53
Inklusion im Bildungswesen, Förderschulen
Ute Wormland 7260

Referat 54
Bildung in der digitalen Welt
Beauftragter für digitale Bildung
Matthias Günther (m.d.W.d.G.b.) 7156

Referat 55
IT, Informationssicherheit, eGovernment, Projekt IT 2020, Rechts- und Verwaltungsangelegenheiten
NN

Organisationsplan
Stand: 23. Mai 2018
Quelle: http://www.mk.niedersachsen.de/startseite/wir_ueber_uns/organisationsplan/aufbau-des-niedersaechsischen-kultusministeriums-6482.html

Niedersächsisches Kultusministerium

Aufgaben- und Verwaltungsgliederungsplan: Kommunalverwaltung

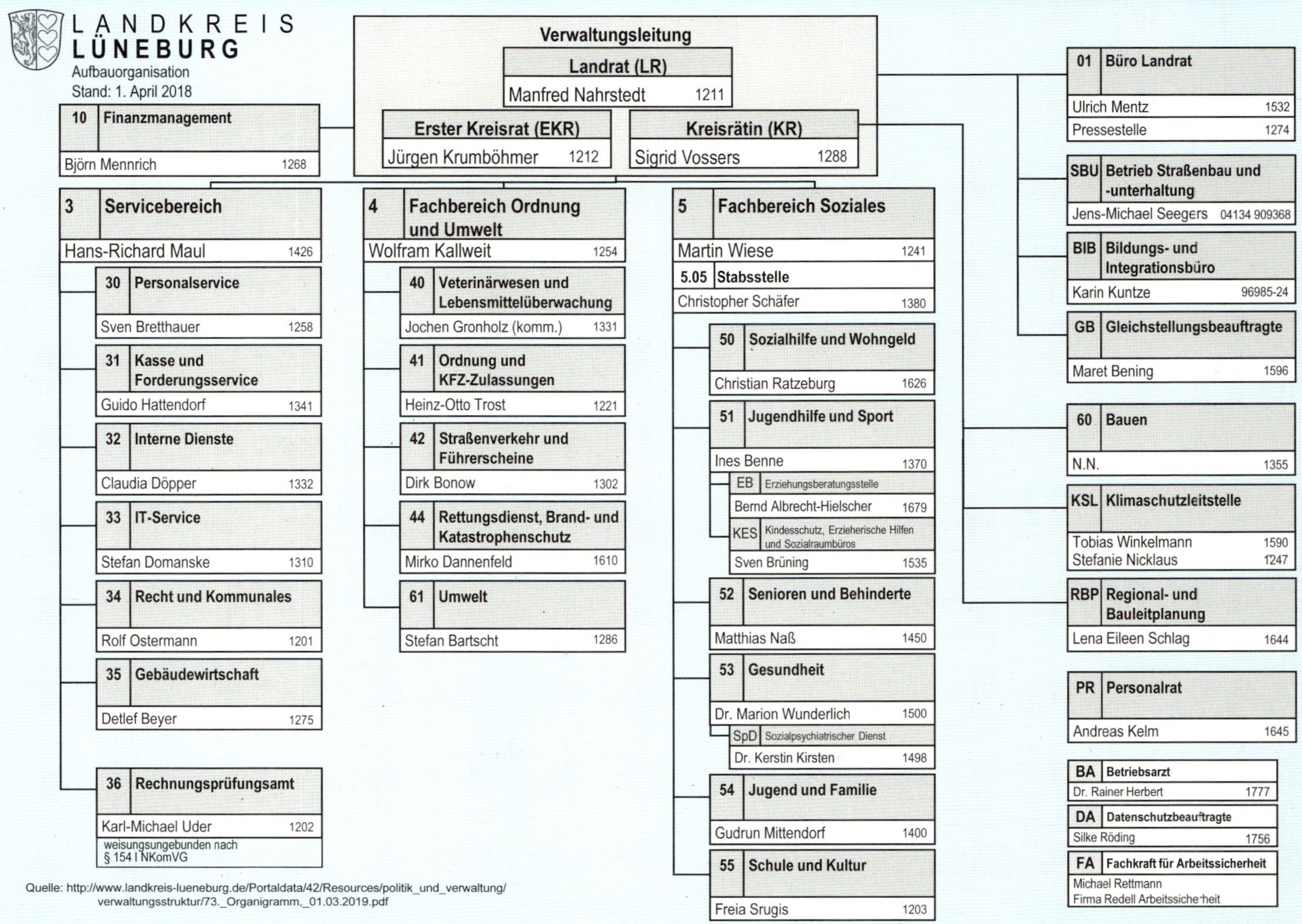

Quelle: http://www.landkreis-lueneburg.de/Portaldata/42/Resources/politik_und_verwaltung/verwaltungsstruktur/73._Organigramm,_01.03.2019.pdf

Übung

Unterscheiden Sie die Begriffe

a) Eingriffs- und Leistungsverwaltung,

b) planende und Bedarfsverwaltung

und geben Sie zu jeder Form ein selbst gewähltes Beispiel. Geben Sie jeweils auch an, ob das Verwaltungshandeln eher dem Gebiet des öffentlichen oder dem privaten Recht zuzuordnen ist.

Zum Nachschlagen

Beispiele:	**Wovon zu unterscheiden:**
■ Sozialamt ■ Straßenverkehrsamt	Erwerbswirtschaftliches Handeln von Privatpersonen.
Hilfen zum Einprägen: ■ Eingriffsverwaltung ■ Leistungsverwaltung ■ Planungsverwaltung ■ Bedarfsverwaltung ■ erwerbswirtschaftliche Verwaltung	

Theoretische Grundlagen (Fortsetzung LA 12)

■ Organisatorische Einheiten „Behörde" und „Amt"

➤ Behörde

Das Verwaltungsverfahrensgesetz definiert Behörde wie folgt:

§

§ 1 Abs. 4 VwVfG

„Behörde im Sinne dieses Gesetzes ist jede Stelle, die Aufgaben der öffentlichen Verwaltung wahrnimmt."

Diese sehr weite Fassung wird durch das Bundesverfassungsgericht etwas eingeengt in dem eine „gewisse Selbstständigkeit" als erforderlich angesehen wird. Danach gilt:

Behörde ist „eine in den Organismus der Staatsverwaltung eingeordnete, organisatorische Einheit von Personen und sächlichen Mitteln, die mit einer gewissen Selbstständigkeit ausgestattet dazu berufen ist, unter öffentlicher Autorität für die Erreichung der Zwecke des Staates oder von ihm geförderter Zwecke tätig zu sein."[1]

1 Rudolf in: Erichsen (2010), § 52 Rd. Nr. 29.

Amt

Das **Amt** ist organisationsrechtlich die kleinste Verwaltungseinheit. Es ist die Amtsstelle oder der Dienstposten eines Menschen und bezeichnet dessen institutionell bestimmten konkreten Aufgabenbereich innerhalb der Verwaltungsorganisation.

Organisationsrechtlich ist mit jedem Amt eine Aufgabe und eine Zuständigkeit verbunden.[1]

Das Wort „Amt" ist aber auch Bestandteil der Bezeichnung von Behörden (Finanzamt/ Bundeskanzleramt) und Name für bestimmte Teile von Behörden, denen wegen mangelnder Selbstständigkeit die Behördenqualität fehlt (Steueramt, Ordnungsamt, Einwohnermeldeamt der Gemeinde).[2]

Im Beamtenrecht wird daneben der Begriff „Amt" auch im statusrechtlichen Sinne verwendet. Es handelt sich dabei um die Zugehörigkeit zu einer bestimmten Laufbahn und Laufbahngruppe, die besoldungsrechtliche Einstufung (insbesondere das Endgrundgehalt) und die Amtsbezeichnung.[3]

Übungen

1. Grenzen Sie Behörde und Amt gegeneinander ab.
2. Prüfen Sie, ob in den folgenden Fällen eine Behörde im Sinne des § 1 Abs. 4 VwVfG handelt:
   a) Ein Sachverständiger des TÜV erteilt die Prüfplakette nach § 29 StVZO.
   b) Die Handwerkskammer verweigert dem Handwerker R. die Eintragung in die Handwerksrolle.
   c) Der Lehrer beurteilt die Klassenarbeit eines Schülers mit der Note „befriedigend".
   d) Der Vorstandsvorsitzende der Kreissparkasse bewilligt der Stadt ein Darlehen.
   e) Der Kultusminister ernennt einen Beamten auf Probe zum Beamten auf Lebenszeit.
   f) Der Schornsteinfeger führt die Abgasmessung bei einer Heizungsanlage aufgrund des BImSchG durch.
   g) Gemeinderatsmitglied Müller tankt seinen Pkw.
   h) Amtsleiter Piepenbrink unterschreibt stellvertretend für den Bürgermeister eine Verfügung.

1 Rudolf in: Erichsen (2010), § 52 Rd. Nr. 30 (andere Bedeutung Amt im beamtenrechtlichen Sinne).

2 Ebenda.

3 Schnellenbach (2013), S. 29.

10 Schäfer u.a. - ISBN 978-3-8120-0439-8

Zum Nachschlagen

§ 1 Abs. 4 VwVfG

Beispiele:	**Wovon zu unterscheiden:**
■ Stadt Aurich ■ Sozialamt ■ Amtmann	■ organisationsrechtlichen Amt ■ Dienstposten eines Beamten
Hilfen zum Einprägen:	**Definition:**
Stadt Aurich: ■ Behörde im Sinne des § 1 Abs. 4 VwVfG *Sozialamt:* ■ organisationsrechtlich kleinste Verwaltungseinheit *Amtmann:* ■ Dienstposten eines Beamten	„Behörde im Sinne dieses Gesetzes ist jede Stelle, die Aufgaben der öffentlichen Verwaltung wahrnimmt.“ (§ 1 Abs. 4 VwVfG) (Gewisses Maß an rechtlicher Selbstständigkeit erforderlich!)

Lernarrangement 13

Rechtsquellen unterscheiden und verfahrenstechnisch richtig anwenden

Leitfragen

1. Welche Rechtsquellen gibt es und in welcher Rangordnung gelten sie?
2. Wie ist der typische Aufbau einer Rechtsnorm?
3. Welche Probleme können sich in der Auslegung einer Rechtsnorm ergeben und worin sind sie begründet?
4. Durch welche Stufen ist die Technik der Rechtsanwendung im engeren Sinne gekennzeichnet?

Durch das Arrangement abgedeckte Inhalte des Rahmenlehrplans:

- Quellen des Verwaltungsrechts
- Auslegung unbestimmter Rechtsbegriffe, Ermessen
- Gutachtentechnik
- Bescheidtechnik

Methodische Hinweise zur Erarbeitung des Lernarrangements:

Die Gliederung und Strukturierung dieses Lernarrangements erfolgt über die Darstellung eines Mindmaps. Aus diesem Grunde empfiehlt es sich, soweit erforderlich, den Schülerinnen und Schülern die Methode des Mindmaps bekannt zu machen.

LA 13 Ausgangssituation

Sie unterscheiden aufgrund der bisher erworbenen Kenntnisse die Handlungsarten der öffentlichen Verwaltung nach hoheitlicher und fiskalischer Verwaltung und können das allgemeine und besondere Verwaltungsrecht in unser Rechtssystem einordnen. Die jeweilige Zuordnung des Verwaltungshandelns auf dem Gebiet des privaten oder des öffentlichen Rechts nehmen Sie anhand der Auslegungstheorien Subjektionstheorie, Interessentheorie und Subjektstheorie vor. Rechtsquellen zu unterscheiden und verfahrenstechnisch richtig anzuwenden, haben Sie bisher nicht gelernt.

Die wesentlichen Kernpunkte dieses Lernarrangements werden Ihnen zunächst in dem nachfolgenden **Mindmap** dargestellt. Es zeigt als eine Art erste Skizze wesentliche Inhalte und Punkte, die im Folgenden erörtert werden. Sie sollten dieses Mindmap im Verlauf dieses Lernarrangements selbst um die für Sie wesentlichen Punkte ergänzen und auf Ihre Bedürfnisse anpassen.

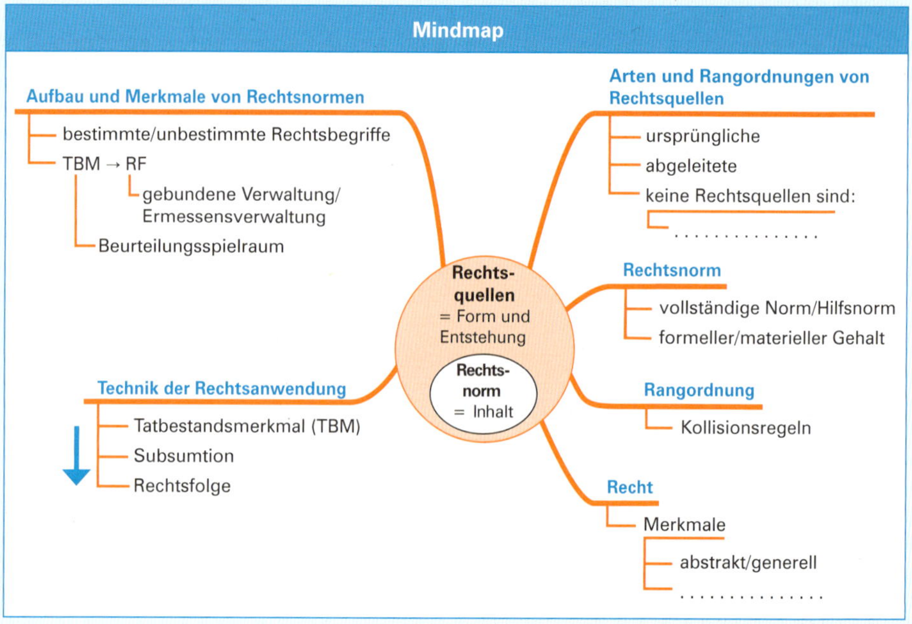

Der Landkreis H. erhält von einem Bürger ein Schreiben, in dem der folgende Sachverhalt dargelegt wird:

„Der Gebrauchtwagenhändler Sch. repariert unfallbeschädigte Pkw unzulänglich und verkauft diese anschließend wider besseres Wissen als unfallfreie und betriebssichere Pkw. Der Zustand dieser Fahrzeuge hat bereits mehrfach zu Unfällen mit schwerwiegenden Körperverletzungen geführt. Dem Gebrauchtwagenhändler sollte das Gewerbe untersagt werden."

Arbeitsaufträge:

1. Im Rahmen der Erarbeitung der nachfolgenden Inhalte dieses Lernarrangements werden Sie auf weitere Informationen stoßen, die Sie sinnvollerweise in das vorliegende Mindmap als Ergänzung aufnehmen sollten.
2. Erstellen Sie sich eine **Lernkartei** zum Thema „Rechtsquellen unterscheiden und verfahrenstechnisch richtig anwenden".

Theoretische Grundlagen

Das Verwaltungsrecht besteht aus einer Fülle unterschiedlicher Rechtsnormen. In diesem Zusammenhang auftauchende Begriffe wie Gesetze, Rechtsverordnungen und Satzungen, Bundesrecht, Landesrecht und autonomes Recht, aber auch Gewohnheitsrecht und Richterrecht bedürfen einer klaren begrifflichen Abgrenzung.

Die Verwaltung muss in ihrem Handeln nahezu täglich Recht anwenden bzw. ihre Handlungen an Rechtsnormen messen lassen. Die Mitarbeiter der Verwaltung müssen daher wissen, was Rechtsnormen sind und in der Lage sein, diese richtig anzuwenden.

Ausgehend von dem vorliegenden Mindmap soll zunächst der Ast „Arten und Rangordnungen von Rechtsquellen" erläutert werden.

Arten und Rangordnung von Rechtsquellen

Rechtsgrundlagen für das Verwaltungshandeln

§ **Art. 20 Abs. 3 GG**

„Die Gesetzgebung ist an die verfassungsmäßige Ordnung, die vollziehende Gewalt und die Rechtsprechung sind an Gesetz und Recht gebunden."

Aus Art. 20 Abs. 3 GG ist der Grundsatz der Gesetzmäßigkeit der Verwaltung und der Bezug zum Verfassungsrecht herzuleiten, der im *Lernarrangement 3* bereits erläutert wurde. An dieser Stelle soll zunächst nur geklärt werden, was unter „Recht" und den damit verbundenen Begriffen zu verstehen ist.

Recht ist typischerweise durch vier Merkmale gekennzeichnet:

- Recht beschreibt Regeln und Vorschriften, die für eine **unbestimmte Vielzahl von Fällen (abstrakt)** gelten.
- Recht wendet sich an eine **unbestimmte, bei ihrem Erlass nicht feststehende Vielzahl von Personen (generell).**
- Recht wird vom Staat oder seinen Verbänden in einem **bestimmten, formell festgelegten Verfahren** durch befugte Organe erlassen.
- Recht ist unmittelbar **kraft staatlichen Geltungswillens verbindlich und kann notfalls durch staatlichen Zwang durchgesetzt werden.**

Der Begriff der **„Rechtsquelle"** bezeichnet die Form, in der Recht nach außen in Erscheinung tritt. Der Begriff der „Rechtsnorm" betrifft dagegen den Inhalt der Regelungen, die in Rechtsquellen zum Ausdruck kommen.

Rechtsquellen im engeren Sinne entstehen heute i. d. R. in einem formell festgelegten Verfahren und sind im Allgemeinen geschriebene Rechtsquellen. Unterschieden wird darüber hinaus noch zwischen den ursprünglichen und abgeleiteten Rechtsquellen. Als **ursprüngliche** Rechtsquellen gelten Verfassung, Gesetz und das Gewohnheitsrecht. **Abgeleitete** Rechtsquellen sind die Rechtsverordnung und Satzung. Als abgeleitet werden diese Rechtsquellen deshalb bezeichnet, weil sie nicht im Rahmen eines formellen Gesetzgebungsverfahrens durch die Legislative erlassen werden, sondern abgeleitet werden aus einer ursprünglichen, schriftlich erlassenen Rechtsquelle und durch die Exekutive erlassen werden. Die Exekutive ist nur dann berechtigt Rechtsquellen zu erlassen, wenn ein Gesetz dies ausdrücklich zulässt. Eine weitere Besonderheit im Rahmen der Rechtsquellen bildet das sog. Richterrecht.

Verfassungsrecht: Es besteht aus den Vorschriften des Grundgesetzes (GG) und der jeweiligen Landesverfassung (z. B. Nds. Verfassung).

Gesetze sind Regelungen,

- die von einem in der Verfassung vorgesehenen Verfassungsorgan (z. B. Bundestag, Landtag) in dem von der Verfassung vorgesehenen Verfahren zustande gekommen sind (**formelle** Gesetze) *(vgl. Lernarrangement 6)* und
- abstrakter (denkbare) und genereller (allgemein gültige) Art, die für Staat, Einwohner und Bürger gleichermaßen verbindlich sind (**materielle** Gesetze).

Rechtsverordnungen sind Vorschriften, die von Exekutivorganen (Regierung, Minister, Verwaltungsbehörden) aufgrund einer gesetzlichen Ermächtigung erlassen werden. Sie sind „materielle Rechtsquellen“, da sie für Staat, Einwohner und Bürger gleichermaßen verbindlich sind.

Satzungen sind allgemeine Regelungen, die von selbstständigen Verwaltungsträgern, denen Satzungsautonomie eingeräumt ist (insbesondere Gemeinden und Landkreisen),[1] zur Regelung eigener Angelegenheiten erlassen werden. Sie zählen ebenso wie die Rechtsverordnungen zu den „materiellen Rechtsquellen“, da sie für Staat, Einwohner und Bürger gleichermaßen verbindlich sind.

Gewohnheitsrecht als ungeschriebene Rechtsquelle ist gekennzeichnet durch:

- lange allgemeine Übung,
- allgemeinen Rechtsgeltungswillen (d. h., alle Beteiligten sind von der Rechtmäßigkeit überzeugt).

Gewohnheitsrecht kann sich auf allen Rechtsebenen entwickeln, seine Bedeutung wird jedoch immer geringer, da es weitgehend durch geschriebenes Recht ersetzt ist.

Richterrecht: Grundsätzlich setzen Richter kein Recht, sie wenden Recht an. Ständig angewandte Grundsätze der Rechtsprechung (Richterrecht) haben Auswirkung auf Auslegung und Anwendung der Gesetze durch Verwaltung und Gerichte. So erlangen höchstrichterliche Entscheidungen Gesetzeskraft, insbesondere Normenkontrollentscheidungen des Bundesverfassungsgerichts.

In dem folgenden Schaubild werden diese Zusammenhänge verdeutlicht:

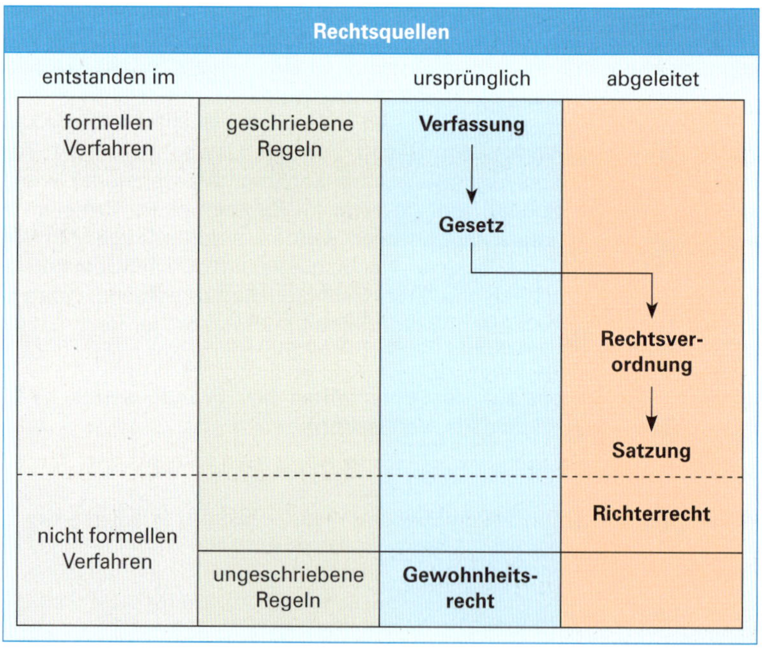

1 Zum Satzungsrecht der Gemeinden und Landkreise vgl. Blum, Häusler, Meyer (2014), S. 73ff.

Staatliche Rechtsquellen und die Beziehung zu Völkerrecht und Europäischem Gemeinschaftsrecht

Das Völkerrecht ist nicht Bestandteil der staatlichen Rechtsordnung, sondern steht als eigener Rechtskreis neben der jeweiligen staatlichen Ordnung. Es berechtigt und verpflichtet daher grundsätzlich nur Staaten und internationale Organisationen und nicht unmittelbar den einzelnen Bürger eines Staates.

Durch den EG-Vertrag ist der Europäischen Gemeinschaft in Übereinstimmung mit Art. 24 Abs. 1 GG die Befugnis zur selbstständigen Rechtssetzung verliehen worden. Dies geschieht vor allem in Form von EG-Verordnungen, welche dem nationalen Recht im Range vorgehen und für jeden Mitgliedstaat verbindlich sind (siehe hierzu auch *Lernarrangement 7*).

Rangordnung der Rechtsquellen

Das Handeln der Verwaltung stützt sich auf Rechtsquellen und Rechtsnormen im oben definierten Sinne. Dabei kommt es immer wieder vor, dass sich Rechtsnormen widersprechen, etwa wenn ein Bundesgesetz etwas anderes anordnet als ein Landesgesetz, eine Satzung etwas anderes bestimmt als eine Rechtsverordnung. Die Rechtsordnung muss in sich aber widerspruchsfrei sein, um der Verwaltung ein klares und für den Bürger akzeptiertes Verhalten zu ermöglichen. Es bedarf also einer allgemein verbindlichen Rangordnung zwischen den Rechtsquellen.

Diese Rangordnung lässt sich wie folgt zusammenfassen und abschließend in der nachfolgenden **Rangordnungspyramide** wie folgt abbilden:

Widerspruchsfreie Rechtsnormen auf unterschiedlichen Rechtsstufen

Ist ein Rechtsproblem widerspruchsfrei sowohl in der Verfassung als auch im Gesetz und einer Rechtsverordnung geregelt, so ist für die Entscheidung grundsätzlich die **rangniedrigste** Vorschrift heranzuziehen.

Widersprechende Rechtsnormen unterschiedlicher Rangstufen

Für die Rangordnung der Rechtsquellen untereinander gilt nebenstehende allgemeine Reihenfolge:

Verfassung
Gesetz
Rechtsverordnung
Satzung

Das widersprechende rangniedrigere Recht ist unwirksam. Diese Rangunterschiede wirken auch im Bereich der Verwaltungsorganisation nach. So haben Rechtsverordnungen der höheren Verwaltungsbehörde Vorrang vor Rechtsverordnungen nachgeordneter Behörden.

Widersprechende Rechtsnormen gleicher Rangstufen

Widersprechen sich Rechtsnormen auf der gleichen Rangstufe, so gilt stets:

- spezielle Rechtsnorm vor allgemeiner Rechtsnorm,
- jüngere Rechtsnorm vor älterer Rechtsnorm.

Konkurriert eine speziell ältere mit einer allgemein jüngeren Rechtsnorm, so gilt:

- speziell ältere Rechtsnorm vor allgemein jüngerer Rechtsnorm.

Widersprechende Rechtsnormen zwischen EG-Recht, Bundes- und Landesrecht

Gemäß Art. 31 GG gilt: **Bundesrecht bricht Landesrecht.**

Dieser Satz gilt für jede Rangstufe. Somit gehen auch Rechtsverordnungen des Bundes den Rechtsverordnungen des Landes vor.

Das EG-Recht, welches neben dem nationalen Recht steht und sich bezüglich des Verwaltungshandelns im Wesentlichen durch EG-Verordnungen darstellt, geht als Gemeinschaftsrecht rangunabhängig dem nationalen Recht vor.

Rangordnungspyramide der Rechtsquellen

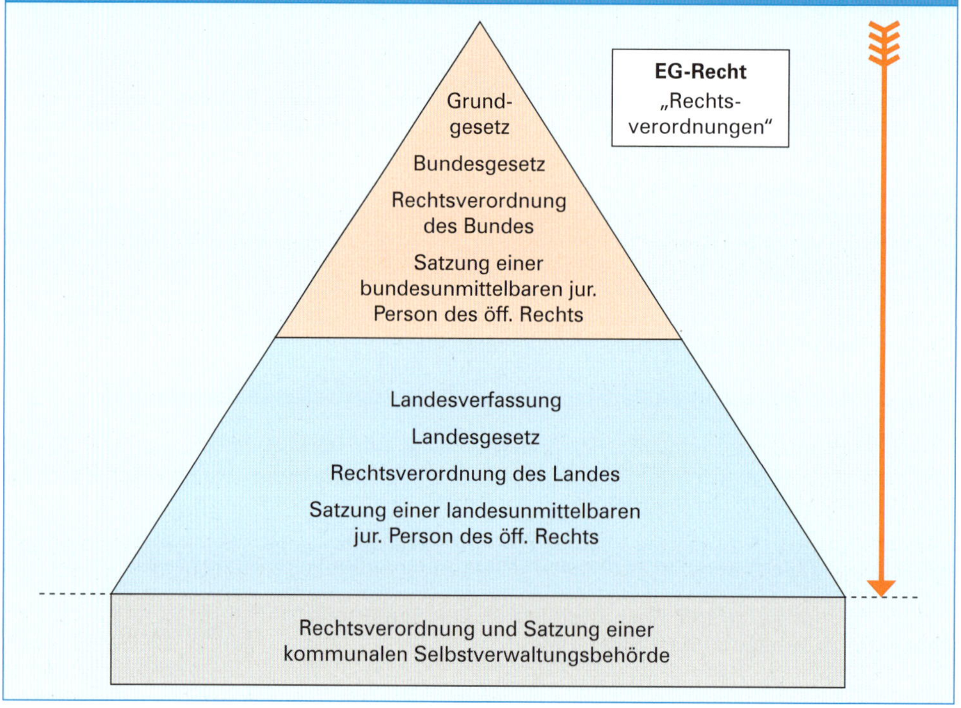

➤ Die besondere Stellung von Verwaltungsvorschriften für das Handeln der Verwaltung

Verwaltungsvorschriften (VV) enthalten – wie materielle Gesetze – **abstrakt generelle Regelungen.**

Im Gegensatz zu Gesetzen sind sie aber innerhalb der Verwaltungsorganisation von übergeordneten Verwaltungseinheiten an nachgeordnete Einheiten gerichtete Anordnungen unter verschiedenen Bezeichnungen (Verwaltungsvorschriften, Erlasse, Verfügungen, Rundschreiben).

Gemeinsam ist ihnen, dass sie im Gegensatz zu den Rechtsnormen grundsätzlich keine Außenwirkung entfalten, d. h., sie binden den Bürger nicht unmittelbar.

Beziehung von Rechtsquellen zu den Verwaltungsvorschriften (VV)

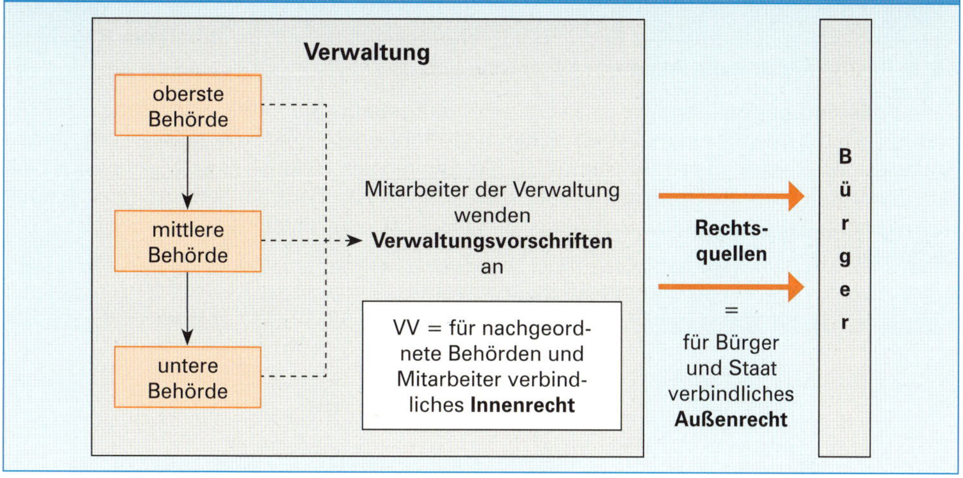

Verhaltenslenkende Verwaltungsvorschriften dienen dazu, Gesetzesnormen zu interpretieren, d.h. zum Beispiel die Handhabung der in Rechtsnormen häufig enthaltenen unbestimmten Rechtsbegriffe zu erleichtern und zu vereinheitlichen.

Verwaltungsvorschriften sind zunächst für ihre Adressaten (nachgeordnete Behörden, Ämter, Amtswalter) verbindlich, sie sind insofern Rechtsnormen mit Innenwirkung (siehe obiges Schaubild).

Außenwirkung entfalten Verwaltungsvorschriften grundsätzlich nicht. Sie können z.B. keine Ermächtigung für belastende Verwaltungsakte sein und Bürger können unmittelbar keine Ansprüche aus Verwaltungsvorschriften herleiten.[1]

Mittelbare Außenwirkung erlangen Verwaltungsvorschriften durch die Selbstbindung der Verwaltung, die aus dem Grundsatz der Gleichbehandlung (Art. 3 GG) abgeleitet wird.

Ist der Verwaltung in einer Rechtsnorm ein Ermessensspielraum eingeräumt worden, so wird durch Verwaltungsvorschriften häufig die Ermessenausübung grundsätzlich geregelt (eine Prüfung und Ermessensausübung für den Einzelfall bleibt aber trotzdem erforderlich). Es kann also davon ausgegangen werden, dass nach den Verwaltungsvorschriften gehandelt wird, der Inhalt der Verwaltungsvorschriften daher der bisher geübten Praxis entspricht.

Nach Art. 3 Abs. 1 GG hat der Bürger Anspruch darauf, dass wesentlich Gleiches auch in gleicher Weise behandelt wird, dass die bisher geübte Praxis entsprechend der Verwaltungsvorschrift auch bei ihm fortgesetzt wird. Anspruchsgrundlage für den Bürger ist demnach Art. 3 GG in Verbindung mit der bisher geübten Praxis, die Verwaltungsvorschriften bilden dabei lediglich ein Indiz dafür, was übliche Praxis ist, sie entfalten insofern mittelbare Außenwirkung.[2]

1 Vgl. Schmalz (1998), Rd. Nr. 719ff.

2 Vgl. ebenda, Rd. Nr. 729ff.

Aufbau und Merkmale von Rechtsnormen

Während der Begriff der Rechtsquelle mehr die äußere Form des Rechts und seine Entstehung beschreibt, betrifft der Begriff der **Rechtsnorm** dagegen den **Inhalt der Regelung,** die in Rechtsquellen zum Ausdruck kommen.

Jede **vollständige Rechtsnorm** ist zweigliedrig aufgebaut. Sie enthält einerseits ein oder mehrere Tatbestandsmerkmal(e) und nennt andererseits eine sich daraus ergebende Rechtsfolge. Neben diese vollständigen Rechtsnormen können noch unvollständige Rechtsnormen, sog. **Hilfsnormen** treten. Dies können z.B. Begriffsbestimmungen (Legaldefinitionen), Erläuterungen einer anderen Vorschrift, aber auch allgemeine Zielvorstellungen sein.

Merkmale von Rechtsnormen

Vollständige Rechtsnormen

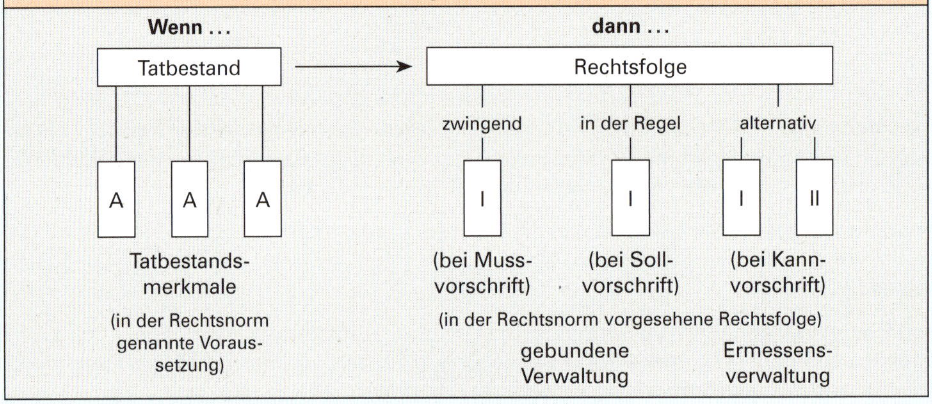

Hilfsnormen

Begriffsbestimmung:	▪ § 1 Abs. 4 VwVfG – Behördenbegriff ▪ § 2 Abs. 1 Aufenthaltsgesetz – Begriff Ausländer
Erläuterungen:	§ 4 Abs. 1 GastG erläutert beispielhaft, wer die geforderte Zuverlässigkeit zum Betreiben einer Gaststätte nicht besitzt.
Zielvorstellung:	§ 1 BImSchG nennt den Zweck des Gesetzes: „Zweck dieses Gesetzes ist es, Menschen, Tiere und Pflanzen ... zu schützen und dem Entstehen schädlicher Umwelteinwirkungen vorzubeugen."

➤ Tatbestandsseite (Wenn ...)

In der praktischen Arbeit sind die beiden Bestandteile einer **vollständigen Rechtsnorm** nicht immer leicht erkennbar. Insbesondere beim Erkennen und Interpretieren der Tatbestandsmerkmale treten häufig Schwierigkeiten auf, da sie Rechtsbegriffe enthalten, die meist in allgemeiner Form definiert und daher mehr oder weniger unbestimmt sind. Sind sie eindeutig und klar abgegrenzt, so spricht man von bestimmten Rechtsbegriffen. Ist ihre Bestimmtheit und Eindeutigkeit nicht klar, so spricht man von unbestimmten Rechtsbegriffen. Eine feste Abgrenzung zwischen bestimmten und unbestimmten Rechtsbegriffen ist nicht möglich, da der Übergang zwischen beiden Arten von Tatbestandsmerkmalen fließend ist.

Die unterschiedliche Qualität der Rechtsbegriffe in Rechtsnormen wird durch das nachstehende Schaubild verdeutlicht.

Rechtsbegriffe in Rechtsnormen

bestimmte Rechtsbegriffe

z. B.:

- **Zeitangaben**
  (Die Sperrzeit für Spielhallen beginnt um 00:00 Uhr und endet um 06:00 Uhr – § 1 SperrzeitVO)
- **Maße**
  (Aufenthaltsräume müssen eine ... lichte Höhe von ... 2,40 m haben – § 43 NBauO)
- **Angabe von Geldbeträgen**
- **Angabe von Zahlen**
  (Die Zahl der Ratsfrauen und Ratsherren beträgt in Gemeinden mit 501–1 000 Einwohnerinnen und Einwohnern ... – § 46 Abs. 1 NKomVG)

unbestimmte Rechtsbegriffe

beschreibende (deskriptive) Rechtsbegriffe

z. B.:

- **selbstständige Handwerker**
  (§ 1 Handwerksordnung)
- **übersehbare Strecke**
  (§ 3 StVO)
- **Speisewirtschaft**
  (§ 1 GastG)
- **Volksfest**
  (§ 60 b GewO)

wertausfüllende (normative) Rechtsbegriffe

z. B.:

- **Zuverlässigkeit**
  (§ 4 GastG)
- **Wohl der Allgemeinheit**
  (Art. 14 Abs. 2 GG)
- **schädliche Umwelteinwirkungen**
  (§ 1 BImSchG)
- **Erkundung geeigneter Standorte**
  (§ 32 Kreislaufwirtschaftsgesetz; KrWG)

Enthält eine anzuwendende Rechtsnorm auf der TBM-Seite des Rechtssatzes unbestimmte Rechtsbegriffe, so ist es erforderlich, diese vor ihrer Anwendung auszulegen, d. h. ihr Sinngehalt ist zu klären. Häufig haben die unbestimmten Rechtsbegriffe zwar einen eindeutigen Begriffskern, im Randbereich gibt es aber erhebliche Zweifelsfragen. Die Notwendigkeit der Auslegung des unbestimmten Rechtsbegriffes ist vor allem bei wertausfüllenden (normativen) Begriffen erforderlich.

Die Auslegung unbestimmter Rechtsbegriffe erfolgt im Allgemeinen durch Anwendung einer oder mehrerer der nachstehend aufgeführten **Auslegungs- oder Interpretationsmethoden.**

Auslegungsmethoden unbestimmter Rechtssätze	
Philologische Auslegung	Diese Methode fragt nach dem Sprachsinn der verwendeten Wörter und ihrem grammatikalischen Zusammenhang.
Systematische Auslegung	Diese Methode hebt in der Hauptsache darauf ab, die Bedeutung einer Norm aus ihrer **Stellung** im Einzelgesetz, aber auch aus dem **Zusammenhang des gesamten Gefüges** der Rechtsordnung heraus zu verstehen. Die einzelnen Begriffe werden so interpretiert, dass sie sich widerspruchsfrei in die gesamte Rechtsordnung einfügen.
Historische Auslegung	Die historische Auslegungsmethode geht von der **rechtsgeschichtlichen Entwicklung** der Rechtsnorm aus. Es wird versucht, den Willen des Gesetzgebers (besser: den „objektivierten Willen des Gesetzes") zu ermitteln und dann bei der Auslegung entsprechend diesem Willen vorzugehen. Sitzungsberichte oder amtliche Begründungen des Gesetzesentwurfs werden dabei als Hilfen herangezogen. Für die Verwaltungspraxis kann dazu z. B. auf Gesetzeskommentare zurückgegriffen werden, die häufig entsprechende Textauszüge beinhalten.
Teleologische Auslegung	Die **teleologische Interpretation** fragt nach dem Ziel und dem Zweck (telos = Ziel, Zweck) der Rechtsnorm. Sie setzt voraus, dass zunächst der Zweck der Norm ermittelt wird. Unter den mehreren möglichen Auslegungen einer Rechtsnorm oder eines Rechtsbegriffes ist dann derjenigen der Vorzug zu geben, die den Gesetzeszweck optimal verwirklicht. Auszuscheiden sind dagegen diejenigen Interpretationen, die mit dem Gesetzeszweck nicht in Einklang stehen, insbesondere über ihn hinausgehen.

Bei der Auslegung helfen in der verwaltungsrechtlichen Praxis häufig Legaldefinitionen, die sich im Gesetz selbst finden, z. B. in „Definitionsparagrafen" (z. B. § 60 KomHKVO), aber auch in anderen Gesetzen auf die verwiesen wird oder auch in Verwaltungsvorschriften. Diese Hilfen sind jedoch nicht immer gegeben bzw. enthalten häufig erneut unbestimmte Rechtsbegriffe, sodass ein Auslegungsbedürfnis in der Regel bestehen bleibt.

Viele Rechtssätze haben im Laufe der Zeit durch Rechtsprechung und Wissenschaft feste Konturen bekommen und lassen sich in Kommentaren oder fachwissenschaftlicher Literatur nachlesen.

Die behördliche Auslegung eines unbestimmten Rechtsbegriffes ist grundsätzlich in vollem Umfang gerichtlich nachprüfbar. Es kann grundsätzlich nur eine einzige Auslegung des unbestimmten Rechtsbegriffes rechtmäßig sein.

Bei der Auslegung einiger, insbesondere wertausfüllender unbestimmter Rechtsbegriffe bedarf es zur Lösung eines Falles zusätzlich noch einer Bewertung des Sachverhaltes durch die Behörde. So ist z. B. der Begriff „geeigneter Standort für Deponien ..." aus dem im Schaubild auf S. 155 angeführten § 32 KrWG ein unbestimmter Rechtsbegriff, bezogen auf die Lösung eines Sachverhaltes besitzt die Verwaltung hier aber darüber hinaus einen **Beurteilungsspielraum.** Sie hat bezogen auf den jeweiligen Sachverhalt den „Standort" als „geeignet" oder „nicht geeignet" einzustufen, ihn zu beurteilen. Die Behörde besitzt hier einen Beurteilungsspielraum.

Wird der Verwaltung ein Beurteilungsspielraum zugestanden, dann hat dies zur Folge, dass ihr ein eigenverantwortlicher Bereich in der Einschätzung, ob das oder die Tatbestandsmerkmale erfüllt sind, zugebilligt wird. Dieser Beurteilungsspielraum unterliegt nur einer **begrenzten verwaltungsgerichtlichen Kontrolle.**

„In welchen Fällen den Verwaltungsbehörden ... ein eigener Beurteilungsspielraum ... zukommt, wird in Rechtsprechung und Literatur unterschiedlich beurteilt. Dies dürfte seinen Grund zum Teil darin haben, dass es für den behördlichen Beurteilungsspielraum – anders als für das Ermessen – keine ausdrückliche Anerkennung gibt."[1]

Es gibt jedoch einige **Fallgruppen,** in denen ein **Beurteilungsspielraum** allgmein akzeptiert **wird.** Zu nennen sind hier:[2]

- **Prüfungsentscheidungen** und (sonstige) pädagogische und wissenschaftliche Beurteilungen (z.B. Versetzungs- und Zeugnisentscheidungen in Schule und Hochschule; Entscheidungen über das Bestehen der Fahrprüfung)
- **dienstrechtliche** (insbesondere beamtenrechtliche) **Beurteilungen**
- **prüfungsähnliche Entscheidungen pluralistisch zusammengesetzter Gremien** (z.B. Entscheidungen der Bundesprüfstelle nach § 8 des Gesetzes über die Verbreitung jugendgefährdender Schriften wegen der Aufnahme in eine Liste jugendgefährdender Schriften)
- **verwaltungspolitisch wertende Prognoseentscheidungen,** sofern das Gesetz die Prognose bzw. die behördliche Bewertung als maßgeblich betrachtet (z.B. Rückkehrprognose bei Entscheidung über Strafgefangenenurlaub)

Der Beurteilungsspielraum darf nicht mit dem später noch zu erläuternden Ermessen verwechselt werden. Der Beurteilungsspielraum befindet sich auf der TBM-Seite, der Ermessensspielraum demgegenüber auf der Rechtsfolgeseite.

➤ Rechtsfolgeseite (dann ...)

Die vorgesehene Rechtsfolge einer Rechtsnorm kann verschiedenartig formuliert sein. Schreibt die Rechtsnorm eine bestimmte Rechtsfolge vor, so handelt es sich um eine **Muss-Bestimmung.**

Beispiel:

„Erweist sich jemand als ungeeignet oder nicht befähigt zum Führen von Kraftfahrzeugen, so hat ihm die Verwaltungsbehörde die Fahrerlaubnis zu entziehen." (§ 3 Abs. 1 Satz 1 StVG)

„Mit der Entziehung erlischt die Fahrerlaubnis." (§ 3 Abs. 2 Satz 1 StVG)

Eine **Soll-Bestimmung** ist grundsätzlich wie eine „Muss-Bestimmung" anzusehen, nur bei Vorliegen eines wichtigen Grundes kann von dieser Rechtsfolge abgewichen werden.

Beispiel:

„Die Behörde soll die Abgabe von Erklärungen, die Stellung von Anträgen oder die Berichtigung von Erklärungen oder Anträgen anregen, wenn diese offensichtlich nur versehentlich oder aus Unkenntnis unterblieben oder unrichtig abgegeben oder gestellt worden sind." (§ 25 Satz 1 VwVfG)

1 Schmalz (1998), Rd. Nr. 118ff.

2 Vgl. z.B. ebenda, Rd. Nr. 122ff.

Eine **Kann-Bestimmung** erlaubt der Behörde unter Beachtung des Grundsatzes des pflichtgemäßen Ermessens *(vgl. Lernarrangement 15)* einen begrenzten Handlungsspielraum.

Beispiel:
„Die Straßenverkehrsbehörden können die Benutzung bestimmter Straßen oder Straßenstrecken aus Gründen der Sicherheit oder Ordnung des Verkehrs beschränken oder verbieten oder den Verkehr umleiten." (§ 45 Abs. 1 Satz 1 StVO)

Beinhaltet eine Rechtsnorm eine Muss-Bestimmung oder eine Soll-Bestimmung, so spricht man auch von **gebundener Verwaltung,** da die vorgesehene Rechtsfolge für die Verwaltung verpflichtend ist. Sie hat auf der Rechtsfolgeseite keinen Entscheidungsspielraum. Sieht die Rechtsnorm demgegenüber eine Kann-Bestimmung vor, so spricht man von **Ermessensverwaltung.**[1]

Beachten Sie bezüglich der Ermessensverwaltung insbesondere die Ausführungen im nachfolgenden *Lernarrangement 15:* Allgemeine Grundsätze des Verwaltungsrechts beachten – hier: Grundsatz der Ausübung des pflichtgemäßen Ermessens.

Technik der Rechtsanwendung

Anhand der nachstehenden Übersicht sollen, bezogen auf die zu Beginn dieses *Lernarrangements dargestellte Situation*, die Phasen und Schritte der Rechtsanwendung erläutert werden.

Phasen der Rechtsanwendung				
Phase 1	Feststellung des Sachverhaltes			
Phase 2	Ermittlung der einschlägigen Rechtsnorm			
Phase 3	Zerlegung der Rechtsnorm: TBM → RF	Auslegung der TBM	**Subsumtion**	Konkretisierung der Rechtsfolge
Phase 4	Ausführung und Durchsetzung der Rechtsfolge ■ ggf. Erlass des Verwaltungsaktes ■ ggf. zwangsweise Durchsetzung der Rechtsfolge			

➤ Phase 1: Feststellung des Sachverhaltes

Rechtsanwendung ist kein Selbstzweck, sondern dient dazu, Rechtsfragen, die sich aus einem bestimmten Lebenssachverhalt ergeben, zu beantworten. Der Vorgang der Rechtsanwendung setzt daher nicht bei der Rechtsnorm, sondern beim Sachverhalt an.

In der *Ausgangssituation* ist es die Mitteilung eines Bürgers an die Gewerbeaufsicht, die die Rechtsanwendung auslöst. Mitarbeiter der Verwaltung werden jetzt die rechtlich erheblichen Tatsachen ermitteln.

1 Ausnahmsweise auch bei Soll-Bestimmungen.

Hier mögen diese Ermittlungen ergeben haben, dass der Gewerbetreibende Sch. tatsächlich in den vergangenen Jahren mehrere unfallbeschädigte Pkw unzulänglich repariert und anschließend als unfallfrei verkauft hat. Der nicht verkehrssichere Zustand führte mehrfach zu Unfällen mit schwerwiegenden Körperverletzungen. Sch. wurde deswegen bereits vom zuständigen Gericht wegen fahrlässiger Körperverletzung in zwei Fällen verurteilt. Die Strafe wurde zur Bewährung ausgesetzt. Die Ermittlungen haben auch ergeben, dass auch nach diesem Urteil erneut unzulänglich reparierte Fahrzeuge von Sch. verkauft wurden.

Nicht nur Mitteilungen eines Bürgers können den Anlass zur Rechtsanwendung liefern. Auch Anträge, die gestellt werden, können die Rechtsanwendung durch die Verwaltung verursachen.

Zudem können eigene Feststellungen der Verwaltung Auslöser für die Rechtsanwendung sein. So wird Rechtsanwendung ausgelöst, wenn z.B. Mitarbeiter des Ordnungsamtes feststellen, dass verschiedene Hundehalter – entgegen einem entsprechenden Gebot in der Verordnung über die öffentliche Sicherheit in der Stadt X – ihre Hunde in der Fußgängerzone nicht an der Leine führen und außerdem Verunreinigungen, die die Hunde verursacht haben, nicht unverzüglich beseitigen.

➤ Phase 2: Ermittlung der einschlägigen Rechtsnorm

Im Ausgangsfall wird eine ganz bestimmte Rechtsfolge angestrebt, die Gewerbeuntersagung.

Die Suche nach einer einschlägigen Norm kann daher unmittelbar an eine konkrete Rechtsfolge anknüpfen. Es kann die Rechtsnorm gesucht werden, die die angestrebte Rechtsfolge „Gewerbeuntersagung" festsetzt.

Erster Teilschritt ist die Ermittlung des anzuwendenden Gesetzes. Hier sind vor allem die **Kollisionsregeln** bei der Anwendung von Rechtsquellen

- **übergeordnetes Recht vor untergeordnetem Recht**
  (z. B. Bundesrecht vor Landesrecht ...)
- **Spezialgesetz hat Vorrang vor allgemeinen Regelungen**
- **neues (später erlassenes) Recht setzt älteres Recht außer Kraft**

zu beachten.

Hier kommen zunächst die landesspezifische Regelung zur Regelung der Gefahrenabwehr (Gesetze zur öffentlichen Sicherheit und Ordnung), die bundesrechtliche Gewerbeordnung oder ggf. speziellere Regelungen im Gewerberecht wie z.B. die Handwerksordnung usw. infrage.

Spezielle Gesetze wie z.B. die Handwerksordnung sind auf diesen Sachverhalt nicht anwendbar. Bei der Frage, ob die Gewerbeordnung als bundesrechtliche Rechtsnorm oder das jeweilige Landesgesetz zur Gefahrenabwehr heranzuziehen ist, ist festzuhalten, dass die Gewerbeordnung gegenüber dem allgemeinen Gefahrenabwehrrecht als Spezialgesetz anzusehen ist und daher Vorrang hat (bezogen auf Niedersachsen: vgl. z.B. § 3 Abs. 1 Satz 1 Nds. SOG).

Die Gewerbeordnung als einschlägiges Gesetz enthält an mehreren Stellen Regelungen zur Gewerbeuntersagung.

Zu nennen sind hier:

- § 15 Abs. 2 GewO
- § 35 Abs. 1 GewO
- § 51 GewO
- § 59 GewO

Um die tatsächlich anzuwendende Norm herausfinden zu können, ist es erforderlich, die Tatbestandsmerkmale der Rechtsnorm mit den Gegebenheiten des Sachverhalts zu vergleichen.

Bezogen auf die Eingangssituation kommt als mögliche Rechtsnorm § 35 GewO infrage, denn es wäre denkbar, dass hier Unzuverlässigkeit des Gewerbetreibenden vorliegt.

§

§ 35 Abs. 1 Satz 1 GewO

„Die Ausübung eines Gewerbes ist von der zuständigen Behörde ganz oder teilweise zu untersagen, wenn Tatsachen vorliegen, welche die Unzuverlässigkeit des Gewerbetreibenden oder einer mit der Leitung des Gewerbebetriebes beauftragten Person in Bezug auf dieses Gewerbe dartun, sofern die Untersagung zum Schutz der Allgemeinheit oder der im Betrieb Beschäftigten erforderlich ist."

➤ Phase 3: Rechtsanwendung im engeren Sinne

Ist der Verwaltung der Sachverhalt bekannt und ist die einschlägige Rechtsnorm ermittelt worden, kann die Rechtsanwendung im engeren Sinne erfolgen.

Schritt 1: Zerlegung der Rechtsnorm

Zur Anwendung der Rechtsnorm ist es zunächst erforderlich, den Rechtssatz in seine Bestandteile zu zerlegen.

Vollständige Rechtsnormen bestehen aus:

Tatbestandsmerkmal(en) (TBM) und **Rechtsfolge(n)** (RF)

Diese beiden Teile sind in vollständigen Rechtssätzen mit einer „Wenn → dann-Beziehung" verbunden.

Immer wenn das (die) Tatbestandsmerkmal(e) erfüllt ist (sind), dann tritt die vorgesehene Rechtsfolge ein (Ausnahme ggf. bei Ermessensentscheidungen).

In der Rechtsnorm, die für die Ausgangssituation als einschlägig erkannt wurde, gilt:

Tatbestandsmerkmale (TBM)	**Rechtsfolge** (RF)
Wenn ... Tatsachen vorliegen, welche die Unzuverlässigkeit des Gewerbetreibenden (...) in Bezug auf dieses Gewerbe dartun und sofern die Untersagung zum Schutz der Allgemeinheit oder der im Betrieb Beschäftigten erforderlich ist,	**dann ...** ist die Ausübung des Gewerbes ganz oder teilweise zu untersagen.

Die Tatbestandsmerkmale sind hier so miteinander verknüpft, dass sich zum einen eine kumulative Aufzählung der Tatbestandsmerkmale ergibt (Und-Verknüpfung).

Es müssen also beide Tatbestandsmerkmale erfüllt sein, damit die angegebene Rechtsfolge eintritt:

- Tatsachen, die eine Unzuverlässigkeit des Gewerbetreibenden (...) in Bezug auf das Gewerbe dartun **und**
- Erforderlichkeit der Untersagung zum Schutz
  - der Allgemeinheit **oder**
  - der im Betrieb Beschäftigten

Innerhalb des zweiten Tatbestandsmerkmals ist eine alternative Aufzählung der Tatbestandsmerkmale (Oder-Verknüpfung) ersichtlich. Die Erforderlichkeit der Gewerbeuntersagung kann sich entweder aus dem Schutz der Allgemeinheit oder dem Schutz der im Betrieb Beschäftigten ergeben. Es ist also hinreichend, wenn der Schutz einer der angesprochenen Personengruppen das Handeln der Behörde erforderlich macht.

In dieser Norm kommen damit zwei Grundformen der Verknüpfung vor. Einerseits die kumulative Aufzählung (und), die zur Bedingung macht, dass alle TBM erfüllt sein müssen und andererseits die alternative Aufzählung (oder), bei der es hinreichend ist, dass eines der Merkmale erfüllt ist.

Schritt 2: Auslegung der TBM

Es wird häufig so sein, dass die Bedeutung der TBM nicht eindeutig ist.

In der *Ausgangssituation* sind die Begriffe **Unzuverlässigkeit, Schutz der Allgemeinheit bzw. Schutz der Beschäftigten** unbestimmte Rechtsbegriffe und damit auslegungsbedürftig.

In diesem Zusammenhang kann auf den Kommentar zur Gewerbeordnung von Landmann/Rohmer[1] zurückgegriffen werden. Hier wird zunächst festgestellt: „Der Begriff der Unzuverlässigkeit ist im Gewerberecht nicht gesetzlich definiert. Unzuverlässigkeit muss sich aus Tatsachen ergeben. Die – in der Vergangenheit eingetretenen – Tatsachen hat die Behörde daraufhin zu beurteilen, ob sie auf eine Unzuverlässigkeit des Gewerbetreibenden **in der Zukunft** schließen lassen (Prognoseentscheidung)." Im angesprochenen Gesetzeskommentar wird dann auf eine umfängliche Rechtsprechung verwiesen,[2] die eine schärfere Konturierung des Begriffes gebracht hat.

Es werden somit im Kommentar die anerkannten Ergebnisse der Auslegung dieses unbestimmten Rechtsbegriffes dargelegt, die dann bei der eigenen (nachprüfbaren) Auslegung des Begriffes zu berücksichtigen sind.

Im vorliegenden Beispiel besteht für die Verwaltung kein Beurteilungsspielraum, denn dieser Sachverhalt ist keiner der zum Beurteilungsspielraum dargelegten Fallgruppen zuzurechnen. Hier geht es vielmehr um die uneingeschränkt nachprüfbare Auslegung unbestimmter Rechtsbegriffe.

Schritt 3: Subsumtion

Als Subsumtion bezeichnet man die Unterordnung des konkreten Sachverhaltes unter den oder die Rechtsnormtatbestände. Diese Phase der Rechtsanwendung ist im Allgemeinen der schwierigste Teil. Jedes einzelne Tatbestandsmerkmal ist hierbei auf den Sachverhalt zu beziehen und es gilt in jedem Einzelfall die Frage zu beantworten: „TBM erfüllt? – Ja oder Nein?"

1 Vgl. v. Landmann, Rohmer (2018), Kommentierung zu § 35 GewO.

2 Ebenda.

11 Schäfer u.a. - ISBN 978-3-8120-0439-8

Wichtig ist dabei, dass die Antwort für andere anhand des Sachverhaltes nachvollziehbar wird. Es genügt somit nicht allein die Antwort auf die Frage, ob das jeweilige TBM erfüllt ist, der Rechtsanwender hat dies vielmehr mit den jeweiligen Sachverhaltselementen zu belegen.

Die Subsumtion des *Ausgangsfalles* unter die Rechtsnorm ergibt folgendes abschließendes Bild:

TBM 1	und	TBM 2: TBM 2.1	oder	TBM 2: TBM 2.2
↓ Unzuverlässigkeit des Gewerbetreibenden in Bezug auf dieses Gewerbe (Prognoseentscheidung)		↓ Untersagung zum Schutz der Allgemeinheit erforderlich		↓ Untersagung zum Schutz der Beschäftigten erforderlich

↓

Für jedes einzelne TBM ist zu überprüfen, ob im konkreten Fall Elemente des Sachverhalts die TBM erfüllen.

Die Bausteine (Elemente) des Sachverhaltes sind den Bausteinen (TBM) des Gesetzes unterzuordnen.

↓

Element 1	Element 2.1	Element 2.2
Sch. hat als Gewerbetreibender wiederholt unfallbeschädigte Fahrzeuge unzulänglich repariert und als unfallfrei verkauft (siehe entsprechendes Gerichtsurteil). Auch nach dem Gerichtsurteil hat er dieses Verfahren fortgesetzt und es besteht nicht die Aussicht, dass Sch. sein Verhlaten ändern wird.	Der nicht verkehrssichere Zustand der Pkw hat mehrfach zu Unfällen mit schwerwiegenden Körperverletzungen geführt.	Kein Element des Sachverhaltes trifft auf dieses TBM zu.
↓ Sch. hat sich als unzuverlässig in Bezug auf das Gewerbe Gebrauchtwagenhandel erwiesen.	↓ Die Gewerbeuntersagung ist zum Schutz der Allgemeinheit erforderlich.	↓ Nicht erfüllt
↓	↓	↓

→ TBM 1 + TBM 2.1 = erfüllt!   ✕ (TBM 2.2)

Die Subsumtion hat hier ergeben, dass das TBM 1 erfüllt ist. Innerhalb des TBM 2 sieht die Rechtsnorm zwei alternative Möglichkeiten (2.1/2.2) vor. Das TBM 2.1 (zum Schutz der Allgemeinheit erforderlich) ist hier erfüllt, somit sind die erforderlichen Voraussetzungen gegeben. Die vom Gesetzgeber vorgesehene Rechtsfolge kann gesetzt werden (siehe Schritt 4).

Schritt 4: Konkretisierung der Rechtsfolge

Die Überprüfung in Schritt 3 hat ergeben, dass die TBM erfüllt sind. Die vom Gesetzgeber vorgesehene Rechtsfolge kann somit gesetzt werden.

Hätte die Subsumtion ergeben, dass eines der zwingend erforderlichen TBM nicht erfüllt ist, wäre es nicht zulässig, die von der Rechtsnorm vorgesehene Rechtsfolge zu setzen.

Die Zerlegung der Rechtsnorm (Schritt 1) hat gezeigt, dass als Rechtsfolge vorgesehen ist:

„ist die Ausübung des Gewerbes ganz oder teilweise zu untersagen."

Bezüglich der Entscheidung, ob eine Untersagungsverfügung ergeht, hat die Verwaltung also keinen Ermessensspielraum. Die Rechtsnorm bindet die Verwaltung in dieser Entscheidung.

Die Ausübung des Gewerbes ist zu untersagen.

Man spricht hier von **gebundener Verwaltung.**

Die Rechtsnorm enthält aber bezogen auf den Umfang der Untersagung für die Verwaltung einen Spielraum, der es ihr erlaubt, die jeweils sachgerechte Rechtsfolge zu setzen.

Der Verwaltung wird das Ermessen eingeräumt, das Gewerbe ganz oder teilweise zu untersagen.

Man spricht hier von **Ermessensverwaltung.**

Unterstellt man in unserem Fall in der *Ausgangssituation*, dass Herr Sch. auch mit Ersatzteilen handelt, so ist es grundsätzlich möglich, das gesamte Gewerbe zu untersagen oder die Untersagung auf den Teil des Gebrauchtwagenhandels zu beschränken, was nach der vorliegenden Schilderung des Sachverhaltes als sachgerechte Lösung erscheint.

Bei der Ausübung des Ermessens ist die Verwaltung allerdings nicht frei von gesetzlichen Grenzen der Ermessensausübung, es ist insbesondere der § 40 VwVfG zu beachten.

Dort heißt es:

§

§ 40 VwVfG

„Ist die Behörde ermächtigt, nach ihrem Ermessen zu handeln, hat sie ihr Ermessen entsprechend dem Zweck der Ermächtigung auszuüben."

Die Rechtsanwendung im engeren Sinne (Phase 3) ergibt für unseren Sachverhalt, dass dem Herrn Sch. der Gebrauchtwagenhandel zu untersagen ist.

Phase 4: Ausführung und Durchsetzung der Rechtsfolge

Die Rechtsfolge wurde für den *Ausgangsfall* ermittelt. Der Gebrauchtwagenhandel ist zu untersagen. Die Verwaltung muss jetzt die entsprechende Verfügung erlassen.

Der Verwaltungsakt „Untersagungsverfügung" muss erstellt und dem Adressaten bekannt gegeben werden.

Befolgt der Adressat die im Verwaltungsakt getroffene Regelung nicht, so kann die Verwaltung die Regelung zwangsweise durchsetzen.[1]

Übungen

1. Grenzen Sie gegeneinander ab:
   a) ursprüngliche und abgeleitete Rechtsquellen
   b) Gesetze im formellen und materiellen Sinne
   c) Rechtsverordnungen und Satzungen
   d) Gewohnheitsrecht und Richterrecht

2. Nennen Sie zwei Unterschiede und eine Gemeinsamkeit von Gesetzen (z.B. BGB, NKomVG) einerseits und Rechtsverordnungen andererseits.

3. Ordnen Sie die nachstehenden Rechtsquellen den ursprünglichen und abgeleiteten Rechtsquellen zu:
   a) Rechtsverordnungen
   b) Gewohnheitsrecht
   c) Satzungen
   d) Richterrecht
   e) Verfassungsrecht

4. Bringen Sie die nachstehend aufgeführten Rechtsquellen in die richtige Rangordnung (mit der höheren Rechtsquelle beginnen!):
   - Gesetz
   - Verfassung
   - Satzung
   - Rechtsverordnung

5. Geben Sie für die nachstehenden Aussagen an, ob sie richtig sind, andernfalls korrigieren Sie die Aussage:
   a) Landesrecht bricht Bundesrecht.
   b) Das ältere gleichrangige Recht geht dem jüngeren gleichrangigen Recht vor.
   c) Das speziell ältere Recht geht dem allgemein jüngeren Recht vor.
   d) Die allgemeine Rechtsnorm geht der speziellen Rechtsnorm vor.

6. Grenzen Sie Verwaltungsvorschriften von den Rechtsquellen ab.

1 Vgl. zur zwangsweisen Durchsetzung *Lernarrangement 26*.

7. Man sagt, die Verwaltungsvorschriften hätten mittelbare Außenwirkung. Erläutern Sie diese Aussage.

8. Ermitteln Sie für die nachfolgenden Rechtssätze das (die) Tatbestandsmerkmal(e) und die Rechtsfolge(n). Ordnen Sie hierbei auch die unterschiedlichen Rechtsbegriffe (bestimmter/unbestimmter Rechtsbegriff) zu. Prüfen Sie auch, ob es sich um gebundene oder Ermessensverwaltung handelt.

- § 40 Abs. 1 Aufenthaltsgesetz
- § 41 Aufenthaltsgesetz
- § 60c Abs. 1 Gewerbeordnung
- § 15 Abs. 3 Versammlungsgesetz

Zum Nachschlagen

Art. 3 GG,
Art. 14 GG,
§ 35 Abs. 1 GewO,
§ 4 GastG.

Beispiele:	**Wovon zu unterscheiden:**
■ Art. 3 GG ■ § 1 StVG ■ § 1 StVO	■ Verwaltungsvorschriften ■ konkret-individuellen Regelungen
Hilfen zum Einprägen:	**Definitionen:**
■ Rechtsquellen → Außenrecht ■ Verwaltungsvorschriften → Innenrecht ■ Rangordnungspyramide ■ Rechtsnormen: Wenn ... dann ...-Beziehung ■ bestimmte/unbestimmte Rechtsbegriffe ■ Beurteilungsspielraum → TBM-Seite ■ Ermessen → RF-Seite	■ **Recht – Merkmale:** abstrakt/generell ■ **Rechtsquelle** = die Form, in der Recht entsteht und wie es nach außen in Erscheinung tritt ■ **Rechtsnorm** = betrifft den Inhalt der Regelungen, die in Rechtsquellen zum Ausdruck kommen

Lernarrangement 14

Handlungsformen öffentlicher Verwaltung unterscheiden

Leitfrage

Durch welche Handlungsformen und in welchen Rechtsgebieten wird öffentliche Verwaltung tätig?

Durch das Arrangement abgedeckte Inhalte des Rahmenlehrplans:

✓ Arten des Verwaltungshandelns

Methodische Hinweise zur Erarbeitung des Lernarrangements:

- Dieses Lernarrangement bezieht in seine Überlegungen vom Ansatz her insbesondere als Arbeitsmethode die **„Gruppenarbeit"** mit ein. Es könnten in diesem Lernarrangement Grundregeln für das Arbeiten in Gruppen thematisiert werden. Darüber hinaus könnten die Gruppenmitglieder auch verschiedene Rollen und Funktionen (z. B. Chairman, Logbuch-Führer, Wadenbeißer usw.) innerhalb der Gruppe in diesem Lernarrangement wahrnehmen.
- Die einzelnen Gruppen sollten ihre Arbeit möglichst selbstständig nach den entsprechenden Vorgaben definieren. Dabei sollte die jeweilige Gruppe versuchen, arbeitsteilig zur Lösung der nachstehenden Aufgabe vorzugehen.

LA 14 Ausgangssituation

Die vorausgegangenen Ausführungen haben deutlich gemacht, dass die Verwaltung in unterschiedlichen Lebensbereichen, auf der Basis unterschiedlicher Rechtsnormen und mit unterschiedlicher Regelungsabsicht tätig wird. Diese Vielfältigkeit hat dazu geführt, dass sich sehr unterschiedliche Handlungsformen herausgebildet haben.

In den folgenden Beispielsfällen sind jeweils zwei unterschiedliche Handlungsformen öffentlicher Verwaltung angesprochen.

Beispiele:

1. Die Stadt schickt an den Gastwirt X – Pächter des Ratskellers der Stadt – zwei Schreiben.
   - 1.1 Das erste Schriftstück enthält eine Mahnung. Der Gastwirt hat seit drei Monaten keine Pacht gezahlt und wird jetzt zur Zahlung aufgefordert.
   - 1.2 Das zweite Schreiben beinhaltet die Aufforderung, die Fenster zur Geräuschdämmung mit einer Dreifach-Verglasung zu versehen, da die Geräuschbelästigung für die Nachbarn unerträglich geworden ist. Die Stadt stützt sich dabei auf das Niedersächsische Gaststättengesetz und das Bundesimmissionsschutzgesetz.
2. 2.1 Der öffentliche Wetterdienst wird zur Klärung der Verschuldensfrage bei einem Verkehrsunfall von der Stadt H. befragt, welche Temperatur am 20. Januar 20.. in Hildesheim herrschte. Er teilt der Stadt mit, dass die Temperatur um 10:00 Uhr bei – 3 Grad Celsius lag.

2.2 Der Wäscherei X wird seitens der Stadt A. aufgegeben, immer wenn die Temperatur unter 0 Grad Celsius sinkt, die Straße zu streuen, da sich durch die Dämpfe Glatteis bildet.

3. 3.1 Dem Mitarbeiter der Bauverwaltung wird vom Amtsleiter aufgegeben, bei dem Haus des Herrn Bodmann die Bauabnahme durchzuführen.

3.2 Nach Durchführung der Abnahme ergeht durch die Bauverwaltung an den Bauherrn der Schlussabnahmeschein, aus dem hervorgeht, dass die bauliche Anlage zur Benutzung freigegeben ist.

4. 4.1 § 14 der „Verordnung über die öffentliche Sicherheit in der Gemeinde" regelt: „Das Reinigen und das Abspülen von Fahrzeugen aller Art und Geräten auf öffentlichen Straßen, in Anlagen sowie an Gewässern aller Art ist nicht gestattet."

4.2 Manfred B. erhält von der Gemeindeverwaltung eine Verfügung, in der ihm untersagt wird, seinen MANTA weiter im Stadtpark zu waschen.

5. 5.1 Die Stadt A. setzt die Höhe der Erschließungsbeiträge auf 45,00 €/m^2 fest und fordert von Herrn Neumeister 27 000,00 € für dessen 600 m^2 Grundstück im Baugebiet B.

5.2 Im Baugebiet B ist die Erschließung noch nicht abgeschlossen. Die Stadt einigt sich mit Herrn Altmeister auf einen Erschließungsbetrag von 48,00 €/m^2. Eine genaue Abrechnung erfolgt vereinbarungsgemäß nicht.

6. 6.1 Die Stadt Schönberg will ein neues Hallenbad (Badeland) bauen. In § 12 Abs. 1 Satz 1 KomHKVO heißt es: „Bevor Investitionen von erheblicher finanzieller Bedeutung oberhalb einer von der Kommune festgelegten Wertgrenze beschlossen werden, soll durch einen Wirtschaftlichkeitsvergleich unter mehreren in Betracht kommenden Möglichkeiten die für die Kommune wirtschaftlichste Lösung ermittelt werden."

6.2 Der Mitarbeiter des Bauamtes R. Pingelig erhält von dem Amtsleiter den Auftrag, eine entsprechende Nutzen-Kosten-Untersuchung durchzuführen.

Arbeitsaufträge:

Die nachstehenden Aufgaben sind so angelegt, dass sie in **Gruppenarbeit** erledigt werden können. Dabei definiert die jeweilige Gruppe für sich, wie sie die nachstehenden Aufgaben **(z. B. arbeitsteilig)** bearbeiten will. Sie organisiert für sich personell, zeitlich und organisatorisch die Erledigung der gesamten Arbeitsaufgaben.

1. Finden Sie für die Beispiele 1 bis 6 jeweils heraus, worin die Unterschiede zwischen den jeweils zwei angesprochenen Handlungen (z. B. 1.1 und 1.2) bestehen.
2. In dem nachstehenden Schaubild werden verschiedene Begriffe genannt, die der Klärung bzw. der Abgrenzung bedürfen. Klären Sie für sich umgangssprachlich, also nicht durch Fachbegriffe, die unbekannten Begriffe. Beziehen Sie dabei allgemeine Lexika, Fremdwörterbücher o. Ä. mit ein. **Beachten Sie:** Einige der für Sie zunächst unbekannten Begriffe lassen sich auch aus den bereits bisher vermittelten Inhalten ableiten.
3. Nachdem die Unterschiede zwischen den jeweils angesprochenen Handlungsalternativen (z. B. 1.1 und 1.2) für alle sechs Beispiele herausgearbeitet worden sind **(Aufgabe 1)** und die bisher unbekannten Begriffe **(Aufgabe 2)** für alle Gruppenmitglieder geklärt sind, sollen Sie mithilfe des nachstehenden Schaubildes die jeweilige Handlungsform benennen.
4. In dem Schaubild erscheinen unter dem Kasten „abstrakt generelle Regelungen" die Begriffe Rechtsverordnungen und Satzungen. Erläutern Sie in Ihrer Gruppe, aus welchem Grund hier die Rechtsquellen nicht vollständig wiedergegeben werden.

Handlungsformen der öffentlichen Verwaltung[1]

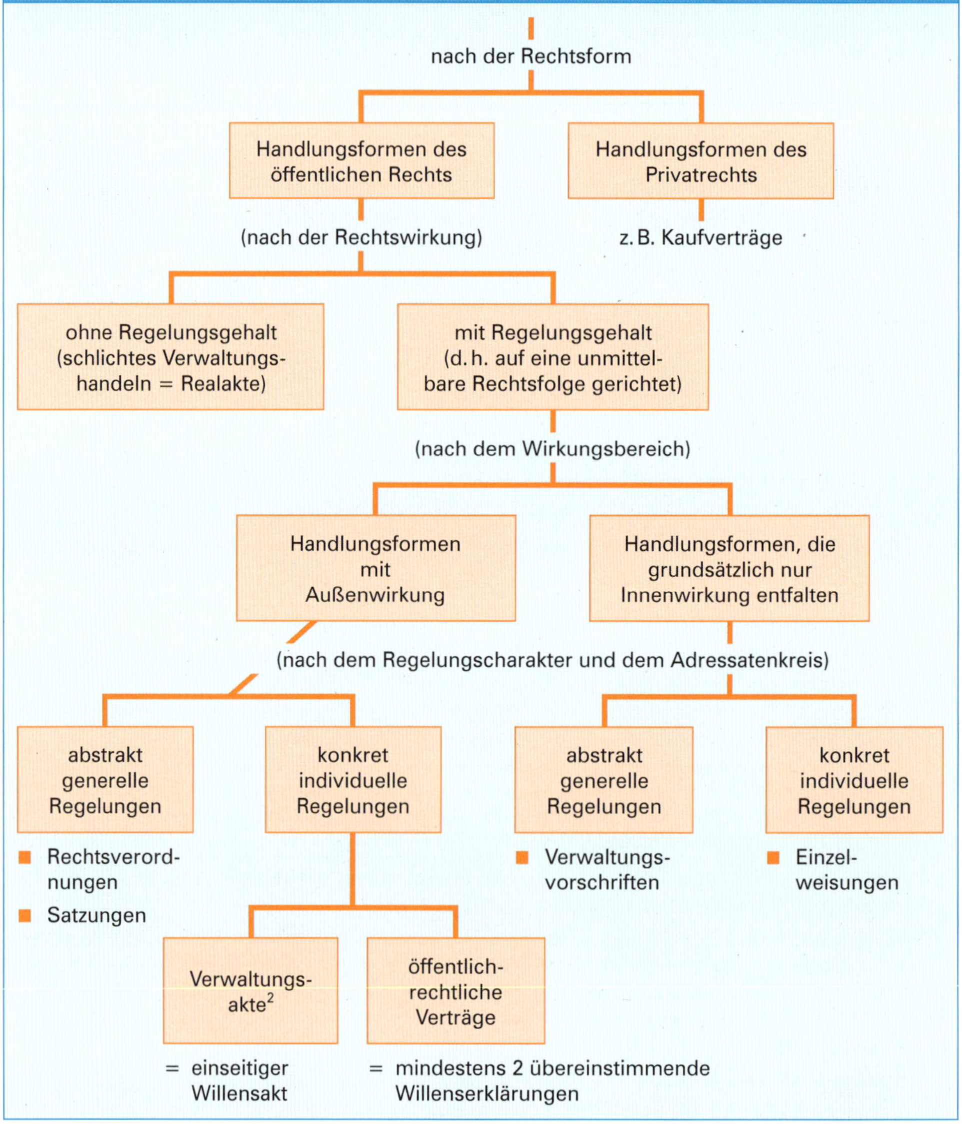

1 Vgl. ähnlich Suckow, Weidemann (2008), Rd. Nr. 80 ff.

2 Verwaltungsakte sind zusätzlich noch in der Form „abstrakt und individuell" möglich.

Übung

Ordnen Sie die nachstehenden Tätigkeiten des Bürgermeisters F. den Handlungsformen der öffentlichen Verwaltung zu.

Bürgermeister F. hat einen anstrengenden Arbeitstag hinter sich. Er hatte am Vormittag nach einer Besprechung mit seinem Dezernatsleiter über mehrere besonders problematische Bauanträge zu entscheiden, gab dann der örtlichen Presse ein Zeitungsinterview zum aktuellen Stand der Umsetzung der Verwaltungsreform, empfing anschließend eine ausländische Delegation der Partnerstadt (Niederlande) zu einem Frühstück im Rathaus. Kurz vor Mittag unterzeichnete er den Auftrag zur Bestellung einer neuen Straßenkehrmaschine und die neue Verordnung über die öffentliche Sicherheit und Ordnung in der Stadt A. Zu dem am Wochenende bevorstehenden Feuerwehrfest erteilte er ferner seinem persönlichen Referenten den Auftrag, eine kurze Grußadresse für die örtliche Presse zu formulieren. Am Nachmittag versammelte er zunächst die Bediensteten der Stadt bei sich, um ihnen die neuen Grundsätze für die Neugestaltung der Arbeitszeit bekannt zu geben, war dann als Vertreter der Stadt bei der Eröffnung einer neuen städtischen Omnibuslinie zugegen und tankte auf dem Heimweg noch seinen Dienstwagen. Am Abend musste er noch auf einer Delegiertenversammlung seiner Partei als Parteimitglied sprechen.

Beispielhafte Lösung zur ersten Tätigkeit des Bürgermeisters:

Bauanträge:

- öffentliches Recht
- mit Regelungsgehalt
- mit Außenwirkung
- konkret individuelle Regelung
- Verwaltungsakt

Zum Nachschlagen

§ 35 Satz 1 VwVfG.

Beispiele:	**Wovon zu unterscheiden:**
■ Informationen der Verwaltung an den Bürger ■ Rechtsverordnungen/Satzungen ■ Verwaltungsvorschriften ■ Einzelweisungen ■ Verwaltungsakt ■ öffentlich-rechtlicher Vertrag	■ abstrakt ■ konkret ■ generell ■ individuell
Hilfen zum Einprägen: **Abgrenzungshilfen:** ■ Öffentliches Recht/privates Recht ■ Regelung – ja/nein ■ Innenwirkung/Außenwirkung ■ konkret/abstrakt ↔ generell/individuell	**Definitionen:** *Regelung:* ■ auf eine unmittelbare Rechtsfolge gerichtetes Handeln *Realakt:* ■ schlichtes Verwaltungshandeln ■ Handeln ohne Regelungsgehalt

Lernarrangement 15

Allgemeine Grundsätze des Verwaltungsrechts beachten

Leitfragen

1. Welche allgemeinen Grundsätze des Verwaltungshandelns hat die Verwaltung bei ihrem Handeln zu beachten?
2. Welche Kernaussagen beinhalten die einzelnen allgemeinen Grundsätze des Verwaltungshandelns?

Durch das Arrangement abgedeckte Inhalte des Rahmenlehrplans:

- ✓ Grundsätze des Verwaltungshandelns
- ✓ Grundrechte

Methodische Hinweise zur Erarbeitung des Lernarrangements:

Zur Wiederholungs- bzw. Übungsphase ist diesem Lernarrangement zu Beginn das Gerüst eines Mindmaps vorangestellt. Es wird empfohlen, dieses im Rahmen der Erarbeitung der Inhalte zu vervollständigen und es auf Ihre Bedürfnisse hin anzupassen.

LA 15 Ausgangssituation

Sie verfügen über allgemeine Grundkenntnisse zur Technik der Rechtsanwendung. Im Rahmen der Lösung von Rechtsproblemen und bei der Durchführung von Verwaltungsverfahren sind darüber hinaus allgemein anerkannte und auch gesetzlich spezifizierte Grundsätze des Verwaltungshandelns zu beachten. In diesem Lernarrangement sollen Ihnen diese allgemeinen Grundsätze des Verwaltungshandelns an konkreten Sachverhalten dargestellt und erläutert werden.

Mindmap

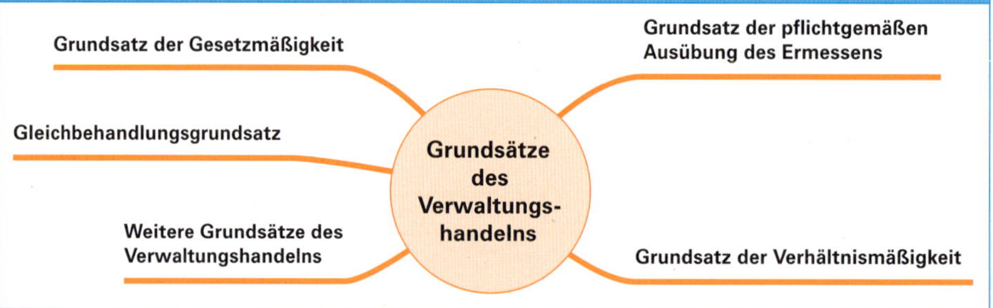

Arbeitsauftrag:

Im Rahmen der Erarbeitung der nachfolgenden Inhalte dieses Lernarrangements werden Sie auf weitere Informationen stoßen, die Sie sinnvollerweise in das vorliegende Mindmap als Ergänzung aufnehmen sollten.

Theoretische Grundlagen

Grundsatz der Gesetzmäßigkeit

Situation 1:

Die Stadt A. kauft im Gebiet eines Bebauungsplans vom Landwirt Bauer ein Grundstück, um es nach erfolgter Erschließung an Bauinteressenten zu verkaufen.

Herr Maurer besitzt ebenfalls ein Grundstück im Gebiet dieses Bebauungsplans. Teile dieses Grundstücks sind entsprechend den Festsetzungen des Bebauungsplans als Fläche für einen Spielplatz vorgesehen. Die zuständige Behörde beabsichtigt, diese Teile des Grundstücks zu enteignen. Das Wohl der Allgemeinheit erfordert die Enteignung und der Enteignungszweck ist auf andere zumutbare Weise nicht erreichbar.

§

Art. 20 Abs. 3 GG

„Die Gesetzgebung ist an die verfassungsmäßige Ordnung, die vollziehende Gewalt und die Rechtsprechung sind an Gesetz und Recht gebunden."

Dieser Verfassungsgrundsatz gilt als **Grundsatz der Gesetzmäßigkeit der Verwaltung** für beide in der Ausgangssituation dargelegten Fälle. Zur verfassungsrechtlichen Herleitung vgl. *Lernarrangement 3.*

Die *Maßnahmen gegenüber den Herren Bauer und Maurer* unterscheiden sich jedoch einerseits dadurch, dass sie sich auf unterschiedliche Rechtsnormen – im Fall des Herrn Bauer eine Privatrechtsnorm des BGB, im Fall des Herrn Maurer eine öffentlich-rechtliche Norm des Baugesetzbuches – stützen und vor allem dadurch, dass mit der ersten Handlung (Kaufvertrag) nicht hoheitlich in die Rechte eines Bürgers eingegriffen wird, während im zweiten Fall (Enteignung) die Behörde von hoheitlichen Befugnissen Gebrauch macht. Hier wird in die Rechte des Herrn Maurer (Recht auf Eigentum) eingegriffen, es ergeht hier ein belastender Verwaltungsakt.

Der Vorrang des Gesetzes

Die Verwaltung greift im Fall des Herrn Bauer nicht in die Rechte des Bürgers ein. Trotzdem muss die Verwaltung – wie bei jeder Verwaltungshandlung – dem Vorrang des Gesetzes entsprechen.

Der Vorrang des Gesetzes „bestimmt, dass die Verwaltung das Gesetz anwenden muss (Anwendungsgebot), nicht vom Gesetz abweichen (Abweichungsverbot) und nicht gegen das Gesetz verstoßen darf."[1]

Hat die Verwaltung in diesem Fall die einschlägigen Normen des BGB und des NKomVG (z. B. § 124 NKomVG) angewandt und gegen keine Rechtsnorm verstoßen, so hat sie dem Vorrang des Gesetzes entsprochen, die Handlung ist rechtmäßig. Darüber hinaus bringt der Vorrang des Gesetzes die Überlegenheit des förmlichen Gesetzes gegenüber allen abgeleiteten Rechtsquellen zum Ausdruck.[2]

1 Vgl. dazu Ossenbühl, in: Erichsen (2010), § 9 Rd. Nr. 7.

2 Vgl. ebenda.

➤ Vorbehalt des Gesetzes

Im *Falle des Herrn Maurer* wurde in die Rechte des Bürgers eingegriffen. Es ist unumstritten, dass es bei Eingriffen dieser Art nicht hinreichend sein kann, wenn nur nicht gegen Rechtsnormen verstoßen wird. Es ist vielmehr erforderlich, dass ein Gesetz oder eine daraus abgeleitete Rechtsquelle (z. B. Rechtsverordnung) ausdrücklich diesen Eingriff ermöglichen (Ermächtigungsgrundlage).

Für *Herrn Maurer* stellen die Regelungen der §§ 85 ff. Baugesetzbuch diese Parlamentsentscheidung dar.

In diesem Fall ist mit der belastenden Maßnahme der Verwaltung gleichzeitig eine Grundrechtseinschränkung verbunden. Art. 14 GG gewährleistet grundsätzlich das Eigentum, ermöglicht aber auch Enteignungen zum Wohle der Allgemeinheit und macht im Absatz 3 dafür sogar **ausdrücklich die Regelung durch ein entsprechendes Gesetz erforderlich.**

Dem Vorbehalt des Gesetzes wurde hier entsprochen. Es gibt die einschlägige Rechtsnorm (§ 87 Abs. 1 BauGB), die einen Eingriff dieser Art ermöglicht.

Liegen ferner keine Verstöße gegen formelle und materielle Anforderungen an den rechtmäßigen Verwaltungsakt vor und sind die in § 87 Abs. 1 BauGB genannten Voraussetzungen gegeben (bezüglich des Enteignungszwecks siehe auch § 85 BauGB), so ist diese Maßnahme rechtmäßig, die Enteignung zulässig.

Umstritten ist, wie weit der Vorbehalt des Gesetzes greift. Es ist fraglich, welche Entscheidungen dem Parlament zur Regelung per Gesetz vorbehalten sind und wie weit die Befugnis der Verwaltung reicht, selbstständig, d. h. ohne parlamentarisches Gesetz zu handeln.

„Theorie und Praxis versuchen, das Vorbehaltsproblem mit der sog. Wesentlichkeitstheorie zu bewältigen. Danach sind alle wesentlichen Entscheidungen dem Parlament vorbehalten (sog. Parlamentsvorbehalt) ... Bedeutung hat vor allem der Gesichtspunkt der „Grundrechtsrelevanz" einer Entscheidung gewonnen. Danach sollen Regelungen, die sich maßgeblich auf Grundrechtspositionen auswirken, dem Parlament vorbehalten sein."[1]

■ Grundsatz der pflichtmäßigen Ausübung des Ermessens

➤ Grundlagen

Situation 2:

Herr Sauer behauptet: „Die Verwaltung macht mit den ihnen eingeräumten Ermessensspielräumen, was sie will."

Als Beleg für seine Aussage führt er die beiden folgenden Beispiele an:

Fall A:

Dem Rentner Klapprig wurde von der zuständigen Verwaltungsbehörde der Führerschein entzogen. Die Begründung besteht ausschließlich darin, dass auf das fortgeschrittene Alter (Herr Klapprig ist 88 Jahre alt) hingewiesen wird.

Fall B:

Erwin Kötterfeld betreibt in der niedersächsischen Stadt A. eine Spielhalle. Eine entsprechende Spielhallenkonzession wurde ihm von der zuständigen Behörde erteilt. Das Ordnungsamt der

1 Vgl. Ossenbühl, in: Erichsen (2010), § 9 Rd. Nr. 17.

Stadt A. stellte fest, dass die Spielhalle mehrfach bis um 03:00 Uhr geöffnet war (entgegen der Vorschriften der SperrzeitVO) und forderte Kötterfeld auf, die geltende Sperrzeit einzuhalten.

Daraufhin beantragte Kötterfeld „vorsorglich" die Verkürzung der Sperrzeit, um seine Spielhalle bis morgens um 03:00 Uhr geöffnet zu lassen. Er erklärte im Rahmen einer Anhörung, dass ein öffentliches Bedürfnis zur Verkürzung der Sperrzeit vorliegen würde.

Die Behörde lehnte den Antrag ab, da die gesetzlichen Voraussetzungen nicht vorlägen. Auch sei die Eindämmung der Spielsucht im öffentlichen Interesse. Zudem wäre nicht ersichtlich, dass die Leistung der Spielhalle während der allgemeinen Sperrzeit in erheblichem Maße in Anspruch genommen werde. Eine Bedarfslücke aus Sicht der Allgemeinheit ist nicht ersichtlich. Spielhallen gehören aus Sicht der Stadt A. nicht zu den Vergnügungsstätten, deren Angebot üblicherweise erst nach Beginn der allgemeinen Sperrzeit in Anspruch genommen wird. Die gesetzlichen Öffnungszeiten würden ausreichen, um das Bedürfnis der Allgemeinheit zu befriedigen.

Arbeitsauftrag:

Überprüfen Sie die Behauptung des Herrn Sauer mithilfe der folgenden Rechtsnormen:

§

§ 3 Straßenverkehrsgesetz

„(1) Erweist sich jemand als ungeeignet oder nicht befähigt zum Führen von Kraftfahrzeugen, so hat ihm die Fahrerlaubnisbehörde die Fahrerlaubnis zu entziehen."

§

Verordnung über die Sperrzeiten für Spielhallen (SperrzeitVO)

§ 1 Sperrzeit

„Die Sperrzeit für Spielhallen beginnt um 00:00 Uhr und endet um 06:00 Uhr."

§ 2 Ausnahmen

„Bei Vorliegen eines öffentlichen Bedürfnisses oder besonderer örtlicher Verhältnisse kann die Sperrzeit allgemein oder für einzelne Betriebe verlängert oder um höchstens drei Stunden verkürzt werden."

Zum Fall A:

Die Norm des § 3 Straßenverkehrsgesetz enthält das **Tatbestandsmerkmal**: „Erweist sich jemand als ungeeignet oder nicht befähigt zum Führen von Kraftfahrzeugen" und knüpft daran die einzig zulässige Rechtsfolge: „so hat ihm die Fahrerlaubnisbehörde die Fahrerlaubnis zu entziehen."

Ermessen wird der Verwaltung hier nicht eingeräumt. Auf der Tatbestandsseite des Rechtssatzes finden sich hier die unbestimmten Rechtsbegriffe „ungeeignet oder nicht befähigt zum Führen von Kfz". Diese Begriffe bedürfen der Auslegung und Anwendung auf den konkreten Fall. Bei der Auslegung dieser unbestimmten Rechtsbegriffe besitzt die Verwaltung einen Beurteilungsspielraum (vgl. auch *Lernarrangement 13*). Diese Auslegung und Anwendung darf nicht mit der **Ermessensausübung** verwechselt werden, die stets nur auf der **Rechtsfolgeseite** eines Rechtssatzes eingeräumt wird, wenn mehrere Rechtsfolgen ermöglicht werden.

Bei der Anwendung eines unbestimmten Rechtsbegriffes kann es selbstverständlich zu Auslegungs- und Anwendungsfehlern kommen. So erfüllt das hohe Alter des Herrn Klapprig allein mit Sicherheit nicht das Tatbestandsmerkmal „ungeeignet zum Führen von Kfz".

Der VA ist damit vermutlich rechtswidrig, der Fehler ist allerdings nicht als „Ermessensfehler" anzusehen.

Zum Fall B:

Wie in jedem anderen Fall, der an die Verwaltung herangetragen wird, muss zunächst entschieden werden, ob ein Verwaltungsverfahren durchgeführt werden soll. Auch diese – verfahrensrechtliche – Frage steht grundsätzlich im Ermessen, denn § 22 VwVfG regelt:

§

§ 22 VwVfG

„Die Verwaltung entscheidet nach pflichtgemäßem Ermessen, ob und wann sie ein Verwaltungsverfahren durchführt. Dies gilt nicht, wenn sie aufgrund von Rechtsvorschriften

- von Amts wegen oder auf Antrag tätig werden muss;
- nur auf Antrag tätig werden darf und ein Antrag nicht vorliegt."

Im Fall des § 22 Satz 1 VwVfG handelt es sich bei der Entscheidung, ob die Behörde ein Verwaltungsverfahren durchführt um ein *Entschließungsermessen.* In der *Ausgangssituation* lag ein Antrag auf Verkürzung der Sperrzeit vor, die zuständige Behörde musste daher grundsätzlich handeln. Hier gab es kein Entschließungsermessen; die Behörde hatte die Verpflichtung, ein Verwaltungsverfahren einzuleiten.

Die Verwaltung war allerdings nicht verpflichtet, bei Vorliegen eines der beiden Tatbestandsmerkmale tatsächlich eine Verkürzung der Sperrzeit vorzunehmen.

Die Norm des § 2 der Sperrzeitverordnung räumt ebenfalls Ermessen ein. Durch die Benennung der verschiedenen Rechtsfolgen, die die Verwaltung wählen kann, steht ihr ein Auswahlermessen zu. In Bezug auf das *Ausgangsbeispiel* kann die Behörde je nach Lage des einzelnen Falles allgemein oder für einzelne Betriebe

- die Sperrzeit unverändert lassen, → *Entschließungsermessen*
- die Sperrzeit verlängern oder verkürzen. → *Auswahlermessen*

Es ist in ihr Ermessen gestellt, **wie** sie handelt, **welche** Rechtsfolge sie setzt.

Typische Formulierungen in Rechtssätzen, die für die Verwaltung ein Ermessen zum Ausdruck bringen, lauten: „kann", „darf", „ist berechtigt", „oder", „von ... bis".

In ihrer Ermessensausübung ist die Verwaltung natürlich nicht völlig frei. § 40 VwVfG setzt die Grenzen der Ermessensausübung:

§

§ 40 VwVfG

„Ist die Behörde ermächtigt, nach ihrem Ermessen zu handeln, hat sie ihr Ermessen entsprechend dem Zweck der Ermächtigung auszuüben und die gesetzlichen Grenzen des Ermessens einzuhalten."

Einerseits dürfen die Grenzen des eingeräumten Ermessens nicht überschritten werden, andererseits dürfen keine Rechtsfolgen gesetzt werden, die die Rechtsnorm nicht vorsieht (Ermessensüberschreitung).

Im Ausgangsfall B wurde als Rechtsfolge gesetzt, einer Verkürzung der beantragten Sperrfrist nicht zuzustimmen. Die Verwaltung setzt damit eine Rechtsfolge, die die §§ 1 und 2 der SperrzeitVO zulässt. Eine Ermessenüberschreitung liegt demnach nicht vor.

Grundsatz der pflichtgemäßen Ausübung des Ermessens

Gebundene Verwaltung

§ 3 Straßenverkehrsgesetz

Tatbestandsmerkmal
„erweist sich jemand als ungeeignet zum Führen von Kfz",

so **hat**

(eine) **Rechtsfolge**
„die Verwaltungsbehörde die Fahrerlaubnis zu entziehen."

Ermessensverwaltung

§ 22 VwVfG

„Die Behörde entscheidet nach pflichtgemäßem Ermessen, ob und wann sie ein Verwaltungsverfahren durchführt. Dies gilt nicht, wenn die Behörde ... auf Antrag tätig werden muss."

§ 2 Nds. SperrzeitVO

Die Behörde kann

TBM 1 bei Vorliegen eines **öffentlichen Bedürfnisses** oder TBM 2 **besonderer örtlicher Verhältnisse**

(**unbest. Rechtsbegriffe** bei alternativen Tatbestandsmerkmalen)

für einzelne Betriebe

die Sperrzeit unverändert lassen oder die Sperrzeit verlängern oder verkürzen

Ermessensausübung § 40 VwVfG

„Ist die Behörde ermächtigt, nach ihrem Ermessen zu handeln, hat sie ihr Ermessen entsprechend dem Zweck der Ermächtigung auszuüben und die gesetzlichen Grenzen des Ermessens einzuhalten."

Art des Ermessens

Entschließungsermessen

Frage: **Ob** gehandelt wird (ob eine Rechtsfolge gesetzt wird).

Auswahlermessen

Frage: **Wie** gehandelt wird (welche Rechtsfolge gesetzt wird)

Ermessensausübung findet bei der Festsetzung der Rechtsfolge statt!

Arten von Ermessensfehlern

Beispiel zu Fehlern bei der Anwendung einer Ermessensnorm
(hier: Zwangsgeld nach § 67 Nds. SOG i. V. m. § 70 NVwVG)[1]

Der Bürgermeister der Stadt X erteilte dem Amt für Statistik die Weisung, bei der Festsetzung von Zwangsgeldern für diejenigen, die sich weigern, einen Volkszählungsbogen auszufüllen, grundsätzlich einen Betrag von 500,00 € festzusetzen und dem Ordnungsamt wurde aufgegeben, bei allen Festsetzungen von Zwangsgeldern den Betrag gegenüber früheren Parallelfällen um 25 % zu erhöhen, um so einen positiven Beitrag für den Haushaltsausgleich der Stadt zu erbringen.

1 Vergleichbare Vorschriften finden sich in nahezu allen landesspezifischen Vorschriften im Bereich des Gefahrenabwehr- oder Polizei- und Ordnungsrechts.

§

§ 40 VwVfG

„Ist die Behörde ermächtigt, nach ihrem Ermessen zu handeln, hat sie ihr Ermessen entsprechend dem Zweck der Ermächtigung auszuüben und die gesetzlichen Grenzen des Ermessens einzuhalten."

Diese Rechtsgrundlage schafft selbst kein Ermessen, sie regelt vielmehr, wie es auszuüben ist. Dabei lassen sich drei Anforderungen aus der Norm ableiten. Verstöße gegen diese Anforderungen führen somit zu drei grundsätzlich verschiedenen Fehlerarten bei der Anwendung einer Ermessensnorm.

Ermessensfehler

Die Behörde hat „ihr Ermessen . . . auszuüben"!

§ 40 VwVfG verlangt damit ausdrücklich die Ermessensausübung, soweit der Behörde Ermessen eingeräumt ist. Übt die Behörde das Ermessen nicht aus, begeht sie einen Ermessensfehler, den

„Ermessensmangel" – Nichtgebrauch des Ermessens.

Die Behörde hat

■ ihr Ermessen entsprechend dem Zweck der Ermächtigungsausübung auszuüben,	■ die gesetzlichen Grenzen des Ermessens einzuhalten.
Ermessensmissbrauch/ Ermessensfehlgebrauch liegt vor, wenn die Behörde bei der Entscheidung nicht entsprechend dem Zweck der Ermächtigung handelt.	**Ermessensüberschreitung** liegt vor, wenn die gesetzlichen Grenzen des Ermessens nicht eingehalten werden.

➤ Nichtgebrauch des Ermessens

„Die erste Pflicht einer Behörde bei einer Ermessensbefugnis ist, dass sie ihr Ermessen überhaupt betätigt." Diese Pflicht macht § 40 VwVfG durch die Worte „... hat sie ihr Ermessen ... auszuüben" deutlich.[1] Diese Pflicht bewirkt, dass sich die Behörde ihrer Auswahlmöglichkeit bewusst sein und entsprechende Erwägungen anstellen muss. Ein Ermessensmangel kann daher z.B. darauf zurückzuführen sein, dass die Behörde fälschlicherweise annimmt, in der Entscheidung gebunden zu sein.

Ein **Ermessensnichtgebrauch** durch den zuständigen Sachbearbeiter entsteht z.B. dadurch, dass die zuständigen Sachbearbeiter im Amt für Statistik nach der Weisung *im Ausgangsbeispiel* davon ausgehen, dass sie keinerlei Ermessensspielraum bei der Festsetzung des Zwangsgeldes zur Volkszählung haben und daher generell – d.h. ohne Beachtung möglicher Besonderheiten des einzelnen Falles – 500,00 € als Zwangsgeld festsetzen. Eine Weisung des Bürgermeisters kann jedoch nicht die im Gesetz vorgesehene Ermessensausübung für den Einzelfall ersetzen.

1 Busch, in: Knack, Henneke (2014), § 40 Rd. Nr. 43.

Auch in den Fällen, in denen Verwaltungsvorschriften die nähere Ausübung des Ermessens regeln, ist eine Anwendung dieser Regelungen ohne Berücksichtigung des Einzelfalles unzulässig. Der Sachbearbeiter ist insoweit in seinen Entscheidungen nicht uneingeschränkt an die Verwaltungsvorschriften gebunden.

„Hier besteht folgende Problematik: Einerseits ist die Behörde verwaltungsintern an die Richtlinien gebunden; andererseits darf dadurch das gesetzlich eingeräumte Ermessen nicht ausgeschlossen werden. In solchem Fall ist die Ermessensausübung aufgeteilt: Die grundsätzlichen Ermessenserwägungen nimmt die vorgesetzte Behörde bei Erlass der Verwaltungsvorschrift vor. Die lediglich den Einzelfall betreffenden Erwägungen muss die Behörde anstellen, die den VA erlässt. Deshalb ist eine in Anwendung von Verwaltungsvorschriften ergehende Ermessensentscheidung rechtmäßig, wenn die Verwaltungsvorschriften für sich genommen rechtmäßig (ermessensfehlerfrei) sind, insbesondere Raum für Besonderheiten des Einzelfalles lassen und wenn die entscheidende Behörde sich bewusst ist, dass sie bei besonderer Lage ein (weiteres) Ermessen ausüben darf und gegebenenfalls auch fehlerfrei ausübt."[1]

Innerhalb eines Widerspruchsverfahrens können fehlende Ermessenserwägungen grundsätzlich nachträglich angestellt werden, nicht jedoch im Verwaltungsprozess.[2]

➤ Ermessensfehlgebrauch (-missbrauch)

Von Ermessensfehlgebrauch wird gesprochen, wenn die Behörde bei der Entscheidung **nicht entsprechend dem Zweck der Ermächtigung handelt.**

Beim Ermessensfehlgebrauch ist der gedankliche Weg, auf dem die Behörde zu ihrer Entscheidung kommt, fehlerhaft. Deshalb lässt sich ein Ermessensfehlgebrauch nicht durch Subsumtion des Sachverhalts (VA) unter das Gesetz feststellen, sondern ergibt sich aus der Begründung des VA oder aus Begleitumständen (z. B. aus den Akten, aus Äußerungen der Beteiligten). Der Erkennbarkeit des gedanklichen Weges und damit eines etwaigen Ermessensfehlgebrauchs dient die in § 39 Abs. 1 Satz 3 VwVfG ... ausdrücklich normierte Pflicht zur Begründung der Ermessensentscheidung ... Ermessensfehlgebrauch liegt insbesondere vor, wenn die Entscheidung auf sachfremden Erwägungen beruht. Hierzu gehören etwa Freundschaft, Feindschaft oder persönliches Vorteilsstreben; es kann sich aber auch aus dem Gesetzeszusammenhang ergeben, welche Erwägungen noch bzw. nicht mehr sachgemäß sind.[3]

Bezogen auf das oben dargelegte Beispiel *(Zwangsgeld wegen Teilnahmeverweigerung an der Volkszählung* aufgrund § 67 Nds. SOG) könnten sachfremde Erwägungen bei der Festsetzung des Zwangsgeldes etwa Überlegungen sein, die Höhe der festzusetzenden Zwangsgelder deswegen allgemein anzuheben, weil damit ein Beitrag zum Haushaltsausgleich der Gemeinde geleistet werden soll. Zweck der Ermächtigung zur Zwangsgeldfestsetzung im Nds. SOG ist mit Sicherheit nicht, Haushaltsmittel zu beschaffen, sondern Handlungen, Duldungen bzw. Unterlassungen durchzusetzen, um eine Gefahr wirksam abzuwehren.

➤ Ermessensüberschreitung

Von Ermessensüberschreitung wird gesprochen, wenn die gesetzlichen Grenzen des Ermessens nicht eingehalten werden, wenn eine Rechtsfolge gesetzt wird, die nicht im

1 BVerfG NJW 78, 1018 (1020).

2 Vgl. Busch, in: Knack, Henneke (2014), § 40 Rd. Nr. 44.

3 Vgl. Schmalz (1998), Rd. Nr. 299ff.

12 Schäfer u.a. - ISBN 978-3-8120-0439-8

Gesetz vorgesehen ist. Die Grenzen des Ermessens ergeben sich zum einen aus der anzuwendenden Rechtsnorm selbst, zum anderen aber auch aus anderen Vorschriften, insbesondere aus den Grundrechten und dem Prinzip der Verhältnismäßigkeit.[1]

> **§ 67 Nds. SOG**
> „Das Zwangsgeld wird auf mindestens 5 und höchstens 50 000 Euro schriftlich festgesetzt."

Diese Rechtsnorm setzt der anwendenden Ordnungsbehörde bestimmte Grenzen für die Ermessensausübung. Danach würden sowohl ein Zwangsgeld in Höhe von 2,00 € als auch ein Zwangsgeld von 80 000,00 € außerhalb des Ermessensspielraums liegen. Die Grenzen des Ermessens wären unter- bzw. überschritten.

Am Beispiel der Anwendung des § 67 Nds. SOG sollen noch einmal die drei Fehlerquellen bei der Anwendung einer Ermessensnorm dargestellt werden.

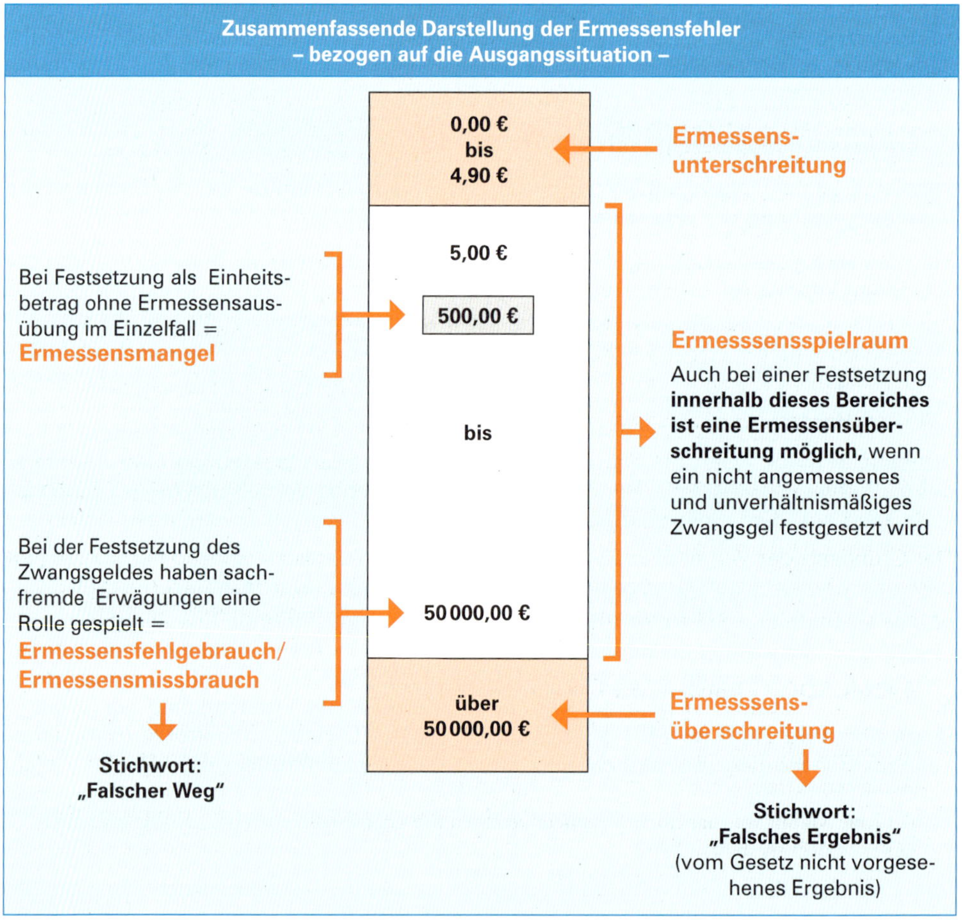

1 Vgl. Schmalz (1998), Rd. Nr. 289 ff.

Grundsatz der Verhältnismäßigkeit

Situation 3:

Fall A:

Kampfhund fällt Passanten an

Hildesheim (lni). Ein streunender „Kampfhund" der Rasse „Mastino Neopolitano" hat in Braunschweig eine 62-jährige Passantin angefallen und lebensgefährlich verletzt. Ein Polizeibeamter erschoss den Hund, der aus einem Holzschuppen ausgebrochen war.

Quelle: Hildesheimer Zeitung vom 16. Mai 19 ..

Der Eigentümer des Hundes beschwert sich bei der Polizei; er macht geltend, dass der Polizist ein unverhältnismäßiges Mittel zur Abwehr der Gefahr eingesetzt habe.

Fall B:

Es sei jetzt in Abwandlung des obigen Falles A unterstellt, dass es noch nicht zu diesem „Unfall" gekommen ist.

Es haben sich jedoch Nachbarn des Hundehalters bei der zuständigen Behörde beschwert und auf eine Gefährdung durch den Hund hingewiesen. Sie haben angegeben, dass der Hundehalter den Hund im Garten frei laufen lässt und ihn auch bei Spaziergängen nicht hinreichend sichert.

Der zuständige Beamte erwägt folgende Maßnahmen:

I. Festsetzung einer Geldbuße
II. Einweisung des Hundes in ein Tierheim
III. Tötung des Hundes
IV. Verpflichtung für den Hundehalter, den Hund auf dem Grundstück an einer Laufkette zu halten und ihn außerhalb mit einem Maulkorb zu sichern
V. Dem Hundehalter wird aufgegeben, mit dem Hund das Grundstück nicht zu verlassen
VI. Dem Hundehalter wird aufgegeben, den Zaun auf dem Grundstück zu erhöhen

Anhand der Vorschriften des landesspezifischen Polizei- und Ordnungsrechts bzw. Gefahrenabwehrrechts sind die erwogenen Maßnahmen auf ihre Verhältnismäßigkeit zu prüfen.

Der Grundsatz der Verhältnismäßigkeit wird aus dem Rechtsstaatsprinzip hergeleitet (vgl. *Lernarrangement 3).* Im Bereich des Gefahrenabwehrrechts wurde der Grundsatz einfachgesetzlich geregelt. In Niedersachsen ist diese Regelung in § 4 Nds. SOG zu finden.[1]

§

§ 4 Nds. SOG Grundsatz der Verhältnismäßigkeit

„(1) Von mehreren möglichen und geeigneten Maßnahmen hat die Verwaltungsbehörde oder die Polizei diejenige zu treffen, die den Einzelnen und die Allgemeinheit voraussichtlich am wenigsten beeinträchtigt.

(2) Eine Maßnahme darf nicht zu einem Nachteil führen, der zum erstrebten Erfolg erkennbar außer Verhältnis steht. ..."

1 Vergleichbare Vorschriften finden sich in nahezu allen landesspezifischen Vorschriften im Bereich des Gefahrenabwehr- oder Polizei- und Ordnungsrechts.

Aus dieser Rechtsnorm lassen sich die drei folgenden Anforderungen an die Maßnahmen der Verwaltung (hier bei Anwendung des Nds. SOG) ableiten, damit der Grundsatz der Verhältnismäßigkeit gewahrt ist.

Grundsatz der Verhältnismäßigkeit – Prüfungsschritte

1	**Geeignetheit**	=	Das Mittel ist geeignet, den angestrebten Zweck zu erreichen.
2	**Erforderlichkeit**	=	Die Behörde kann kein anderes gleichwirksames und weniger einschneidendes Mittel auswählen.
3	**Angemessenheit**	=	Der Nachteil, der mit dem Mittel abgewendet wird, überwiegt den Nachteil, der mit der Anwendung des Mittels verbunden ist.

An dieser ersten Anforderung an das zu wählende Mittel scheitern in unserem **Fall B** die Mittel I, V und VI, denn weder die Zahlung einer Geldbuße noch das Verbot, das Grundstück zu verlassen, noch die Erhöhung des Zaunes führen zu einer Abwehr der Gefahr. Wenn z.B. der Hundehalter den Hund weiter bei Spaziergängen ungesichert ausführt, besteht weiterhin eine Gefährdung durch das Tier.

Die beiden Mittel II und III (Tierheim bzw. Tötung) erfüllen zwar die Anforderung der Geeignetheit, sie stellen aber Mittel dar, die nicht erforderlich sind, da sie stärker in die Rechte des Hundehalters eingreifen als das ebenso geeignete, aber weniger einschneidende Mittel IV. Dieses Mittel IV ist nun am Kriterium der Angemessenheit zu messen.

Im Rahmen einer Angemessenheitsprüfung sind stets mindestens zwei Nachteile gegeneinander abzuwägen. Bezogen auf den Sachverhalt sind es die Nachteile für den Hundehalter im Verhältnis zu den Nachteilen für die gefährdeten Nachbarn bzw. Passanten.

Mit der Verpflichtung, den Hund auf dem Grundstück nur mit einer Laufkette laufen zu lassen und ihn außerhalb des Grundstücks durch einen Maulkorb zu sichern, sind für den Hundehalter Belastungen und Kosten verbunden. Zum einen hat der Hundehalter finanzielle Nachteile, indem er ggf. eine entsprechende Laufkette und einen Maulkorb anschaffen muss. Zum anderen entsteht ein zeitlicher Aufwand, da der Hundehalter vor jedem Spaziergang dem Hund den Maulkorb anlegen muss. Es ist mithin ein Eingriff in die allgemeine Handlungsfreiheit gem. Art. 2 Abs. 1 GG erkennbar. Diese Nachteile wiegen jedoch nicht so schwer, wie die Nachteile, die die Nachbarn bzw. Passanten möglicherweise durch den streunenden „Kampfhund" hinnehmen müssten. Sollte die Ordnungsbehörde nicht handeln, so wären Gesundheit und Leben der Nachbarn und Passanten bedroht, was einer Verletzung des Art. 2 Abs. 2 GG (Recht auf körperliche Unversehrtheit) gleich käme. Der Nachteil, der mit dem Mittel abgewendet wird (Gefährdung der Nachbarn bzw. Passanten), wiegt also schwerer als der Nachteil, der mit der Anwendung des Mittels (Laufkette, Maulkorb) für den Hundebesitzer verbunden ist. Die Maßnahme ist folglich auch angemessen.

Grundsatz der Verhältnismäßigkeit – bezogen auf Fall B

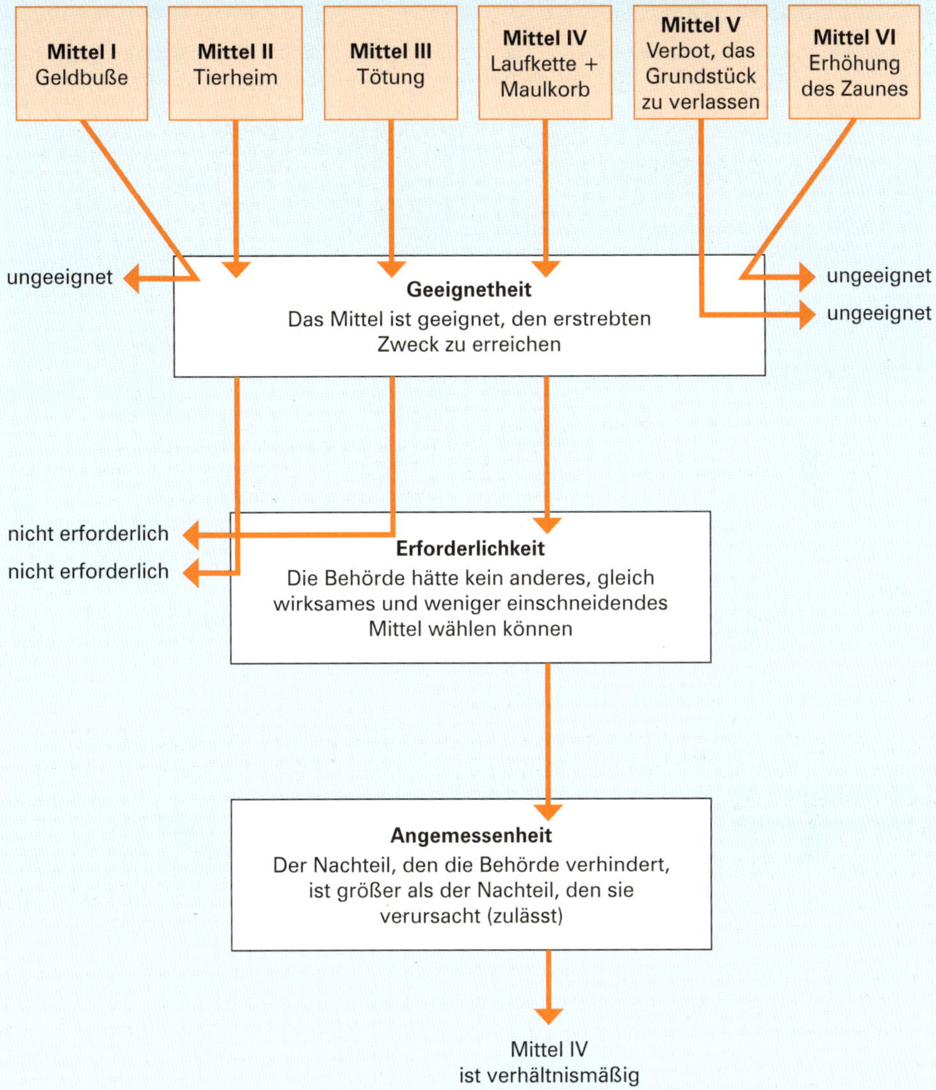

Ergebnis: Die getroffene Entscheidung im **Fall B**[1] entspricht dem Grundsatz der Verhältnismäßigkeit.

1 Dabei ist zu beachten, dass „die Möglichkeit des Tieres zu artgemäßer Bewegung nicht so eingeschränkt wird, dass ihm Schmerzen oder vermeidbare Leiden oder Schäden zugefügt werden.“ (§ 2 Nr. 2 Tierschutzgesetz)

Gleichbehandlungsgrundsatz

Situation 4:

Mehrere Bürger haben Verbindlichkeiten aus einem Mietvertragsverhältnis mit der niedersächsischen Stadt P.:

Hermann Andresen:	1 200,00 €
Kuno Behr:	1 050,00 €
Ewald Wilkerling:	1 750,00 €

Alle drei Schuldner beantragen bei dem zuständigen Sachbearbeiter der Stadt P. die Stundung ihrer Schulden.

Der zuständige Sachbearbeiter teilt den Herren Behr und Wilkerling mit, dass die Voraussetzungen für eine Stundung gem. § 34 KomHKVO erfüllt seien und eine Stundung für zwei Monate gewährt würde. Herrn Andresen wurde mitgeteilt, dass seinem Antrag nicht entsprochen werden kann; die Voraussetzungen seien zwar erfüllt, aber im Rahmen der Ermessensausübung habe man diesen Antrag leider ablehnen müssen.

Als die drei Schuldner ihre erhaltenen Bescheide vergleichen, stellen sie allerdings fest, dass bei Herrn Wilkerling Stundungszinsen in Höhe von 5 % erhoben werden, während bei Herrn Behr auf eine Verzinsung verzichtet wird. Herr Andresen ist ärgerlich darüber, dass seinem Antrag auf Stundung nicht entsprochen wurde.

Insgesamt fühlen sich die Herren Andresen, Behr und Wilkerling ungerecht behandelt und weisen auf Art. 3 GG hin. Der zuständige Sachbearbeiter verweist auf § 34 KomHKVO und das darin eingeräumte Ermessen.

Zudem gibt es bei der Stadt P. folgende **Dienstanweisung** zur Erhebung von Zinsen:

„Von der Erhebung von Zinsen kann abgesehen werden, wenn der Zinsanspruch sich auf nicht mehr als 10,00 € belaufen würde."

Aufgabe:

Prüfen Sie, ob der Sachbearbeiter der Stadtverwaltung rechtmäßig gehandelt hat.

§

§ 34 KomHKVO: Stundung, Niederschlagung und Erlass

„(1) Ansprüche dürfen ganz oder teilweise gestundet werden, wenn ihre Einziehung bei Fälligkeit eine erhebliche Härte für die Schuldnerin oder den Schuldner bedeuten würde und der Anspruch durch die Stundung nicht gefährdet erscheint. Die Stundung darf in der Regel nur gegen angemessene Verzinsung gewährt werden.

(2) Ansprüche dürfen befristet oder unbefristet niedergeschlagen werden, wenn

1. feststeht, dass die Einziehung keinen Erfolg haben wird, oder
2. die Kosten der Einziehung außer Verhältnis zur Höhe des Anspruchs stehen.

Niedergeschlagene Ansprüche sind bis zu ihrer Ausbuchung im Rechnungswesen nachzuweisen. Unbefristet niedergeschlagene Ansprüche sollen spätestens fünf Jahre nach einer Wertberichtigung ausgebucht werden.

(3) Ansprüche dürfen ganz oder teilweise erlassen werden, wenn ihre Einziehung nach Lage des einzelnen Falles für die Schuldnerin oder den Schuldner eine besondere Härte bedeuten würde. Unter den gleichen Voraussetzungen können bereits entrichtete Beträge zurückgezahlt oder angerechnet werden.

(4) Andere Rechtsvorschriften über Stundung, Niederschlagung und Erlass von Ansprüchen der Kommune bleiben unberührt."

Jeder Bürger hat nach Art. 3 Abs. 1 GG ein Recht darauf, dass die Verwaltung als Teil der ausführenden Gewalt nicht grundlos wesentlich gleiche Sachverhalte ungleich behandelt bzw. wesentlich Verschiedenes nicht bedenkenlos gleich behandelt.

Sachlich Gleiches muss grundsätzlich gleich behandelt werden	Sachlich Verschiedenes muss grundsätzlich ungleich behandelt werden

In Anwendung auf unsere Situation bedeutet das, dass die Ablehnung des Stundungsantrags des Herrn Andresen nur dann rechtmäßig ist, wenn rechtlich relevante Unterschiede zwischen seinem Fall und dem der Herren Behr und Wilkerling bestehen. Der Verwaltung ist zwar in der Norm des § 34 KomHKVO ein Ermessensspielraum eingeräumt worden, bei der Ermessensausübung besteht aber die Bindung an Art. 3 GG.

Auch bei der Festsetzung der Stundungszinsen ist der Verwaltung ein Ermessensspielraum eingeräumt worden. Zwischen den beiden zu stundenden Forderungen besteht hier aber ein rechtserheblicher Unterschied. Die Forderung gegenüber Wilkerling beläuft sich auf 1 750,00 €, die gegenüber Behr auf 1 050,00 €. Die Dienstanweisung sieht vor, dass bei einem Zinsbetrag von nicht mehr als 10,00 € von der Erhebung von Zinsen abgesehen werden kann.

Hat die Verwaltung von dieser Regel Gebrauch gemacht, hat sie sich selbst gebunden und der Herr Behr hat sogar mittelbar aus dieser Selbstbindung der Verwaltung heraus (nicht unmittelbar aus der Dienstanweisung) einen Anspruch darauf, dass bei ihm von der Verzinsung abgesehen wird. Bei Herrn Wilkerling könnte nur dann auf die Verzinsung verzichtet werden, wenn nach Lage des Einzelfalles das Ermessen so auszuüben wäre. Einen Anspruch aus dem Grundsatz der Gleichbehandlung heraus kann er nur dann geltend machen, wenn in wirklich gleich gelagerten Fällen auf eine Verzinsung verzichtet wird.

Zusammenfassend stellt sich die **Lösung der *Situation 4*** wie folgt dar:

Gleichbehandlungsgrundsatz – „Stundungsfall"

Name	Schuld in €	Stundung	Zinsen (5 %, 2 Monate)
Andresen	1 200,00	☹	—
Behr	1 050,00	×	8,75
Wilkerling	1 750,00	×	14,58

14,58 → Auf Verzinsung kann nur unter besonderen Voraussetzungen (vgl. § 34 Abs. 3 Satz 1 KomHKVO – Normalfall = Verzinsung – verzichtet werden!

Die unterschiedliche Behandlung von Andresen und Wilkerling ist aus § 34 KomHKVO und der vorliegenden Dienstanweisung ableitbar!

8,75 → Erlass über Dienstanweisung möglich!

Hat die Verwaltung bereits früher in gleichen Fällen die Zinsen erlassen, so hat sie sich selbst gebunden.

→ Anspruch auf Erlass aus der Selbstbindung der Verwaltung heraus!

Weitere Grundsätze des Verwaltungshandelns

Grundsatz der Wirtschaftlichkeit

Ziel der öffentlichen Verwaltung ist die Erfüllung öffentlicher Aufgaben (Pflichtaufgaben und freiwillig übernommene Aufgaben). Die Mittel, die der Verwaltung zur Aufgabenerfüllung zur Verfügung stehen, sind jedoch begrenzt.

Die Verwaltung ist daher gezwungen, wirtschaftlich zu handeln, d.h. das Verhältnis von Leistung (Aufgabenerfüllung) und Kosten möglichst positiv zu gestalten.

Aus dem Spannungsverhältnis zwischen Einsatz und Ergebnis ergeben sich die beiden Ausprägungen des **„ökonomischen Prinzips"**.

Maximalprinzip
Mit gegebenen Mitteln ist der größtmögliche (maximale) Erfolg anzustreben.

Minimalprinzip
Es wird angestrebt, ein geplantes Ergebnis mit dem geringsten Einsatz an Mitteln zu erreichen.

Dieser Grundsatz hat insbesondere in Regelungen zum Haushaltsrecht (BHO, LHO, NKomVG, KomHKVO) seinen Eingang gefunden.

Grundsatz von Treu und Glauben

Wie im Privatrecht (§ 242 BGB) gilt auch für die öffentliche Verwaltung der Grundsatz von Treu und Glauben.

Der Bürger muss sich auf die Verwaltung verlassen können.

Dieser Grundgedanke folgt aus dem Rechtsstaatsprinzip und zieht sich als Grundprinzip durch die bereits dargelegten Grundsätze.

Das Vertrauensverhältnis zwischen Bürger und Verwaltung wird gestärkt, wenn sich der Bürger darauf verlassen kann,

- dass die Gesetze beachtet werden
  (Grundsatz der Gesetzmäßigkeit)
- dass bei der Ermessensausübung im Sinne des Gesetzgebers gehandelt wird
  (Grundsatz der pflichtgemäßen Ausübung des Ermessens)
- dass die ergriffenen Maßnahmen der Verwaltung geeignet, erforderlich und angemessen sind
  (Grundsatz der Verhältnismäßigkeit)
- dass wesentlich Gleiches auch gleich behandelt wird
  (Grundsatz der Gleichbehandlung)
- dass mit öffentlichen Geldern und dem öffentlichen Vermögen wirtschaftlich umgegangen wird
  (Beachtung des Wirtschaftlichkeitsprinzips)

Übungen

1. Zum „Grundsatz der Gesetzmäßigkeit" des Verwaltungshandelns gehören auch die Begriffe „Vorrang des Gesetzes" und „Vorbehalt des Gesetzes". Grenzen Sie diese Begriffe gegeneinander ab.

2. Grenzen Sie „gebundene Verwaltung" und „Ermessensverwaltung" gegeneinander ab.

3. Erläutern Sie, worin der Unterschied zwischen Ermessen und unbestimmten Rechtsbegriffen zu sehen ist.

4. Auf der Tatbestandsseite eines Rechtssatzes finden sich häufig „unbestimmte Rechtsbegriffe". Nennen Sie beispielhaft zwei unbestimmte Rechtsbegriffe und erläutern Sie, welche Probleme sich daraus für das Handeln der Verwaltung ergeben.

5. Im Rahmen der Ermessensverwaltung wird zwischen „Entschließungs-" und „Auswahlermessen" unterschieden. Grenzen Sie diese Begriffe gegeneinander ab.

6. Nennen und erläutern Sie die Arten von Ermessensfehlern.

7. Überprüfen Sie, ob die folgenden Rechtsnormen Ermessen einräumen! Begründen Sie Ihre Antwort und zeigen Sie, welche Art des Ermessens hier eingeräumt wird!

   Zur Vorüberlegung sind zunächst jeweils die Tatbestandsmerkmale und die Rechtsfolge(n) herauszuarbeiten.

   a) § 11 Nds. SOG
   b) § 70 Abs. 1 Satz 1 NBauO
   c) § 115 Abs. 2 Nr. 1 NKomVG
   d) § 15 Abs. 1 GastG
   e) § 45 Abs. 1 StVO
   f) § 20 Abs. 1 BImSchG

8. a) Warum sind die Stichworte „falscher Weg" und „falsches Ergebnis" geeignet, die beiden Fehlerarten „Ermessensfehlgebrauch" und „Ermessensüberschreitung" zu charakterisieren?

   b) Begründen Sie die Richtigkeit der Aussage:
   „Auch bei der Festsetzung einer in der Rechtsnorm als Möglichkeit vorgesehenen Rechtsfolge kann es zu einer Ermessensüberschreitung kommen."

   c) Was unterscheidet die Nutzung eines Ermessensspielraumes von der Nutzung eines Beurteilungsspielraums?

9. Der Grundsatz der Verhältnismäßigkeit bedeutet für die Verwaltung die Beachtung dreier Anforderungen an die gewählte Maßnahme. Nennen und erläutern Sie diese drei Anforderungen.

10. Skizzieren Sie die Kernaussage des „Gleichbehandlungsgrundsatzes".

11. Erläutern Sie die Bedeutung

    a) des Grundsatzes der Wirtschaftlichkeit,
    b) des Grundsatzes von Treu und Glauben

    für das Handeln der Verwaltung.

Hinweis: Geben Sie bei den nachstehenden Auswahlantworten an, ob die getroffene Aussage richtig oder falsch ist.

12. Eine sog. „Kann-Bestimmung" in einer Rechtsquelle bedeutet,

a) dass der Behörde ein Ermessensspielraum eingeräumt wird,

b) dass die Behörde, bei Vorliegen der gesetzlichen Voraussetzungen, gezwungen ist, die gesetzlich vorgesehenen Maßnahmen anzuwenden,

c) dass die Behörde in ihrer Entscheidung völlig frei ist, ob sie von dem ihr eingeräumten Ermessen überhaupt Gebrauch machen will.

13. Eine sog. „Soll-Bestimmung" in einer Rechtsquelle bedeutet,

a) dass der Behörde kein Ermessensspielraum eingeräumt wird,

b) dass die Behörde im Regelfall (Normalfall) entsprechend der gesetzlich vorgesehenen Maßnahme handeln muss, in besonderen Fällen aber davon abweichen kann,

c) dass die Behörde ihr Ermessen ausübt, aber die Nichtbeachtung der gesetzlich erwarteten Rechtsfolge ohne rechtliche Folgen für die Verwaltung bleibt.

Zum Nachschlagen

Art. 3 GG, Art. 20 Abs. 3 GG, § 242 BGB, § 22 VwVfG, § 39 Abs. 1 Satz 3 VwVfG, § 40 VwVfG.

Beispiele:	**Wovon zu unterscheiden:**
■ Fall „Enteignung" ■ Fall „Spielhalle" ■ Fall „Kampfhund"	■ Ablauf des Verwaltungsverfahrens ■ Beurteilungsspielraum ■ gebundene Verwaltung
Hilfen zum Einprägen:	**Definitionen:**
Entschließungsermessen = Ob Auswahlermessen = Wie Ermessensfehlgebrauch = „falscher Weg" Ermessensüberschreitung = „falsches Ergebnis" **Drei Dinge braucht ein „Verhältnis"** ■ Geeignetheit ■ Erforderlichkeit ■ Angemessenheit	■ Vorbehalt des Gesetzes = „Kein Handeln ohne Gesetz" ■ Vorrang des Gesetzes = „Kein Handeln gegen das Gesetz"

Lernarrangement 16

Nicht förmliche Verwaltungsverfahren formal richtig durchführen

Leitfragen

1. Durch welche Stufen ist das nicht förmliche Verwaltungsverfahren gekennzeichnet und welches sind die zuzuordnenden Unterpunkte?
2. Welche Rechtsnormen des Verwaltungsverfahrensgesetzes sind auf den einzelnen Stufen zu beachten?

Durch das Arrangement abgedeckte Inhalte des Rahmenlehrplans:

- Regelungen zum allgemeinen (nicht förmlichen) Verwaltungsverfahren
- Anforderungen an schriftliche Verwaltungsakte
- Bescheiderstellung

LA 16 Ausgangssituation

Lesen Sie zunächst nachfolgenden Brief an die Stadt Aurich:

Wilfried Schäfer Stallingslust 10
26605 Aurich Tel. 04941 12345

W. Schäfer ♦ Stallingslust 10 ♦ 26605 Aurich

Stadt Aurich
Ordnungsamt
Postfach
26605 Aurich

Aurich, 20 . . – 06 – 25

Sondernutzung des öffentlichen Straßenraumes „Tränkeweg" anlässlich eines Sommerfestes des Vereins „Upstahlsboom"

Sehr geehrte Damen und Herren,

der Verein **„Upstalsboom e. V."** mit den Ortsteilen Haxtum, Extum, Kirchdorf und Rahe plant für

Samstag 29. 08. 20 . . von 14:00 Uhr bis 19:00 Uhr

ein Sommerfest in Haxtum durchzuführen. An Aktionen sind u. a. geplant:

für Kinder:

- Kinderflohmarkt im Bereich der Straße Lehmland
- Hüpfburg
- Nagelbrett
- Luftballon-Weitflug-Wettbewerb
- Geschmackstests u. a. mehr
- Zauberer

des Weiteren:

- Zelt mit Kaffee, Tee und Kuchen
- Getränkeausschank, Grillen
- verschiedene Hobby-Bastler stellen ihre Produkte vor
- u. a. mehr

Nach einer Bootsfahrt auf dem Ems-Jade-Kanal werden die **Wohngruppe des „Lüttje Dörp"** aus Kirchdorf unsere Gäste sein.

Zu diesem Zweck beantragen wir für das o. a. Datum die Sondernutzung des öffentlichen Straßenraumes „Tränkeweg" von der Einmündung zum Haxtumer Feld bis zur Straße Knoopsland. Ich werde mit den betreffenden Anliegern vorher noch Kontakt aufnehmen.

Mit freundlichen Grüßen

W. Schäfer

(Stell. Vorsitzender)

Arbeitsauftrag:

Prüfen Sie den Sachverhalt anhand der Stufen des nicht förmlichen Verwaltungsverfahrens.

Theoretische Grundlagen

Arten und Wesensmerkmale des Verwaltungsverfahrens

Das Verwaltungsverfahrensgesetz (VwVfG) unterscheidet verschiedene Arten des Verwaltungsverfahrens differenziert nach den geltenden Verfahrensvorschriften.

Arten des Verwaltungsverfahrens	
Nicht förmliche Verwaltungsverfahren vgl. § 10 VwVfG	Förmliche Verwaltungsverfahren vgl. §§ 63ff. VwVfG
Planfeststellungsverfahren vgl. §§ 72ff. VwVfG	

Grundsätzlich ist das Verwaltungsverfahren nicht an eine bestimmte Form hinsichtlich des Verfahrensablaufs gebunden (§ 10 VwVfG). Es gilt der **Grundsatz der Nichtförmlichkeit.** Ziel dieses Grundsatzes ist es, den Verwaltungsverfahrensablauf möglichst einfach, wirksam und entsprechend dem einzelnen Fall gestalten zu können. Das Verfahren ist aber nur insoweit formfrei, als dass keine besonderen Rechtsvorschriften für die Form des Verfahrens bestehen.

Soweit durch Rechtsvorschriften ausdrücklich ein **förmliches Verwaltungsverfahren** vorgesehen ist, finden die Regelungen der §§ 63ff. VwVfG Anwendung. Hier sind vor allem besondere Regelungen hinsichtlich der Antragstellung, der Ermittlung des Sachverhalts, der Anhörung und der Mitwirkung von Sachverständigen zu beachten.

Förmliche Verwaltungsverfahren sind z. B. vorgesehen für:

- Enteignungen nach § 104ff. BauGB
- Anlagengenehmigungsverfahren nach § 10 BImSchG

Als eigenständiges förmliches Verwaltungsverfahren gilt das **Planfeststellungsverfahren.** Es zielt auf die Feststellung eines Planes, durch den ein bestimmtes raumbezogenes Vorhaben mit rechtserklärender Wirkung für zulässig erklärt wird.

Einige wesentliche Anwendungsfälle des Planfeststellungsverfahrens sind:

- Bau eines Flughafens (§§ 8ff. LuftVG)
- Bau einer Abfallbeseitigungsanlage

Im Folgenden wird lediglich auf das **nicht förmliche Verwaltungsverfahren** eingegangen.

Herr Schäfer hat mit seinem Schreiben an die Stadtverwaltung ein Verwaltungsverfahren in Gang gesetzt.

§

§ 9 VwVfG

„Das Verwaltungsverfahren im Sinne dieses Gesetzes ist die nach außen wirkende Tätigkeit der Behörden, die auf die Prüfung der Voraussetzungen, die Vorbereitung und den Erlass eines Verwaltungsaktes oder auf den Abschluss eines öffentlich-rechtlichen Vertrags gerichtet ist; es schließt den Erlass des Verwaltungsaktes oder den Abschluss des öffentlich-rechtlichen Vertrages ein."

Als **Wesensmerkmale** lassen sich aus dieser Definition ableiten:

- nach außen wirkende Tätigkeit
- Tätigkeit von Behörden
- auf den Erlass eines Verwaltungsaktes bzw. den Abschluss eines öffentlich-rechtlichen Vertrages gerichtet.

Stufen des nicht förmlichen Verwaltungsverfahrens

Die Formulierung des § 9 VwVfG zeigt auch die typischen Stufen eines nicht förmlichen Verwaltungsverfahrens:

Stufen des nicht förmlichen Verwaltungsverfahrens

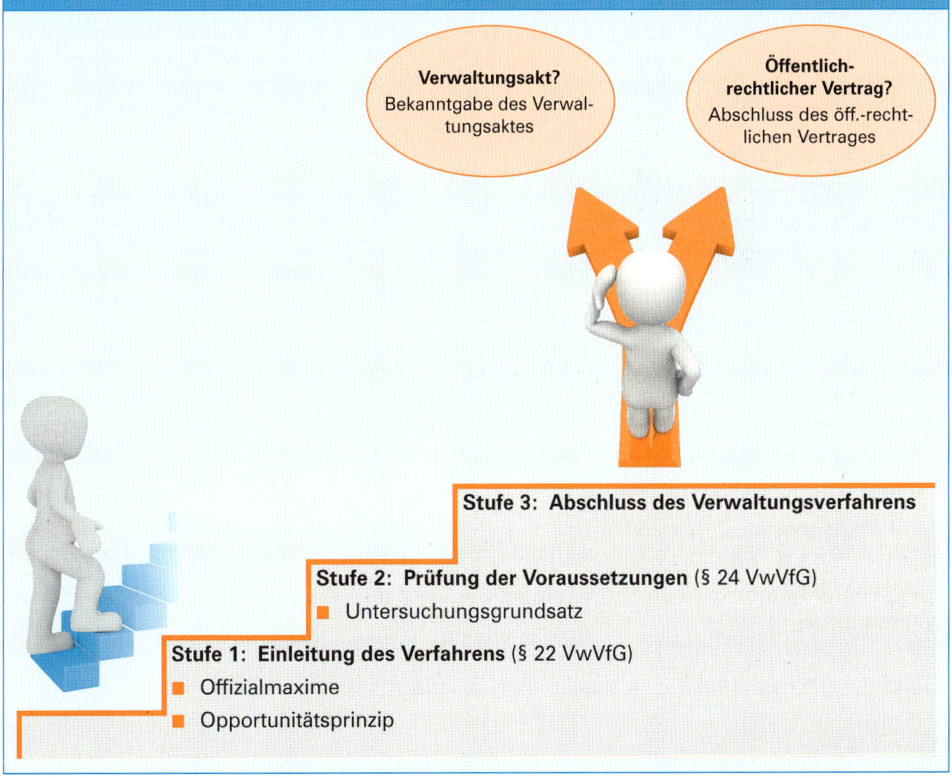

Stufe 1: Einleitung des Verfahrens (vgl. § 22 VwVfG)

Im Verwaltungsverfahren gilt grundsätzlich die **Offizialmaxime** (Amtsverfahren), verbunden mit dem **Opportunitätsprinzip** (Ermessensprinzip). Die Behörde entscheidet selbst und nach pflichtgemäßem Ermessen, ob und wann sie ein Verwaltungsverfahren durchführt. Es bedarf im Grundsatz keines Antrages. § 22 VwVfG beseitigt allerdings dieses grundsätzlich eingeräumte Ermessen für die Fälle, in denen die Verwaltung von Amts wegen oder auf Antrag tätig werden muss bzw. nur auf Antrag tätig werden darf und ein Antrag nicht vorliegt.

Bei einem begünstigenden VA ist normalerweise in der entsprechenden Rechtsnorm vorgeschrieben, dass dieser auf Antrag ergeht. In diesen Fällen darf die Behörde ohne Antrag nicht tätig werden, muss aber bei Vorliegen eines Antrags grundsätzlich handeln.[1]

§ 4 Sondernutzungssatzung der Stadt Aurich

„Anträge sind mit Angaben über die Art und Dauer der Sondernutzung bei der Stadt Aurich zu stellen. Die Stadt kann hierzu Erläuterungen durch Zeichnungen, textliche Beschreibung oder in sonst geeigneter Weise verlangen."

Bei belastenden VA ist häufig im Gesetz vorgeschrieben, unter welchen Voraussetzungen der VA ergehen muss. In diesen Fällen muss ein Verfahren eingeleitet werden, wenn das Vorliegen der Voraussetzungen für den Erlass des VA in Betracht kommt.[2]

Im vorliegenden Fall liegt ein Antrag (Upstalsboom e.V.) vor, er veranlasst die Behörde (Stadt Aurich) zur Einleitung eines Verwaltungsverfahrens.

Die Behörde kann für häufig vorkommende Anträge die Verwendung bestimmter Formblätter verlangen, wenn dadurch die Antragstellung nicht unzumutbar erschwert wird.

Wer **Beteiligter** an einem Verwaltungsverfahren ist, regelt grundsätzlich der § 13 VwVfG.

Hier ist **Beteiligter** des Verfahrens auf der einen Seite als Antragsteller der Verein „Upstalsboom e.V.", vertreten durch Herrn Schäfer (§ 13 Abs. 1 Nr. 1 VwVfG), und auf der anderen Seite die Stadt Aurich, vertreten durch den Bürgermeister.

Die Beteiligten müssen, damit sie am Verfahren mitwirken dürfen, **Beteiligungsfähigkeit** (§ 11 VwVfG) und **Handlungsfähigkeit** (§ 12 VwVfG) aufweisen.

Beteiligungsfähigkeit nach § 11 VwVfG besitzen für die Antragsteller sowohl die „Mitglieder des Vereins" gem. § 11 Nr. 2 VwVfG (Vereinigungen, soweit ihnen ein Recht zusteht) als auch Herr Schäfer als natürliche Person (§ 11 Nr. 1 VwVfG). Beteiligungsfähigkeit besitzt die Stadt Aurich sowohl als juristische Person (§ 11 Nr. 1 VwVfG) als auch in der Eigenschaft einer Behörde (§ 11 Nr. 3 VwVfG).

Handlungsfähig sind gem. § 12 Abs. 1 VwVfG ebenfalls die genannten Personen. Herr Schäfer handelt hier zumindest als gesetzliches Vertretungsorgan (stellv. Vorsitzender) gem. § 26 Abs. 2 BGB im Sinne des § 12 Abs. 1 Nr. 3 VwVfG. Die Behörde (Stadt Aurich) handelt durch ihren Leiter (Bürgermeister) als Organ der juristischen Person des öffentlichen Rechts gem. § 12 Abs. 1 Nr. 4 VwVfG, § 85 Abs. 3 Satz 1 NKomVG.

Die §§ 14–19 VwVfG enthalten Vorschriften über Vertreter bzw. Beistände.

1 Zur ausnahmsweise gegebenen Unbeachtlichkeit von Anträgen vgl. z.B. Clausen, in: Knack (2014), § 22 Rd. Nr. 4 und 11.

2 Vgl. Schmalz (1998), Rd. Nr. 755ff.

Unterschieden werden soll hier zwischen **Bevollmächtigten** und **Beiständen** im Sinne des § 14 VwVfG.

Eine **bevollmächtigte Person** (§ 14 Abs. 1 VwVfG) handelt stellvertretend für den Beteiligten und ist zu allen Verfahrenshandlungen ermächtigt, die das Verwaltungsverfahren mit sich bringt. Die Behörde hat sich im Grundsatz stets an den Bevollmächtigten anstelle des Beteiligten zu wenden (§ 14 Abs. 3 VwVfG).

Ein **Beistand** erscheint demgegenüber neben und mit dem Beteiligten zu Verhandlungen und Besprechungen (§ 14 Abs. 4 VwVfG). Er ist nicht berechtigt, Handlungen direkt für den Beteiligten vorzunehmen. Seine Bedeutung liegt vielmehr in der beratenden und unterstützenden Funktion.

Bezogen auf den Ausgangsfall könnte Herr Schäfer u.U. als gesetzlicher Vertreter gem. § 26 Abs. 2 BGB handeln.

§ 20 VwVfG schließt bestimmte Personen von der Mitwirkung aufseiten der Verwaltung aus. Ziel dieser Regelungen ist es, das Verfahren freizuhalten von persönlichen Einflüssen sowie von sachfremden Erwägungen. Bereits der „böse Anschein" von Parteilichkeit soll vermieden werden, gleichzeitig sollen den Mitarbeitern der Verwaltung Gewissenskonflikte erspart werden.

Für den vorliegenden Fall wäre es denkbar, dass ein Anlieger der betroffenen Straße als Mitarbeiter der Stadtverwaltung Anträge dieser Art zu bearbeiten hätte. Dieser Mitarbeiter könnte durch die Entscheidung einen unmittelbaren Vor- oder Nachteil erlangen. Zum Beispiel dadurch, dass die Sondernutzung unmittelbar vor seinem Grundstück die Parkmöglichkeiten einschränkt. Er stünde somit einem Beteiligten gleich und wäre von diesem speziellen Verwaltungsverfahren ausgeschlossen.

➤ Stufe 2: Prüfung der Voraussetzungen (vgl. dazu z.B. § 24 VwVfG)

Für das Verfahren vor der Entscheidung gilt der **Untersuchungsgrundsatz;** danach ermittelt die Behörde von Amts wegen, sie bestimmt Art und Umfang der Ermittlungen selbst. Die Behörde hat alle für den Einzelfall bedeutsamen, auch die für die Beteiligten günstigen Umstände zu berücksichtigen (§ 24 Abs. 2 VwVfG). Nach Schmalz[1] liegt die materielle Beweislast – wenn eine Frage zunächst nicht geklärt werden kann – bei einem Eingriff in die Rechte des Bürgers bei der Behörde, dagegen trägt sie der Bürger, wenn er von der Behörde eine Leistung verlangt.

Im Rahmen der Klärung der Sachlage kann es für alle Beteiligten sinnvoll sein, den Beteiligten vor Erlass eines Verwaltungsaktes anzuhören. § 28 Abs. 1 VwVfG schreibt diese Anhörung sogar im Grundsatz zwingend vor, sofern die Verwaltung beabsichtigt, in die Rechte eines Beteiligten einzugreifen. § 28 Abs. 2 und 3 VwVfG regeln die Ausnahmen dieser grundsätzlichen Regelung. Diese Anhörung erfüllt ebenso wie das Recht auf Akteneinsicht (§ 29 VwVfG) für den Bürger in erster Linie eine Schutzfunktion gegenüber dem Handeln der Verwaltung, indem sie vor überraschenden Entscheidungen schützen; sie sind Ausdruck eines fairen Verfahrens. Aber auch für die Verwaltung sind die §§ 28 und 29 VwVfG von verfahrensmäßig erheblicher Bedeutung, da auch die Verwaltung ein erhebliches Interesse daran haben muss, alle rechtserheblichen Tatsachen zu erfahren und in die Entscheidung mit einfließen zu lassen.

1 Vgl. Schmalz (1998), Rd. Nr. 772.

Nach herrschender Meinung ist eine Anhörung insbesondere vor Erlass eines belastenden Verwaltungsaktes durchzuführen. Vor Erlass eines begünstigenden Verwaltungsaktes hat der Bürger bereits im Rahmen der Antragstellung seine Sichtweise dargelegt.

Bei einem begünstigenden VA, wie er im vorliegenden Fall begehrt wird, ist nach herrschender Lehre keine Pflicht zur Anhörung gegeben. Eine belastende Nebenbestimmung führt allerdings zu einem Anhörungsrecht, denn, wenn der Bürger einen Rechtsanspruch auf den begünstigenden VA hat, kann er grundsätzlich einen nebenbestimmungsfreien VA beanspruchen.[1]

➤ Stufe 3: Abschluss des Verwaltungsverfahrens
(Bekanntgabe eines Verwaltungsaktes bzw. Abschluss eines öffentlich-rechtlichen Vertrages)

Das Verwaltungsverfahren findet mit der Bekanntgabe des Verwaltungsaktes (vgl. § 41 VwVfG) bzw. mit dem Abschluss des öffentlich-rechtlichen Vertrages sein Ende. Der bezogen auf die Ausgangssituation ergangene Verwaltungsakt ist auf der folgenden Seite abgebildet. Anhand dieses VA soll gleichzeitig im nachfolgenden Schaubild der Aufbau eines VA dargestellt werden.

1 Der hier zu erlassende Verwaltungsakt (siehe folgende Seite) enthält belastende Nebenbestimmungen und führt somit zu einem Anhörungsrecht.

STADT AURICH (Ostfriesland)

Der Bürgermeister

Stadtverwaltung
Bgm.-Hippen-Platz 1
26603 Aurich
Eingang Fischteichweg 10

Stadtverwaltung • Postfach 17 69 • 26587 Aurich

Herrn
Wilfried Schäfer
Stallingslust 20
26605 Aurich

Bearbeitet von:	Herrn Röben
Zimmer-Nr.:	103
Tel. 04941 12-0	
Durchwahl Nr. 12-	3101
Telefax-Nr. 12-	553101
E-Mail: info@stadt.aurich.de	
Sprechzeiten: Mo.-Mi.	08:00 – 15:30 Uhr
Do.	08:00 – 18:00 Uhr
Fr.	08:00 – 12:30 Uhr

Datum und Zeichen Ihres Schreibens	(Bitte bei Antwort angeben) Mein Zeichen	Aurich,
	31	04. 07. 20 . .

Verkehrsbehördliche Anordnung – Sommerfest Tränkeweg –

Sehr geehrter Herr Schäfer,

aufgrund des Straßenfestes am 29. 08. 20 .. wird die Vollsperrung der Straße **Tränkeweg** am 29. 08. 20 . ., 14:00 Uhr bis 19:00 Uhr hiermit verkehrsbehördlich angeordnet.

Die Sperrung ist durch Sperrböcke mit dem Verkehrszeichen 250 StVO (Verbot für Fahrzeuge aller Art) sowie dem Zusatzzeichen 1020-30 StVO (Anlieger frei) vorzunehmen. Beim Einsetzen der Dunkelheit sind die Sperrböcke mit 5 roten Lampen kenntlich zu machen. Es ist sicherzustellen, dass der Anliegerverkehr weiterhin möglich ist.

Für diese Anordnung wird eine Verwaltungsgebühr in Höhe von 13,00 € festgesetzt. Diese Gebühr bitte ich innerhalb einer Woche unter Angabe des Buchungszeichens 1100.1000 auf eines der angegebenen Konten der Stadtkasse Aurich zu überweisen.

Begründung:

Dieser Bescheid beruht auf §§ 44 und 45 der Straßenverkehrsordnung (StVO) vom 6. März 2013 (BGBl. I S. 367) in der derzeit geltenden Fassung.

Die Kostenfestsetzung ergibt sich aus dem Gebührentarif zur Gebührenordnung für Maßnahmen im Straßenverkehr vom 25. Januar 2011 (BGBl. I S. 98), ebenfalls in der derzeit geltenden Fassung. Die festgesetzte Gebühr bewegt sich innerhalb des mir vorgegebenen Gebührenrahmens und ist zur Deckung des hier entstandenen Verwaltungsaufwandes sowohl erforderlich als auch angemessen.

Rechtsbehelfsbelehrung:*

Gegen diesen Bescheid kann innerhalb eines Monats nach Zustellung beim Verwaltungsgericht Oldenburg, Schloßplatz 10, 26122 Oldenburg, schriftlich oder zur Niederschrift des Urkundsbeamten der Geschäftsstelle dieses Gerichts Klage erhoben werden.

Mit freundlichem Gruß

Im Auftrage 32.2.042

Röben 5018

Ust.IdNr. DE811401484
Ust.-Nr. 54/203/00237

Bankverbindungen der Stadtkasse Aurich:

Sparkasse Aurich-Norden	IBAN: DE17 2835 0000 0000 0906 47
Oldenburgische Landesbank Aurich	IBAN: DE33 2802 0050 8312 7167 00
Raiffeisen-Volksbank e.G.	IBAN. DE57 2856 2297 0405 1149 00
Deutsche Bank Aurich	IBAN: DE70 2847 0091 0067 9910 00
Postbank Hannover	IBAN: DE80 2501 0030 0014 9223 01

* In Bundesländern mit einem dem Klageverfahren vorgelagerten Widerspruchsverfahren lautet die typische Rechtsbehelfsbelehrung: „Gegen diesen Bescheid können Sie innerhalb eines Monats nach Bekanntgabe bei der ..., schriftlich oder mündlich zur Niederschrift Widerspruch einlegen."

13 Schäfer u.a. - ISBN 978-3-8120-0439-8

Aufbau und Form des Bescheids i. S. d. § 35 Satz 1 VwVfG

Briefkopf (§ 37 Abs. 3 VwVfG:
- Körperschaft
- handelndes Organ
- Anschriftenfeld
- Bezugszeichenzeile
- Betreff
- Anrede
- TENOR = verfügbarer Teil
- Auflagen
- Begründung
- Rechtsbehelfsbelehrung*
- Grußformel
- Art der Vollmacht
- Unterschrift (§ 37 Abs. 3 VwVfG)

Wappen

STADT AURICH (Ostfriesland)
Der Bürgermeister

Stadtverwaltung
Bgm.-Hippen-Platz 1
26603 Aurich
Eingang Fischteichweg 10

Stadtverwaltung • Postfach 17 69 • 26587 Aurich

Herrn
Wilfried Schäfer
Stallingslust 20
26605 Aurich

Bearbeitet von:	Herrn Röben
Zimmer-Nr.:	103
Tel. 04941 12-0	
Durchwahl Nr. 12-	3101
Telefax-Nr. 12-	553101
E-Mail: info@stadt.aurich.de	
Sprechzeiten: Mo.-Mi.	08:00 – 15:30 Uhr
Do.	08:00 – 18:00 Uhr
Fr.	08:00 – 12:30 Uhr

Datum und Zeichen Ihres Schreibens	(Bitte bei Antwort angeben) Mein Zeichen	Aurich,
	31	04. 07. 20 . .

Verkehrsbehördliche Anordnung – Sommerfest Tränkeweg –

Sehr geehrter Herr Schäfer,

aufgrund des Straßenfestes am 29. 08. 20 .. wird die Vollsperrung der Straße **Tränkeweg** am 29. 08. 20 . ., 14:00 Uhr bis 19:00 Uhr hiermit verkehrsbehördlich angeordnet.

Die Sperrung ist durch Sperrböcke mit dem Verkehrszeichen 250 StVO (Verbot für Fahrzeuge aller Art) sowie dem Zusatzzeichen 1020-30 StVO (Anlieger frei) vorzunehmen. Beim Einsetzen der Dunkelheit sind die Sperrböcke mit 5 roten Lampen kenntlich zu machen. Es ist sicherzustellen, dass der Anliegerverkehr weiterhin möglich ist.

Für diese Anordnung wird eine Verwaltungsgebühr in Höhe von 13,00 € festgesetzt. Diese Gebühr bitte ich innerhalb einer Woche unter Angabe des Buchungszeichens 1100.1000 auf eines der angegebenen Konten der Stadtkasse Aurich zu überweisen.

Begründung:

Dieser Bescheid beruht auf §§ 44 und 45 der Straßenverkehrsordnung (StVO) vom 6. März 2013 (BGBl. I S. 367) in der derzeit geltenden Fassung.

Die Kostenfestsetzung ergibt sich aus dem Gebührentarif zur Gebührenordnung für Maßnahmen im Straßenverkehr vom 25. Januar 2011 (BGBl. I S. 98), ebenfalls in der derzeit geltenden Fassung. Die festgesetzte Gebühr bewegt sich innerhalb des mir vorgegebenen Gebührenrahmens und ist zur Deckung des hier entstandenen Verwaltungsaufwandes sowohl erforderlich als auch angemessen.

Rechtsbehelfsbelehrung:*

Gegen diesen Bescheid kann innerhalb eines Monats nach Zustellung beim Verwaltungsgericht Oldenburg, Schloßplatz 10, 26122 Oldenburg, schriftlich oder zur Niederschrift des Urkundsbeamten der Geschäftsstelle dieses Gerichts Klage erhoben werden.

Mit freundlichem Gruß

Im Auftrage

Röben

32.2.042
5018

Ust.IdNr. DE811401484
Ust.-Nr. 54/203/00237

Bankverbindungen der Stadtkasse Aurich:

Sparkasse Aurich-Norden	IBAN: DE17 2835 0000 0000 0906 47
Oldenburgische Landesbank Aurich	IBAN: DE33 2802 0050 8312 7167 00
Raiffeisen-Volksbank e.G.	IBAN. DE57 2856 2297 0405 1149 00
Deutsche Bank Aurich	IBAN: DE70 2847 0091 0067 9910 00
Postbank Hannover	IBAN: DE80 2501 0030 0014 9223 01

* Siehe Fußnote auf S. 193.

In der Antragstellung für das Straßenfest (Situation) wird deutlich, dass im Rahmen des Straßenfestes auch Getränke und Speisen verkauft werden sollen. Aus diesem Grunde muss die Verwaltung neben diesem vorstehenden Verwaltungsakt noch einen weiteren Verwaltungsakt erlassen, in dem sie dem Verein Upstalsboom e. V. „die vorübergehende Gestattung des Betriebes einer Schank- und Speisewirtschaft“ erteilt. Auf diesen zu gewährenden Verwaltungsakt wird in einem späteren Lernarrangement noch eingegangen.

Übungen

1. Nennen Sie die Stufen des Verwaltungsverfahrens.
2. Erläutern Sie, was im Rahmen des Verwaltungsverfahrens mit den Begriffen „Offizialmaxime“ und „Opportunitätsprinzip“ gemeint ist.
3. Grenzen Sie die Begriffe „Beteiligungs-“ und „Handlungsfähigkeit“ gegeneinander ab.
4. Unterscheiden Sie Bevollmächtigter und Beistand.
5. Begründen Sie, wozu die Vorschrift des § 20 VwVfG dient.
6. Erläutern Sie den Untersuchungsgrundsatz und das Recht auf Anhörung im Verwaltungsverfahren. Geben Sie hierzu auch jeweils die Rechtsgrundlagen an!
7. Erarbeiten Sie sich selbstständig in Kurzform die Ausnahmen, in denen eine Anhörung im Verwaltungsverfahren unterbleiben kann.
8. Dem Lehrer S. wird am Freitag, 14:00 Uhr die Einsicht in seine Personalakte bei der aktenführenden Stelle mit der Begründung versagt, er beeinträchtige damit die ordnungsgemäße Erfüllung der Aufgaben der Behörde. Nehmen Sie hierzu unter Angabe der Rechtsgrundlage Stellung.
9. Erklären Sie, womit das Verwaltungsverfahren für gewöhnlich beendet wird.
10. Unterscheiden Sie die Arten des Verwaltungsverfahrens.

Zum Nachschlagen

§ 9 VwVfG,
§§ 10–14 VwVfG,
§ 22 VwVfG,
§ 24 VwVfG,
§ 28 VwVfG,
§ 29 VwVfG,
§ 41 VwVfG,
§ 63 VwVfG und
§ 72 VwVfG.

Beispiel:	**Wovon zu unterscheiden:**
Genehmigung eines Straßenfestes	■ förmliche Verwaltungsverfahren ■ Planfeststellungsverfahren
Hilfen zum Einprägen:	**Definitionen:**
■ Stufen des Verwaltungsverfahrens = 3 ■ Offizialmaxime = Amtsverfahren ■ Opportunitätsprinzip = Ermessensprinzip	Verwaltungsverfahren = ■ nach außen wirkende Tätigkeit von Behörden ■ auf die Bekanntgabe eines Verwaltungsaktes oder den Abschluss eines öffentlich-rechtlichen Vertrages gerichtet

Lernarrangement 17

Verwaltungsakte erkennen und abgrenzen, Funktionen und Arten unterscheiden

Leitfragen

1. Welches sind die Merkmale von Verwaltungsakten im Sinne des § 35 Satz 1 und Satz 2 VwVfG und wodurch grenzen sie sich von den anderen Handlungsformen öffentlicher Verwaltung ab?
2. Welche Bedeutung steht hinter der Aussage: „Der Verwaltungsakt hat Regelungs- und Titelfunktion?"
3. Nach welchen verschiedenen Arten werden Verwaltungsakte in der Literatur unterschieden?

Durch das Arrangement abgedeckte Inhalte des Rahmenlehrplans:

✓ Merkmale und Arten des Verwaltungsaktes

Methodische Hinweise zur Erarbeitung des Lernarrangements:

Unabhängig von den nachstehenden theoretischen Ausführungen könnte in Gruppen oder Partnerarbeit als Wiederholung aufgrund der im *Lernarrangement 14* erworbenen Kenntnisse vorab versucht werden, für die neun nachstehenden Handlungsbeispiele anhand des Schaubildes „Merkmale des Verwaltungsaktes" zu klären, ob es sich um Verwaltungsakte handelt oder nicht.

LA 17 Ausgangssituation

Im *Lernarrangement 14* „Handlungsformen öffentlicher Verwaltung unterscheiden" haben Sie bereits die wesentlichen Grundlagen zur Klärung der Frage, ob es sich um Verwaltungsakte handelt oder nicht, erfahren. In diesem Lernarrangement sollen nun der Verwaltungsakt, seine Merkmale, Funktionen und Arten genauer betrachtet werden.

Lesen Sie zunächst die folgenden **Fallbeispiele:**

1. Herr Berger (B) kauft am 02.03. ein Grundstück von der **„Gemeinnützigen Wohnungsbaugesellschaft m.b.H. des Landkreises H."**
2. In diesem Zusammenhang erklärt die Stadt H., dass sie auf die Ausübung des ihr nach § 24 BauGB zustehenden **Vorkaufsrechts verzichtet.**
3. Herr B. beantragt nach einem Monat die Erteilung einer Baugenehmigung. Die **Baugenehmigung** wird am 27.08. erteilt.
4. Die Finanzierung des Bauvorhabens ist noch nicht endgültig geklärt. Herr B. fragt daher bei der Baugenehmigungsbehörde an, wie lange er von der Baugenehmigung Gebrauch machen könne. Die Behörde antwortet wie folgt:

   „Die Baugenehmigung erlischt, wenn nicht innerhalb von drei Jahren mit der Ausführung der Baumaßnahme begonnen wurde." Es wird dabei auf § 71 NBauO hingewiesen.

5. Am 08.09. wird er mit Schreiben der Stadt H. aufgefordert, eine **Vorausleistung auf den Erschließungsbeitrag** in Höhe von 20,00 €/m^2 zu leisten. Es wird dabei auf § 12 der **Satzung über die Erhebung des Erschließungsbeitrages** verwiesen.
6. Während der Ausführung des Bauvorhabens erteilt der Bezirks-Schornsteinfeger **„Die Bescheinigung über die Tauglichkeit von Schornsteinen oder anderen Abgasanlagen gem. § 40 Abs. 8 NBauO."**
7. Stadtinspektor K. wird vom Leiter des Bauordnungsamtes am 01.05. aufgefordert, die Schlussabnahme des Bauvorhabens vorzunehmen.
8. Der Schlussabnahmeschein wird vom Bauordnungsamt am 07.05. erteilt. In diesem Schein heißt es: „Die Schlussabnahme des Bauvorhabens hat am 06.05. stattgefunden. Hierbei wurden keine Abweichungen von der Baugenehmigung bzw. von den Vorschriften der NBauO festgestellt. Die bauliche Anlage wird hiermit zur Benutzung freigegeben."

9 Nach Abschluss des Bauvorhabens schließt Herr B. – wie seine Nachbarn auch – mit der Stadt einen **„Vertrag über die Ablösung des Erschließungsbeitrages"**.

Arbeitsauftrag:

In den obigen Fallbeispielen sind mehrere „Handlungen der Verwaltung" enthalten. Herr B. möchte gern wissen, welche dieser Handlungen Verwaltungsakte sind.

Theoretische Grundlagen

In den nachfolgenden Abschnitten werden folgende Inhalte dargestellt:

- Begriff und Merkmale des Verwaltungsaktes (vgl. S. 198),
- Allgemeinverfügung als Sonderform des Verwaltungsaktes (vgl. S. 208),
- Funktionen des Verwaltungsaktes (vgl. S. 215),
- Arten des Verwaltungsaktes (vgl. S. 217).

Begriff und Merkmale des Verwaltungsaktes

§ 35 Satz 1 VwVfG

„Verwaltungsakt ist jede Verfügung, Entscheidung oder andere hoheitliche Maßnahme, die eine Behörde zur Regelung eines Einzelfalles auf dem Gebiet des öffentlichen Rechts trifft und die auf unmittelbare Rechtswirkung nach außen gerichtet ist."

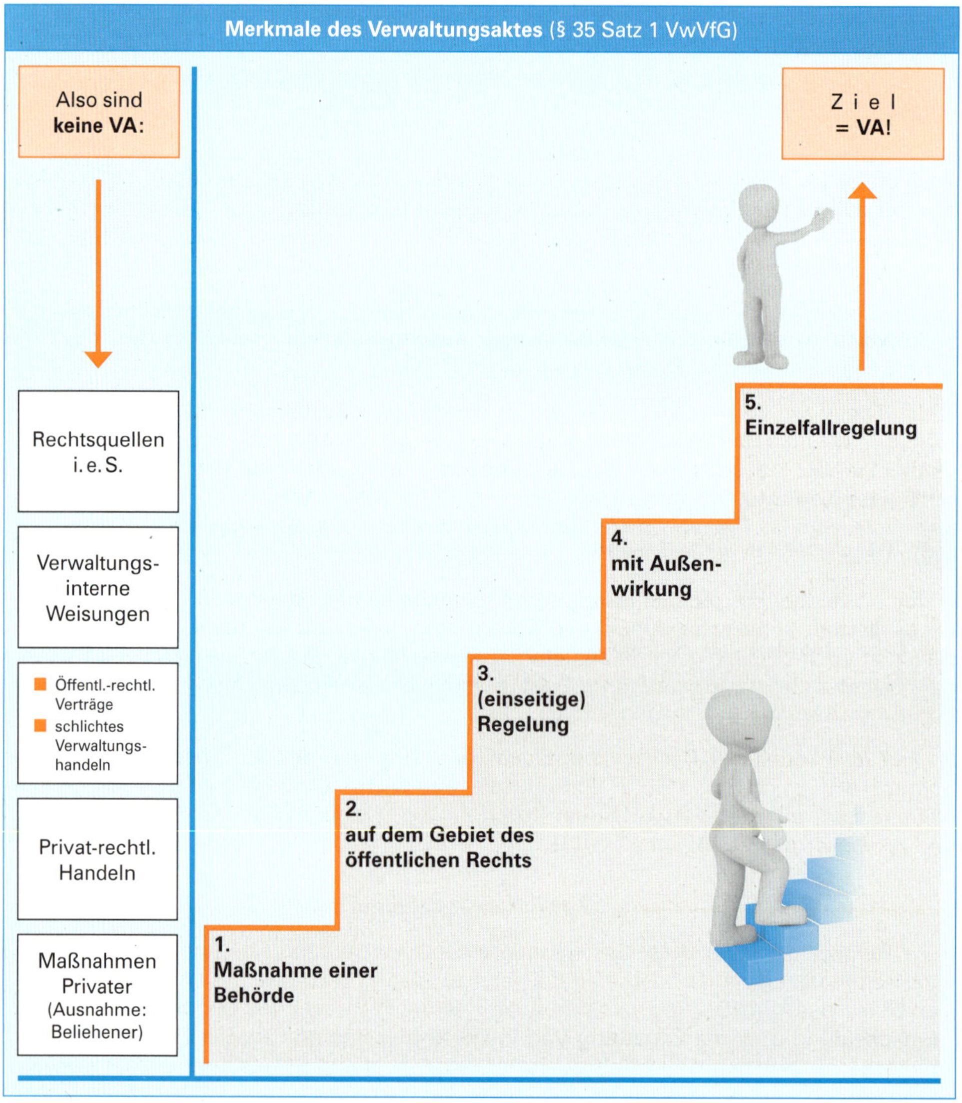

Die neun dargestellten Fallbeispiele der Verwaltung (siehe S. 196f.) sind jetzt an diesen Merkmalen zu messen, um entscheiden zu können, ob ein Verwaltungsakt vorliegt.

1. Maßnahme einer Behörde

Maßnahme ist jedes zweckgerichtete Handeln mit Erklärungsgehalt.[1] Dies kann eine ausdrückliche Erklärung oder ein schlüssiges Handeln sein. Für die Überprüfung einer Handlung auf VA-Qualität hat das Merkmal **„Maßnahme"** keine besondere Bedeutung, daher erfolgt hier auch die Zusammenfassung mit der die Maßnahme ergreifenden Institution. Damit dieses Merkmal des VA erfüllt ist, muss es sich um die **Maßnahme einer Behörde** handeln. § 1 Abs. 4 VwVfG enthält eine Legaldefinition des Begriffes Behörde, danach gilt:

§ 1 Abs. 4 VwVfG

„Behörde im Sinne dieses Gesetzes ist jede Stelle, die Aufgaben der öffentlichen Verwaltung wahrnimmt."

Nach dieser Definition sind Privatpersonen grundsätzlich keine Behörden, da ihnen Aufgaben der öffentlichen Verwaltung in der Regel nicht übertragen werden. Geschieht dies in Ausnahmefällen doch – werden Privatpersonen mit öffentlichen Aufgaben „beliehen" –, so handeln sie im Rahmen dieser Beleihung als Behörde. Beispiele dafür sind der Technische Überwachungsverein (TÜV), der Notar oder ein Fleischbeschauer.

In Anwendung auf die Fallbeispiele in der Ausgangssituation bedeutet das, dass die Behördenqualität in **zwei Fällen (1) und (6)** fraglich ist.

In den Fällen *(2), (3), (4), (5), (7), (8) und (9)* handelt jeweils die Stadt H. (der Oberbürgermeister), die unstreitig Behördenqualität im Sinne des § 1 Abs. 4 VwVfG hat. Die Stadt ist gem. § 20 Abs. 1 Satz 1 NKomVG eine Gemeinde. Gemeinden sind nach den jeweils einschlägigen Kommunalverfassungsgesetzen (z. B.: § 2 Abs. 2 NKomVG) „Träger der gesamten öffentlichen Aufgaben, soweit Rechtsvorschriften nicht ausdrücklich etwas anderes bestimmen".

Im Fall (1) handelt die „Gemeinnützige Wohnungsbaugesellschaft m. b. H." Sie ist als Kapitalgesellschaft (juristische Person des Privatrechts) grundsätzlich keine Behörde. Soweit sie nicht durch Beleihung mit öffentlichen Aufgaben betraut ist, hat sie also keinen Behördencharakter. Bei der Handlung im Fall (1) kann also bereits aus diesem Grund kein Verwaltungsakt vorliegen.

Im Fall (6) handelt der Bezirksschornsteinfeger. Aufgrund des § 3 Abs. 2 SchfG ist der Schornsteinfeger mit der Wahrnehmung der öffentlich-rechtlichen Aufgabe der „Feuerstättenschau" beliehen. Er wird durch Beleihung zum Träger mittelbarer Staatsverwaltung und zur Behörde im Sinne des VwVfG.

Weitere Abgrenzungen

Die Tätigkeit der Parlamente, insbesondere die Gesetzgebung, ist keine Ausübung von Verwaltungstätigkeit. Die Parlamente handeln also grundsätzlich nicht als Behörden im Sinne des VwVfG. Gleichwohl handelt z. B. der Präsident des Bundestages bei der Entscheidung über die Erstattung von Wahlkampfkosten an Parteien als Verwaltungsbehörde, er übt dann ausnahmsweise Verwaltungstätigkeit aus und erlässt Verwaltungsakte.

1 Vgl. Schmalz (1998), Rd. Nr. 157.

Auch von der Regierung in Erfüllung ihrer politischen Funktion vorgenommene Entscheidungen, die der Regierung von der Verfassung aufgegeben sind und für den Bestand und Leben des Staates sorgen (Regierungsakte), wie z. B. die Bestimmung der Richtlinie der Politik, Vorbereitung von Gesetzesentwürfen usw., sind keine öffentlich-rechtliche **Verwaltungstätigkeit** im Sinne des VwVfG und damit keine VA.[1]

Schließlich sind auch Justizakte z. B. in der Zivil- oder Strafgerichtsbarkeit keine Verwaltungstätigkeit im Sinne des VwVfG, wohl aber Maßnahmen der Justizverwaltung.

Übung

Entscheiden Sie, ob in den folgenden Fällen eine Behörde handelt.

1. Ein Sachverständiger des TÜV erteilt die Prüfplakette nach § 29 StVZO.
2. Die Handwerkskammer verweigert dem Handwerker R. die Eintragung in die Handwerksrolle.
3. Der Niedersächsische Landtag beschließt das Nds. Gesetz über die öffentliche Sicherheit und Ordnung (Nds. SOG).
4. Der Kultusminister ernennt einen Beamten auf Probe zum Beamten auf Lebenszeit.

2. Auf dem Gebiet des öffentlichen Rechts

Auf dem Gebiet des öffentlichen Rechts handelt eine Behörde, wenn sie von Befugnissen Gebrauch macht, die dem öffentlichen Recht zuzurechnen sind, wenn sie die Berechtigung zum Handeln aus öffentlich-rechtlichen Vorschriften herleitet (vgl. zur Abgrenzung *Lernarrangement 12*).[2] Entscheidend ist also die Zugehörigkeit der zugrunde liegenden Rechtsnorm zum öffentlichen bzw. zum privaten Recht.

Im Fall (2) der Ausgangssituation geht es um den Abschluss eines Grundstückskaufvertrags. Macht die Behörde von ihrem Vorkaufsrecht Gebrauch, so kommt mit der Ausübung des Rechts der Kauf zustande. Rechte und Pflichten aus diesem Vertrag ergeben sich dann aus den §§ 433 ff. BGB und damit aus einer Norm des Privatrechts.

Es kommt aber nicht darauf an, auf welchem Rechtsgebiet sich die Handlung rechtlich auswirkt, entscheidend ist vielmehr die Rechtsqualität der Befugnisnorm.

§

§ 24 Abs. 1 BauGB regelt:

„Der Gemeinde steht ein Vorkaufsrecht zu beim Kauf von Grundstücken

1. im Geltungsbereich eines Bebauungsplans, …“[3]

Berechtigter aus dieser Norm ist ausschließlich die Gemeinde und damit eine Untergliederung des Staates, es handelt sich somit eindeutig um eine Norm des öffentlichen Rechts (vgl. Subjektstheorie). Die Stadt H. handelt hier also auf dem Gebiet des öffentlichen Rechts.

---

1 Vgl. Knack (2014), § 1 Rd. Nr. 79.

2 Schmalz (1998), Rd. Nr. 159.

3 § 28 BauGB regelt folgerichtig: „Das Vorkaufsrecht kann nur binnen 2 Monaten durch Verwaltungsakt ausgeübt werden.“

Weitere Abgrenzungen

Die Verwaltung handelt häufig bei der Wahrnehmung öffentlicher Aufgaben in privatrechtlicher Form. Sie schließt Kaufverträge oder Mietverträge ab, um mit den gekauften oder gemieteten Gegenständen öffentliche Aufgaben zu erfüllen. Wird bei dem Kauf nicht von hoheitlichen Befugnissen Gebrauch gemacht, so handelt die Verwaltung fiskalisch, es liegt dann kein Verwaltungsakt vor.

Übung

Begründen Sie, ob die Behörde in den folgenden Fällen „auf dem Gebiet des öffentlichen Rechts" handelt.

1. Versetzung eines Beamten in den Ruhestand gem. § 37 Abs. 1 NBG.
2. Abschluss eines Arbeitsvertrages durch die Gemeinde A-Stedt mit einem Angestellten auf der Basis des § 2 TVöD – AT bzw. § 2 TV-L.
3. Aufgrund der Anzeige (§ 17 Kündigungsschutzgesetz) der X-AG (1000 Mitarbeiter) zur Entlassung von 120 Mitarbeitern stimmt die zuständige Agentur für Arbeit Massenentlassungen nach § 18 Kündigungsschutzgesetz (Entlassungssperre) zu.
4. Der Landrat kündigt nach § 542 BGB einen Mietvertrag für Räume, in denen bisher die Verwaltung der Kreisvolkshochschule untergebracht war.

3. (Einseitige) Regelung

Als wesentliche Funktion des VA ist die Regelungsfunktion anzusehen. Der VA ist darauf gerichtet, eine Rechtsfolge herbeizuführen. Er konkretisiert und individualisiert im Normalfall eine abstrakt-generelle Rechtsnorm. Die Verwaltung legt damit fest, was im Einzelfall rechtens sein soll.[1]

In den Fallbeispielen ist bei (4) fraglich, ob eine Regelung in dem Schreiben der Stadt enthalten ist. Die Stadt teilte unter Hinweis auf § 71 NBauO mit: „Die Baugenehmigung ... erlischt, wenn nicht innerhalb von drei Jahren mit der Ausführung der Baumaßnahme begonnen worden ist."

Vergleicht man diesen Text mit dem Inhalt des § 71 NBauO, so wird deutlich, dass hier lediglich eine Information über die Rechtslage gegeben wurde. Eine Anwendung der abstrakt-generellen Regel auf den Einzelfall und damit das Setzen einer konkret-individuellen Rechtsfolge hat hier nicht stattgefunden. Die Rechtslage hat sich für den betroffenen Bürger durch dieses Schreiben nicht verändert, es ist nicht auf die Herbeiführung einer Rechtsfolge gerichtet. Der Bürger wird lediglich über die bestehende Rechtslage informiert. Der bloße **Hinweis auf eine Rechtslage** stellt somit **keinen** VA dar.

Fraglich ist auch, ob der *Fall (9)* eine einseitige Regelung beinhaltet. Herr B. schließt mit der Stadt einen Vertrag, Stadt und Bürger sind bei dieser Übereinkunft gleichberechtigte Partner. Die Behörde regelt also nicht einseitig, was rechtens sein soll. Es liegt hier kein VA, sondern ein öffentlich-rechtlicher Vertrag vor (vgl. *Lernarrangement 23*).

1 Vgl. Erichsen (2010), § 12 Rd. Nr. 26.

Es sind im Wesentlichen sieben Arten der (einseitigen) Regelung zu unterscheiden:[1]

Arten der (einseitigen) Regelung	Beispiele
VERBOT eines Verhaltens	Verbot, einen bestimmten Ort zu betreten (§ 17 Nds. SOG)
GEBOT eines Verhaltens	Gebot des Anschlusses an die öffentliche Kanalisation (§ 13 NKomVG)
RECHTSGEWÄHRUNG	Erteilung einer Fahrerlaubnis (§ 2 StVG)
VERSAGUNG einer Rechtsgewährung	Versagung einer Gaststättenerlaubnis nach § 4 GastG
RECHTSGESTALTUNG	Beamtenernennung (§ 8 BeamtStG) Einbürgerung (§§ 8ff. StAG)
DINGLICHE REGELUNG	Widmung einer Grundstücksfläche zu einer öffentlichen Straße (vgl. § 35 Satz 2 VwVfG)
FESTSTELLUNG einer unklaren oder streitigen Rechtslage	Feststellung, dass ein Beamter wegen schuldhaften Fernbleibens vom Dienst seinen Besoldungsanspruch verloren hat (§ 9 BBesG)

Auf die *Fälle der Ausgangssituation* angewandt, die nach unserer bisherigen Überprüfung überhaupt VA-Qualität haben können, ist festzustellen:

Fall (2)	beinhaltet eine	**Feststellung** einer bisher unklaren Rechtslage, verbunden mit einer **Rechtsgewährung**
Fall (3)	beinhaltet eine	**Rechtsgewährung**
Fall (5)	beinhaltet ein	**Gebot**
Fall (6)	beinhaltet eine	**Feststellung** einer bisher unklaren Rechtslage
Fall (7)	beinhaltet ein	**Gebot**
Fall (8)	beinhaltet sowohl als auch	eine **Feststellung** einer bisher unklaren Rechtslage eine **Rechtsgewährung**

Weitere Abgrenzungen

Vorbereitungshandlungen der Verwaltung, z. B. die Anhörung eines Beteiligten oder die Durchführung einer Ortsbesichtigung, stellen keinen VA dar. Nur die endgültige Regelung (das „Endprodukt") erfüllt die Voraussetzung des § 35 VwVfG.

Schlichtes Verwaltungshandeln, das unmittelbar keine Rechtsfolgen hervorbringen will, stellt ebenfalls keinen Verwaltungsakt dar, z. B. der Bau eines Kindergartens, die Unterhaltung einer Straße, die Auszahlung einer vorher durch VA bewilligten Geldleistung, Auskünfte usw.

1 Schmalz (1998), Rd. Nr. 164ff.

Übung

Liegt in den folgenden Fällen eine Regelung im Sinne des § 35 Satz 1 VwVfG vor? Wenn Sie die Frage mit „Ja" beantworten, geben Sie jeweils an, um welche Art Regelung es sich handelt.

1. Benotung einer Klassenarbeit.
2. Erteilung eines Abschlusszeugnisses in der Berufsschule.
3. Erstellung eines Gutachtens zur Gestaltung einer verkehrsberuhigten Zone in der Innenstadt.
4. Eine Gewerbesteuerschuld wird gestundet.
5. Verfügung des Ordnungsamtes an Herrn Z., sein widerrechtlich abgestelltes Fahrzeug aus dem öffentlichen Straßenraum zu entfernen.
6. Der Einheitswert eines Grundstückes wird festgestellt.
7. Eine Wohnsitzbescheinigung wird erteilt.
8. Frau B. wird erlaubt, den öffentlichen Straßenraum für ein Straßenfest zu nutzen.
9. Die Polizei hat während einer völligen Neuordnung des ruhenden Verkehrs in der Innenstadt, die vorübergehend eine drastische Reduzierung des Parkraumes notwendig machte, das Parken in eingeschränkten Halteverbotszonen weitgehend geduldet. Nach der Eröffnung des neu eingerichteten Parkhauses heftet sie an die verbotswidrig abgestellten Fahrzeuge Handzettel mit dem Hinweis, dass das Parken an dieser Stelle verboten sei und in Zukunft streng geahndet werde.
10. Herr Meier erhält von einem Polizeibeamten, auf seine Frage nach dem Weg in die Stadt, die Auskunft, an der Oldersumer Straße links abzubiegen.

4. Mit Außenwirkung

Die Regelung im Sinne des § 35 VwVfG muss auf unmittelbare **Rechtswirkung nach außen** gerichtet sein. Außenwirkung liegt nach Knack[1] vor, „wenn die Regelung nach ihrem objektiven Sinngehalt des Entscheidungssatzes des VA dazu bestimmt ist, Außenwirkung zu entfalten. Der VA muss ... aus dem Rechtskreis des Verwaltungsträgers, dem die erlassende Behörde angehört, in den Rechtskreis des Betroffenen einwirken."

Im Fall (7) der Ausgangssituation („Stadtinspektor K. wird vom Leiter des Bauordnungsamtes aufgefordert, die Schlussabnahme des Bauvorhabens vorzunehmen.") ist fraglich, ob dieses Gebot eines Verhaltens Außenwirkung entfaltet. Stadtinspektor K. erhält hier als Beamter eine Einzelweisung, die ihn lediglich in seiner Eigenschaft als „Glied der Verwaltung" verpflichtet.[2] Der Innenbereich wird mit dieser Weisung nicht verlassen, der Rechtskreis des betroffenen Bürgers wird durch diese Anweisung nicht unmittelbar betroffen.

Außenwirkung gegenüber dem Bauherrn kann also eindeutig verneint werden. Fraglich bleibt zunächst, ob gegenüber dem Beamten, dem hier ein Gebot erteilt wird, Außenwirkung besteht. Es gilt: „Außenwirkung hat eine Maßnahme, wenn sie auf die Regelung

1 Henneke, in: Knack (2014), § 35 Rd. Nr. 34.

2 Vgl. Erichsen (2010), § 12 Rd. Nr. 36ff.

persönlicher Rechte und Pflichten des Beamten gerichtet ist; bloß verwaltungsintern ist eine Regelung, die den Beamten als Organwalter (Amtsträger, ‚austauschbaren Bediensteten') betrifft und persönliche Wirkungen ihm gegenüber nur durch Konkretisierung der Gehorsamspflicht hat."[1]

Hier wird dem Beamten eine Weisung erteilt, die seine Dienstpflicht konkretisiert, diese Weisung würde in gleicher Weise an einen anderen Bediensteten (z. B. eine Urlaubsvertretung) ergehen, das persönliche Verhältnis des Beamten zum Dienstherrn wird nicht berührt. Es handelt sich demnach um eine innerdienstliche Weisung, ein VA liegt nicht vor.

Problematisch ist die Abgrenzung auch bei Weisungen von Aufsichtsbehörden an nachgeordnete Behörden. **Weisungen** an eine Gemeinde **im übertragenen Wirkungskreis** entfalten keine Außenwirkung, da die kommunale Gebietskörperschaft hier die Aufgaben einer unteren Verwaltungsbehörde wahrnehmen, also in einen Instanzenzug integriert sind, und so gegenüber der übergeordneten (staatlichen) Verwaltungsbehörde keine Rechtssubjektivität besitzen. Weisungen der Kommunalaufsicht im Bereich kommunaler Selbstverwaltung **(eigener Wirkungskreis der Gemeinde)** besitzen Außenwirkung. Die Gemeinde ist hier ein Verwaltungsträger mit Rechtssubjektivität, deren Verhältnis zur Aufsichtsbehörde dem eines Bürgers vergleichbar ist.[2]

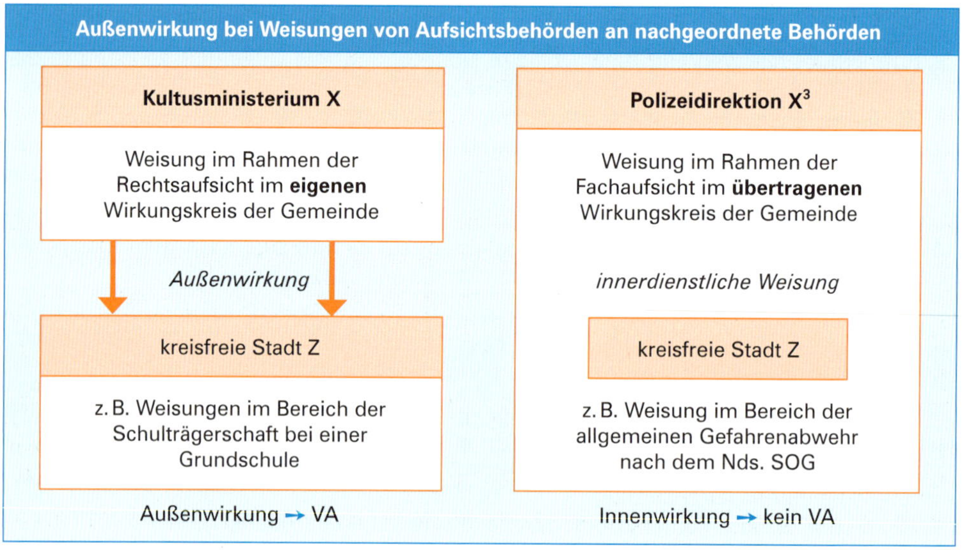

Übung

Begründen Sie, ob die folgenden Maßnahmen gegenüber dem Betroffenen Außenwirkung haben.

1. Weisung des Umweltministeriums an den Landkreis zur Abwicklung der Abfallbeseitigung (übertragener Wirkungskreis).

1 Schmalz (1998), Rd. Nr. 189 ff.

2 Vgl. Blum, Häusler, Meyer (2014), S. 784.

3 Siehe §§ 87 ff. Nds. SOG.

2. Festsetzung des Besoldungsdienstalters eines Beamten.
3. Einem Beamten wird die Genehmigung einer Nebentätigkeit erteilt.
4. Ein Beamter wird zu einer anderen Behörde versetzt.
5. Ein Beamter wird innerhalb derselben Behörde „umgesetzt".
6. Weisung der Kommunalaufsichtsbehörde an die Gemeinde R. zur Durchführung der Abwasserbeseitigung (Pflichtaufgabe im eigenen Wirkungskreis).

5. Einzelfallregelung

Im Ausgangsfall (5) wird Herr Berger am 08.09. aufgefordert, eine Vorausleistung auf den Erschließungsbeitrag in Höhe von 20,00 €/m^2 zu leisten. Diese Aufforderung stützt sich auf § 12 der Satzung über die Erhebung des Erschließungsbeitrages.

§ 12 der angesprochenen Satzung lautet:

„Vorausleistungen nach § 133 Abs. 3 Satz 1 BauGB werden in Höhe des geschätzten voraussichtlichen Beitrages erhoben."

§ 133 Abs. 3 Satz 1 BauGB lautet:

„Für ein Grundstück, für das eine Beitragspflicht noch nicht in vollem Umfang entstanden ist, können Vorausleistungen auf den Erschließungsbeitrag verlangt ... werden, wenn ein Bauvorhaben auf dem Grundstück genehmigt wird ..."

Vergleicht man den Inhalt des Satzungsauszugs und des § 133 BauGB mit der Anweisung an Herrn Berger, so unterscheiden sich diese beiden Regelungen vor allem bezüglich zweier Kriterien.

Unterschiede sind einmal bezüglich des **Adressaten der Regelung** festzustellen und zum anderen unterscheidet sich der **geregelte Fall.**

Die Regelung des § 12 der Satzung und des § 133 BauGB richtet sich an einen Personenkreis, der zum Zeitpunkt des Erlasses dieser Regelung noch unbestimmt ist. Es ist noch nicht festzumachen, welche Personen von dieser Regelung betroffen sein könnten, der Adressatenkreis steht noch nicht einmal zahlenmäßig fest. Die Regelung ist **generell.**

Das Schreiben an Herrn Berger individualisiert die generelle Regelung des § 12. Jetzt ist der **Adressat** der Regelung ein bestimmter Personenkreis, der zahlenmäßig feststeht, hier sogar eine bestimmte Einzelperson. Der Adressat ist individuell. Sind mehrere bestimmte Personen Adressat eines VA, so wird auch von einer „Sammelverfügung" gesprochen, der Adressat ist aber auch in diesem Fall „individuell".[1]

§ 12 der angesprochenen Satzung und § 133 BauGB regeln eine unbestimmte Anzahl von Fällen, es wird abstrakt beschrieben, für welche Art von Fällen diese Regelung greifen soll. **Der Fall** ist nur begrifflich erfasst, er ist abstrakt (→ Rechtsnorm).

Die Anweisung zur Zahlung, die an Herrn Berger gerichtet wird, konkretisiert die abstrakte Fallbeschreibung. Der Fall ist jetzt **konkret,** denn Zeit, Ort und Person stehen jetzt fest; **individuell,** da Berger hier auch namentlich bezeichnet ist.

1 Vgl. Wolff, Bachof, Stober, Kluth (2007), § 45 Rd. Nr. 71.

Zu klären bleibt, wie eine **abstrakt individuelle** Regelung zu beurteilen ist. Wird einem individuellen Adressaten z. B. aufgegeben, die Einleitung von Kühlwasser in einen Fluss immer dann zu stoppen, wenn die Wassertemperatur des Flusses einen ganz bestimmten Grenzwert übersteigt, dann gilt diese Regelung für eine nicht vorhersehbare unbestimmte Vielzahl von Fällen. Diese Fälle sind nach allgemein herrschender Meinung aus praktischen Gründen als VA anzusehen.[1]

Übungen

1. Stellen Sie für die nachstehenden Fälle zunächst fest, welcher „Fallgruppe" (abstrakt/generell, abstrakt/individuell, konkret/individuell oder konkret/generell, aber mit „bestimmbarem" Personenkreis) dieser Sachverhalt zuzurechnen ist. Entscheiden Sie anschließend, ob ein Verwaltungsakt vorliegt.

a) Einem Unternehmen wird vom Oberbürgermeister aufgegeben, an den Tagen, an denen nicht durch natürliche Witterungseinflüsse allgemeine Glatteisgefahr gegeben ist, sondern sich durch die Abdämpfe der von ihr betriebenen Kühltürme in deren Umgebung Glätte bildet, den hierdurch verursachten verkehrsgefährdenden Zustand zu beseitigen.

b) Die Stadt A. fordert Hauseigentümer Borstig auf, an seinem Haus die von der Stadt festgesetzte Hausnummer am Hauptgebäude in der vorgeschriebenen Form anzubringen. Als Anlage fügt sie einen Auszug aus der relevanten städtischen SOG-Verordnung mit folgendem Inhalt bei: „Jeder Eigentümer eines Hauses hat die von der Stadt festgesetzte Hausnummer am Hauptgebäude oder am Eingang des Grundstückes so anzubringen, dass sie von der Straßenseite des Gebäudes gut sichtbar ist."

c) Herr Edler wird durch die Stadt A. aufgefordert, das Waschen seines Fahrzeugs im Stadtpark einzustellen, da die Verordnung zur Aufrechterhaltung der öffentlichen Ordnung in der Stadt dies untersage.

d) Eine Gruppe von volleyballbegeisterten Verwaltungsfachangestellten möchte erreichen, dass sie die Sporthalle des städtischen Gymnasiums regelmäßig nutzen kann. Die Stadt hat zur Nutzung ihrer Sporthallen eine Benutzungssatzung erlassen. Aus dieser Satzung ergibt sich z. B., dass die Nutzung der Anlage dem öffentlichen Recht unterliegt. Es gibt jedoch keine Regelungen zum zugelassenen Benutzerkreis. Die Gruppe hat sowohl beim Schulamt als auch beim Sportamt vergeblich versucht, für sich ein Nutzungsrecht zu erhalten.

Die Verwaltungsfachangestellten überlegen jetzt, wie sie weiter vorgehen könnten. Dazu klären sie zunächst, was sie eigentlich erreichen möchten.

(1) In erster Linie streben sie an, dass alle städtischen Turnhallen der Allgemeinheit unbeschränkt zur Verfügung gestellt werden.

(2) Mindestens sollten sie von allen Jugendlichen frei benutzt werden können.

(3) Zur Not wären sie damit zufrieden, wenn sie selbst die Erlaubnis erhielten, regelmäßig die eine Sporthalle am Gymnasium zu benutzen, soweit nicht andere ein Benutzungsrecht haben.

1 Vgl. Giemulla, Jaworsky, Müller-Uri (1998), Rd. Nr. 244 f.

(4) Zumindest erwarten sie, dass sie zum 1. Jahrestag ihrer bestandenen Fachangestelltenprüfung diese Halle von 20:00 bis 22:00 Uhr nutzen dürfen.[1]

e) Den 21 Eigentümern, deren bebaute Grundstücke an die öffentliche Straße „Tosmarblick" angrenzen, wird an einem Wintertag aufgegeben, den Schnee auf den Geh- und Radwegen zu beseitigen, weil die entsprechende Satzung diese Reinigungspflicht vorsieht.

2. Prüfen Sie, ob mit dem folgenden abgebildeten Schreiben ein Verwaltungsakt ergangen ist. Weisen Sie jedes einzelne Merkmal gem. § 35 VwVfG nach.

Auszug aus dem Satzungsentwurf:

§

§ 7 Abs. 2

„Der Grundstückseigentümer hat dafür zu sorgen, dass die 120 Liter und 240 Liter Abfallbehälter am Abfuhrtage ab 06:45 Uhr auf dem Gehweg an dem Fahrbahnrand oder, wo kein Gehweg vorhanden ist, am Rande der Straße zur Entleerung bereitgestellt werden. Abfallbehälter von Grundstücken, die nicht an der Fahrbahn liegen und nur durch Gehwege erschlossen sind, sind ebenfalls am Fahrbahnrand bereitzustellen."

Stadt Hildesheim Hildesheim, 14. März 20..
Der Oberbürgermeister

Herrn
Hartmut Barth
Rosenallee 24
31141 Hildesheim

Sehr geehrter Herr Barth,

aufgrund des Kreislaufwirtschaftsgesetzes (KrWG) in Verbindung mit dem Niedersächsischen Abfallgesetz (in der Fassung vom 14. Juli 2003, zuletzt geändert am 2. März 2017) muss die Satzung über die Abfallentsorgung in der Stadt Hildesheim geändert werden.

In diesem Zusammenhang ist auch beabsichtigt, die Aufstellung der Müllbehälter am Abfuhrtage so zu regeln, wie es im Landkreis Hildesheim seit langer Zeit üblich ist. Danach sind die Abfallbehälter 120 und 240 Liter am Abfuhrtage auf dem Gehweg am Fahrbahnrand zur Entleerung bereitzustellen (siehe § 7 Abs. 2 des Satzungsentwurfs).

Dies bedeutet, dass Mitarbeiter des Stadtreinigungsamtes die Abfallbehälter nicht mehr vom Grundstück holen und insbesondere auch nicht mehr über Treppen und Stufen transportieren müssen.

Sie erhalten mit beiliegendem Antwortschreiben bis zum 5. April 20.. Gelegenheit, auf mögliche Schwierigkeiten hinzuweisen, die sich bei Ihrem Grundstück durch diese Satzungsänderung ergeben könnten.

Für Ihre Unterstützung bedanke ich mich.

Mit freundlichen Grüßen

(Unterschrift)
(Der Oberbürgermeister)

1 Diese Aufgabe wurde weitgehend einer Materialie zum Einführungsstudium an der Fachhochschule des Landes Niedersachsen in Hildesheim entnommen.

Theoretische Grundlagen (Fortsetzung LA 17)

Allgemeinverfügung als Sonderform des Verwaltungsaktes

Personenrechtliche (adressantenbezogene) Allgemeinverfügung

Situation:

In der Stadt Hildesheim wurde bei Bauarbeiten für ein Parkhaus in der Innenstadt eine Baugrube ausgehoben.

Der Baggerführer bemerkte plötzlich, dass er mit der Baggerschaufel einen großen verrosteten Metallgegenstand herausgehoben hatte, der wie eine Bombe aus dem 2. Weltkrieg aussah. Er senkte den Gegenstand vorsichtig ab und benachrichtigte umgehend das Ordnungsamt der Stadtverwaltung.

Ein herangezogener Sprengstoffexperte stellte fest, dass es sich um einen „Blindgänger" – eine nicht detonierte Bombe aus dem 2. Weltkrieg – handelt.

Mitarbeiter des Ordnungsamts fordern mittels Megaphon die Personen der angrenzenden Häuser auf, diese Häuser unverzüglich zu verlassen.

Das Ordnungsamt veranlasst auch eine Durchsage über die Verkehrssender der entsprechenden Rundfunkanstalten. In der Durchsage werden die Personen, die sich zurzeit in der Rathausstraße, am Ratsbauhof und in der Schwemannstraße aufhalten, aufgefordert, die Häuser zu räumen und das „Sperrgebiet" um den Ratsbauhof zu verlassen. Als Aufenthaltsraum werden die Turnhallen der Goetheschule und der Grundschule Pfaffenstieg angeboten.

Aufgabe:

Prüfen Sie, ob die in der Ausgangssituation angesprochenen Maßnahmen der Verwaltung Verwaltungsaktqualität aufweisen.

Fraglich ist hier vor allem, ob mit den Maßnahmen des Ordnungsamtes ein **Einzelfall** geregelt wird.

Zieht man zur Prüfung die oben dargelegten Kriterien des geregelten Falles einerseits und des Adressatenkreises andererseits heran, so kann festgestellt werden, dass hier ein **konkreter Fall** (Verpflichtung, ein bestimmtes Gebiet anlässlich einer ganz bestimmten Bombenentschärfung zu einer bestimmten Zeit zu verlassen) geregelt wird.

Fraglich ist hier jedoch der Umfang des Adressatenkreises. Zum Zeitpunkt des Ergehens der Regelung ist der Behörde jedenfalls nicht bekannt, wer im Einzelnen von dieser Regelung betroffen ist.

Zur Abgrenzung ist hier § 35 Satz 2 VwVfG heranzuziehen:

§

§ 35 Satz 2 VwVfG

„Allgemeinverfügung ist ein Verwaltngsakt, der sich an einen nach allgemeinen Merkmalen bestimmten oder bestimmbaren Personenkreis richtet oder die öffentlich-rechtliche Eigenschaft einer Sache oder ihre Benutzung durch die Allgemeinheit betrifft."

§ 35 Satz 2 VwVfG regelt drei verschiedene Fälle. In dem hier relevanten Fall geht es um den betroffenen Personenkreis. Danach richtet sich die Allgemeinverfügung an einen **nach allgemeinen Merkmalen bestimmten oder bestimmbaren Personenkreis.**

In unserem Fall ist der betroffene Personenkreis durch das allgemeine Merkmal: „Aufenthalt in einem bestimmten Gebiet" bestimmt und es könnte auch exakt bestimmt werden, gegenüber welchen Personen im Einzelnen die Regelung gelten soll. Gleichwohl steht zum Zeitpunkt des Erlasses der Regelung der Adressatenkreis noch nicht objektiv fest und er kann sich auch dadurch, dass noch einige Passanten in dieses „Sperrgebiet" kommen, erweitern.

Sachenrechtliche (dingliche) Allgemeinverfügung

§ 35 Satz 2 VwVfG weitet den Kreis der als Allgemeinverfügung anzusehenden Handlungen der Verwaltung durch eine 2. Alternative noch weiter aus: Allgemeinverfügung ist danach auch ein VA, der die öffentlich-rechtliche Eigenschaft einer Sache oder ihre Benutzung durch die Allgemeinheit betrifft.

Durch diese Ausweitung werden zwei weitere Anwendungsbereiche für die Regelung durch Allgemeinverfügung und damit durch VA eröffnet:

- Verleihung, Entziehung oder Veränderung der öffentlich-rechtlichen Eigenschaft einer Sache sowie
- Benutzungsregelungen.

Nach § 2 Abs. 1 Bundesfernstraßengesetz erhält eine Straße die Eigenschaft einer Bundesfernstraße durch Widmung. Dieser Widmungsvorgang löst eine dingliche Regelung aus, letztlich geht es aber auch hier mittelbar um die Herbeiführung von Rechtsfolgen gegenüber Personen.

Noch deutlicher wird dies bei Benutzungsregelungen. Die Benutzungsregelung bezieht sich auf eine konkrete Sache und regelt die Benutzung dieser Sache durch die Allgemeinheit.

Beispiel:

Nach § 32 NWG (Niedersächsisches Wassergesetz) kann die Wasserbehörde u. U. den Gemeingebrauch natürlicher Gewässer u. a. durch Verfügung regeln, beschränken oder verbieten. Macht die Wasserbehörde von diesem Recht Gebrauch, indem sie z. B. das Befahren mit motorbetriebenen Fahrzeugen gestattet, so erlässt sie eine Allgemeinverfügung in Form der Benutzungsregelung.

Benutzungsregelungen und damit VA sind danach auch Verkehrsschilder (Vorschriftzeichen und ggf. Richtzeichen nach §§ 41 f. StVO), die „eine konkrete örtliche Verkehrssituation betreffen und eine situationsbezogene Verkehrsregelung zum Inhalt haben."[1]

1 Siehe Schmalz (1998), Rd. Nr. 213 ff.

14 Schäfer u.a. - ISBN 978-3-8120-0439-8

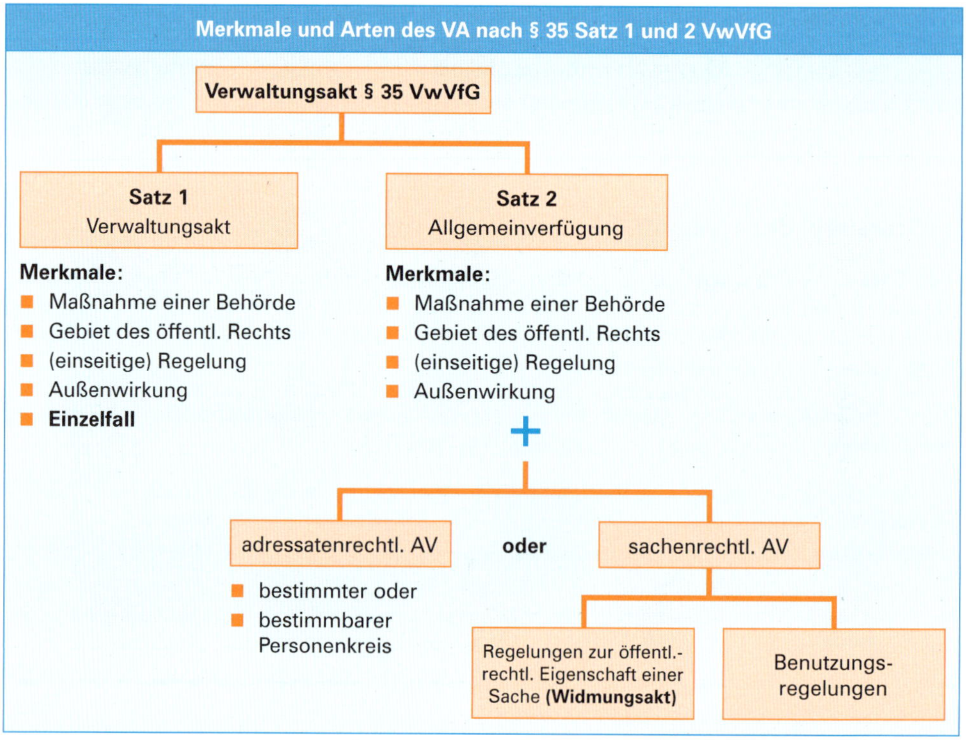

➤ Rechtsfolgen bei Vorliegen eines VA in der Form der Allgemeinverfügung

Zunächst ist per Definition des § 35 VwVfG die Allgemeinverfügung ein VA. Es treten also grundsätzlich alle die Rechtsfolgen ein, die für den VA gem. § 35 Satz 1 VwVfG („normaler VA") gelten. Es sind daher z. B. grundsätzlich die gleichen Verfahrens- und Formvorschriften zu beachten und Rechtsfehler haben grundsätzlich die gleichen Rechtsfolgen.

Trotzdem ist es erforderlich, die Allgemeinverfügung vom VA gem. § 35 Satz 1 VwVfG zu unterscheiden, denn das VwVfG sieht einige **Sonderregelungen** für den VA in der Form der **Allgemeinverfügung** vor:

- § 28 Abs. 2 Nr. 4 VwVfG räumt z. B. die Möglichkeit ein, bei einer Allgemeinverfügung von einer sonst erforderlichen **Anhörung** abzusehen;
- § 39 Abs. 2 Nr. 5 VwVfG ermöglicht den Verzicht auf eine **Begründung,** wenn eine Allgemeinverfügung öffentlich bekannt gegeben wird und
- § 41 Abs. 3 Satz 2 VwVfG erleichtert die öffentliche **Bekanntgabe** bei Allgemeinverfügungen.

➤ Abgrenzung Rechtsnorm, personenbezogene Allgemeinverfügung (§ 35 Satz 2 VwVfG) und Verwaltungsakt (§ 35 Satz 1 VwVfG)

Das nachstehende Schaubild grenzt die Rechtsnorm, die personenbezogene Allgemeinverfügung und den Verwaltungsakt im Sinne des § 35 Satz 1 VwVfG anhand von Beispielen gegeneinander ab.

Abgrenzung Rechtsnorm, Verwaltungsakt und personenbezogene Allgemeinverfügung

		geregelter Fall	
		abstrakt	**konkrete**
Adressatenkreis	**generell**	RECHTSNORM Grundaufbau wenn ... dann ①	personenbezogene ALLGEMEIN-VERFÜGUNG (§ 35 Satz 2 VwVfG) ④
			⑤
	individuell	VERWALTUNGS-AKT (§ 35 Satz 1 VwVfG) ③	VERWALTUNGS-AKT (§ 35 Satz 1 VwVfG) ②

Beispiele zu:

① **Die Stadt A erlässt für ihr Gemeindegebiet eine „Verordnung über die Aufrechterhaltung der öffentlichen Sicherheit und Ordnung".**

Der Adressatenkreis steht im Zeitpunkt des Erlasses der Verordnung objektiv noch nicht fest, er ist noch offen und erweiterungsfähig → **generell.**

Die Verordnung regelt keinen konkreten Sachverhalt, sondern bezieht sich auf mögliche (gedachte) Fälle → **abstrakt.**

② **Herr Sch. erhält die schriftliche Aufforderung, sein unsachgemäß entsorgtes Fahrzeug sachgerecht im Sinne des Abfallbeseitigungsgesetzes zu beseitigen.**

Die Regelung betrifft die Entsorgung dieses genau bezeichneten und jetzt unsachgemäß entsorgten Fahrzeugs → **konkret.** Sie ist **individuell,** da sich die Verfügung an eine individuell bestimmte (hier namentlich bezeichnete) Person richtet.

③ **Anordnung an Herrn M., jeweils bei Glatteisbildung zu streuen.**

Die Verfügung regelt nicht nur die Streupflicht wegen jetzt akut gegebener Glatteisbildung, sie bezieht sich vielmehr auch auf denkbare zukünftige Glatteisbildung → **abstrakt.**

Der Adressat M. ist eine Einzelperson, sie ist namentlich bezeichnet → **individuell.**

④ **Die örtliche Polizeibehörde verbietet die Teilnahme an der für den kommenden Tag geplanten Demonstration.**[1]

Die Regelung ist **generell,** weil der betroffene Personenkreis im Zeitpunkt der Regelung noch nicht bestimmt oder nach allgemeinen Merkmalen bestimmbar ist. Die Regelung bezieht sich auf eine **konkrete** Demonstration am nächsten Tag. Die Konkretheit der Regelung ist bei noch nicht feststehendem Personenkreis meist zweifelhaft.

1 Vgl. Maurer, Waldhoff (2017), § 9 Rd. Nr. 18.

⑤ **Die Polizei verfügt wegen Gefährdung der öffentlichen Sicherheit die Auflösung der Versammlung.**

Die Regelung bezieht sich auf die gerade stattfindende Versammlung → **konkret**; sie wendet sich zwar nicht nur an eine bestimmte Person, aber doch an einen individuell bestimmten bzw. bestimmbaren Personenkreis → **individuell.**

Die Grenze zwischen individuell und generell ist nicht zahlenmäßig festzulegen, sondern danach zu richten, ob der Adressatenkreis zum Zeitpunkt des Erlasses der Regelung objektiv feststeht oder nicht, ob er geschlossen oder erweiterungsfähig ist.[1]

Übungen

1. Übungsfall zur Abgrenzung der Allgemeinverfügung von Rechtsnormen einerseits und „normalen VA" andererseits

Untersuchungen des Nds. Landesamtes für Ökologie haben gezeigt, dass im Wasser der Tonkuhle „Grüner Kamp", die von Anliegern auch als Badesee benutzt wird, erhebliche Mengen gesundheitsschädlicher Stoffe enthalten sind.

Das Landesamt teilt die Untersuchungsergebnisse am 20.08. sowohl dem Gesundheitsamt des Landkreises H. als auch dem Ordnungsamt der Stadt mit.

Wegen des schönen Wetters baden an diesem Tag viele Bürger in diesem See. Mitarbeiter des Ordnungsamtes fordern die badenden Personen per Megaphon auf, sofort das Wasser zu verlassen.

Noch am selben Tag werden rings um den See Schilder aufgestellt, auf denen zu lesen ist:

Es ist untersagt, in diesem See zu baden.
Der Oberbürgermeister

Am nächsten Wochenende stellt ein Mitarbeiter des Ordnungsamtes bei einem Kontrollgang fest, dass drei Jugendliche trotz des Badeverbots in dem See schwimmen. Er fordert die Schwimmer per Handzeichen auf, das Wasser zu verlassen.

Weil anzunehmen ist, dass diese schwer abbaubaren Stoffe auch auf längere Sicht die Wasserqualität beeinträchtigen werden und dass sich trotzdem immer wieder Menschen in diese Gefahr begeben, möchte die Stadtverwaltung das Badeverbot so regeln, dass es generell gilt und ein Verstoß als Ordnungswidrigkeit geahndet werden kann.

Aufgaben:

a) Ordnen Sie alle Handlungen der Verwaltung den verschiedenen Arten/Formen des Verwaltungshandelns zu.

b) Prüfen Sie, ob in der Sachverhaltsschilderung des Übungsfalls 1 Verwaltungsakte nach § 35 Satz 1 und 2 VwVfG enthalten sind. Begründen Sie Ihre Auffassung.

c) Warum ist es zwingend erforderlich, Verwaltungsakte nach § 35 Satz 1 von VA nach Satz 2 zu unterscheiden und VA überhaupt von Rechtsnormen abzugrenzen? Zeigen Sie auch die jeweils unterschiedlichen Rechtsfolgen auf.

1 Vgl. Maurer, Waldhoff (2017), § 9 Rd. Nr. 17.

2. Übungsfall:

Bundespolizeidirektion Hannover

BUNDESPOLIZEIDIREKTION HANNOVER
Möckernstraße 30
30163 Hannover
AZ: 18 04 03
Hannover, 22. Mai 2018

Allgemeinverfügung

zum Mitführverbot von Schusswaffen, Schreckschusswaffen, Hieb-, Stoß- und Stichwaffen, Messern aller Art

im Hamburger Hauptbahnhof [...]

Auf der Grundlage meiner Zuständigkeit gemäß des § 1 Absatz 2 in Verbindung mit den §§ 3 und 58 Absatz 1 des Bundespolizeigesetzes (BPolG) sowie des § 2 der Verordnung über die Zuständigkeiten der Bundespolizeibehörden (BPolZV) und den §§ 1, 35 des Verwaltungsverfahrensgesetzes (VwVfG) in der entsprechend geltenden Fassung ergeht gemäß § 14 BPolG folgende Allgemeinverfügung:

1. **Gültigkeitszeitraum**

1.1 **Im Zeitraum 25. Mai 2018, 20:00 Uhr bis zum 26. Mai 2018, 06:00 Uhr** und

1.2 **im Zeitraum 26. Mai 2018, 18:00 Uhr bis zum 27. Mai 2018, 06:00 Uhr.**

2. **Geltungsbereich**
Der Geltungsbereich der Allgemeinverfügung umfasst den Gebäudekomplex des Hamburger Hauptbahnhofs [...] incl. der Ebenen im Obergeschoß und 1. Obergeschoß sowie alle Bahnsteige und die Gleise 1–14. Ausgenommen ist der U-Bahn-Bereich.

2.1 Das Mitführverbot von Schusswaffen, Schreckschusswaffen, Hieb-, Stoß- und Stichwaffen und Messern aller Art gilt für alle Personen, die sich im Geltungsbereich der Allgemeinverfügung aufhalten bzw. diesen betreten – Ausnahmen hierzu siehe 3.2 –.

3. Es ist in den vorgenannten Geltungsbereich (Nr. 2) verboten,

3.1 a) Schuss- und auch Schreckschusswaffen,
b) Hieb-, Stoß- und Stichwaffen,
c) Messer aller Art
mitzuführen oder zu benutzen.

3.2 **Vom Mitführverbot gem. Nr. 3.1 a) bis c) sind ausgenommen:**
Polizeikräfte, Zoll, Bundeswehr, Bezirklicher Ordnungsdienst, Feuerwehr, Rettungsdienste, medizinische Versorgungsdienste, Sicherheitsdienstmitarbeiter der DB AG oder deren Beauftragte, Mitarbeiter ausgewiesener Sicherheitsdienste, Mitarbeiter von Geld- und Werttransporten und das Zugbegleitpersonal der Eisenbahnverkehrsunternehmen.

3.2.1 Gastronomieunternehmen hinsichtlich der Nutzung von Messern aller Art.

3.2.2 Bahnreisende Fahrgäste dürfen die unter 3.1 genannten Gegenstände zu a) und c) mitführen, wenn sie zur Jagdausübung dienen und in einem geschlossen gesicherten Behälter (Bestimmungen des Waffengesetzes sind zu beachten) transportiert werden.

3.2.3 Handwerker, Gewerbetreibende und deren Angestellte dürfen Messer mitführen, wenn sie zur Erfüllung eines konkreten Aufrages im Geltungsbereich benötigt werden.

3.2.4 **Besondere Ausnahmen** sind bei der Bundespolizeidirektion Hamburg, Wilsonstr. 49–53b, 22045 Hamburg, per E-Mail an
bpoli.hamburg@polizei.bund.de,
zu beantragen.

4. Die Einhaltung dieser Ordnungsverfügung wird durch Einsatzkräfte der Bundespolizei überwacht.

5. Die sofortige Vollziehbarkeit dieser Verfügung ist hiermit gemäß § 80 Abs. 2 Satz 1 Nr. 4 Verwaltungsgerichtsordnung (VwGO) angeordnet.

6. Für jeden Fall der Zuwiderhandlung gegen diese Verfügung wird schon jetzt gemäß § 13 Verwaltungsvollstreckungsgesetz (VwVG) ein Zwangsgeld in Höhe von **250,00 Euro** angedroht.
Sollte das Zwangsgeld uneinbringlich sein, kann das Verwaltungsgericht auf Antrag der Bundespolizei hin Ersatzzwangshaft für jeden Fall der Zuwiderhandlung anordnen.
Straftaten/Ordnungswidrigkeiten nach dem Waffengesetz (WaffG) werden gesondert verfolgt.
Gegen den Betroffenen kann darüber hinaus ein Hausverbot für den Hauptbahnhof Hamburg erlassen werden. Die Bundespolizei wird darüber hinaus anlassbezogen einen zukünftigen Beförderungsausschluss durch das Eisenbahnverkehrsunternehmen aufgrund der Gefährdung Mitreisender gemäß § 8 Eisenbahn-Verkehrsordnung anregen.

7. **Begründung:**
Die Begründung dieser Allgemeinverfügung und die Begründung der Anordnung der sofortigen Vollziehbarkeit nach § 80 Abs. 2 Satz 1 Nr. 4 VwGO kann bei der Bundespolizeidirektion Hannover während der allgemeinen Geschäftszeiten eingesehen werden (§ 41 Abs. 3 Satz 2 und Abs. 4 VwVfG).

8. **Rechtsbehelfsbelehrung:**
Gegen die Allgemeinverfügung kann innerhalb eines Monats nach Bekanntgabe Widerspruch erhoben werden.
Der Widerspruch ist bei der
Bundespolizeidirektion Hannover, Möckernstr. 30, 30163 Hannover,
einzulegen.
Aufgrund der Anordnung der sofortigen Vollziehbarkeit hat ein Widerspruch gegen diese Verfügung somit keine aufschiebende Wirkung. Gegen die Anordnung der sofortigen Vollziehbarkeit ist ein Antrag auf Wiederherstellung der aufschiebenden Wirkung beim
Verwaltngsgericht Hannover, Leonhardtstr. 15, 30175 Hannover,
zulässig (§ 80 Abs. 5 VwGO).

9. **Bekanntmachungsanordnung:**
Die vorstehende Allgemeinverfügung wird hiermit gemäß § 41 Abs. 3 VwVfG in der derzeit geltenden Fassung öffentlich bekannt gemacht und gilt am **25. Mai 2018** als bekannt gegeben.

Dr. Kuhlmann

Quelle: In Anlehnung an www.bundespolizei.de

Aufgaben zu Übungsfall 2:

a) Prüfen und begründen Sie für den vorstehenden Sachverhalt, ob die Merkmale eines Verwaltungsaktes erfüllt sind.

b) Beurteilen und begründen Sie, ob es sich um eine adressatenrechtliche oder sachenrechtliche Allgemeinverfügung handelt.

3. Entscheiden Sie bei den nachstehenden Fällen, welche Rechtsnatur die Anweisungen haben. Begründen Sie Ihre Antwort.

a) Als es bei einer politischen Versammlung zu Tumulten und Schlägereien kommt, löst die Polizei die Versammlung auf. Der Leiter der Einsatzgruppe der Polizei gibt über Lautsprecher bekannt: „Alle Anwesenden haben den Saal sofort zu räumen!"

b) Wegen Ausbruchs der Tollwut im Landkreis A. erlässt das zuständige Gesundheitsamt eine sogenannte „Hundesperre". Danach ist es verboten, Hunde frei laufen zu lassen oder von einer Gemeinde in die andere zu verbringen.

c) Im Rahmen einer Fußballveranstaltung verfügt der leitende Polizeibeamte durch Bekanntgabe über die Stadionsprechanlage, dass die Fans des SV Werder Bremen im Anschluss an das Spiel zwecks Vermeidung von Gewalttätigkeiten den Ausgang Ost benutzen müssen.

d) Die Stadt Aurich regelt die Benutzerordnung ihrer Sporthallen durch die Vereine durch Aushang in den Sporthallen.

e) Das frühere Gelände des Bundesbahngebäudes in Aurich wird nach erfolgtem Umbau durch Widmungsakt dem Gymnasium Ulricianum übergeben.

4. Wodurch unterscheiden sich Verwaltungsakt (§ 35 Satz 1 VwVfG) und Allgemeinverfügung (§ 35 Satz 2 VwVfG) hinsichtlich ihrer Bekanntgabe und bezüglich des Rechts auf Anhörung?

Theoretische Grundlagen (Fortsetzung LA 17)

Funktionen des Verwaltungsaktes

Situation:

Herr Berger hat ein Grundstück erworben. Die Stadt H. hat das entsprechende Grundstück erschlossen.

§ **Das Baugesetzbuch regelt im § 133 Abs. 3 Satz 1:**

„Für ein Grundstück, für das eine Beitragspflicht noch nicht oder nicht in vollem Umfang entstanden ist, können Vorausleistungen auf den Erschließungsbeitrag . . . verlangt werden, wenn ein Bauvorhaben auf dem Grundstück genehmigt wird oder wenn mit der Herstellung der Erschließungsanlagen begonnen worden ist ...“

Die Stadt H. hat auf der Basis dieser gesetzlichen Grundlage und des § 6 Abs. 7 NKAG die Satzung über die Erhebung des Erschließungsbeitrages erlassen.

§ **Diese Satzung regelt in § 12:**

„Vorausleistungen nach § 133 Abs. 3 Satz 1 BauGB werden in Höhe des geschätzten voraussichtlich entstehenden Beitrages erhoben.“

Aufgrund dieser Rechtsnormen ergeht der unten verkürzt wiedergegebene Verwaltungsakt.

Stadt Hildesheim
Der Oberbürgermeister

Hildesheim, 8. September 20..

Einschreiben
Herrn K. Berger
Bergstr. 77
31137 Hildesheim

Vorausleitung auf den Erschließungsbeitrag

Sehr geehrter Herr Berger,

für das Grundstück Bergstraße Flur 2 Flst. 302, Erschließungseinheit Hausberg, ist durch die Genehmigung des Bauvorhabens gem. § 12 der Satzung über die Erhebung des Erschließungsbeitrages die Pflicht zur Zahlung einer Vorausleistung auf den später fällig werdenden Erschließungsbeitrag entstanden.

Die Vorausleistung wird im nachstehenden Umfang festgesetzt:

Grundfläche	· Betrag je m^2	= Vorausleistung	fällig
583 m^2	30,00	17 490,00	17. 10. 20..

Der Betrag ist bis zum Fälligkeitstag an die Stadtsparkasse Hildesheim zur Buchungsstelle 5211.6891 zu überweisen.

Gegen diesen Bescheid können Sie innerhalb eines Monats nach seiner Zustellung beim Verwaltungsgericht Hannover, Leonhardtstraße 15, 30175 Hannover schriftlich oder zu Protokoll des Urkundsbeamten der Geschäftsstelle dieses Gerichts Klage erheben.

Mit freundlichen Grüßen

Im Auftrag

Wenn man die Bedeutung, die Funktionen des Verwaltungsaktes ermitteln will, muss geklärt werden, was sich durch den Erlass des Verwaltungsaktes rechtlich geändert hat:

1. Zunächst ist nach der Bekanntgabe des Verwaltungsaktes gegenüber dem Betroffenen geklärt, „was für ihn Rechtens sein soll".[1]

   Der Verwaltungsakt hat Regelungsfunktion.

   Die in der Rechtsnorm enthaltene „abstrakt-generelle" Regelung wurde durch den Verwaltungsakt „konkretisiert und individualisiert".

2. Befolgt der Adressat die im VA getroffene Regelung nicht (hier: zahlt er den geforderten Betrag nicht), so kann die Verwaltung die Forderung zwangsweise durchsetzen.[2]

   Während der Bürger zur zwangsweisen Durchsetzung von Ansprüchen eines gerichtlichen Vollstreckungstitels bedarf, muss die Verwaltung keine verwaltungsgerichtliche Entscheidung erwirken. Der Verwaltungsakt selbst ist grundsätzlich hinreichende Grundlage für Zwangsmaßnahmen.

   Der Verwaltungsakt hat Titelfunktion.

3. Der VA bildet einen möglichen Abschluss des Verwaltungsverfahrens (neben dem öffentl.-rechtl. Vertrag, vgl. § 9 VwVfG). Er ist damit zugleich Anknüpfungspunkt für nachgeschaltete Verfahren im Rahmen des Rechtsschutzes. Der VA ist Anknüpfungspunkt für einen **spezifischen Rechtsschutz**.

Rechtsschutz wird dem Bürger zwar durch § 40 VwGO ganz generell für „alle öffentlich--rechtlichen Streitigkeiten nichtverfassungsrechtlicher Art" eingeräumt, doch durch § 68 i. V. m. § 42 VwGO wird die verwaltungsgerichtliche Klage und das gegebenenfalls vorgeschaltete Widerspruchsverfahren an die Existenz bzw. die Ablehnung oder Unterlassung eines begehrten **Verwaltungsaktes** geknüpft.

Die Einlegung des Widerspruchs selbst bzw. die Unterlassung hat dann wiederum weitere Rechtsfolgen. Einerseits sichert § 80 Abs. 1 VwGO die grundsätzlich aufschiebende Wirkung eines Widerspruchs bzw. einer Anfechtungsklage, andererseits führt die Unterlassung des Anfechtungswiderspruchs/der Anfechtungsklage in der vorgesehenen Frist des § 70/§ 74 VwGO zur Bestandskraft. Es wird also deutlich, dass der Verwaltungsakt eine verfahrensrechtliche Sonderstellung einnimmt.

Der Verwaltungsakt hat verfahrensrechtliche Funktionen.

1 Die Regelungsfunktion entfaltet auch der rechtswidrige VA, es sei denn, dass der Mangel derart schwerwiegend ist, dass die Rechtsordnung Nichtigkeit (§ 44 Abs. 1 oder Abs. 2 VwVfG) anordnet, denn auch ein rechtswidriger VA ist grundsätzlich wirksam.

2 Grundsätzlich muss dazu der VA unanfechtbar sein bzw. eine Anfechtung dürfte keine aufschiebende Wirkung entfalten, wie das bei Geldforderungen grundsätzlich der Fall ist und die Zwangsmittel müssten in der Regel angedroht werden (vgl. *Lernarrangement 26*).

Arten des Verwaltungsaktes

Verwaltungsentscheidungen in Gestalt des Verwaltungsaktes kommen auf unterschiedlichen Wegen zustande, werden mit unterschiedlichem Inhalt und unterschiedlicher Wirkung ausgestattet und in verschiedenen Formen erlassen.

Soweit aus der Verschiedenartigkeit **unterschiedliche Rechtsfolgen** erwachsen, lohnt es sich, **verschiedene Arten von Verwaltungsakten zu unterscheiden.**

Situation:

In den folgenden Auszügen aus Rechtsnormen wird jeweils auf eine bestimmte Art des Verwaltungsakts abgestellt.

§ 37 Abs. 3 VwVfG	„Ein schriftlicher Verwaltungsakt muss die erlassende Behörde erkennen lassen und ..."
§ 48 Abs. 1 Satz 2 VwVfG	„... Ein Verwaltungsakt, der ein Recht oder einen rechtlich erheblichen Vorteil begründet oder bestätigt hat (begünstigender Verwaltungsakt), darf nur unter den Einschränkungen der Absätze 2 bis 4 zurückgenommen werden."
§ 6 Abs. 1 VwVG	„Der Verwaltungsakt, der ... auf die Vornahme einer Handlung oder auf Duldung oder Unterlassung gerichtet ist, kann mit Zwangsmitteln nach § 9 durchgesetzt werden, wenn ..."
§ 80 Abs. 1 VwGO	„Widerspruch und Anfechtungsklage haben aufschiebende Wirkung. Dies gilt auch bei rechtsgestaltenden und feststellenden Verwaltungsakten sowie bei Verwaltungsakten mit Doppelwirkung (§ 80a)."
§ 22 VwVfG	„Die Behörde entscheidet nach pflichtgemäßem Ermessen, ob und wann sie ein Verwaltungsverfahren durchführt. Dies gilt nicht, wenn die Behörde ... nur auf Antrag tätig werden darf und ein Antrag nicht vorliegt."

Aufgabe:

Stellen Sie fest, nach welchem Merkmal hier Verwaltungsakte differenziert werden, welche Art des VA jeweils angesprochen ist und welche weiteren Arten nach den einzelnen Kriterien abzugrenzen sind.

Verwaltungsakte, differenziert nach ihrer Form

Eine bestimmte Form ist für den Verwaltungsakt durch § 37 Abs. 2 Satz 1 VwVfG nicht vorgeschrieben. Es gilt also der Grundsatz der Formfreiheit, wonach ein VA schriftlich, elektronisch, mündlich oder in anderer Weise erlassen werden kann. Spezialnormen regeln allerdings für bestimmte VA auch spezielle Formerfordernisse. So regelt beispielsweise § 8 BeamtStG: „Die Ernennung erfolgt durch Aushändigung einer Ernennungsurkunde."

Differenziert nach der Form kann man also Verwaltungsakte nach folgenden Merkmalen unterscheiden:

- schriftliche Verwaltungsakte
- elektronische Verwaltungsakte
- mündliche Verwaltungsakte
- Verwaltungsakte durch Zeichen
- beurkundete Verwaltungsakte
- Verwaltungsakte in Form einer Urkunde

Der schriftliche VA ist der Regelfall. Für ihn sind in § 37 Abs. 3 und § 39 VwVfG besondere Formvorschriften ergangen. Ein mündlicher VA ist nach § 37 Abs. 2 VwVfG auf Verlangen schriftlich zu bestätigen, soweit ein berechtigtes Interesse an dieser Bestätigung besteht und der Betroffene die schriftliche Bestätigung unverzüglich verlangt.

Beurkundete VA sind diejenigen, bei denen in einer öffentlichen Urkunde festgehalten wird, dass der VA ergangen ist (z. B. Eheschließung). Davon zu unterscheiden sind die VA, die durch Aushändigung einer Urkunde (z. B. Ernennungsurkunde im Beamtenrecht) ergehen.

➤ Verwaltungsakte, differenziert nach der Wirkung für den Betroffenen

§ 48 VwVfG (vgl. S. 217) stellt auf die Wirkung des Verwaltungsaktes für den Betroffenen ab. Es wird der begünstigende Verwaltungsakt im Gegensatz zum belastenden Verwaltungsakt angesprochen.

Der **begünstigende Verwaltungsakt** ist in dieser Norm gekennzeichnet als ein VA, der ein Recht oder einen rechtlich erheblichen Vorteil begründet oder bestätigt. **Belastend** ist demnach ein VA, der für den Betroffenen einen rechtlichen Nachteil beinhaltet.

Von der Art des Verwaltungsaktes (begünstigend oder belastend) hängen **materiellrechtliche Folgen** ab. Die Rücknahme eines begünstigenden VA ist gegenüber der Rücknahme eines belastenden VA nur unter zusätzlichen Einschränkungen möglich (vgl. *Lernarrangement 22*).

Beispiele:

Begünstigende Verwaltungsakte	Belastende Verwaltungsakte
■ Erteilung einer Reisegewerbekarte ■ Leistungs-Verwaltungsakte (Bewilligung einer beantragten Sozialhilfe, Bewilligungsbescheid über Wohngeld, ...) ■ Gewährung eines beantragten Erlasses einer Forderung usw.	■ Verbot, ein Reisegewerbe auszuüben ■ Gebote zur Zahlung von Steuern, Gebühren, ... ■ Entlassung eines Beamten

Denkbar sind auch Verwaltungsakte, die teils begünstigend, teils belastend für den Adressaten wirken. Die Gewährung eines teilweisen Erlasses einer Abgabenforderung nach Antragstellung auf vollständigen Erlass stellt einen **Verwaltungsakt mit Doppelwirkung** dar. Die Ernennung zum Beamten schafft für den Ernannten neben Rechten auch Pflichten.

Ergeht die Genehmigung einer genehmigungsbedürftigen Anlage z. B. nach §§ 4 ff. BImSchG, so wirkt dieser Verwaltungsakt für den Antragsteller begünstigend, gleichzeitig belastet er unter Umständen Anlieger. Eine Auflage an ein Unternehmen zur Abwehr schädlicher Umwelteinwirkungen belastet unmittelbar den Adressaten und begünstigt Dritte. VA dieser Qualität werden als **Verwaltungsakte mit Drittwirkung** bezeichnet.

Verwaltungsakte, differenziert nach ihrem Inhalt

§ 6 Abs. 1 VwVG (S. 217) stellt auf den Inhalt des VA ab. Ein **befehlender Verwaltungsakt,** der auf ein Tun, Dulden oder Unterlassen gerichtet ist, kann danach mit Zwangsmitteln durchgesetzt werden.

VA mit anderem Regelungsgehalt, z. B. **gestaltende Verwaltungsakte,** sind vom Charakter der Regelung her nicht vollstreckungsfähig. Die Erteilung oder Entziehung einer Fahrerlaubnis, die Entlassung eines Beamten und ähnliche Verwaltungshandlungen schaffen jeweils eine neue Rechtslage, sie tragen die Vollziehung praktisch bereits in sich.

Zu den Merkmalen eines VA gehört es, dass er eine Regelung beinhaltet. Eine Regelung besonderer Art ist die Klärung einer ungewissen Rechtslage. Wird durch einen VA verbindlich geklärt, „was in diesem Fall rechtens ist", so ergeht ein **feststellender Verwaltungsakt.** Die Erteilung eines Abschlusszeugnisses, die Festsetzung des Besoldungsdienstalters eines Beamten, die Staatsangehörigkeitsfeststellung sind VA dieser Qualität.

Verwaltungsakte, differenziert nach der Beteiligung Betroffener

§ 22 VwVfG macht deutlich, dass bestimmte Verwaltungsverfahren, die den Erlass eines VA einschließen, nur beginnen, wenn ein Antrag vorliegt. Es gibt demnach VA, die eine Mitwirkung des Betroffenen erfordern, während andere VA einseitig von der Verwaltung ergehen.

Mitwirkungsbedürftige Verwaltungsakte sind z. B. die Beamtenernennung, die Stundung einer Beitragsforderung, die Verwarnung bei gleichzeitiger Erhebung eines Verwarnungsgeldes. Die Beispiele machen deutlich, dass die Mitwirkung sehr unterschiedlich sein kann, sie kann in der Zustimmung bestehen[1] oder in der Antragstellung.

Einseitige VA sind z. B. Verbote und ähnlich obrigkeitliches Handeln der Verwaltung. Die Bildung einer „Teilmenge" **einseitige Verwaltungsakte** ist zumindest begrifflich nicht ganz korrekt, da es Wesensmerkmal jedes VA ist, dass er eine einseitige Regelung beinhaltet. Der Begriff hat sich allerdings so herausgebildet; nicht mitwirkungsbedürftiger VA wäre u. E. die sinnvollere Abgrenzung.

Eine Beteiligung anderer Art liegt vor, wenn das Zusammenwirken mehrerer Behörden erforderlich ist, damit der VA zustande kommt. In diesen Fällen wird vom **mehrstufigen Verwaltungsakt** gesprochen. So regelt § 9 Abs. 2 Bundesfernstraßengesetz (FStrG) zu baulichen Anlagen an Bundesfernstraßen, dass Baugenehmigungen unter bestimmten Voraussetzungen der Zustimmung der obersten Landesbehörde bedürfen.[2]

1 Die Zustimmung wird in einigen Fällen auch als „Unterwerfung" bezeichnet, es wird dann vom VA auf Unterwerfung gesprochen, hier hängt die Entstehung des VA von der Übernahme einer Verpflichtung ab, die ihn überhaupt erst wirksam macht, oder es handelt sich um VA, die das Einverständnis des Betroffenen voraussetzen, nachdem er über sein Weigerungsrecht belehrt worden ist.

2 Die Mitwirkung entfaltet i. d. R. keine Außenwirkung und stellt somit keinen selbstständig anfechtbaren VA dar.

Zusammenfassung der Arten des Verwaltungsaktes

In der nachstehenden Übersicht werden die Arten des Verwaltungsaktes noch einmal zusammengefasst:[1]

Arten des Verwaltungsaktes

VA

Nach der Form

- **mündlicher VA**
  - ✓ Anweisung eines Polizeibeamten, einen Platz zu verlassen.
- **schriftlicher VA (Regelfall)**
  - ✓ Entzug der Erlaubnis, einen Verkaufsstand in der Fußgängerzone zu betreiben.
- **durch Zeichen gegebener VA**
  - ✓ Zeichen eines Verkehrspolizisten, die Kreuzung zu verlassen.
- **beurkundeter VA bzw. in Form einer Urkunde**
  - ✓ Eheschließung
  - ✓ Beamtenernennung

Nach dem Inhalt

- **befehlender VA**
  (enthält ein Ge- oder Verbot)
  - ✓ Verbot einer Demonstration
  - ✓ Gebot, eine Abgabe zu zahlen
- **gestaltender VA**
  (schafft eine neue Rechtslage)
  - ✓ Erteilung einer Fahrerlaubnis
- **feststellender VA**
  (stellt eine bestehende, bisher unklare Rechtslage fest)
  - ✓ Feststellung des Besoldungsdienstalters

Nach der Wirkung für Betroffene

- **begünstigender VA**
  - ✓ Erteilung einer Reisegewerbekarte
  - ✓ Bewilligung von Sozialhilfe
- **belastender VA**
  - ✓ Verbot, ein Reisegewerbe auszuüben
  - ✓ Gebot, Steuern zu zahlen
- **VA mit Doppelwirkung**
  - ✓ dem Antrag auf Steuererlass wird nur zum Teil entsprochen
- **VA mit Drittwirkung**
  - ✓ Genehmigung einer Industrieanlage

Nach der Beteiligung Betroffener

- **(streng) einseitiger VA**
  - ✓ Gebote und Verbote
- **mitwirkungsbedürftiger VA**
  - ✓ Stundung einer Beitragsforderung
  - ✓ Verwarnung mit Erhebung eines Zwangsgeldes

Sonderfall:

- **mehrstufiger VA**
  (zur Entstehung ist die Mitwirkung mehrerer Behörden erforderlich)
  - ✓ vgl. § 9 Abs. 2 FStrG

1 Auch eine Unterscheidung nach der Bindung der VA in „gebundene VA" und „Ermessens-VA" ist sinnvoll. Vgl. dazu *Lernarrangement 13.*

Übung

Ordnen Sie die nachstehenden Beispiele den verschiedenen Formen/Einteilungen von Verwaltungsakten zu (alle möglichen Formen angeben):

a) K. erhält den Führerschein mit der „Auflage", Tempo 120 km/h nicht zu überschreiten.

b) Gewährung einer Sonderparkerlaubnis.

c) Verfügung an M., den die öffentliche Sicherheit gefährdenden, stark geneigten Baum an der Bundesstraße zu fällen.

d) Herr B. erhält die Baugenehmigung, in Abweichung von den allgemeinen Grenzabstandsregelungen, sein Haus im Abstand von 3 Metern zur Straße bauen zu dürfen. Das Haus des Nachbarn von B. weist jedoch einen Grenzabstand von 5 Metern zur Straße auf.

e) Dem Antrag des Bürgers K. auf Stundung seiner Erschließungsbeiträge wird nur zum Teil entsprochen.

Zum Nachschlagen

§ 28 Abs. 2 Nr. 4 VwVfG, § 37 Abs. 2 VwVfG, § 41 Abs. 3 Satz 2 VwVfG,
§ 35 Satz 1 und 2 VwVfG, § 39 Abs. 2 Nr. 5 VwVfG, § 48 Abs. 1 Satz 2 VwVfG.

Beispiele:	**Wovon zu unterscheiden:**
■ Erlaubnis für ein Straßenfest ■ Bußgeldbescheid wegen Falschparkens ■ allgemeine Häuserräumung einer Straße wegen einer Bombenentschärfung ■ Benutzungsregelung im Schwimmbad	■ Rechsquellen i. e. S. ■ verwaltungsinterner Weisung ■ öffentlich-rechtlicher Vertrag ■ schlichtes Verwaltungshandeln ■ privatrechtliches Handeln
Hilfen zum Einprägen:	**Definitionen:**
■ fünf Dinge braucht ein VA! ■ typische VA = konkret + individuell	Verwaltungsakte (VA) = ■ Maßnahme einer Behörde ■ auf dem Gebiet des öffentlichen Rechts ■ (einseitige) Regelung ■ Einzelfall ■ Außenwirkung

Lernarrangement 18

Rechtsrelevante Zusätze zum Verwaltungsakt erlassen

Leitfragen

1. Welche Zusätze zum Verwaltungsakt mit und ohne eigenem Regelungsgehalt werden in der Praxis erlassen?
2. Worin sind die rechtsrelevanten Unterschiede dieser verschiedenen Zusätze zu sehen?

Durch das Arrangement abgedeckte Inhalte des Rahmenlehrplans:

✓ Nebenbestimmungen zum Verwaltungsakt

LA 18 Ausgangssituation

Karl-Heinz Baumann erhält am 27.08.20.. die folgende verkürzt wiedergegebene Baugenehmigung von der niedersächsischen Stadt S.:

(...)

Neubau eines Einfamilienhauses mit Garage
hier: Baugenehmigung

Sehr geehrter Herr Baumann,

aufgrund Ihres Antrags wird Ihnen die Genehmigung erteilt, die vorbezeichnete Baumaßnahme unter Beachtung der unten aufgeführten Hinweise, Bedingungen und Auflagen auszuführen.

Begründung:
Die Baugenehmigung ergeht auf der Grundlage des § 70 der Niedersächsischen Bauordnung (NBauO, in der Fassung vom ...)

Es gelten folgende Maßgaben hinsichtlich der Baugenehmigung:

(1) Die Baumaßnahme ist entsprechend den mit Genehmigungsvermerk versehenen Unterlagen auszuführen.

(2) Die Baugenehmigung sowie die Bauvorlagen müssen während der Ausführung der Bauarbeiten an der Baustelle vorgelegt werden können (vgl. § 72 Abs. 1 Satz 3 NBauO).

(3) Gem. § 43 NBauO dürfen Kellerräume nicht als Aufenthaltsräume genutzt werden.

(4) Da das Baugrundstück nur über Flächen zugänglich ist, die nicht dem öffentlichen Verkehr gewidmet sind, muss ihre Benutzung für diesen Zweck zunächst durch Baulast gesichert werden. Die Baugenehmigung wird daher mit der Maßgabe erteilt, dass der Bau erst begonnen werden darf, wenn diese Voraussetzung erfüllt ist (vgl. § 4 NBauO).

(5) Die geplante Aufstellung des Zigarettenautomaten an der im Plan eingezeichneten Stelle wird unter dem Vorbehalt des Widerrufs erteilt (vgl. § 70 NBauO).

(6) Die Baugenehmigung erlischt, wenn nicht innerhalb von drei Jahren nach ihrer Erteilung mit der Bebauung begonnen wurde (vgl. § 71 NBauO).

(7) Für die Dauer der Bauarbeiten wird Ihnen die Zuwegung über das städtische Nachbargrundstück mit der Hausnummer 23 genehmigt.

(8) Da der notwendige Einstellplatz nur unter außergewöhnlichen Schwierigkeiten zur Verfügung gestellt werden kann, wird die Baugenehmigung ohne den grundsätzlich erforderlichen Einstellplatz erteilt. Stattdessen ist ein Geldbetrag in Höhe von 2500,00 € an die Stadtkasse zu entrichten (vgl. § 47 NBauO).

(9) Die Drainageleitungen dürfen entgegen Ihres Antrages nicht am Schmutzwasserkanal angeschlossen werden; sie sind am Regenwasserkanal anzuschließen.

(...)

Mit freundlichen Grüßen

Stadt S.

Im Auftrage

Neumann

Neumann

Herr Baumann ist verärgert über die Fülle von Hinweisen, Bedingungen, Auflagen etc., die zusätzlich zu der Baugenehmigung ergangen sind. Er möchte geklärt haben, welchen Rechtscharakter die „Zusätze" zu seiner Baugenehmigung besitzen und ob diese rechtlich zugelassen sind.

Arbeitsaufträge:

1. Klären Sie für die vorgegebene Situation Zulässigkeit und Arten der Zusätze bzw. Nebenbestimmungen.
2. Welche Rechtsnorm gibt an, unter welchen Voraussetzungen Nebenbestimmungen erlassen werden können?
3. Welche Arten von Nebenbestimmungen gibt es? Welches sind ihre jeweiligen Wesensmerkmale?
4. Durch welche „Kurzformel" lassen sich vereinfacht die verschiedenen Arten von Nebenbestimmungen abgrenzen?

Theoretische Grundlagen

Die grundsätzlichen Regelungen zu den Nebenbestimmungen zum Verwaltungsakt beinhaltet der § 36 VwVfG.

Zulässigkeit von Nebenbestimmungen

§

§ 36 Abs. 1 VwVfG

„Ein Verwaltungsakt, auf den ein Anspruch besteht, darf mit einer Nebenbestimmung nur versehen werden, wenn sie durch Rechtsvorschrift zugelassen ist oder wenn sie sicherstellen soll, dass die gesetzlichen Voraussetzungen des Verwaltungsaktes erfüllt werden."

Es ist also zunächst zu prüfen, ob auf den VA „Baugenehmigung" ein Rechtsanspruch besteht.

§ **Nach § 70 Abs. 1 NBauO gilt:**
„Die Baugenehmigung ist zu erteilen, wenn die Baumaßnahme . . . dem öffentlichen Baurecht entspricht."

Wenn das TBM „entspricht dem öffentlichen Baurecht" erfüllt ist, hat Herr Baumann also einen Rechtsanspruch auf den begehrten VA „Baugenehmigung". Nebenbestimmungen sind hier also nur unter den Einschränkungen des § 36 Abs. 1 VwVfG zulässig.

Für die Zulässigkeit der *Nebenbestimmung zu (4) in der Ausgangssituation* gilt es, die geforderten Voraussetzungen nach § 4 NBauO sicherzustellen, um die gesetzlichen Voraussetzungen für einen VA zu erfüllen. Sind diese gesetzlichen Voraussetzungen erfüllt, so ist diese Nebenbestimmung zulässig gemäß § 36 Abs. 1 VwVfG in Verbindung mit § 5 NBauO. Es handelt sich um eine Bedingung (§ 36 Abs. 2 Nr. 2 VwVfG).

§ 70 Abs. 2 Satz 1 NBauO lässt zu, dass die Errichtung von Warenautomaten widerruflich oder befristet genehmigt werden kann. Die *Nebenbestimmung zu (5) im Ausgangsfall* ist also nach § 36 Abs. 1 VwVfG in Verbindung mit § 70 Abs. 2 NBauO ebenfalls zulässig.

Für Verwaltungsakte im Rahmen der Ermessensverwaltung, für sonstige VA, gilt nach § 36 Abs. 2 VwVfG, dass sie nach pflichtgemäßem Ermessen mit Nebenbestimmungen versehen werden können. Dadurch ist es möglich, dem Grundsatz der Verhältnismäßigkeit eher zu entsprechen. Für den Bürger ist es immer noch besser, einen begünstigenden VA mit einer belastenden Nebenbestimmung zu erhalten als die Ablehnung des gesamten Verwaltungsaktes.

Zulässigkeit von Nebenbestimmungen nach § 36 VwVfG

Absatz 1

Verwaltungsakte, auf die ein Anspruch besteht

↔

Absatz 2

unbeschadet des Abs. 1 (sonstige Verwaltungsakte)

Bei Verwaltungsakten dieser Qualität sind Nebenbestimmungen im Grundsatz unzulässig!

Nebenbestimmungen nur zulässig,

→ wenn sie durch Rechtsvorschrift zugelassen sind

oder

→ wenn sie sicherstellen sollen, dass die gesetzlichen Voraussetzungen erfüllt werden.

Bei Verwaltungsakten dieser Qualität sind Nebenbestimmungen nach pflichtgemäßem Ermessen zulässig!

Nebenbestimmungen nach pflichtgemäßem Ermessen zulässig.

Grundgedanke:
Die Erteilung eines begünstigenden Verwaltungsaktes mit einer belastenden Nebenbestimmung ist für den Bürger immer noch besser als die gesamte Ablehnung des Verwaltungsaktes.

Arten der Nebenbestimmungen und Abgrenzungsprobleme

Möglich sind nach § 36 Abs. 2 VwVfG folgende Nebenbestimmungen:

- Befristung Nr. 1
- Bedingung Nr. 2
- Widerrufsvorbehalt Nr. 3

→ Bestandteil des VA

- Auflage Nr. 4
- Auflagenvorbehalt Nr. 5

→ selbstständiger VA

Gegenstand der Nebenbestimmung kann danach sein:

- eine Einschränkung der Wirksamkeit der Rechte/Pflichten

  Befristung: Die Wirksamkeit der Rechte/Pflichten ist abhängig von einem Ereignis, das mit Sicherheit eintritt.

  Bedingung: Die Wirksamkeit der Rechte/Pflichten ist abhängig von einem Ereignis, das **nicht** mit Sicherheit eintritt.

- eine Belastung, die zu einer für den Adressaten **günstigen** Rechtsfolge (Rechte/Pflichten) hinzutritt

  Auflage: Die Auflage selbst ist ein VA.

- Hinweise darauf, dass sich der Adressat später nicht auf Vertrauensschutz berufen kann

  Auflagenvorbehalt

  Widerrufsvorbehalt

Neben die in § 36 VwVfG genannten Nebenbestimmungen treten noch:[1]

Beschränkungen und sonstige Zusätze zum Verwaltungsakt

- Inhaltsbestimmungen und -beschränkungen, Teilgenehmigungen
- modifizierende Genehmigung
- Hinweis auf die Rechtslage[2]

„Die verschiedenen Arten von Nebenbestimmungen eines VA lassen sich zwar begrifflich klar unterscheiden; in der Praxis ergeben sich jedoch immer wieder Abgrenzungsschwierigkeiten insbesondere zwischen Befristung, Bedingung, Auflage und Widerrufsvorbehalt u. a. auch dadurch, dass sich:

- die Behörde entweder nicht festlegen will und vorsichtshalber einer unklaren Terminologie bedient, z. B. Genehmigungen erteilt ‚mit der Maßgabe, dass …' oder
- die Behörde sich gelegentlich falscher Bezeichnungen bedient, z. B. Auflagen als Bedingung bezeichnet oder umgekehrt."[3]

---

1 Vgl. Giemulla, Jaworsky, Müller-Uri (1998), Rd. Nr. 500.

2 Vgl. ebenda, Rd. Nr. 515.

3 Vgl. ebenda, Rd. Nr. 515.

15 Schäfer u.a. - ISBN 978-3-8120-0439-8

Bezogen auf die *Ausgangssituation* sind zunächst die Hauptbestimmung und Inhaltsbestimmungen von Nebenbestimmungen abzugrenzen.

Die **Hauptbestimmung** besteht hier darin, dass Herr Baumann für die bezeichnete Baumaßnahme die Baugenehmigung erhält.

„Aufgrund Ihres Antrags wird Ihnen die Genehmigung erteilt, die vorbezeichnete Baumaßnahme ... auszuführen."

Bei den **weiteren Bestimmungen** des Verwaltungsaktes ist zu prüfen, ob sie als Inhaltsbestimmung die durch den Verwaltungsakt getroffene Entscheidung lediglich konkretisiert oder ob sie einen eigenen Regelungsgehalt besitzt, der über den Verwaltungsakt hinausgeht.

Die *Bestimmung zu (1),* dass die Baumaßnahme entsprechend den mit Genehmigungsvermerk versehenen Unterlagen auszuführen ist, stellt keine Nebenbestimmung dar. Die Baugenehmigung wird lediglich präzisiert. Es handelt sich hier um eine **Inhaltsbestimmung** ohne die der Verwaltungsakt nicht hinreichend im Sinne des § 37 Abs. 1 VwVfG bestimmt wäre.

Der Hinweis, dass Baugenehmigung und Bauvorlagen nach Aufforderung während der Ausführung von Bauarbeiten an der Baustelle vorgelegt werden können *(Regelung zu 2),* enthält ebenfalls keinen eigenen Regelungsgehalt. Hier wird lediglich eine Information über die geltende Rechtslage **(Hinweis auf die Rechtslage)** gegeben, denn § 72 Abs. 1 Satz 3 NBauO lautet wörtlich: „Baugenehmigung und Bauvorlagen müssen während der Ausführung von Bauarbeiten an der Baustelle vorgelegt werden können."

Eine Anwendung des § 72 Abs. 1 Satz 3 NBauO auf einen Einzelfall hat hier nicht stattgefunden, es wurde lediglich auf eine geltende rechtliche Regelung hingewiesen. Die Rechtslage der Betroffenen hat sich durch die Aufnahme dieses Hinweises in die Baugenehmigung nicht geändert.

Bei der *Regelung zu Ziffer (3)* war durchaus eine Rechtsanwendung erforderlich. Es musste zunächst geprüft werden, ob die Kellerräume, so wie sie in dem Bauantrag vorgesehen sind, die Voraussetzungen für Aufenthaltsräume wie sie in § 43 NBauO gregelt sind, erfüllen. Ergebnis dieser Subsumtion war, dass die Voraussetzungen nicht erfüllt sind und somit die Nutzung als Aufenthaltsraum nicht zulässig ist. Diese Regelung ist als Präzisierung eine **Inhaltsbestimmung.**

Bei der *Regelung zu Ziffer (4)* liegt eine **Bedingung** vor.

Bedingung

= eine Bestimmung, nach der der Eintritt oder Wegfall einer Vergünstigung oder einer Belastung von dem ungewissen Eintritt eines zukünftigen Ereignisses abhängt.

Bei der Bedingung wird im Allgemeinen unterschieden zwischen:

- **aufschiebende Bedingung:** Wirksamkeit der mit dem VA getroffenen Regelung gilt erst vom Eintritt des Ereignisses an.
- **auflösende Bedingung:** Wegfall der Erlaubnis vom Eintritt eines zukünftigen Ereignisses abhängig.

Diese Nebenbestimmung ist hier nach § 36 Abs. 1 Nr. 2 VwVfG zulässig, da sie sicherstellen soll, dass die gesetzliche Voraussetzung gemäß § 4 NBauO erfüllt wird. Es handelt sich hier um eine aufschiebende **Bedingung.**

Die Aufstellung des Zigarettenautomaten wird unter einem Vorbehalt des Widerrufs *(Regelung zu Ziffer 5)* genehmigt. Hier handelt es sich um einen **Widerrufsvorbehalt** gemäß § 36 Abs. 2 Nr. 3 VwVfG. Er erlaubt der Behörde, den VA bei Vorliegen bestimmter Umstände nach pflichtgemäßem Ermessen ganz oder teilweise zu widerrufen und dadurch seine Wirksamkeit zu beenden.

Widerrufsvorbehalt

= eine Bestimmung, mit der sich die erlassende Behörde die spätere Aufhebung des Verwaltungsaktes durch Widerruf gemäß § 49 Abs. 2 Nr. 1 VwVfG vorbehält.

Die praktische Bedeutung des Widerrufsvorbehalts liegt weniger in der Erleichterung des Widerrufs als im Ausschluss von Entschädigungsansprüchen im Falle des Widerrufs (siehe § 49 VwVfG).

Vom System der Nebenbestimmungen her gesehen ist der Widerrufsvorbehalt nur die besondere Form der auflösenden Bedingung: das ungewisse zukünftige Ereignis, von dem der Wegfall des VA abhängt, ist die Vornahme der Widerrufserklärung durch die Behörde.[1] Während bei der auflösenden Bedingung die Wirksamkeit des VA bei Eintritt des Ereignisses automatisch endet, bedarf es beim Widerrufsvorbehalt einer entsprechenden Widerrufserklärung (= VA) durch die Behörde.

Bei der *Regelung zu Ziffer (6)* handelt es sich ebenfalls um einen **Hinweis auf die Rechtslage**, denn § 71 NBauO lautet: „Die Baugenehmigung und die Teilbaugenehmigung erlöschen, wenn innerhalb von drei Jahren nach ihrer Erteilung mit der Ausführung der Baugenehmigung nicht begonnen ... worden ist."

Bei der *Regelung zu Ziffer (7)* handelt es sich um eine **Befristung.**

Befristung

= eine Bestimmung, nach der eine Vergünstigung oder Belastung zu einem bestimmten Zeitpunkt beginnt, endet oder für einen bestimmten Zeitraum gilt.

Ebenso wie die Bedingung wird auch die Befristung unterschieden in:

- **aufschiebende Befristung:** Der VA wird erst von einem bestimmten Zeitpunkt an wirksam.
- **auflösende Befristung:** Die Wirksamkeit des VA endet mit einem bestimmten Zeitpunkt.

Die Vergünstigung der Zuwegung über das Nachbargrundstück mit der Nr. 23 endet mit Beendigung der Bauarbeiten und stellt somit eine auflösende Befristung dar.

Die Regelung zur Zahlung eines Geldbetrages in Höhe von 2 500 € an die Stadtkasse zur Befreiung von der Verpflichtung zur Bereitstellung eines Einstellplatzes *(Regelung zu Ziffer 8)* stellt eine **Auflage** dar.

1 Vgl. Giemulla, Jaworsky, Müller-Uri (1998), Rd. Nr. 482.

Auflage

= eine Bestimmung, durch die dem Begünstigten ein (zusätzliches) Tun, Dulden oder Unterlassen vorgeschrieben wird.

Auflagen sind grundsätzlich selbstständig anfechtbar.[1] Es besteht also die Möglichkeit, gegen eine Auflage Rechtsbehelfe mit aufschiebender Wirkung einzulegen, gleichzeitig aber von der Hauptbestimmung Gebrauch zu machen.

Mit der *Regelung zu (9)* soll ein Genehmigungshindernis beseitigt werden; sie ist demnach als Nebenbestimmung zulässig. Es könnte aber nicht in Kauf genommen werden, dass diese „Auflage" eigenständig und mit aufschiebender Wirkung angefochten wird, gleichzeitig aber der Bau errichtet wird, denn das ist häufig allein aus Sicherheitsgründen nicht zu verantworten.

Die Baubehörde hätte somit nur die Möglichkeit, die Baugenehmigung völlig zu versagen und den Bürger aufzufordern, eine veränderte, dem Baurecht entsprechende Baumaßnahme zu beantragen. Das würde für den Bürger die Genehmigung erheblich verzögern.

Daher hat sich speziell im Baurecht das Instrument der sogenannten **modifizierenden Auflagen** herausgebildet. Hierbei handelt es sich um eine vom Antrag substanziell abweichende Genehmigung – praktisch die Ablehnung des Bauantrags mit der Erteilung einer nicht beantragten Genehmigung.[2] In der Fachliteratur wird die modifizierende Auflage mittlerweile fast durchgängig abgelehnt.[3]

Da in der Praxis die **Abgrenzung** zwischen Auflage und Bedingung sehr häufig Schwierigkeiten macht und auch die Abgrenzung zwischen den Nebenbestimmungen und den nicht ausdrücklich genannten Beschränkungen und Zusätzen nicht immer leicht ist, soll die nachstehende Übersicht dazu beitragen, diese Abgrenzungsprobleme zu lösen:

Nebenbestimmung, Beschränkung, Zusatz	Kurzformel[4]	Erläuterungen, Merksatz
Auflage	„Ja, aber ..."	Sie dürfen das tun, müssen aber (später) auch das tun. Die Auflage zwingt, die Nichterfüllung macht den (Haupt-)VA aber nicht unwirksam.
Bedingung	„Ja, wenn ..."	Sie dürfen das tun, wenn Sie das (Bedingung) getan haben. Die Nichterfüllung macht den VA unwirksam, zwingt aber nicht.
Teilgenehmigung	„Teils ja, ..., teils nein"	Sie dürfen das Beantragte zum Teil tun, zum Teil aber nicht.

1 Vgl. dazu die weiteren Ausführungen zur Anfechtbarkeit von Nebenbestimmungen.

2 Vgl. Maurer, Waldhoff (2017), § 12 Rd. Nr. 16.

3 Vgl. ebenda, Rd. Nr. 17.

4 Vgl. ähnlich Giemulla u.a. (1998), Rd. Nr. 492.

Die verschiedenen erwähnten Fälle lassen sich gut am Beispiel der Baugenehmigung gegenüberstellen:[1]

- Noch vor Erteilung der beantragten Baugenehmigung für ein Einfamilienhaus wird der Baubeginn für das Fundament schriftlich zugelassen **(Teilgenehmigung – § 70 NBauO)**.
- Baugenehmigung wird erteilt unter näherer Bestimmung der Wand- und Deckenstärke, des zu verwendenden Materials und sonstiger statischer Erfordernisse **(Inhaltsbestimmung der Genehmigung)**.
- Antrag auf Genehmigung des Hausbaus im vorderen Viertel des Grundstücks, Genehmigung des Hauses wegen Bauleitlinie nur im hinteren Drittel des Grundstücks **(modifizierende Genehmigung)**.
- Erteilung der Baugenehmigung unter der Bedingung, dass sie erlischt, wenn nicht innerhalb von drei Jahren mit der Bauausführung begonnen wird **(Hinweis auf die Rechtslage – § 71 NBauO)**.

  Beim Hinweis auf die Rechtslage wird nur auf eine bestehende Regelung im Gesetz verwiesen. Der Hinweis auf die Rechtslage beinhaltet deshalb selbst keinen Regelungsgehalt im Sinne des § 35 VwVfG. Der Hinweis auf die Rechtslage ist oft äußerlich nicht von einer echten Befristung, Bedingung, Auflage oder Inhaltsbeschränkung zu unterscheiden, da in der Formulierung kein Unterschied besteht. Erst durch Prüfen der für die Genehmigung maßgebenden Rechtsvorschriften lässt sich beurteilen, ob die Verwaltung lediglich gesetzliche Bestimmungen wiederholt oder einen ihr verbliebenen selbstständigen Regelungsspielraum genutzt hat.[2]

Bleiben Abgrenzungsprobleme, so sind diese im Wege der **Bestimmung durch Auslegung** zu beseitigen: „Hierbei ist nicht vom inneren Willen der Behörde, sondern davon auszugehen, wie der Empfänger aus seiner Sicht die Erklärung der Behörde bei objektiver Würdigung aller ihm erkennbaren Umstände nach Treu und Glauben verstehen durfte.“[3] Dabei ist zu beachten, dass die Nebenbestimmung dem Zweck des Verwaltungsaktes nicht zuwiderlaufen darf (vgl. § 36 Abs. 3 VwVfG).

Bleiben letztendlich noch Zweifel in der Abgrenzung zwischen Auflage und Bedingung, so ist die **Auflage** als das in der Regel weniger einschneidende Mittel für den Adressaten des VA anzunehmen.

Folgen fehlerhafter Nebenbestimmungen und die Anfechtbarkeit von Nebenbestimmungen

Hält ein Bürger eine Nebenbestimmung zu einem begünstigenden VA für rechtswidrig und möchte – nachdem er vergeblich ggf. Widerspruch eingelegt hat – durch verwaltungsgerichtliche Klage erreichen, dass zwar die Nebenbestimmung beseitigt wird, der begünstigende VA (z. B. Baugenehmigung) aber erhalten bleibt, so müsste er eine auf die Nebenbestimmung beschränkte Teilanfechtung gemäß § 113 Abs. 1 Satz 1 VwGO vornehmen.

1 Vgl. Giemulla, Jaworsky, Müller-Uri (1998), Rd. Nr. 500.

2 Vgl. ebenda, Rd. Nr. 496.

3 Vgl. ebenda, Rd. Nr. 516.

Zusammenfassung

Bezogen auf die *Ausgangssituation* bedeutet dies zusammenfassend:

Zusammenfassende Darstellung der Nebenbestimmungen

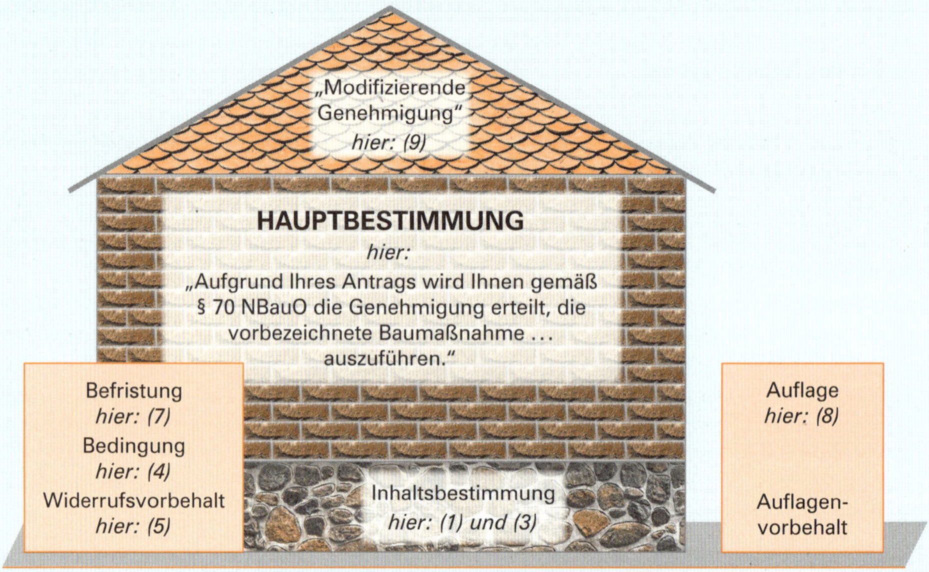

Hinweise – ohne eigenen Regelungsgehalt, *hier: (2) + (6)*

Diese Nebenbestimmungen sind in der Regel so untrennbar mit dem Verwaltungsakt verbunden, dass eine selbstständige Anfechtung und Aufhebung nicht möglich ist.

Diese Nebenstimmungen sind in der Regel selbstständig anfechtbare und auch aufhebbare Nebenbestimmungen.

Übungen

1. Grenzen Sie begrifflich gegeneinander ab:

a) Bedingung und Befristung
b) Auflage und Bedingung
c) Auflage und Auflagenvorbehalt
d) aufschiebende und auflösende Bedingung
e) aufschiebende und auflösende Befristung

2. Erläutern Sie, worin die rechtliche Bedeutung der verschiedenen Arten von Nebenbestimmungen liegt.

3. Entscheiden Sie, welche der folgenden Aussage(n) richtig ist (sind).

Nebenbestimmungen zu Verwaltungsakten sind:

a) immer selbstständige, wenn auch mit einem Hauptverwaltungsakt verbundene Verwaltungsakte,

b) immer nur unselbstständige Teile eines Verwaltungsaktes,

c) je nach Art der Nebenbestimmung selbstständige oder unselbstständige Teile eines Verwaltungsaktes.

4. Geben Sie bei den nachstehenden Fällen jeweils die Art der Nebenbestimmung, Beschränkung oder sonstigen Zusätze an und begründen Sie Ihre Auffassung:

a) Die Stadt Aurich erteilt die Schankerlaubnis zum Auricher Stadtfest für die Zeit vom Freitag, 10. Juli 20.., 18:00 Uhr bis Sonntag, 12. Juli 20.., 02:00 Uhr.

b) Reservist Meier erhält einen Einberufungsbescheid für den Verteidigungsfall.

c) Die Stadt Aurich verfügt gegen Grundstückseigentümer Meier, das Befahren seines Grundstückes durch städtische Baufahrzeuge bis zur Beendigung der Bauarbeiten an der Tiefgarage zu dulden.

d) Der Pächter des Zeitungskiosks „Am Markt" erhält die Genehmigung zur Aufstellung eines Zeitungsständers am Straßenrand; Widerrufsvorbehalt für den Fall einer wesentlichen Veränderung der Verkehrsverhältnisse.

e) Die Diskothek „Blaue Lagune" erhält die Betriebsgenehmigung unter dem Vorbehalt, nachträgliche Ergänzungen von Lärmschutzauflagen vorzunehmen.

f) Für die Anlage „Recyceln von PVC" in der Gemeinde G. wird vor deren Inbetriebnahme nach dem BImSchG eine Genehmigung erteilt mit dem Zusatz, dass noch bestimmte Abgasfilter einzubauen sind.

g) A. beantragt eine Fahrerlaubnis der Klasse 1 und 3; erteilt wird ihm jedoch nur die Erlaubnis der Klasse 3 mit dem Zusatz, dass ihm nur das Führen von Kraftfahrzeugen mit automatischer Kraftübertragung (Automatikgetriebe) gestattet sei.

h) Sozialhilfeempfänger A. erhält von den beantragten 600,00 € zur Ausgestaltung seiner Hochzeit lediglich 425,00 € bewilligt.

i) Pächter Müsli erhält vom zuständigen Landkreis die Erlaubnis, in dem Verkaufskiosk der Berufsbildenden Schulen lediglich Milch- und milchähnliche Produkte zu verkaufen.

j) Bauherr Xaver beantragt eine Baugenehmigung für ein Haus mit Krüppelwalmdach; die Genehmigung wird mit der „Auflage" erteilt, ein Haus mit Satteldach zu bauen.

k) Der Führerschein des schwerbehinderten Walter B. trägt den Eintrag: „Klasse 3 beschränkt auf mehrspurige Fahrzeuge ohne Anhängerbetrieb".

l) Der Führerschein des W. trägt den Eintrag: „Beim Führen von Kfz sind geeignete Sehhilfen zu tragen."

5. Der Männergesangverein I. will sein 100-jähriges Bestehen mit einem Zeltfest feiern. Er beantragt u. a. eine Genehmigung nach § 4 BImSchG. Das Umwelt- und Ordnungsamt der Stadtverwaltung erteilt die Genehmigung. Gleichzeitig wird darauf hingewiesen, dass ein bestimmter Lärmpegel (tagsüber 70 dB/A, ab 22:00 Uhr 55 dB/A, gemessen am nächsten Haus) nicht überschritten werden darf.

a) Welche Art der Nebenbestimmung liegt hier vor?

b) Legen Sie dar, unter welchen Voraussetzungen diese Nebenbestimmung zulässig ist!

Zum Nachschlagen

§ 36 VwVfG, § 37 Abs. 1 VwVfG, § 113 Abs. 1 Satz 1 VwGO.

Beispiele:	**Wovon zu unterscheiden:**
■ **Auflage** Beim Führen von Kfz sind geeignete Sehhilfen zu tragen. ■ **Bedingung** Reservist Meier erhält einen Einberufungsbescheid für den Verteidigungsfall.	■ Hauptverwaltungsakt (Tenor des VA) ■ Nebenbestimmungen i. S. d. § 36 Abs. 2 VwVfG abgrenzen von: ■ Inhaltsbestimmung ■ Hinweis auf die Rechtslage ■ modifizierende Genehmigung
Hilfen zum Einprägen:	**Definitionen:**
Auflage: „Ja, aber …" *Bedingung:* „Ja, wenn …" *Teilgenehmigung:* „Teils ja …, teils nein …" Auflage + Auflagenvorbehalt = selbstständiger Verwaltungsakt	**Befristung** = eine Bestimmung, nach der eine Vergünstigung zu einem bestimmten Zeitpunkt beginnt bzw. endet oder für einen bestimmten Zeitraum gilt. **Bedingung** = eine Bestimmung, nach der der Eintritt oder Wegfall einer Vergünstigung oder einer Belastung von dem ungewissen Eintritt eines zukünftigen Ereignisses abhängt. **Widerrufsvorbehalt** = eine Bestimmung, mit der sich die erlassende Behörde die spätere Aufhebung des Verwaltungsaktes durch Widerruf gemäß § 49 Abs. 2 Nr. 1 VwVfG vorbehält. **Auflage** = eine Bestimmung, durch die dem Begünstigten ein (zusätzliches) Tun, Dulden oder Unterlassen vorgeschrieben wird. **Auflagenvorbehalt** = einem Vorbehalt der nachträglichen Aufnahme, Änderung oder Ergänzung einer Auflage.

Lernarrangement 19

Wirksamkeit und Bestandskraft von Verwaltungsakten beurteilen

Leitfragen

1. Welche Unterschiede bezüglich der inneren und äußeren Wirksamkeit eines Verwaltungsaktes gibt es und worin liegt ihre Bedeutung?
2. Welche Bekanntgabefiktion sieht das Verwaltungsverfahrensgesetz für einen Verwaltungsakt vor, der als gewöhnlicher Brief zur Post gegeben wird? Welche Rechtsnormen gilt es hier zu berücksichtigen?
3. Welche Regelungen zur Bestandskraft eines Verwaltungsaktes beinhaltet das Verwaltungsverfahrensgesetz?

Durch das Arrangement abgedeckte Inhalte des Rahmenlehrplans:

- ✓ Regelungen zum allgemeinen Verwaltungsverfahren

Methodische Hinweise zur Erarbeitung des Lernarrangements:

Bezüglich der Wirksamkeit von Verwaltungsakten empfiehlt sich auch in Vorbereitung auf spätere Lernarrangements eine genaue Fristenberechnung mithilfe eines Zahlenstrahls, der folgende Punkte enthält: Aufgabe zur Post, Bekanntgabe des Verwaltungsaktes, erster Tag der Widerspruchsfrist, letzter Tag der Widerspruchsfrist.

LA 19 Ausgangssituation

Sie haben in den vorhergehenden Lernarrangements den Verwaltungsakt und die verschiedenen Arten der Nebenbestimmungen kennengelernt. Der Zusammenhang zwischen Bekanntgabe und Wirksamkeit, Vollziehbarkeit und Bestandskraft ist Ihnen jedoch noch nicht bekannt. Ebenso wenig ist Ihnen die Dauer bekannt, für die ein Verwaltungsakt wirksam ist. Dies soll Ihnen in diesem Lernarrangement vermittelt werden.

Der nachfolgend abgebildete VA wird dem Betroffenen Herrn Baumeister am 25.06. (Aufgabe zur Post) übermittelt.

Herr Baumeister möchte wissen,

- ab wann dieser VA wirksam wird,
- bis wann er sich gegen diesen VA wehren kann,
- ab wann er mit der zwangsweisen Durchsetzung des VA rechnen kann und
- wann der VA erlischt.

STADT SCHULSTEDT

Der Bürgermeister

– Bauamt –
AZ 143 1999

Schulstedt, 25.06.20..
Telefon 05064 334455
(Aufgabe zur Post 25.06.)

Herrn
Peter Baumeister
Birkenweg 37
xxxxx Schulstedt

Sondernutzungserlaubnis AZ 143 1998 vom 20.03.20..
Untersagung der Sondernutzung

Sehr geehrter Herr Baumeister,

für die Zeit des Schützenfestes der Schützengilde Schulstedt in der Zeit vom 10.07. bis 17.07. wird Ihnen hiermit die Sondernutzung des Geh- und Radweges, Schützenallee 35 bis 38, untersagt.

Gemäß § 3 der Sondernutzungssatzung der Gemeinde haben wir Ihnen unter dem Vorbehalt des jederzeitigen Widerrufs erlaubt, auf dem Geh- und Radweg in der Schützenallee im Bereich der Hausnummern 35 bis 38 Arbeits- und Mannschaftswagen Ihres Baubetriebes aufzustellen.

Die Durchführung des Schützenfestes ist mit einer verstärkten Nutzung der Schützenallee verbunden. Insbesondere die Durchführung des Schützenumzuges erfordert den gesamten Straßenraum einschließlich der Geh- und Radwege.

Die Kürzung und die damit verbundene Verrechnung der Sondernutzungsgebühr wird in einem gesonderten Gebührenänderungsbescheid geregelt. (...)

Mit freundlichen Grüßen
Im Auftrag

....

Arbeitsaufträge:

1. Geben Sie Herrn Baumeister bezüglich seiner Fragen Rechtsauskunft.
2. Welche rechtliche Bedeutung haben innere und äußere Wirksamkeit eines Verwaltungsaktes?
3. Wann erlangt ein Verwaltungsakt Bestandskraft?
4. Welche Möglichkeiten des Erlöschens eines Verwaltungsaktes sieht das Verwaltungsverfahrensgesetz vor?

Theoretische Grundlagen

Wirksamkeit des VA

Gemäß § 43 Abs. 1 VwVfG wird ein VA gegenüber demjenigen, für den er bestimmt ist oder der von ihm betroffen ist – im Ausgangsfall also Herrn Baumeister – in dem Zeitpunkt wirksam, in dem er ihm bekannt gegeben wird.

Die Bekanntgabe eines VA kann auf die verschiedenste Weise geschehen. So erfolgt z.B. die Verkehrsregelung i.d.R. durch Zeichen (Allgemeinverfügung). Im Rahmen der Alkoholüberprüfung eines Kraftfahrers ergeht die Verfügung, sich einem Alkoholtest zu unterziehen, zunächst mündlich. Der überwiegende Teil der Verwaltungsakte wird jedoch schriftlich bekannt gegeben. Hierbei erfolgt die Übergabe entweder durch einen Boten oder durch die Post als einfacher Brief. Im letzteren Fall gilt gem. § 41 Abs. 2 Satz 1 VwVfG die Bekanntgabefiktion (3 Tage Postweg).

Neben die o.g. Formen der einfachen Bekanntgabe treten die besonderen Formen der Bekanntgabe (Zustellung) im Sinne des Nds. Verwaltungszustellungsgesetzes (NVwZG) und des Verwaltungszustellungsgesetzes (VwZG). In der Praxis sind hier insbesondere § 1 NVwZG sowie die §§ 3 – 6, 10 VwZG von Bedeutung.

Auf **unseren Ausgangsfall** bezogen ist also zunächst zu klären, wann dieser VA als bekannt gegeben gilt. Das Schreiben wurde am 25.06. (das sei ein Donnerstag) zur Post aufgegeben. Nach § 41 Abs. 2 VwVfG gilt dieser Brief mit dem dritten Tag nach Aufgabe zur Post als bekannt gegeben, es sei denn, dass das zuzustellende Schriftstück nicht oder zu einem späteren Zeitpunkt zugegangen ist. Da es für diese Ausnahmesituationen in diesem Fall keine Anhaltspunkte gibt, gilt das Schreiben unter Anwendung des § 31 Abs. 1 VwVfG und der §§ 187 ff. BGB grundsätzlich mit dem 28.06. als bekannt gegeben.

Dieser VA wird also am 28.06. wirksam.

Wäre dieses Schreiben z.B. aus Nachweisgründen per Einschreiben zugestellt worden, so würde gem. § 4 Abs. 2 VwZG ebenfalls die 3-Tage-Fiktion gelten.

Bezogen auf die **Ausgangssituation** zeigt der Text des VA, dass die Rechtsfolge (Untersagung der Sondernutzung) abweichend vom Zeitpunkt der Bekanntgabe erst am 10.07. eintreten soll.

In diesem Fall ist es daher erforderlich, die äußere und die innere Wirksamkeit getrennt zu betrachten.

Der Tag der Bekanntgabe behält – obwohl die beabsichtigte Rechtsfolge erst später eintritt – trotzdem eine weitgehende rechtliche Bedeutung.

Der VA erlangt an diesem Tag (28.06.) die **äußere Wirksamkeit** (§ 43 Abs. 1 Satz 1 VwVfG). Das heißt, der VA wird für die Beteiligten verbindlich. Herr Baumeister ist jetzt an den VA gebunden und auch die erlassende Behörde kann diesen VA nur unter bestimmten Voraussetzungen wieder aufheben (vgl. hierzu auch das *Lernarrangement 22* zur Aufhebung von Verwaltungsakten).

Vom Zeitpunkt der äußeren Wirksamkeit (Bekanntgabe) an läuft die Rechtsbehelfsfrist (vgl. §§ 70 und 74 VwGO), der Betroffene kann jetzt Klage bzw. Widerspruch einlegen und die Frist endet einen Monat nach diesem Termin.

Die **innere Wirksamkeit** (§ 43 Abs. 1 Satz 2 VwVfG), die materielle Rechtswirkung des VA, tritt hier am 10.07. ein. Von diesem Zeitpunkt an soll die beabsichtigte Rechtsfolge greifen, die Sondernutzung des Geh- und Radweges ist von diesem Datum ab untersagt.

Ohne besondere Regelung treten innere und äußere Wirksamkeit zeitgleich ein.

In diesem Fall führt die Befristung zu einer Abweichung. Eine weitere Ursache für ein zeitliches Auseinanderfallen kann eine aufschiebende Bedingung sein. In Ausnahmefällen ist es auch möglich, dass die innere Wirksamkeit auf einen Zeitpunkt zurückwirkt, der vor dem Eintritt der äußeren Wirksamkeit liegt.[1] Gleichwohl ist die äußere Wirksamkeit stets Voraussetzung für die innere.

Für die Wirksamkeit ist es nicht erforderlich, dass der VA rechtmäßig ist. Auch der rechtswidrige VA erlangt – soweit die Rechtsordnung, insbesondere § 44 VwVfG nicht die Nichtigkeit anordnet – die innere und die äußere Wirksamkeit (vgl. § 43 Abs. 2 und 3 VwVfG).

Vollziehbarkeit und Bestandskraft des VA

Von der Wirksamkeit sind die Vollziehbarkeit und die Bestandskraft des VA zu unterscheiden.

Die **Vollziehbarkeit** tritt grundsätzlich mit der inneren Wirksamkeit des VA ein. Sie führt dazu, dass der wirksame – d. h. auch rechtswidrige, nicht nichtige VA – grundsätzlich mit Zwangsmitteln durchsetzbar ist (Titelfunktion).

Die Rechtsordnung (insbesondere das jeweils anzuwendende Verwaltungsvollstreckungsgesetz) macht die tatsächliche Anwendung von Zwangsmitteln zur Durchsetzung von VA allerdings von weiteren Voraussetzungen abhängig (vgl. dazu *Lernarrangement 22* zur Verwaltungsvollstreckung).

Insbesondere ist zu bedenken, dass gem. § 80 VwGO die **Rechtsbehelfe Widerspruch und Anfechtungsklage in der Regel aufschiebende Wirkung** haben (zu Ausnahmen siehe § 80 Abs. 2 VwGO).

Der in der *Ausgangssituation* vorliegende VA ist somit grundsätzlich mit dem 10.07., also mit dem Tag, an dem die innere Wirksamkeit eintritt, auch vollziehbar.

Bestandskraft (Unanfechtbarkeit) erlangt der VA, wenn er mit förmlichen Rechtsbehelfen nicht mehr angefochten werden kann. Unanfechtbarkeit tritt vor allem ein, wenn die Fristen für Rechtsbehelfe bzw. Rechtsmittel abgelaufen sind oder wenn der Rechtsweg ausgeschöpft ist.[2]

Für das Klageverfahren gilt nach § 74 VwGO die Monatsfrist nach Bekanntgabe des VA, für ein ggf. durchzuführendes Widerspruchsverfahren regelt § 70 VwGO die Fristwahrung.

Der VA galt mit dem 28.06. als bekannt gegeben. Nach Ablauf eines Monats, also nach Ablauf des Tages des darauffolgenden Monats, der die gleiche Zahl hat, hier der 28.07, ist er bestandkräftig. Die Einlegung der Klage bzw. des Widerspruchs am 29.07. wäre verspätet.

Der in der *Ausgangssituation* vorliegende VA wird mit Ablauf des 28.07. bestandskräftig.

1 Meyer, in: Knack (2014), Kommentierung zu § 43 VwVfG.

2 Schmalz (1998), Rd. Nr. 421.

Erlöschen eines VA

§ 43 Abs. 2 VwVfG führt aus, wie lange ein Verwaltungsakt wirksam bleibt. Im Grundsatz ist ein Verwaltungsakt auf Dauer und unbefristet ausgelegt. Der Entzug der Wirksamkeit geschieht nur durch die in § 43 Abs. 2 VwVfG aufgeführten Gründe.

Demnach bleibt der Verwaltungsakt nach § 43 Abs. 2 VwVfG wirksam, solange und soweit er nicht

- zurückgenommen,
- widerrufen,
- anderweitig aufgehoben,
- durch Zeitablauf oder
- auf andere Weise erledigt

ist.

Durch die Formulierung „... anderweitig aufgehoben ..." wird deutlich, dass „zurückgenommen" und „widerrufen" nur ausdrücklich benannte Formen der Aufhebung von Verwaltungsakten sind. Mit dem Begriff **„Aufhebung"** bezeichnet der Gesetzgeber den Entzug der Rechtswirksamkeit von Verwaltungsakten.

Ein nichtiger Verwaltungsakt ist unwirksam (vgl. § 43 Abs. 3 VwVfG); ihm kann also die Rechtswirksamkeit nicht entzogen werden, da sie nie bestanden hat.

Die Wirksamkeit kann also zunächst durch eine entsprechende ausdrückliche Willensäußerung der Verwaltung bzw. eines Gerichts beendet werden.

(1) Die **Rücknahme** eines rechtswidrigen VA gem. § 48 VwVfG beendet die Wirksamkeit, bringt den VA zum Erlöschen.

(2) Ein **Widerruf** eines rechtmäßigen VA gem. § 49 VwVfG ist eine entsprechende Willensäußerung der Verwaltung, die die Wirksamkeit beendet.

(3) **„Anderweitig aufgehoben"** werden kann der VA durch die Widerspruchsbehörde im Vorverfahren oder durch das Verwaltungsgericht im Rahmen eines verwaltungsgerichtlichen Verfahrens.

Ohne eine ausdrückliche Erklärung der Verwaltung kann die Wirksamkeit des VA ebenfalls enden.

(4) Ein befristeter VA (§ 36 Abs. 2 Nr. 1 VwVfG) verliert seine Wirksamkeit durch **Zeitablauf.**

(5) Ist ein VA z. B. mit einer auflösenden Bedingung (§ 36 Abs. 2 Nr. 2 VwVfG) versehen, verzichtet ein Begünstigter auf seine Rechte oder stirbt ein handlungspflichtiger Adressat, so erlischt der VA **auf andere Weise.**

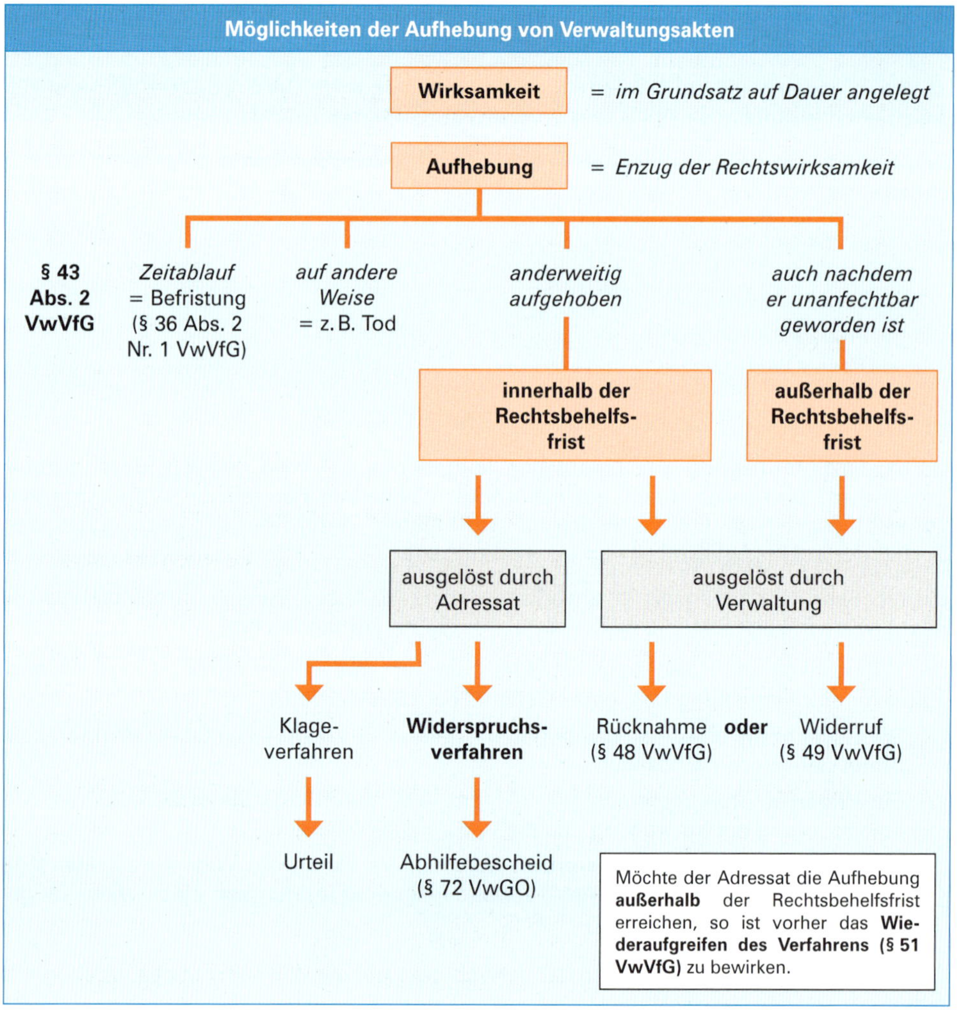

Im *Ausgangsfall* war der VA mit einer Befristung gem. § 36 Abs. 2 Nr. 1 VwVfG versehen. Nach Ablauf dieser Frist – hier also mit Ablauf des 17.07. – ist die Wirksamkeit des VA beendet, der VA ist erloschen.

In der unten dargestellten Übersicht sind die Termine der *Ausgangssituation* noch einmal zusammengestellt.

Wirksamkeit, Vollziehbarkeit, Bestandskraft und Erlöschen eines VA

Termine der Ausgangssituation	**Bedeutung des Termins:** Ausgangssituation	**Bedeutung des Termins:** allgemein
25.06.	Aufgabe zur Post	nach Ablauf dieses Tages beginnt die Frist gemäß § 41 VwVfG
28.06.	grundsätzliche Bekanntgabefiktion	3 Tage nach Aufgabe zur Post gilt ein Brief bzw. ein Einschreiben als bekannt gegeben **äußere Wirksamkeit**
	■ VA wird verbindlich ■ Rechtsbehelf möglich	
29.06.	■ 1. Tag der Rechtsbehelfsfrist (vgl. § 187 Abs. 1 BGB)	
10.07.	die Regelung, *hier* Verbot der Sondernutzung, greift (in der Regel fallen innere und äußere Wirksamkeit zeitlich zusammen, **hier** Abweichung durch Befristung	**innere Wirksamkeit**
	zu diesem Zeitpunkt tritt auch die Vollziehbarkeit ein, Rechtsbehelfe haben allerdings i. d. R. aufschiebende Wirkung	**Vollziehbarkeit**
17.07.	die im VA vorgesehene Frist für die Wirksamkeit ist abgelaufen	**Erlöschen**
nach Ablauf des 28.07.	der VA kann mit förmlichen Rechtsbehelfen nicht mehr angefochten werden	**Bestandskraft**

Übungen

1. Grenzen Sie die Begriffe „innere“ und „äußere Wirksamkeit“ gegeneinander ab.
2. Unterscheiden Sie Wirksamkeit, Vollziehbarkeit und Bestandskraft.
3. Nennen Sie Gründe, warum innere und äußere Wirksamkeit zeitlich auseinanderfallen können.

Zum Nachschlagen

§ 41 VwVfG,
§ 43 VwVfG,
§§ 3–6, 15, 16 VwZG,
§ 70 VwGO,
§ 74 VwGO,
§ 1 NVwZG.

Beispiele:	**Wovon zu unterscheiden:**
■ Bekanntgabe mittels eines gewöhnlichen Briefes ■ Bekanntgabe mittels Einschreiben ■ Bekanntgabe mit Postzustellungsurkunde ■ öffentliche Bekanntgabe einer Allgemeinverfügung	■ einfache Bekanntgabe, z. B. Brief ■ Bekanntgabe durch Zustellung – Einschreiben – Postzustellung ■ öffentliche Bekanntgabe – Aushang
Hilfen zum Einprägen:	**Definitionen:**
Bekanntgabe Brief: ■ 3. Tag nach Aufgabe zur Post **Im Normalfall gilt:** ■ Bekanntgabe = äußere Wirksamkeit ■ Vollziehbarkeit = innere Wirksamkeit	**Innere Wirksamkeit** ■ materielle Wirksamkeit des VA **Äußere Wirksamkeit** ■ VA ist für die Beteiligten verbindlich ■ Tag der Bekanntgabe **Vollziehbarkeit** ■ VA ist mit Zwangsmitteln durchsetzbar (Titelfunktion) **Bestandskraft** ■ Unanfechtbarkeit des VA

Lernarrangement 20

Rechtmäßigkeit von Verwaltungsakten überprüfen

Leitfragen

1. In welchen Schritten ist entsprechend der Technik der Rechtsanwendung ein Verwaltungsakt auf seine Rechtmäßigkeit hin zu überprüfen?
2. Welche Punkte sind im Rahmen einer Rechtmäßigkeitsprüfung unter formellen Gesichtspunkten zu prüfen?
3. Welche Punkte sind im Rahmen einer Rechtmäßigkeitsprüfung unter materiellen Gesichtspunkten zu prüfen?

Durch das Arrangement abgedeckte Inhalte des Rahmenlehrplans:

✓ Rechtmäßigkeit des Verwaltungsaktes

Methodische Hinweise zur Erarbeitung des Lernarrangements:

In Gruppenarbeit könnte für die nachfolgende *Ausgangssituation* auf der Grundlage des Aufbaumusters zur Überprüfung der Rechtmäßigkeit von Verwaltungsakten (siehe S. 244) eine Lösungsskizze erstellt werden. Diese könnte angefertigt werden, noch bevor im Einzelnen die Erläuterungen zum Sachverhalt durchgearbeitet wurden.

LA 20 Ausgangssituation

Ihnen liegt der folgende (verkürzte) Aktenauszug vor:

Stadt Neustadt 01.06.20..
Ordnungsamt

1. Aktenvermerk

Der Gemischtwarenhändler Erich Dobermann, Tulpenweg 10, 26871 Neustadt wies mich darauf hin, dass sein Nachbar Fridolin Kerner in einem Hinterzimmer seines Einzelhandelsgeschäftes für Computeranlagen (Tulpenweg 8) eine Spielhalle betreibt.

Es handelt sich dabei – wie meine Recherchen ergeben haben – um ein separates Zimmer in dem Einzelhandelsgeschäft, in dem Spielgeräte ohne Gewinnmöglichkeiten aufgestellt wurden. Bei meinem Besuch war die Spielhalle gut besucht. Rückfragen bei den Besuchern ergaben, dass dort von montags bis sonntags jeweils in der Zeit von 08:00 bis 18:00 Uhr gespielt werden kann.

Für den Betrieb einer solchen Spielhalle ist gemäß § 33 i Abs. 1 Satz 1 GewO eine Erlaubnis erforderlich. Diese Erlaubnis ist Herrn Kerner nie erteilt worden. Brandschutztechnische Gründe lassen auch im Falle einer Antragstellung die Erteilung der Spielhallenerlaubnis nicht zu.

Hohwein

2. Anhörung durchführen:

3. Wvl. 18.06.20.. (Sachstand + weiteres Vorgehen)

16 Schäfer u.a. - ISBN 978-3-8120-0439-8

Stadt Neustadt 01.06.20..
Ordnungsamt
Buchholzmarkt 1
26871 Neustadt

Fridolin Kerner
Tulpenweg 8
26871 Neustadt

Spielhallenbetrieb in Ihrem Einzelhandelsgeschäft
hier: Geplante Untersagung

Sehr geehrter Herr Kerner,

Sie betreiben im Tulpenweg 8 ein Einzelhandelsgeschäft für Computer-Anlagen.

Seit dem 1. Dezember letzten Jahres haben Sie nachweislich in einem separaten Hinterzimmer Ihres Geschäftes einen Spielhallenbetrieb eröffnet. Diese Spielhalle ist an jedem Tag der Woche geöffnet und bietet ausschließlich die Möglichkeit, Unterhaltungsspielgeräte ohne Gewinnmöglichkeit (z.B. Flipperautomaten) zu bedienen.

Zum Betrieb dieser Spielhalle ist nach § 33i Absatz 1 Satz 1 der Gewerbeordnung (GewO) eine Erlaubnis erforderlich. Sie sind nicht im Besitz dieser Erlaubnis und betreiben daher die Spielhalle ohne die erforderliche Zulassung. Die Art der Räumlichkeit Ihrer Spielhalle lässt aus verschiedenen brandschutztechnischen Gründen auch im Fall einer Antragstellung die Erteilung einer Erlaubnis nicht zu.

Ich beabsichtige daher, die Fortsetzung des Betriebes nach § 15 Absatz 2 Satz 1 GewO zu verhindern, indem ich die Schließung Ihrer Spielhalle verfüge.

Hiermit gebe ich Ihnen Gelegenheit zur Stellungnahme bis zum 15.06.20.. Sollten Sie keine Stellungnahme abgeben, so entscheide ich nach Aktenlage.

Mit freundlichen Grüßen
Stadt Neustadt
Ordnungsamt
Im Auftrag

Manfred Hohwein

Manfred Hohwein

Fridolin Kerner
Tulpenweg 8
26871 Neustadt

08.06.20..

Stadt Neustadt
Ordnungsamt
Buchholzmarkt 1
26871 Neustadt

Sehr geehrter Herr Hohwein,

mit der geplanten Betriebsschließung meiner Spielhalle bin ich nicht einverstanden. Diese Maßnahme wäre unrechtmäßig, da sie mich zu stark belasten würde. Ich habe mehrere tausend Euro in den Spielhallenbetrieb investiert und muss daher zunächst meine Schulden abtragen. Eine Schließung der Spielhalle würde bedeuten, dass ich finanziell ruiniert wäre.

Ihre genannten „brandschutztechnischen Gründe" kann ich ebenfalls nicht akzeptieren. Wenn die Spielhalle geöffnet ist, übe ich selbst die Aufsicht aus und trage Sorge dafür, dass nichts passiert.

Ich fordere Sie daher auf, von der geplanten Betriebsschließung Abstand zu nehmen.

Mit freundlichen Grüßen

F. Kerner

Arbeitsauftrag:

Prüfen Sie, ob bzw. unter welchen Voraussetzungen die Stadt Neustadt den Spielhallenbetrieb von Herrn Kerner untersagen darf.

Bearbeitungshinweise:

Es gelten folgende Annahmen:

1. Die Stadt Neustadt besitzt die Rechtsstellung einer selbstständigen Stadt.
2. Der genannte Spielhallenbetrieb ist ein Gewerbe im Sinne der GewO.

Theoretische Grundlagen

Anforderungen an einen rechtmäßigen Verwaltungsakt

Ein Verwaltungsakt ist immer dann rechtmäßig, wenn er mit dem geltenden Recht in Einklang steht.

Für belastende Verwaltungsakte ist nach dem Vorbehalt des Gesetzes darüber hinaus zu fordern, dass eine Befugnisnorm existiert, die diesen Eingriff rechtfertigt.

Ein VA ist als rechtmäßig zu bezeichnen, wenn die Rechtsfolge gerade durch Verwaltungsakt gesetzt werden darf (VA-Befugnis), er von der zuständigen Behörde im richtigen Verfahren und in der gebotenen Form erlassen wurde **(formelle Rechtmäßigkeit)** und außerdem keine inhaltlichen Mängel aufweist **(materielle Rechtmäßigkeit).**[1]

Aus diesen Anforderungen an den rechtmäßigen Verwaltungsakt kann ein Aufbaumuster zur Überprüfung der Rechtmäßigkeit von Verwaltungsakten entwickelt werden.[2]

Aufbaumuster für die Prüfung einer verwaltungsrechtlichen Erstentscheidung (eingreifender Verwaltungsakt)[3]

A. Bestimmung des Arbeitsziels

B. Gutachtliche Prüfung

I. Ermittlung der Ermächtigungsgrundlage

II. Formelle Rechtmäßigkeitsvoraussetzungen
   1. Zuständigkeit
   2. Verfahren

III. Materielle Rechtmäßigkeitsvoraussetzungen
   1. Tatbestand
   2. Rechtsfolge (ggf. Ausübung des Ermessens)

C. Entscheidungsvorschlag

Im Rahmen des Entscheidungsvorschlags ist die verwaltungspraktische Umsetzung der gutachtlichen Prüfung umzusetzen (z. B.: Erlass des beabsichtigten VA, Durchführung einer Anhörung). In diesem Zusammenhang ist einzugehen auf:
- die Form des Verwaltungsaktes,
- die Art der Bekanntgabe des Verwaltungsaktes,
- die ordnungsgemäße Rechtsbehelfsbelehrung und den zuständigen Rechtsbehelf.

A. Bestimmung des Arbeitsziels

Im vorliegenden Fall möchte die Stadt Neustadt die Erlaubnis zum Spielhallenbetrieb durch den Erlass eines eingreifenden (belastenden) Verwaltungsaktes versagen.

B. Gutachtliche Prüfung

I. Ermittlung der Ermächtigungsgrundlage

Aufgrund des in Art. 20 Abs. 3 GG festgelegten Grundsatzes der Gesetzmäßigkeit der Verwaltung (siehe *Lernarrangement 15*) benötigt die Stadt Neustadt für die Versagung der Erlaubnis eine Ermächtigungsgrundlage. Hier kommt § 15 Abs. 2 Satz 1 GewO in Betracht.

---

1 Vgl. Wolff, Bachof, Stober, Kluth (2007), § 48 Rd. Nr. 11 ff.

2 Die Problematik der Arbeit mit Aufbaumustern ist dabei zu beachten. Insbesondere darf dieses Aufbaumuster nicht als ein vom konkreten Einzelfall unabhängiges „Schema zum Abklappern" missverstanden werden.

3 Die folgenden Ausführungen orientieren sich an den Aufbaumustern für die Bearbeitung verwaltungsrechtlicher Fälle des Niedersächsischen Studieninstituts für kommunale Verwaltung e. V. Hannover. Dort ist eine umfassende Sammlung von Aufbaumustern erschienen.

Diese Rechtsgrundlage enthält Regelungen für die Untersagung der Fortsetzung eines zulassungspflichtigen Gewerbebetriebes, wenn die dafür erforderliche Zulassung fehlt.

VA-Befugnis:

Die Befugnis, die jeweilige Rechtsfolge durch die Handlungsform des Verwaltungsaktes geltend zu machen, ist in einigen Rechtsnormen ausdrücklich eingeräumt. Aber auch wenn der Begriff „VA" nicht ausdrücklich in der Rechtsnorm enthalten ist, wird durch Begriffe wie **„Verfügung"** (z. B. im Recht der Gefahrenabwehr), **„Anordnung"** oder **„Leistungsbescheid"** das Recht eingeräumt, in Form eines Verwaltungsaktes Regelungen zu treffen.

Auch die in Rechtsnormen vorgesehene Erteilung von Genehmigungen Erlaubnissen usw. stellt eine ausdrückliche Einräumung der VA-Befugnis dar. Sind in Rechtsnormen Genehmigungen oder Erlaubnisse vorgesehen, so bringt dies ein „Über-Unterordnungsverhältnis" zwischen der Behörde und dem Bürger zum Ausdruck. Nach ständiger Rechtsprechung des BVerwG besteht auch dann ohne besondere Anerkennung die Befugnis zum Erlass eines Verwaltungsaktes.

Im vorliegenden Fall der *Ausgangssituation* regelt § 15 Abs. 2 Satz 1 GewO Voraussetzungen für die **Untersagung** der Fortsetzung eines zulassungspflichtigen Gewerbebetriebes. Der Sachverhalt kann also durch einen Verwaltungsakt geregelt werden.

II. Formelle Rechtmäßigkeitsprüfung

1. Zuständigkeit

Im Abschnitt *„Träger öffentlicher Verwaltung"* (S. 128 ff.) wurde deutlich, dass die gesamte Verwaltungstätigkeit arbeitsteilig auf verschiedene Verwaltungsträger (Bund, Länder, Gemeinden als Gebietskörperschaften und andere juristische Personen des öffentlichen Rechts) verteilt ist.

Die im einzelnen Fall handelnde Behörde muss zunächst einmal von der Sache her für die Handlung zuständig sein. Die **sachliche Zuständigkeit** beinhaltet zunächst die „Verbandskompetenz". Es ist zu prüfen, ob hier der Bund, ein Land, die Gemeinde oder ein sonstiger Verwaltungsträger zuständig ist. Insbesondere die Gebietskörperschaften des Bundes und des Landes haben ihre gesamte Verwaltungstätigkeit einzelnen Verwaltungszweigen zugewiesen, daraus folgt, dass innerhalb der sachlichen Zuständigkeit auch zu prüfen ist, welche „Instanz" (obere, mittlere oder untere Behörde) zuständig ist.

Häufig besitzen Behörden in verschiedenen Gebieten dieselbe sachliche Zuständigkeit, die einzelne sachlich zuständige Behörde darf somit nur in den Grenzen ihres Zuständigkeitsgebietes handeln, daher ist in der Regel neben der sachlichen die **örtliche Zuständigkeit** gesondert zu prüfen. Regelungen zur örtlichen Zuständigkeit finden sich zum Teil in Spezialgesetzen, soweit hier jedoch keine Regelungen enthalten sind, greift § 3 des VwVfG.

Für die Ausgangssituation ist die Zuständigkeitsfrage folgendermaßen zu lösen:

a) Sachliche Zuständigkeit

In § 15 Abs. 2 Satz 1 GewO wird die zuständige Behörde zum Handeln ermächtigt. Diese Rechtsgrundlage trifft keine eindeutige Regelung zur sachlichen Zuständigkeit. Für die

Gewerbeordnung ist hinsichtlich der Klärung der Zuständigkeit § 155 Abs. 2 GewO heranzuziehen:

> **§ 155 Abs. 2 GewO**
> „Die Landesregierungen oder die von ihnen bestimmten Stellen bestimmen die für die Ausführung dieses Gesetzes und der nach diesem Gesetz ergangenen Rechtsverordnungen zuständigen Behörden, soweit in diesem Gesetz nichts anderes bestimmt ist."

Demnach gibt es – je nach Bundesland – individuelle Regelungen hinsichtlich der sachlichen Zuständigkeit für die Ausführung der GewO. Für Niedersachsen ist für die weitere Beurteilung des Falles die Verordnung über Zuständigkeiten auf dem Gebiet des Wirtschaftsrechts sowie in anderen Rechtsgebieten (ZustVO-Wirtschaft) heranzuziehen. Hier heißt es:

> **§ 1 Abs. 1 Satz 1 ZustVO-Wirtschaft**
> „Für die Ausführung der in der Anlage genannten Rechtsgrundlagen und Maßnahmen sind die dort genannten Stellen zuständig."

In Anlage 1 zur ZustVO-Wirtschaft ist zunächst die Zuständigkeit für die Ausführung der GewO allgemein geregelt. Sachlich zuständig sind demnach die Landkreise, die kreisfreien Städte, die großen selbstständigen Städte und die selbstständigen Gemeinden. Eine abweichende Regelung für § 15 Abs. 2 Satz 1 GewO ergibt sich hier nicht.

Hier möchte die Stadt Neustadt handeln, die gem. Sachverhalt über die Rechtsstellung einer selbstständigen Stadt verfügt. Da Städte gem. § 20 Abs. 1 Satz 1 NKomVG auch Gemeinden sind, ist die Stadt Neustadt sachlich zuständig.

b) Örtliche Zuständigkeit

Hinsichtlich der örtlichen Zuständigkeit trifft die GewO keine Regelungen. Es ist folglich auf § 3 VwVfG als allgemeine Rechtsgrundlage zurückzugreifen. Hier könnte § 3 Abs. 1 Nr. 2 VwVfG einschlägig sein:

> **§ 3 Abs. 1 Nr. 2 VwVfG**
> „Örtlich zuständig ist in Angelegenheiten, die sich auf den Betrieb eines Unternehmens oder einer seiner Betriebsstätten, auf die Ausübung eines Berufs oder auf eine andere dauernde Tätigkeit beziehen, die Behörde, in deren Bezirk das Unternehmen oder die Betriebsstätte betrieben oder der Beruf oder die Tätigkeit ausgeübt wird oder werden soll."

Die Betriebsstätte der fraglichen Spielhalle befindet sich im Tulpenweg 8 in Neustadt und somit im Bezirk der Stadt Neustadt. Damit ist die Stadt Neustadt auch örtlich zuständig.

2. Verfahren

Rechtmäßig ist der Verwaltungsakt nur dann, wenn die Art und Weise, wie er zustande gekommen ist, den einschlägigen Verfahrensnormen entspricht. Die §§ 9ff. VwVfG beinhalten eine Fülle von Regelungen für ein korrektes Verwaltungsverfahren. Die Regelungen betreffen z.B. die **Beteiligten eines Verwaltungsverfahrens.** Auf der Seite der Behörde schließt z.B. § 20 VwVfG bestimmte Personen vom Verwaltungsverfahren aus.

Fehlerquellen liegen auch im **Verfahrensablauf** selbst. Mängel sind z.B. denkbar bei der **Einleitung des Verfahrens** (§ 22 VwVfG), bei der Ermittlung des Sachverhalts (Untersuchungsgrundsatz, § 24 VwVfG), bei der grundsätzlich erforderlichen **Anhörung** beim Erlass von VA, die in die Rechte eines Beteiligten eingreifen (§ 28 VwVfG).

Gem. § 28 Abs. 1 VwVfG gilt folgendes:

> **§ 28 Abs. 1 VwVfG**
> „Bevor ein Verwaltungsakt erlassen wird, der in Rechte eines Beteiligten eingreift, ist diesem Gelegenheit zu geben, sich zu den für die Entscheidung erheblichen Tatsachen zu äußern.“

Es sind somit drei Voraussetzungen zu prüfen:

Vor Erlass eines Verwaltungsaktes	Wie bereits im Rahmen der Ermittlung des Arbeitsziels festgestellt wurde, handelt es sich bei der geplanten Untersagung der Fortsetzung des Spielhallenbetriebes um einen Verwaltungsakt im Sinne des § 35 Satz 1 VwVfG.
Eingriff in die Rechte	Nach herrschender Meinung liegt ein Eingriff in die Rechte lediglich dann vor, wenn ein belastender Verwaltungsakt erlassen werden soll. Insofern ist eine Anhörungspflicht vor Erlass begünstigender Verwaltungsakte nicht gegeben. Im vorliegenden Fall soll Herr Kerner untersagt werden, den Spielhallenbetrieb weiterzuführen. Der Status quo des Herrn Kerner verändert sich zu einem Status minus. Insofern liegt ein Eingriff in die Rechte vor.
Beteiligter	Herr Kerner ist Adressat des geplanten Verwaltungsaktes und insofern Beteiligter gem. § 13 Abs. 1 Nr. 2 VwVfG.

Als Rechtsfolge ergibt sich aus § 28 Abs. 1 VwVfG, dass Herrn Kerner vor Erlass des Verwaltungsaktes Gelegenheit zu geben ist, sich zu den für die Entscheidung erheblichen Tatsachen zu äußern. Diese Gelegenheit wurde ihm mit Anhörungsschreiben eingeräumt und Herr Kerner hat diese Gelegenheit auch genutzt.

Ausnahmen von der Anhörungspflicht gem. § 28 Abs. 2 und Abs. 3 VwVfG ergeben sich hier nicht. Für die Prüfung weiterer verfahrensrechtlicher Vorschriften bietet der Sachverhalt keinen Anlass.

Der geplante Verwaltungsakt ist insoweit formell rechtmäßig.

III. Materielle Rechtmäßigkeitsvoraussetzungen

1. Tatbestand

Die einschlägige Ermächtigungsgrundlage für den vorliegenden Sachverhalt ist § 15 Abs. 2 Satz 1 GewO.

> **§ 15 Abs. 2 Satz 1 GewO**
> „Wird ein Gewerbe, zu dessen Ausübung eine Erlaubnis, Genehmigung, Konzession oder Bewilligung (Zulassung) erforderlich ist, ohne diese Zulassung betrieben, so kann die Fortsetzung des Betriebes von der zuständigen Behörde verhindert werden.“

Es ist nunmehr festzustellen, ob die **drei Tatbestandsmerkmale** dieser Ermächtigungsgrundlage erfüllt sind.

a) Gewerbe

Eine Legaldefinition für den Begriff „Gewerbe“ gibt es in der GewO nicht. Es hat sich jedoch durch Kommentierungen und Rechtsprechung eine Definition herausgebildet. Demnach ist ein Gewerbe jede erlaubte, nicht schlechthin gemeinschädliche, selbstständige, auf Gewinnerzielung ausgerichtete und auf Dauer ausgelegte Tätigkeit. Nicht unter den Gewerbebegriff fallen die Urprodukion, die freiberuflichen Tätigkeiten sowie die Verwaltung des eigenen Vermögens. Gem. *Bearbeitungshinweis 1* ist davon auszugehen, dass der hier betrachtete Spielhallenbetrieb ein Gewerbe im Sinne der GewO ist.

✓ Das **erste Tatbestandsmerkmal** ist erfüllt.

b) Zulassungspflichtiges (erlaubnispflichtiges) Gewerbe

Die Aufnahme eines Gewerbes unterliegt gem. § 14 GewO grundsätzlich lediglich der Anzeigepflicht. Es gibt jedoch Gewerbetreibende, die einer bestimmten Überwachung bedürfen. Beispiele dafür sind in den §§ 29ff. GewO genannt. Im vorliegenden Fall betreibt Herr Kerner einen Spielhallenbetrieb mit Spielgeräten ohne Gewinnmöglichkeiten. Ein solcher Spielhallenbetrieb ist gem. § 33i Abs. 1 Satz 1 GewO erlaubnispflichtig. Das bedeutet, dass Herr Kerner hier ein eigentlich zulassungspflichtiges Gewerbe betreibt.

✓ Das **zweite Tatbestandsmerkmal** ist erfüllt.

c) Betrieb des Gewerbes ohne Zulassung

Entsprechend des Aktenvermerks der Stadt Neustadt vom 01.06.20.. ist Herrn Kerner nie die Erlaubnis zum Betrieb einer Spielhalle mit Spielgeräten ohne Gewinnmöglichkeiten erteilt worden.

✓ Das **dritte Tatbestandsmerkmal** ist erfüllt.

2. Rechtsfolge

Sofern eine gebundene Entscheidung vorliegt, tritt die durch die Ermächtigungsgrundlage vorgesehene Rechtsfolge zwingend ein. Räumt die einschlägige Ermächtigungsgrundlage jedoch Ermessen (Entschließungs- und/oder Auswahlermessen) ein, so ist zu prüfen, ob die von der Behörde geplante Entscheidung gem. § 40 VwVfG ermessensfehlerfrei ergeht (zu den Ermessensfehlern siehe *Lernarrangement 15*).

Der im *Ausgangsfall* anzuwendende § 15 Abs. 2 Satz 1 GewO räumt der Behörde bezüglich der Verhinderung der Fortsetzung des Gewerbebetriebes Ermessen ein. Wenn – wie im vorliegenden Fall – die Tatbestandsmerkmale erfüllt sind, kann die Fortsetzung des Gewerbebetriebes verhindert werden. Der geplante Erlass eines Verwaltungsaktes mit dem die Fortsetzung des Spielhallenbetriebes untersagt wird, muss nun hinsichtlich möglicher **Ermessensfehler** untersucht werden:

a) Ermessensmangel

Ein Ermessensmangel ist im vorliegenden Fall nicht ersichtlich.

b) Ermessensfehlgebrauch

Ein Ermessensfehlgebrauch ist im vorliegenden Fall nicht ersichtlich.

c) Ermessensüberschreitung

Im Rahmen der Prüfung einer möglichen Ermessensüberschreitung ist insbesondere zu prüfen, ob die von der Behörde gewählte/geplante Maßnahme dem Grundsatz der Verhältnismäßigkeit entspricht. Die geplante Maßnahme muss geeignet, erforderlich und angemessen sein (vgl. hierzu *Lernarrangement 15*).

Im vorliegenden Fall ist bezüglich der geplanten Untersagung des Spielhallenbetriebes zu prüfen, ob diese Maßnahme dem **Grundsatz der Verhältnismäßigkeit** entspricht.

ca) Geeignetheit

Das Ziel der Behörde, welches sich aus dem Zweck des § 15 Abs. 2 Satz 1 GewO ergibt, ist, dass Zuwiderhandlungen gegen die GewO verhindert werden sollen. Es soll insbesondere verhindert werden, dass besonders überwachungsbedürftige Gewerbebetriebe ohne die erforderliche Zulassung betrieben werden. Wenn die Stadt Neustadt eine Untersagung der Fortsetzung des Gewerbebetriebes ausspricht, wird – sofern Herr Kerner der Untersagung folgt – der Zweck des § 15 Abs. 2 Satz 1 GewO bzw. das Ziel der handelnden Behörde erreicht. Der geplante Verwaltungsakt ist also geeignet.

cb) Erforderlichkeit

Hinsichtlich der Erforderlichkeit ergeben sich hier auch keine Probleme. Die Stadt Neustadt plant lediglich die Untersagung des Spielhallenbetriebes, während Herr Kerner seinen Einzelhandelsbetrieb für Computeranlagen weiter aufrechterhalten darf. Ein milderes Mittel als die geplante Untersagung lediglich des Spielhallenbetriebes ist nicht ersichtlich.

cc) Angemessenheit

Letztlich müsste die geplante Untersagung der Fortsetzung des Spielhallenbetriebes auch angemessen sein. Durch die geplante Maßnahme entsteht der Vorteil für die Allgemeinheit, dass bestehende Rechtsgrundlagen eingehalten werden. Somit wird die Allgemeinheit vor Gefahren geschützt, die von einem nicht zugelassenen Spielhallenbetrieb ausgehen könnten. Des Weiteren setzt die Stadt Neustadt hier ein „Zeichen", sodass ggf. mögliche Nachahmungseffekte bei anderen Gewerbebetrieben ausgeschlossen werden.

Dem stehen die Nachteile, die Herr Kerner durch den geplanten Verwaltungsakt erleiden würde, gegenüber. Zum einen macht er geltend, dass er viel Geld für die Spielgeräte ausgegeben hätte, was zu einer Verschuldung geführt habe. Wenn nun der Spielhallenbetrieb geschlossen werden würde, könne er seine Schulden nicht mehr abtragen; nicht zuletzt, weil sein Computereinzelhandel nicht genug Geld „abwerfen" würde. Zum anderen gibt Kerner an, dass er ohne den Spielhallenbetrieb seinen Lebensunterhalt nicht mehr bestreiten könne.

Das Individualinteresse des Herrn Kerner muss hier hinter das Kollektivinteresse der Allgemeinheit zurücktreten. Es ist nicht hinnehmbar, dass sich der Beteiligte hier eigenmächtig über die Regelungen der GewO hinwegsetzt, um seinen Lebensunterhalt bestreiten zu können. Zudem hat Herr Kerner – wenn sein Spielhallenbetrieb untersagt wird – noch seinen Computereinzelhandel, um seinen Lebensunterhalt bestreiten zu können. Sollten die dadurch entstehenden Einnahmen nicht zum Leben reichen, so könnte er sicherlich auf anderem (legalen) Weg für seinen Lebensunterhalt sorgen.

- Die geplante Maßnahme entspricht dem Grundsatz der Verhältnismäßigkeit.
- Eine Ermessensüberschreitung ist nicht ersichtlich.
- Die Maßnahme wäre frei von Ermessensfehlern.
- Die gewählte Rechtsfolge darf eintreten.
- Die materielle Rechtmäßigkeit ist gegeben.

C. Entscheidungsvorschlag

Im Rahmen der Prüfung eines verwaltungsrechtlichen Falles ist letztlich ein Entscheidungsvorschlag zu formulieren, der folgende **Bestandteile** enthält:

I. Inhaltliche Entscheidung

Hier ist im Rückschluss zum oben ermittelten Arbeitsziel die zu treffende inhaltliche Entscheidung (inkl. der relevanten Ermächtigungsgrundlage) zu benennen. Die Regelungs- und Titelfunktion des Verwaltungsaktes zwingen dazu, einen inhaltlich hinreichend bestimmten Verwaltungsakt zu erlassen (§ 37 Abs. 1 VwVfG). Der Verwaltungsakt stellt i. d. R. die Konkretisierung und Individualisierung einer abstrakt-generellen Norm dar. Die sich aus ihm ergebenden konkreten Rechte und Pflichten, die zwischen der Behörde und dem Bürger bestehen, müssen unmissverständlich dargestellt werden.

Im vorliegenden Fall würde der Fallbearbeiter empfehlen, die Fortsetzung des Spielhallenbetriebes ab sofort durch den Erlass eines entsprechenden Verwaltungsaktes auf der Grundlage des § 15 Abs. 2 Satz 1 GewO zu untersagen. Diese Regelung muss dem Erfordernis des § 37 Abs. 1 VwVfG (inhaltlich hinreichende Bestimmtheit) entsprechen.

II. Verfahren

Zudem müssen die noch zu beachtenden verfahrensrechtlichen Vorschriften im Entscheidungsvorschlag aufgegriffen werden. Im vorliegenden Fall wurde bereits eine Anhörung durchgeführt, insofern ergibt sich diesbezüglich kein weiterer Bedarf, hier noch etwas auszuführen. Auch die Anwendbarkeit weiterer verfahrensrechtlicher Vorschriften (z. B. §§ 20, 21 VwVfG) ergibt sich hier nicht.

III. Form

Eine besondere Form für den zu erlassenden VA ist durch die GewO nicht vorgeschrieben. Grundsätzlich ist ein VA nicht formgebunden (vgl. § 37 Abs. 2 Satz 1 VwVfG). Es empfiehlt sich hier jedoch aus Beweissicherungsgründen die **Schriftform.** Daraus folgen **weitere Formerfordernisse:**

> **§ 37 Abs. 3 Satz 1 VwVfG**
>
> „Ein schriftlicher VA muss die erlassende Behörde erkennen lassen und die Unterschrift oder Namenswiedergabe des Behördenleiters, seines Vertreters oder seines Beauftragten enthalten."

Für den vorliegenden Sachverhalt bedeutet dies, dass im Briefkopf des zu erlassenden Verwaltungsaktes die Stadt Neustadt als erlassende Behörde erkennbar sein muss. Da es sich hier im ein Geschäft der laufenden Verwaltung (§ 85 Abs. 1 Nr. 7 NKomVG) handelt, ist das handelnde Organ der Hauptverwaltungsbeamte (bei der Stadt Neustadt ist dies gem. §§ 7 Abs. 2 Nr. 1, 20 Abs. 1 Satz 1 NKomVG der Bürgermeister). Unterschrieben wird der Bescheid vermutlich von dem durch den Hauptverwaltungsbeamten beauftragten Sachbearbeiter.

IV. Bekanntgabe

Gem. § 43 Abs. 1 VwVfG wird ein VA gegenüber demjenigen, für den er bestimmt ist oder der von ihm betroffen ist, in dem Zeitpunkt wirksam, in dem er ihm bekannt gegeben wurde.

Die Bekanntgabe eines VA (§ 41 VwVfG) kann auf verschiedenste Weisen erfolgen (siehe S. 235).

Für den vorliegenden Sachverhalt muss eine begründete Entscheidung getroffen werden, welche Form der Bekanntgabe zu wählen ist. Hier empfiehlt sich zunächst die formlose Bekanntgabe mit einem einfachen Brief.[1]

V. Begründung

Damit der von einem VA Betroffene seine Rechte wahrnehmen kann, ist es erforderlich, dass er grundsätzlich über die Gründe, die zum Erlass des VA geführt haben, in Kenntnis gesetzt wird. Die Anforderungen an Art und Umfang der Begründung sind daher an diesem Maßstab zu messen. Anforderungen an den Umfang der Begründung stellt § 39 VwVfG:

§ 39 Abs. 1 Satz 1 VwVfG

„Ein schriftlicher oder elektronischer sowie ein schriftlich oder elektronisch bestätigter Verwaltungsakt ist mit einer Begründung zu versehen. In der Begründung sind die wesentlichen tatsächlichen und rechtlichen Gründe mitzuteilen, die die Behörde zu ihrer Entscheidung bewogen haben. Die Begründung von Ermessensentscheidungen soll auch die Gesichtspunkte erkennen lassen, von denen die Behörde bei der Ausübung ihres Ermessens ausgegangen ist."

Das Erfordernis der Begründung führt auch dazu, dass die erlassende Behörde vor dem Erlass des VA gezwungen ist, die rechtlich erheblichen Tatsachen noch einmal gründlich zu überprüfen. Insoweit dient die Begründungspflicht auch der Selbstkontrolle der Verwaltung. Für den Betroffenen muss die vollzogene Rechtsanwendung nachvollziehbar sein. Als tatsächliche Begründung müssen die rechtserheblichen Tatsachen des Sachverhalts dargelegt werden. Bei den rechtlichen Gründen ist die angewendete Rechtsnorm mit ihren Inhalten anzugeben.

Tatbestandsmerkmale und Rechtsfolge des Rechtssatzes sowie die Subsumtion des Sachverhalts unter diese Norm (wenn – dann – hier – also) müssen grundsätzlich erkennbar sein.

1 Hier ist auch eine alternative Lösung (förmliche Bekanntgabe nach NVwZG i. V. m. VwZG aus Beweissicherungsgründen) vertretbar.

Damit für den Bürger und ggf. für die Widerspruchsbehörde oder auch für das Verwaltungsgericht überprüfbar wird, ob hinreichende Ermessenserwägungen stattgefunden haben und Fehler bei der Ermessensausübung unterblieben sind, ist die Begründung von Ermessensentscheidungen von besonderer Bedeutung. Hier müssen die Gesichtspunkte erkennbar werden, die für die Ermessensentscheidung maßgeblich waren.

Wird ein Verwaltungsakt erlassen, mit dem in die Rechte des Betroffenen eingegriffen wird, so sind die Anforderungen an die Begründung sicherlich höher als bei einem VA, bei dem einen Antrag des Bürgers im vollen Umfang entsprochen wird. Nach § 39 Abs. 2 Nr. 1 VwVfG bedarf es in einem solchen Fall sogar keiner Begründung.

Weitere Ausnahmen von der Begründungspflicht könnten sich aus § 39 Abs. 2 Nr. 2–5 VwVfG ergeben.

Im vorliegenden Sachverhalt liegt eine für den Betroffenen belastende Ermessensentscheidung vor, sodass der zu erlassende VA vollumfänglich gem. § 39 Abs. 1 VwVfG zu begründen ist (entsprechend des oben geschilderten Umfangs). Ausnahmen von der Begründungspflicht gem. § 39 Abs. 2 VwVfG ergeben sich hier nicht.

VI. Rechtsbehelfsbelehrung

Gem. § 37 Abs. 6 VwVfG, § 58 Abs. 1 VwGO ist der Adressat eines Verwaltungsaktes schriftlich zu belehren über:

1. Rechtsmittel oder Rechtsbehelf

Der Beteiligte ist über das zur Verfügung stehende Rechtsmittel bzw. den möglichen Rechtsbehelf zu belehren. Dabei sind **Rechtsmittel** die Möglichkeiten, um gegen eine gerichtliche Entscheidung vorzugehen (z. B. Berufung oder Revision). **Rechtsbehelfe** sind hingegen die Wege, um eine verwaltungsbehördliche Entscheidung überprüfen zu lassen (Klage oder Widerspruch).

Im Bereich des Verwaltungsrechts geht es vor allem um den statthaften Rechtsbehelf. Dabei spielen hauptsächlich der Anfechtungswiderspruch bzw. die Anfechtungsklage oder der Verpflichtungswiderspruch bzw. die Verpflichtungsklage eine Rolle.

Der Anfechtungswiderspruch bzw. die Anfechtungsklage kommt dann in Frage, wenn gegen einen belastenden Verwaltungsakt vorgegangen werden soll. Der Verpflichtungswiderspruch bzw. die Verpflichtungsklage zielt hingegen darauf, die Behörde dazu zu bringen, eine bestimmte (meist begünstigende) Entscheidung für den Beteiligten zu treffen.

Grundsätzlich ist gem. § 68 Abs. 1 Satz 1 VwGO vor Erhebung einer Anfechtungsklage ein Vorverfahren (Widerspruchsverfahren durchzuführen). Gleiches gilt gem. § 68 Abs. 2 VwGO für die Verpflichtungsklage.

Von einem Vorverfahren kann gem. § 68 Abs. 1 Satz 2 VwGO u. a. abgesehen werden (d. h. es kann darauf verzichtet werden), wenn ein Gesetz dies bestimmt:

Spezialgesetzliche Regelungen	Regelungen aus dem Niedersächsischen Justizgesetz (NJG)
In spezialgesetzlichen Regelungen finden sich zum Teil Festlegungen, welcher Rechtsbehelf jeweils statthaft ist. **Beispiel:** Gem. § 78 Sozialgerichtsgesetz (SGG) ist vor Klageerhebung bei sozialrechtlichen Streitigkeiten zwingend ein Vorverfahren (Widerspruchsverfahren) durchzuführen.	Gem. § 80 Abs. 1 NJG bedarf es in Niedersachsen grundsätzlich vor Erhebung einer **Anfechtungsklage** keiner Nachprüfung mehr in einem Vorverfahren (Abschaffung des Widerspruchsverfahrens in Niedersachsen). § 80 Abs. 2 NJG regelt die Rechtsbereiche, bei denen vor Erhebung der **Anfechtungsklage** noch ein Vorverfahren (Widerspruchsverfahren) durchzuführen ist. Gleiches gilt gem. § 80 Abs. 4 NJG für **Verpflichtungsklagen.**

Im vorliegenden Fall ist die maßgebliche Rechtsquelle (GewO) nicht in § 80 Abs. 2 NJG genannt, sodass die (Anfechtungs-)Klage der statthafte Rechtsbehelf wäre.

2. Verwaltungsgericht oder Verwaltungsbehörde

Weiterhin muss der Beteiligte darüber belehrt werden, bei welchem **Verwaltungsgericht** oder welcher **Verwaltungsbehörde** das Rechtsmittel bzw. der Rechtsbehelf einzulegen ist.

Klage	Widerspruch
Die Anfechtungs- oder Verpflichtungsklage ist beim zuständigen Verwaltungsgericht zu erheben. In Niedersachsen gibt es ein Oberverwaltungsgericht (OVG) in Lüneburg. Daneben existieren noch sieben „einfache" Verwaltungsgerichte mit entsprechenden Zuständigkeiten nach Gerichtsbezirken (§§ 73f. NJG).	Gem. § 70 Abs. 1 Satz 1 VwGO ist der Widerspruch grundsätzlich bei der Behörde einzulegen, die den Verwaltungsakt erlassen hat. Es ist auch möglich, den Widerspruch bei der Behörde einzulegen, die den Widerspruchsbescheid zu erlassen hat (§ 70 Abs. 1 Satz 2 VwGO).

Da es sich im vorliegenden Sachverhalt bei der Stadt Neustadt um eine fiktive Mustergemeinde für die Fallbearbeitung handelt, lässt sich das zuständige Verwaltungsgericht nicht exakt bestimmen.

3. Frist für die Einlegung des Rechtsmittels bzw. des Rechtsbehelfs

Für die Einlegung des Rechtsmittels bzw. des Rechtsbehelfs ist eine **Monatsfrist** zu wahren:

Klage		Widerspruch
§ 74 Abs. 1 Satz 1 VwGO	**§ 74 Abs. 1 Satz 2 VwGO**	**§ 70 Abs. 1 Satz 1 VwGO**
Sofern ein Widerspruchsverfahren vorgeschaltet ist, so ist die verwaltungsgerichtliche Klage innerhalb eines Monats nach Zustellung des Widerspruchsbescheids zu erheben.	Wenn kein Widerspruchsverfahren durchzuführen ist, so ist die verwaltungsgerichtliche Klage innerhalb eines Monats nach Bekanntgabe des Verwaltungsaktes einzulegen.	Der Widerspruch (Anfechtungs- bzw. Verpflichtungswiderspruch) ist innerhalb eines Monats, nachdem der Verwaltungsakt dem Beschwerten bekanntgegeben worden ist, zu erheben.

Im vorliegenden Fall ist kein Widerspruchsverfahren vorgeschaltet, sodass auch kein Widerspruchsbescheid ergeht. Also beträgt die Klagefrist einen Monat nach Bekanntgabe des Verwaltungsaktes.

4. Form für die Einlegung des Rechtsmittels bzw. des Rechtsbehelfs

Entsprechend des Wortlauts des § 58 Abs. 1 VwGO bzw. § 37 Abs. 6 VwVfG ist die **Form** für die Einlegung des Rechtsmittels bzw. des Rechtsbehelfs **nicht zwingend** als Mindestbestandteil in die Rechtsbehelfsbelehrung aufzunehmen.

Grundsätzlich gilt jedoch, dass sowohl Klage als auch der Widerspruch schriftlich oder zur Niederschrift (Widerspruch gem. § 70 Abs. 1 Satz 1 VwGO) bzw. zu Protokoll des Urkundsbeamten der Geschäftsstelle (Klage gem. § 81 Abs. 1 VwGO) einzulegen sind.

Die Rechtsbehelfsbelehrung für den vorliegenden Sachverhalt könnte folgendermaßen aussehen:

> Gegen diesen Bescheid können Sie innerhalb eines Monats nach seiner Bekanntgabe beim Verwaltungsgericht (Sitz des zuständigen Verwaltungsgerichts) Klage erheben. Die Klage ist schriftlich oder zu Protokoll des Urkundsbeamten der Geschäftsstelle des Verwaltungsgerichts zu erheben.

Übungen

1. Erstellen Sie ein Mindmap zur Rechtmäßigkeitsprüfung von Verwaltungsakten.
2. Fassen Sie in einer Art Lernkartei alle wesentlichen Punkte dieses Lernarrangements zusammen, die Sie für so wesentlich erachten, dass Sie sie lernen sollten.
3. Im Rahmen dieses Lernarrangements wird sehr häufig auf Inhalte und Begriffe aus den vorangegangenen Lernarrangements zurückgegriffen. Schreiben Sie jeweils auf die Vorderseite einer Karteikarte die aus anderen Lernarrangements bekannten Begriffe bzw. Inhalte und notieren Sie auf der Rückseite der Karteikarte – möglichst aus dem Gedächtnis – jeweils die wesentlichen Erläuterungen und Erklärungen zu diesem Begriff oder Inhalt.
4. Erarbeiten Sie sich die wesentlichen Regelungspunkte des § 3 Abs. 1 VwVfG und stellen Sie sie anschaulich dar.
5. Ordnen Sie die Absätze des § 37 VwVfG den Begriffen „Bestimmtheit“ und „Form“ zu.

Zum Nachschlagen

§ 3 VwVfG, §§ 9ff. VwVfG, § 28 VwVfG, § 37 VwVfG, § 39 VwVfG.

Beispiel:	**Wovon zu unterscheiden:**
Ausgangsfall: Spielhallenbetrieb	Klageverfahren
Hilfe zum Einprägen:	
Rechtsmäßig ist jeder VA, der mit dem geltenden Recht in Einklang steht.	

Lernarrangement 21

Fehlerhafte Verwaltungsakte erkennen und ihre Rechtsfolgen beurteilen

Leitfragen

1. Welche Begriffspaare im Zusammenhang mit fehlerfreien und fehlerhaften Verwaltungsakten sind von entscheidender Bedeutung im Verwaltungsrecht?
2. Welche Bedeutung haben mögliche Fehler im Verwaltungsakt auf die Bestandskraft des Verwaltungsaktes?
3. In welchen Schritten prüfen Sie einen vorliegenden Verwaltungsakt bezüglich eines Fehlers?

Durch das Arrangement abgedeckte Inhalte des Rahmenlehrplans:

✓ Rechtmäßigkeit des Verwaltungsaktes

Methodische Hinweise zur Erarbeitung des Lernarrangements:

Nach Durcharbeitung des Lernarrangements könnten Karten mit möglichen Fehlern in Verwaltungsakten beschriftet werden, welche dann im Rahmen einer Kartenabfrage den Begriffen „Verwaltungsakte mit rechtlich unbeachtlichen Fehlern“, „Verwaltungsakte mit Rechtsfehlern, die den VA erfolgreich anfechtbar machen“ und „Verwaltungsakte mit Rechtsfehlern, die den VA nichtig machen“ zuzuordnen und zu clustern sind.

Diese Karten könnten auch zu einem späteren Zeitpunkt im Rahmen einer Wiederholungsphase erneut eingesetzt werden.

LA 21 Ausgangssituation

Sie sind in der Lage, einen von der Verwaltung zu erlassenden Verwaltungsakt auf seine formelle und materielle Rechtmäßigkeit hin zu überprüfen. Sie erkennen Verstöße gegen die Rechtmäßigkeit, können eine daraus resultierende Rechtsfolge jedoch noch nicht einschätzen. In diesem Lernarrangement soll es aus diesem Grunde darum gehen, die Rechtsfolgen sowohl fehlerfreier als auch fehlerhafter Verwaltungsakte systematisch zu erarbeiten und zu klassifizieren. Dabei werden insbesondere die Begriffspaare „fehlerfrei/fehlerhaft“, „rechtmäßig/rechtswidrig“, „wirksam/unwirksam“ eine entscheidende Rolle spielen.

In diesem Lernarrangement sollen, nicht ausgehend von einem einzelnen Fall, sondern mehr rechtssystematisch, mögliche Fehler in Verwaltungsakten und ihre Rechtsfolgen dargestellt werden.

Arbeitsaufträge:

1. Grenzen Sie die für die Beurteilung fehlerhafter Verwaltungsakte relevanten Begriffspaare gegeneinander ab.
2. Zählen Sie Beispiele der verschiedenen Gruppen von Fehlern in Verwaltungsakten auf.
3. Welche Rechtsfehler in Verwaltungsakten sind nach § 45 VwVfG heilbar?

4. Listen Sie Fehler nach § 44 Abs. 2 und Abs. 3 VwVfG auf und stellen Sie ihnen die jeweilige Rechtsfolge gegenüber.
5. Stellen Sie die Unterschiede in den Tatbestandsmerkmalen des § 44 Abs. 2 Nr. 3 VwVfG und des § 44 Abs. 3 Nr. 1 VwVfG dar und geben Sie die Unterschiede in der Rechtsfolge an.
6. In welchen Schritten prüfen Sie einen Verwaltungsakt bezüglich einer möglichen Nichtigkeit?

Theoretische Grundlagen

Begriffsabgrenzung

Die weitaus überwiegende Zahl der durch die Verwaltung erlassenen Verwaltungsakte weist keinerlei Fehler auf und sind somit als fehlerfreie Verwaltungsakte zu bezeichnen. Realität ist aber auch, dass sich im Rahmen des Verwaltungsverfahrens und beim Erstellen des Bescheides Fehler einschleichen können. Diese Fehler zu erkennen, sie nach Fehlerarten zu unterscheiden und in ihrer Rechtsfolge zu beurteilen, ist für den weiteren Gang im Verwaltungsverfahren bzw. im Rechtsschutzverfahren von entscheidender Bedeutung.

Die Rechtsordnung sieht abgestuft sehr unterschiedliche Rechtsfolgen bei Fehlern in Verwaltungsakten vor. Die Palette der Rechtsfolgen reicht von der rechtlichen Unbeachtlichkeit über die erfolgreiche Anfechtbarkeit bis hin zur Nichtigkeit des Verwaltungsaktes.

Bevor die einzelnen Fehlerarten und die daran anknüpfenden Rechtsfolgen im Einzelnen erläutert werden, sollen die oben angeführten Begriffspaare „fehlerfrei/fehlerhaft“, „rechtmäßig/rechtswidrig“, „wirksam/unwirksam“ und deren Beziehung zueinander erst genauer dargestellt werden.

Fehlerfrei ist ein VA, wenn er weder an einem Schreib-, Rechen- oder Formfehler, noch an einem materiellen Fehler leidet.	**Fehlerhaft** ist ein VA, der einen Schreib-, Rechen- oder Formfehler oder einen materiellen Fehler aufweist.
Rechtmäßig ist ein VA, wenn er weder an einem formellen, noch an einem materiellen Fehler leidet; also mit geltendem Recht in Einklang steht.	**Rechtswidrig** ist ein VA, der an einem formellen und/oder materiellen Fehler leidet; also auf irgendeine Art gegen geltendes Recht verstößt.
Wirksam ist ein VA, den der Adressat beachten bzw. befolgen muss, unabhängig davon, ob der VA fehlerhaft ist oder nicht.	Ein **unwirksamer VA** ist nichtig. Der Adressat braucht ihn nicht zu beachten, er gilt als nicht erlassen.

In welcher Beziehung stehen nun diese Begriffe zueinander?

- Ein **fehlerfreier** Verwaltungsakt ist immer auch **rechtmäßig,** da er mit geltendem Recht in Einklang steht. Ein derartiger Verwaltungsakt ist immer auch **wirksam.**
- Ein **fehlerhafter** Verwaltungsakt kann an einem Fehler leiden, der rechtlich als unbeachtlich einzustufen ist. Ein derartiger Verwaltungsakt gilt somit als **rechtmäßig** und somit ebenfalls als **wirksam.**
- Der Fehler in einem Verwaltungsakt kann darin bestehen, dass er gegen geltendes Recht verstößt. Er ist somit **fehlerhaft** und **rechtswidrig.** Je nach Schwere des Fehlers kann der Verwaltungsakt jedoch sowohl **wirksam** als auch **unwirksam** sein.

Das nachstehende Schaubild stellt diesen Zusammenhang noch einmal anschaulich dar.

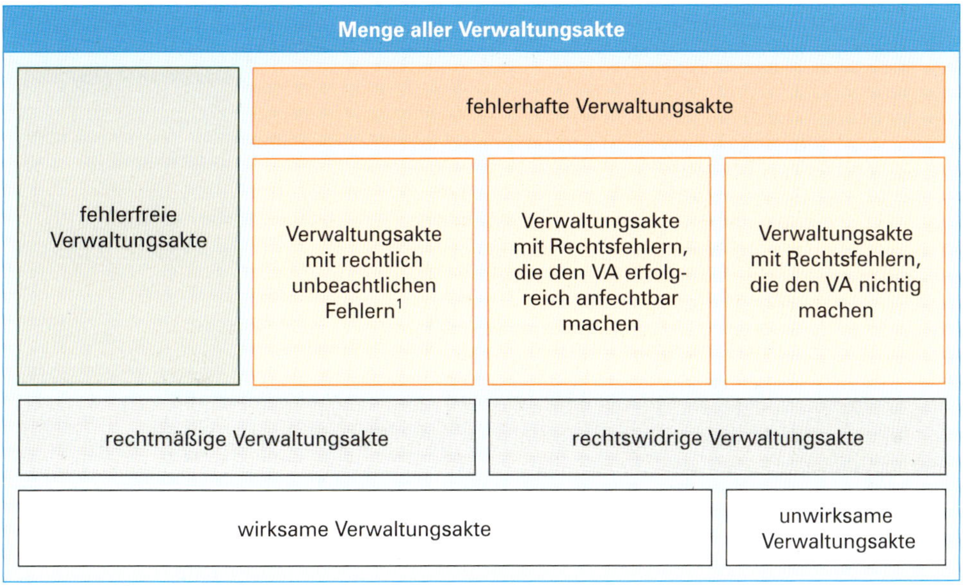

Fehlerhafte, aber rechtmäßige und wirksame Verwaltungsakte

Offenbare Unrichtigkeiten im Verwaltungsakt (gem. § 42 VwVfG)

Rechtmäßige Verwaltungsakte sind zunächst die völlig fehlerfreien VA. Daneben sind aber auch die VA rechtmäßig, die Schreibfehler, Rechenfehler und ähnliche offenbare Unrichtigkeiten beinhalten. Diese kann die Behörde nach § 42 VwVfG jederzeit formlos und mit Wirkung für die Vergangenheit berichtigen. Die Behörde hat die Berichtigungsbefugnis, der Betroffene einen Berichtigungsanspruch, soweit er ein berechtigtes Interesse an der Berichtigung hat (vgl. § 42 VwVfG). In der Literatur werden diese VA üblicherweise als **„unrichtige Verwaltungsakte"** bezeichnet.[2]

Die Unrichtigkeit muss **ohne Weiteres erkennbar** sein. Dies ist der Fall, wenn der Widerspruch zwischen dem, was die Behörde gewollt hat und dem, was sie im VA zum Ausdruck gebracht hat, ohne Weiteres erkennbar ist. „Ein Fehler im Sinne des § 42 VwVfG liegt jedenfalls nicht vor, wenn das Gewollte mit dem Ausgedrückten übereinstimmt. Es kann also nicht auf dem Weg über eine Fehlerberichtigung eine ursprünglich nicht gewollte Entscheidung herbeigeführt werden."[3]

Bei Fehlern dieser Art genügt es nicht, wenn lediglich eindeutig ist, dass die Behörde das Erklärte nicht wollte. Es muss vielmehr auch klar erkennbar sein, was sie tatsächlich meinte und wollte.

1 Hier sind zunächst auch die Fehler einbezogen, die heilbar sind und Heilung eingetreten ist.

2 Vgl. Maurer, Waldhoff (2017), § 10 Rd. Nr. 97.

3 Vgl. ebenda.

17 Schäfer u.a. - ISBN 978-3-8120-0439-8

Beispiel für offenbare Unrichtigkeiten:

- In einer Ordnungsverfügung gibt das Bauordnungsamt dem R. auf, ein widerrechtlich („schwarz") erstelltes Wochenendhaus auf dem Flurstück 334/Flur 3 abzureißen. Das betreffende Wochenendhaus steht allerdings auf dem Flurstück 343/Flur 3. **Zahlendreher** (334 statt 343) stellen eine offenbare Unrichtigkeit im Sinne des § 42 VwVfG dar.
- Ein offensichtlicher **Schreibfehler** bei dem Namen des Adressaten eines VA, soweit über die Identität der Person kein Zweifel besteht, erfüllt ebenfalls die Voraussetzungen des § 42 VwVfG.
- Ein **offensichtlicher Additionsfehler** bei der Berechnung von Verwaltungskosten.
- Fehler bei der **automatischen Datenverarbeitung** (z.B. offensichtlich erkennbare falsche Zuordnung von Ankreuzungen in die Datenfelder eines Formulars).

➤ Typischer Fehler: Fehlerhafte oder fehlende Rechtsbehelfsbelehrung

Die Rechtmäßigkeit des VA selbst wird auch nicht dadurch berührt, dass eine Rechtsbehelfsbelehrung fehlt oder unrichtig ist.

Die Folge dieses Fehlers ergibt sich aus § 58 Abs. 2 VwGO. Dort heißt es:

§ 58 Abs. 2 VwGO

„Ist die Belehrung unterblieben oder unrichtig erteilt, so ist die Einlegung des Rechtsbehelfs nur innerhalb eines Jahres seit Zustellung, Eröffnung oder Verkündung zulässig, ..."

Die fehlende oder fehlerhafte Rechtsbehelfsbelehrung wirkt sich somit nur auf die Zulässigkeit des Rechtsbehelfs aus.

➤ Heilbarkeit von Form- bzw. Verfahrensfehlern gem. § 45 VwVfG

§ 45 VwVfG sieht vor, dass bestimmte Verfahrens- und Formfehler heilbar sind. In diesen Regelungen kommt zum Ausdruck, dass die formellen Vorschriften gegenüber der Entscheidung in der Sache zurückstehen sollen.

§ 45 VwVfG

„(1) Eine Verletzung von Verfahrens- oder Formvorschriften, die nicht den Verwaltungsakt nach § 44 nichtig macht, ist unbeachtlich, wenn

1. der für den Erlass des Verwaltungsaktes erforderliche Antrag nachträglich gestellt wird;
2. die erforderliche Begründung nachträglich gegeben wird;
3. die erforderliche Anhörung eines Beteiligten nachgeholt wird;
4. der erforderliche Beschluss eines Ausschusses, dessen Mitwirkung für den Erlass des Verwaltungsaktes erforderlich ist, nachträglich gefasst wird;
5. die erforderliche Mitwirkung einer anderen Behörde nachgeholt wird.

(2) Handlungen nach Absatz 1 können bis zum Abschluss der letzten Tatsacheninstanz eines verwaltungsgerichtlichen Verfahrens nachgeholt werden."

Voraussetzungen für die nachträgliche Unbeachtlichkeit sind demnach:

- Nichtbeachtung bestimmter Verfahrens- oder Formvorschriften,
- keine Nichtigkeit im Sinne des § 44 VwVfG,
- „Nachbesserung" innerhalb der Frist des Absatzes 2.

Erfolgt die rechtzeitige Nachbesserung, so ist die sich aus der Verletzung der Formvorschrift ergebende Rechtswidrigkeit geheilt, **der Fehler wird rechtlich unbeachtlich** und es kann wegen dieses ursprünglichen Mangels nicht mehr die Aufhebung verlangt werden.

Rechtsfehler, die gemäß § 45 VwVfG heilbar sind:

- ein für den Erlass des VA erforderlicher Antrag wird nachträglich gestellt,
- die erforderliche Begründung wird nachträglich gegeben,
- die erforderliche Anhörung eines Beteiligten wird nachgeholt,
- der Beschluss eines Ausschusses, dessen Mitwirkung erforderlich ist, wird nachträglich gefasst,
- die erforderliche Mitwirkung einer anderen Behörde wird nachgeholt.

➤ Unbeachtlichkeit von Form- und Verfahrensfehlern sowie Fehlern bei der örtlichen Zuständigkeit gem. § 46 VwVfG

Der Gesetzestext des § 46 VwVfG knüpft die Rechtsfolge **„Aufhebung kann nicht beansprucht werden"** an folgende Voraussetzungen:

- VA nach § 44 VwVfG nicht nichtig,
- Verletzung von Vorschriften über
  → das Verfahren,
  → die Form,
  → die örtliche Zuständigkeit,
- wenn offensichtlich ist, dass die Verletzung die Entscheidung in der Sache nicht beeinflusst hat.

Der Grundgedanke, dass Form- und Verfahrensregeln nachrangig gegenüber der materiellrechtlichen Seite des VA sind, hat diese Regelungen des § 46 VwVfG bestimmt.

Es ist allerdings zu bedenken, dass Verfahrens- und Formvorschriften i.d.R. eine Schutzfunktion besitzen und die Geringschätzung dieser Regelungen rechtsstaatlich nicht unproblematisch ist. Eine Folge dieser Problematik ist u.a., dass die Anwendbarkeit des § 46 VwVfG eng begrenzt sein muss.

Die Anwendung des § 46 VwVfG ist daher ausdrücklich ausgeschlossen, wenn der VA nach § 44 Abs. 1 bzw. 2 VwVfG nichtig ist. Deutlich wird diese Beschränkung vor allem bei Verstößen gegen die örtliche Zuständigkeit gem. § 3 Abs. 1 Nr. 1 VwVfG. Denn hier sieht § 44 Abs. 2 Nr. 3 VwVfG (absolute örtliche Unzuständigkeit) ausdrücklich die Nichtigkeit des VA vor.

Fehler in der sachlichen Zuständigkeit sind von § 46 VwVfG nicht erfasst, da ausdrücklich nur von einer Verletzung der Vorschriften über die örtliche Zuständigkeit die Rede ist. § 46 VwVfG ist auf derartige Zuständigkeitsverstöße nicht anzuwenden.

Die rechtsstaatlich bedeutungsvollste Einschränkung bezüglich der Anwendbarkeit des § 46 VwVfG liegt in der Anforderung, dass die Verletzung von Vorschriften über das Verfahren, die Form oder die örtliche Zuständigkeit die Entscheidung in der Sache offensichtlich nicht beeinflusst hat.

Nach Schmalz[1] sind diese Voraussetzungen regelmäßig bei gebundenen, materiell rechtmäßigen VA zu bejahen, können aber auch bei Ermessensentscheidungen vorliegen.

Rechtswidrige und unwirksame Verwaltungsakte (nichtige VA)

Grundsätzlich sind auch Verwaltungsakte, die rechtswidrig sind, wirksam. In der Aufzählung der „Unwirksamkeitsgründe" in § 43 Abs. 2 VwVfG ist die Rechtswidrigkeit nicht enthalten und § 43 Abs. 3 VwVfG regelt die Unwirksamkeit ausdrücklich nur für nichtige VA. Der Rechtsfehler muss also eine besondere „Qualität" aufweisen, um zur Unwirksamkeit des VA zu führen.

Nichtige Verwaltungsakte sind unwirksam!
Das heißt, diese Verwaltungsakte bewirken keine Rechtsfolgen.

Es bleibt zu klären, welche Rechtsfehler zur Nichtigkeit des VA führen.

Nichtigkeit ist zunächst gegeben, wenn ein Spezialgesetz für einen Fehler ausdrücklich die Rechtsfolge der Nichtigkeit vorsieht (vgl. z. B. § 11 BeamtStG: Nichtigkeit der Ernennung).

Nichtigkeitsgründe[2] enthält auch der **§ 44 Abs. 2 VwVfG:**[3]

§

Nach **§ 44 Abs. 2 VwVfG** ist ein VA nichtig,

1. der schriftlich erlassen worden ist, die erlassende Behörde aber nicht erkennen lässt;
2. der nach einer Rechtsvorschrift nur durch die Aushändigung einer Urkunde erlassen werden kann, aber dieser Form nicht genügt;
3. den eine Behörde außerhalb ihrer durch § 3 Abs. 1 Nr. 1 begründeten Zuständigkeit erlassen hat, ohne dazu ermächtigt zu sein;
4. den aus tatsächlichen Gründen niemand ausführen kann;
5. der die Begehung einer rechtswidrigen Tat verlangt, die einen Straf- oder Bußgeldtatbestand verwirklicht;
6. der gegen die guten Sitten verstößt.

Zu 1.: Die Kenntnis der erlassenden Behörde ist für den Bürger von erheblicher Bedeutung. Von seinen Rechtsschutzmöglichkeiten kann der Bürger nur Gebrauch machen, wenn die erlassende Behörde für ihn ersichtlich ist. Der Fehler zu 1. dürfte allerdings in einer geordneten Verwaltung die absolute Ausnahme bilden.

Zu 2.: Gem. § 16 Abs. 1 StAG (Staatsangehörigkeitsgesetz) wird die Einbürgerung wirksam mit der Aushändigung der ... Urkunde. Die Aushändigung der Urkunde ist damit Wirksamkeitsvoraussetzung; wird dieser qualifizierten Formvorschrift nicht entsprochen, ist der VA nichtig.

1 Schmalz (1998), Rd. Nr. 819.

2 Die Nichtigkeitsgründe des § 44 Abs. 2 VwVfG werden auch als „absolute Nichtigkeitsgründe" bezeichnet.

3 Vgl. ähnliche Regelungen z. B. in § 125 AO.

Zu 3.: Unter den Zuständigkeitsfehlern wird als besonders schwerwiegender Mangel ein Verstoß gegen die örtliche Zuständigkeit gemäß § 3 Abs. 1 Nr. 1 VwVfG (örtliche Zuständigkeit bei unbeweglichem Vermögen sowie ortsgebundenen Rechten) angesehen und daher mit der Rechtsfolge der Nichtigkeit verbunden. Andere Verstöße gegen Zuständigkeitsnormen führen nicht zur Nichtigkeit, sondern „lediglich" zur Vernichtbarkeit (erfolgreiche Anfechtbarkeit) bzw. sogar zur rechtlichen Unbeachtlichkeit.

Zu 4.: Nichtig ist nach Ziffer 4 ein VA, den aus tatsächlichen Gründen niemand ausführen kann (tatsächliche Unmöglichkeit).

Beispiel:

Der Hund des A hat in den letzten Wochen mehrfach Jogger angegriffen und zum Teil lebensgefährlich verletzt. Der Hund wurde inzwischen von einem Auto überfahren. Die Ordnungsbehörde der Stadt ordnet kurz nach dem Unfall – von dem sie keine Kenntnis hatte – an, den Hund einschläfern zu lassen.

Die „Sache", auf die sich dieser VA bezieht, ist nicht mehr vorhanden, den VA kann niemand mehr ausführen.

Zu 5.: Es ist eigentlich kaum vorstellbar, dass Behörden VA erlassen, die die Begehung einer rechtswidrigen Tat verlangen, die sogar einen Straf- oder Bußgeldtatbestand erfüllen.

Beispiele:[1]

- Ein Bürger wird aufgefordert, eine Mauer niederzureißen, die zum Teil seinem Nachbarn gehört.
- Anordnung einer Fahrt mit einem stillgelegten, d.h. nicht zugelassenen, Pkw durch die Ordnungsbehörde.

Zu 6.: Auch für diesen Nichtigkeitsgrund ist es schwer, realistische Beispiele aus der Verwaltungspraxis zu finden.

Beispiele:[2]

- Die Entlassung eines Beamten aus rassistischen Gründen.
- Die Amtsenthebung eines Richters wegen missliebiger Rechtsprechung.
- Die Einweisung einer obdachlosen Familie mit zwei Kindern in eine Notunterkunft, in der die Kinder durch die dort herrschenden unmoralischen Zustände sittlich gefährdet würden.

Nach **§ 44 Abs. 3 VwVfG** führen einige hier aufgeführte Verfahrensmängel ausdrücklich **nicht zur Nichtigkeit.** Die Konsequenz dieser Mängel ist die „einfache Rechtswidrigkeit". Diese Mängel können außerdem bei Erfüllung der Voraussetzungen des § 45 VwVfG geheilt werden bzw. folgenlos bleiben, wenn die Tatbestandsmerkmale des § 46 VwVfG erfüllt sind.

Führt ein festgestellter Rechtsfehler nach § 44 Abs. 2 VwVfG weder ausdrücklich zur Nichtigkeit noch lässt sich eindeutig feststellen, dass er gem. § 44 Abs. 3 VwVfG nicht nichtig ist, bleibt zu prüfen, ob der VA nach der **Generalklausel des § 44 Abs. 1 VwVfG** nichtig ist.

1 In Anlehnung an Giemulla u.a. (1998), Rd. Nr. 329.

2 Faber (1995), S. 198.

Der Gesetzgeber hat in **§ 44 Abs. 1 VwVfG** zwei Voraussetzungen für die **Nichtigkeit** aufgenommen:

- **besondere „Fehlerschwere"** und
- **Offenkundigkeit des Fehlers (Evidenzkriterium).**

Sind **beide Voraussetzungen erfüllt**, so sieht das VwVfG die **Nichtigkeit** und damit die Unwirksamkeit des VA vor.

„Das Gewicht des Fehlers muss ... derart sein, dass es mit der rechtsstaatlichen Ordnung und den Anforderungen an eine ordnungsgemäße Verwaltung unvereinbar erscheint, dem VA den Anschein der Wirksamkeit oder auch nur eine vorläufige Geltung zu lassen ..."[1] Diese Voraussetzung kann sowohl bei Form- oder Verfahrensmängeln als auch bei inhaltlichen Fehlern erfüllt sein.

Ist z.B. die Schriftform eines VA aus Gründen der Rechtssicherheit unverzichtbar (z.B. Genehmigungsbescheid nach § 10 Abs. 7 BImSchG), so ist ein mündlicher Bescheid nichtig.[2] Mangelnde Schriftform führt allerdings nicht zur Nichtigkeit, wenn die Form lediglich Ordnungs- oder Beweiszwecken dient.

Ergeht ein VA gegenüber einem Beteiligungs- oder Handlungsunfähigen, so führt auch dies zur Nichtigkeit.[3]

Auch inhaltliche (materiell-rechtliche) Mängel führen – wie schon betont – nicht automatisch zur Nichtigkeit sondern „nur" zur „einfachen Rechtswidrigkeit" und damit in der Regel zur erfolgreichen Anfechtbarkeit bzw. zur Aufhebbarkeit. Es muss ein besonders schwerwiegender Rechtsverstoß vorliegen. Nicht ausreichend für einen besonders schwerwiegenden Verstoß ist „..., dass ein VA keine Ermächtigungsgrundlage hat oder dass die Ermächtigungsgrundlage ungültig ist (sog. gesetzloser VA). Auch ein Verstoß gegen Vorschriften der Verfassung, insbesondere gegen Grundrechte, erfüllt nicht ohne Weiteres die Voraussetzungen der Nichtigkeit. Zwar verstößt ein solcher VA gegen grundlegende Wertvorstellungen der Rechtsordnung, jedoch in der Regel nicht in einem für die Nichtigkeit ausreichend starken Ausmaß."[4]

Die Bedingung der **Offenkundigkeit** ist erfüllt, wenn die schwere Fehlerhaftigkeit des VA für einen unvoreingenommenen, mit den in Betracht kommenden Umständen vertrauten, verständigen Beobachter ohne Weiteres ersichtlich ist, d.h. der Fehler sich geradezu aufdrängt.[5]

Beispiele in denen beide Kriterien erfüllt sind:

- „Ein Nicht-Beamter soll pensioniert werden."
- Ausstellung eines Zeugnisses über eine bestandene Prüfung, obwohl die Prüfung gar nicht abgelegt wurde."[6]
- „Die Stadt A hat laufend Schwierigkeiten mit der Partei Z. Sie verbietet jedwede parteipolitischen Aktivitäten innerhalb der Stadt."[7]

1 Vgl. Meyer, in: Knack (2014), § 44 Rd. Nr. 14.

2 Vgl. ebenda, Rd. Nr. 19ff.

3 Vgl. ebenda, Rd. Nr. 17.

4 Schmalz (1998), Rd. Nr. 433.

5 Kopp, Ramsauer (2010), § 44 Rd. Nr. 12.

6 Schmalz (1998), Rd. Nr. 425.

7 Kunze (2000), S. 188.

Für die Überprüfung eines Fehlers daraufhin, ob er zur Nichtigkeit führt, bietet sich nach dem oben Festgestellten die im folgenden Schaubild festgehaltene „Prüffolge" an:

Prüffolge zur Feststellung der Nichtigkeit eines Verwaltungsaktes

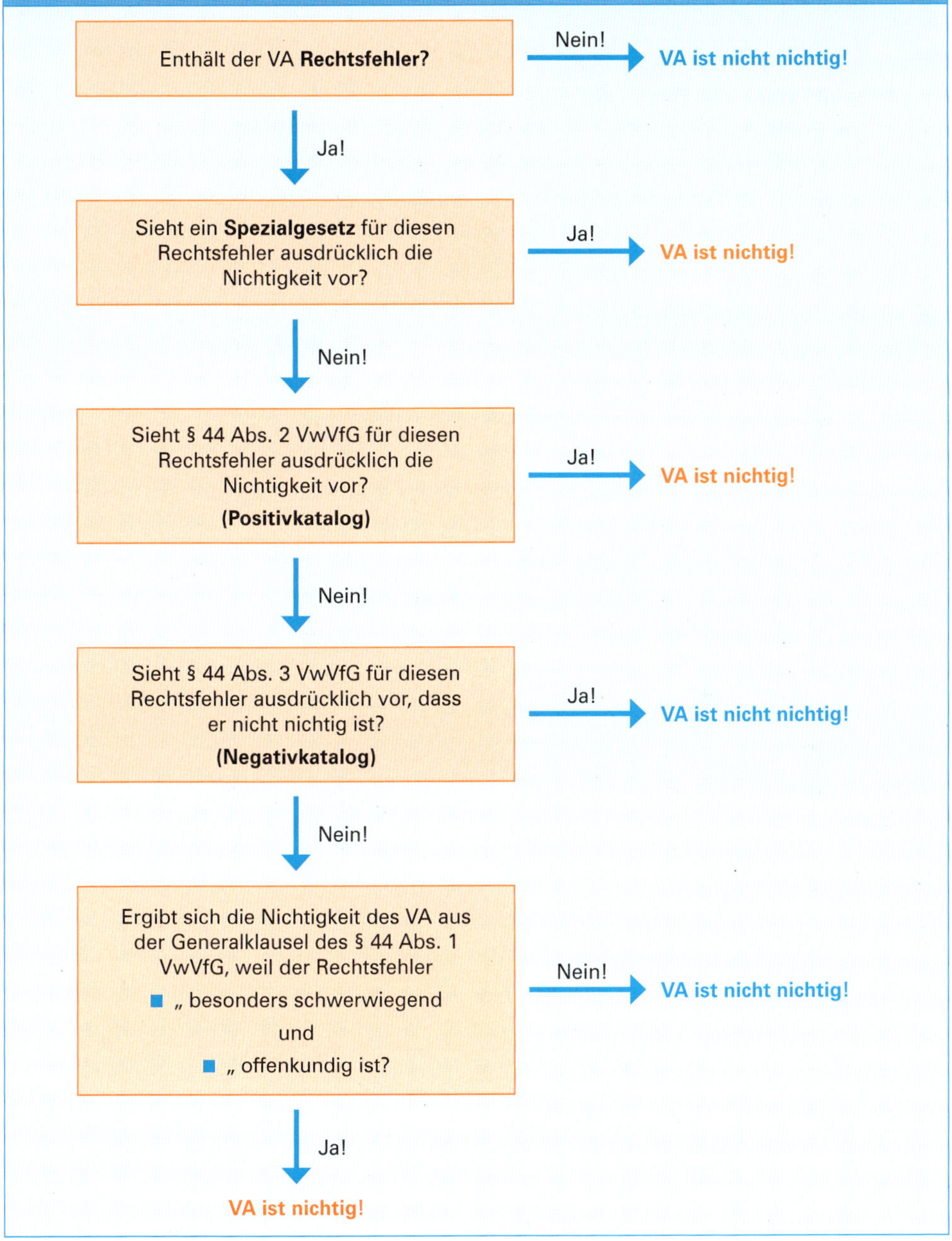

Verwaltungsakte mit Rechtsfehlern, die ihn aufhebbar bzw. erfolgreich anfechtbar machen

Soweit das Ergebnis der oben dargelegten Prüfung der Rechtsfolge (siehe vorstehendes Schaubild) nicht die Nichtigkeit des VA ist, ist der VA wirksam.

Ist der festgestellte Rechtsfehler außerdem nicht rechtlich unbeachtlich, so führt diese Rechtswidrigkeit zunächst dazu, dass die Behörde den rechtswidrigen VA nach § 48 Abs. 1 Satz 1 VwVfG aufheben kann. Das gilt für den belastenden VA und unter den Einschränkungen der Absätze 2 bis 4 des § 48 VwVfG auch für den begünstigenden VA (vgl. dazu *Lernarrangement 22*).

Kommt zu der Rechtswidrigkeit hinzu, dass der Betroffene „dadurch in seinen Rechten verletzt ist" (§ 113 Abs. 1 Satz 1 VwGO), so muss die Behörde den rechtswidrigen VA aufheben, soweit der Betroffene in zulässiger Form die Aufhebung beantragt (vgl. dazu *Lernarrangement 24*).

Möglichkeiten der Aufhebung eines „lediglich rechtswidrigen (vernichtbaren) VA"

Der Betroffene

kann die Aufhebung durch Anfechtungswiderspruch bzw. Anfechtungsklage erzwingen (vgl. dazu *Lernarrangement 24*).

Die Behörde

hat die Möglichkeit der Rücknahme nach Spezialvorschriften bzw. nach § 48 Abs. 1 VwVfG (für begünstigende VA wird diese Möglichkeit durch die Abs. 2–4 eingeschränkt; vgl. *Lernarrangement 22*).

Exkurs: Folgen von Zuständigkeitsfehlern

Diese Regelungen von Verstößen gegen Zuständigkeitsnormen finden sich in unterschiedlichen §§ des VwVfG und erscheinen zunächst sehr verworren. Die folgende Übersicht stellt die Folgen übersichtlich dar.

Verstoß gegen die sachliche Zuständigkeit	Verstoß gegen die örtliche Zuständigkeit
Fehler dieser Art haben zur Folge: – erfolgreiche Anfechtbarkeit (Anspruch auf Aufhebung) – Nichtigkeit, soweit die Voraussetzungen des § 44 Abs. 1 VwVfG erfüllt sind	Verstoß gegen § 3 Abs. 1 Nr. 1 VwVfG „Angelegenheiten, die sich auf unbewegliches Vermögen oder ein ortsgebundenes Recht oder Rechtsverhältnisse beziehen, ..." Rechtsfolge: NICHTIGKEIT § 44 Abs. 2 Nr. 3 VwVfG Restliche Verstöße führen dazu, dass der VA nicht deshalb nichtig ist (§ 44 Abs. 3 Nr. 1 VwVfG). Diese Verstöße haben zur Folge: – kein Anspruch auf Aufhebung – Anspruch auf Aufhebung soweit die Voraussetzungen des § 46 VwVfG – erfüllt sind (→ kein Anspruch auf Aufhebung) – nicht erfüllt sind (→ Anspruch auf Aufhebung)

Übungen

1. Bringen Sie die nachstehenden Begriffe in die richtige Beziehung zueinander:
   - rechtmäßige VA,
   - rechtswidrige VA,
   - anfechtbare VA (vernichtbare Fehler),
   - VA mit rechtlich unbeachtlichen Fehlern,
   - nichtige VA,
   - fehlerfreie VA,
   - wirksame VA,
   - unwirksame VA.

2. Führen Sie drei Beispiele offenbarer Unrichtigkeiten im Verwaltungsakt an.

3. Welche Fehlerfolge ergibt sich aus einer unterbliebenen oder fehlerhaften Rechtsbehelfsbelehrung? Geben Sie die entsprechende Rechtsgrundlage an.

4. Geben Sie beispielhaft unter Angabe der Rechtsgrundlage an, welche Fehler im Verwaltungsakt heilbar sind.

5. Welche rechtliche Wirkung hat die Heilung eines Fehlers im Verwaltungsakt bezogen auf die Begriffe „Rechtmäßigkeit" und „Rechtswidrigkeit"?

6. Wodurch unterscheiden sich die Fehler der örtlichen Unzuständigkeit nach § 44 Abs. 2 Nr. 3 VwVfG und § 44 Abs. 3 Nr. 1 VwVfG hinsichtlich der anzuwendenden Sachlage und ihrer Rechtsfolge?

7. Welche unterschiedlichen Rechtsfolgen ergeben sich aufgrund von Verstößen gegen die örtliche und die sachliche Zuständigkeit?

8. Ermitteln Sie die Rechtsfolgen der Rechtsfehler, die in den nachfolgenden vereinfacht dargestellten Beispielen enthalten sind. Eine eindeutige Antwort ist nicht in allen Fällen möglich. Zeigen Sie die verschiedenen Möglichkeiten auf.

Aufgaben:

8.1 Für eine Gaststätte in einem Ortsteil der Stadt R. widerruft eine örtlich unzuständige Behörde die Erlaubnis zum Betrieb einer Gaststätte nach
   a) § 15 Abs. 2 GastG
   b) § 15 Abs. 3 GastG.

8.2 Wie ändert sich Ihr Ergebnis zu 8.1, wenn eine sachlich unzuständige Behörde gehandelt hat?

8.3 Die untere Naturschutzbehörde untersagt zum Schutz bestimmter Tiere die Abholzung eines Pappelwaldes, ohne den Betroffenen anzuhören.

8.4 Die Berechnung der Kosten einer Verwaltungsleistung beinhaltet einen Additionsfehler.

8.5 Herr X. erfüllt eindeutig die nach § 4 Abs. 1 GastG erforderlichen Voraussetzungen zum Betrieb einer Gaststätte, trotzdem versagt ihm die zuständige Behörde wegen falscher Subsumtion die Erlaubnis.

8.6 Bei der Ablehnung eines Stundungsantrags nach § 34 Abs. 1 KomHKVO hat sich der Sachbearbeiter von sachfremden Erwägungen leiten lassen.

8.7 Herr P. hatte die Ausstellung einer Reisegewerbekarte beantragt. Die Ausstellung der Reisegewerbekarte wird mit Hinweis auf § 57 GewO, aber ohne Angabe weiterer Gründe abgelehnt.

8.8 Nach § 33a der GewO bedarf die gewerbsmäßige Zurschaustellung von Personen in Geschäftsräumen grundsätzlich der Genehmigung. Bei der Entscheidung über einen entsprechenden Antrag hat ein Angehöriger des Antragstellers mitgewirkt.

8.9 Gastronom V. als Inhaber der Gaststätte „Zum Purzelwurm" erhält die Verfügung, seinen Biergarten ab 22:30 Uhr geschlossen zu halten, ohne vorher angehört worden zu sein. Zusätzlich wird ihm entsprechend § 5 Abs. 1 Nr. 3 GastG aufgegeben, künftig schädliche Umwelteinwirkungen jeglicher Art zulasten der Anlieger zu unterlassen.

8.10 Der Landrat des Landkreises Aurich weist als sachliche und örtliche Ausländerbehörde irrtümlich einen Ausländer nach § 55 Abs. 1 Aufenthaltsgesetz wegen Gefährdung der öffentlichen Sicherheit und Ordnung aus, obwohl dieser schon vor vielen Jahren nach Hannover gezogen ist und seit Jahren nicht mehr in Aurich war.

9. Lesen Sie zunächst den abgebildeten Verwaltungsakt und bearbeiten Sie anschließend die nachfolgenden Aufgaben.

An die Bürgerinitiative
„Autofreie Innenstadt"
Herrn Vorsitzenden P. Baum
Wollenweberstraße 66
31134 Hildesheim

(Aufgabe zur Post am Mittwoch, 20.05.20..)

Sondernutzung öffentlichen Straßenraums, Informationsstand

Sehr geehrter Herr Baum,

gemäß § 3 der Satzung der Stadt Hildesheim über die Sondernutzung an Gemeindestraßen und Ortsdurchfahrten vom 18.03.20.. erteile ich unter dem Vorbehalt des jederzeitigen Widerrufs die Erlaubnis,

am 05.06.20.. von 10:00 Uhr bis 13:00 Uhr

einen Informationsstand für eine autofreie Innenstadt zu errichten. Die Genehmigung entfällt, soweit zu diesem Zeitpunkt bereits mit den Ausbesserungsarbeiten in der Fußgängerzone im Bereich Hoher Weg Nr. 14 bis 48 begonnen wurde.

Den genauen Standort entnehmen Sie bitte dem Lageplan. Die Genehmigung für den beantragten Zeitraum von einer gesamten Woche mussten wir ablehnen, da die Wünsche der Bürgerinitiative den in der letzten Ratssitzung erklärten Zielen des Rates zuwiderlaufen.

Informationsschriften dürfen zum Selbstkostenpreis abgegeben werden.

Diese Erlaubnis ersetzt nicht andere ggf. erforderliche Genehmigungen (§ 18 Abs. 5 NStrG).

Für den sauberen, ordnungsgemäßen Zustand der in Anspruch genommenen Fläche während und bei Beendigung der Sondernutzung ist der Erlaubnisnehmer zuständig. Die Sondernutzung ist so zu gestalten, dass im Fußgängerzonenbereich eine Mindestdurchfahrtsbreite von 5,00 m, ausreichend für Not- und Rettungsfahrzeuge, erhalten bleibt.

Wassereinläufe, Hydranten und Schachtabdeckungen sind jederzeit zugänglich zu halten.

Rechtsbehelfsbelehrung:

Gegen diesen Bescheid kann innerhalb eines Monats nach Zustellung beim Verwaltungsgericht Oldenburg, Schloßplatz 10, 26122 Oldenburg, schriftlich oder zur Niederschrift des Urkundsbeamten der Geschäftsstelle dieses Gerichts Klage erhoben werden.

Mit freundlichen Grüßen

Im Auftrag

Biowalas

(Biowalas)

Zusatzinformationen:

Der im VA angesprochene **§ 3 der Satzung** lautet:

> „Soweit § 2 nichts anderes bestimmt, bedarf die Sondernutzung der Erlaubnis. Die Erlaubnis wird nach Maßgabe des § 18 Nds. Straßengesetz erteilt. Die Inanspruchnahme der öffentlichen Straße für Sondernutzungen ist nicht zulässig, bevor die Erlaubnis erteilt ist."
>
> Bearbeitungshinweis: Eine abweichende Bestimmung nach § 2 greift hier nicht.

Aufgaben:

9.1 Geben Sie die Art dieses VA unter Berücksichtigung verschiedener Einteilungskriterien an.

9.2 Bestimmen Sie in diesem VA die Nebenbestimmungen und grenzen Sie diese von der Hauptbestimmung bzw. von Inhaltsbestimmungen oder Informationen ab. Begründen Sie auch die Zulässigkeit der Nebenbestimmungen.

9.3 Überprüfen Sie die formelle Rechtmäßigkeit des VA. (Die Stadt Hildesheim ist für die betroffene Straße Träger der Straßenbaulast und damit zuständig für diese Erlaubnis.)

9.4 Legen Sie begründet dar, welche materiellen Rechtsfehler hier erkennbar sind.

9.5 Wann erlangt dieser VA die Wirksamkeit, wann die Bestandskraft und wann erlischt er?

9.6 Was bewirkt die Bestandskraft eines VA?

Zum Nachschlagen

§ 3 Abs. 1 Nr. 1 VwVfG, § 42 VwVfG, § 44 VwVfG, § 45 VwVfG, § 46 VwVfG.

Beispiele:	**Wovon zu unterscheiden:**
■ offensichtlicher Additionsfehler ■ fehlende Anhörung ■ Fehler der örtlichen Zuständigkeit	■ Nichtakt ■ „Noch-nicht-Akt" (= VA ohne Bekanntgabe) ■ fehlerfreier Verwaltungsakt
Hilfen zum Einprägen:	**Definitionen:**
Begriffspaare: ■ fehlerfrei/fehlerhaft ■ rechtmäßig/rechtswidrig ■ wirksam/unwirksam **Nicht jeder rechtswidrige VA ist nichtig, aber jeder nichtige VA ist zugleich rechtswidrig!**	**Fehlerhaft** ist ein VA, der einen Schreib-, Rechen- oder Formfehler oder einen materiellen Fehler aufweist. **Rechtswidrig** ist ein VA, der an einem formellen oder materiellen Fehler leidet; also gegen geltendes Recht verstößt. Ein **unwirksamer** VA ist nichtig, d.h., er gilt als von Anfang an unwirksam.

Lernarrangement 22

Verwaltungsakte aufheben durch Rücknahme und Widerruf

Leitfragen

1. Welche Möglichkeiten der Aufhebung von Verwaltungsakten mit Wirkung für die Vergangenheit und/oder Zukunft ergeben sich für die Verwaltung innerhalb und außerhalb des Rechtsbehelfsverfahrens?
2. Die Aufhebung von Verwaltungsakten durch Rücknahme und Widerruf ist durch zwei entscheidende Fragestellungen (jeweils Begriffspaare!) gekennzeichnet. Welche Fragestellungen sind das?
3. Ob ein Verwaltungsakt durch die Verwaltung zurückgenommen werden kann oder nicht, stellt beim Adressaten insbesondere auf ein entscheidendes schutzwürdiges Kriterium ab. Welches ist dies?

Durch das Arrangement abgedeckte Inhalte des Rahmenlehrplans:

✓ Aufhebung von Verwaltungsakten durch Widerruf und Rücknahme

Methodische Hinweise zur Erarbeitung des Lernarrangements:

Die Schülerinnen und Schüler könnten anhand einer Wandzeitung, die Tatbestandsmerkmale der §§ 48 und 49 VwVfG herausarbeiten und gegenüberstellen. Anhand dieser Wandzeitung könnten sie auch visualisieren, welcher Absatz jeweils die umfassendere und welcher die speziellere Regelung enthält.

LA 22 Ausgangssituation

Sie können Verwaltungsakte von Nichtakten unterscheiden, sie differenzieren nach belastend und begünstigend sowie nach rechtmäßig und rechtswidrig.

Ihnen liegt der folgende (verkürzte) Bescheid vor:

Landkreis Weseraue

Der Landrat

(...)

Herrn
Dirk Eilers
Bergsteinweg 37
26871 Neustadt

Gewährung einer Schülerjahreskarte **20.06.20..**

Sehr geehrter Herr Eilers,

Sie erhalten für Ihren Sohn für die Dauer seines Ausbildungsganges (zwei Schuljahre) jeweils eine Schülerjahreskarte für den Stadtbuslinienverkehr der Stadtwerke Neustadt AG.

Hinweis:
Mit dieser Jahreskarte kann Ihr Sohn den öffentlichen Linienverkehr an **Schultagen,** aber **nicht in den Schulferien** nutzen.

Begründung:
Nach § 114 Absatz 1 des Niedersächsischen Schulgesetzes (NSchG, in der Fassung vom ...) haben die Schülerinnen und Schüler

1. der 1. bis 10. Schuljahrgänge der allgemeinbildenden Schulen
2. (...)
3. der Berufseinstiegsschule,
4. der ersten Klassen von Berufsfachschulen, soweit die Schülerinnen und Schüler diese ohne Sekundarabschluss I – Realschulabschluss – besuchen,

einen Anspruch auf kostenlose Beförderung, wenn die den Hauptwohnsitz im Landkreis Weseraue haben. Die Entfernung zwischen der Wohnung und der nächstgelegenen Schule muss mindestens 2 km betragen (kürzester Weg zwischen Wohnung und Schule). Diese „2-km-Grenze" ergibt sich aus § 3 der Satzung über die Schülerbeförderung im Landkreis Weseraue.

Aus Ihrem Antrag auf Teilnahme an der Schülerbeförderung ist ersichtlich, dass die Voraussetzungen, die sich aus § 114 NSchG ergeben, in Ihrem Fall erfüllt sind. Das Vermessungsamt des Landkreises Weseraue hat als Entfernung zwischen Ihrer Wohnung und der nächstgelegenen Schule 2,8 km ermittelt.

Jeder Wohnungs- und Schulwechsel ist mir unverzüglich mitzuteilen, weil dadurch der Anspruch auf kostenlose Schülerbeförderung entfallen kann. Die Schülerjahreskarte ist dann zurückzugeben.

(...)

Mit freundlichen Grüßen

Im Auftrage

(...)

Nach ca. einem halben Jahr erhält Herr Eilers vom Landkreis eine **„Rücknahmeverfügung"** (Variante I und II) bzw. einen Bescheid, mit dem der Bewilligungsbescheid widerrufen wird (Variante III).

➤ Variante I

Aus dem Schreiben geht hervor, dass der VA vom 20.06. gemäß § 48 VwVfG zurückgenommen wird. Die Schülerjahreskarte ist zurückzugeben. Für den bereits abgelaufenen Zeitraum sind die Kosten in Höhe von 120,00 € zu erstatten.

Die Begründung in der Rücknahmeverfügung lautet:

„Gemäß § 48 Abs. 1 VwVfG kann ein rechtswidriger VA auch mit Wirkung für die Vergangenheit zurückgenommen werden.

Der VA vom 20.06. ist – wie sich erst jetzt bei der Überprüfung eines Parallelfalles herausgestellt hat – rechtswidrig, weil bei der Entfernungsmessung eine abkürzende Straße, die dem öffentlichen Verkehr gewidmet ist, vernachlässigt wurde. Durch die Benutzung dieser abkürzenden Straße verringert sich der kürzeste Weg Ihres Sohnes zwischen Wohnung und Schule auf 1,8 km."

➤ Variante II

Es ist jetzt zu unterstellen, dass die Rücknahmeverfügung wie folgt begründet wird:

„Gemäß § 48 Abs. 1 und 2 VwVfG kann auch ein rechtswidriger begünstigender VA mit Wirkung für die Vergangenheit zurückgenommen werden. Der VA vom 20.06. ist rechtswidrig.

Sie haben noch vor Schuljahresbeginn (am 18.06.) Ihren Hauptwohnsitz vom Bergsteinweg in den Berliner Ring verlegt. Die Entfernung zur Schule, die Ihr Sohn besucht, beträgt damit nur noch 1,3 km. Die Anspruchsvoraussetzung (mindestens 2 km Schulweg) war damit von Beginn an nicht erfüllt.

Sie haben es entgegen der im Bewilligungsbescheid enthaltenen Aufforderung zur Mitteilung versäumt, den Wohnsitzwechsel der Stadtverwaltung bekannt zu geben und mussten die Rechtswidrigkeit des VA kennen."

➤ Variante III

Es ist jetzt anzunehmen, dass es in dem Schreiben unter anderem heißt:

„Der VA vom 20.06. wird hiermit gemäß § 49 Abs. 2 Nr. 4 VwVfG widerrufen. Dieser Widerruf gilt ab Ende dieses Schuljahres. Die bereits ausgehändigte Schülerjahreskarte darf bis zum Ende des Schuljahres genutzt werden. Eine neue Schülerjahreskarte für das zweite Jahr des Ausbildungsganges wird nicht ausgehändigt.

Der Kreistag des Landkreises Weseraue hat in seiner Sitzung vom 08.10. die Satzung über die Schülerbeförderung im Landkreis Weseraue geändert.

Fassung vor der Änderung (Auszug):

§

§ 3 der Satzung über die Schülerbeförderung

„Schüler in der Abgrenzung des § 114 Nds. Schulgesetz mit Wohnsitz im Landkreis Weseraue haben einen Anspruch auf kostenlose Beförderung, soweit die **Entfernung zwischen Wohnung und der nächstgelegenen Schule mindestens 2 km** (kürzester Weg zwischen Wohnung und Schule) beträgt."

Neue Fassung (Auszug):

> **§ 3 der Satzung über die Schülerbeförderung**
>
> „Schüler in der Abgrenzung des § 114 Nds. Schulgesetz mit Wohnsitz im Landkreis Weseraue haben einen Anspruch auf kostenlose Beförderung, soweit die **Entfernung zwischen Wohnung und der nächstgelegenen Schule mindestens 3 km** (kürzester Weg zwischen Wohnung und Schule) beträgt."

„Aufgrund dieser Änderung und der Tatsache, dass in Ihrem Fall die Entfernung zwischen Wohnung und Schule 2,8 km und damit unter 3 km beträgt, ist der Widerruf gemäß § 49 VwVfG zulässig.

Das in § 49 VwVfG eingeräumte Ermessen wurde dahingehend ausgeübt, dass der Widerruf nur mit Wirkung für das zweite Jahr des Ausbildungsganges ergeht. Der Fortbestand des VA würde das öffentliche Interesse gefährden. Die Änderung der zugrunde liegenden Rechtsnorm erging insbesondere mit dem Ziel einer spürbaren Entlastung des Haushalts der Stadt."

Arbeitsaufträge:

1. Erarbeiten Sie in Partnerarbeit die wesentlichen Gemeinsamkeiten und Unterschiede der §§ 48 und 49 VwVfG bezüglich:
   a) der Art des zugrunde liegenden VA: rechtmäßig/rechtswidrig,
   b) der Art des zugrunde liegenden VA bezüglich der Wirkung für den Betroffenen,
   c) der Zeitebene: Wirkung für die Vergangenheit/Zukunft.
2. Erarbeiten Sie, in welcher Beziehung der § 49a VwVfG zu den §§ 48 und 49 VwVfG steht.
3. Arbeiten Sie die Tatbestandsmerkmale des § 49 Abs. 2 und Abs. 3 heraus und stellen Sie sie gegenüber. Stellen Sie heraus, welcher Absatz die umfassendere und welcher die speziellere Regelung enthält.

Theoretische Grundlagen

Abgrenzung zwischen Aufhebung durch Rücknahme und Widerruf

Die Formulierung des § 43 Abs. 2 VwVfG macht deutlich, dass es grundsätzlich zwei Formen der **Aufhebung** eines VA außerhalb eines Rechtsbehelfsverfahrens gibt, und zwar die **Rücknahme** und den **Widerruf** von VA.

Nach Schmalz liegt eine Aufhebung vor, „wenn die Behörde zu erkennen gibt, dass sie die durch einen VA herbeigeführte Rechtsfolge nicht mehr gelten lassen will."[1]

1 Schmalz (1998), Rd. Nr. 452.

Bedingt durch jeweils unterschiedliche Interessenlagen sind für die Aufhebung vier verschiedene Fälle zu unterscheiden.

Der zugrunde liegende Verwaltungsakt ist:

	ein rechtswidriger VA	ein rechtmäßiger VA
ein belastender VA	Rücknahme nach § 48 Abs. 1 Satz 1 VwVfG möglich	Widerruf gem. § 49 Abs. 1 VwVfG möglich
ein begünstigender VA	Rücknahme nach § 48 Abs. 1 Satz 2 VwVfG möglich (unter den Voraussetzungen der Absätze 2–4)	Widerruf nach § 49 Abs. 2 und 3 VwVfG möglich

Für den Betroffenen ist die Unterscheidung nach der Wirkung des VA von besonderer Bedeutung. Gegen die Aufhebung eines belastenden VA wird er grundsätzlich nichts einzuwenden haben, die Beseitigung eines begünstigenden VA wird er dagegen nicht begrüßen.

Für die Verwaltung ist vor allem die Abgrenzung zwischen rechtswidrigen und rechtmäßigen VA von Bedeutung, denn der Grundsatz der Gesetzmäßigkeit lässt sie danach streben, insbesondere rechtswidrige VA zu beseitigen.

Ein besonderer Schutzanspruch ergibt sich für den Bürger bei **rechtmäßigen begünstigenden VA.** Diese VA standen – zumindest zum Zeitpunkt des Erlasses – mit der Rechtsordnung im Einklang und der Bürger konnte auf den Bestand des VA vertrauen.

Diesen unterschiedlichen Interessen hat der Gesetzgeber z. B. dadurch entsprochen, dass die **Rücknahme eines rechtswidrigen begünstigenden VA** nach § 48 VwVfG **immer zulässig** ist, **solange sie nach § 48 Abs. 2 VwVfG nicht ausgeschlossen ist,** während es beim **Widerruf** umgekehrt ist; er ist **unzulässig, solange er nicht nach § 49 Abs. 2 und 3 VwVfG ausdrücklich zugelassen ist.**

Die Regelungen zur Zulässigkeit der Rücknahme eines rechtswidrigen VA gemäß § 48 VwVfG und eines rechtmäßigen VA gemäß § 49 VwVfG sind in den folgenden Übersichten zusammengestellt. Es ist dabei zu bedenken, dass es in einigen Gesetzen spezielle Regelungen zur Rücknahme und/oder zum Widerruf gibt (vgl. z. B. § 15 GastG).

Die Rücknahme und der Widerruf sind insbesondere abzugrenzen von der Aufhebung eines VA im Rechtsbehelfsverfahren (vgl. dazu *Lernarrangement 24*).

Die Lösung des Ausgangsfalles in seinen Variationen – im Anschluss an die nachfolgenden Übersichten – soll exemplarisch einige Probleme bei der Anwendung der §§ 48, 49 VwVfG aufzeigen.

18 Schäfer u.a. - ISBN 978-3-8120-0439-8

Rücknahme eines Verwaltungsaktes nach § 48 VwVfG

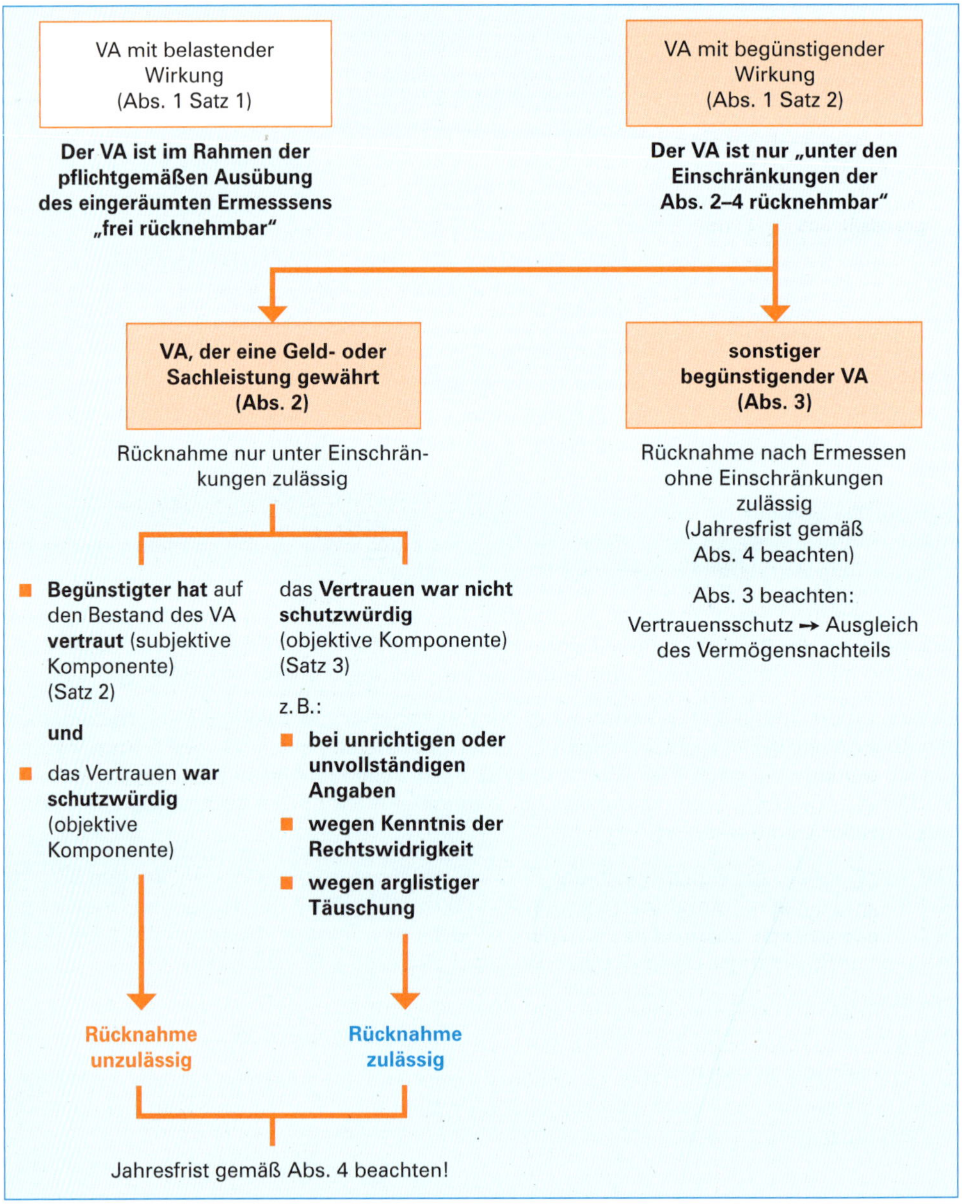

■ Widerruf eines Verwaltungsaktes nach § 49 VwVfG

VA mit belastender Wirkung (Abs. 1 Satz 1)

Der VA ist im Rahmen der pflichtgemäßen Ausübung des eingeräumten Ermessens grundsätzlich „frei widerrufbar"

Ausnahmen:
Der Widerruf ist zulässig (Abs. 2 Satz 1 Nr. 1–5)

VA mit begünstigender Wirkung (Abs. 2 und 3)

Grundsatz:
Der VA ist grundsätzlich „nicht widerrufbar", aber

Ausnahmen:
(Abs. 2 Satz 1 Nr. 1–5)

1. wenn der Widerruf durch Rechtsvorschrift zugelassen oder im VA vorbehalten ist;
2. wenn mit dem VA eine Auflage verbunden ist und der Begünstigte diese nicht oder nicht innerhalb einer ihm gesetzten Frist erfüllt hat;
3. wenn die Behörde aufgrund nachträglich eingetretener Tatsachen berechtigt wäre, den VA nicht zu erlassen, und wenn ohne den Widerruf das öffentliche Interesse gefährdet würde;
4. wenn die Behörde aufgrund einer geänderten Rechtsvorschrift berechtigt wäre, den VA nicht zu erlassen; soweit der Begünstigte von der Vergünstigung noch keinen Gebrauch gemacht oder aufgrund des VA noch keine Leistungen empfangen hat, und wenn ohne den Widerruf das öffentliche Interesse gefährdet würde;
5. um schwere Nachteile für das Gemeinwohl zu verhüten oder zu beseitigen.

Der Widerruf ist zulässig!

Mit Wirkung für die Zukunft

VA gewährt

- **einmalige oder laufende Geldleistung** oder
- **teilbare Sachleistung** und
- **zur Erfüllung eines bestimmten Zwecks** (Abs. 3)

Weitere TBM:

1. wenn die Leistung nicht, nicht alsbald nach der Erbringung oder nicht mehr für den in dem VA bestimmten Zweck verwendet wird;
2. wenn mit dem VA eine Auflage verbunden ist und der Begünstigte diese nicht innerhalb einer ihm gesetzten Frist erfüllt hat.

Der Widerruf ist zulässig!

Mit Wirkung für Vergangenheit und Zukunft

Lösungshinweise zu den verschiedenen Varianten der Ausgangssituation

Zu Variante I (Kurzlösung)

Zunächst ist zu prüfen, ob die Voraussetzungen für die Anwendung des § 48 VwVfG vorliegen.

Nach § 48 VwVfG ist das **Vorliegen eines rechtswidrigen VA** Voraussetzung für die Anwendbarkeit dieser Rechtsnorm. Zur Überprüfung der Rechtmäßigkeit sind die Grundsätze, wie sie im *Lernarrangement 20* dargestellt wurden, heranzuziehen.

Hier ergibt sich die Rechtswidrigkeit daraus, dass die Entfernung – gemessen an dem kürzesten Weg zwischen Wohnung und Schule – nicht die durch Satzung geforderte Mindestlänge von 2 km beträgt.[1] Der § 48 VwVfG ist also anwendbar.

Nach § 48 Abs. 1 VwVfG kann ein VA, auch nachdem er unanfechtbar geworden ist, mit Wirkung für die Vergangenheit zurückgenommen werden. Grundsätzlich ist also eine Rücknahme denkbar.

Der Ursprungs-VA vom 20.06. begründet aber ein Recht bzw. einen rechtlich erheblichen Vorteil und stellt damit einen begünstigenden VA dar. Die Einschränkungen der Absätze 2 bis 4 sind daher zu beachten.

Absatz 2 untersagt u. a. die Rücknahme eines rechtswidrigen VA, der eine einmalige Geld- oder Sachleistung gewährt, soweit der Begünstigte auf den Bestand des VA vertraut hat und sein Vertrauen schutzwürdig ist.

Die Einschränkungen beinhalten einerseits eine **subjektive Komponente** („soweit der Begünstigte auf den Bestand des VA vertraut hat"). Der Sachverhalt bietet hier keine Anhaltspunkte dafür, dass Herr Eilers nicht auf den Bestand des VA vertraut hat.

Absatz 2 fordert aber auch, dass das Vertrauen schutzwürdig ist **(objektive Komponente).**

Bei der Klärung der Frage, ob das Vertrauen schutzwürdig ist, gilt es folgende, zunächst widerstreitende Punkte zu berücksichtigen. Dabei sind im Rahmen einer Ermessensentscheidung gegeneinander abzuwägen,

- das Interesse an der Aufrechterhaltung des zwar rechtswidrigen, aber ursprünglichen VA aus Gründen des Vertrauensschutzes für den einzelnen Bürger („Man muss sich auf Verwaltung verlassen können.")

mit

- dem Interesse der Verwaltung, den ursprünglich rechtswidrigen VA entsprechend dem Grundsatz der Gesetzmäßigkeit durch einen rechtsmäßigen VA zu ersetzen

und

- dem allgemeinen öffentlichen Interesse an der Vermeidung finanziell nicht gerechtfertigter Verwaltungsleistungen.

Hier bietet es sich an, zunächst **§ 48 Abs. 2 Satz 3 Nr. 1–3 VwVfG** (die sog. Vertrauensausschlussgründe) zu prüfen. Herr Eilers dürfte sich nicht auf sein subjektives Vertrauen berufen, wenn sein Vertrauen aufgrund eines Vertrauensausschlussgrundes objektiv nicht schutzwürdig war.

---

1 Die Entfernungsbegrenzung konnte hier durch Satzung geregelt werden, da nach niedersächsischem Recht die Schülerbeförderung zum eigenen Wirkungskreis der Landkreise und kreisfreien Städte gehört.

Vertrauensausschlussgründe gem. § 48 Abs. 2 Satz 3 Nr. 1–3 VwVfG sind hier nicht ersichtlich.

Das Vertrauen ist gem. § 48 Abs. 2 Satz 2 VwVfG in der Regel schutzwürdig, wenn der Begünstigte gewährte Leistungen verbraucht oder eine Vermögensdisposition getroffen hat, die er nicht mehr oder nur unter unzumutbaren Nachteilen rückgängig machen kann. Hier ist anzunehmen, dass Herr Eilers die gewährte Leistung – soweit sie sich auf die Vergangenheit bezieht – bereits verbraucht hat. Für diesen Fall enthält Absatz 2 Satz 2 ausdrücklich die Vermutung der Schutzwürdigkeit des Vertrauens.

Für den Vertrauensschutz spricht zudem, dass Herr Eilers annehmen durfte, dass der Bestand des Bewilligungsbescheides gesichert ist, denn in dem Bescheid wurde ausdrücklich auf die Ermittlung der Entfernung durch das Vermessungsamt verwiesen.

Zumindest für den abgelaufenen Zeitraum ist anzunehmen, dass beide Voraussetzungen für den Vertrauensschutz erfüllt sind. Herr Eilers hat auf den Bestand vertraut und dieses Vertrauen ist grundsätzlich schutzwürdig, da insoweit die Leistung verbraucht wurde.

Für diesen Zeitraum ist unter den hier gegebenen Voraussetzungen die Rücknahme rechtswidrig.

Nach Knack gilt: „Bei begünstigenden VA wird die Rücknahme ... in der Regel mit Wirkung vom Zeitpunkt der Wirksamkeit des Rücknahme-VA ... oder später (mit Wirkung für die Zukunft) auszusprechen sein.“[1]

Die Rückforderung für den abgelaufenen Zeitraum ist rechtswidrig, da insoweit § 48 Abs. 2 Satz 1 VwVfG anzuwenden ist. Die Rückforderung der Karte (Wirkung für die Zukunft) ist nach § 48 VwVfG zulässig; zu welchem Zeitpunkt sie erfolgt, ist Bestandteil der Ermessensentscheidung.

Zu Variante II (Kurzlösung)

In diesem Fall kannte der Begünstigte die Rechtswidrigkeit des VA bzw. musste sie kennen (wenn er sie nicht kannte, war dies die Folge grober Fahrlässigkeit, denn im Bewilligungs-VA wurde ausdrücklich auf die Verpflichtung zur Mitteilung von Wohnsitzänderungen verwiesen). Herr Eilers kann sich in diesem Fall also nicht auf Vertrauen berufen. Daraus folgt, dass die Rücknahme des VA im Rahmen der Ermessensausübung zulässig ist, da ein Vertrauensausschlussgrund (hier: § 48 Abs. 2 Satz 3 Nr. 3 VwVfG) vorliegt. Für die Ausübung des Ermessens in der Weise, dass der VA zurückzunehmen ist, spricht einerseits das Bemühen der Verwaltung, einen rechtmäßigen Zustand herzustellen und andererseits das finanzielle Interesse, ungerechtfertigte Verwaltungsleistungen zu vermeiden.

Nach § 48 Abs. 2 Satz 4 VwVfG ist dieser VA – soweit keine Gründe vorliegen, vom Regelfall abzuweichen – mit Wirkung für die Vergangenheit zurückzunehmen.

Die Erstattung zu Unrecht gewährter Leistungen und eine mögliche Verzinsung kann nicht auf §§ 48 oder 49 VwVfG gestützt werden. Rechtsgrundlage dafür ist § 49a VwVfG. Zu den Verfahrensschritten im Einzelnen vgl. § 49a VwVfG.

Im Fall der Variante II ist die Erstattung für den abgelaufenen Zeitraum zulässig bzw. im Regelfall sogar geboten.

1 Meyer, in: Knack (2014), Kommentierung zu § 48 VwVfG.

Zu Variante III (Kurzlösung)

Bei dieser Variante des Falles geht es um die Beseitigung eines ursprünglich rechtmäßigen Verwaltungsaktes.

Für die Frage der Rechtmäßigkeit kommt es auf die Sach- und Rechtslage zum **Zeitpunkt des Erlasses des VA an.**[1]

Zum Zeitpunkt des Erlasses des Bewilligungs-VA war dieser in Übereinstimmung mit den gültigen Rechtsnormen, insbesondere die geltenden Regelungen zur Mindestentfernung zwischen Wohnung und Schule wurden eingehalten.[2]

Auch für den Widerruf ist zwischen belastenden und begünstigenden VA zu unterscheiden. Nach § 49 Abs. 1 VwVfG ist ein **belastender VA** grundsätzlich im Rahmen der pflichtgemäßen Ausübung des Ermessens **frei rücknehmbar.**

Für begünstigende VA gilt nach § 49 Abs. 2 und 3 VwVfG jedoch:

Ein Widerruf ist unzulässig, solange er nicht ausdrücklich zugelassen ist.

Im vorliegenden Fall geht es um den Widerruf eines sonstigen begünstigenden Verwaltungsaktes, § 49 Abs. 2 VwVfG ist also anzuwenden.

§

Nach § 49 Abs. 2 VwVfG gilt u. a.:

„Ein rechtmäßiger begünstigender VA darf, auch nachdem er unanfechtbar geworden ist, ganz oder teilweise mit Wirkung für die Zukunft nur widerrufen werden, …

…

4. wenn die Behörde aufgrund geänderter Rechtsvorschriften berechtigt wäre, den VA nicht zu erlassen, soweit der Begünstigte von der Begünstigung noch keinen Gebrauch gemacht oder aufgrund des VA noch keine Leistungen empfangen hat und wenn ohne den Widerruf das öffentliche Interesse gefährdet würde; …“

Hier wurde eine Rechtsvorschrift (Satzung) so geändert, dass die Behörde unter den neuen Bedingungen berechtigt (hier sogar verpflichtet) wäre, den begünstigenden VA nicht zu erlassen.

Für den zukünftigen Zeitraum – für den ein Widerruf hier ohnehin nur zulässig ist – hat der Begünstigte auch noch keinen Gebrauch von der Vergünstigung gemacht bzw. hat noch keine Leistungen empfangen.

Fraglich ist zunächst nur, ob das öffentliche Interesse gefährdet würde, wenn kein Widerruf erfolgt. Nach Knack ist u. a. auch ein finanzielles Interesse an der Vermeidung nicht gerechtfertigter Verwaltungsleistungen als öffentliches Interesse zu werten.[3] Hier wurde die Rechtsnorm der Satzung ausdrücklich zur Verringerung der finanziellen Belastung beschlossen; um dieses öffentliche Interesse durchzusetzen, ist der Widerruf hier zulässig.

1 Vgl. Meyer, in: Knack (2014), Kommentierung zu § 49 VwVfG.

2 Hier wird unterstellt, dass die ursprüngliche Messung der Entfernung 2,8 km korrekt ist.

3 Vgl. Meyer, in: Knack (2014), Kommentierung zu § 49 VwVfG.

Übungen

1. Landwirt Meier besitzt eine von der zuständigen Straßenverkehrsbehörde mit Auflagen versehene Sondererlaubnis zur Nutzung eines genau bestimmten Streckenabschnittes einer Kraftfahrstraße mit seinen landwirtschaftlichen Maschinen (Sondererlaubnis gemäß § 46 Abs. 1 Nr. 2 StVO). Diese Erlaubnis war erforderlich, damit Landwirt Meier einen Teil seiner landwirtschaftlichen Flächen überhaupt erreichen und bewirtschaften kann.

Durch den Bau einer neuen Straße ist die besagte Fläche, wenn auch unter Inkaufnahme eines Umweges von 2 km, jetzt über diese Straße zu erreichen. Die zuständige Straßenverkehrsbehörde hebt daraufhin die Sondererlaubnis auf.

Aufgabe:

Prüfen Sie die Rechtmäßigkeit der Aufhebungsverfügung!

2. Studienrat Schneider bemühte sich aus privaten Gründen schon längere Zeit um die Versetzung an das Gymnasium der Stadt N. Endlich erhält er am 15. Mai 20.. von der zuständigen Landesschulbehörde den rechtmäßigen Bescheid, dass er zum 1. August 20.. an das Gymnasium der Stadt N. versetzt werde. Nebenentscheidungen sind in dem Bescheid nicht getroffen worden. Schneider bemüht sich daraufhin in der Stadt N. um eine Wohnung und schließt am 13. Juni 20.. einen Mietvertrag zum 15. Juli 20.. ab. Am 20. Juli erhält Schneider von der Landesschulbehörde überraschend die Mitteilung, dass ein anderer Bewerber die Stelle am Gymnasium in der Stadt N. antreten werde und seine Versetzung zum 1. August 20.. an das Gymnasium in N. damit hinfällig sei. Er habe am 1. August 20.. seinen Dienst wie gewohnt an seiner alten Schule in A. anzutreten.

Aufgabe:

Ist die Aufhebung der ausgesprochenen Versetzung zulässig?

3. Nachdem Gastronom V. als Inhaber der Gaststätte „Zum Purzelwurm" die ihm auferlegte Nebenbestimmung „Schließung des Biergartens bereits um 22:30 Uhr" häufig aufgrund überaus lauwarmer Sommerabende mit entsprechend starkem Besuch nicht einhält, entzieht ihm das zuständige Ordnungsamt der Stadt A. nach Ablauf einer gesetzten Frist gemäß § 15 Abs. 3 Nr. 2 GastG die Erlaubnis zum Betrieb der Gaststätte.

Aufgabe:

Prüfen Sie die Rechtmäßigkeit des Entzugs der Gaststättenerlaubnis!

Zum Nachschlagen

§ 48 VwVfG, § 49 VwVfG, § 49 a VwVfG, § 50 VwVfG.

Beispiele:	**Wovon zu unterscheiden:**
■ Teilnahme an der Schülerbeförderung ■ Entzug der Gaststättenerlaubnis	Aufhebung eines VA im Rechtsbehelfsverfahren

Hilfen zum Einprägen:

- **Rücknahme** → Ur-VA = rechtswidrig
  § 48 VwVfG: → Vergangenheit und Zukunft
- **Widerruf** → Ur-VA = rechtmäßig
  § 49 VwVfG: Absatz 2 → nur Zukunft
  Absatz 3 → Vergangenheit und Zukunft

Lernarrangement 23

Arten öffentlich-rechtlicher Verträge kennen und nach dem Inhalt des Vertrages unterscheiden

Leitfragen

1. Wodurch unterscheidet sich der Verwaltungsakt vom öffentlich-rechtlichen Vertrag?
2. In welchen Fällen wird die Verwaltung statt eines Verwaltungsaktes einen öffentlich-rechtlichen Vertrag abschließen?
3. Welche öffentlich-rechtlichen Vertragsarten nach der Stellung der Vertragspartner zueinander sieht das VwVfG vor?

Durch das Arrangement abgedeckte Inhalte des Rahmenlehrplans:

- ✓ Öffentlich-rechtlicher Vertrag

Methodische Hinweise zur Erarbeitung des Lernarrangements:

Die Schülerinnen und Schüler könnten durch eine Befragung in ihrer Gemeinde bzw. für ihre Verwaltung die Bedeutung des öffentlich-rechtlichen Vertrages gegenüber dem Verwaltungsakt erkunden. Dabei könnte es nach Durcharbeitung dieses Lernarrangements hilfreich sein, diese Erkundung mit einem selbst erstellten Fragebogen durchzuführen.

LA 23 Ausgangssituation

Im *Lernarrangement 16* haben Sie erarbeitet, dass das nicht förmliche Verwaltungsverfahren auf den Erlass eines Verwaltungsaktes bzw. den Abschluss eines öffentlich-rechtlichen Vertrages gerichtet ist. Das Verwaltungsverfahren bezüglich Erlass eines Verwaltungsaktes haben Sie bearbeitet, es verbleibt noch der Teil des nicht förmlichen Verwaltungsverfahrens, welcher auf den Abschluss eines öffentlich-rechtlichen Vertrages gerichtet ist.

Geschäftsinhaber Meier plant in der Innenstadt von Aurich eine erhebliche Erweiterung seiner Verkaufsräume und beantragt eine entsprechende Baugenehmigung bei der Stadt Aurich. Da er auf seinem Geschäftsgrundstück nicht in der Lage ist, die geforderten zusätzlichen Einstellplätze einzurichten, beantragt er außerdem, ihm eine Befreiung von dieser gesetzlichen Pflicht zu gewähren (vgl. § 47 NBauO).[1]

Zur gleichen Zeit befindet sich die Stadt Aurich in der Planung einer Tiefgarage unter dem gegenüber gelegenen Marktplatz. Der zuständige Sachbearbeiter überlegt deshalb, ob er die gewünschte Befreiung von der Errichtung von Parkplätzen gewähren kann, wenn sich Geschäftsinhaber Meier mit 10 000,00 € an den Kosten der Tiefgarage beteiligt.

Nachdem er geklärt hat, dass gemäß § 47 Abs. 5 NBauO eine solche Vorgehensweise grundsätzlich möglich ist, überlegt er, in welcher rechtlichen Form dies geschehen kann.

1 Vergleichbare Vorschriften finden sich in allen landesrechtlichen Baugesetzen.

Als grundsätzlich mögliche Handlungsformen kommen nach seiner Auffassung einerseits der Verwaltungsakt oder andererseits ein öffentlich-rechtlicher Vertrag infrage.

Es ist zu klären, welche Gründe für die eine oder andere Rechtsform des Handelns bestehen und welche Art des Verwaltungsaktes bzw. des Vertrages hier die bessere ist.

Arbeitsaufträge:

Im Einstiegsfall soll entschieden werden, ob eine Regelung besser durch VA oder durch einen öffentlich-rechtlichen Vertrag herbeigeführt wird.

1. Klären Sie in einem ersten Arbeitsschritt, ob beide Handlungsformen (Verwaltungsakt oder öffentlich-rechtlicher Vertrag) zulässig sind.
2. Um das Entscheidungsproblem lösen zu können, müssen beide **Handlungsformen** der Verwaltung **gegeneinander abgegrenzt werden.** Klären Sie deshalb, welche unterschiedlichen Folgen bezüglich der Rechtmäßigkeit und der Fehlerfolgen sich aus der gewählten Rechtsform ergeben.
3. Klären Sie die konkrete Ausprägung des Vertrages bzw. des VA.

Theoretische Grundlagen

Zulässigkeit des öffentlich-rechtlichen Vertrages

Aus **§ 54 VwVfG** ergibt sich:

§

Ein öffentlich-rechtlicher Vertrag ist **zulässig**

- **soweit Rechtsvorschriften nicht entgegenstehen.**

„Insbesondere kann die Behörde, anstatt einen VA zu erlassen, einen öffentlich-rechtlichen Vertrag mit demjenigen schließen, an den sie sonst den VA richten würde."

Ein öffentlich-rechtlicher Vertrag bedarf danach grundsätzlich keiner besonderen Zulassung.

Wenn im *Einstiegsfall* ein VA zulässig ist, diese Handlungsform nicht zwingend vorgeschrieben ist und auch keine Rechtsvorschrift ausdrücklich eine vertragliche Regelung ausschließt, folgt aus § 54 VwVfG, dass die Behörde die angestrebte Regelung sowohl in der Form des Verwaltungsaktes als auch in der Form des öffentlich-rechtlichen Vertrages regeln darf.

Für diesen Fall ergibt sich die VA-Befugnis aus § 47 Abs. 5 NBauO. Nach ständiger Rechtsprechung des BVerwG besteht dann auch ohne besondere Anerkennung die Befugnis zum Erlass eines VA (vgl. *Lernarrangement 20*).

Weil gleichzeitig die Handlungsform VA nicht ausdrücklich gefordert wird (wie z. B. Beamtenernennung und -entlassung, Entscheidungen über das Bestehen oder Nichtbestehen von Prüfungen) und ein Vertrag nicht ausdrücklich ausgeschlossen wird (wie z. B. § 2 Bundesbesoldungsgesetz [BBesG]), sind im Einstiegsfall beide Handlungsalternativen zulässig.

Begriff des öffentlich-rechtlichen Vertrages und Abgrenzung zum Verwaltungsakt und zum privatrechtlichen Vertrag

Ein öffentlich-rechtlicher Vertrag ist nach § 54 VwVfG ein Vertrag, durch den ein Rechtsverhältnis auf dem Gebiet des öffentlichen Rechts begründet, geändert oder aufgehoben wird.

Als weitere Voraussetzung für das Vorliegen eines öffentlich-rechtlichen Vertrages gilt, dass er von einer Behörde (im Sinne des § 1 Abs. 4 VwVfG) abgeschlossen wird.

In einer Paralleldarstellung zur Begriffsabgrenzung des VA (vgl. *Lernarrangement 17*) zeigen sich Gemeinsamkeiten und Unterschiede zwischen den Merkmalen dieser beiden Handlungsformen.

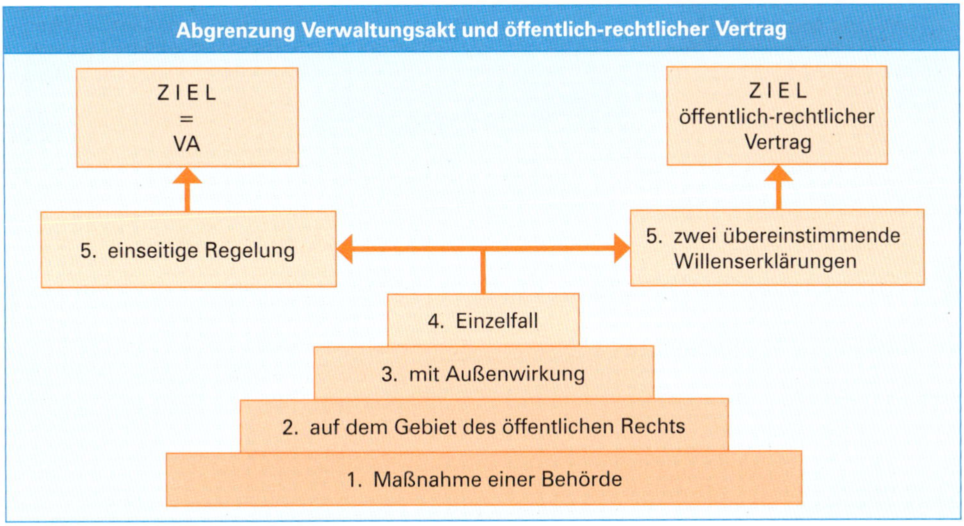

Der einzige, allerdings entscheidende Unterschied besteht darin, dass der **VA einseitig** durch die Behörde, der **öffentlich-rechtliche Vertrag** demgegenüber **zweiseitig** und **einvernehmlich** (Antrag und Annahme) durch Behörde und Bürger erlassen wird. Dieser Unterschied hat in der Praxis u.a. erhebliche Auswirkungen hinsichtlich der Rechtmäßigkeitsvoraussetzungen, Fehlerfolgen, Aufhebungsmöglichkeiten und Vollstreckbarkeit.[1]

Abgrenzungsschwierigkeiten ergeben sich gelegentlich zwischen **öffentlich-rechtlichem Vertrag** auf der einen und dem **zustimmungsbedürftigen VA** auf der anderen Seite.

So ist und bleibt der zustimmungsbedürftige VA z.B. nach Maurer[2] (z.B. Beamtenernennung, Immatrikulation, Gaststättenerlaubnis) eine einseitig durch die Behörde erlassene Regelung. Die Erklärung des Bürgers ist beim zustimmungsbedürftigen VA Rechtmäßigkeitsvoraussetzung und häufig auch Rechtswirksamkeitsvoraussetzung. Demgegenüber ist die Erklärung des Bürgers beim Vertrag Existenzvoraussetzung. Die fehlende Erklärung beim zustimmungsbedürftigen VA lässt den VA rechtswidrig und anfechtbar, u.U. auch unwirksam werden. Fehlt die Erklärung beim Vertrag, so liegt überhaupt kein Vertrag vor; ...[3]

1 Vgl. Maurer, Waldhoff (2017), § 14 Rd. Nr. 9ff.

2 Vgl. ebenda, Rd. Nr. 25.

3 Vgl. ebenda.

Abgrenzung zum privatrechtlichen Vertrag

Da die öffentliche Verwaltung sowohl öffentlich-rechtlich als auch privatrechtlich handeln kann, ergibt sich daraus für das Verwaltungshandeln häufig das Problem der einwandfreien Zuordnung. Eine rechtlich einwandfreie Zuordnung ist von entscheidender Bedeutung, weil davon abhängt, welches Vertragsrecht anzuwenden ist. Je nach Zuordnung ergeben sich daraus unterschiedliche Haftungsregelungen, aber auch unterschiedliche Rechtswege.

Die Rechtsnatur ist objektiv nach dem Gegenstand (also dem Inhalt) des Vertrages zu bestimmen. Hilfreich bei der richtigen Zuordnung des Verwaltungshandelns sind die verschiedenen Abgrenzungstheorien (Interessentheorie/Subordinationstheorie/Subjektstheorie, vgl. *Lernarrangement 12*).

Unstrittig öffentlich-rechtlich ist der Vertrag demnach z. B.:

- wenn er dem Vollzug öffentlich-rechtlicher Rechtsnormen dient (siehe Einstiegsfall, aber auch Enteignungsvertrag gemäß § 110 BauGB)
- wenn er die Verpflichtung zum Erlass eines Verwaltungsaktes oder einer sonstigen hoheitlichen Amtshandlung enthält (etwa Erlass einer Baugenehmigung)
- wenn er sich auf eine öffentlich-rechtliche Berechtigung oder Verpflichtung des Bürgers bezieht (z. B. Straßenreinigungspflicht)

Typen und Arten von öffentlich-rechtlichen Verträgen (Verwaltungsverträgen)

Die allgemeine Begriffsbestimmung des öffentlich-rechtlichen Vertrages in § 54 Satz 1 VwVfG gibt zunächst keinerlei Hinweis auf die möglichen Vertragstypen bzw. -arten. Ein erster Hinweis auf zwei grundsätzlich unterschiedliche Vertragstypen lässt sich aus § 54 Satz 2 VwVfG ableiten.

Nach § 54 Satz 2 VwVfG kann die Behörde, „anstatt einen Verwaltungsakt zu erlassen, einen öffentlich-rechtlichen Vertrag mit demjenigen abschließen, an den sie sonst den VA richten würde" (sog. subordinationsrechtlicher Vertrag). **Subordinationsrechtliche Verträge** haben also Regelungen zum Inhalt, die die Verwaltung aufgrund eines Über-/Unterordnungsverhältnisses auch durch einen VA regeln könnte. Statt einseitig einen Verwaltungsakt zu erlassen – und ihn gegebenenfalls auch zwangsweise durchzusetzen –, wählt die Verwaltung hier den Weg einer zweiseitigen Regelung, den Vertrag (Antrag und Annahme). Durch die vertragliche Regelung wird das Über- und Unterordnungsverhältnis zwischen Verwaltung und Bürger aufgegeben, es wird – wesenstypisch für den Vertrag – die **Gleichstellung** gewählt.

Beispiele:[1]

- Erschließungsverträge im Baurecht nach § 124 BauGB,
- Vertrag über die Ablösung des Erschließungsbeitrages (§ 133 Abs. 3 Satz 5 BauGB),
- Vertrag zwischen Dienstherrn und Beamten über die Rückzahlung von Ausbildungskosten bei vorzeitigem Ausscheiden aus dem Dienst,
- Vertrag über die Zahlung der Kosten einer Ersatzvornahme.

Dem subordinationsrechtlichen Vertrag steht als Vertragstyp der **koordinationsrechtliche** öffentlich-rechtliche **Vertrag** gegenüber. Dieser Vertragstyp umfasst die Arten von

1 Vgl. Maurer, Waldhoff (2017), § 14 Rd. Nr. 17.

Rechtsbeziehungen auf dem Gebiet des öffentlichen Rechts, die nicht durch VA einseitig geregelt werden können, weil sich die Vertragspartner eben nicht in einem Über- und Unterordnungsverhältnis zueinander befinden, sondern sich völlig gleichberechtigt gegenüberstehen.

Beispiele:[1]

- Vertrag zwischen zwei Gemeinden über die Unterhaltung eines an der Gemeindegrenze verlaufenden Flusses,
- Gebietsänderungsverträge zwischen zwei Gemeinden.

Das VwVfG nennt in den §§ 54ff. ausdrücklich nur den **Vergleichsvertrag** (§ 55 VwVfG) und den **Austauschvertrag** (§ 56 VwVfG). Durch den Bezug in § 55 und § 56 VwVfG auf § 54 Satz 2 VwVfG werden für diese beiden Vertragsarten die Regeln festgelegt, nach denen ein öffentlich-rechtlicher Vertrag subordinationsrechtlichen Typs (Über- und Unterordnungsverhältnis) geschlossen werden kann.

Beide Vertragsarten können aber auch als koordinationsrechtlicher Vertragstyp zustande kommen, sie unterliegen dann zumindest nicht unmittelbar den in §§ 55, 56 VwVfG genannten Einschränkungen.[2]

Der **Vergleichsvertrag** nach § 55 VwVfG soll eine „... bei verständiger Würdigung des Sachverhalts oder der Rechtslage bestehende Ungewissheit durch gegenseitiges Nachgeben beseitigen. Er setzt also voraus, dass

(1) eine Ungewissheit bezüglich tatsächlicher Umstände oder rechtlicher Gesichtspunkte besteht,

(2) diese Ungewissheit nicht oder nicht ohne erheblichen Aufwand beseitigt werden kann und

(3) beide Vertragspartner ‚zurückstecken', also gewisse Zugeständnisse machen."[3]

Der Abschluss eines **Austauschvertrages** im Sinne des § 56 VwVfG setzt voraus, dass

(1) sich die Vertragspartner gegenseitig verpflichten, dass die Gegenleistung

(2) des Bürgers für einen bestimmten Zweck vereinbart wird,

(3) der Behörde zur Erfüllung öffentlicher Aufgaben dient,

(4) angemessen ist und

(5) in einem sachlichen Zusammenhang mit der vertraglichen Leistung der Behörde steht.[4]

Obwohl in den §§ 54ff. VwVfG ausdrücklich nur der Vergleichsvertrag und der Austauschvertrag genannt werden, sind auch andere öffentlich-rechtliche Vertragsarten möglich.

Der nach der Sachlage der *Ausgangsssituation* ggf. **abzuschließende Vertrag wäre ein subordinationsrechtlicher Vertrag,** da auch eine Regelung durch VA möglich wäre. Die Merkmale des § 56 VwVfG sind hier erfüllt, der Vertrag wäre daher nach der Vertragsart ein **Austauschvertrag.**

1 Vgl. Maurer, Waldhoff (2017), § 14 Rd. Nr. 17.

2 Vgl. ebenda, Rd. Nr. 20.

3 Vgl. ebenda, Rd. Nr. 21.

4 Vgl. ebenda, Rd. Nr. 22.

Rechtmäßigkeit des öffentlich-rechtlichen Vertrages und Rechtsfolgen eines fehlerhaften öffentlich-rechtlichen Vertrages

Rechtswidrig ist der öffentlich-rechtliche Vertrag zunächst dann, wenn diese Handlungsform für den gegebenen Fall nicht zulässig war. Darüber hinaus muss er

- den formellen und
- den materiellen Anforderungen

entsprechen, die die Rechtsordnung an diesen Vertrag stellt.

Formelle Rechtmäßigkeit

Nach § 57 VwVfG bedarf der öffentlich-rechtliche Vertrag der Schriftform, soweit nicht durch Rechtsvorschrift eine andere Form vorgeschrieben ist. Darüber hinaus erfordert er, sofern er in die Rechte eines Dritten eingreift, dessen Zustimmung (§ 58 Abs. 1 VwVfG). Soll ein Vertrag einen VA ersetzen, bei dessen Erlass eine andere Behörde mitzuwirken hätte, so ist auch die Zustimmung dieser Behörde zum Vertrag erforderlich (§ 58 Abs. 2 VwVfG).

Materielle Rechtmäßigkeit

Der öffentlich-rechtliche Vertrag muss insbesondere inhaltlich mit dem geltenden Recht in Einklang stehen, d.h. materiell rechtmäßig sein.

Im Rahmen der gebundenen Verwaltung erstreckt sich die Prüfung der Rechtmäßigkeit inhaltlich darauf, ob nur das vereinbart worden ist, was gesetzlich festgelegt ist.

Das Hauptanwendungsgebiet des öffentlich-rechtlichen Vertrages liegt aber im Bereich der Ermessensverwaltung. Sie erlaubt der Verwaltung unter Beachtung des pflichtgemäßen Ermessens (§ 40 VwVfG) je nach Sachlage ein abgewogenes, aber unterschiedliches Handeln im Interesse des Bürgers.

Bei Abschluss von Vergleichs- und Austauschverträgen sind jeweils die Voraussetzungen und Grenzen der §§ 55 und 56 VwVfG zu beachten.

Rechtsfolgen eines fehlerhaften öffentlich-rechtlichen Vertrages

Zwischen einem fehlerhaften VA und einem fehlerhaften Verwaltungsvertrag bestehen bezüglich der Fehlerfolgen sowohl Gemeinsamkeiten als auch Unterschiede.[1]

Für den **öffentlich-rechtlichen Vertrag** regelt § 59 VwVfG die Fehlerfolgen. Er sieht als Fehlerfolge lediglich die Nichtigkeit vor. Aus der genauen Angabe der Gründe in § 59 VwVfG, die den Verwaltungsvertrag nichtig werden lassen, ist ableitbar, dass alle anderen Fehler den Vertrag zwar rechtswidrig werden lassen, ihn aber rechtswirksam belassen. Dies ist rechtspolitisch von besonderer Bedeutung, weil beim öffentlich-rechtlichen Vertrag eine Anfechtung durch den Vertragspartner, eine Aufhebung des Vertrages durch Rechtsmittel oder eine Rücknahme durch die Behörde nicht in Betracht kommen. Lediglich § 60 VwVfG schafft in besonders schweren Fällen (Notstandsklausel für die Behörde) die Möglichkeit, einen Vertrag zu kündigen. Beim Vertrag gibt es daher grundsätzlich nur die Alternative: wirksam oder unwirksam (nichtig).

1 Um den Zusammenhang zwischen „fehlerfrei/fehlerhaft“, „rechtmäßig/rechtswidrig“, „wirksam/unwirksam (nichtig)“ noch einmal zu verdeutlichen, wird auf das Schaubild im *Lernarrangement 21* verwiesen.

In Anlehnung an das vergleichbare Schaubild im *Lernarrangement 21* ergibt sich daraus für den **öffentlich-rechtlichen Vertrag** die folgende Übersicht:

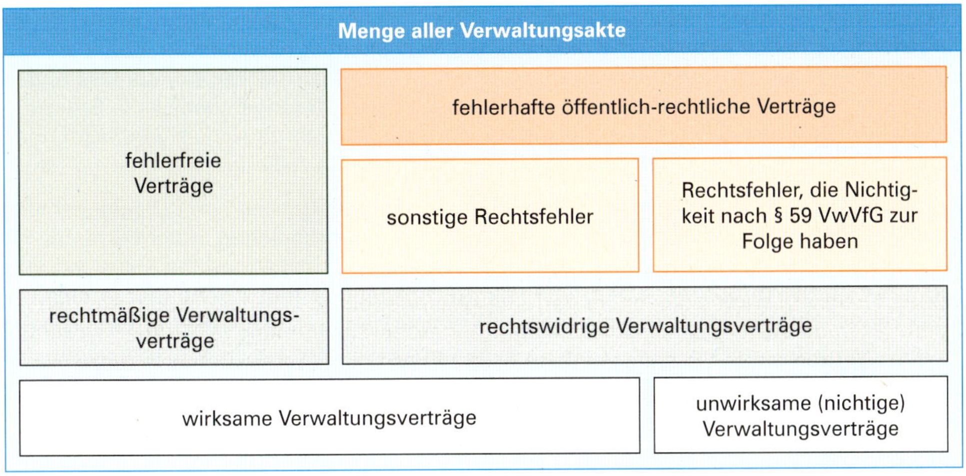

§ 59 Abs. 1 VwVfG gilt für beide (koordinationsrechtliche und subordinationsrechtliche) Vertragstypen und besagt, dass ein öffentlich-rechtlicher Vertrag nichtig ist, wenn sich die Nichtigkeit aus den entsprechenden Vorschriften des BGB ergibt.

§ Nichtigkeit öffentlich-rechtlicher Verträge nach § 59 Abs. 1 und 2 VwVfG

Nichtig ist nach **§ 59 Abs. 1 VwVfG** ein öffentlich-rechtlicher Vertrag **automatisch bei:**

- Geschäftsunfähigkeit (§§ 104, 105 BGB),
- Scheingeschäften oder mangelnder Ernsthaftigkeit (§§ 116–118 BGB),
- Verletzung der Formvorschriften (§ 125 BGB),
- Verstoß gegen die guten Sitten (§ 138 BGB),
- Unmöglichkeit der Leistung (§ 306 BGB).

Nach erfolgreicher Anfechtung bei:

- Inhalts-, Eigenschaftsirrtum (§ 119 BGB),
- falscher Übermittlung (§ 120 BGB),
- arglistiger Täuschung oder widerrechtlicher Drohung (§ 123 BGB).

Entsprechend **§ 59 Abs. 2 VwVfG** treten bei subordinationsrechtlichen Verträgen die nachstehend aufgeführten Nichtigkeitsgründe hinzu:

- wenn ein VA mit entsprechendem Inhalt nichtig wäre (§ 44 VwVfG),
- wenn ein VA mit entsprechendem Inhalt nicht nur wegen eines Verfahrens- oder Formfehlers im Sinne des § 46 VwVfG rechtswidrig wäre und dies den Vertragschließenden bekannt war,
- wenn die Voraussetzungen zum Abschluss eines Vergleichsvertrages nicht vorlagen und ein VA mit entsprechendem Inhalt nicht nur wegen eines Verfahrens- oder Formfehlers im Sinne des § 46 VwVfG rechtswidrig wäre,
- wenn sich die Behörde eine nach § 56 VwVfG unzulässige Gegenleistung versprechen lässt.

Ist ein Teil des Vertrages nichtig, so ist entsprechend § 59 Abs. 3 VwVfG der ganze Vertrag nichtig, sofern nicht anzunehmen ist, dass er auch ohne den nichtigen Teil geschlossen worden wäre.[1]

Die Nichtigkeit des Vertrages ist im Rahmen der Verwaltungsgerichtsbarkeit über die Feststellungsklage geltend zu machen. Sind bei einem nichtigen Vertrag bereits Leistungen erfolgt, so sind sie über § 62 Satz 2 VwVfG i.V.m. § 812 BGB (ungerechtfertigte Bereicherung) zurückzugewähren. Erfüllt ein Vertragspartner seine vertraglichen Verpflichtungen nicht, so ist grundsätzlich die verwaltungsgerichtliche Klage zulässig.

Für die *Ausgangssituation* ist – ausgehend von den Fehlerfolgen und den „Rechtsbehelfsmöglichkeiten" des Bürgers – wichtig, dass gegen eine Entscheidung in der Form des VA der Rechtsbehelf des Widerspruchs und ggf. die verwaltungsgerichtliche Klage möglich ist, während der Bürger bei einem öffentlich-rechtlichen Vertrag, bei dem er ja eine mit dem Verwaltungswillen übereinstimmende Willenserklärung abgegeben hat, lediglich die Möglichkeit hätte, die Nichtigkeit geltend zu machen oder, sofern die Voraussetzungen des § 60 VwVfG vorliegen, zu kündigen.[2]

Bei einem verwaltungsrechtlichen Vertrag sind Anfechtungsklage, aufschiebende Wirkung, rechtsstaatlicher Gesetzesvorbehalt ausgeschlossen, da ihre Anwendungsbedingungen fehlen.

Bezogen auf die Durchsetzbarkeit der Ansprüche aus einem verwaltungsrechtlichen Vertrag ist allerdings festzustellen, dass sie nur mithilfe der Leistungsklage erfolgen kann. Ein öffentlich-rechtlicher Vertrag *(auch ein subordinationsrechtlicher wie in unserem Fall)* stellt keinen vollstreckbaren Titel dar. Die damit verwirklichte „Waffengleichheit" ist ein Ausdruck der vertraglichen Gleichordnung.

Zur *Lösung des Problems im Einstiegsfall* bietet sich hier der Abschluss eines Vertrages an, in dem sich die beiden Beteiligten mittels Willenserklärung auf eine Regelung einigen. Bezogen auf seinen Inhalt könnte er entsprechend der Vertragsart „Austauschvertrag" abgeschlossen werden. Insbesondere wenn keine Satzung gemäß § 47 Abs. 5 NBauO die Höhe des Geldbetrages regelt, kann so einvernehmlich die Höhe bestimmt werden.

---

1 Durch den Hinweis in § 62 Satz 2 VwVfG auf die ergänzende Anwendung des BGB ist über § 140 BGB eine Umdeutung eines nichtigen Vertrages in einen wirksamen möglich.

2 Nur bei einer Änderung der tatsächlichen oder rechtlichen Verhältnisse im Sinne des § 60 VwVfG wäre in Ausnahmefällen eine Kündigung des Vertrages möglich. Vgl. z.B. Erichsen (2010), § 26 Rd. Nr. 18ff.

Zusammenfassung zum öffentlich-rechtlichen Vertrag				
handeln auf dem:	Gebiet des öffentlichen Rechts			Gebiet des privaten Rechts
durch:	Verwaltungsakt	öffentlich-rechtlicher Vertrag		privatrechtlicher Vertrag
als:	einseitiger Willensakt	Ergebnis von zwei übereinstimmenden Willenserklärungen		
Definition gemäß § 54 VwVfG		Begründung, Änderung, Aufhebung eines Rechtsverhältnisses auf dem Gebiet des öffentlichen Rechts		
Vertragsarten nach der Stellung der Vertragspartner zueinander		koordinationsrechtlicher Vertrag (§ 54 Satz 1 VwVfG) = Vertrag zwischen Rechtsträgern, die wegen des V-Gegenstandes grundsätzlich gleichgeordnet sind		subordinationsrechtlicher Vertrag (§ 54 Satz 2 VwVfG) = Vertrag zwischen Rechtsträgern, die wegen des V-Gegenstandes in einem Über-/Unterordnungsverhältnis stehen
Vertragsarten nach dem Inhalt des Vertrages		Vergleichsvertrag (§ 55 VwVfG)	Austauschvertrag (§ 56 VwVfG)	sonstiger Vertrag
Rechtmäßigkeitsvoraussetzungen		■ Zulässigkeit nach § 54 Satz 1 VwVfG ■ formelle Rechtmäßigkeit (z. B. Schriftform/ ggf. Zustimmung § 58 VwVfG) ■ materielle Rechtmäßigkeit		
Nichtigkeit		■ wenn sich die Nichtigkeit aus der Anwendung des BGB ergibt, siehe § 59 Abs. 1 VwVfG ■ wenn einer der 4 Nichtigkeitsgründe des § 59 Abs. 2 VwVfG erfüllt ist		

Übungen

1. Erläutern Sie, durch welche(s) Wesensmerkmal(e) sich der Verwaltungsakt vom öffentlich-rechtlichen Vertrag unterscheidet.
2. Unterscheiden Sie den zustimmungsbedürftigen VA vom öffentlich-rechtlichen Vertrag.
3. Die öffentliche Verwaltung kann sowohl privatrechtliche als auch öffentlich-rechtliche Verträge abschließen. Worin liegt das Abgrenzungsproblem beim Handeln der Verwaltung zwischen diesen beiden Vertragsarten begründet?
4. Nennen Sie die öffentlich-rechtlichen Vertragsarten nach der Stellung der Vertragspartner zueinander und grenzen Sie sie gegeneinander ab.

19 Schäfer u.a. - ISBN 978-3-8120-0439-8

5. Nennen und erläutern Sie die Vertragsarten nach dem Inhalt des Vertrages.

6. Welche Rechtsfolgen sieht das Gesetz für einen fehlerhaften öffentlich-rechtlichen Vertrag vor?

7. Welche Rechtsfolge für den öffentlich-rechtlichen Vertrag ergibt sich, wenn ein Teil des Vertrages nichtig ist?

8. Lesen Sie zunächst den auf der Folgeseite abgebildeten „Vertrag über die Ablösung des Erschließungsbeitrages“ und bearbeiten Sie anschließend die folgenden Aufgaben.

Aufgaben:

8.1 Bei dem abgebildeten Vertrag handelt es sich um einen öffentlich-rechtlichen Vertrag. Begründen Sie diese Aussage und legen Sie dar, warum bei diesem Sachverhalt ein Verwaltungsvertrag zulässig ist.

8.2 Bestimmen Sie die Vertragsarten nach Stellung der Vertragspartner zueinander und dem Inhalt des Vertrages. Begründen Sie auch hier Ihre Entscheidung.

8.3 Was könnte die Verwaltung dazu veranlasst haben, hier diese Handlungsform zu wählen und was könnte der Grund für den Bürger gewesen sein, diesem Wunsch zu entsprechen?

8.4 Aus dem Vertragstext (§ 4) geht hervor, dass der Ablösebetrag bereits gezahlt ist. Unterstellen Sie jetzt, dass die Zahlung noch nicht erfolgt ist. Könnte die Verwaltung auf der Basis dieses Vertrages die Forderung im Verwaltungszwangsverfahren beitreiben? Begründen Sie Ihre Antwort.

8.5 Nennen Sie vier – von der Rechtsgrundlage her – möglichst unterschiedliche Gründe, die zur Nichtigkeit dieses Vertrages führen könnten.

Zum Nachschlagen

§§ 54–59 VwVG, § 61 VwVfG, § 62 VwVfG.

Beispiel:	**Wovon zu unterscheiden:**
öffentlich-rechtlicher Vertrag über Erschließungsbeitrag	■ privatrechtlicher Vertrag ■ Verwaltungsakt
Hilfen zum Einprägen:	**Definition:**
Subordinationsvertrag: Über-/Unterordnung der Vertragspartner (oben/unten) **Koordinationsvertrag:** Gleichordnung der Vertragspartner	**öffentlich-rechtlicher Vertrag:** ein Vertrag, durch den ein Rechtsverhältnis auf dem Gebiet des öffentlichen Rechts begründet, geändert oder aufgehoben wird

Ablösung des Erschließungsbeitrages

zwischen

1. Der Stadt Neustadt, vertreten durch den Bürgermeister – im nachfolgenden „Stadt“ genannt

und

2. Herrn (...) und Ehefrau (...), Am Markt 12, 26871 Neustadt – im nachfolgenden „Bauherr“ genannt

gemäß § 133 Absatz 3 Satz 5 des Baugesetzbuches (BauGB) in der derzeit geltenden Fassung in Verbindung mit § 13 der Satzung über die Erhebung von Erschließungsbeiträgen in der Stadt Neustadt vom 08.12.1975 in der Fassung der 3. Änderungssatzung vom 21.12.2001:

§ 1

Der Bauherr ist Eigentümer/Erbbauberechtigter des im Geltungsbereich des Bebauungsplanes Nr. 196 – Erschließungseinheit „Mönkeberg“ – liegenden Baugrundstücks Am Markt (Flur 3, Flurstück 302), Grundstücksgröße 580 m^2, zulässige Geschossflächenzahl (GFZ): 0,5.

§ 2

Stadt und Bauherr sind sich darüber einig, dass der auf das Baugrundstück entfallende Erschließungsbeitrag für den Herstellungsaufwand der Erschließungsanlagen im Sinne des § 127 Absatz 2 Nr. 2 BauGB im Bereich der Erschließungseinheit „Mönkeberg“ für die öffentlichen zum Anbau bestimmten Straßen, Wege und Plätze nach folgenden Bestimmungen abgelöst wird.

§ 3

(1) Der Ablösungsbetrag wird je m^2 Grundstücksfläche für die öffentlichen zum Anbau bestimmten Straßen, Wege und Plätze auf 30,00 € festgelegt. Der für das Baugrundstück zu zahlende Ablösungsbetrag beträgt somit: 580 m^2 x 30,00 € = 17400,00 €, in Worten: siebzehntausendvierhundert Euro.

(2) Das Abrechnungsgebiet umfasst für die Ablösung des Erschließungsbeitrages für die öffentlichen zum Anbau bestimmten Straßen, Wege und Plätze alle in der Erschließungseinheit „Mönkeberg“ ausgewiesenen Baugrundstücke.

§ 4

Der Ablösungsbetrag gemäß § 3 Absatz 1 ist gezahlt.

§ 5

1. Mit der Zahlung des Ablösungsbetrages ist der auf das Grundstück entfallende Erschließungsbeitrag für die unter § 2 aufgeführten Erschließungsanlagen abgegolten. Die Stadt kann weder Nachforderungen stellen, noch kann der Bauherr oder sein Rechtsnachfolger im Eigentum am Grundstück/im Erbbaurecht Rückzahlungen verlangen, wenn der Erschließungsbeitrag, der auf das Grundstück entfiele, den Ablösungsbetrag über- oder unterschreitet.
2. Auf eine Abrechnung nach endgültiger Herstellung der Erschließungsanlagen wird beiderseits ausdrücklich verzichtet.

Neustadt, den (...)

Bauherr — Der Bürgermeister

Lernarrangement 24

Verwaltungsmaßnahmen im Rahmen des Rechtsschutzes kontrollieren

Leitfragen

1. Welche Arten von Rechtsbehelfen werden im Allgemeinen unterschieden und worin bestehen die einzelnen Unterschiede?
2. Welches sind die wesentlichen Vorschriften und deren Inhalt, die der Bürger beachten muss, wenn er gegen eine Maßnahme seitens der Verwaltung in einem formellen Verfahren Rechtsschutz erhalten will?
3. Gerichtlicher Rechtsschutz gegenüber Maßnahmen der Verwaltung wird dem Bürger oftmals erst nach einem sogenannten Vorverfahren (Widerspruchsverfahren) gewährt. Welches sind die wesentlichen Gründe hierfür und warum kann der Bürger in einem Rechtsstaat dennoch damit einverstanden sein?
4. Worin bestehen die wesentlichen Unterschiede zwischen einem Anfechtungs- und einem Verpflichtungswiderspruch?
5. Der Widerspruch eines Bürgers gegen einen Verwaltungsakt hat Aussicht auf Erfolg, wenn er zulässig und begründet ist. Was ist hierunter zu verstehen?
6. Wie ist allgemein die Zuständigkeit der mit einem Widerspruch befassten Behörde im Widerspruchsverfahren geregelt?
7. Welcher Zusammenhang besteht zwischen dem Verwaltungsverfahren, dem Widerspruchsverfahren und dem Verwaltungsgerichtsverfahren?
8. Durch welche Instanzen ist die Verwaltungsgerichtsbarkeit gekennzeichnet und wie vollzieht sich der Instanzenzug?

Durch das Arrangement abgedeckte Inhalte des Rahmenlehrplans:

- ✓ Formen und Wirkungen von Rechtsbehelfen
- ✓ Widerspruchsverfahren, Klagearten
- ✓ Vorläufiger Rechtsschutz
- ✓ Anordnung der sofortigen Vollziehung

Methodische Hinweise zur Erarbeitung des Lernarrangements:

Das Widerspruchsverfahren sollte umfassend und detailliert besprochen und bearbeitet werden, da es zum einen besonders geeignet ist, vorherige Inhalte zu wiederholen und die Technik der Rechtsanwendung zu üben. Darüber hinaus kann die Gutachtentechnik in diesem Zusammenhang vermittelt bzw. wiederholt werden. Eine besondere Bedeutung erfährt dieses Lernarrangement ferner dadurch, dass im Rahmen von Prüfungsaufgaben beliebtermaßen ein Widerspruch auf seine Zulässigkeit und Begründetheit zu prüfen ist.

LA 24 Ausgangssituation 1

Sie haben bisher in Ihrer Ausbildung über das Verwaltungshandeln gesprochen und haben die verschiedenen Anforderungen an die Rechtmäßigkeit der Verwaltungsmaßnahmen kennengelernt. Auch Mitarbeiter der Verwaltung können sich irren und können fehlerhaft handeln. Diese Tatsache hat dazu geführt, dass ein sehr umfangreiches Kontrollgefüge für Verwaltungsentscheidungen errichtet wurde.

Im Folgenden soll die Kontrolle von Verwaltungsentscheidungen im Rahmen des Rechtsschutzes behandelt werden.

Theoretische Grundlagen

Formen der Kontrolle von Verwaltungsentscheidungen

Die **Verwaltung kontrolliert sich** einerseits **selbst** (durch eigene Kontrollorgane) und **sie wird** andererseits von außen z. B. durch die Medien oder durch Gerichte – insbesondere Verwaltungsgerichte – **kontrolliert.**

Neben der Frage, **wer kontrolliert,** ist von Bedeutung, **wer die Kontrolle auslöst.**

Die folgende Übersicht soll einen Überblick über verschiedene **Formen der Kontrolle von Verwaltungsentscheidungen** ermöglichen.

		Wer führt die Kontrolle durch?	
		Kontrolle durch die Verwaltung selbst	**Kontrolle durch „Außenstehende"**
Wer löst die Kontrolle aus?	**von der Verwaltung ausgelöst („selbstinitiativ")**	■ Ausübung der Aufsicht durch übergeordnete Behörden ■ Prüfungen durch RPA, LRH, BRH … ■ Einspruchspflicht z. B. § 88 NKomVG	
	durch „Außenstehende" ausgelöst („fremdinitiativ")	■ Vorverfahren nach der VwGO (Widerspruchsverfahren) ■ Bearbeitung formloser Rechtsbehelfe	■ verwaltungsgerichtliche Klage ■ Kontrolle durch die Medien

Im folgenden Abschnitt soll es um die durch **Außenstehende ausgelöste („fremdinitiative") Kontrolle der Verwaltung** gehen.

Dabei bilden die abgedruckten Auszüge aus dem Grundgesetz und der VwGO die entscheidenden Rechtsnormen, auf die sich diese Art der Kontrolle stützt.

§

Art. 17 GG

„Jedermann hat das Recht, sich einzeln oder in Gemeinschaft mit anderen schriftlich mit Bitten oder Beschwerden an die zuständigen Stellen und an die Volksvertretung zu wenden."

Art. 19 Abs. 4 GG

„Wird jemand durch die öffentliche Gewalt in seinen Rechten verletzt, so steht ihm der Rechtsweg offen."

§ 40 Abs. 1 VwGO

„Der Verwaltungsrechtsweg ist in allen öffentlich-rechtlichen Streitigkeiten nichtverfassungsrechtlicher Art gegeben, soweit die Streitigkeiten nicht durch Bundesgesetz einem anderen Gericht ausdrücklich zugewiesen sind."

Der Art. 17 des Grundgesetzes eröffnet „jedermann" – d.h. auch einem nicht unmittelbar in seinen Rechten verletzten Bürger – die Möglichkeit, sich mithilfe formloser Rechtsbehelfe gegen Verwaltungsentscheidungen zu wenden. Für diese Art von Eingaben wird zusammenfassend häufig auch der Begriff „Petition" verwandt. Dieser Begriff umfasst neben den Eingaben an „die zuständigen Stellen" der Verwaltung – um die es in diesem Kapitel gehen soll – auch die entsprechenden Eingaben an die Volksvertretungen (Bundes- bzw. Länderparlamente).

Art. 19 GG hingegen eröffnet den Rechtsweg, der durch Einlegung förmlicher Rechtsbehelfe beschritten wird. Der Rechtsweg wird allerdings nach dem Wortlaut nur demjenigen eröffnet, der „in seinen Rechten verletzt" wird.

Da in dem anstehenden Verfahren in aller Regel erst geklärt werden muss, ob wirklich eine Rechtsverletzung gegeben ist, müsste man sagen, dass der Rechtsweg demjenigen offen steht, der „in seinen Rechten verletzt sein könnte". Nach Kopp[1] ist diese Voraussetzung erfüllt, „wenn ... eine Verletzung seines geschützten Rechtskreises bei unterstellter Rechtswidrigkeit des VA zumindest als möglich angesehen werden muss".

§ 40 Abs. 1 VwGO schließlich eröffnet den **spezifischen Verwaltungsrechtsweg,** der als eine Teilmenge der verschiedenen Rechtswege anzusehen ist. Er kann danach beschritten werden, soweit

- die Streitigkeit öffentlich-rechtlicher Art ist
- sie nicht verfassungsrechtlicher Art ist und
- die Streitigkeit nicht ausdrücklich einem anderen Zweig der Gerichtsbarkeit (z.B. Sozialgericht, Finanzgericht) zugewiesen ist.

Den Verwaltungsrechtsweg nutzt der Betroffene durch Einlegung eines förmlichen Rechtsbehelfs. Das förmliche Rechtsbehelfsverfahren ist über § 79 VwVfG nach den Vorschriften der VwGO abzuwickeln.

1 Kopp u.a. (2017), § 42 Rd. Nr. 66.

Arten von Rechtsbehelfen	
formlose Rechtsbehelfe	**förmliche Rechtsbehelfe**
■ **die Gegenvorstellung** Der Bürger wendet sich an die Behörde, die die zu beanstandende Entscheidung getroffen hat. ■ **die Fachaufsichtsbeschwerde** Der Bürger wendet sich an die übergeordnete Behörde mit dem Ziel, die beanstandete Entscheidung zu überprüfen und ggf. an die nachgeordnete Behörde eine Weisung zur Änderung zu erwirken. ■ **die Dienstaufsichtsbeschwerde** Der Bürger rügt das persönliche Verhalten eines Mitarbeiters der Verwaltung.	■ **der Widerspruch** Mit diesem außergerichtlichen Rechtsbehelf löst der Bürger eine förmliche verwaltungsinterne Kontrolle einer Entscheidung aus. Das Widerspruchsverfahren ist in einigen Bundesländern regelmäßig der verwaltungsgerichtlichen Anfechtungs- bzw. Verpflichtungsklage als Vorverfahren vorgeschaltet. ■ **die verwaltungsgerichtliche Klage** Mit diesem gerichtlichen Rechtsbehelf strebt der Bürger die verwaltungsexterne Kontrolle von Verwaltungsentscheidungen durch ein unabhängiges Verwaltungsgericht an.

Formlose Rechtsbehelfe

Rechtsgrundlage für formlose Rechtsbehelfe ist der Art. 17 GG. Danach hat jedermann das Recht, sich einzeln oder in Gemeinschaft mit anderen schriftlich mit Bitten oder Beschwerden an die zuständigen Stellen und an die Volksvertretung zu wenden.

Aus Art. 17 GG lässt sich unmittelbar herleiten, dass

- diese Art Rechtsbehelf jedermann (d. h. auch denjenigen, die nicht unmittelbar betroffen sind) zusteht.
- Adressat entweder „die zuständige Stelle" oder die „Volksvertretung" sein kann. „Zuständige Stelle" sind grundsätzlich alle Behörden und Dienststellen der Verwaltung. (In der Regel kommt hier die erlassende Behörde oder auch eine vorgesetzte Behörde in Betracht.) „Volksvertretung" – d. h. das zuständige Parlament (Landtag oder Bundestag).
- es keine Beschränkung auf einen bestimmten Gegenstand z. B. eine bestimmte Art des Verwaltungshandelns (etwa VA) gibt, das Gegenstand dieser Art der Rechtsbehelfe also jede Art des Verwaltungshandelns sein kann.

Gemeinsam ist darüber hinaus den formlosen Rechtsbehelfen, dass

- sie nicht an bestimmte Formen oder Fristen gebunden sind,[1]
- sie keine aufschiebende Wirkung entfalten, wie das in der Regel für förmliche Rechtsbehelfe (Widerspruch und Klage) gilt und
- mit ihnen kein Anspruch auf eine bestimmte Art der Erledigung verbunden ist.[2]

In der Verwaltungspraxis haben sich die drei im Folgenden dargestellten **Arten formloser Rechtsbehelfe** herausgebildet.

1 Einziges Formerfordernis ist die Schriftform. Nach Suckow, Weidemann (2008), Rd. Nr. 402 gilt, dass damit die mündliche Petition nicht unzulässig ist, sie genießt nur keinen Grundrechtsschutz.

2 Der Bürger hat allerdings den Anspruch darauf, dass die Eingabe entgegengenommen und sachlich geprüft wird. Dem Einsender ist in der Regel die Art der Erledigung mitzuteilen.

Gegen-vorstellung	Mit der Gegenvorstellung möchte der von einer Verwaltungsentscheidung Betroffene erreichen, dass die handelnde Behörde ihre eigene Entscheidung noch einmal überprüft und im Sinne des Bürgers verändert. Betroffener ist z. B. der Adressat eines VA oder ein Bürger, dem ein begünstigender VA verweigert wurde, aber auch jemand, der mit einer anderen Verwaltungshandlung, die keine VA-Qualität besitzt, nicht einverstanden ist. Im Zusammenhang mit einem VA hat dieser Rechtsbehelf eine untergeordnete Bedeutung, da einerseits gemäß § 28 VwVfG der Betroffene bereits im Grundsatz vor dem Erlass des VA angehört werden muss und ihm andererseits in der Regel der förmliche Rechtsbehelf des Widerspruchs zur Verfügung steht, der mit dem Anspruch auf einen Bescheid verbunden ist. Allerdings kann insbesondere nach Ablauf der Widerspruchsfrist auf den Rechtsbehelf der Gegenvorstellung zurückgegriffen werden und es kann auch jemand diesen Rechtsbehelf nutzen, der nicht geltend machen kann, in seinen Rechten verletzt zu sein.
Fach-aufsichts-beschwerde	Der Adressat dieses Rechtsbehelfs ist nicht die erlassende Behörde, sondern eine übergeordnete Behörde. Sie wird darum ersucht, die beanstandete Entscheidung zu überprüfen und ggf. an die nachgeordnete Behörde eine Weisung zur Änderung zu erteilen.
Dienst-aufsichts-beschwerde	Die Dienstaufsichtsbeschwerde ist eine Sonderform der Aufsichtsbeschwerde. Mit diesem Rechtsbehelf wendet sich der Bürger gegen das persönliche Verhalten eines Mitarbeiters der Verwaltung, nicht gegen den Inhalt der Verwaltungsentscheidung. Wird das persönliche Verhalten eines Beamten gerügt, so entscheidet über die Beschwerde der Dienstvorgesetzte.

Förmliche Rechtsbehelfe

§ 58 Abs. 1 VwGO unterscheidet zwischen Rechtsbehelfen und Rechtsmitteln.

Unter einem **Rechtsbehelf** im Sinne des § 58 versteht man jedes Mittel, das auf eine materielle oder formelle Nachprüfung eines Verwaltungsaktes oder einer verwaltungsgerichtlichen Entscheidung gerichtet ist.[1] Dazu zählen neben dem (verwaltungsbehördlichen Rechtsbehelf) Widerspruch die gerichtlichen Rechtsbehelfe, z. B. Klagen oder Anträge auf gerichtliche Entscheidung.

Rechtsmittel sind die folgenden gerichtlichen Rechtsbehelfe: die **Berufung,** die Revision und die Beschwerde. Während im Rahmen eines Berufungsverfahrens ein angefochtenes Urteil durch eine höhere Gerichtsinstanz in tatsächlicher und rechtlicher Hinsicht überprüft wird, kann die **Revision** nur zu einer Überprüfung in rechtlicher Hinsicht führen. Die **Beschwerde** richtet sich gegen Entscheidungen des Gerichts, die nicht Urteile oder Gerichtsbescheide sind und führt zu einer Überprüfung in tatsächlicher und rechtlicher Hinsicht.

Nach der Verwaltungsgerichtsordnung gibt es im Wesentlichen zwei Arten förmlicher Rechtsbehelfe

- den **Widerspruch** und
- die **verwaltungsgerichtliche Klage.**

Beide Formen der Rechtsbehelfe sind an bestimmte Voraussetzungen, Formen und Fristen gebunden.

1 Kopp u. a. (2017), § 58 Rd. Nr. 4.

Im Folgenden soll vor allem das **Widerspruchsverfahren** dargestellt werden.

LA 24 Ausgangssituation 2

Landkreis Osnabrück
Der Landrat

Osnabrück, 18.02.20..

Einschreiben
Herrn
Klaus Holzer
Bachstraße 14
49124 Georgsmarienhütte

(Aufgabe zur Post am 19.02.20..)

Ihr Zeichen	Ihre Nachricht	Mein Zeichen
		50-134/05

Besondere Schutzanordnung nach § 3 Abs. 2 i.V.m. § 44 Abs. 1 Ziff. 3 Bundesnaturschutzgesetz (BNatSchG); Pappelwald in der Gemarkung Oesede

Sehr geehrter Herr Holzer,

hiermit treffe ich eine besondere Schutzanordnung für Ihr Grundstück

in der Gemarkung Oesede, Flur 334

und untersage Ihnen, das bis einschließlich zum 15. Februar 20.. geschlagene Pappelholz aus diesem Gebiet auf jegliche Art zu beseitigen.

Diese Anordnung ist bis zum 30.04. dieses Jahres befristet. Die Kosten für die Anordnung haben Sie zu tragen. Die sofortige Vollziehung dieser Verfügung ordne ich an.

Begründung:

Die Anordnung erfolgt aufgrund des § 3 Abs. 2 i.V.m. § 44 Abs. 1 Ziff. 3 BNatSchG. Der in dem Gebiet des Pappelwaldes fließende Bach „Oese" stellt den Laichraum für hier vorkommende Amphibien, insbesondere die Erdkröte, dar. Diese Tiere gehören der Gattung der europäischen Lurche an und sind gem. § 1 Bundesartenschutzverordnung (BArtSchV) in Verbindung mit Anlage 1 besonders geschützt.

Während der Zeit von Ende Februar bis voraussichtlich Ende April findet die diesjährige Wanderung der Amphibien zu ihren Laichplätzen statt. Durch das Herausziehen der Pappeln aus dem Ufergebiet zum jetzigen Zeitpunkt tritt eine Schädigung des Laichraumes und eine Gefährdung der laichenden Amphibien ein, sodass die Untersagung notwendig ist, um diesen besonders geschützten Tieren die Fortpflanzungsstätten zu erhalten.

Es besteht ein überwiegendes öffentliches Interesse daran, wild lebende Tiere und ihren Lebensraum als unersetzlichen Bestandteil der Natur zu schützen. Dies gilt besonders, wenn es sich um Tiere handelt, die, wie o.a. Amphibien, besonders geschützt sind. Eine Zerstörung der Fortpflanzungsstätten besonders geschützter Tiere könnte nur zugelassen werden, wenn öffentliche Belange dies erfordern und diese die des Naturschutzes und der Landschaftspflege überwiegen.

Die Anordnung der sofortigen Vollziehung erfolgte gemäß § 80 Abs. 2 Nr. 4 der Verwaltungsgerichtsordnung (VwGO) vom 21.01.1960 (BGBl. I S. 17) in der zurzeit gültigen Fassung. *(Weitere Begründung in Ordnung. Vom Abdruck wurde abgesehen.)*

(Kostenentscheidung; vom Abdruck wurde abgesehen.)

Rechtsbehelfsbelehrung:

Gegen diesen Bescheid kann innerhalb eines Monats nach Zustellung Widerspruch eingelegt werden. Der Widerspruch ist beim Landkreis Osnabrück, Postfach 2509, 49015 Osnabrück, schriftlich oder zur Niederschrift einzulegen.

Auf Ihren Antrag kann das Verwaltungsgericht Osnabrück, Hakenstr. 15, 49089 Osnabrück, die aufschiebende Wirkung des Widerspruchs wiederherstellen (§ 80 Abs. 5 VwGO).

Ist die aufschiebende Wirkung nicht wiederhergestellt, handeln Sie gem. § 69 Abs. 3 Ziff. 9 BNatSchG ordnungswidrig, wenn Sie vorsätzlich oder fahrlässig dieser Unterlassungsanordnung nicht Folge leisten.

Mit freundlichen Grüßen

Im Auftrage

Unterschrift

Klaus Holzer

49124 Georgsmarienhütte, 19. 03. 20..
Bachstr. 14

Landkreis Osnabrück
Postfach 2509
49015 Osnabrück

LK Osnabrück
eingegangen am:
21.03.20..

Ihre Verfügung vom 18. 02. 20..

Sehr geehrte Damen und Herren,

Ihre Entscheidung, mir die weitere Abholzung und den Abtransport der Pappeln aus meinem Waldgrundstück zu untersagen, halte ich für eine behördliche Willkür. Ich kenne mein Waldgebiet genau und weiß, dass sich dort nur vereinzelt ein paar ganz normale Frösche aufhalten. Sie haben doch auch in diesem Fall sicher ein Ermessen. Bereits bei unserem gemeinsamen Gespräch habe ich deutlich gemacht, dass mir durch diese Maßnahme ein unverhältnismäßig hoher Schaden entsteht, der in keinem Verhältnis zum angestrebten Schutz der Tiere steht.

Ich beantrage daher Überprüfung und Aufhebung des Bescheids.

Hochachtungsvoll

Klaus Holzer

Arbeitsaufträge:

1. Erarbeiten Sie sich die Grundzüge des Widerspruchsverfahrens, indem Sie die vorstehende Situation mithilfe des Schaubildes auf S. 313 zur Prüfungsfolge beim Widerspruchsverfahren (Vorverfahren) lösen.
2. Klären Sie die Zuständigkeit der mit dem Widerspruch befassten Behörde und prüfen Sie **gutachtlich** die **Zulässigkeit und Begründetheit** des Widerspruchs.

Das Widerspruchsverfahren (Vorverfahren)

Anders als bei privatrechtlichen Streitigkeiten, bei denen der Bürger sein Recht in der Regel lediglich gerichtlich durchsetzen kann, besteht für den Bürger bei Streitigkeiten im Bereich des öffentlichen Rechts oftmals die Möglichkeit, sein Recht nicht gerichtlich zu suchen, sondern durch nochmalige Überprüfung im Rahmen eines Verwaltungsverfahrens. Die Verwaltungsgerichtsordnung als zugrunde liegendes Gesetz sieht über § 68 VwGO in der Regel vor, vor dem Klageverfahren das außergerichtliche Vorverfahren **(Widerspruchsverfahren)** zu durchlaufen.

In Niedersachsen sind durch das Gesetz zur Modernisierung der Verwaltung die Möglichkeiten zur Durchführung eines Widerspruchsverfahrens, soweit sie landesrechtlich regelbar waren, weitgehend abgeschafft worden. Regelungen dazu trifft § 80 des Niedersächsischen Justizgesetzes (NJG).

§

§ 80 NJG: Vorverfahren

„(1) Vor Erhebung der Anfechtungsklage findet abweichend von § 68 Abs. 1 Satz 1 VwGO eine Nachprüfung in einem Vorverfahren nicht statt.

(2) [1]Absatz 1 gilt nicht für Verwaltungsakte,

1. denen eine Bewertung einer Leistung im Rahmen einer berufsbezogenen Prüfung zugrunde liegt,
2. die von Schulen oder nach § 27 des Niedersächsischen Schulgesetzes erlassen werden,
3. die von der Investitions- und Förderbank Niedersachsen (NBank) im Rahmen der ihr nach dem Gesetz über die Investitions- und Förderbank Niedersachsen übertragenen Aufgaben erlassen werden, mit Ausnahme von Verwaltungsakten im Rahmen der Wohnraumförderung und zur Förderung des Städtebaus einschließlich der städtebaulichen Erneuerung und Entwicklung und der zugehörigen Infrastruktur,
4. die nach den Vorschriften
   a) des Baugesetzbuchs und der Niedersächsischen Bauordnung,
   b) des Bundes-Immissionsschutzgesetzes,
   c) des Kreislaufwirtschaftsgesetzes, der Rechtsvorschriften der Europäischen Union zum Abfallrecht, des Abfallverbringungsgesetzes, des Batteriegesetzes und des Niedersächsischen Abfallgesetzes,
   d) des Bundes-Bodenschutzgesetzes und des Niedersächsischen Bodenschutzgesetzes,
   e) der den Naturschutz und die Landschaftspflege betreffenden Rechtsvorschriften der Europäischen Union und des Bundes sowie des Landes Niedersachsen,
   f) des Wasserhaushaltsgesetzes, des Niedersächsischen Wassergesetzes und des Niedersächsischen Deichgesetzes,
   g) des Chemikaliengesetzes und des Sprengstoffgesetzes,
   h) des Produktsicherheitsgesetzes und des Energieverbrauchsrelevante-Produkte-Gesetzes,
   i) des Unterhaltsvorschussgesetzes,
   j) des Niedersächsischen Umweltinformationsgesetzes,
   k) der Strahlenschutzverordnung und der Röntgenverordnung,
   l) des Rundfunkgebührenstaatsvertrages und des Rundfunkbeitragsstaatsvertrages,
   m) des Dritten Teils des Kammergesetzes für die Heilberufe,
   n) der Niedersächsischen Verordnung über Führungen auf Wattflächen,
   o) des Arbeitsschutzgesetzes, des Jugendarbeitsschutzgesetzes, des Mutterschutzgesetzes und des Arbeitszeitgesetzes,
   p) des Gesetzes über Betriebsärzte, Sicherheitsingenieure und andere Fachkräfte für Arbeitssicherheit sowie des Fahrpersonalgesetzes,
   q) des Abschnitts 4 des Bundeselterngeld- und Elternzeitgesetzes und
   r) des Gentechnikgesetzes

sowie der auf diesen Rechtsvorschriften beruhenden Verordnungen und Satzungen erlassen werden. [2]In den Fällen des Satzes 1 Nr. 1 bedarf es der Nachprüfung in einem Vorverfahren auch dann, wenn eine oberste Landesbehörde den Verwaltungsakt erlassen hat. [3]Soweit die Verwaltungsakte nach Satz 1 Nrn. 2 und 4 Buchst. a) bis k) und n) bis r) Abgabenangelegenheiten betreffen, findet ein Vorverfahren nicht statt; Absatz 3 Nr. 1 bleibt unberührt.

(3) Verwaltungsakte, die nicht unter Absatz 2 Sätze 1 und 2 fallen und auf der Grundlage von Rechtsvorschriften

1. zu kommunalen Abgaben
2. des Europäischen Garantiefonds für die Landwirtschaft (EGFL), des Europäischen Landwirtschaftsfonds für die Entwicklung des ländlichen Raums (ELER) sowie zu anderen Fördermaßnahmen, mit denen land- oder forstwirtschaftliche Zwecke verfolgt werden,
3. des Pflanzenschutz- oder Düngerechts,
4. zum ökologischen Landbau,
5. im Bereich des Futtermittelrechts, soweit aufgrund dieser Rechtsvorschriften Kosten für Kontroll- und Überwachungsmaßnahmen, welche in regelmäßigen Überprüfungen und Probenahmen bestehen, festgesetzt werden,
6. zur Apothekenaufsicht oder
7. zur bergrechtlichen Betriebsplanzulassung oder zur Erteilung von Bergbauberechtigungen

erlassen werden, können mit der Anordnung versehen werden, dass abweichend von Absatz 1 vor der Erhebung der Anfechtungsklage die Rechtmäßigkeit und Zweckmäßigkeit des Verwaltungsakts in einem Vorverfahren nachzuprüfen sind.

(4) Für die Verpflichtungsklage gelten die Absätze 1 bis 3 entsprechend.

(5) [1]Soweit nach Absatz 2 Sätze 1 und 2 sowie Absatz 4 ein Vorverfahren durchzuführen ist, gilt dies auch für

1. Verwaltungshandlungen, die sich rechtlich unmittelbar auf die genannten Verwaltungsakte beziehen, insbesondere Zusicherungen, Nebenbestimmungen, Androhungen von Zwangsmitteln, Kostenentscheidungen, Aufhebungen und Entscheidungen über das Wiederaufgreifen des Verfahrens, sowie
2. Kostenentscheidungen von Behörden des Landes aus Anlass von Überwachungsmaßnahmen oder der Entgegennahme von Anzeigen nach den in Absatz 2 Satz 1 Nr. 4 Buchst. b) bis d), f) bis h), k) und n) bis r) genannten Vorschriften einschließlich der auf diesen Rechtsvorschriften beruhenden Verordnungen.

[2]Ordnet die Behörde in den Fällen des Absatzes 3 die Durchführung des Vorverfahrens an, so gilt diese Entscheidung auch für die in Satz 1 Nr. 1 genannten Entscheidungen."

Durch Neuregelung des § 105 NBG ist das Widerspruchsverfahren weiterhin vorgesehen für

- Verwaltungsakte, denen eine Bewertung einer Leistung im Rahmen einer berufsbezogenen Prüfung zugrunde liegt,
- dienstliche Beurteilungen und
- Maßnahmen in besoldungs-, versorgungs-, beihilfe-, heilfürsorge-, reisekosten-, trennungsgeld- und umzugskostenrechtlichen Angelegenheiten.

Soweit das Widerspruchsverfahren vorgesehen ist, wird erst nach dem für den Bürger erfolglosen Vorverfahren der verwaltungsgerichtliche Rechtsweg eröffnet. Dieser Zwang zum Vorverfahren ist nicht als Verletzung des Prinzips der Gewaltenteilung und somit des Rechtsstaatsprinzips anzusehen, sondern bietet dem Bürger und der Verwaltung Vorteile und entlastet zudem die Gerichte.

Für die **Verwaltung** besteht der Vorteil des Vorverfahrens darin, dass sie ihre ursprüngliche Entscheidung **selbst** nochmals auf Recht- und Zweckmäßigkeit überprüfen kann. Für den Bürger bietet das Vorverfahren den Vorteil, dass es

- kostengünstiger ist als der verwaltungsgerichtliche Rechtsweg,
- zeitlich schneller zum Erfolg führen kann als eine verwaltungsgerichtliche Entscheidung.

Der Zwang zum Vorverfahren scheint für den Bürger trotz des möglichen Zeitverlustes (erfolgloser Widerspruch, erfolgreiches Klageverfahren) auch deshalb hinnehmbar, weil:

- mit Erhebung des Widerspruchs[1] i.d.R. aufschiebende Wirkung (§ 80 Abs. 1 VwGO) einsetzt, d.h. der ursprüngliche VA als nicht vollstreckbar gilt **(Suspensiveffekt)**,
- das Verfahren i.d.R. an die nächsthöhere Verwaltungsbehörde zur Prüfung abgegeben wird (§ 73 Abs. 1 VwGO) **(Devolutiveffekt)**.

Ähnlich wie beim gerichtlichen Klageverfahren wird auch beim Vorverfahren zwischen zwei Arten des Widerspruchs unterschieden: dem Anfechtungs- und dem Verpflichtungswiderspruch.

Während beim **Anfechtungswiderspruch** der Bürger die Aufhebung bzw. Teilaufhebung eines belastenden Verwaltungsaktes anstrebt, will der Bürger beim **Verpflichtungswiderspruch** die Verwaltung zwingen, einen ganz oder teilweise abgelehnten VA doch zu erlassen.

Bezogen auf die *Ausgangssituation 2* ist zunächst zu prüfen, ob überhaupt ein Widerspruch eingelegt wurde und was damit erreicht werden soll. Da es – wie oben bereits ausgeführt – sowohl förmliche als auch nicht förmliche Rechtsbehelfe gibt, ist das Begehren des Petenten gem. § 133 BGB analog auszulegen. Dies hat mit besonderer Sorgfalt zu erfolgen, weil einerseits das Widerspruchsverfahren Kosten verursacht, andererseits aber, wenn vorgesehen, durchlaufen werden muss, um den Klageweg zu eröffnen. Im vorliegenden Fall wird der Begriff „Widerspruch" nicht ausdrücklich erwähnt. Dies ist auch nicht erforderlich. Der Betroffene macht geltend, dass er mit der Entscheidung des Landkreises nicht einverstanden ist. Um sein Recht auch weiter durchsetzen zu können, ist es erforderlich, das Widerspruchsverfahren zu durchlaufen, auch wenn dieses eine Kostenfolge auslösen kann. Das Begehren des Herrn Holzer ist daher als Widerspruch auszulegen. Er möchte die Aufhebung der Schutzanordnung für sein Grundstück in der Gemarkung Oesede, Flur 334 und damit des Verbots, das geschlagene Holz zu beseitigen, erreichen.

Als Nächstes ist zu prüfen, wer für die Entscheidung über den Widerspruch zuständig ist. Diese Frage beantworten die §§ 72 und 73 VwGO.

§

§ 72 VwGO

„Hält die Behörde den Widerspruch für begründet, so hilft sie ihm ab und entscheidet über die Kosten."

1 Nach § 69 VwGO beginnt das Vorverfahren mit Erhebung des Widerspruchs.

§ 73 VwGO

„(1) Hilft die Behörde dem Widerspruch nicht ab, so ergeht ein Widerspruchsbescheid. Diesen erlässt

1. die nächsthöhere Behörde, soweit nicht durch Gesetz eine andere höhere Behörde bestimmt wird,
2. wenn die nächsthöhere Behörde eine oberste Bundes- oder oberste Landesbehörde ist, die Behörde, die den Verwaltungsakt erlassen hat,
3. in Selbstverwaltungsangelegenheiten die Selbstverwaltungsbehörde, soweit nicht durch Gesetz anderes bestimmt wird.

Abweichend von Satz 2 Nr. 1 kann durch Gesetz bestimmt werden, dass die Behörde, die den Verwaltungsakt erlassen hat, auch für die Entscheidung über den Widerspruch zuständig ist.

⋮

(3) Der Widerspruchsbescheid ist zu begründen, mit einer Rechtsmittelbelehrung zu versehen und zuzustellen. Zugestellt wird von Amts wegen nach den Vorschriften des Verwaltungszustellungsgesetzes. Der Widerspruchsbescheid bestimmt auch, wer die Kosten trägt."

Nach § 72 VwGO entscheidet die Behörde, die den VA erlassen hat, über die Abhilfe. Kommt eine Abhilfeentscheidung nicht infrage, ergeht ein Widerspruchsbescheid nach § 73 Abs. 1 Satz 1 VwGO. Diesen erlässt in Niedersachsen, nachdem die Bezirksregierungen aufgelöst wurden, der Landkreis Osnabrück gem. § 73 Abs. 1 Satz 2 Nr. 2, da hier eine Aufgabe nach dem Naturschutzgesetz erledigt wurde, die gem. § 31 Abs. 1 Satz 4 Nieders. Ausführungsgesetz zum Naturschutzgesetz (NAGBNatSchG) zu den Aufgaben des übertragenen Wirkungskreises gehört. Da gem. § 31 Abs. 2 NAGBNatSchG in Niedersachsen das Fachministerium die oberste Naturschutzbehörde ist, liegt ein Fall des § 73 Abs. 1 Satz 2 Nr. 2 VwGO vor. Demnach liegt die Entscheidungszuständigkeit über den Widerspruch bei der Behörde, die den Verwaltungsakt erlassen hat (hier: Stadt Osnabrück).[1]

Der Widerspruch des Herrn Holzer wäre erfolgreich, wenn er zulässig und begründet ist.

Zulässigkeitsprüfung

(1) Eröffnung des Verwaltungsrechtsweges

Der Verwaltungsrechtsweg kann zu einem durch eine aufdrängende Sonderzuweisung eröffnet sein. Als Beispiel sei hier § 126 Abs. 1 des Beamtenrechtsrahmengesetzes (BRRG) genannt:

§

§ 126 Abs. 1 BRRG

„Für alle Klagen der Beamten, Ruhestandsbeamten, früheren Beamten und der Hinterbliebenen aus dem Beamtenverhältnis ist der Verwaltungsrechtsweg gegeben."

Sollte eine solche aufdrängende Sonderzuweisung nicht existieren, ist die Generalklausel für den Verwaltungsrechtsweg, der § 40 Abs. 1 VwGO, anzuwenden. Eine aufdrängende Sonderzuweisung ist für den vorliegenden Fall der *Ausgangssituation* nicht ersichtlich, sodass die Generalklausel Anwendung findet.

1 In Bundesländern, in denen eine Mittelinstanz existiert, wäre der Fall nach § 73 Abs. 1 Satz 2 Nr. 1 VwGO zu lösen.

Zum Verwaltungsrechtsweg regelt:

> **§ 40 Abs. 1 VwGO**
> „Der Verwaltungsrechtsweg ist in allen öffentlich-rechtlichen Streitigkeiten nichtverfassungsrechtlicher Art gegeben, soweit die Streitigkeiten nicht durch Bundesgesetz einem anderen Gericht ausdrücklich zugewiesen sind. Öffentlich-rechtliche Streitigkeiten auf dem Gebiet des Landesrechts können einem anderen Gericht auch durch Landesgesetz zugewiesen werden."

Der Verwaltungsrechtsweg ist nach § 40 Abs. 1 Satz 1 VwGO eröffnet, wenn folgende **Voraussetzungen** vorliegen:

a) Öffentlich-rechtliche Streitigkeit:

Eine öffentlich-rechtliche Streitigkeit liegt dann vor, wenn die streitentscheidende Rechtsnorm dem öffentlichen Recht zuzuordnen ist. Dies ist dann der Fall, wenn durch die streitentscheidende Rechtsnorm ausschließlich Behörden zum Handeln ermächtigt oder verpflichtet werden.

Die streitentscheidenden Rechtsnormen sind hier § 3 Abs. 2 i.V.m. § 44 Abs. 1 Ziff. 3 BNatSchG. Durch § 3 Abs. 2 BNatSchG wird die „zuständige Behörde" ermächtigt, erforderliche Maßnahmen zur Einhaltung der Vorschriften des BNatSchG zu treffen. Somit liegt eine öffentlich-rechtliche Rechtsnorm vor, sodass hier von einer öffentlich-rechtlichen Streitigkeit gesprochen werden kann.

b) Nicht verfassungsrechtlicher Art:

Nur echte Verfassungsstreitigkeiten, d.h. Streitigkeiten zwischen den am Verfassungsleben unmittelbar beteiligten Rechtsträgern (wie z.B. Bundestag, Bundesrat, Bundespräsident, Bundesregierung, Landtag, Landesregierung und unter Umständen auch politische Parteien und Wählergruppen), wären als Streitigkeiten verfassungsrechtlicher Art zu verstehen. Allein der Umstand, dass für die Entscheidung die Anwendung von Vorschriften des Bundesverfassungsrechts (GG) oder Landesverfassungsrechts (z.B. Nds. LV), wie etwa die Anwendung der Grundrechte, in Betracht kommt, genügt nicht für die Annahme einer verfassungsrechtlichen Streitigkeit.

Im vorliegenden Sachverhalt streiten der Landkreis Osnabrück und Herr Holzer. Beides sind keine Rechtsträger, die unmittelbar am Verfassungsleben beteiligt sind. Zudem stellt das hier angewendete BNatSchG kein unmittelbares Verfassungsrecht dar. Die Streitigkeit ist also nicht verfassungsrechtlicher Art.

c) Keine Zuweisung der Streitigkeit zu einem anderen Gericht als dem Verwaltungsgericht (abdrängende Sonderzuweisung):

Es kann den Fall geben, dass eine öffentlich-rechtliche Streitigkeit, die nicht-verfassungsrechtlicher Art ist, durch Gesetz ausdrücklich einem anderen Gericht als dem Verwaltungsgericht zugewiesen ist. Als wichtigstes Beispiel sei hier § 51 Abs. 1 des Sozialgerichtsgesetzes (SGG) genannt. Durch diese Rechtsnorm wird der Rechtsweg zu den Sozialgerichten für verschiedene Angelegenheiten der sozialen Sicherung eröffnet.

Aus den im vorliegenden *Einstiegsfall* einschlägigen Rechtsnormen (BNatSchG) ist keine abdrängende Sonderzuweisung der vorliegenden Streitigkeit zu einem anderen Gericht als dem Verwaltungsgericht ersichtlich.

Zwischenergebnis:

Der Verwaltungsrechtsweg ist gegeben/eröffnet.

(2) Statthaftigkeit

Ein Widerspruch ist statthaft, wenn …

- er in einem Spezialgesetz vorgeschrieben ist,
- die Aufhebung eines VA begehrt wird und ein Vorverfahren nicht ausnahmsweise nach § 68 Abs. 1 Satz 2 VwGO entbehrlich ist (Anfechtungswiderspruch) oder
- der Erlass eines begehrten VA abgelehnt wurde und ein Vorverfahren nicht ausnahmsweise nach § 68 Abs. 2 i. V. m. § 68 Abs. 1 Satz 2 VwGO entbehrlich ist (Verpflichtungswiderspruch).

Im Einstiegsfall wurde eine Schutzanordnung vorgenommen, mit der Folge, dass bestimmte Nutzungen des Grundstücks für eine bestimmte Zeit untersagt sind. Diese für Herrn Holzer belastende Maßnahme erfüllt die Merkmale des § 35 Satz 1 VwVfG (für die Überprüfung wird an dieser Stelle auf das *Lernarrangement 17* verwiesen) und stellt somit einen VA dar. Herr Holzer begehrt die Aufhebung des VA, sodass der Fall sich im Bereich „Anfechtung" bewegt.

Der Anfechtungswiderspruch wäre statthaft, wenn keine Ausnahme des § 68 Abs. 1 Satz 2 VwGO greift.

Nach §§ 68 und 69 VwGO gilt:

§

§ 68 VwGO

„(1) Vor Erhebung der Anfechtungsklage sind Rechtmäßigkeit und Zweckmäßigkeit des Verwaltungsaktes in einem Vorverfahren nachzuprüfen. Einer solchen Nachprüfung bedarf es nicht, wenn ein Gesetz bestimmt oder wenn

1. der Verwaltungsakt von einer obersten Bundesbehörde oder von einer obersten Landesbehörde erlassen worden ist, außer wenn ein Gesetz die Nachprüfung vorschreibt, oder
2. der Abhilfebescheid oder der Widerspruchsbescheid erstmalig eine Beschwerde enthält.

(2) Für die Verpflichtungsklage gilt Absatz 1 entsprechend, wenn der Antrag auf Vornahme des Verwaltungsaktes abgelehnt worden ist."

§ 69 VwGO

„Das Vorverfahren beginnt mit der Erhebung des Widerspruchs."

Das BNatSchG regelt nicht die Entbehrlichkeit des Vorverfahrens für den vorliegenden Fall. Zudem ist der hier handelnde Landkreis keine oberste Landes- oder Bundesbehörde (sondern untere Landesbehörde) und ein Dritter wird durch einen Widerspruchsbescheid nicht erstmalig beschwert.

Nun ist noch zu prüfen, ob das NJG eine Aussage zu Verwaltungsakten nach dem BNatSchG trifft. Gem. § 80 Abs. 1 NJG bedarf es in Niedersachsen grundsätzlich keines Vorverfahrens mehr. Ausnahmen dazu nennt § 80 Abs. 2 NJG. Das hier einschlägige BNatSchG ist in § 80 Abs. 2 Nr. 4e NJG genannt, sodass im vorliegenden Fall ein Vorverfahren durchzuführen ist.

Der Anfechtungswiderspruch ist hier der statthafte Rechtsbehelf.

(3) Ordnungsgemäße Widerspruchserhebung

Der Widerspruch muss in der richtigen Form, innerhalb der durch die VwGO gesetzten Frist bei der richtigen Stelle erhoben werden.

§

§ 70 VwGO

„(1) Der Widerspruch ist innerhalb eines Monats, nachdem der Verwaltungsakt dem Beschwerten bekannt gegeben worden ist, schriftlich, in elektronischer Form nach § 3 a Abs. 2 des Verwaltungsverfahrensgesetzes oder zur Niederschrift bei der Behörde zu erheben, die den Verwaltungsakt erlassen hat. Die Frist wird auch durch Einlegung bei der Behörde, die den Widerspruchsbescheid zu erlassen hat, gewahrt."

Der Widerspruch wurde im *Ausgangsfall* schriftlich eingelegt, dem **Formerfordernis** wurde also **entsprochen.**

Zu prüfen ist die Einhaltung der Monatsfrist. Die Schutzanordnung wurde am 19.02.20 .. zur Post aufgegeben und mittels eines eingeschriebenen Briefs bekannt gegeben. § 4 Abs. 1 des Verwaltungszustellungsgesetzes (VwZG) regelt, dass ein eingeschriebener Brief mit dem dritten Tag nach Aufgabe zur Post als zugestellt gilt. (Für einen „einfachen Brief" gilt nach § 41 Abs. 2 VwVfG die gleiche Bekanntgabefiktion.) Hier gilt der VA somit als am 22.02.20.. bekannt gegeben.

Über § 79 VwVfG und § 31 Abs. 1 VwVfG sind für Fristberechnungen die §§ 187–193 BGB anzuwenden.[1] Danach ist der 23.02.20.. der erste Tag der Frist, da nach § 187 Abs. 1 BGB der 22.02.20.. als der Tag, in den das auslösende Ereignis fällt, nicht mitzurechnen ist. Nach der Berechnungsregel des § 188 Abs. 2 BGB endet eine nach Monaten bestimmte Frist mit dem Ablauf desjenigen Tages des darauf folgenden Monats, der die gleiche Zahl trägt wie der Tag der Bekanntgabe.

Hier gilt also:

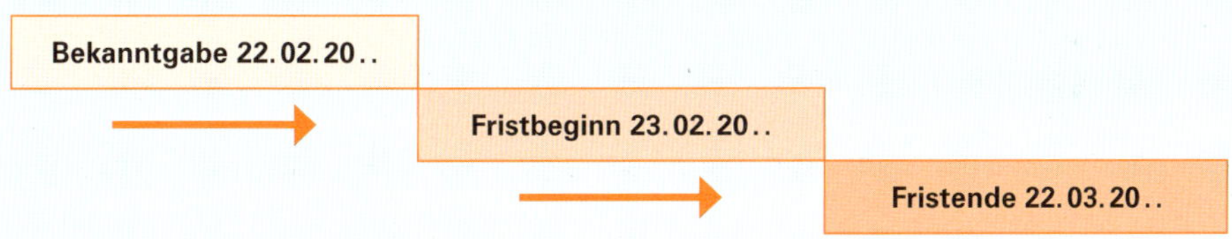

Die Frist läuft demnach am 22.03.20.. um 24:00 Uhr ab. Der Widerspruch ist hier am 21.03.20.. und damit fristgerecht eingegangen.

Die Monatsfrist war in diesem Fall auch einzuhalten. Die Rechtsbehelfsbelehrung im Anordnungsschreiben ist korrekt und es kommt somit nicht zu einer Verlängerung der Frist auf ein Jahr (vgl. § 58 Abs. 2 VwGO).

Fehler in der Rechtsbehelfsbelehrung, die nach § 58 Abs. 2 VwGO zu einer Verlängerung der Frist auf ein Jahr führen, könnten vorliegen, wenn für den Widerspruchsführer die Einlegung des Widerspruchs erschwert würde, etwa wenn eine Frist von 4 Wochen angegeben ist, die Alternative zur Niederschrift nicht aufgeführt wurde oder zusätzliche Bedingungen (z.B. in dreifacher Ausfertigung) eingefügt wurden.

1 § 31 Abs. 2–5 gelten für von der Behörde gesetzte Fristen oder Termine.

20 Schäfer u.a. - ISBN 978-3-8120-0439-8

Der Widerspruch wurde auch bei der richtigen Stelle eingelegt, da er beim Landkreis Osnabrück, der Behörde, die den Ausgangsbescheid erlassen hatte, eingegangen ist.

(4) Beteiligungs- und Handlungsfähigkeit (§§ 79, 11, 12 VwVfG), ggf. ordnungsgemäße Vertretung (§§ 79, 14 VwVfG)

Soweit von der Sachlage her Bedenken bestehen, ist auch zu prüfen, ob der Widerspruchsführer beteiligungs- und handlungsfähig ist bzw. ob Vertretungsbefugnis (etwa für einen eingeschalteten Rechtsanwalt) besteht. Hierfür sind die §§ 79, 11, 12, 14 VwVfG einschlägig.

Für den vorliegenden Ausgangsfall ergibt sich diesbezüglich kein Prüfungsbedarf.

(5) Widerspruchsbefugnis

Nach § 42 Abs. 2 VwGO sind die Anfechtungs- und die Verpflichtungsklage grundsätzlich nur zulässig, wenn der Kläger geltend macht, durch den VA bzw. seine Ablehnung in seinen Rechten verletzt zu sein. Diese Norm gilt zwar unmittelbar nur für die verwaltungsgerichtliche Klage, wegen der Eigenschaft des Widerspruchsverfahrens als Vorverfahren ist diese Norm jedoch analog anzuwenden.

Auch für dieses Verfahren soll der Kreis der Befugten auf die eingeschränkt werden, die von dem VA unmittelbar rechtlich betroffen sind. Der Widerspruchsführer müsste geltend machen, dass er **in seinen Rechten verletzt sein könnte.** Einerseits reicht die reine Behauptung einer möglichen Rechtsverletzung nicht aus, es muss auch objektiv möglich sein, dass ein subjektives öffentliches Recht des Widerspruchsführers verletzt sein kann. Andererseits kommt es für die Zulässigkeit des Widerspruchs nicht auf eine tatsächliche Rechtsverletzung an. Es genügt, wenn eine Beeinträchtigung einer rechtlich geschützten Position bei unterstellter Rechtswidrigkeit bzw. Unzweckmäßigkeit möglich erscheint (Möglichkeitstheorie).[1]

Unproblematisch ist die Widerspruchsbefugnis immer dann, wenn der Widerspruchsführer Adressat eines belastenden VA ist, da in diesem Fall die Behörde immer möglicherweise in den Rechtskreis des Bürgers eingreift (Adressatentheorie). Im Fall eines Verpflichtungswiderspruchs ergibt sich die Widerspruchsbefugnis, wenn der Widerspruchsführer möglicherweise einen Anspruch auf den begehrten VA hat. Ausschlaggebend dafür ist die infrage kommende Anspruchsgrundlage.

In *diesem Fall* erging ein belastender VA. Die Adressatentheorie findet daher Anwendung. Die Widerspruchsbefugnis ist demnach gegeben, da Herr Holzer als Adressat des VA möglicherweise in seinen Rechten verletzt ist.

Zwischenergebnis:
Der Widerspruch ist zulässig.

1 Vgl. Brühl (2014), Rd. Nr. 665.

Begründetheitsprüfung

Sofern die Zulässigkeit gegeben ist, ist zu prüfen, ob der Rechtsbehelf begründet ist. Gemäß § 68 Abs. 1 Satz 2 VwGO sind sowohl die **Rechtmäßigkeit** als auch die **Zweckmäßigkeit** des VA zu überprüfen. Im Fall eines „Anfechtungswiderspruchs" wäre der Widerspruch gemäß § 113 Abs. 1 Satz 1 VwGO analog begründet, soweit der VA rechtswidrig ist und der Widerspruchsführer dadurch in seinen Rechten verletzt wird.

Sofern es um einen „Verpflichtungswiderspruch" geht, ist der Widerspruch begründet, soweit der Widerspruchsführer einen Anspruch auf den begehrten VA hat.

Da es in dem vorliegenden Ausgangsfall um einen Anfechtungswiderspruch geht, wäre der Widerspruch gem. § 113 Abs. 1 Satz 1 VwGO analog begründet, soweit der VA rechtswidrig ist und der Widerspruchsführer dadurch in seinen Rechten verletzt wird.

Als Ermächtigungsgrundlage für den vorliegenden VA kommt § 3 Abs. 2 i. V. m. § 44 Abs. 1 Ziff. 3 BNatSchG in Betracht.

(1) Prüfung der formellen Rechtmäßigkeit[1]

Die hier zu treffende Entscheidung durfte im Wege des VA getroffen werden. § 3 Abs. 2 BNatSchG eröffnet die Möglichkeit, die im Einzelfall erforderlichen Maßnahmen zu ergreifen und stellt eine ausdrückliche Einräumung einer VA-Befugnis dar.

§ 3 Abs. 1 BNatSchG erklärt die nach Landesrecht zuständigen Behörden für den Naturschutz für zuständig. Nach § 32 Abs. 1 Satz 1 NAGBNatSchG sind für Entscheidungen und andere Maßnahmen des Naturschutzes die unteren Naturschutzbehörden zuständig. Diese sind nach § 31 Abs. 1 Satz 1 NAGBNatSchG die Landkreise und kreisfreien Städte. Damit liegt die sachliche Zuständigkeit auch beim Landkreis Osnabrück.

Die örtliche Zuständigkeit ergibt sich im vorliegenden Fall mangels spezialgesetzlicher Regelung aus § 3 Abs. 1 VwVfG:

§

§ 3 VwVfG

„(1) Örtlich zuständig ist

1. in Angelegenheiten, die sich auf unbewegliches Vermögen oder ein ortsgebundenes Recht oder Rechtsverhältnis beziehen, die Behörde, in deren Bezirk das Vermögen oder der Ort liegt;

…"

Örtlich zuständig ist gem. § 3 Abs. 1 Nr. 1 VwVfG der Landkreis Osnabrück, da das betroffene Grundstück im Gebiet des Landkreises Osnabrück liegt.

Da im Rahmen des Anfechtungswiderspruchs die Rechtmäßigkeit des ergangenen VA geprüft wird, wären weitere Verfahrensvorschriften wie Anhörung gem. § 28 VwVfG, Formerfordernisse und Begründung gem. § 39 VwVfG zu prüfen.

1 Zur Überprüfung der formellen und materiellen Rechtmäßigkeit eines Verwaltungsaktes wird auf die Ausführungen im *Lernarrangement 20* verwiesen.

§ 28 VwVfG

„(1) Bevor ein Verwaltungsakt erlassen wird, der in Rechte eines Beteiligten eingreift, ist diesem Gelegenheit zu geben, sich zu den für die Entscheidung erheblichen Tatsachen zu äußern.

(2) Von der Anhörung kann abgesehen werden, wenn sie nach den Umständen des Einzelfalles nicht geboten ist, insbesondere wenn

1. eine sofortige Entscheidung wegen Gefahr im Verzug oder im öffentlichen Interesse notwendig erscheint;
2. durch die Anhörung die Einhaltung einer für die Entscheidung maßgeblichen Frist in Frage gestellt würde;
3. von den tatsächlichen Angaben eines Beteiligten, die dieser in einem Antrag oder einer Erklärung gemacht hat, nicht zu seinen Ungunsten abgewichen werden soll;
4. die Behörde eine Allgemeinverfügung oder gleichartige Verwaltungsakte in größerer Zahl oder Verwaltungsakte mit Hilfe automatischer Einrichtungen erlassen will;
5. Maßnahmen in der Verwaltungsvollstreckung getroffen werden sollen.

(3) Eine Anhörung unterbleibt, wenn ihr ein zwingendes öffentliches Interesse entgegensteht."

Die Schutzanordnung greift in Rechte des Herrn Holzer ein, da dadurch bestimmte Nutzungen seines Grundstücks für eine gewisse Dauer untersagt sind. Da auch keine der Ausnahmen des Absatzes 2 oder 3 hier einschlägig sind, war eine Anhörung durchzuführen. Durch diese musste dem Betroffenen Gelegenheit gegeben werden, sich zu den entscheidungserheblichen Tatsachen zu äußern. In seinem *Widerspruchsschreiben* geht Herr Holzer darauf ein, dass er in einem gemeinsamen Gespräch deutlich gemacht habe, dass ihm durch die Maßnahme ein unverhältnismäßig hoher Schaden entstehen würde. Es hat somit ein Gespräch stattgefunden, in dem die geplante Maßnahme erörtert worden war und zu der sich Herr Holzer äußern konnte. Damit war die erforderliche Anhörung erfolgt.

Sofern im Rahmen eines Verpflichtungswiderspruchs geprüft wird, ob der Widerspruchsführer einen Anspruch auf die begehrte Genehmigung hat, wäre als Anspruchsvoraussetzung ein Antrag erforderlich. Auf Fragen der Anhörung oder Begründung wäre in diesem Fall nicht einzugehen, da nicht die Rechtmäßigkeit des ablehnenden Bescheids geprüft wird, sondern die Frage, ob der Widerspruchsführer einen Anspruch auf Erlass des begehrten VA hat.

Besondere Formerfordernisse für den zu erlassenden VA ergeben sich aus dem BNatSchG nicht. Der Landkreis Osnabrück hat hier – aus Beweisgründen – die Schriftform gewählt. Die Anforderungen des § 37 Abs. 3 Satz 1 VwVfG sind eingehalten worden, indem die erlassende Behörde (Stadt Osnabrück – der Landrat) erkennbar und die Unterschrift des beauftragten Sachbearbeiters in dem Verwaltungsakt enthalten ist.

Der VA muss zudem gem. § 39 Abs. 1 VwVfG ordnungsgemäß begründet worden sein. Erforderlich ist eine Begründung in

- rechtlicher und
- tatsächlicher Hinsicht sowie
- zu den Ermessenserwägungen.

Der Bescheid des Landkreises Osnabrück enthält sowohl die einschlägige Rechtsgrundlage als auch die Darstellung des Sachverhalts, der der Entscheidung zugrunde liegt.

Er lässt auch erkennen, dass die Behörde ihr Ermessen erkannt hat und enthält auch Ermessenserwägungen, die darin zum Ausdruck kommen, dass das Ergebnis des Abwägungsprozesses dargestellt wird. Den Anforderungen des § 39 Abs. 1 VwVfG wird damit Rechnung getragen und die Begründung ist ordnungsgemäß.

Zwischenergebnis:

Die Schutzanordnung ist daher formell rechtmäßig.

(2) Prüfung der materiellen Rechtmäßigkeit

a) Tatbestandsmerkmale

Das Grundstück des *Herrn Holzer* wurde im Ausgangsfall mit einer Schutzanordnung belegt. Damit wurden ihm bestimmte Nutzungen des Grundstücks für eine bestimmte Zeit untersagt. Die Entscheidung der Verwaltung muss dabei ausdrücklich durch eine Rechtsnorm gestattet sein (der Vorbehalt des Gesetzes ist zu beachten). Die Voraussetzungen der Ermächtigungsgrundlage müssen somit vorliegen.

§

§ 3 Abs. 2 BNatSchG

„(2) Die für Naturschutz und Landschaftspflege zuständigen Behörden überwachen die Einhaltung der Vorschriften dieses Gesetzes und der auf Grund dieses Gesetzes erlassenen Vorschriften und treffen nach pflichtgemäßem Ermessen die im Einzelfall erforderlichen Maßnahmen, um deren Einhaltung sicherzustellen, soweit nichts anderes bestimmt ist."

Schutzmaßnahmen können daher angeordnet werden zur Einhaltung der Vorschriften des Bundesnaturschutzgesetzes. Dieses regelt zum Schutz besonders geschützter Tierarten in

§

§ 44 Abs. 1 BNatSchG

„(1) Es ist verboten,

...

3. Fortpflanzungs- oder Ruhestätten der wild lebenden Tiere der besonders geschützten Arten aus der Natur zu entnehmen, zu beschädigen oder zu zerstören,

..."

Als Tatbestandsmerkmale des § 44 Abs. 1 Ziff. 3 BNatSchG sind festzuhalten:

- Beschädigung oder Zerstörung
- der Fortpflanzungsstätten
- der wild lebenden Tiere der besonders geschützten Arten.

Zunächst muss es um Handlungen gehen, durch die Fortpflanzungsstätten von Tieren beschädigt oder zerstört werden können. Das Grundstück des Herrn Holzer ist mit einem Pappelwäldchen bewachsen, durch das der Bach „Oese" fließt. Dieser Bach ist Laichraum für Amphibienarten. Hierzu gehört nicht nur die Wasserfläche, sondern auch der Uferbereich über den die Amphibien das Wasser erreichen. Die Fortpflanzungsstätte wird somit durch die Holzrückarbeiten im Uferbereich des Baches beschädigt. In der Zeit der Laichwanderung wird die Laichablage der Amphibien gestört oder sogar behindert.

Es müsste sich zudem um die Fortpflanzungsstätte besonders bedrohter Tiere handeln. Durch die Unterschutzstellung gem. § 1 Bundesartenschutzverordnung (BArtSchV) wird den in der Anlage 1 aufgeführten Tieren besonderer Schutz zuerkannt:

§ 1 BArtSchV

„Die in Anlage 1 Spalte 2 mit einem Kreuz (+) bezeichneten Tier- und Pflanzenarten werden unter besonderen Schutz gestellt. Die in Anlage 1 Spalte 3 mit einem Kreuz (+) bezeichneten Tier- und Pflanzenarten werden unter strengen Schutz gestellt.

Anlage 1 Spalte 2

Besonders geschützte Arten:

- Amphibia spp.
  - Lurche
    - alle europäischen Arten
      - +"

In der Anlage 1 Spalte 2 sind als besonders geschützte Arten unter anderem alle europäischen Arten der Lurche, zu denen auch die Erdkröten gehören, genannt. Auch aus dem Widerspruchsschreiben des Herrn Holzer geht hervor, dass sein Grundstück Lebensraum für „ganz normale Frösche" ist. Selbst wenn eine Population der Erdkröten dort nicht vorhanden sein sollte, wären auch die „Frösche" unter besonderen Schutz gestellt, da sämtliche europäischen Amphibienarten nach der Anlage 1 zu § 1 BArtSchV unter besonderen Schutz gestellt sind. Damit sind die Tatbestandsvoraussetzungen des § 44 Abs. 1 Ziff. 3 BNatSchG erfüllt.

b) Rechtsfolge

Für die Rechtsfolge regelt:

§ 3 Abs. 2 BNatSchG

„Die für Naturschutz und Landschaftspflege zuständigen Behörden überwachen die Einhaltung der Vorschriften dieses Gesetzes und der aufgrund dieses Gesetzes erlassenen Vorschriften und treffen nach pflichtgemäßem Ermessen die im Einzelfall erforderlichen Maßnahmen, um deren Einhaltung sicherzustellen, soweit nichts anderes bestimmt ist."

Die zuständige Naturschutzbehörde kann also

- im Einzelfall
- durch erforderliche Maßnahmen

tätig werden.

Die Naturschutzbehörde hat eine Einzelanordnung für das Gebiet des Pappelwäldchens von Herrn Holzer in der Gemarkung Oesede, Flur 334 getroffen. Dabei hatte sie nach pflichtgemäßem Ermessen zu entscheiden. Das Ermessen muss dem Zweck der Ermächtigung entsprechend ausgeübt werden. Anhaltspunkte dafür, dass die Naturschutzbehörde sachfremde Erwägungen herangezogen hat, liegen nicht vor. Die Behörde hat zudem die Grenzen des Ermessens einzuhalten. Dabei ist insbesondere der Grundsatz der Verhältnismäßigkeit zu beachten.

Die Schutzanordnung müsste also geeignet sein, den angestrebten Zweck zu erreichen. Mit der Schutzanordnung für das Grundstück des Herrn Holzer soll sichergestellt werden, dass der Laichraum für Amphibienarten wie die Erdkröte während der Laichwanderung nicht durch das Entfernen von gefälltem Holz zerstört wird. Durch die Schutzanordnung und die Untersagung, das gefällte Holz zu entfernen, wird ein ungestörter Zugang zu den Laichflächen während der Laichwanderung gewährleistet. Damit ist die Maßnahme geeignet, die Fortpflanzungsstätte für die Amphibienarten zu erhalten.

Die Maßnahme müsste auch erforderlich sein. Es dürfte also kein anderes, gleich geeignetes, aber milderes Mittel geben. Weniger einschneidende Mittel, die den Laichraum und damit die ungestörte Laichablage der Amphibien zur Zeit der Laichwanderung genauso gut schützen wie die Untersagung, das geschlagene Holz in dieser Zeit zu entfernen, sind nicht ersichtlich.

Schließlich müsste die Maßnahme auch angemessen sein. Der Nachteil, den der Betroffene durch die Maßnahme erleidet, dürfte nicht außer Verhältnis zu dem erstrebten Vorteil stehen. Es müsste eine Abwägung der Interessen des Herrn Holzer gegenüber den öffentlichen Interessen vorgenommen werden. Seitens Herrn Holzer ist das Interesse an einer umfänglichen Nutzung seines Eigentums, welches durch Art. 14 GG geschützt ist, zu berücksichtigen. Durch die Schutzanordnung ist es ihm für die Zeit der Laichwanderung vom 20.02. bis zum 30.04. nicht möglich, die gefällten Bäume aus dem Wald zu entfernen. In Betracht könnte auch eine Beeinträchtigung seines Rechts auf Berufsfreiheit aus Art. 12 Abs. 1 GG kommen, sofern Herr Holzer das Pappelholz verkaufen möchte, da dies zumindest als nebenberufliche Tätigkeit, die ihm einen Zuverdienst ermöglicht, angesehen werden kann.

Demgegenüber sind die Belange des Natur- und Artenschutzes zu berücksichtigen. Die in dem Pappelwäldchen vorkommende Amphibienart Erdkröte wurde nach der BArtSchVO besonders geschützt. Die Entfernung des Holzes würde dazu führen, dass Tiere, die die Laichwanderung begonnen haben zerquetscht oder überfahren werden könnten. Dies kann durch eine Verschiebung der Maßnahme verhindert werden. Wesentlich mehr Tiere würden ablaichen und zum Erhalt der Population beitragen.

Der Zeitraum, in dem Herrn Holzer die Nutzung seines Eigentums eingeschränkt wurde, ist auf die Zeit der Laichwanderung beschränkt. Es geht auch nur darum, gerade in diesem Zeitraum das Holz nicht aus dem Wäldchen zu entfernen. Jedenfalls hat Herr Holzer nicht vorgetragen, dass eine umgehende Entfernung des Holzes aus dem Pappelwäldchen etwa dazu erforderlich wäre, den Bestand des Wäldchens vor Schädlingen oder Krankheiten zu schützen. Nach Ablauf der Frist können die von Herrn Holzer vorgesehenen Arbeiten unverzüglich erledigt werden. Herr Holzer hat auch nicht vorgetragen, dass ihm bereits Kosten entstanden sind, die durch eine Verschiebung der Maßnahme in den Mai vergeblich entstehen würden. Nach Art. 14 Abs. 2 S. 2 GG soll der Gebrauch von Eigentum dem Wohl der Allgemeinheit dienen. Die zeitweilige Untersagung einer bestimmten Nutzung zum Zwecke des Artenschutzes ist daher vom Grundgesetz bereits vorgesehen.

Auch eine Beeinträchtigung seines Rechts auf freie Berufsausübung müsste Herr Holzer in diesem Fall hinnehmen. Durch die Untersagung wird er nur für wenige Wochen daran gehindert, eine Verdienstmöglichkeit zu realisieren. Er hat nicht vorgetragen, dass der Verkauf des Pappelholzes für ihn die wesentliche Verdienstquelle darstellen würde. Dies ist aber unwahrscheinlich, weil Pappelholz relativ minderwertiges Holz ist, das nicht zu Bauzwecken oder für die Tischlerei verwendet werden kann und sich auch kaum als Feuerholz eignet.

Den relativ geringfügigen Nachteilen, die Herr Holzer durch die zeitweilige Untersagung hinzunehmen hätte, steht der Vorteil der Sicherung der Laichablage der geschützten Erdkröte gegenüber. Die Interessen von Herrn Holzer haben daher hinter den vorrangigen Interessen des Natur- und Artenschutzes zurückzustehen.

Auch die Befristung der Unterschutzstellung bis zum 30.04. ist nicht zu beanstanden, weil sie lediglich den Zeitraum der Laichwanderung betrifft und damit die Belastungen für Herrn Holzer auf das erforderliche Maß zeitlich begrenzt.

Der VA ist somit rechtmäßig ergangen. Eine Rechtsverletzung ergibt sich daraus nicht.

Der Widerspruch ist nicht begründet und hat keine Aussicht auf Erfolg.

Konsequenzen:

Die Ausgangsbehörde – im Beispiel der Landkreis Osnabrück – kann hier keinen Abhilfebescheid gem. § 72 VwGO erlassen, weil der Widerspruch des Herrn Holzer zwar zulässig, aber unbegründet ist. Der Landkreis Osnabrück hat somit gem. § 73 Abs. 1 S. 2 Nr. 2 VwGO einen ablehnenden Widerspruchsbescheid zu erlassen.

Mit der Entscheidung über den Widerspruch hat die Behörde, unabhängig davon, ob ein Abhilfebescheid (§ 72 VwGO) oder ein Widerspruchsbescheid (§ 73 Abs. 3 VwGO) ergeht, auch die Kostenlastentscheidung zu treffen. Sie hat dabei festzulegen, wer die Kosten des Widerspruchsverfahrens trägt. Einzelheiten zur Ausgestaltung der Widerspruchskosten ergeben sich im Bereich der Aufgaben des übertragenen Wirkungskreises aus den jeweiligen landesrechtlichen Verwaltungskostengesetzen in Verbindung mit den jeweiligen Gebührenordnungen.

§ 80 Abs. 1 S. 1 VwVfG regelt grundsätzlich, dass dem Widerspruchsführer die notwendigen Kosten der zweckentsprechenden Rechtsverfolgung oder Rechtsverteidigung zu erstatten sind, soweit der Widerspruch erfolgreich ist. Demgegenüber trägt bei erfolglosem Widerspruch gemäß § 80 Abs. 1 S. 3 VwVfG der Widerspruchsführer die der Behörde entstandenen Widerspruchskosten. Nach § 80 Abs. 2 VwVfG sind Gebühren und Auslagen eines Rechtsanwalts erstattungsfähig, wenn die Hinzuziehung eines Bevollmächtigten (z. B. eines Rechtsanwaltes) notwendig war.

Nach dem Grundsatz des § 80 Abs. 1 S. 3 VwVfG hat hier der Widerspruchsführer (Herr Holzer) der Ausgangsbehörde die zur zweckentsprechenden Rechtsverfolgung oder Rechtsverteidigung entstandenen notwendigen Aufwendungen zu erstatten.

Übersicht über Zuständigkeit und Prüfungsfolge beim Widerspruchsverfahren

Die Zuständigkeit der mit dem Widerspruch befassten Behörde und der Prüfungsablauf des Widerspruchsverfahrens wird in den folgenden beiden Schaubildern schematisch dargestellt.

Zuständigkeit der mit dem Widerspruch befassten Behörde

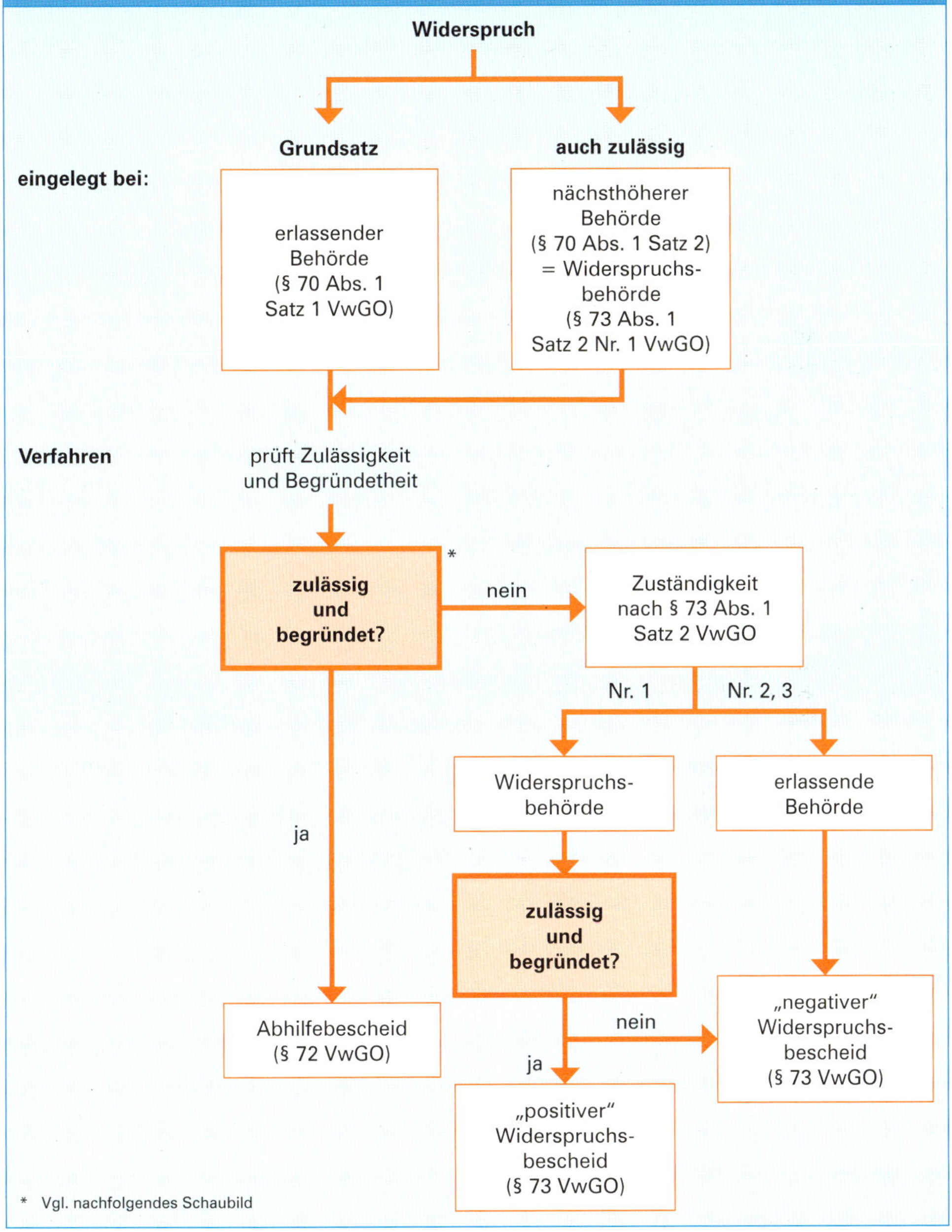

Prüfungsfolge beim Widerspruchsverfahren

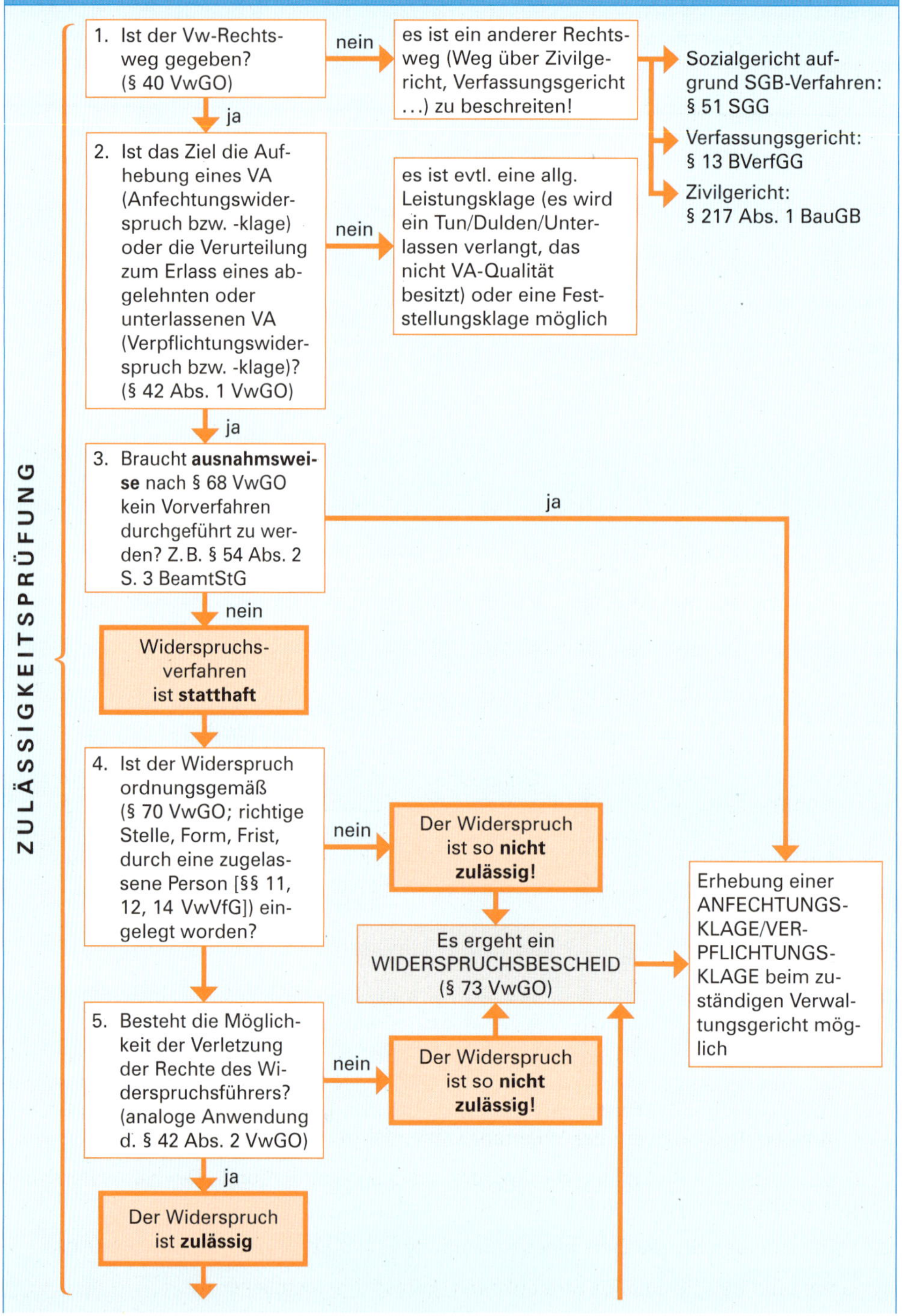

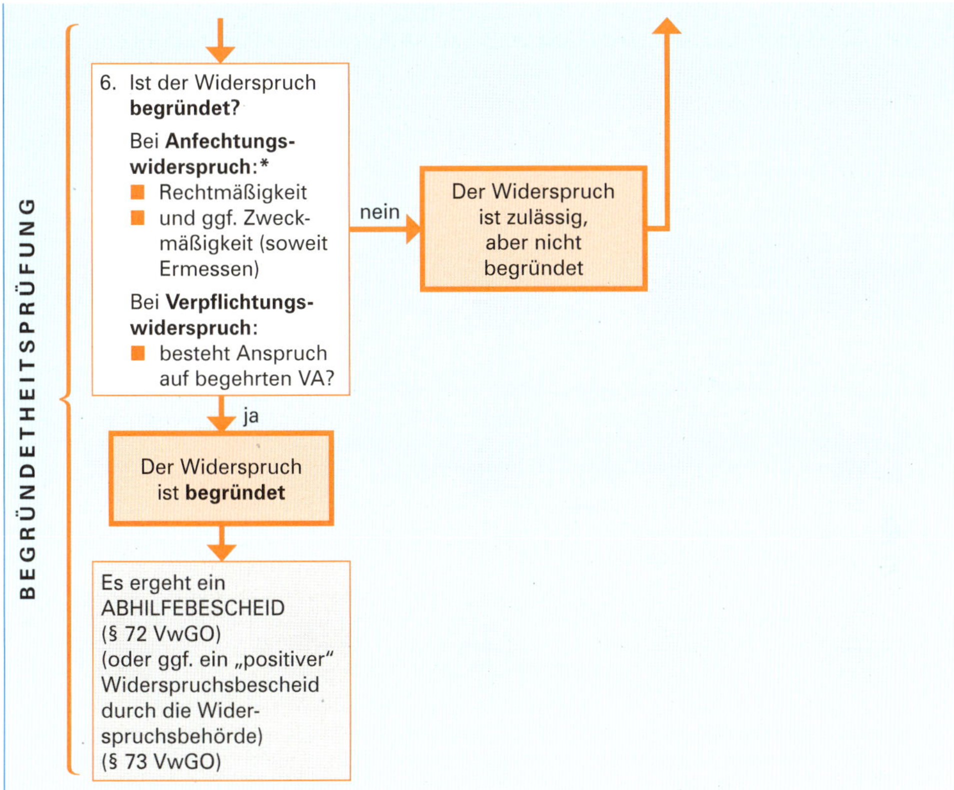

* Vgl. Schaubild auf S. 244.

Gegen die im Ausgangsbescheid auch enthaltene Anordnung der sofortigen Vollziehung nach § 80 Abs. 2 Nr. 4 VwGO könnte Herr Holzer durch Antrag auf Aussetzung der Vollziehung gem. § 80 Abs. 4 VwGO bei der Behörde, die den Bescheid erlassen hat oder die über den Widerspruch entscheidet oder durch Antrag auf Wiederherstellung der aufschiebenden Wirkung nach § 80 Abs. 5 VwGO beim Gericht vorgehen.

Übungen

1. Nennen Sie Gründe, warum der Gesetzgeber bei Streitigkeiten im Bereich des öffentlichen Rechts in der Regel vor Erhebung einer Klage vor Gericht das Widerspruchsverfahren (Vorverfahren) für viele Fälle zwingend vorschreibt. Welche Gründe könnten dafür sprechen, das Widerspruchsverfahren nicht vorzusehen?
2. Erläutern Sie die Bedeutung der Begriffe „Suspensiveffekt" und „Devolutiveffekt" und geben Sie die zugehörige Rechtsnorm an.
3. Unterscheiden Sie die Ziele eines Anfechtungs- und Verpflichtungswiderspruchs.
4. Geben Sie Beispiele an für Streitigkeiten verfassungsrechtlicher Art.

5. Die Entscheidung über einen Widerspruch trifft entweder die erlassende Behörde oder die Widerspruchsbehörde. Zeigen Sie unter Angabe der Rechtsnorm auf, welche Behörde in Abhängigkeit von der Entscheidung über den Widerspruch den Bescheid erlässt.

6. Wodurch unterscheiden sich im Aufbau Abhilfe- und Widerspruchsbescheid? Geben Sie auch Gründe für die unterschiedlichen Inhalte an.

7. Welche Auswirkung hat eine fehlende oder fehlerhafte Rechtsbehelfsbelehrung auf die Frist für die Eingabemöglichkeit eines Widerspruchs? Geben Sie auch die zugehörige Rechtsnorm an.

8. Lesen Sie zunächst nachfolgenden Sachverhalt.

E baut im Frühjahr 20 .. auf einem ihm gehörenden, am Rand eines Naturschutzgebietes gelegenen und von großen Bäumen umgebenen Grundstück in der Gemeinde G ein Wochenendhaus, ohne hierfür eine Baugenehmigung zu besitzen. Ein Bebauungsplan ist nicht vorhanden. E folgt damit dem Beispiel zahlreicher anderer Grundstückseigentümer aus dieser Gegend. Mit der Zeit ist geradezu eine Wochenendhauskolonie entstanden.

Die zuständige Bauaufsichtsbehörde fordert E schriftlich auf, das Wochenendhaus innerhalb einer bestimmten Frist zu beseitigen. Für den Fall der Nichtbefolgung wird die Festsetzung eines Zwangsgeldes bis zu 5 000,00 € angedroht.

Die Verfügung vom 21. Juli 20 .. ist ausführlich begründet, mit einer fehlerfreien Rechtsbehelfsbelehrung versehen und von dem Neffen des E, der bei der zuständigen Behörde als Beamter des gehobenen Dienstes die Bauabteilung leitet, unterzeichnet. Die sofortige Vollziehung ist angeordnet; die Begründung genügt den gesetzlichen Anforderungen.

Der Bescheid wurde am 23. Juli 20 .. mittels eingeschriebenen Briefes mit Rückschein zur Post gegeben und E nachweislich am 24. Juli 20 .. zugestellt. Vor Erlass der Beseitigungsanordnung wurde E von einem Mitarbeiter der zuständigen Behörde zu der beabsichtigten Maßnahme gem. § 28 Abs. 1 VwVfG angehört.

Gegen die Beseitigungsanordnung und die mit ihr verbundene Zwangsgeldandrohung legt E mit Schreiben vom 23. August 20 .. Widerspruch ein, der am 25. August 20 .. bei der Widerspruchsbehörde eingeht. E begründet den Widerspruch damit, dass die Androhung der Beseitigung gegen den Grundsatz der Verhältnismäßigkeit verstoße. Der Bau habe inzwischen einen Wert von 25 000,00 €. Es sei unsinnig, solche Vermögenswerte zu vernichten. Außerdem sei das behördliche Vorgehen willkürlich, weil er – was nachweislich zutrifft – als einziger Wochenendhausbesitzer zum Abriss verpflichtet worden sei, was klar gegen den Gleichheitsgrundsatz nach Art. 3 Abs. 1 des GG verstoße.

Ein rechtskundiger Freund hatte E geraten, keinen Widerspruch einzulegen, sondern unmittelbar beim zuständigen Verwaltungsgericht Feststellungsklage zu erheben, da der Bescheid vom 21. Juli 20 .. nichtig sei.

Anmerkung:

Der Fall ist ohne Beachtung besonderer baurechtlicher Vorschriften zu lösen!

Die Gemeinde G besitzt für den Erlass der Beseitigungsanordnung in der einschlägigen Bauordnung eine grundsätzliche Ermächtigungsgrundlage. Auch sind die Voraussetzungen der Ermächtigungsgrundlage erfüllt, denn die bauliche Anlage ist formell illegal, weil keine Baugenehmigung erteilt wurde. Gehen Sie ferner davon aus, dass die bauliche Anlage auch materiell illegal ist, weil die Baugenehmigung für das Wochenendhaus nach § 35 Abs. 2 und 3 BauGB nicht erteilt werden darf.

Aufgaben:

8.1 Prüfen Sie im Rahmen der Zulässigkeitsprüfung, ob der Widerspruch des E gegen die Beseitigungsanordnung vom 21. Juli 20.. fristgerecht bei der Widerspruchsbehörde eingegangen ist.

Bitte beantworten Sie unabhängig vom Ausgang Ihrer Prüfung unter 8.1 die nachstehenden Aufgaben:

8.2 Wie ist über den Widerspruch des E vom 23. August 20.. aufgrund der Begründetheitsprüfung zur **Beseitigungsanordnung** (nicht zu prüfen ist die Begründetheit der Zwangsgeldandrohung) zu entscheiden?

8.3 Angenommen, E hätte, dem Rat seines Freundes folgend, unmittelbar Feststellungsklage nach § 43 VwGO erhoben. Wie hätte das Verwaltungsgericht über diese Klage zu entscheiden?

9. Die Stadt Aurich teilt dem Brieftaubenzüchterverein in einer Verfügung mit, dass aufgrund der ordnungsgemäß erlassenen örtlichen Satzung über Anschluss- und Benutzungszwang (§ 13 NKomVG) das etwas außerhalb gelegene Vereinsheim jetzt an die öffentliche Kanalisation angeschlossen werden müsse. Aufgrund der zu erwartenden hohen Kosten für den Verein legt der Vorstandsvorsitzende Widerspruch gegen die Verfügung ein.

Geben Sie an, welche Behörde bzw. welche Stelle (auch innerbehördlich) für die Entscheidung über den Widerspruch zuständig ist.

Theoretische Grundlagen (Fortsetzung LA 24)

Zusammenhang zwischen Verwaltungs-, Widerspruchs- und Verwaltungsgerichtsverfahren

Im vorangegangenen Abschnitt wurde das Widerspruchsverfahren dargestellt. Wäre mit diesem Verfahren die Kontrolle der Verwaltungsentscheidung abgeschlossen, könnte der Rechtsschutz den Anforderungen des Rechtsstaates nicht genügen. Es fehlte eine echte Außenkontrolle durch die Justiz.

Der Rechtsstaat eröffnet jedem, der durch die öffentliche Gewalt in seinen Rechten verletzt wird, den Rechtsweg (Art. 19 Abs. 4 GG), d. h. die Möglichkeit, Maßnahmen der Exekutive durch unabhängige Gerichte überprüfen zu lassen.

Es muss sich folgerichtig an das Verwaltungsverfahren und das Vorverfahren (Widerspruchsverfahren) die Möglichkeit des Verwaltungsgerichtsverfahrens anschließen.

Dieser Zusammenhang wird im folgenden Bild zunächst vereinfacht dargestellt.

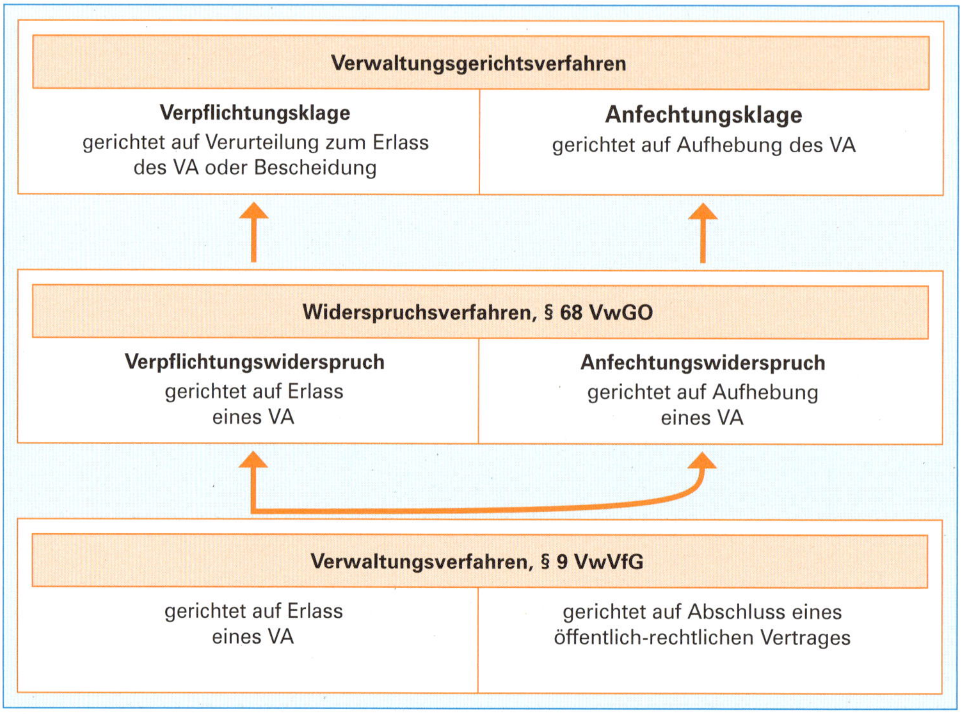

Überblick über das Verwaltungsgerichtsverfahren

Zwei Grundprinzipien kennzeichnen die Gestaltung des verwaltungsgerichtlichen Rechtsschutzes, wie er im Grundgesetz angelegt und in der Verwaltungsgerichtsordnung bestimmt ist, in Abgrenzung zu seinen Vorläufern in früheren deutschen Verfassungen bzw. Gerichtsordnungen.

(1) Die **Unabhängigkeit der Verwaltungsgerichte** von der Verwaltung einschließlich der persönlichen Unabhängigkeit der Richter (§§ 1, 15, 19 VwGO; Art. 97 GG).

(2) Die **Generalklausel,** derzufolge die verwaltungsgerichtliche Klage gegen alle VA, darüber hinaus in allen öffentlich-rechtlichen Streitigkeiten zulässig ist (§ 40 VwGO).

Ausnahmen von der verwaltungsgerichtlichen Generalklausel sieht das Gesetz nur zugunsten anderer Gerichtszweige vor; aber jeder VA unterliegt gerichtlicher Kontrolle.

Diese beiden Prinzipien zur Durchsetzung eines rechtsstaatlichen Verwaltungsrechtsschutzes waren in früheren deutschen Rechtsordnungen nicht realisiert. So bestanden die Verwaltungsgerichte der unteren Instanz früher nur aus bei der Verwaltung gebildeten Ausschüssen, in denen der Behördenleiter häufig den Vorsitz hatte. Eine wirkliche Unabhängigkeit und Gewaltenteilung bestand damit nicht.

Die Organisation der Verwaltungsgerichtsbarkeit soll hier am Beispiel Niedersachsens kurz verdeutlicht werden.

Organisation der Verwaltungsgerichtsbarkeit (Niedersachsen)

Ebene der Gerichtsbarkeit	**Gerichte der allgemeinen Verwaltungsgerichtsbarkeit**
III. Instanz Oberster Gerichtshof des Bundes	**Bundesverwaltungsgericht** **in** **Leipzig**
↑	↑
II. Instanz Obere Landesgerichte	**Oberverwaltungsgericht** **in** **Lüneburg**
↑	↑
I. Instanz Gerichte der ersten Instanz	**7 Verwaltungsgerichte in** ■ Hannover ■ Braunschweig ■ Göttingen ■ Lüneburg ■ Stade ■ Oldenburg ■ Osnabrück

Die **Verwaltungsgerichte** der ersten Instanz entscheiden nach **§ 45 VwGO** im ersten Rechtszug über alle Streitigkeiten, für die der Verwaltungsrechtsweg offen steht.

Das **Oberverwaltungsgericht** entscheidet als zweite Instanz nach **§ 46 VwGO** über das Rechtsmittel:

§ „1. der Berufung gegen Urteile des Verwaltungsgerichts,
2. der Beschwerde gegen andere Entscheidungen des Verwaltungsgerichts.“

Erstinstanzlich entscheidet das OVG auf Antrag z.B. über die Gültigkeit von Satzungen (vgl. § 47 VwGO).

Das **Bundesverwaltungsgericht** entscheidet gem. § 49 VwGO vor allem über Revisionen gegen Urteile der Verwaltungsgerichte und der Oberverwaltungsgerichte sowie über Beschwerden gegen die Nichtzulassung der Revision gem. § 133 VwGO.

Die Gerichte der allgemeinen Verwaltungsgerichtsbarkeit gewähren primär Rechtsschutz gegenüber allen Verwaltungsakten, darüber hinaus sind ihnen aber auch andere öffentlich-rechtliche Streitigkeiten durch Gesetz zur Entscheidung übertragen.

Neben den oben dargestellten Gerichten der allgemeinen Verwaltungsgerichtsbarkeit gibt es als **besondere Verwaltungsgerichte** die **Sozialgerichte** (für Niedersachsen 8 Sozialgerichte, das Landessozialgericht in Celle und das Bundessozialgericht in Kassel), die **Finanzgerichte** (Nds. Finanzgericht in Hannover und Bundesfinanzhof in München) und die **Disziplinargerichte**.

Nicht zur Zuständigkeit der Verwaltungsgerichtsbarkeit gehören:

- Verfassungsstreitigkeiten, denn diese werden vom BVerfG bzw. den Landesverfassungsgerichten entschieden.
- Streitigkeiten des privaten Rechts, denn diese liegen in der Zuständigkeit der ordentlichen Gerichte.
- Arbeitsrechtliche Streitigkeiten, denn diese werden von Arbeitsgerichten entschieden.
- Öffentlich-rechtliche Streitigkeiten, die ausdrücklich den ordentlichen Gerichten zugewiesen sind (z.B. die Höhe von Enteignungsentschädigungen Art. 14 Abs. 3 GG, nicht aber die Fragen der Enteignung selbst).

Klagearten im verwaltungsgerichtlichen Verfahren

Das verwaltungsgerichtliche Verfahren wird durch die Klage eingeleitet.

§

§ 81 VwGO

„(1) Die Klage ist bei dem Gericht schriftlich zu erheben. Bei dem Verwaltungsgericht kann sie auch zu Protokoll des Urkundsbeamten der Geschäftsstelle erhoben werden."

§ 42 VwGO

„(1) Durch Klage kann die Aufhebung eines Verwaltungsaktes (Anfechtungsklage) sowie die Verurteilung zum Erlass eines abgelehnten oder unterlassenen Verwaltungsaktes (Verpflichtungsklage) begehrt werden."

Mit der **Anfechtungsklage** wird die Aufhebung oder Änderung eines VA begehrt. Zulässigkeitsvoraussetzung einer Anfechtungsklage ist – soweit vorgeschrieben – die Durchführung des Widerspruchsverfahrens nach § 68 Abs. 1 VwGO. Das Gericht prüft gemäß § 113 Abs. 1 S. 1 VwGO, inwieweit der Verwaltungsakt rechtswidrig ist und der Kläger dadurch in seinen Rechten verletzt wird. Soweit der Widerspruch begründet ist, hebt das Gericht den angefochtenen VA auf.

Mit der **Verpflichtungsklage** wird der Erlass eines abgelehnten oder trotz Antrags unterlassenen VA begehrt. Auch in diesem Fall bedarf es zur Zulässigkeit der Klage eines Vorverfahrens, wenn das Widerspruchsverfahren vorgesehen ist. Das Gericht prüft gemäß § 113 Abs. 5 VwGO, inwieweit die Ablehnung oder Unterlassung des Verwaltungsaktes rechtswidrig ist und der Kläger dadurch in seinen Rechten verletzt wird. Es darf den abgelehnten oder unterlassenen VA nicht selbst erlassen. Ist die Angelegenheit spruchreif, das heißt, hat das Gericht die Möglichkeit, abschließend zu entscheiden, weil die Behörde zum Beispiel keinen Ermessensspielraum mehr hat, dann verpflichtet das Gericht die Verwaltungsbehörde die beantragte Amtshandlung vorzunehmen. Andernfalls spricht es die Verpflichtung aus, den Kläger unter Beachtung der Rechtsauffassung zu bescheiden.

Mit der sog. **Fortsetzungsfeststellungsklage** gem. § 113 Abs. 1 Satz 4 VwGO hat der Kläger die Möglichkeit, die Rechtswidrigkeit eines erledigten VA durch das Gericht feststellen zu lassen. Nach dem Wortlaut des § 113 Abs. 1 Satz 4 VwGO kommt sie in Betracht, wenn sich nach der Erhebung der Anfechtungsklage, aber noch vor der gerichtlichen Entscheidung, der angefochtene VA bzw. der gestellte Antrag auf einen VA erledigt hat. Die Fortsetzungsfeststellungsklage ist jedoch auch zulässig, wenn sich der Streit bereits vor Erhebung der Klage erledigt hat. Bei Erledigung des VA vor Klageerhebung ist ein Vorverfahren nach §§ 68ff. VwGO nicht erforderlich.

Die Beziehung der eben beschriebenen Klagearten zum Verwaltungsakt wird in dem nachfolgenden Schaubild verdeutlicht.

Klagearten im Verwaltungsprozess

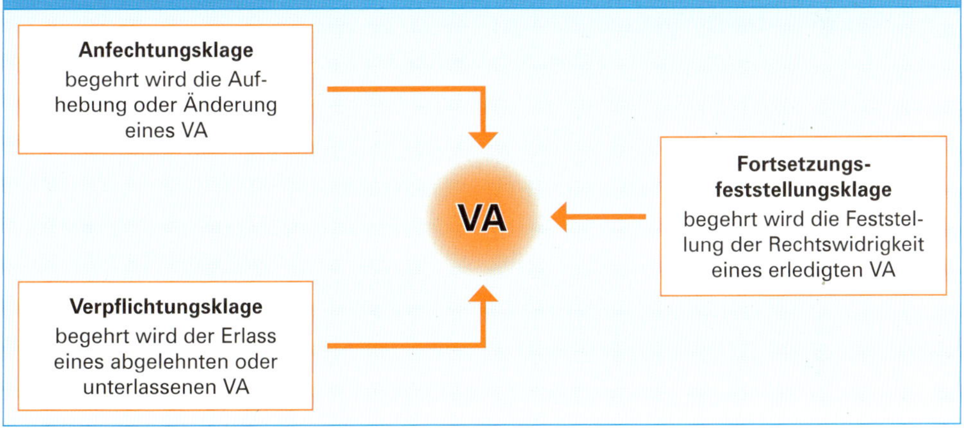

Weitere Klagearten im Verwaltungsprozess sind:

Die **Feststellungsklage** gem. § 43 VwGO. Mit der Feststellungsklage will der Kläger die Feststellung

- des Bestehens eines Rechtsverhältnisses oder
- des Nichtbestehens eines Rechtsverhältnisses oder
- der Nichtigkeit eines VA

erreichen.

Unter einem Rechtsverhältnis versteht man die öffentlich-rechtlichen Beziehungen zwischen Personen oder zwischen einer Person und einer Sache.

Mit der **Allgemeinen Leistungsklage** soll erreicht werden, dass die beklagte Behörde Handlungen ausführt oder unterlässt, die nicht VA-Qualität besitzen. Im Unterschied zu der Verpflichtungsklage, mit der der Kläger den Erlass eines VA begehrt, will der Kläger mit

21 Schäfer u.a. - ISBN 978-3-8120-0439-8

der Allgemeinen Leistungsklage erreichen, dass die Behörde zur Erbringung einer sonstigen Leistung verurteilt wird.

Mit der **Normenkontrollklage** gem. § 47 VwGO wird die Überprüfung der Gültigkeit von Satzungen nach dem BauGB und im Range unter dem Landesrecht stehenden Rechtsvorschriften begehrt. Zuständig für die Entscheidung ist das OVG.

Vorläufiger Rechtsschutz

Effektiver Rechtsschutz wie er in Art. 19 Abs. 4 GG vorgesehen ist, erfordert unter Umständen auch eine schnelle, einstweilige Regelung, damit dem Betroffenen durch langwierige Gerichtsverfahren keine Rechte verloren gehen. Zwar stellt bereits der Suspensiveffekt gem. § 80 Abs. 1 VwGO sicher, dass Adressaten eines belastenden Verwaltungsaktes regelmäßig nicht unberechtigterweise in ihren Rechten verletzt werden, da während des Rechtsschutzverfahrens der ursprüngliche VA als nicht vollstreckbar gilt. § 80 Abs. 2 VwGO sieht aber auch Fälle vor, in denen der Suspensiveffekt bereits gesetzlich entfallen ist oder durch die Behörde ausgesetzt werden kann.

§ 80 Abs. 2 VwGO

„(2) Die aufschiebende Wirkung entfällt nur

1. bei der Anforderung von öffentlichen Abgaben und Kosten,
2. bei unaufschiebbaren Anordnungen und Maßnahmen von Polizeivollzugsbeamten,
3. in anderen durch Bundesgesetz oder für Landesrecht durch Landesgesetz vorgeschriebenen Fällen, insbesondere für Widersprüche und Klagen Dritter gegen Verwaltungsakte, die Investitionen oder die Schaffung von Arbeitsplätzen betreffen,
4. in den Fällen, in denen die sofortige Vollziehung im öffentlichen Interesse oder im überwiegenden Interesse eines Beteiligten von der Behörde, die den Verwaltungsakt erlassen oder über den Widerspruch zu entscheiden hat, besonders angeordnet wird.“

Vorläufiger Rechtsschutz nach § 80 Abs. 5 VwGO

In den Fällen des § 80 Abs. 2 Nr. 1–3 VwGO, in denen bereits durch Gesetz bestimmt ist, dass für bestimmte belastende Verwaltungsakte der Rechtsbehelf keine aufschiebende Wirkung entfaltet, kann das Gericht gem. § 80 Abs. 5 VwGO die aufschiebende Wirkung anordnen. Sofern die Behörde im Fall des § 80 Abs. 2 Nr. 4 VwGO die sofortige Vollziehung angeordnet hatte, kann das Gericht die aufschiebende Wirkung wieder herstellen. Ob der jeweilige Antrag an das Gericht erfolgreich sein wird, hängt auch davon ab, welche Erfolgsaussichten der eigentliche Rechtsbehelf (Anfechtungswiderspruch oder Anfechtungsklage) gegen den belastenden VA haben wird. Das Gericht führt eine summarische Prüfung der Rechtslage durch. Ist der Rechtsbehelf offensichtlich begründet, wird das Gericht in den Fällen des § 80 Abs. 2 Nr. 1–3 VwGO die aufschiebende Wirkung anordnen. In den Fällen des § 80 Abs. 2 Nr. 4 VwGO setzte die Anordnung der sofortigen Vollziehung bereits ein besonderes öffentliches Interesse an der sofortigen Vollziehung voraus. Dieses musste also über das Interesse hinausgehen, das zum Erlass des VA geführt hat. Geht es um die gerichtliche Überprüfung, muss eine Abwägung des Rechtsschutzanspruchs des Betroffenen an der Wiederherstellung der aufschiebenden Wirkung gegenüber dem besonderen öffentlichen Interesse an der sofortigen Vollziehung vorgenommen werden.

Dabei ist „der Rechtsschutzanspruch des Bürgers ... umso stärker und darf umso weniger zurückstehen, je schwerwiegender die ihm auferlegte Belastung ist und je mehr die Maßnahmen der Verwaltung Unabänderliches bewirken."[1]

Vorläufiger Rechtsschutz nach § 123 VwGO

Das zuvor Gesagte gilt nur für einstweiligen Rechtsschutz gegenüber belastenden Verwaltungsakten. Für die Fälle, in denen jemand einen begünstigten Verwaltungsakt begehrt oder anderweitig das Erfordernis besteht, einen Zustand vorläufig zu regeln, sieht die VwGO in § 123 vorläufigen Rechtsschutz in Form der einstweiligen Anordnung vor.

§

§ 123 VwGO

„(1) Auf Antrag kann das Gericht, auch schon vor Klageerhebung, eine einstweilige Anordnung in Bezug auf den Streitgegenstand treffen, wenn die Gefahr besteht, dass durch eine Veränderung des bestehenden Zustands die Verwirklichung eines Rechts des Antragstellers vereitelt oder wesentlich erschwert werden könnte. Einstweilige Anordnungen sind auch zur Regelung eines vorläufigen Zustands in Bezug auf ein streitiges Rechtsverhältnis zulässig, wenn diese Regelung, vor allem bei dauernden Rechtsverhältnissen, um wesentliche Nachteile abzuwenden oder drohende Gewalt zu verhindern oder aus anderen Gründen nötig erscheint."

Da die einstweilige Anordnung der Sicherung von Rechten dient, soll sie die Entscheidung in der Hauptsache nicht vorwegnehmen. Der Antragsteller muss in dem Verfahren den zu sichernden Anspruch (Anordnungsanspruch), für den vorläufiger Rechtsschutz begehrt wird sowie dessen Gefährdung (Anordnungsgrund), also die Eilbedürftigkeit der Angelegenheit glaubhaft machen. In dem Verfahren beurteilt das Gericht in summarischer Prüfung die Erfolgsaussichten der Hauptsache und entscheidet dann nach einer Interessenabwägung.

Übungen

1. Stellen Sie den Unterschied zwischen dem Verpflichtungswiderspruch und der Verpflichtungsklage dar.
2. Ermitteln Sie für die folgenden Fälle jeweils, welche Klageart hier möglich ist.
   a) Bei dem Mitarbeiter X der Stadtverwaltung in Y ist fraglich, ob zwischen ihm und dem Dienstherrn jemals ein Beamtenverhältnis rechtswirksam begründet wurde.
   b) Aufgrund des Nds. Schulgesetzes (NSchG) wird einer Schülerin aufgegeben, ab sofort regelmäßig bis zur Beendigung ihrer Schulpflicht die Berufsbildenden Schulen Norden zu besuchen.
   c) Der Hundeliebhaber H erhält eine Verfügung, dass sein Hund Anton nur noch mit Maulkorb auf der Straße ausgeführt werden darf. Der Hund musste jedoch am Vortag wegen Rheuma eingeschläfert werden.
   d) E ist Eigentümer eines Gartengrundstücks. Die zuständige Behörde lehnt die Erteilung einer Genehmigung zum Bau einer Gartenlaube ab.
   e) L wendet sich gegen den Bebauungsplan der Gemeinde, durch den das Baugebiet, das in der Nähe seines Wohnhauses liegt, als Gewerbegebiet ausgewiesen wird.

1 BVerwG NJW 1974, S. 1294.

Zum Nachschlagen

Art. 17 GG,
Art. 19 Abs. 4 GG,
Art. 97 GG;
§ 79 VwVfG;
§§ 188–193 BGB;
§ 4 Abs. 1 VwZG;
§ 1 VwGO,
§ 15 VwGO,
§ 19 VwGO,
§ 40 VwGO,
§ 42 VwGO,
§ 45 VwGO,
§ 46 VwGO,
§ 47 VwGO,
§ 49 VwGO,
§ 68 VwGO,
§ 69 VwGO,
§ 70 Abs. 1 VwGO,
§ 72 VwGO,
§ 73 VwGO,
§ 80 VwGO,
§ 81 VwGO,
§ 113 VwGO,
§ 123 VwGO.

Beispiele:	Wovon zu unterscheiden:
■ **formlose Rechtsbehelfe** → Gegenvorstellung → Aufsichtsbeschwerde → Dienstaufsichtsbeschwerde ■ **förmliche Rechtsbehelfe** → Widerspruchsverfahren → Klageverfahren	■ Rechtsschutz im privatrechtlichen Bereich ■ Begründetheitsprüfung der Widerspruchsbehörde von der Begründetheitsprüfung des Gerichts
Hilfen zum Einprägen:	**Definitionen:**
Widerspruchsprüfung = Prüfung der Zulässigkeit und Begründetheit.Worauf erstreckt sich die Begründetheitsprüfung beim: ■ **Anfechtungswiderspruch?** Inwieweit der VA rechtswidrig und der Widerspruchsführer dadurch in seinen Rechten verletzt wird ■ **Verpflichtungswiderspruch?** Inwieweit der Widerspruchsführer einen Anspruch auf den begehrten VA hat	■ **Devolutiveffekt** (§ 73 Abs. 1 VwGO) → Abgabe des Verfahrens zur Prüfung an die nächsthöhere Behörde ■ **Suspensiveffekt** (§ 80 Abs. 1 VwGO) → Einlegung des Widerspruchs hat aufschiebende Wirkung

Lernarrangement 25

Ein Verwaltungsverfahren beispielhaft von Beginn des Verfahrens bis zum Abschluss des Klageverfahrens durchführen

Leitfrage

Wie läuft ein Verwaltungsverfahren von der Eröffnung bis zum Abschluss des Klageverfahrens ab?

Durch das Arrangement abgedeckte Inhalte des Rahmenlehrplans:

- Regelungen zum allgemeinen Verwaltungsverfahren
- Anforderungen an schriftliche Verwaltungsakte
- Rechtmäßigkeit des Verwaltungsaktes, Klageverfahren

Methodische Hinweise zur Erarbeitung des Lernarrangements:

Parallel zur Bearbeitung dieses Lernarrangements könnte in Arbeitsgruppen ein Zeitstrahl erstellt werden, auf dem die wesentlichen Schritte eines Verwaltungsverfahrens dargestellt werden und in den die nach dem Sachverhalt erforderlichen Maßnahmen eingetragen werden. Die Erstellung eines derartigen Zeitstrahls könnte mithilfe eines Präsentationsprogramms erfolgen.

LA 25 Ausgangssituation

Sie haben im Rahmen Ihrer bisherigen Ausbildung gelernt, welche Verfahrensvorschriften im Rahmen der Durchführung eines Verwaltungsverfahrens zu beachten sind, wie die Rechtmäßigkeit eines Verwaltungsaktes geprüft wird und welche Zulässigkeitsvoraussetzungen im Klageverfahren zu beachten sind. Durch das nun folgende Lernarrangement soll anhand eines Beispielfalls ein Verwaltungsverfahren von der Eröffnung bis zum Abschluss des Klageverfahrens exemplarisch durchgeführt werden.

Der nachfolgende Sachverhalt wird in fünf Teilen dargestellt. Lesen Sie zunächst Teil 1:

Teil 1:

Am 28.02. erhält die kreisfreie Stadt S. einen Anruf von einem Anwohner der Bahnhofstraße in der Stadt S. In diesem Anruf wird darauf hingewiesen, dass es in letzter Zeit vor der Spielhalle „Maximus" in der Bahnhofstraße wiederholt zu Lärmbelästigungen durch ankommende und abreisende Gäste gekommen ist. Die Stadt solle doch dafür Sorge tragen, dass die Spielhalle geschlossen werde, damit es nicht weiter zu Lärmbelästigungen der Anwohner komme.

Die Sachbearbeiterin fertigt zunächst einen Aktenvermerk und sagt dem Anrufer eine Prüfung der Angelegenheit zu.

Einleitung und Durchführung des Verwaltungsverfahrens

I. Bestimmung des Arbeitsziels

Im geschilderten Fall hat die Behörde zu entscheiden, ob sie aufgrund des Anrufes ein Verwaltungsverfahren einleitet mit dem Arbeitsziel, die Fortführung des Spielhallenbetriebes letztlich untersagen zu können.

Nach § 22 VwVfG entscheidet die Behörde nach pflichtgemäßem Ermessen, ob und wann sie ein Verwaltungsverfahren durchführt, soweit nicht zwingend ein Handeln vorgeschrieben ist (gebundene Verwaltung) bzw. ein Handeln z. B. wegen eines fehlenden Antrags untersagt ist.

Das hier vorhandene Ermessen wurde dahingehend ausgeübt, dass ein Verwaltungsverfahren begonnen wurde.

II. Ermächtigungsgrundlage

Die Sachbearbeiterin hat gem. Art. 20 Abs. 3 GG (Grundsatz der Gesetzmäßigkeit der Verwaltung) die einschlägige Ermächtigungsgrundlage heranzuziehen. Hier könnte ein Eingreifen nach § 15 Abs. 2 Satz 1 GewO möglich sein, dieser lautet:

§

§ 15 Abs. 2 GewO

„Wird ein Gewerbe, zu dessen Ausübung eine Erlaubnis, Genehmigung, Konzession oder Bewilligung (Zulassung) erforderlich ist, ohne diese Zulassung betrieben, so kann die Fortsetzung des Betriebes von der zuständigen Behörde verhindert werden."

III. Formelle Rechtmäßigkeit

1. Zuständigkeit

Bevor weitere Prüfungen der Sach- und Rechtslage erfolgten, war die Zuständigkeit der kreisfreien Stadt S. zu prüfen.

Nach § 155 Abs. 2 GewO bestimmen die Landesregierungen oder die von ihnen bestimmten Stellen die für die Ausführung der Gewerbeordnung zuständigen Behörden. In Niedersachsen ist dazu die Verordnung über Zuständigkeiten auf dem Gebiet des Wirtschaftsrechts sowie in anderen Rechtsgebieten (ZustVO-Wirtschaft) vom 18. November 2004 mit ihren Anlagen erlassen worden. Gemäß § 1 Abs. 1 Satz 1 der ZustVO Wirtschaft in Verbindung mit der Anlage 1 Nr. 1 und den Erläuterungen ist für Maßnahmen der Gewerbeuntersagung nach § 15 Abs. 2 GewO u. a. die kreisfreie Stadt sachlich zuständig. Örtlich zuständig ist nach § 3 Abs. 1 Nr. 2 VwVfG die kreisfreie Stadt S., da die Spielhalle im Bezirk der Stadt S. betrieben wird.

Nach § 24 VwVfG ermittelt die Behörde den Sachverhalt von Amts wegen.

Teil 2: Ermittlung des Sachverhaltes – Ergebnis

Vor etwa vier Jahren hatte ein Herr Michael Spieler einen Antrag auf Erteilung einer Spielhallenerlaubnis bei der Stadt S. gestellt. In seinem Antrag hatte er angegeben, in einem ca.

105 m² großen Ladenlokal in der Bahnhofstraße 25 in S. eine Spielhalle betreiben zu wollen. Bau- und Lagepläne waren beigefügt. Dort wollte er neben drei Geldspielgeräten, unter anderem zwei Billardtische sowie Flug- und Autorenn-Simulationsgeräte und Action-Spielgeräte, die gegen ein Entgelt betrieben werden können, aufstellen. Herr Spieler war erst neu in die Stadt S. gezogen und der Behörde unbekannt. Die Stadt S. erteilte Herrn Spieler nach Prüfung die beantragte Erlaubnis für die Spielhalle. Da der Inhaber damals ortsfremd war, enthielt die erstmalige Erteilung der Erlaubnis folgende Maßgabe: „Die Erlaubnis wird für drei Jahre erteilt." Herr Spieler hatte in der Folgezeit keinen weiteren Antrag auf eine Erlaubnis gestellt. Bis zu dem Anruf des Anwohners hatte es keinerlei Beschwerden oder Vorkommnisse in Verbindung mit der Spielhalle gegeben. Auch deshalb war es unbemerkt geblieben, dass die drei Jahre zwischenzeitlich abgelaufen waren.

2. Einzuhaltende Verfahrensvorschriften

Da ein für den Adressaten belastender Verwaltungsakt erlassen werden soll, ist § 28 Abs. 1 VwVfG (Anhörung) zu beachten, der folgende Tatbestandsmerkmale enthält:

- vor Erlass eines Verwaltungsaktes

  Die geplante Untersagung der Fortführung des Spielhallenbetriebes erfüllt unzweifelhaft die Anforderungen des § 35 Satz 1 VwVfG und stellt deshalb einen VA dar.

- Eingriff in die Rechte

  Der Status quo des Spielhallenbetreibers würde durch die Untersagung der Fortführung des Spielhallenbetriebes in einen Status minus geändert. Insofern liegt ein Eingriff in die Rechte des Spielhallenbetreibers vor (belastender VA).

- eines Beteiligten

  Der Spielhallenbetreiber wird Adressat des belastenden Verwaltungsaktes sein und ist somit Beteiligter i. S. d. § 13 Abs. 1 Nr. 2 VwVfG.

Die Tatbestandsmerkmale des § 28 Abs. 1 VwVfG sind erfüllt, sodass dem Spielhallenbetreiber Gelegenheit zu geben ist, sich zu den für die geplante Entscheidung maßgeblichen Tatsachen zu äußern.

Zur weiteren Ermittlung des Sachverhalts und zur Erfüllung der Anhörungspflicht gem. § 28 Abs. 1 VwVfG wurde mit Herrn Spieler am 03. 03. ein Gespräch geführt.

Arbeitsaufträge:

1. Fertigen Sie das Schreiben an Herrn Spieler, in dem Sie ihn zu einer mündlichen Anhörung in die Verwaltung bitten.
2. Bereiten Sie sich auf die Durchführung der mündlichen Anhörung vor und fertigen Sie hierzu einen Notizzettel mit den Punkten, die Sie mit Herrn Spieler ansprechen möchten.
3. Spielen Sie diese unter Beachtung des nachstehend aufgeführten Ergebnisses der Anhörung im Rahmen eines Rollenspiels nach.
4. Fertigen Sie vom Ergebnis der Anhörung eine Niederschrift, einen Aktenvermerk oder einen Anhörungsbogen.

Teil 3: Erfüllung der Anhörungspflicht – Ergebnis

Herr Spieler bestätigt, dass es im Monat Februar an vier Tagen zu lauten Gesprächen, beziehungsweise zu Streitigkeiten auf der Straße vor der Spielhalle gekommen war und dieser Lärm vor allem von drei Stammkunden der Spielhalle verursacht wurde.

Im weiteren Verlauf der Anhörung zeigte Herr Spieler keine Bereitschaft, auf seine Kunden einzuwirken, damit sie sich zukünftig vor der Spielhalle etwas ruhiger verhalten.

IV. Materielle Rechtmäßigkeit

Aus der Rechtsnorm ergibt sich als **Eingriffsvoraussetzung** (Tatbestandsmerkmale), dass

- es um **ein Gewerbe**
- **zu dessen Ausübung eine Zulassung erforderlich ist** und
- **dass dieses ohne Zulassung betrieben wird**

gehen muss.

Bevor Maßnahmen ergriffen werden können, ist zu überprüfen, ob in diesem Fall die in der Rechtsnorm enthaltenen TBM erfüllt sind.

Die Prüfung der Rechtslage ergibt Folgendes:

Nach § 15 Abs. 2 GewO muss ein Gewerbe betrieben werden. Ein Gewerbe ist jede selbstständige, erlaubte, auf Gewinnerzielung gerichtete, auf gewisse Dauer angelegte Tätigkeit mit Ausnahme der Urproduktion und der freien Berufe.[1] Keines der Merkmale der Definition ist im *vorliegenden Fall* zweifelhaft, insbesondere handelt es sich bei dem Betrieb einer Spielhalle um eine erlaubte Tätigkeit, die mit Gewinnerzielungsabsicht betrieben wird, sodass ein Gewerbe anzunehmen ist.

Ferner muss es sich um ein Gewerbe handeln, zu dessen Ausübung eine Zulassung erforderlich ist. Nach § 33i GewO gilt:

§

§ 33i GewO

„(1) Wer gewerbsmäßig eine Spielhalle oder ein ähnliches Unternehmen betreiben will, das ausschließlich oder überwiegend der Aufstellung von Spielgeräten oder der Veranstaltung anderer Spiele im Sinne des § 33c Abs. 1 S. 1 oder des § 33d Abs. 1 S. 1 oder der gewerbsmäßigen Aufstellung von Unterhaltungsspielen ohne Gewinnmöglichkeit dient, bedarf der Erlaubnis der zuständigen Behörde. Die Erlaubnis kann mit einer Befristung erteilt und mit Auflagen verbunden werden, soweit dies zum Schutze der Allgemeinheit, der Gäste oder der Bewohner des Betriebsgrundstücks oder der Nachbargrundstücke vor Gefahren, erheblichen Nachteilen oder erheblichen Belästigungen erforderlich ist; unter denselben Voraussetzungen ist auch die nachträgliche Aufnahme, Änderung und Ergänzung von Auflagen zulässig."

§ 33c GewO regelt:

§

§ 33c GewO

„(1) Wer gewerbsmäßig Spielgeräte, die mit einer den Spielausgang beeinflussenden technischen Vorrichtung ausgestattet sind, und die die Möglichkeit eines Gewinnes bieten, aufstellen will, bedarf der Erlaubnis der zuständigen Behörde."

1 Kahl, Georg, in: von Landmann/Rohmer, Gewerbeordnung (2018), Kommentar, § 1 Rd. Nr. 3.

§ 33d GewO bestimmt:

§33d GewO

„(1) Wer gewerbsmäßig ein anderes Spiel mit Gewinnmöglichkeit veranstalten will, bedarf der Erlaubnis der zuständigen Behörde."

Die Erlaubnispflicht einer Spielhalle hängt somit davon ab, ob jemand eine Spielhalle

- **gewerbsmäßig** betreibt, in der
- **ausschließlich oder überwiegend Spielgeräte mit Gewinnmöglichkeit gem. § 33c Abs. 1 S. 1 GewO** aufgestellt sind oder
- **andere Spiele mit Gewinnmöglichkeit gem. § 33d Abs. 1 S. 1 GewO** veranstaltet werden oder
- **gewerbsmäßig Unterhaltungsspiele ohne Gewinnmöglichkeit gem. § 33i Abs. 1 S. 1 GewO** aufgestellt werden.

Bei dem Betrieb des Herrn Spieler handelt es sich um eine Spielhalle. Sie wird von Herrn Spieler gewerbsmäßig, insbesondere mit Gewinnerzielungsabsicht betrieben.

In dem Betrieb werden unter anderem drei Geldspielgeräte, also Spielgeräte, die mit einer den Spielausgang beeinflussenden technischen Vorrichtung ausgestattet sind und bei denen die Möglichkeit besteht, einen Geldgewinn zu erzielen, betrieben. Außerdem wurden zwei Billardtische, Flug- und Autorenn-Simulationsgeräte sowie Action-Spielgeräte aufgestellt, also Unterhaltungsspiele ohne Möglichkeit eines Geldgewinns.

Damit ist der Betrieb des Herrn Spieler erlaubnispflichtig gem. § 33i Abs. 1 S. 1 GewO.

Schließlich müsste Herr Spieler die Spielhalle ohne Erlaubnis betrieben haben. Die ursprünglich von der Stadt S. erteilte Erlaubnis enthielt die Maßgabe: „Die Erlaubnis wird für drei Jahre erteilt." Aus der Formulierung der Maßgabe wird deutlich, dass sie nur drei Jahre gelten soll. Es handelt sich somit um eine auflösende Befristung im Sinne des § 36 Abs. 2 Nr. 1 VwVfG (vgl. *Lernarrangement 18: Rechtsrelevante Zusätze zum Verwaltungsakt erlassen*), sodass die Wirksamkeit der Erlaubnis mit dem zwischenzeitlichen Ablauf der drei Jahre erloschen ist. Auf die Frage der Rechtmäßigkeit der Befristung braucht nicht eingegangen zu werden, da die Erlaubnis und mit ihr die Befristung bereits seit langem unanfechtbar ist und auch ein ggf. rechtswidriger VA gem. § 43 VwVfG wirksam ist. Etwas anderes würde gem. § 43 Abs. 3 VwVfG allenfalls gelten, wenn die Nebenbestimmung nichtig wäre. Für diese Annahme gibt es jedoch im Sachverhalt keine Anhaltspunkte.

Die Tatbestandsvoraussetzungen des § 15 Abs. 2 GewO liegen somit vor, sodass ggf. die Rechtsfolge eintreten kann.

Auf der **Rechtsfolgeseite** des Rechtssatzes ist geregelt:

Die zuständige Behörde kann die Fortsetzung des Betriebes ... verhindern.

Zur Klärung der Frage, ob die Fortsetzung des Betriebes verhindert werden soll, musste die Behörde Ermessen ausüben. Bei dieser **Ermessensentscheidung** war die Behörde an die Regelungen des § 40 VwVfG gebunden. Sie musste ihr Ermessen entsprechend dem Zweck der Ermächtigung ausüben und die gesetzlichen Grenzen des Ermessens einhalten.

Nach Abschluss der Ermittlungen erging der nachfolgend abgebildete Verwaltungsakt.

Teil 4:

Stadt S.
Der Oberbürgermeister

S., 14. März 20..

Mit Postzustellungsurkunde

Herrn
Michael Spieler
Spielhalle „Maximus"
Bahnhofstraße 25
xxxxx S.

Untersagung des Betriebs einer Spielhalle in der Bahnhofstraße 25

Sehr geehrter Herr Spieler,

mit sofortiger Wirkung untersage ich Ihnen, die Spielhalle „Maximus", in S., Bahnhofstraße 25, weiter zu betreiben.

Die Kosten des Verfahrens haben Sie zu tragen.

Begründung:

Nach § 15 Abs. 2 der Gewerbeordnung – GewO – (Bundesgesetzblatt I – BGBl. I – S. ..., zuletzt geändert durch Gesetz vom ... (BGBl. I S. ...) kann die Fortsetzung des Betriebs der Spielhalle „Maximus" verhindert werden, weil Sie das Gewerbe ohne die erforderliche Zulassung betreiben.

Seit dem ... betreiben Sie in der Bahnhofstraße 25 die Spielhalle „Maximus". Die Erlaubnis wurde seinerzeit auf drei Jahre befristet. Diese drei Jahre sind zwischenzeitlich abgelaufen. Damit ist die Wirksamkeit der Erlaubnis erloschen.

Es besteht ein überwiegendes öffentliches Interesse daran, die Fortsetzung des Betriebes der Spielhalle „Maximus" zu verhindern, weil es in letzter Zeit zu erheblichen Lärmbelästigungen der Nachbarschaft durch Ihre Kunden gekommen ist und Sie keinerlei Bereitschaft gezeigt haben, auf Ihre Kunden einzuwirken, um so die Belästigungen einzustellen.

Die Kostenentscheidung beruht auf ... des ... Verwaltungskostengesetzes vom ... (Fundstelle), zuletzt geändert durch ... (Fundstelle) und laufender Nr. ... des Kostentarifs.

Hierzu werde ich Ihnen einen besonderen Kostenfestsetzungsbescheid zusenden.

Rechtsbehelfsbelehrung:

Gegen diesen Bescheid kann innerhalb eines Monats nach Zustellung Klage erhoben werden. Die Klage ist beim Verwaltungsgericht (...) schriftlich oder zu Protokoll des Urkundsbeamten der Geschäftsstelle zu erheben.

Mit freundlichen Grüßen
Im Auftrag

(Unterschrift)

Zusatzinformation:

Die Postzustellungsurkunde wurde am 17.03. an die Behörde zurückgeleitet (vgl. z.B. § 3 Abs. 2 Nds. Verwaltungszustellungsgesetz [VwZG]). Aus der Urkunde ergibt sich als Zustellungstag der 16.03.

Abschluss des Verwaltungsverfahrens

Mit dem *auf S. 330 abgebildeten VA* kommt das Verwaltungsverfahren zum Abschluss. Die Rechtsgrundlage (§ 15 Abs. 2 GewO) lässt nicht ausdrücklich ein Handeln durch VA zu, da es dort heißt: „... kann die Fortsetzung des Betriebes ... verhindert werden". Die VA-Befugnis ergibt sich allgemein daraus, dass die Verwaltung befugt ist, zur hoheitlichen Erfüllung ihrer Verwaltungsaufgaben Verwaltungsakte zu erlassen, sofern nicht ausnahmsweise etwas anderes vorgeschrieben ist (vgl. *Lernarrangement 16: Nicht förmliche Verwaltungsverfahren formal richtig durchführen*).

Nach § 41 Abs. 1 VwVfG ist ein VA demjenigen Beteiligten bekannt zu geben, für den er bestimmt ist oder der von ihm betroffen wird, *in diesem Fall* dem Betreiber der Spielhalle „Maximus".

Hier wurde die Zustellungsart „Postzustellungsurkunde" gewählt, weil dabei der Zeitpunkt der Zustellung durch die Behörde nachgewiesen werden kann und außerdem alle Möglichkeiten der Ersatzzustellung ausgeschöpft werden können.

Aus dem *Fall (Zusatzinformation)* geht hervor, dass die Zustellung am 16.03. erfolgte. Von diesem Tage an hat der VA sowohl seine äußere als auch seine innere Wirksamkeit erlangt (vgl. *Lernarrangement 19: Wirksamkeit und Bestandskraft von Verwaltungsakten beurteilen*). Dies ergibt sich auch aus dem Tenor des Bescheides, da der Weiterbetrieb mit sofortiger Wirkung untersagt wurde. Die Regelung – hier die Untersagung der Fortsetzung des Betriebes – ist zu befolgen.

Gleichzeitig beginnt der Lauf der Klagefrist. Der erste Tag der Frist (gem. § 74 Abs. 1 Satz 2 VwGO ein Monat) ist damit der 17.03., die Frist endet mit Ablauf des 16.04, 24:00 Uhr, sofern dieser nicht ein Sonn- oder Feiertag ist. Die Fristberechnung erfolgt gem. § 31 Abs. 1 VwVfG entsprechend der §§ 187–193 BGB (vgl. *Lernarrangement 24: Verwaltungsmaßnahmen im Rahmen des Rechtsschutzes kontrollieren*).

Teil 5:

Michael Spieler
Bahnhofstraße 12
XXXXX S.

S., 20.03.20..

An das
Verwaltungsgericht S.
Hauptstraße 12
xxxxx S.

Verwaltungsgericht S.
eingegangen am:
22. März 20..

Klage gegen die Verfügung der Stadt S. vom 14.03.20..

Sehr geehrte Damen und Herren,

mit Ihrer Entscheidung, mir die Fortsetzung des Betriebes meiner Spielhalle „Maximus" zu untersagen, bin ich nicht einverstanden.

Die Entscheidung ist unverhältnismäßig. Zur Schließung meines Betriebes ist es nur gekommen, weil ich seinerzeit vergessen habe, einen neuen Antrag, diesmal auf eine unbefristete Erlaubnis, zu stellen. Meines Erachtens handelt es sich dabei um eine reine Formalität. Sobald ich einen neuen Antrag auf Erteilung einer Erlaubnis zum Betrieb einer Spielhalle stelle, werde ich auch wieder eine erhalten!

Außerdem berücksichtigen Sie bei Ihrer Entscheidung nur, dass ich seinerzeit nicht bereit war, auf meine Kunden einzuwirken, dass sie außerhalb meines Betriebes die Ruhe bewahren sollen. Ich frage mich, wie ich das außerhalb meines Betriebes überhaupt gewährleisten soll? Allerdings habe ich, um die Angelegenheit nicht auf die Spitze zu treiben, meinen Kunden von der Verfügung der Stadt S. erzählt. Sie sind jetzt bereit, sich auf dem Heimweg ruhig zu verhalten, um meinen Betrieb nicht zu gefährden.

Da die Spielhalle meine Lebensgrundlage bildet, muss diese Fehlentscheidung der Stadt S. dringend korrigiert werden. Bitte teilen Sie mir mit, was ich zu veranlassen habe, damit ich wieder eine Erlaubnis zum Betrieb meiner Spielhalle bekomme. In der Hoffnung auf baldige positive Nachrichten verbleibe ich

Mit freundlichen Grüßen

Michael Spieler

(Michael Spieler)

Das Klageverfahren

Nach Eingang der Klage prüft das Verwaltungsgericht die Zulässigkeit und die Begründetheit der Klage (zu den einzelnen Bearbeitungsschritten vgl. Bearbeitung des Falles und Aufbaumuster in *Lernarrangement 20: Rechtmäßigkeit von Verwaltungsakten überprüfen* und in *Lernarrangement 24: Verwaltungsmaßnahmen im Rahmen des Rechtsschutzes kontrollieren*).

Zulässigkeit der Klage (Kurzlösung)

Die Klage ist **zulässig,**

- wenn der Verwaltungsrechtsweg gegeben ist,
- die Klage statthaft ist,
- sie form- und fristgerecht beim zuständigen Verwaltungsgericht erhoben wurde und
- der Kläger befugt ist, die Klage zu erheben.

Hier ist der Verwaltungsrechtsweg nach § 40 VwGO gegeben, es handelt sich um eine öffentlich-rechtliche Streitigkeit nicht-verfassungsrechtlicher Art. Die Klage ist auch statthaft, da die Aufhebung eines belastenden Verwaltungsaktes begehrt wird und ein Vorverfahren gem. § 68 Abs. 1 Satz 2 VwGO i. V. m. § 80 Abs. 1, Abs. 2 NJG entbehrlich ist (Anfechtungsklage).

Die Klage wurde außerdem **ordnungsgemäß** eingelegt. Sie wurde fristgerecht mit Schreiben vom 20.03.20.. in der richtigen Form bei der richtigen Stelle eingelegt. Die Klagefrist endet gem. § 187 Abs. 1, § 188 Abs. 2 BGB mit Ablauf des 17.04.20.. um 24:00 Uhr. Die Klage ging bereits am 22.03.20.. schriftlich beim zuständigen Verwaltungsgericht ein (vgl. §§ 74, 81 VwGO). Im Übrigen war die Rechtsbehelfsbelehrung korrekt, sodass hier die Klagefrist einen Monat nach Bekanntgabe des VA beträgt.

An der Beteiligungs- und Handlungsfähigkeit des Klägers ist nach Angaben des Sachverhalts nicht zu zweifeln.

Als Adressat eines belastenden Verwaltungsaktes ist es möglich, dass Herr Spieler in seinen Rechten verletzt ist. Er kann somit als Kläger geltend machen, in seinen Rechten verletzt zu sein, sodass gem. § 42 Abs. 2 VwGO die Klagebefugnis gegeben ist.

Es bleibt also festzuhalten, dass die Klage des Herrn Spieler **zulässig** ist.

Begründetheit der Klage (Kurzlösung)

Die Klage ist begründet, soweit der Verwaltungsakt rechtswidrig ist und der Kläger dadurch in seinen Rechten verletzt ist (§ 113 Abs. 1 Satz 1 VwGO analog).

Das Verwaltungsgericht überprüft daher zunächst die Rechtmäßigkeit des Ursprungs-VA.

Dem Vorbehalt des Gesetzes wurde entsprochen, denn der § 15 Abs. 2 GewO beinhaltet eine entsprechende Eingriffsnorm.

Der vorliegende *VA* ist formell rechtmäßig. Die kreisfreie Stadt S. war als sachlich und örtlich zuständige Behörde ermächtigt, die angeordnete Rechtsfolge durch VA zu setzen. Verstöße gegen Verfahrens- und Formvorschriften sind nicht ersichtlich, der VA ist hinreichend begründet.

Fraglich ist die materielle Rechtmäßigkeit der Untersagungsverfügung. Hier soll nur auf die Punkte eingegangen werden, die zu Zweifeln an der Rechtmäßigkeit Anlass geben (Einzelheiten *Lernarrangement 20: Rechtmäßigkeit von Verwaltungsakten überprüfen*).

Herr Spieler macht mit seiner Klage geltend, dass die Behörde eine unverhältnismäßige Entscheidung getroffen hat und dass das Ermessen nicht richtig ausgeübt wurde. Er beklagt, dass eine Verhinderung der Fortsetzung des Betriebes nicht infrage kommen könne, wenn die fehlende Erlaubnis ohne Probleme erneut erteilt werden kann. Außerdem stehe der ihm entstehende wirtschaftliche Schaden in keinem Verhältnis zu den Belästigungen der Nachbarschaft, zumal die Lärmbelästigungen inzwischen abgestellt wurden.

Der § 15 Abs. 2 GewO räumt der Behörde einen Ermessensspielraum ein. Im Rahmen der Rechtmäßigkeitsprüfung im Klageverfahren hat sich das Verwaltungsgericht nicht darauf zu beschränken, festzustellen, ob Ermessensfehler begangen wurden. Es hat vielmehr Ermessen nach § 40 VwVfG entsprechend dem Zweck der Ermächtigung auszuüben und die gesetzlichen Grenzen des Ermessens einzuhalten.

Mit einem VA nach § 15 Abs. 2 GewO wird bezweckt, eine Fortsetzung des erlaubnispflichtigen Betriebes ohne Zulassung und die damit verbundenen Gefahren zu verhindern und einen rechtswidrigen Zustand abzustellen. Bei der Ausübung des Ermessens hat die Behörde die gesetzlichen Grenzen des Ermessens einzuhalten, insbesondere das Prinzip der Verhältnismäßigkeit (vgl. *Lernarrangement 12: Allgemeine Grundsätze des Verwaltungsrechts beachten*) und die Grundrechte. Damit die Verhinderung der Fortsetzung des Betriebes verhältnismäßig ist, muss die Maßnahme geeignet, erforderlich und angemessen sein.

Die Untersagungsverfügung dient dazu, den erstrebten Zweck, eine Fortsetzung des erlaubnispflichtigen Betriebes ohne Zulassung zu verhindern, zu erreichen und ist somit geeignet. Fraglich ist, ob es erforderlich ist, ob die Behörde nicht ein anderes – gleich wirksames, aber weniger einschneidendes – Mittel hätte wählen können. Möglicherweise hätte es genügt, Herrn Spieler aufzufordern, einen neuen Antrag auf Erteilung der Erlaubnis zu stellen und zunächst den Ausgang des Antragsverfahrens abzuwarten.

Im *vorliegenden Fall* wird das Gewerbe nur deshalb ohne Erlaubnis betrieben, weil die seinerzeit vorgenommene Befristung eingetreten ist und vergessen wurde, eine neue Erlaubnis zu beantragen. Sofern Herr Spieler aber in seiner Person und in seinem Betrieb alle Voraussetzungen für die Erteilung der Erlaubnis erfüllt, steht einer erneuten Erteilung einer Erlaubnis grundsätzlich nichts entgegen. Zwar kann die Behörde die Erlaubnis nicht ohne Antrag von Herrn Spieler erteilen, weil es sich hierbei um einen sog. mitwirkungsbedürftigen VA handelt (vgl. *Lernarrangement 17: Verwaltungsakte erkennen und abgrenzen, Funktionen und Arten unterscheiden*). Da Herr Spieler jedoch bereits in seinem Klageschreiben um eine Beratung über die Voraussetzungen der Erteilung einer Erlaubnis gebeten hat, ist nicht zu befürchten, dass er sich weigern wird, den Antrag zu stellen. Wenn der Antrag alsbald gestellt wird und die ausreichende Wahrscheinlichkeit besteht, dass die Voraussetzungen für die Erteilung vorliegen, wäre es ermessensfehlerhaft, wenn die Fortsetzung des Betriebes weiter verhindert werden würde.

Ein Anspruch auf Erteilung der Erlaubnis zum Betrieb einer Spielhalle besteht, wenn die Voraussetzungen des § 33 i Abs. 1 GewO vorliegen und keine Versagungsgründe nach § 33 i Abs. 2 GewO vorliegen.

§ 33 i GewO

„(2) Die Erlaubnis ist zu versagen, wenn

1. die in § 33 c Abs. 2 oder § 33 d Abs. 3 genannten Versagungsgründe vorliegen,
2. die zum Betrieb des Gewerbes bestimmten Räume wegen ihrer Beschaffenheit oder Lage den polizeilichen Anforderungen nicht genügen oder
3. der Betrieb des Gewerbes eine Gefährdung der Jugend, eine übermäßige Ausnutzung des Spieltriebs, schädliche Umwelteinwirkungen im Sinne des Bundes-Immissionsschutzgesetzes oder sonst eine nicht zumutbare Belästigung der Allgemeinheit, der Nachbarn oder einer im öffentlichen Interesse bestehenden Einrichtung befürchten lässt."

Aufgrund der Angaben im Sachverhalt besteht die ausreichende Wahrscheinlichkeit, dass dem Antrag stattgegeben wird. Anhaltspunkte für einen Versagungsgrund nach § 33c Abs. 2 oder 33d Abs. 3 GewO, d. h. für eine Unzuverlässigkeit von Herrn Spieler, bestehen nicht.

§ 33c Abs. 2 GewO regelt:

§ 33 c GewO

„(2) Die Erlaubnis ist zu versagen, wenn Tatsachen die Annahme rechtfertigen, dass der Antragsteller die für die Aufstellung von Spielgeräten erforderliche Zuverlässigkeit nicht besitzt. Die erforderliche Zuverlässigkeit besitzt in der Regel nicht, wer in den letzten drei Jahren vor Stellung des Antrages wegen eines Verbrechens, wegen Diebstahls, Unterschlagung, Erpressung, Hehlerei, Betruges, Untreue, unerlaubter Veranstaltung eines Glücksspiels, Beteiligung am unerlaubten Glücksspiel oder wegen Vergehens nach § 12 des Jugendschutzgesetzes rechtskräftig verurteilt worden ist."

Aus § 33d Abs. 3 GewO ergibt sich:

§ 33 d GewO

„(3) Die Erlaubnis ist zu versagen, wenn Tatsachen die Annahme rechtfertigen, dass der Antragsteller oder der Gewerbetreibende, in dessen Betrieb das Spiel veranstaltet werden soll, die für die Veranstaltung von anderen Spielen erforderliche Zuverlässigkeit nicht besitzt. § 33 c Abs. 2 Satz 2 gilt entsprechend."

Ebenso ist nicht zu befürchten, dass es zu einer nicht zumutbaren Belästigung der Nachbarn durch den Betrieb der Spielhalle kommt. Einerseits hatte es in den vier vergangenen Jahren keine Beschwerden oder Vorkommnisse in Verbindung mit der Spielhalle gegeben. Andererseits wurden die Lärmbelästigungen nach Angaben von Herrn Spieler zwischenzeitlich abgestellt.

Es besteht daher die ausreichende Wahrscheinlichkeit, dass die Voraussetzungen für eine erneute Erteilung der Erlaubnis vorliegen. Eine Verhinderung der Fortsetzung des Betriebes war daher unverhältnismäßig. Herr Spieler wird durch die Verfügung in seinen Rechten, insbesondere in seinem Grundrecht auf Berufsfreiheit aus Art. 12 GG verletzt.

Das Verwaltungsgericht kommt daher zu dem Ergebnis, dass der Ursprungs-VA rechtswidrig und die Klage begründet ist.

§ 113 Abs. 1 Satz 1 VwGO

„Soweit der Verwaltungsakt rechtswidrig und der Kläger dadurch in seinen Rechten verletzt ist, hebt das Gericht den Verwaltungsakt und den etwaigen Widerspruchsbescheid auf."

In diesem Fall hebt das Verwaltungsgericht also den Verwaltungsakt, der durch die Stadt S. erlassen wurde, auf.

Hinweis:

Mit Eingang des von Herrn Spieler angekündigten Antrags auf Erteilung einer Spielhallenerlaubnis beginnt ein neues Verwaltungsverfahren. Nach § 22 Satz 2 VwVfG muss die Behörde auf den Antrag hin tätig werden. Im Verlauf dieses Verfahrens sind die Verfahrensvorschriften und die Tatbestandsvoraussetzungen der Rechtsgrundlage (§ 33 i GewO) zu prüfen.

Lernarrangement 26

Maßnahmen der Verwaltungsvollstreckung kennen und unterscheiden

Leitfragen

1. Wodurch unterscheiden sich die Möglichkeiten einer Privatperson zur Durchsetzung ihres Willens (z. B. Geldforderung, Erzwingung einer Handlung) gegenüber den Möglichkeiten der Verwaltung?
2. Entsprechend dem Grundsatz der Gesetzmäßigkeit benötigt auch die Verwaltung für eine Vollstreckungsmaßnahme einen vollstreckbaren Titel. Worin besteht dieser?
3. In Abhängigkeit vom Ziel der Vollstreckungsmaßnahme unterscheidet das Gesetz zwei Arten von Vollstreckungsmaßnahmen. Welche sind dies?
4. Welches sind die Grundvoraussetzungen, die bei beiden Arten von Vollstreckungsmaßnahmen erfüllt sein müssen, damit vollstreckt werden kann?

Durch das Arrangement abgedeckte Inhalte des Rahmenlehrplans:

- Verwaltungszwang

Methodische Hinweise zur Erarbeitung des Lernarrangements:

Es empfiehlt sich die Kontaktaufnahme zu Ihrer Gemeinde bzw. Ihrem Landkreis oder Landratsamt, um sich von dem zuständigen Vollstreckungsbeamten das Vollstreckungsverfahren darstellen zu lassen. Ebenso wäre es sinnvoll, sich einen Formularsatz zur Verwaltungsvollstreckung von Ihrer Gemeinde bzw. von Ihrem Landkreis oder Landratsamt zu besorgen.

LA 26 Ausgangssituation

Das gesamte nicht förmliche Verwaltungsverfahren sowie das formlose und förmliche Rechtsbehelfsverfahren sind Ihnen bekannt.

Lesen Sie zunächst die beiden nachfolgenden Fälle.

Fall 1:

Die Stadt Aurich verfügte am 25.09.20.. gegen Herrn Meyer mittels Heranziehungsbescheid über Erschließungsbeiträge aufgrund §§ 127 ff. BauGB die Zahlung der Erschließungsbeiträge für sein Grundstück in Höhe von 9 000,00 €. Der Bescheid wurde Herrn Meyer am 28.09.20.. zugestellt. Gemäß § 135 Abs. 1 BauGB werden Erschließungsbeiträge einen Monat nach Zustellung des Beitragsbescheides fällig.

Am 04.11.20.. sind noch keine Zahlungen von Herrn Meyer eingegangen.

22 Schäfer u.a. - ISBN 978-3-8120-0439-8

Fall 2:

Herr X und Frau Y hatten ein Grundstück in einem Landschaftsschutzgebiet in Tannenhausen (Ortsteil von Aurich) erworben und ließen das alte, nach ihrer Ansicht nicht mehr renovierungsfähige Bauernhaus auf dem Grundstück abreißen und errichteten an derselben Stelle mit einigem finanziellen Aufwand ein neues Haus. Eine Baugenehmigung lag allerdings für den Neubau nicht vor. Auf entsprechende Bauvoranfragen seitens Herrn X und Frau Y hatte die Stadt auf die Unzulässigkeit des Vorhabens hingewiesen. Eine Aufforderung der Behörde, die Bauarbeiten einzustellen, ignorierten die Bauherren. Daraufhin verfügte die Stadt Aurich die Versiegelung des Neubaues und ordnete per Verfügung vom 30.10. an, „... das illegal errichtete Wohnhaus bis zum 14.12. zu beseitigen."

Arbeitsaufträge:

1. Prüfen Sie als zuständiger Sachbearbeiter der Stadt, welche rechtlichen Möglichkeiten Sie haben, das Geld zwangsweise einzutreiben (Fall 1).
2. Prüfen Sie die Zulässigkeit der Versiegelung des Wohnhauses und die Möglichkeiten der Stadt, die Abrissverfügung, falls erforderlich, auch zwangsweise durchsetzen zu können (Fall 2).

Theoretische Grundlagen

Begriff, Bedeutung und allgemeine Voraussetzungen der Verwaltungsvollstreckung

Will ein Bürger seine privatrechtliche Forderung (z.B. aus Kaufvertrag) zwangsweise durchsetzen, so kann er dies nicht selbst zwangsweise erledigen, sondern er benötigt dazu einen **vollstreckbaren Titel,** den ihm erst die Gerichte verschaffen.

Auch die Verwaltung bedarf zur Vollstreckung ihrer Ansprüche gegen den Bürger eines vollstreckbaren Titels. Für einen wesentlichen Teil ihrer Forderungen kann sich die Behörde diesen Titel jedoch selbst durch Erlass eines Verwaltungsaktes verschaffen. Sie kann also unter Umständen ohne Einschaltung der Gerichte selbst vollstrecken.[1]

Unter **Verwaltungsvollstreckung** ist „die **zwangsweise** Durchsetzung verwaltungsrechtlicher Ansprüche durch die Behörde, die diese Ansprüche geltend zu machen berechtigt ist", zu verstehen.[2]

Als Rechtsgrundlagen für Verwaltungsvollstreckungsmaßnahmen gelten für den Bereich der Bundesverwaltung das Verwaltungsvollstreckungsgesetz (VwVG) und das Gesetz über den unmittelbaren Zwang bei Ausübung öffentlicher Gewalt durch Vollzugsbeamte des Bundes (UZwG).

1 Bei Forderungen aus privatrechtlichen Verträgen der Verwaltung sind grundsätzlich, jedoch mit Ausnahmen, auch vollstreckbare Titel eines Gerichts erforderlich.

2 Maurer, Waldhoff (2017), § 20 Rd. Nr. 1.

§ 5 VwVG: Anzuwendende Vollstreckungsvorschriften

„(1) Das Verwaltungszwangsverfahren und der Vollstreckungsschutz richten sich nach den Vorschriften der Abgabenordnung.

(2) Wird die Vollstreckung im Wege der Amtshilfe von den Organen der Länder vorgenommen, so ist sie nach landesrechtlichen Vorschriften durchzuführen."

Auf Landesebene sind entsprechende Gesetze erlassen, z.B. für das Land Niedersachsen das Niedersächsische Verwaltungsvollstreckungsgesetz (NVwVG). Neben diese allgemeinen Verwaltungsvollstreckungsgesetze treten ergänzend Sonderregelungen hinzu, wie z.B. im Aufenthaltsgesetz oder die Zwangsmittelanwendung im Bereich des Niedersächsischen Gesetzes über die öffentliche Sicherheit und Ordnung (Nds. SOG) (§§ 64ff. Nds. SOG), auf die § 70 des Niedersächsischen Verwaltungsvollstreckungsgesetzes (NVwVG) verweist.

Entsprechend dem Grundsatz der Gesetzmäßigkeit benötigt jede Verwaltungsvollstreckungsmaßnahme als vollstreckbaren Titel einen zugrunde liegenden Verwaltungsakt. Nur in den Ausnahmefällen des § 6 Abs. 2 VwVG und der Unterwerfung durch den Bürger unter die sofortige Vollziehung im Rahmen verwaltungsvertraglicher Vereinbarungen (§ 61 VwVfG, vgl. *Lernarrangement 23)*, ist auch ohne zugrunde liegenden VA eine Verwaltungsvollstreckungsmaßnahme möglich.

In Abhängigkeit vom Ziel, welches mit der Vollstreckungsmaßnahme erreicht werden soll, unterscheiden die Vollstreckungsgesetze (Bund, Land) zwischen **Vollstreckung wegen Geldforderungen** und **Erzwingung von Handlungen, Duldungen oder Unterlassungen.** Unabhängig von dem Vollstreckungsziel ist aber beiden Arten gemeinsam, dass:

- nur **befehlende Verwaltungsakte** vollstreckbar sind (Verwaltungsakte also, die ein Ge- oder Verbot enthalten).[1]
- sie nur vollstreckt werden dürfen, wenn sie unanfechtbar geworden oder **sofort vollziehbar** sind.[2]

Vollstreckung wegen Geldforderung (Beitreibung)

Geldforderungen, die der Zwangsvollstreckung unterliegen

Entsprechend § 1 Abs. 1 VwVG können grundsätzlich alle Arten öffentlich-rechtlicher Geldforderungen vollstreckt werden. Entsprechend § 3 Abs. 1 VwVG wird die Vollstreckung, die auf eine Geldforderung gerichtet ist, durch eine **Vollstreckungsanordnung** eingeleitet (ein Muster eines solchen Vollstreckungsauftrages ist auf der S. 343 abgebildet).

Da es sich hierbei nach Brunn[3] lediglich um einen behördeninternen Auftrag der Verwaltungsbehörde an die Vollstreckungsbehörde handelt, welcher dem Vollstreckungsschuld-

1 Andere Arten von Verwaltungsakten (z.B. feststellende, begünstigende etc. sowie alle begünstigenden VA) können nicht vollstreckt werden; von ihnen wird vielmehr entsprechend Giemulla u.a. [1998], Rd. Nr. 533) *Gebrauch gemacht,* indem vom Bürger oder der Behörde die rechtlichen Konsequenzen aus dem VA gezogen werden; z.B. Zahlung der entsprechenden Bezüge aufgrund festgesetztem Besoldungsdienstalter.

2 Ein „Gebrauch machen" von einem VA (vgl. Giemulla u.a. [1998], Rd. Nr. 533) ist demgegenüber möglich, solange nicht gegen den VA Anfechtungswiderspruch oder -klage mit aufschiebender Wirkung entsprechend § 80 Abs. 1 VwGO eingelegt worden ist.

3 Wolff, Bachof, Stober, Kluth (2007), § 64 Rd. Nr. 33.

ner auch nicht bekannt gegeben wird, schafft sie keine Regelung und ist mithin auch nicht Verwaltungsakt.[1]

Privatrechtliche Geldforderungen einer juristischen Person des öffentlichen Rechts (z. B. Forderungen aus Mietverträgen oder aus dem Verkauf eines gebrauchten Dienstfahrzeugs) müssen **grundsätzlich vor den ordentlichen Gerichten geltend gemacht werden,** denn wenn die Behörde „wie ein Privatmann" handelt, unterliegt sie auch bezüglich der Vollstreckung den entsprechenden Privatrechtsnormen. Die Verwaltung kann hier grundsätzlich keine Sonderrechte für sich in Anspruch nehmen.

Verschiedene landesspezifische Regelungen machen es allerdings in Ausnahmefällen möglich, bestimmte privatrechtliche Geldforderungen nach dem jeweiligen landesspezifischen Vollstreckungsgesetz beizutreiben.

➤ Voraussetzungen einer Vollstreckung nach dem VwVG

Die Voraussetzungen für die Vollstreckung sind in § 3 Abs. 2 VwVG geregelt. Danach gilt:

1. Grundlage muss ein **Leistungsbescheid** sein,
2. er muss **vollstreckbar** sein (d. h., der Bescheid muss unanfechtbar geworden sein oder Rechtsbehelfe gegen ihn haben keine aufschiebende Wirkung),
3. die geschuldete Leistung muss **fällig** sein,
4. entsprechend § 3 Abs. 2 c VwVG muss seit Bekanntgabe des Leistungsbescheides eine **Frist von einer Woche nach Eintritt der Fälligkeit** vergangen sein,
5. ferner **soll** entsprechend § 3 Abs. 3 VwVG der Schuldner mit einer Zahlungsfrist von einer Woche **besonders gemahnt** werden.[2] (Ein Muster einer derartigen Mahnung ist auf der Folgeseite abgebildet.)

1 Siehe auch BVerwG, DVBl. 1961, S. 134.

2 Die Wirksamkeit der Vollstreckungsmaßnahme bleibt auch ohne Mahnung gegeben, löst jedoch u. U. eine Schadensersatzpflicht der Behörde aus. In bestimmten gesetzlich zugelassenen Ausnahmefällen kann auch ohne Mahnung vollstreckt werden.

STADT AURICH (Ostfriesland)

Der Bürgermeister

Stadtverwaltung
Bgm.-Hippen-Platz 1
26603 Aurich
Eingang Fischteichweg 10

Stadtverwaltung • Postfach 17 69 • 26587 Aurich

Bearbeitet von:
Zimmer-Nr.:
Tel. 04941 12-0
Durchwahl Nr. 12-
Telefax-Nr. 12-
E-Mail: info@stadt.aurich.de

Sprechzeiten: Mo.-Mi. 08:00 – 15:30 Uhr
Do. 08:00 – 18:00 Uhr
Fr. 08:00 – 12:30 Uhr

(Bitte bei Antwort angeben)

Datum und Zeichen Ihres Schreibens — Mein Zeichen — Aurich,

Mahnung

(Zahlungseingang berücksichtigt bis)

Sicherlich ist die rechtzeitige Zahlung ihrer Aufmerksamkeit entgangen. Ich bitte Sie daher, die Gesamtforderung innerhalb einer Woche zu bezahlen. Dadurch ersparen Sie sich die unerfreuliche und mit weiteren Kosten verbundene zwangsweise Einziehung der Beträge nach Ablauf der Frist.

Haushaltsstelle/ Personenkonto	**Rückständige Forderung**	**Betrag €**	**fällig am**
	Rücklast-/Bankgebühren		
	Säumniszuschläge		
	Mahngebühren		
	Gesamtsumme		

Ust.IdNr. DE811401484

Ust.-Nr. 54/203/00237

Bankverbindungen der Stadtkasse Aurich:

Sparkasse Aurich-Norden	IBAN: DE17 2835 0000 0000 0906 47
Oldenburgische Landesbank Aurich	IBAN: DE33 2802 0050 8312 7167 00
Raiffeisen-Volksbank e.G.	IBAN. DE57 2856 2297 0405 1149 00
Deutsche Bank Aurich	IBAN: DE70 2847 0091 0067 9910 00
Postbank Hannover	IBAN: DE80 2501 0030 0014 9223 01

STADT AURICH (Ostfriesland)

Der Bürgermeister

Stadtverwaltung
Bgm.-Hippen-Platz 1
26603 Aurich
♿ P Eingang Fischteichweg 10

Stadtverwaltung • Postfach 17 69 • 26587 Aurich

Bearbeitet von:
Zimmer-Nr.:
Tel. 04941 12-0
Durchwahl Nr. 12-
Telefax-Nr. 12-
E-Mail: info@stadt.aurich.de

Sprechzeiten: Mo.-Mi. 08:00 – 15:30 Uhr
Do. 08:00 – 18:00 Uhr
Fr. 08:00 – 12:30 Uhr

Datum und Zeichen Ihres Schreibens

(Bitte bei Antwort angeben)
Mein Zeichen

Aurich,

Vollstreckungsvorankündigung

(Zahlungseingang berücksichtigt bis)

Die u. a. Forderung ist von Ihnen trotz Mahnung nicht gezahlt worden.

Ich kündige daher an, dass gegen Sie Vollstreckungsmaßnahmen (Sach-, Lohn-, Kontenpfändungen) eingeleitet werden. Zur Vermeidung zusätzlicher Kosten und Unannehmlichkeiten gebe ich Ihnen letztmalig Gelegenheit, die Forderung innerhalb einer Woche zu überweisen.

Haushaltsstelle/ Personenkonto	**Rückständige Forderung**	**Betrag €**	**fällig am**
	Rücklast-/Bankgebühren		
	Säumniszuschläge		
	Mahngebühren		
	Gesamtsumme		

Ust.IdNr. DE811401484

Ust.-Nr. 54/203/00237

Bankverbindungen der Stadtkasse Aurich:

Sparkasse Aurich-Norden	IBAN: DE17 2835 0000 0000 0906 47
Oldenburgische Landesbank Aurich	IBAN: DE33 2802 0050 8312 7167 00
Raiffeisen-Volksbank e.G.	IBAN. DE57 2856 2297 0405 1149 00
Deutsche Bank Aurich	IBAN: DE70 2847 0091 0067 9910 00
Postbank Hannover	IBAN: DE80 2501 0030 0014 9223 01

STADT AURICH (Ostfriesland)

Stadtkasse als Vollstreckungsbehörde

VB: Herr NAME VB

VOLLSTRECKUNGSAUFTRAG

Aktenzeichen

Der Schuldner hat den unten bezeichneten Rückstand trotz Mahnung nicht gezahlt. Der zuständige Vollstreckungsbeamte ist gem. § 8 NVwVG angewiesen, wegen des Rückstandes sowie wegen der entstandenen und voraussichtlich noch entstehenden Nebenforderungen die Pfändung von Sachen vorzunehmen. Er ist ermächtigt, zur Abwendung der Pfändung Zahlungen gegen Quittung anzunehmen.

Schuldner:

Vollkomm-Az:

VORNAME, NAME

STRASSE

PLZ/ORT

Datum	Status
	21

Bezeichnung des Rückstandes	Fälligkeit	Betrag in €
Mahngebühren		
Säumniszuschläge aus €		
Vollstreckungskosten und Auslagen		
bereits geleistete Zahlungen		
verbleibender Restbetrag		

Aurich, DATUM

i. V.

UNTERSCHRIFT

STADT AURICH (Ostfriesland)

Stadtkasse als Vollstreckungsbehörde

Stadtkasse Aurich • Bgm.-Hippen-Platz 1 • 26603 Aurich

ANREDE
NAME
STRASSE
PLZ/ORT

Bankverbindung:
Sparkasse Aurich-Norden
IBAN: DE17 2835 0000 0000 0906 47

Auskunft erteilt:
Herr VB
Herr Sachbearbeiter
Telefon: 04941 00-0000 oder 00
Telefax: 04941 00-0000
AZ: AKTENZEICHEN

VOLLSTRECKUNGSANKÜNDIGUNG

Sehr geehrte **ANREDE, NAME**

aufgrund eines Vollstreckungsauftrages der Stadtkasse als Vollstreckungsbehörde habe ich Sie aufgesucht, jedoch nicht angetroffen.

Um weitere Schritte zu vermeiden, darf ich Sie höflich bitten, die fälligen und nachstehend aufgeführten Rückstände

Bezeichnung des Rückstandes	**Fälligkeit**	**Betrag in €**
Mahngebühren		
Säumniszuschläge aus ??? €		
Vollstreckungskosten und Auslagen		
bereits geleistete Zahlungen		
verbleibender Restbetrag		

in den nächsten 8 Tagen an die Stadtkasse Aurich unter Angabe des Aktenzeichens zu überweisen. Sollten Sie die eingeräumte Zahlungsfrist nicht einhalten, werden Vollstreckungsmaßnahmen, wie zum Beispiel die Beantragung einer richterlichen Durchsuchungsanordnung sowie zwangsweise Türöffnung, eingeleitet. Bei derartigen Maßnahmen würden für Sie erhebliche Mehrkosten entstehen.

im Auftrag

Vollstreckungsbeamter

Nach dem bisher Dargestellten ergibt sich für die Vollstreckung wegen Geldforderungen folgender idealtypischer Ablauf nach dem VwVG:

Vollstreckung wegen Geldforderungen – Verfahrensablauf nach VwVG

1. Leistungsbescheid ergeht
2. Leistungsbescheid wird vollstreckbar (unanfechtbar/Rechtsbehelf keine aufschiebende Wirkung)
3. Leistungsbescheid wird fällig
4. Ablauf einer Woche
5. schriftliche Mahnung mit Vollstreckungsandrohung
6. Vollstreckung

Die Prüfungspunkte 4. und 5. dienen letztlich dem Zweck, für den Schuldner eine Vollstreckung zu vermeiden.

Nach erfolgloser Mahnung kann die Verwaltung gegen den Schuldner Beitreibungsmaßnahmen ergreifen. Welche Maßnahmen im Einzelnen in Betracht kommen, hängt in erster Linie von den Einkommens- und Vermögensverhältnissen des Schuldners ab und muss dem Grundsatz der Verhältnismäßigkeit entsprechen. Dabei kann sich eine Vollstreckung sowohl auf das bewegliche Vermögen einschließlich der Forderungen des Schuldners gegenüber Dritten (z.B. Gehaltsforderungen des Schuldners gegenüber seinem Arbeitgeber) als auch auf das unbewegliche Vermögen beziehen.

Vor der Durchführung einer Vollstreckung erteilt die Vollstreckungsbehörde ihrem Vollziehungsbeamten einen schriftlichen Vollstreckungsauftrag (siehe S. 343, kein VA). Die Vollstreckung selbst bestimmt sich nach dem VwVG, nach landesspezifischen Vorschriften bzw. nach Spezialgesetzen wie der Abgabenordnung, dem Sozialgesetzbuch oder der Justizbeitreibungsordnung.

Gegen die Maßnahmen der Verwaltungsvollstreckung bestehen für den Bürger verschiedene Formen des Rechtsschutzes. Sofern Vollstreckungsmaßnahmen z.B. im Rahmen einer Sachpfändung als Verwaltungsakt anzusehen sind, ist die Anfechtungsklage nach § 42 Abs. 1 VwGO statthaft; sie hat jedoch bezogen auf die Landesebene häufig keine aufschiebende Wirkung (vgl. z.B. § 66 NVwVG).

Lösung des Einstiegsfalls 1:

Der Heranziehungsbescheid der *Stadt Aurich gegen Herrn Meyer* ist ein befehlender VA – **ein Leistungsbescheid** – der durch Ablauf der Widerspruchsfrist unanfechtbar und somit grundsätzlich **vollstreckbar** geworden ist. Außerdem entfällt gem. § 80 Abs. 2 Nr. 1 VwGO bei der Anforderung von öffentlichen Abgaben und Kosten bei Widerspruch und Anfechtungsklage ohnehin die aufschiebende Wirkung.

Die nach § 3 Abs. 2 VwVG geforderte **Wochenfrist** läuft am 04. 11. 20.. ab. Es **sollte** nun der Schuldner mit einer **Zahlungsfrist von einer Woche** durch die Kasse besonders **gemahnt werden.** Mit Ablauf dieser Frist am 11. 11. 20.. kann nun die Beitreibung durch eine Vollstreckungsanordnung eingeleitet werden. Nach erfolgtem schriftlichem Vollstreckungsauftrag an den Vollziehungsbeamten kann nach den Vorschriften des VwVG bzw. landesspezifischer Rechtsnorm gegen Meyer vollstreckt werden.

Erzwingung von Handlungen, Duldungen und Unterlassungen (Verwaltungszwang)

Anders als die Maßnahmen der Beitreibung sind diese Maßnahmen der Verwaltung darauf gerichtet, dass sie vom Bürger die Vornahme einer Handlung (z. B. Ausfüllung des Volkszählungsbogens) oder eine Duldung (z. B. Betreten eines Grundstückes) oder eine Unterlassung (z. B. nächtliche Ruhestörung) verlangt.

Zu diesem Zweck erlauben die Verwaltungsvollstreckungsgesetze (Bund und Land)[1] die Anwendung von **Zwangsmitteln.** Dabei haben diese Zwangsmittel **keinen Buß- oder Strafcharakter,**[2] sondern sind als Beugemittel auf einen **zukünftigen Erfolg** gerichtet. Aus diesem Grunde sind sie auch neben einer Strafe oder Geldbuße zulässig und können wiederholt angewandt werden.

Folgende **Zwangsmittel** lassen die Verwaltungsvollstreckungsgesetze zu:

- Ersatzvornahme
- Zwangsgeld mit ersatzweiser Zwangshaft
- unmittelbarer Zwang

Die Auswahl des geeigneten und anzuwendenden Zwangsmittels steht der Behörde nach ihrem pflichtgemäßen Ermessen unter Beachtung der allgemeinen Grundsätze des Verwaltungshandelns (vgl. *Lernarrangement 15, insbesondere dem Grundsatz der Verhältnismäßigkeit und der Beachtung spezifischer Anwendungsvoraussetzungen,* z. B. für den unmittelbaren Zwang) grundsätzlich frei.

Ersatzvornahme

Ersatzvornahme im Sinne der Verwaltungsvollstreckungsgesetze (Bund, Land) ist gegeben und rechtlich zulässig, sofern die geforderte Maßnahme nicht durch den Pflichtigen selbst, sondern ebenso gut von einem Dritten im Auftrag der Vollstreckungsbehörde vorgenommen werden kann und wird **(vertretbare Handlung).**

1 In Niedersachsen sind nach § 70 NVwVG auf VA, die auf die Herausgabe einer Sache oder auf eine sonstige Handlung oder Duldung oder Unterlassung gerichtet sind und die sich nicht auf einen Leistungsbescheid (Geldforderung) beziehen, auch wenn sie nicht der Gefahrenabwehr dienen, die Regelungen des Nds. SOG §§ 64ff. anzuwenden.

2 Vgl. Suplie (2000), S. 257.

Erfüllt der Pflichtige die von der Behörde geforderte Maßnahme nicht und ist diese Handlung ebenso gut durch einen anderen möglich (vertretbare Handlung), so kann die Behörde einen anderen mit der Vornahme der Handlung auf Kosten des Pflichtigen beauftragen **(Fremdvornahme)** oder die Handlung selbst vornehmen **(Selbstvornahme).** Im Bundesrecht ist als Ersatzvornahme lediglich die Fremdvornahme (§ 10 VwVG) vorgesehen. Für das Land Niedersachsen gilt über § 70 NVwVG das Nds. SOG (hier: § 66 Nds. SOG). Dieser sieht sowohl die Fremd- als auch die Selbstvornahme vor.

Ersatzvornahme ist nicht bei höchstpersönlichen Handlungen sowie bei Unterlassungen und Duldungen möglich.

Wird die von der Behörde geforderte Handlung im Wege der Ersatzvornahme durch Dritte durchgeführt, so schließt die Behörde mit dem Dritten i. d. R. einen privatrechtlichen Werkvertrag (§ 631 BGB). Zwischen dem Pflichtigen und dem Dritten bestehen keine unmittelbaren Rechtsbeziehungen; der Pflichtige muss aber kraft öffentlichen Rechts die Ersatzvornahme durch den Dritten dulden. Die entstandenen Rechte und Pflichten aus dem privatrechtlichen Vertrag (z. B. Werkvertrag) binden Verwaltung und den Dritten. Dieser kann aufgrund dieses Vertrages seine Entlohnung von der Verwaltung verlangen. Diese wiederum hat ihrerseits einen entsprechenden öffentlich-rechtlichen Erstattungsanspruch gegen den Pflichtigen. Er wird durch Verwaltungsakt festgestellt und kann soweit erforderlich im Wege der Verwaltungsvollstreckung beigetrieben werden.

Die nachstehende Übersicht veranschaulicht die Rechtsbeziehungen bei der Ersatzvornahme:[1]

Rechtsbeziehungen bei der Ersatzvornahme

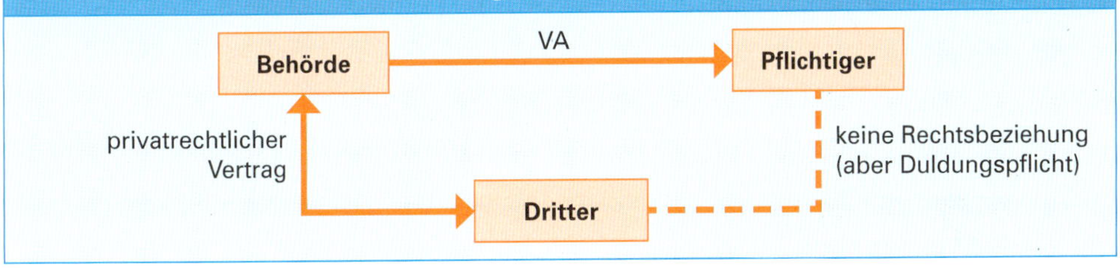

➤ Zwangsgeld

Das Zwangsgeld (§ 11 VwVG) ist sowohl bei vertretbaren als auch bei unvertretbaren Handlungen anwendbar, wenngleich seine praktische Bedeutung insbesondere im Bereich der persönlichen (nicht vertretbaren) Handlungen liegt (z. B. Verwaltung will mittels Zwangsgeld das Ausfüllen des Volkszählungsbogens durch einen pflichtigen Bürger erreichen). Ziel der Zwangsgeldandrohung ist es, den Pflichtigen zur Vornahme der geschuldeten Handlung oder Unterlassung anzuhalten.

Nach Bundesrecht beträgt das Zwangsgeld gem. § 11 Abs. 3 VwVG bis zu 25 000,00 €; das niedersächsische Landesrecht sieht demgegenüber Zwangsgeld von 5,00 € bis 50 000,00 € vor (§ 70 NVwVG i. V. m. § 67 Nds. SOG).

Kann das Zwangsgeld durch die Verwaltung nicht beigetrieben werden, so tritt an seine Stelle die Ersatzzwangshaft (§ 16 VwVG bzw. § 70 NVwVG i. V. m. § 68 Nds. SOG). Die

1 Vgl. Giemulla u. a. (1998), Rd. Nr. 541 f.; Maurer, Waldhoff (2017), § 20 Rd. Nr. 13.

Ersatzzwangshaft ist somit kein eigenständiges Zwangsmittel, sondern darf nur verhängt werden, wenn das Zwangsgeld nicht beigetrieben werden kann.

Der Grundsatz der Verhältnismäßigkeit gebietet auch hier, die Zwangshaft wegen der Schwere des Eingriffs nur „als letztes Mittel" anzuwenden. Ihre Anordnung muss durch einen Richter erfolgen (Art. 104 Abs. 2 GG, § 68 Abs. 1 Satz 1 Nds. SOG).

➤ Unmittelbarer Zwang

Über § 12 VwVG kann die Verwaltung den Pflichtigen unmittelbar zu einer Handlung, Duldung oder Unterlassung zwingen oder die Handlung selbst durchführen. In welcher Form unmittelbarer Zwang angewandt werden kann, ist im VwVG nicht niedergelegt. Über die einzelnen Landesgesetze werden die Formen unmittelbaren Zwangs jedoch definiert. So ist *unmittelbarer Zwang* die Einwirkung auf Personen oder Sachen durch körperliche Gewalt, durch ihre Hilfsmittel und durch Waffen (vgl. § 70 NVwVG i. V. m. § 69 Nds. SOG).

Die Anwendung unmittelbaren Zwangs ist das schärfste Zwangsmittel. Es ist nur auf nicht vertretbare Handlungen anwendbar und kommt unter Beachtung des Grundsatzes der Verhältnismäßigkeit (vgl. *Lernarrangement 15*) nur als letztes Mittel in Betracht (§ 69 Abs. 6 Nds. SOG). Aus diesem Grunde verlangt das Gesetz ihre Anwendung auch nur – im Gegensatz zu den anderen Zwangsmitteln – durch besonders ermächtigte Vollzugsbeamte.

Die **Wegnahme** stellt eine besondere Form des unmittelbaren Zwanges dar. Sie ist auf die Herausgabe einer Sache, z. B. Wegnahme des Führerscheins und damit auf eine unvertretbare Handlung gerichtet.

➤ Zwangsverfahren

Das Zwangsverfahren soll an dieser Stelle nur verkürzt dargestellt werden. Eine umfassende Darstellung gebietet sich in der Regel im jeweiligen Landesrecht zur Gefahrenabwehr.

Die Anwendung von Zwangsmitteln ist verfahrenstechnisch vorgesehen im sogenannten

- **gestreckten Vollstreckungsverfahren** und
- **Verfahren im sofortigen Vollzug.**[1]

a) Gestrecktes Verfahren

Voraussetzung für Vollstreckungsmaßnahmen dieser Art gem. § 6 Abs. 1 VwVG ist, dass:

<table>
<tr><td>1. ein Verwaltungsakt vorliegt,</td><td rowspan="2">Voraussetzung für die Androhung einer Vollstreckungsmaßnahme</td><td rowspan="3">Voraussetzung für die Festsetzung einer Vollstreckungsmaßnahme</td></tr>
<tr><td>2. der auf die Herausgabe einer Sache oder auf die Vornahme einer Handlung oder auf Duldung oder Unterlassung gerichtet ist und</td></tr>
<tr><td colspan="2">3. der Verwaltungsakt unanfechtbar sein muss oder der sofortige Vollzug angeordnet wurde oder ein Rechtsbehelf gegen den Verwaltungsakt keine aufschiebende Wirkung hat.</td></tr>
</table>

1 Vgl. Erbguth (2016), § 19 Rd. Nr. 17.

Für Maßnahmen der Gefahrenabwehr, die zwangsweise durchgesetzt werden sollen, enthält beispielsweise § 64 Abs. 1 Nds. SOG für Niedersachsen entsprechende Regelungen.

Sofern diese Voraussetzung erfüllt ist, setzt die Anwendung von Zwangsmitteln voraus, dass:

- die Behörde das anzuwendende Zwangsmittel schriftlich unter Festsetzung einer Frist für die Erfüllung **androht** (§ 13 VwVG)[1]
- nach erfolglosem Ablauf der angegebenen Frist das anzuwendende Zwangsmittel **festgesetzt** wird (§ 14 VwVG).

Nach überwiegender Meinung ist sowohl die Androhung eines Zwangsmittels[2] als auch die Festsetzung[3] ein Verwaltungsakt. Nachdem die *Schritte a) und b)* durchlaufen sind, wird das gewählte Zwangsmittel angewandt (vgl. § 15 VwVG). „Auch die Anwendung der Zwangsmittel ist nach überwiegender Meinung als VA anzusehen (sehr strittig!).“[4]

b) Das Verfahren im sofortigen Vollzug

Das soeben dargelegte gestreckte Verfahren erstreckt sich über einen längeren Zeitraum. Im Alltag ergeben sich aber häufig Situationen, in denen die Verwaltung sofort handeln muss, ohne dass vorher ein Verwaltungsakt erlassen wird.

Beispiele:

- Der sich bereits gefährlich zur Seite geneigte Baum muss wegen Gefährdung des Straßenverkehrs vor einem unmittelbar drohenden Orkan auch gegen den Willen des Eigentümers sofort gefällt werden.
- Die Grundwassergefährdung durch auslaufendes Öl muss sofort gestoppt werden.
- Dem sich wehrenden stark alkoholisierten Autofahrer muss sofort die Möglichkeit entzogen werden, weiter Auto zu fahren.

All diese Beispiele zeigen, dass es unter bestimmten Voraussetzungen erforderlich ist, auch ohne vorherigen Verwaltungsakt Zwangsmittel anwenden zu können.

Rechtsgrundlage für die Anwendung von Zwangsmittel ist § 6 Abs. 2 VwVG bzw. § 70 NVwG i. V. m. § 64 Abs. 2 Nds. SOG. Danach ergibt sich für die Verwaltung die Möglichkeit, Zwangsmittel ohne vorherigen Verwaltungsakt anzuwenden, sofern:

- eine **gegenwärtige Gefahr** vorliegt (vgl. zum Gefahrenbegriff z. B. § 2 Nds. SOG),
- das erforderliche **sofortige Eingreifen notwendig** ist; d. h., es muss die hinreichende Wahrscheinlichkeit bestehen, dass der Zweck der Maßnahme auf normalem Wege, z. B. über den Erlass eines Verwaltungsaktes mit sofortiger Vollziehung, nicht oder nicht rechtzeitig erreicht werden kann,[5]
- die Verwaltung **innerhalb ihrer gesetzlichen Befugnisse handelt.** Zulässige Vollstreckungsmaßnahmen im sofortigen Vollzug sind lediglich **Ersatzvornahme** und **unmittelbarer Zwang.**

---

1 – Es ist nach Bundesrecht ebenso unzulässig, mehrere Zwangsmittel gleichzeitig anzudrohen, wie auch die Androhung, sich die Wahl zwischen mehreren Zwangsmitteln vorzubehalten (vgl. § 13 Abs. 3 VwVG).
– In der Praxis wird entsprechend § 13 Abs. 2 Satz 2 VwVG bzw. § 70 NVwG i. V. m. § 70 Abs. 2 Nds. SOG die Androhung häufig mit dem durchzusetzenden Verwaltungsakt verbunden, um eine Streckung des Verfahrens zu vermeiden.

2 Vgl. z. B. Giemulla u. a. (1998), Rd. Nr. 566.

3 Ebenda, Rd. Nr. 571.

4 Ebenda, Rd. Nr. 574.

5 Vgl. Erbguth (2016), § 19 Rd. Nr. 17.

Für die *vorgenannten Beispiele* bedeutet dies, dass für die ersten beiden Beispiele die Ersatzvornahme zulässig ist (z.B. das Absägen des Baumes durch die Feuerwehr bzw. Ölauffangsperren und Absaugen des Öls durch die Feuerwehr). Das dritte Beispiel erlaubt die Anwendung unmittelbaren Zwangs (z.B. Entfernen aus dem Pkw mittels körperlicher Gewalt).

Sofern die angewandten Zwangsmittel und ihr Vollzug rechtmäßig waren, ergibt sich für den Pflichtigen i.d.R. eine Kostenerstattungspflicht (vgl. § 19 Abs. 1 Satz 1 VwVG bzw. die jeweils landesspezifische Regelung, z.B. § 73 NVwVG).

Rechtsschutz gegenüber Zwangsmitteln wird dem Bürger dadurch gewährt, dass ihm Widerspruch und Anfechtungsklage sowohl gegen den zugrunde liegenden VA als auch gegen die ergriffene Zwangsmaßnahme möglich ist. Selbst die Androhung, Festsetzung und Anwendung des Zwangsmittels bleibt anfechtbar. Ein etwaiger Widerspruch hat jedoch keine aufschiebende Wirkung.

Lösung des Einstiegsfalls 2:

Nach erfolgter rechtmäßiger Versiegelung des Wohnhauses und Erlass der Abrissverfügung durch die Stadt Aurich legten X und Y ordnungsgemäß Widerspruch gegen diesen Bescheid ein. Dieser Widerspruch wurde von der zuständigen Behörde zurückgewiesen. Daraufhin fochten X und Y die behördlichen Bescheide beim zuständigen Verwaltungsgericht mit einer Klage an. Das zuständige Verwaltungsgericht in Oldenburg bestätigte die Rechtmäßigkeit der Abrissverfügung durch die Stadt Aurich.[1]

Unterstellen wir im Weiteren, dass das Urteil rechtskräftig wurde, so könnte die Stadt Aurich im gestreckten Vollstreckungsverfahren – Gefahr im Verzuge lag nicht vor –, die Abrissverfügung mittels Zwangsmitteln durchsetzen. Als anwendbare Zwangsmittel kommen hier nur die Ersatzvornahme und das Zwangsgeld in Betracht.

Üblicherweise würde man in einem Fall wie diesem zunächst ein angemessenes Zwangsgeld androhen, um einen ordnungsgemäßen Abriss des Wohnhauses durch X und Y selbst zu erreichen.

Sollte diese Zwangsgeldandrohung nicht den nötigen Erfolg bringen, so würde man hier unter Beachtung der verfahrenstechnischen Vorschriften und der Grundsätze des Verwaltungshandelns eine Ersatzvornahme, wahrscheinlich im Wege der Fremdvornahme (Abriss durch beauftragtes Abrissunternehmen), durchführen lassen.

1 Im o.a. Fall kam es allerdings nicht zu den geschilderten Möglichkeiten, da im weiteren Rechtsweg ein Vergleich zwischen der Stadt Aurich und X und Y geschlossen wurde.

<table>
<tr><th colspan="5">Zusammenfassung Verwaltungsvollstreckungsverfahren</th></tr>
<tr><td>Allg. Vollstreckungsvoraussetzungen:</td><td colspan="4">■ nur befehlender VA ist vollstreckbar
■ Unanfechtbarkeit bzw. sofortige Vollziehbarkeit des zugrunde liegenden VA</td></tr>
<tr><td>Rechtsgrundlage:</td><td colspan="4">VwVG (Bund) bzw. NVwVG (Nds.)</td></tr>
<tr><td>Arten:</td><td>Vollstreckung wegen Geldforderung (Beitreibung)</td><td colspan="3">Erzwingung von Handlungen, Duldung oder Unterlassung</td></tr>
<tr><td rowspan="2">Mittel:</td><td rowspan="2">Pfändung in das bewegliche oder unbewegliche Vermögen</td><td colspan="3">Zwangsmittel</td></tr>
<tr><td>Ersatzvornahme als:
■ Selbst- oder
■ Fremdvornahme</td><td>Zwangsgeld (ersatzweise Zwangshaft)</td><td>unmittelbarer Zwang</td></tr>
<tr><td>Voraussetzungen:</td><td>■ Leistungsbescheid
■ Fälligkeit
■ Frist von einer Woche nach Fälligkeit
■ zusätzliche Mahnung (i. d. R.)</td><td>vertretbare Handlung</td><td>möglich bei vertretbaren und nicht vertretbaren Handlungen</td><td>nicht vertretbare Handlung</td></tr>
<tr><td rowspan="3">Verfahren:</td><td rowspan="3">siehe Voraussetzungen</td><td colspan="3">für alle drei Zwangsmittel möglich</td></tr>
<tr><td colspan="2">gestrecktes Verfahren</td><td>sofortiger Vollzug</td></tr>
<tr><td colspan="2">Voraussetzungen:
■ schriftliche Androhung des anzuwendenden Zwangsmittels mit Fristsetzung für Erfüllung
■ Festsetzung des Zwangsmittels
■ Anwendung</td><td>■ gegenwärt. Gefahr
■ sofortiges Eingreifen notwendig
■ Handeln innerhalb gesetzlicher Befugnisse
mögliche Maßnahmen:
■ Ersatzvornahme
■ unmittelbarer Zwang</td></tr>
<tr><td>Rechtsschutz:</td><td>■ z. B. Anfechtungsklage nach § 42 Abs. 1 VwGO
■ kein Widerspruchsverfahren</td><td colspan="3">■ gegen zugrunde liegenden VA
■ gegen ergriffene Zwangsmaßnahme, soweit sie VA sind
→ Widerspruch und Anfechtungsklage
■ auch Androhung, Festsetzung und Anwendung anfechtbar, jedoch ohne aufschiebende Wirkung!</td></tr>
</table>

Übungen

1. Nennen Sie die Rechtsgrundlagen für Verwaltungsvollstreckungsmaßnahmen im Bereich der öffentlichen Verwaltung.
2. Nennen Sie die Arten der Vollstreckbarkeit einer Geldforderung.
3. Welche Maßnahmen zur Beitreibung einer Geldforderung im Rahmen der Vollstreckung sind möglich?
4. Geben Sie den Rechtscharakter der Maßnahme an: Die Vollstreckungsbehörde erteilt ihrem Vollstreckungsbeauftragten den Auftrag, die Vollstreckung durchzuführen.
5. Entscheiden Sie bei den nachstehenden Fällen über die Möglichkeit, eine Ersatzvornahme durchzuführen:
   a) Verbot nächtlicher Ruhestörung
   b) Pflicht zur Anmeldung am neuen Wohnort nach einem Umzug
   c) Verpflichtung eines Ausländers zur Vorlage seines Passes
   d) Verpflichtung, einen falsch geparkten Pkw abzuschleppen
   e) Verpflichtung, den Volkszählungsbogen auszufüllen
6. Entscheiden Sie bei den nachstehenden Fällen welche Art der Zwangsmittel möglich sind.
   a) Beseitigung einer „wilden Müllkippe“
   b) Verbot nächtlicher Ruhestörung
   c) Pflicht zur Anmeldung am neuen Wohnort nach einem Umzug
   d) Verpflichtung eines Ausländers zur Vorlage seines Passes
   e) Verpflichtung, einen falsch geparkten Pkw zu beseitigen
   f) Beseitigung eines Grabsteins, der umzukippen droht
7. Lesen Sie zunächst den folgenden Sachverhalt:

> A besitzt ein Grundstück, das an einem Abhang liegt. Von diesem Grundstück droht ein Felsen abzustürzen. A wird von der zuständigen Ordnungsbehörde aufgefordert, den Felsblock abzustützen, kommt aber dieser Aufforderung nicht nach.
>
> Die Ordnungsbehörde schreibt dem A am 18.05. Folgendes:
>
> „Falls Sie der Aufforderung vom 20.03., in der Sie aufgefordert wurden, den Felsen unverzüglich abzustützen, nicht bis zum 10.06. nachkommen, werde ich nach Ablauf dieser Frist die notwendigen Arbeiten auf Ihre Kosten durchführen lassen.“

Aufgaben:

7.1 Stellen Sie fest, um welche Art von Zwangsmittel es sich hier handelt.

7.2 Welche spezifischen Voraussetzungen für dieses Zwangsmittel gibt es?

7.3 Stellen Sie möglichst vollständig die Voraussetzungen für die Anwendung von Verwaltungszwang für diesen Fall dar.

7.4 Erkennen Sie einen Mangel in der Zwangsmittelandrohung?

7.5 Hätte diese Zwangsmittelandrohung auch mit dem Ursprungs-VA verbunden werden können? Belegen Sie Ihre Antwort!

7.6 Vergleichen Sie für diesen Fall die Eignung der Zwangsmittel „Ersatzvornahme" und „Zwangsgeld".

7.7 Unterstellen Sie, man habe hier ein Zwangsgeld festgesetzt. Stellen Sie jetzt dar, in welchen Schritten die Beitreibung dieser Forderung im Verwaltungszwangsverfahren erfolgen müsste.

Zum Nachschlagen

§ 1 VwVG, § 3 VwVG, § 5 VwVG, § 6 VwVG, § 10 VwVG, § 11 VwVG, § 12 VwVG, § 13 VwVG, § 14 VwVG, § 16 VwVG; § 631 BGB.

Beispiele:	**Wovon zu unterscheiden:**
■ Verwaltungsvollstreckung wegen Nichtzahlung von Erschließungsbeiträgen ■ Abrissverfügung wegen illegalen Bauens	Vollstreckung aufgrund privatrechtlicher Forderung
Hilfen zum Einprägen:	**Definition:**
Arten von Vollstreckungen: ■ Vollstreckung wegen Geldforderung (Beitreibung) ■ Erzwingung von Handlungen, Duldungen und Unterlassungen (Verwaltungszwang)	Verwaltungsvollstreckung = die zwangsweise Durchsetzung verwaltungsrechtlicher Ansprüche durch die Behörde, die diese Ansprüche geltend zu machen berechtigt ist

23 Schäfer u.a. - ISBN 978-3-8120-0439-8

Lernarrangement 27

Die Rechtmäßigkeitsprüfung von Verwaltungsakten zur Gefahrenabwehr durchführen

Leitfragen

1. Warum ist das Polizei- und Ordnungsrecht eine zentrale Aufgabe des Staates?
2. Welche Aufgaben, Befugnisse und Handlungsarten der Polizei- und Ordnungsverwaltung können unterschieden werden?
3. Was sind die Eingriffsermächtigungen und wie ist ihr Verhältnis zueinander?
4. Was ist unter den Begriffen Gefahr sowie öffentliche Sicherheit und Ordnung zu verstehen?
5. Wie ist die Verantwortlichkeit im Polizei- und Ordnungsrecht geregelt?
6. In welcher Weise erfolgt die Auswahl der Mittel zur Gefahrenabwehr?

Durch das Arrangement abgedeckte Inhalte des Rahmenlehrplans:

- Grundlagen des Rechts der Gefahrenabwehr, des Umweltrechts oder eines anderen Rechtsgebietes der Eingriffsverwaltung unter Berücksichtigung der jeweiligen Ermächtigungsgrundlage

Methodische Hinweise zur Erarbeitung des Lernarrangements:

- Dieses Lernarrangement eignet sich in besonderer Weise dazu, an den konkreten fachlichen Inhalten des Polizei- und Ordnungsrechts die Schlüsselqualifikationen gutachtliche Prüfung der formellen und materiellen Rechtmäßigkeit eines Verwaltungsaktes, aber auch die Erstellung von Bescheiden an konkreten komplexen Fallsituationen anzuwenden.
- Die bereits erworbenen Kenntnisse, Fertigkeiten und Fähigkeiten zu den Begriffen Arten des Verwaltungshandelns, Rechtsquellen, Verwaltungsvorschriften, unbestimmte Rechtsbegriffe und ihre Bestimmbarmachung, Verwaltungsakt, Ermessen, Verhältnismäßigkeit, Zuständigkeitsregelungen, Verfahrens- und Formvorschriften, Technik der Rechtsanwendung können in *diesem Lernarrangement* im Rahmen der Fachstufe I sinnhaftig an Aktenlagen, die die berufliche Wirklichkeit widerspiegeln, wiederholt werden.
- Empfehlenswert ist eine Vorgehensweise, bei der die Auszubildenden die Methode der Fallbearbeitung durch Gutachten und Bescheid in arbeitsgleicher oder arbeitsteiliger Gruppenarbeit an komplexen praxisrelevanten Sachverhalten aus dem Gefahrenabwehrrecht anwenden (siehe auch die *Übungen 9 und 10 zu diesem Lernarrangement).*

  Die Materialien können den Auszubildenden in Form einer „kleinen Akte" zur Verfügung gestellt werden.

LA 27 Ausgangssituation

Lesen Sie nachfolgende Aktenauszüge.

Gerhard Bauer
Ohnesorgstraße 15
49024 Osnabrück

Osnabrück, 21.06.20..

An den
Fachbereich Bürger und Ordnung
Postfach 13 68
49024 Osnabrück

Kellerluke der Familie Wellmann

Sehr geehrte Damen und Herren,

am 13.06.20.. habe ich bereits mit Ihnen telefoniert und Ihnen mitgeteilt, dass die Kellerluke des Hauses der Familie Wellmann, Ohnesorgstraße 14, 49024 Osnabrück, kaputt ist. Die Kellerluke lässt sich nur noch zur Hälfte schließen. Die andere Hälfte der Zugangstür ist vor etwa einem halben Jahr kaputt gegangen und deshalb von Herrn Wellmann entfernt worden.

Letzte Woche kam es beinahe zu einem tragischen Unfall. Die 18 Monate alte Tochter der in unmittelbarer Nachbarschaft lebenden Familie Frentzel (Ohnesorgstraße 16) hielt sich beim Spielen an der Kellerluke auf. Nur durch Zufall hat Herr Wellmann, der sich gerade zu Hause aufhielt, dies bemerkt. Er konnte gerade noch rechtzeitig das Mädchen davor bewahren, in den 1,50 m tiefen Keller zu fallen. Ernsthafte Verletzungen hat sie nicht davongetragen.

Hier sehen Sie ein Bild, wie eine intakte Kellerluke eigentlich aussehen müsste:

Ich habe Herrn Wellmann bereits auf den geschilderten Sachverhalt angesprochen. Er sieht jedoch keinen Anlass, etwas zu unternehmen. Deshalb fordere ich Sie auf, endlich etwas zu unternehmen, damit wir mit unseren Kindern wieder sicher in unserer Nachbarschaft leben können.

Mit freundlichen Grüßen

Gerhard Bauer

Gerhard Bauer

Stadt Osnabrück

Fachbereich Bürger und Ordnung

Osnabrück, 04.07.20..

1. Vermerk

Bei einer heute durchgeführten Ortsbesichtigung wurde das Grundstück Ohnesorgstraße 14 in Augenschein genommen. Das Grundstück befindet sich in der Osnabrücker Altstadt. Auf dem Grundstück befindet sich ein im 19. Jahrhundert errichtetes Haus. Typisch für diese Häuser sind die Kellerluken, die sich unmittelbar vor dem Haus (direkt an dem angrenzenden Gehweg) befinden. Diese Kellerluken wurden früher dafür verwendet, um Vorräte (Lebensmittel, Kohle zum Heizen o.ä.) in die Kellerräume schaffen zu können.

Das Haus des Herrn Wellmann befindet sich unmittelbar an dem öffentlichen Gehweg und verfügt auch über eine der oben beschriebenen Kellerluken. In den Keller des Herrn Wellmann gelangt man durch die Kellerluke über eine 1,50 m lange, sehr steile Leiter. Die Kellerluke lässt sich nur noch zur Hälfte schließen. Die andere Hälfte der Zugangstür ist vor etwa einem halben Jahr kaputt gegangen und deshalb von Herrn Wellmann entfernt worden. Dies hat er in einem persönlichen Gespräch eingeräumt. Auch die Angaben, die Herr Gerhard Bauer in seinem Brief geschildert hat (insbesondere den „Zwischenfall" mit der 18-monatigen Tochter der Familie Frentzel), wurden durch Herrn Wellmann bestätigt.

Ich habe versucht, Herrn Wellmann zu überzeugen, die Kellerluke besser abzusichern bzw. eine funktionsfähige Tür einzubauen. Er meinte jedoch, dass dies nicht notwendig sei, denn schließlich könne er auf seinem Privatgrundstück machen, was er wolle. Zudem sagte er, dass er selbst die Aufsicht über den Kellerzugang führen könne. Außerdem müsse – wenn schon eine neue Zugangstür einzubauen wäre – diese auch zum Gesamtbild des alten Hauses passen. Für eine solche „Maßanfertigung" einer neuen Zugangstür fehle ihm aber derzeit das Geld. Daraufhin habe ich ihm nochmals deutlich gemacht, dass er ggf. mit einer Ordnungsverfügung zu rechnen hat. Auch dies schien ihn nicht zu beeindrucken.

Ein ordnungsbehördliches Einschreiten scheint geboten.

2. M.d.B. für die kommende Dienstbesprechung ein ausführliches Gutachten zu den formellen und materiellen Rechtsfragen anzufertigen sowie einen Entscheidungsvorschlag zu unterbreiten.

3. Wvl. 11.07.20..

gez. Breese

In der Stadt Osnabrück gilt eine Verordnung über die Aufrechterhaltung der öffentlichen Sicherheit und Ordnung.

Auszug aus der Verordnung:

§ 5 Verkehrsgefährdungen

„(1) Auf und an Straßen dürfen Stacheldraht, scharfe Spitzen oder andere Vorrichtungen, durch die im Straßenverkehr Personen oder Tiere verletzt oder Gegenstände beschädigt werden können, nicht niedriger als 2,40 m über dem Erdboden angebracht werden.

(2) Soweit die Niedersächsische Bauordnung keine Anwendung findet, sind

a) Fenster, die zur Straße hinaufgehen, Fensterläden, Klappen usw., wenn ihre Unterkanten nicht mindestens 2,40 m über dem Erdboden liegen, stets so festzustellen, dass sie weder Vorübergehende verletzen können noch den Verkehr behindern,

b) die in Straßen einmündenden Kellerluken ausreichend zu sichern; sie dürfen nur so lange geöffnet bleiben, wie Gegenstände hinein- oder herausgebracht werden.

(3) Eiszapfen an Dachrinnen und sonstigen Gebäudeteilen über den Straßen sind zu entfernen."

Arbeitsauftrag:

Sie sind Sachbearbeiterin/Sachbearbeiter im Fachbereich Bürger und Ordnung. Sie übernehmen die Aufgabe, Ihrer/Ihrem Vorgesetzten, die/der erst vor kurzem vom Bauamt in den Fachbereich Bürger und Ordnung versetzt wurde, gutachtlich die formellen und materiellen Rechtsfragen zu erläutern sowie einen Entscheidungsvorschlag zu unterbreiten.

Theoretische Grundlagen

Aufgaben und Befugnisse der Polizei und Ordnungsverwaltung

In der *Ausgangssituation* handelt es sich um einen typischen Sachverhalt aus dem Bereich des Polizei- und Ordnungsrechts. Weitere Fälle aus diesem Bereich des besonderen Verwaltungsrechts könnten sein:

Beispiele:

- Aus einer Gaststätte dringt bis in die frühen Morgenstunden laute Musik. Beim Verlassen des Lokals werden die Nachbarn zusätzlich durch laute Gespräche, Türenschlagen, Reifenquietschen usw. in ihrer Nachtruhe gestört. Die Nachbarn fordern das zuständige Ordnungsamt auf, umgehend Maßnahmen zu ergreifen.
- Mit der Öffnung der Grenzen nach Osteuropa mehren sich die Diebstähle von Kraftfahrzeugen, die dann von organisierten Banden unter anderem über Polen in osteuropäische Länder geschleust werden. Die zuständige Polizeibehörde möchte daher auf der A12 Kontrollen vornehmen. Die Fahrzeuge sollen von der Autobahn auf einen Autobahnparkplatz geleitet werden. Dort wollen die Beamten prüfen, ob die Fahrzeugpapiere und die Fahrzeugnummer gefälscht sein könnten.

- Jörg B. aus der nordrhein-westfälischen Stadt Emsdetten ist Halter und Eigentümer des Personenkraftwagens mit dem amtlichen Kennzeichen ST – ME 850. Er stellt sein Fahrzeug am 17. September 20.. auf dem Gehweg der Krahnstraße in der nahen niedersächsischen Stadt Osnabrück ab. Das Fahrzeug versperrt die gesamte Gehwegbreite, sodass für Fußgänger eine Gehwegbenutzung nicht mehr möglich ist. Im Bereich des Gehweges sind längs des Fahrbahnrandes Verkehrszeichen nach Bild 286 zu § 41 StVO (eingeschränktes Halteverbot) aufgestellt. Das Fahrzeug wird von einer Politesse (Verwaltungsvollzugsbeamtin) der Stadt Osnabrück bemerkt. Nachdem sie 15 Minuten gewartet hat, lässt sie das Fahrzeug durch einen Abschleppdienst abschleppen und zu einer Verwahrstelle bringen.

Die Gefahrenabwehraufgabe stellt eine **zentrale Aufgabe des Staates** dar. Versagt der Staat bei dieser Aufgabe, besteht die Gefahr der Selbsthilfe durch die Bürger. Das Recht des Stärkeren würde zur Geltung kommen.

Die Mehrzahl der in den Bundesländern geltenden **allgemeinen Gefahrenabwehrgesetze**:

Bundesländer	Gefahrenabwehrgesetze[1]
Baden-Württemberg	Polizeigesetz
Bayern	▪ Polizeiaufgabengesetz ▪ Polizeiorganisationsgesetz
Berlin	Allgemeines Sicherheits- und Ordnungsgesetz
Brandenburg	▪ Brandenburgisches Polizeigesetz ▪ Allgemeines Sicherheits- und Ordnungsgesetz
Bremen	Bremisches Polizeigesetz
Hamburg	Gesetz zum Schutz der öffentlichen Sicherheit und Ordnung
Hessen	Hessisches Gesetz über die öffentliche Sicherheit und Ordnung
Mecklenburg-Vorp.	Sicherheits- und Ordnungsgesetz
Niedersachsen	Niedersächsisches Gesetz über die öffentliche Sicherheit und Ordnung
Nordrhein-Westfalen	▪ Polizeigesetz des Landes Nordrhein-Westfalen ▪ Ordnungsbehördengesetz ▪ Polizeiorganisationsgesetz
Rheinland-Pfalz	Polizei- und Ordnungsbehördengesetz
Saarland	Saarländisches Polizeigesetz
Sachsen	Polizeigesetz des Freistaates Sachsen
Sachsen-Anhalt	Gesetz über die öffentliche Sicherheit und Ordnung des LSA
Schleswig-Holstein	Landesverwaltungsgesetz (Abschnitt III)
Thüringen	▪ Polizeiaufgabengesetz ▪ Ordnungsbehördengesetz

Die allgemeinen Gefahrenabwehrgesetze unterscheiden zwischen den **Aufgaben** und den **Befugnissen** der Polizei und der sonst zur Gefahrenabwehr berufenen Personen (diese werden in den Bundesländern als Verwaltungsbehörden, Ordnungsbehörden, Ordnungsverwaltung, Sicherheitsbehörden bezeichnet). Wegen der besseren Lesbarkeit des Textes wird hier künftig ausschließlich der Begriff Ordnungsbehörden verwendet.

Die **Aufgabe** besteht darin, Gefahren für die öffentliche Sicherheit (und öffentliche Ordnung) abzuwehren. Der Begriff „öffentliche Ordnung“ wird in Klammern verwendet, weil verschiedene Bundesländer, wie zum Beispiel Schleswig-Holstein, den Begriff der „öffentlichen Ordnung“ in ihren allgemeinen Polizei- und Ordnungsgesetzen nicht (mehr) ver-

1 **Hinweis:** Die Gesetzesbezeichnungen werden zum Teil in verkürzter Form wiedergegeben.

wenden. In Niedersachsen ist der Begriff der „öffentlichen Ordnung" seit 2005 – auch als politisches Signal – wieder eingeführt worden.

Die **Befugnisse** enthalten die sogenannte Generalermächtigung oder spezielle Ermächtigungen (die sogenannten „Standardmaßnahmen").

Im Rahmen der „Entpolizeilichung" nach dem Zweiten Weltkrieg erfolgte grundsätzlich eine **Beschränkung der Polizei auf vollzugspolizeiliche Aufgaben**. Die **Verwaltungsbehörden,** die Aufgaben der Gefahrenabwehr wahrnehmen, **werden auch als Ordnungsverwaltung (Bayern: Sicherheitsbehörden) bezeichnet.** In den Flächenländern nehmen die Gemeinden, Landkreise, Bezirksregierungen die Aufgaben der Gefahrenabwehr als (allgemeine) Verwaltungsbehörden wahr.

Handlungsarten der Polizei und Ordnungsverwaltung

Die möglichen **Handlungsarten** der Polizei und Ordnungsverwaltung können sein:

Verordnungen – Abwehr *abstrakter* Gefahren

Eine abstrakte Gefahr wird definiert (z. B. § 2 Nr. 2 Nds. SOG, § 3 Nr. 3f SOG LSA, § 54 Nr. 3e ThürOBG) als „eine nach allgemeiner Lebenserfahrung oder den Erkenntnissen fachkundiger Stellen mögliche Sachlage, die im Falle ihres Eintrittes eine Gefahr darstellt." Der *typische* Sachverhalt muss also als gefährlich erscheinen.

Beispiel:

In den Rubbenbruchsee mündet ein kleiner Fluss. Es ist bekannt, dass sich *typischerweise* in solchen Gewässern bei Frost eine Eisdecke von sehr unterschiedlicher Stärke bildet. Damit besteht eine besondere Gefährdung, wenn die Eisfläche von Personen betreten wird. Die zuständige Gemeinde erlässt darauf zur Abwehr dieser *abstrakten* Gefahr eine Rechtsverordnung, in der das Betreten des Sees verboten wird.

Verwaltungsakte – Abwehr *konkreter* Gefahren

Eine konkrete Gefahr ist (z. B. § 2 Nr. 1a Nds. SOG, § 2 Nr. 3a BremPolG, § 3 Nr. 3a SOG LSA, § 54 Nr. 3 ThürOBG) „eine Sachlage, bei der im einzelnen Fall die hinreichende Wahrscheinlichkeit besteht, dass in absehbarer Zeit ein Schaden für die öffentliche Sicherheit eintreten wird".

Beispiel:

Der leichtsinnige Verwaltungsfachangestellte Jens B. läuft auf dem Rubbenbruchsee Schlittschuh. Ein Polizeibeamter erscheint am Ufer des Sees und ordnet per Megaphon an: „Verlassen Sie sofort die Eisfläche!" – Hier liegt eine *konkrete* Gefahr vor, da sich die Maßnahme auf den *Einzelfall* und nicht – wie bei der Verordnung – auf den typischen Fall bezieht.

Andere Eingriffe (z. B. vorbereitende Maßnahmen)

Im Rahmen der weiteren Betrachtung soll die Handlungsart **„Verwaltungsakt" als Mittel zur Abwehr konkreter Gefahren im Zentrum der Betrachtung stehen**.

Aufbaumuster für die Bearbeitung von Rechtsfällen zur Abwehr konkreter Gefahren

Zur Überprüfung der Rechtmäßigkeit von Verwaltungsakten dient das folgende Aufbaumuster:

Aufbaumuster für die Bearbeitung von Rechtsfällen zur Abwehr konkreter Gefahren[1]

I. Bestimmung des Arbeitsziels

II. Ermächtigungsgrundlage (Art. 20 III GG)

Hinsichtlich der zu ermittelnden Ermächtigungsgrundlage gilt gem. § 3 Abs. 1 S. 2 Nds. SOG grundsätzlich die Nachrangigkeit des Nds. SOG. Somit sind **spezialgesetzliche Ermächtigungsgrundlagen** außerhalb des allgemeinen Rechts der Gefahrenabwehr vorrangig anzuwenden. Erst wenn die spezialgesetzlichen Regelungen nicht vorliegen, ist das Nds. SOG anzuwenden.

Innerhalb des allgemeinen Rechts der Gefahrenabwehr sind vorrangig die **„Standardmaßnahmen"** anzuwenden. Für Niedersachsen sind diese in den §§ 12ff. Nds. SOG festgelegt.

Erst wenn auch die „Standardmaßnahmen" keine Anwendung finden, greift die **„Generalermächtigung"** zur Gefahrenabwehr (für Niedersachsen: § 11 Nds. SOG).

III. Formelle Rechtmäßigkeitsvoraussetzungen

1. Zuständigkeit
   a) Zuständigkeit der Verwaltungsbehörde oder der Polizeibehörde
   b) Sachliche Zuständigkeit
   c) Örtliche Zuständigkeit
2. Verfahrensvorschriften

IV. Materielle Rechtmäßigkeitsvoraussetzungen

1. Tatbestandsmerkmale
   a) Bei Anwendung einer **„Spezialermächtigung"** außerhalb des Nds. SOG: Tatbestandsmerkmale dieser Ermächtigungsgrundlage prüfen.
   Alternativ:
   b) Bei Anwendung einer **„Standardmaßnahme"** (§§ 12ff. Nds. SOG): Tatbestandsmerkmale der Standardmaßnahme prüfen.
   Alternativ:
   c) Bei Anwendung der **„Generalermächtigung"** (§ 11 Nds. SOG): Subsumtion des Begriffes „Gefahr".
   Der unbestimmte Rechtsbegriff der (konkreten) Gefahr wird in den Gesetzen der Länder zur Gefahrenabwehr definiert (Legaldefinition) als
   ca) Sachlage (Einzelfall),
   cb) die in absehbarer Zeit
   cc) mit hinreichender Wahrscheinlichkeit
   cd) zu einem Schaden
   ce) für die öffentliche Sicherheit (oder öffentlichen Ordnung) führen wird.
2. Rechtsfolge
   Bezogen auf die Abwehr einer konkreten Gefahr mithilfe der Generalermächtigung (§ 11 Nds. SOG) steht die Rechtsfolge grundsätzlich im Ermessen der Behörde. Das Ermessen hat hier zwei Gesichtspunkte:

1 Das hier vorgestellte Aufbaumuster bezieht sich auf das Niedersächsische Gesetz über die öffentliche Sicherheit und Ordnung (Nds. SOG).

a) Entschließungsermessen

Hier stellt sich die Frage, ob die Behörde eingreift oder von einem Eingreifen absieht. Anzuwendende Rechtsgrundlagen sind der § 5 Nds. SOG sowie die dazu ergangenen Ausführungsbestimmungen (AB zu § 5 Nds. SOG).

b) Auswahlermessen

Hinsichtlich des Auswahlermessens sind zwei Entscheidungen zu treffen:

ba) Auswahl des richtigen Adressaten („wer")
- Verhaltensverantwortlichkeit (§ 6 Nds. SOG)
- Zustandsverantwortlichkeit (§ 7 Nds. SOG)
- Inanspruchnahme einer nichtverantwortlichen Person (§ 8 Nds. SOG)

bb) Auswahl der zu treffenden Maßnahme („was")
- Geeignetheit (§ 4 Abs. 1 Nds. SOG)
- Erforderlichkeit (§ 4 Abs.1 Nds. SOG)
- Angemessenheit (§ 4 Abs. 2 Nds. SOG)

V. Entscheidungsvorschlag

I. Bestimmung des Arbeitsziels

Im Mittelpunkt steht die Frage nach dem ordnungsrechtlichen Vorgehen zur Gefahrenabwehr durch die Verwaltungsbehörden (Ordnungsbehörden, Sicherheitsbehörden) in Form eines eingreifenden Verwaltungsaktes.

II. Ermächtigungsgrundlage

Es ist sinnvoll, die mögliche Ermächtigungsgrundlage vorab zu identifizieren und ihre Anwendbarkeit klarzustellen. Die formellen Voraussetzungen, z. B. die örtliche und sachliche Zuständigkeit, können je nach der Vorschrift, auf die die Behörde ihre Maßnahme stützt, unterschiedlich sein.

1. Spezialgesetzliche Ermächtigungsgrundlage außerhalb des allgemeinen Rechts der Gefahrenabwehr

Für eine große Zahl von Sachverhalten finden sich Regelungen zur Abwehr von Gefahren für die öffentliche Sicherheit und Ordnung in Spezialermächtigungen **außerhalb des allgemeinen Rechts der Gefahrenabwehr. Das allgemeine Polizei- und Ordnungsrecht gilt nur subsidiär,** d. h. solche Spezialregelungen des Bundes- oder Landesrechts, in denen die Gefahrenabwehr besonders geregelt wird, gehen grundsätzlich den allgemeinen Regeln vor:

Beispiele:

- Straßenverkehrsrecht (Straßenverkehrsgesetz, Straßenverkehrsordnung)

  Wenn ein Polizeibeamter einen Verkehrsteilnehmer durch das Zeigen der Winkerkelle anhält, so findet die Spezialermächtigung des § 36 Abs. 5 StVO Anwendung. Wird von dem Verkehrsteilnehmer dann die Aushändigung des Führerscheins verlangt, so richtet sich diese Maßnahme nach § 4 Abs. 2 S. 2 Fahrerlaubnis-Verordnung (FeV) und ebenfalls nicht nach den Regeln des allgemeinen Rechts der Gefahrenabwehr.
- Gewerberecht (u. a. Gewerbeordnung, Gaststättengesetz)
- Gesundheitswesen (u. a. Bundesseuchengesetz)

- Umweltschutz (u. a. Bundesimmissionsschutzgesetz)
- Gewässerschutz (u. a. Wasserhaushaltsgesetz, Wassergesetze der Länder)
- Abfallbeseitigung (u. a. Abfallbeseitigungsgesetz)

Eine Spezialregelung des Bundes- oder Landesrechts und damit eine dem allgemeinen Gefahrenabwehrrecht vorgehende Vorschrift kommt als Ermächtigungsgrundlage jedoch nur dann in Betracht, wenn

- die **materiellen Voraussetzungen** erfüllt sind, d. h. man bei der Subsumtion zu dem Ergebnis kommt, dass die Tatbestandsmerkmale auf den Sachverhalt zutreffen **und**
- sie die Verwaltungsbehörde (Ordnungsbehörde, Sicherheitsbehörde) oder die Polizei ermächtigt, einen Verwaltungsakt zur Gefahrenabwehr zu erlassen. Man bezeichnet diese Voraussetzung als **VA-Befugnis.**

Dieser Zusammenhang soll mithilfe des ***Ausgangsfalles*** *verdeutlicht werden. Als Ermächtigungsgrundlage außerhalb des allgemeinen Rechts der Gefahrenabwehr, d. h. als Spezialermächtigung, könnte der § 5 der Verordnung der Stadt Osnabrück in Betracht kommen. Eine Subsumtion der Tatbestandsmerkmale mit dem Sachverhalt möchte ergeben, dass die materiellen Voraussetzungen erfüllt sind. Die Ermächtigung zur Abwehr von Gefahren für die Nachbarschaft in der Zukunft bietet diese Norm nicht. Sie besitzt nicht die erforderliche VA-Befugnis zur Gefahrenabwehr und scheidet damit als Ermächtigungsgrundlage aus. Es handelt sich lediglich um eine Gebotsnorm.*

Hinweis

Nicht verwechselt werden darf die fehlende VA-Befugnis mit dem Gesichtspunkt der Unvollständigkeit von speziellen Ermächtigungsgrundlagen. Sofern eine Spezialermächtigung außerhalb des allgemeinen Gefahrenabwehrrechts nicht abschließend ist, wird die Generalermächtigung (s. u.) ergänzend angewandt.

2. Standardmaßnahmen; Spezialermächtigungen *innerhalb* des allgemeinen Rechts der Gefahrenabwehr

In den Fällen, in denen eine Ermächtigung durch spezialgesetzliche Normen verneint werden muss, erfolgt eine Prüfung der sogenannten „Standardmaßnahmen" innerhalb des jeweiligen allgemeinen Rechts der Gefahrenabwehr der einzelnen Bundesländer. Die Gesetzgebung über das allgemeine Polizei- und Ordnungsrecht nimmt damit einige typische Gefahrenabwehrmaßnahmen („Standardmaßnahmen") aus dem Anwendungsbereich der Generalermächtigung (s. 3.) heraus:

1. Identitätsfeststellung und Prüfung von Berechtigungsscheinen
2. Befragung und Auskunft
3. Vorladung und Vorführung, Vernehmen
4. Platzverweisung
5. Gewahrsam und Durchsuchung von Personen
6. Durchsuchung von Sachen
7. Betreten und Durchsuchen von Wohnungen
8. Sicherstellung und Beschlagnahme von Sachen

Beispiele:

- **Fall 1:** In der Stadt O. wird im Stadtteil Schinkel eine Fliegerbombe aus dem Zweiten Weltkrieg gefunden. Mehrere tausend Bewohner des Stadtteils werden gebeten, ihre Wohnungen an einem Sonntag bis 10:00 Uhr zu verlassen und erst nach der Entschärfung der Bombe zurückzukehren. Hier ist eine Platzverweisung zur Abwehr einer Gefahr berechtigt.
- **Fall 2:** Die Ehefrau des W. ruft bei der zuständigen Polizeidienststelle an und bittet dringend, ihren volltrunkenen Ehemann davon abzuhalten, mit dem Pkw nach Hause zu fahren. Die Maßnahme der Sicherstellung des Kraftfahrzeuges käme in Betracht, wenn das Fahren eines Fahruntüchtigen nicht auf andere Weise, z. B. durch Sicherstellung des Zündschlüssels und der Fahrzeugpapiere, gewährleistet werden kann.

3. „Generalermächtigung" (Befugnisklausel) des allgemeinen Rechts der Gefahrenabwehr

Die Zahl der spezialgesetzlichen Aufgabenzuweisungen hat in der Bundesrepublik außerordentlich zugenommen. Es können jedoch nicht alle denkbaren Gefahren vorhergesehen und ihre Abwehr durch Spezialgesetze geregelt werden. Mithilfe des Wortlauts der Generalermächtigung (Befugnisgeneralklausel) soll diesem Umstand Rechnung getragen werden:

> Zum Zwecke der Gefahrenabwehr können die zuständigen Behörden (Verwaltungsbehörden und die Polizei) die notwendigen Maßnahmen treffen, um eine Gefahr für die öffentliche Sicherheit (und Ordnung) abzuwehren.

Diese weitgefasste Generalklausel gilt **subsidiär,** d. h. nur dann, wenn Spezialermächtigungen innerhalb oder außerhalb des allgemeinen Polizei- und Ordnungsrechts nicht greifen.

*Für den **Ausgangsfall** ist diese Generalermächtigung heranzuziehen, da keine Spezialermächtigungen innerhalb oder außerhalb des allgemeinen Polizei- und Ordnungsrechts in Betracht kommen. Das Nicht-Absichern der Kellerluke durch Herrn Wellmann verstößt gegen die vorliegende SOG-VO. Das Verhalten des Herrn Wellmann kann jedoch durch die vorliegende SOG-VO nicht unterbunden werden, da die SOG-VO keine VA-Befugnis enthält. Diese Lücke wird durch § 11 Nds. SOG geschlossen.*

III. Formelle Rechtmäßigkeitsvoraussetzungen

1. Zuständigkeit

a) Zuständigkeit der Verwaltungsbehörde oder der Polizeibehörde

Grundsätzlich obliegt den Verwaltungsbehörden und den Polizeibehörden gem. § 1 Abs. 1 Satz 1 Nds. SOG gemeinsam die Aufgabe der Gefahrenabwehr. Die **Polizei** wird jedoch nur **nachrangig** tätig. So beschränkt § 1 Abs. 2 Satz 1 Nds. SOG die Zuständigkeit der Polizei insoweit, als dass die Gefahrenabwehr durch die Verwaltungsbehörde (Gemeinden, Landkreis) nicht oder nicht rechtzeitig möglich erscheint (Eilzuständigkeit). Darüber hinaus ist die Polizei für die Verhütung von Straftaten zuständig (§ 1 Abs. 1 Satz 3 Nds. SOG).

Behörden der Gefahrenabwehr

In allen Bundesländern sind die **Aufgaben der Gefahrenabwehr** verteilt auf

- **Polizei**
  Behörden der Vollzugspolizei
- **Ordnungsverwaltung**
  (Ordnungsbehörden, Verwaltungsbehörden der Gefahrenabwehr, Sicherheitsbehörden)

Verhältnis der Organe zueinander:

- **vorrangig** wird die **Ordnungsverwaltung** tätig;
- die Polizei grundsätzlich nur **nachrangig.**

*Für den **Ausgangsfall** wurde festgestellt, dass die Generalermächtigung des allgemeinen Polizei- und Ordnungsrechts (hier: § 11 Nds. SOG) anzuwenden ist. Daher sind auch die Zuständigkeitsregelungen des allgemeinen Polizei- und Ordnungsrechts anzuwenden. (Wäre eine Spezialnorm außerhalb des allgemeinen Polizei- und Ordnungsrechts die Ermächtigungsgrundlage, so wäre u. a. die Zuständigkeit nach diesen Normen zu prüfen.) Da die Stadt Osnabrück in Niedersachen liegt, ist das Niedersächsische Gesetz über die öffentliche Sicherheit und Ordnung (Nds. SOG) heranzuziehen. Eine Eilzuständigkeit der Polizei gem. § 1 Abs. 2 Satz 1 Nds. SOG kann nicht angenommen werden. Darüber hinaus liegt keine Straftat vor, die die Zuständigkeit der Polizei gem. § 1 Abs. 1 Satz 3 Nds. SOG rechtfertigen würde.*

b) Sachliche Zuständigkeit

Die Vorschriften der sachlichen Zuständigkeit regeln, welche Behörde damit betraut ist, eine bestimmte Aufgabe der Gefahrenabwehr wahrzunehmen.

*Gem. § 97 Abs. 1 Nds. SOG liegt die sachliche Zuständigkeit für Aufgaben der Gefahrenabwehr bei den Gemeinden, sofern keine abweichende Zuständigkeitsregelung vorliegt (Regelzuständigkeit). Im **Ausgangsfall** ist eine Gefahr durch die defekte Kellerluke abzuwehren, sodass eine Aufgabe der Gefahrenabwehr vorliegt. Abweichende Zuständigkeitsregelungen sind nicht ersichtlich, sodass die Regelzuständigkeit greift. Hier möchte die Stadt Osnabrück handeln, die gem. § 20 Abs. 1 Satz 1 NKomVG auch eine Gemeinde ist. Die Stadt Osnabrück ist somit sachlich zuständig.*

c) Örtliche Zuständigkeit

Die Vorschriften über die örtliche Zuständigkeit regeln, **in welchem Bezirk** eine sachlich zuständige Behörde die Aufgabe wahrzunehmen hat.

*Im **Ausgangsfall** ist gem. § 100 Abs. 1 S. 2 Nds. SOG die Behörde zuständig, in deren Bezirk die zu schützenden Interessen verletzt oder gefährdet werden. Die defekte Kellerluke des Herrn Wellmann liegt im Gebiet der Stadt Osnabrück. Somit ist die Stadt Osnabrück auch örtlich zuständig.*

2. Verfahrensvorschriften

Ein Verfahren der Behörden zur Gefahrenabwehr ist, soweit es auf den Erlass eines Verwaltungsaktes gerichtet ist, ein Verwaltungsverfahren im Sinne des § 9 VwVfG. Es gelten daher auch die Vorschriften des VwVfG, das auch im für den *Ausgangsfall* maßgeblichen Bundesland Niedersachsen gem. § 1 I NVwVfG grundsätzlich als Landesrecht gilt. Die wesentlichen allgemeinen formellen Anforderungen, die beim Erlass eines Verwaltungsaktes zu beachten sind:

- Ausgeschlossene Personen (§ 20 VwVfG)
- Besorgnis der Befangenheit (§ 21 VwVfG)
- Anhörung (§ 28 VwVfG)
- Begründung (§ 39 VwVfG)

Bei der Bearbeitung des ***Ausgangsfalls*** *müsste der zuständige Sachbearbeiter bei der Vorbereitung eines Verwaltungsaktes die folgenden Aspekte berücksichtigen:*

Gem. § 28 Abs. 1 VwVfG ist Herrn Wellmann die Gelegenheit zu geben, sich vor Erlass eines belastenden Verwaltungsaktes zu den für die Entscheidung maßgeblichen Tatsachen zu äußern. Es gab ein Gespräch im Rahmen der Ortsbesichtigung, jedoch kann dies nicht als Anhörung angesehen werden. Der Fachbereich Bürger und Ordnung hat Herrn Wellmann noch die Gelegenheit zur Stellungnahme zu geben. Ausnahmen gem. § 28 Abs. 2 und 3 VwVfG kommen hier nicht zum Tragen.

IV. Materielle Rechtmäßigkeitsvoraussetzungen

1. Tatbestandsmerkmale

a) Anwendung einer Spezialermächtigung

Bei Anwendung einer *Spezialermächtigung außerhalb* des allgemeinen Rechts der Gefahrenabwehr sind die Tatbestandsmerkmale dieser Rechtsgrundlage zu subsumieren.

b) Anwendung einer Standardmaßnahme

Kommt alternativ eine *Standardmaßnahme des allgemeinen Polizei- und Ordnungsrechts* in Betracht, so sind die Tatbestandsmerkmale dieser Norm zur Bearbeitung des Sachverhalts heranzuziehen.

c) Anwendung der „Generalermächtigung"

Voraussetzung für die Anwendung der *„Generalermächtigung" des allgemeinen Polizei- und Ordnungsrechts* ist das Vorliegen einer **Gefahr.** Für den Erlass eines Verwaltungsaktes ist die im Einzelfall vorliegende *konkrete* Gefahr gemeint (siehe S. 359: Ausführungen zum Aspekt „Handlungsarten").

Der Begriff der **Gefahr** beinhaltet demnach die folgenden Tatbestandsmerkmale:

- Verletzung von Schutzgütern (Schaden) für die öffentliche Sicherheit (oder öffentliche Ordnung)
- Schaden
- hinreichende Wahrscheinlichkeit

- absehbare Zeit
- Einzelfall

Für die konkrete Fallbearbeitung empfiehlt sich folgende Prüfungsreihenfolge (abweichend vom Aufbaumuster):

ca) Verletzung der öffentlichen Sicherheit oder Ordnung

Nach allgemeiner Auffassung ist ein Schaden dann anzunehmen, wenn eine Verletzung der öffentlichen Sicherheit (und Ordnung) vorliegt. In beiden Fällen handelt es sich um unbestimmte Rechtsbegriffe, die der Konkretisierung bedürfen.

- **In Rechtsprechung und Literatur werden als Schutzgüter der öffentlichen Sicherheit genannt:**

- Bestand des Staates und (der Funktionsfähigkeit) seiner Einrichtungen
- Unverletzlichkeit der objektiven Rechtsordnung
- Subjektive Rechte und Rechtsgüter des Einzelnen

Diese Begriffe bedürfen ihrerseits der weiteren Klärung.

➢ Bestand des Staates und (der Funktionsfähigkeit) seiner Einrichtungen

Mit der Verhinderung von Straftaten, z. B. Gefährdung des demokratischen Rechtsstaates durch links- oder rechtsradikale Gewalttäter oder Landesverrat, wird der **Bestand des Staates** geschützt.

Die **Funktionsfähigkeit der staatlichen Einrichtungen** wie Parlamente, Regierungen, Verwaltungsbehörden und deren ordnungsgemäßen Betrieb zu sichern, ist ebenfalls dem Begriff der öffentlichen Sicherheit zuzuordnen.

Beispiele:

In der kreisfreien Stadt Osnabrück ärgert sich Einwohner Markus Reitzer über die von Mitarbeitern des Amtes Bürger und Ordnung (Ordnungsamt) eingerichtete „Radarfalle“. Er bringt an seinem ordnungsgemäß am Straßenrand geparkten Fahrzeug ein großes Plakat mit der Aufschrift „Vorsicht! Radarkontrolle in 300 m“ an. Die Mitarbeiter der zuständigen Behörde wollen gegen diese Maßnahme von Reitzer vorgehen. Sie sind dazu befugt, denn durch diesen Hinweis wird der Erfolg der Geschwindigkeitskontrolle und damit die Funktionsfähigkeit staatlicher Einrichtungen vereitelt.

In einem Obdachlosenheim halten sich Personen auf, die zur Nutzung der Räumlichkeiten nicht befugt sind. Sie haben widerrechtlich mehrere Zimmer in dem Gebäude bezogen. Die zuständige Gemeinde gibt ihnen auf, die Zimmer des Obdachlosenheims zu räumen. Die Obdachlosenunterkunft als staatliche Einrichtung wird durch die widerrechtliche Nutzung in ihrer Funktionsfähigkeit beeinträchtigt, da die Räumlichkeiten nicht in der vorgesehenen Weise genutzt werden können. Das Vorgehen ist daher berechtigt.

➢ Unverletzlichkeit der objektiven Rechtsordnung

Die Verletzung der objektiven Rechtsordnung ist immer dann anzunehmen, wenn gegen Rechtsnormen (z. B. ein Gesetz, eine Verordnung) verstoßen wird bzw. wenn zukünftig ein Verstoß droht.

Prüfungsfolge: Verletzung der objektiven Rechtsordnung

Prüfung des Verstoßes gegen ein Gebot oder Verbot einer Norm (insbesondere Straf- oder Ordnungswidrigkeitengesetze)

durch Subsumtion:

Tatbestandsmerkmale 1, 2, 3 ... = Sachverhalt

↓

Jeder Rechtsverstoß (Straftat und Ordnungswidrigkeit), der andauert oder in absehbarer Zeit begangen zu werden droht,

↓

stellt eine **Verletzung der objektiven Rechtsordnung** dar

und führt somit zur

↓

Verletzung eines Schutzgutes der **öffentlichen Sicherheit**

und

↓

durch Vorliegen des Tatbestandsmerkmals **Schaden** = die unmittelbare, von außen kommende regelwidrige Beeinträchtigung von Normen, Rechten oder Rechtsgütern, die unter die Begriffe der öffentlichen Sicherheit (oder öffentlichen Ordnung) fallen (hier z. B. Strafgesetze, Ordnungswidrigkeitengesetz)

sowie

ein Vorliegen der weiteren Tatbestandmerkmale **(Einzelfall, hinreichende Wahrscheinlichkeit, absehbare Zeit)**

zu einer

↓

Gefahr

↓

mit der Folge der Anwendbarkeit der

↓

Generalermächtigung

➢ Subjektive Rechte und Rechtsgüter des Einzelnen (Individualgüter)

Neben die Unverletzlichkeit der objektiven Rechtsordnung treten als eigenständiges Schutzgut der öffentlichen Sicherheit die subjektiven Rechte und Rechtsgüter des Einzelnen. Dieser Schutz der Individualrechte umfasst alle Privatrechte wie insbesondere **Eigentum und Besitz** als auch die geschützten Rechtsgüter wie **Leben, Gesundheit und Freiheit.**

Es gilt jedoch das **Subsidiaritätsprinzip.** Der staatliche Schutz privater Rechte des Einzelnen obliegt vorrangig den Gerichten der ordentlichen Gerichtsbarkeit und den ihnen zugeordneten Zwangsvollstreckungsorganen.

Beispiel:

Der Elektrogerätehändler Willi Börger aus H. hat Hartmut Wasmuth eine Waschmaschine auf Rechnung geliefert. Hartmut W. begleicht die Rechnung trotz Mahnung nicht. Als der Inhaber des Elektrogeschäftes, Willi Börger, den Hartmut W. auf der Straße trifft und auf die Kaufpreisforderung anspricht, verhöhnt ihn dieser wegen seiner Gutgläubigkeit. Jeder wisse doch, dass man ihm keinen Kredit gewähren dürfe. Erzürnt und verbittert bittet Willi Börger den zufällig vorbeikommenden Polizeibeamten Harras, ihm zu helfen.

Die Bürger erhalten ihren Rechtsschutz prinzipiell durch die ordentlichen Gerichte im Verfahren des Zivilprozesses und den Gerichtsvollzieher. Auch Willi Börger muss diesen Rechtsweg beschreiten, um seine Forderung durchzusetzen. Ein Eingriff des Polizeibeamten unter dem Gesichtspunkt der Verletzung von Individualrechten scheidet hier aus.

Allgemein gilt daher: Der Schutz privater Rechte obliegt den Polizei- und Verwaltungsbehörden nur dann, wenn

- gerichtlicher Schutz nicht rechtzeitig zu erlangen ist und
- wenn ohne die Hilfe der Verwaltungsbehörden oder der Polizei die Verwirklichung des Rechts wesentlich vereitelt oder erschwert würde.

Beispiel:

Die Verwaltungsfachangestellte Inga sieht eines Tages auf der Straße ihren ehemaligen Freund Jonny wieder, von dem sie ein Kind hat, der aber schon vor dessen Geburt spurlos verschwunden ist. Da sie fürchtet, dass Jonny gleich wieder verschwinden wird, ruft Inga die Polizei. Sie bittet den Polizeikommissar Hartmann, ihr bei der Feststellung der Anschrift des Jonny zum Zweck der Sicherung der Unterhaltsansprüche des Kindes behilflich zu sein.

Inga müsste versuchen, gerichtlichen Schutz zu erlangen. Da dann jedoch ihr Recht auf Durchsetzung der Unterhaltsansprüche wesentlich erschwert oder sogar vereitelt würde, ist der Polizeibeamte Hartmann berechtigt, die notwendigen Maßnahmen zu treffen.

Der Schutz privater Rechte im Rahmen der Gefahrenabwehr ist dagegen **nicht mehr subsidiär,** wenn diese Rechte zugleich durch öffentliches Recht (Spezialgesetze des Verwaltungsrechts, Strafrechts, Ordnungswidrigkeitenrechts) geschützt werden. Dies ist vielfach der Fall.

Beispiel:

W., der zu einem Einkaufsbummel in die nächstgelegene Großstadt gefahren ist, parkt sein Fahrzeug rechtswidrig auf einem Privatparkplatz. Der rechtmäßige Besitzer des Privatparkplatzes B. hat ihn daraufhin „zur Bestrafung" zugeparkt.

Es könnte eine Verletzung der Individualrechte des W. vorliegen, weil er am Wegfahren und damit an der Nutzung von Eigentum und Besitz am Kraftfahrzeug gehindert wird. Dieser grundsätzliche Schutz privater Rechte gilt jedoch nur subsidiär, sodass der B. gerichtlichen Schutz in Anspruch zu nehmen hätte und ein polizeilicher Einsatz nicht zulässig wäre. Wenn aber in diesem Fall der Tatbestand einer rechtswidrigen Nötigung (§ 240 StGB) angenommen werden kann, ist zugleich mit der Verletzung privater Rechte (Verletzung von Eigentum – Eigentumsnutzung) auch öffentliches Recht (§ 240 StGB) verletzt. Ein polizeilicher Eingriff durch Anordnung des Wegfahrens, Abschleppen kann dann – ohne Beschränkung durch das Subsidiaritätsprinzip – vorgenommen werden.

Sind Individualgüter betroffen, so ist die öffentliche Sicherheit nur dann betroffen, wenn die Beeinträchtigung der Individualgüter in die Öffentlichkeit „ausstrahlt", d.h., wenn es um Individualgüter anderer als der Verantwortlichen geht. Es fehlt in der Regel dann an einem öffentlichen Interesse zur Gefahrenabwehr, wenn es ausschließlich um Selbstgefährdung (z.B. Alkoholkonsum, Rauchen, Unreinlichkeit im Haushalt) geht und keine (unbeteiligten) dritten Personen betroffen sind.

Nach herrschender Meinung übersteigt ein Suizidversuch das geduldete Maß an Selbstgefährdung. Das bedeutet, dass die Verwaltungs- und/oder Polizeibehörden bei einem Selbstmordversuch im Rahmen der Gefahrenabwehr tätig werden.

Subjektive Rechte und Rechtsgüter des Einzelnen

Grundsätzlich:

Schutzgut der öffentlichen Sicherheit umfasst:
Schutz von Individualinteressen

↓

aber:

Subsidiaritätsprinzip
Vorrangige Zuständigkeit der ordentlichen Gerichte (Zivilgerichte) mit den Ausnahmen:

- gerichtlicher Schutz ist nicht rechtzeitig zu erlangen und
- Verwirklichung des Rechts wesentlich erschwert oder verhindert

↓

aber:

Schutz privater Rechte ist nicht mehr subsidiär,
wenn die Individualrechte zugleich durch öffentliches Recht geschützt werden.

24 Schäfer u.a. - ISBN 978-3-8120-0439-8

Öffentliche Ordnung

Ein Eingriff auf der Grundlage der Generalermächtigung könnte auch erfolgen, wenn das Schutzgut „öffentliche Ordnung" verletzt ist.

Beispiele:

- Im Schlosspark treffen sich regelmäßig Obdachlose. Sie werden von einer größeren Zahl von Hunden begleitet. Es wird in großem Ausmaß Alkohol konsumiert. Immer wieder entstehen aggressive Auseinandersetzungen, die lautstark ausgetragen werden. Mensch und Tier koten und urinieren in den Grünanlagen. Nach dem Verlassen des Parkes bleiben Scherben und Unrat zurück.
- Ein Aktionskünstler tritt nackt in der Fußgängerzone einer Großstadt auf. Passanten fühlen sich in ihrem Schamgefühl verletzt und rufen die Polizei.

Nach allgemeiner Auffassung umfasst der Begriff der „öffentlichen Ordnung" **die Gesamtheit der ungeschriebenen Regeln für das Verhalten des Einzelnen in der Öffentlichkeit**. Ihre Beachtung wird – nach den jeweils herrschenden Anschauungen – als unerlässliche Voraussetzung eines staatsbürgerlichen Zusammenlebens betrachtet.

Die Wertvorstellungen **einer überwiegenden Mehrheit der Bevölkerung** sollen somit durchgesetzt werden.

Typische Beispiele dafür, dass die jeweils herrschende Auffassung über Sitte und Moral verletzt sein könnte, werden heute in den folgenden Bereichen gesehen:

Beispiele:

- Verhalten auf öffentlichen Straßen, insbesondere in den Fußgängerzonen der Innenstädte
  - Bettelei (insbesondere aggressive Bettelei)
  - Lagern zum Alkohol- und Drogenkonsum
  - Daueraufenthalt von Stadtstreichern (mit Ansammlungen von Hunden)
- Sexuelle Darstellung und Betätigung in der Öffentlichkeit
- Beeinträchtigung des inneren Friedens durch extremistische Manifestationen

Es gibt eine Reihe von **Kritikpunkten an einem Eingreifen auf der Grundlage des Begriffs der öffentlichen Ordnung.** Es wird bemängelt, dass hier ungeschriebene Ordnungsvorstellungen einer nicht näher bestimmten Mehrheit der Bevölkerung als Maßstab genommen werden sollen. Zudem seien die wirklich relevanten Fragen der öffentlichen Ordnung inzwischen durch Rechtsnormen geschützt.

Aus diesem Grunde haben einige Bundesländern, wie z. B. Schleswig-Holstein, den Begriff der „öffentlichen Ordnung" als Schutzgut aus der Generalermächtigung entfernt. In Niedersachsen ist der Begriff „öffentliche Ordnung" seit 2005 bewusst wieder aufgenommen worden.

cb) Schaden für die öffentliche Sicherheit oder Ordnung

Ein Schaden stellt die unmittelbare, von außen kommende regelwidrige Beeinträchtigung von Normen, Rechten oder Rechtsgütern dar, die unter den Begriff der öffentlichen Sicherheit (oder öffentlichen Ordnung) fallen. Der Schaden soll für die Zukunft abgewehrt werden. Von einem Schaden kann in diesem Zusammenhang nicht gesprochen werden, wenn es sich um eine Belästigung, Unbequemlichkeit oder eine Geschmacklosigkeit handelt (Abgrenzung).

cc) Hinreichende Wahrscheinlichkeit

Die Einschätzung der Notwendigkeit eines Eingreifens zur Gefahrenabwehr beruht auf einer Prognose. Die hinreichende Wahrscheinlichkeit verlangt einerseits nicht die Gewissheit, dass der Schaden für die öffentliche Sicherheit oder öffentliche Ordnung eintreten wird. Es genügt andererseits auch nicht die bloße Möglichkeit eines Schadenseintritts. Hinreichend wahrscheinlich ist der Schaden, wenn die Befürchtung eines Schadenseintritts aus der Lebenserfahrung begründet werden kann.

Gem. den Ausführungsbestimmungen (AB) zu § 2 werden an den Grad der Wahrscheinlichkeit unterschiedlich hohe Anforderungen gestellt. Je schwerer der Schaden ist, der einzutreten droht, desto geringere Anforderungen sind an den Grad der Wahrscheinlichkeit des Schadenseintritts zu stellen.

Das bedeutet: Je größer und folgenschwerer der möglicherweise eintretende Schaden ist (z. B. bei einer Bombendrohung in einer Schule → folgenschwerer Schaden), umso geringer sind die Anforderungen, die an die hinreichende Wahrscheinlichkeit gestellt werden (→ es reicht ein geringer Wahrscheinlichkeitsgrad aus).

cd) Absehbare Zeit

Die Verletzung der öffentlichen Sicherheit oder öffentlichen Ordnung muss nicht unmittelbar bevorstehen. Allerdings muss die drohende Beeinträchtigung der öffentlichen Sicherheit oder öffentlichen Ordnung in einem überschaubaren zukünftigen Zeitraum möglich sein.

ce) Einzelfall

Grundlage für das Eingreifen der Ordnungsbehörden und der Polizei ist die von einer in der Lebenswirklichkeit vorhandenen „konkreten“ Sachlage ausgehende Beeinträchtigung der öffentlichen Sicherheit oder öffentlichen Ordnung in einem „einzelnen Falle“. Dabei müssen Zeit, Ort und bedrohtes Rechtsgut feststehen.

*Im vorliegenden **Ausgangsfall** unterlässt es Herr Wellmann entgegen § 5 Abs. 2 b) der VO der Stadt Osnabrück über die Aufrechterhaltung der öffentlichen Sicherheit und Ordnung, die Kellerluke an seinem Haus ausreichend zu sichern. Insofern verstößt er gegen eine Rechtsnorm und ein Schutzgüterbereich der öffentlichen Sicherheit ist betroffen. Die objektive Rechtsordnung wird verletzt. Darüber hinaus ist zu befürchten, dass sich wieder ein Kleinkind in der Nähe der Kellerluke aufhalten könnte und durch die nicht abgesicherte Kellerluke in die Tiefe stürzen könnte. Dies könnte zu Verletzungen des Kindes oder sogar zu dessen Tode führen. Folglich droht auch eine Verletzung von Individualgütern Einzelner einzutreten, wodurch ein zweiter Schutzgüterbereich der **öffentlichen Sicherheit** betroffen wäre.*

*Weiter anhaltende Verstöße gegen den § 5 Abs. 2 b) der SOG-Verordnung sind nicht als bloße Unbequemlichkeit einzustufen. Darüber hinaus stellen auch die drohenden Verletzungen der o. g. Individualgüter keine „Kleinigkeiten“ dar, sodass ein **Schaden** für die öffentliche Sicherheit droht.*

Der Verstoß gegen die SOG-Verordnung liegt bereits vor und dauert aufgrund der Uneinsichtigkeit des Herrn Wellmann weiter an. Insofern liegt die Wahrscheinlichkeit des Schadenseintritts bzgl. des Rechtsnormverstoßes bei 100 %. Hinsichtlich der bedrohten Individualgüter ist eine Abwägung vorzunehmen. Der drohende Schaden ist als sehr hoch einzustufen, da Leben und Gesundheit als höchste zu schützende Individualgüter gelten. Insofern genügt diesbezüglich ein geringer Grad für die Wahrscheinlichkeit des Schadenseintritts. Die ***hinreichende Wahrscheinlichkeit*** *für den Schaden für die öffentliche Sicherheit ist also gegeben.*

Da der Verstoß gegen die vorliegende SOG-Verordnung bereits vorliegt und andauert, ist auch das Tatbestandsmerkmal der absehbaren Zeit erfüllt. Es ist zudem nicht unwahrscheinlich, dass eines der Nachbarkinder sich in den nächsten Stunden oder Tagen in der Nähe der Kellerluke aufhalten wird. Somit droht auch eine Verletzung der Individualgüter einzelner Personen in einem überschaubaren zukünftigen Zeitraum. Auch in dieser Hinsicht ist das Merkmal der ***absehbaren Zeit*** *erfüllt.*

Ein ***Einzelfall*** *liegt auch vor, da es nur um die Beeinträchtigung der öffentlichen Sicherheit durch die defekte Kellerluke bzw. das Unterlassen des Herrn Wellmann bezogen auf die Reparatur der Kellerluke geht. Der Ort ist mit der Ohnesorgstraße 14 konkret bestimmbar; ebenso die bedrohten Rechtsgüter (siehe oben).*

Eine Gefahr liegt also vor. Somit ist der Tatbestand des § 11 Nds. SOG erfüllt.

2. Rechtsfolge

a) Entschließungsermessen

In der Generalermächtigung des allgemeinen Polizei- und Ordnungsrechts wird der Behörde ein Ermessen („können") eingeräumt.

Liegt – wie im *Ausgangsfall* – eine Gefahr für die öffentliche Sicherheit (und Ordnung) vor bzw. ist eine Störung bereits eingetreten, so stellt sich die Frage, **ob** (Entschließungsermessen) die zuständige Polizei- oder Ordnungsbehörde tätig wird.

Der Anstoß für den Beginn des Verwaltungsverfahrens im ***Ausgangsfall*** *erfolgte durch die Nachbarn. Diese fordern ein Eingreifen des zuständigen Amtes Bürger und Ordnung und glauben einen Anspruch auf ordnungsbehördliches Einschreiten zu haben. Ein solcher Anspruch könnte gegeben sein, wenn eine „Ermessensreduktion auf null" vorläge, das heißt, dass allein das Einschreiten als ermessensfehlerfrei anzusehen ist. Eine derartige Ermessensreduktion soll jedoch nach herrschender Meinung auf Ausnahmefälle beschränkt sein und trifft im* ***Ausgangsfall*** *nicht zu (vgl. AB zu § 5).*

Teilweise wird bei einem Verstoß gegen eine Rechtsnorm angenommen, dass eine Vollzugspflicht das gegebene Ermessen verdrängt. Folgt man dieser Argumentation, so wäre die Behörde auch bei nur geringsten Sachbeschädigungen zum Eingriff verpflichtet.

Hier gilt demnach das sogenannte **Opportunitätsprinzip**: Die Behörde ist zwar zum Einschreiten befugt, sie ist hierzu aber nicht verpflichtet.

Im ***Ausgangsfall*** *handelt es sich folglich um eine „normale Ermessensentscheidung". Die zu wählenden Mittel (s. Punkt bb) werden für Herrn Wellmann insbesondere finanzielle Aufwendungen bedeuten. Dem steht gegenüber, dass bereits mehrere Zwischenfälle vorliegen. Ein solcher Verstoß gegen die Verordnung der Stadt Osnabrück kann nicht hingenommen werden. Es ist somit sinnvoll und geboten, dass die Ordnungsbehörde eingreift.*

b) Auswahlermessen

ba) Auswahl des richtigen Adressanten – Die Inanspruchnahme Verantwortlicher (Störer)

Als Verantwortliche werden grundsätzlich unterschieden:

- **Verhaltensverantwortlicher (Verhaltensstörer)**
- **Zustandsverantwortlicher (Zustandsstörer)**
- **Nichtverantwortlicher (Nichtstörer)**

Verwaltungsbehörden und Polizei haben zu prüfen, an welche Personen sie ihre Anordnungen richten können (Grundsatz des Vorbehalts des Gesetzes). Die Feststellung der Verantwortlichkeit ist daher in den Polizei- und Ordnungsrechtsgesetzen als Voraussetzung für Eingriffsmaßnahmen aufgestellt. Neben dem Begriff des „Verantwortlichen" wird dabei vielfach der Ausdruck „Störer" verwandt.

Soweit keine Regelung der Verantwortlichkeit in Spezialermächtigungen vorliegt, ist das allgemeine Polizei- und Ordnungsrecht anzuwenden.

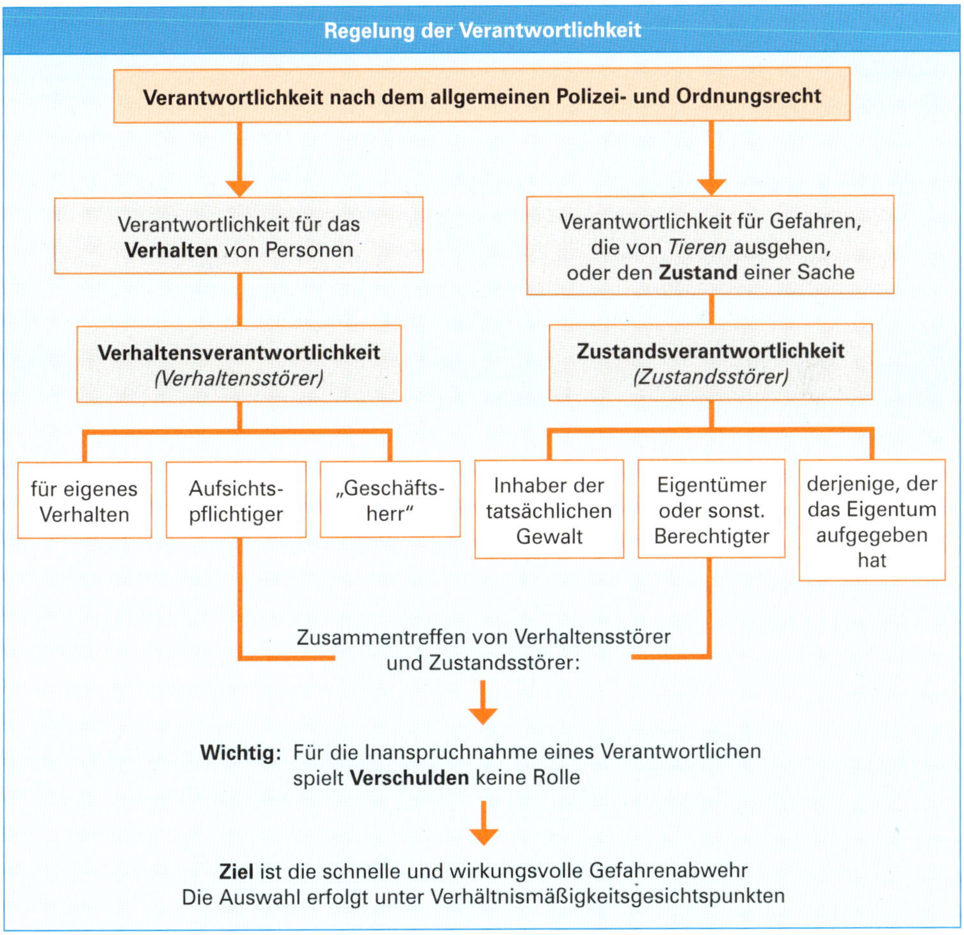

■ **Verhaltensverantwortlichkeit** (§ 6 Nds. SOG)

Die Verhaltensverantwortlichkeit trifft diejenige Person, die **durch eigenes Verhalten (= Tun oder Unterlassen) unmittelbar eine Gefahr** verursacht.

Nach der herrschenden Auffassung ist grundsätzlich **nur die unmittelbare Verursachung** der Gefahr bedeutsam. Der mittelbare Verursacher, der sogenannte Veranlasser, ist nicht verantwortlich.

Beispiel:

Die Kurkapelle auf der Nordseeinsel Borkum spielt als Höhepunkt ihres Programms die Melodie des sogenannten Borkumliedes. Der Text dieses Liedes handelt von der Schönheit der Insel Borkum. Rechtsradikale nutzen die letzte Strophe des Liedes, um einen antisemitischen Text zu grölen. Der Kapelle kann das Spielen der an und für sich harmlosen Melodie nicht verboten werden. Sie hat ja die öffentliche Sicherheit (und Ordnung) nicht verletzt, sondern lediglich den Anlass gesetzt.

Ausnahmsweise soll jedoch der Veranlasser dann verhaltensverantwortlich sein, wenn er als sogenannter **Zweckveranlasser** eine Handlung nur oder überwiegend mit dem Ziel vorgenommen hat, andere zu einem Verhalten zu veranlassen, dass dann eine Gefahr für die öffentliche Sicherheit und Ordnung bildet.

Beispiel:

Im Schaufenster eines Matratzengeschäftes wird als Blickfang für Passanten ein „Probeschlafen" durch ein junges Paar durchgeführt. Durch die stehen bleibenden Passanten und Autofahrer kommt der Verkehr auf der Straße zum Erliegen. Wenn ein Polizeibeamter die Beendigung der Aktion von dem Geschäftsinhaber verlangt, so handelt er damit rechtmäßig. Der Geschäftsmann hat die Handlung nur oder überwiegend mit dem Ziel vorgenommen, andere zu einem Verhalten zu veranlassen, das dann eine Gefahr für die öffentliche Sicherheit (und Ordnung) bildet. Sein Ziel war es ja, die Passanten zum Stehenbleiben zu bewegen. Er ist ein Zweckveranlasser.

Dadurch, dass der Eigentümer des Grundstücks es in dem nachfolgenden Beispiel unterlassen hat, Maßnahmen gegen die Verunreinigungen seines Grundstückes zu treffen, trifft ihn die Verantwortlichkeit für eigenes Verhalten. Er ist Verhaltensverantwortlicher (Verhaltensstörer).

Beispiel:

A. ist Eigentümer eines Grundstückes, das von Nachbarn und deren Bekannten und Freunden ohne Einwilligung des A. genutzt wird, um Grasschnitt, Bauschutt, Sperrmüll usw. zu entsorgen. Das Gelände ist nach einiger Zeit durch Ratten und Unrat verwahrlost. Jetzt wenden sich „die lieben Nachbarn" an das Ordnungsamt der Gemeinde und fordern es auf, dem Eigentümer die Beseitigung der Verunreinigungen aufzugeben. Dagegen wehrt sich der A. mit dem Hinweis, der Zustand sei nicht von ihm verschuldet. Es sollten diejenigen herangezogen werden, die die Verunreinigungen verursacht hätten.

Gefährdet oder stört ein Kind oder eine Person, die wegen Geisteskrankheit oder Geistesschwäche entmündigt oder unter vorläufige Vormundschaft gestellt ist, die öffentliche Sicherheit (und Ordnung), so können Maßnahmen *auch* gegenüber denjenigen gerichtet werden, dem die Sorge für die Person (Eltern, Vormund, Pfleger) obliegt **(= Aufsichtspflichtiger)**.

Beispiel:

Zwei 13-jährige Schüler wenden ihre im Chemieunterricht erworbenen Kenntnisse an und fertigen aus Chemikalien und mithilfe eines Eisenrohres einen Explosivkörper. Maßnahmen zur Gefahrenabwehr können gegen die Schüler und die Eltern (sogenannte Zusatzverantwortlichkeit) gerichtet werden.

Die Maßnahmen können unter dem Gesichtspunkt der Zusatzverantwortlichkeit auch gegen denjenigen gerichtet werden, der eine andere Person zu einer Verrichtung bestellt **(= Dienstherr).**

Beispiel:

Der Dachdeckergeselle Sorglos deckt in einer Fußgängerzone ein Dach, ohne Absperrungen für die Passanten vorzunehmen. Maßnahmen zur Gefahrenabwehr können gegen den Meister (Dienstherrn) und den Gesellen (Verrichtungsgehilfen) gerichtet sein.

*Im **Ausgangsfall** ist Herr Wellmann Verhaltensverantwortlicher, da er durch eigenes Verhalten (Tun bzw. Unterlassen) unmittelbar die Gefahr verursacht. Er unterlässt es, wirksame Mittel (z. B. Reparatur der Kellerluke) zu ergreifen, um den Rechtsnormverstoß zu beseitigen und die Bedrohung der Individualgüter zu verhindern.*

■ Zustandsverantwortlichkeit (Zustandsstörer) (§ 7 Nds. SOG)

Als Zustandsverantwortlichkeit wird die Verantwortlichkeit dafür, dass durch den **Zustand einer Sache** (bewegliche Sachen und Grundstücke) oder **von einem Tier** eine Gefahr ausgeht, definiert. Die Sache oder das Tier müssen selbst die Gefahrenquelle darstellen. Ein Verschulden ist wiederum nicht notwendig. Es ist unerheblich, ob der gefahrbringende Zustand z. B. von anderen Personen ausgeht.

Verantwortlich ist diejenige Person, die tatsächlich auf die Sache oder das Tier einwirken kann, d. h. **die tatsächliche Gewalt innehat.** Die Polizei- und Ordnungsbehörden können damit eine effektive Gefahrenabwehr vornehmen, da der Inhaber der tatsächlichen Gewalt auch am ehesten die Gefahren beherrschen kann. Eine langwierige Klärung z. B. von Eigentumsverhältnissen kann unterbleiben.

Maßnahmen können auch gegen die **Eigentümer oder eine andere berechtigte Person** einer Sache (z. B. Erbbauberechtigter) oder eines Tieres gerichtet werden.

Letztlich kann auch derjenige Zustandsverantwortlicher sein, der das **Eigentum aufgegeben hat.**

*In unserem **Ausgangsfall** ist Herr Wellmann als Inhaber der tatsächlichen Gewalt und als Eigentümer des Hauses bzw. der Kellerluke aus dem Gesichtspunkt der Zustandsverantwortlichkeit verantwortlich.*

Er ist damit ein sogenannter „Doppelstörer", da sowohl eine Verhaltens- als auch eine Zustandsverantwortlichkeit gegeben ist.

Ebenso ist die Verantwortlichkeit hinsichtlich des Falles bzgl. des verunreinigten Grundstücks zu beurteilen. Der Eigentümer des von anderen Personen verunreinigten Grundstücks ist Zustandsverantwortlicher als Inhaber der tatsächlichen Gewalt und als Eigentümer. Auch auf ihn trifft der Begriff des „Doppelstörers" zu, da er ebenfalls als Verhaltensverantwortlicher (s. o.) in Anspruch genommen werden kann.

■ **Inanspruchnahme nichtverantwortlicher Personen** (§ 8 Nds. SOG)

Maßnahmen zur Gefahrenabwehr können in den Grenzen der Verhältnismäßigkeit und Zumutbarkeit auch gegen Dritte gerichtet werden, die „an sich" nicht verantwortlich sind.

Eine solche Situation wird als „polizeilicher Notstand" bezeichnet. Die Voraussetzungen engen die Inanspruchnahme nichtverantwortlicher Personen ein (Hinweise/Erläuterungen zu den Voraussetzungen befinden sich in den AB zu § 8):

- Abwehr einer gegenwärtigen erheblichen Gefahr,
- Maßnahmen gegen (eigentlich) Verantwortliche sind nicht möglich oder Erfolg versprechend,
- die Verwaltungsbehörde oder die Polizei kann die Gefahr nicht oder nicht rechtzeitig selbst oder durch Beauftragte abwehren und
- die Personen können ohne erhebliche eigene Gefährdung und ohne Verletzung höherwertiger Pflichten in Anspruch genommen werden.

Beispiel:

Die Feuerwehr wird zu einem Brand in einer Wohnung eines Mehrfamilienhauses gerufen. Effektive Löscharbeiten machen das Betreten der Nachbarwohnung notwendig.

Hinweis

Beim Zusammentreffen mehrerer Verantwortlicher erfolgt die Auswahl unter dem Gesichtspunkt der **Verhältnismäßigkeit und der Effektivität.** Im Vordergrund steht die schnelle und wirkungsvolle Gefahrenabwehr. Sind sowohl Verhaltensverantwortlicher als auch Zustandsverantwortlicher in gleicher Weise in der Lage, die Gefahr zu beseitigen, gilt im Allgemeinen die Regel: „Verhaltensstörer vor Zustandsstörer".

bb) Auswahl der zu treffenden Maßnahme (insbesondere: Prüfung des Grundsatzes der Verhältnismäßigkeit)

Wenn sich die Behörde zum Handeln entschieden hat, stellt sich die Frage nach den konkreten Maßnahmen, also den **Mitteln.**

Der **Grundsatz der Verhältnismäßigkeit,** der bei der Wahl des Mittels zu beachten ist, hat einen dreifachen Inhalt:

■ **Geeignetheit** (§ 4 Abs. 1 Nds. SOG)

Geeignet ist ein Mittel, wenn es – z. B. nach dem Erfahrungswissen der Behörde – dazu dient, den erstrebten Erfolg zu erreichen oder der Zielerreichung zumindest förderlich ist.

■ **Erforderlichkeit** (§ 4 Abs. 1 Nds. SOG)

Die Behörde hat von mehreren geeigneten Mitteln dasjenige auszuwählen, das den Einzelnen und die Allgemeinheit voraussichtlich am wenigsten beeinträchtigt (Grundsatz des mildesten Mittels).

■ **Angemessenheit (Verhältnismäßigkeit im engeren Sinne)** (§ 4 Abs. 2 Nds. SOG)

Hier erfolgt ein Vergleich der Nachteile des gewählten Mittels mit den Nachteilen, die mit dem gewählten Mittel abgewendet werden sollen. Letztlich darf das eingesetzte

Mittel nicht zu einem Nachteil führen, der zu dem erstrebten Erfolg erkennbar außer Verhältnis steht.

Für die **Ausgangssituation** *sollen die Mittel „Absperrung des Bereiches vor der defekten Kellerluke mit rot-weißem Trassierband" und „Aufforderung an Herrn Wellmann, die Kellerluke innerhalb einer bestimmten Frist zu reparieren" näher untersucht werden.*

Die Absperrung des Bereiches vor der defekten Kellerluke mit rot-weißem Trassierband führt nicht dazu, dass der Verstoß gegen die vorliegende SOG-Verordnung behoben wird. Eine ausreichende Absicherung ist dadurch nicht ersichtlich, da ein rot-weißes Trassierband nicht wirksam davor schützt, den gefährlichen Bereich vor der Kellerluke zu betreten. Insbesondere kleine Kinder werden durch dieses Mittel nicht davon abgehalten, den Bereich vor der Kellerluke zu betreten. Die Aufforderung an Herrn Wellmann, die defekte Kellerluke zu reparieren, führt hingegen zu einer langfristigen Gefahrenabwehr. Der bestehende Rechtsnormverstoß und die Bedrohung der Individualgüter werden beseitigt. Insofern stellt diese Maßnahme eine ***geeignete*** *Maßnahme dar.*

Da ein weiteres geeignetes Mittel nicht ersichtlich ist, ist die Aufforderung an Herrn Wellmann, die Kellerluke zu reparieren, automatisch das mildeste Mittel und somit ***erforderlich.***

Als Vorteil durch die geplante Maßnahme ist zunächst zu benennen, dass der Rechtsnormverstoß beseitigt wird. Zudem kommt es zur langfristigen Gefahrenabwehr bzgl. der bedrohten Individualgüter. Weiterhin werden Nachahmungseffekte (bei anderen Hauseigentümern) verhindert. Herrn Wellmann entsteht ein zeitlicher Aufwand für die Reparatur der Kellerluke. Sollte er die Reparatur nicht selbst vornehmen, so ist bei ihm ein finanzieller Aufwand zu sehen, indem er die Reparaturkosten zu tragen hat. Der zeitliche Aufwand bzw. die finanzielle Belastung halten sich jedoch – im Vergleich zu den genannten Vorteilen, die durch die Maßnahme entstehen – in überschaubaren Grenzen. Insbesondere hinsichtlich der zu schützenden Individualgüter muss das Einzelinteresse des Herrn Wellmann hinter dem Kollektivinteresse der Allgemeinheit zurücktreten. Es handelt sich also um eine ***angemessene*** *Maßnahme, sodass die Aufforderung an Herrn Wellmann, die defekte Kellerluke zu reparieren, dem Grundsatz der Verhältnismäßigkeit entspricht.*

V. Ergebnis Entscheidungsvorschlag[1]

Dem Leser ist zum Schluss des Gutachtens ein konkretes Ergebnis bzw. ein konkreter Entscheidungsvorschlag zu präsentieren.

Im **Ausgangsfall** *Wellmann wird der folgende Entscheidungsvorschlag unterbreitet:*

1. *Ein Verwaltungsakt ist auf der Grundlage der Generalermächtigung (§ 11 Nds. SOG) zu erstellen, in dem Herrn Wellmann aufgegeben wird, die defekte Kellerluke zu reparieren.*
2. *Ein Verwaltungsakt zur Gefahrenabwehr muss gem. § 37 Abs. 1 VwVfG inhaltlich hinreichend bestimmt sein. Er muss also so klar formuliert sein, dass der Adressat eindeutig erkennen kann, was die Behörde will.*

1 Eine detaillierte Aufstellung zu den Inhalten eines Entscheidungsvorschlags finden Sie im *Lernarrangement 20: Rechtmäßigkeit von Verwaltungsakten überprüfen.*

3. *Anhörung des Herrn Wellmann gem. § 28 I VwVfG. Dabei ist ihm die beabsichtigte Maßnahme zur Gefahrenabwehr mitzuteilen.*

   (Sollten sich im Rahmen der Anhörung keine neuen Gesichtspunkte – insbesondere hinsichtlich der Uneinsichtigkeit gegenüber dem eigenen Verhalten bzw. Unterlassen – ergeben, kann die unter 1. genannte Maßnahme getroffen werden.)

4. *Aus Beweisgründen empfiehlt sich für den Verwaltungsakt gem. § 37 Abs. 2 S. 1 VwVfG die Schriftform. Die Anforderungen des § 37 Abs. 3 S. 1 VwVfG sind zu beachten.*

5. *Die Bekanntgabe könnte aus Beweissicherungsgründen gem. § 43 Abs. 1, § 41 Abs. 5 VwVfG förmlich erfolgen (z. B. durch Zustellungsurkunde gem. § 3 VwZG).*

6. *Der Verwaltungsakt ist entsprechend der Anforderungen des § 39 Abs. 1 VwVfG zu begründen. Ausnahmen von der Begründungspflicht gem. § 39 Abs. 2 VwVfG ergeben sich hier nicht.*

7. *Dem Verwaltungsakt ist nach Maßgabe des § 37 Abs. 6 VwVfG, § 58 Abs. 1 VwGO eine Rechtsbehelfsbelehrung beizufügen.*

Übungen

1. Stellen Sie allgemein dar, welche Ermächtigungsgrundlagen bei der Gefahrenabwehr zu prüfen sind und in welchem Verhältnis sie zueinander stehen.

2. Der Vitipark ist zu einem bekannten Treffpunkt der Drogenszene geworden. Die zuständige Behörde prüft die Möglichkeit einer Platzverweisung. Ordnen Sie diese Maßnahme den möglichen Ermächtigungsgrundlagen zu.

3. Erläutern Sie, wie die Kompetenzverteilung im allgemeinen Polizei- und Ordnungsrecht zwischen Polizei- und Ordnungsbehörden grundsätzlich geregelt ist.

4. Stellen Sie den Unterschied zwischen einer abstrakten und einer konkreten Gefahr heraus. Bilden Sie jeweils ein Beispiel für jede dieser Gefahrenarten.

5. Nennen Sie die Schutzgüter, die unter dem Begriff der öffentlichen Sicherheit subsumiert werden.

6. „Flitzer" wurden jene jungen Leute genannt, die sich in den 60er- und 70er-Jahren des 20. Jahrhunderts einen Spaß daraus machten, völlig unbekleidet durch belebte Innenstadtstraßen zu eilen und sich mit den auf dem Plan erscheinenden Polizeibeamten Wettrennen zu liefern. Die Grundlage für ein Einschreiten der Polizei war die Verletzung der öffentlichen Ordnung.

Erläutern Sie die Kritikpunkte an einem Eingreifen auf der Grundlage der Verletzung der öffentlichen Ordnung. Denken Sie dabei auch an Fernsehsendungen und Veranstaltungen in der heutigen Zeit. Suchen Sie Argumente dafür, dass das Bundesland Niedersachsen den Begriff der öffentlichen Ordnung wieder eingeführt hat.

7. Aus der Entlüftung einer Wäscherei entweicht Wasserdampf, der sich bei ungünstiger Witterung auf dem nahen öffentlichen Fußweg niederschlägt und im Winter zu Glatteis führen kann. Herrn Pries, der die Wäscherei betreibt, wird aufgegeben, für die

Beseitigung des durch den Wäschereibetrieb gebildeten Glatteises Sorge zu tragen. Prüfen Sie die Verantwortlichkeit des Betreibers.

8. Herr Z. ist Mieter eines Mehrfamilienhauses im Bahnhofsviertel einer Großstadt. Er untervermietet 24 Zimmer an Frauen zur Ausübung der Prostitution. Das Gebäude liegt in einem durch eine Verordnung der Stadtverwaltung festgesetzten Sperrbezirk, in dem die Prostitution untersagt ist. Prüfen Sie unter dem Gesichtspunkt der Verantwortlichkeit, ob Herrn Z. verboten werden kann, Mietverträge mit den Prostituierten zu schließen.

9. Herbert Lauxter, Versicherungsvertreter aus Hagen, bewohnt ein Einfamilienhaus in einem reinen Wohngebiet der Gemeinde Hagen. Er hat ein Sonderangebot der Firma Stavermann, Georgsmarienhütte, genutzt und zum Leidwesen seiner Nachbarn einen neuen motorbetriebenen Laubbläser erworben. Nachbarn beschweren sich beim Ordnungsamt der Gemeinde Hagen, dass Herr Lauxter diesen neu erworbenen Laubbläser freitags und samstags in der Mittagszeit ab 13:00 Uhr sowie auch sonntags auf seinem Grundstück in Betrieb setze.

Das Ordnungsamt unterrichtet Herbert Lauxter daraufhin über die Rechtslage und weist ihn auf die Folgen eines Verstoßes gegen die 32. Verordnung zur Durchführung des Bundes-Immissionsschutzgesetzes (Geräte- und Maschinenlärmschutzverordnung – 32. BImSchV hin. Herr Lauxter kümmert sich jedoch nicht darum. Er behauptet, es handele sich bei den Beschwerdeführern ausschließlich um „ ... Zugezogene aus der Stadt Osnabrück", die sich an die „örtlichen Gepflogenheiten" anzupassen hätten.

Kurze Zeit später säubert er an einem Freitag, nachmittags um 14:00 Uhr, und auch an den beiden darauf folgenden Wochenenden am Sonntag mit seinem Laubbläser den großen Rasen seines Hausgartens besonders intensiv etwa eine Stunde.

Der Amtsleiter des zuständigen Ordnungsamtes entschließt sich nun, Maßnahmen gegen Herrn Lauxter zu treffen. Er verbietet ihm durch schriftliche Verfügung vom 15.11.20.., den Laubbläser während der nicht zugelassenen Zeiten zu betreiben. Der Bescheid enthält allerdings keinen Hinweis auf die Rechtsgrundlage für das Verbot. Begründungen erfolgen ebenfalls nicht.

§

Auszug aus der 32. Verordnung zur Durchführung des Bundesimmissionsschutzgesetzes (Geräte- und Machinenlärmverordnung – 32. BImSchV), vom 29. August 2002, zuletzt geändert durch VO vom 31. August 2015

§ 7 Betrieb in Wohngebieten

(1) In reinen, allgemeinen und besonderen Wohngebieten, Kleinsiedlungsgebieten, Sondergebieten, die der Erholung dienen, Kur- und Klinikgebieten und Gebieten für die Fremdenbeherbergung nach den §§ 2, 3, 4, 4a, 10 und 11 Abs. 2 der Baunutzungsverordnung sowie auf dem Gelände von Krankenhäusern und Pflegeanstalten dürfen im Freien

1. Geräte und Maschinen nach dem Anhang an Sonn- und Feiertagen ganztägig sowie an Werktagen in der Zeit von 20:00 Uhr bis 07:00 Uhr nicht betrieben werden,
2. Geräte und Maschinen nach dem Anhang Nr. 02, 24, 34 und 35 an Werktagen auch in der Zeit von 07:00 Uhr bis 09:00 Uhr, von 13:00 Uhr bis 15:00 Uhr und von 17:00 Uhr bis 20:00 Uhr nicht betrieben werden, es sei denn, ...

Anhang

Nachstehende Geräte und Maschinen fallen in den Anwendungsbereich der Verordnung.

Nr.	Gerät/Maschine
01	
02	Freischneider
⋮	
24	Grastrimmer/Graskantenschneider
⋮	
34	Laubbläser
35	Laubsammler
⋮	

§ 9 Ordnungswidrigkeiten

(1) Ordnungswidrig im Sinne des § 39 Absatz 1 Nummer 7 Buchstabe a des Produktsicherheitsgesetzes handelt, wer vorsätzlich oder fahrlässig

1. entgegen § 3 Absatz 1 Satz 1, auch in Verbindung mit Absatz 2, ein Gerät oder eine Maschine in Verkehr bringt oder in Betrieb nimmt.

1a. entgegen § 3 Absatz 1 Satz 4 ein Zeichen oder eine Aufschrift anbringt oder

2. entgegen § 4 eine Kopie nicht oder nicht rechtzeitig übermittelt.

(1a) Ordnungswidrig im Sinne des § 39 Absatz 1 Nummer 7 Buchstabe b des Produktsicherheitsgesetzes handelt, wer vorsätzlich oder fahrlässig entgegen § 5 Satz 1 eine Information oder ein Exemplar nicht oder nicht mindestens zehn Jahre aufbewahrt.

(2) Ordnungswidrig im Sinne des § 62 Abs. 1 Nr. 7 des Bundes-Immissionsschutzgesetzes handelt, wer vorsätzlich oder fahrlässig

1. entgegen § 7 Abs. 1 Satz 1 ein Gerät oder eine Maschine betreibt oder
2. entgegen § 7 Abs. 2 Satz 3 die zuständige Behörde nicht, nicht richtig, nicht vollständig oder nicht rechtzeitig unterrichtet.

Aufgabe:

Prüfen Sie gutachtlich unter Verwendung des *Aufbaumusters* für die Bearbeitung von Rechtsfällen zur Abwehr konkreter Gefahren und unter Hinzuziehung der 32. Verordnung zur Durchführung des Bundes-Immissionsschutzgesetzes (Geräte- und Maschinenlärmschutzverordnung – 32. BImSchV) die Rechtmäßigkeit des Verwaltungsaktes.

10. Der Vorstand des Kolpingvereins Bad Rothenfelde teilt dem Ordnungsamt der kreisangehörigen Gemeinde Bad Rothenfelde mit, dass der Gastwirt Heiner Müller durch Werbung in dem örtlichen Anzeigenblatt „Blickpunkt Bad Rothenfelde" angekündigt habe, dass er ab dem 16. Oktober 20.. an jedem Sonntag in seinem Lokal „Rendezvous der einsamen Herzen" in Bad Rothenfelde, Am Kirchplatz 3 für Kurgäste eine Tanzveranstaltung mit lustigen Einlagen unter dem Motto „Der frühe Vogel fängt den Wurm" in der Zeit von 09:00 bis 14:00 Uhr veranstalten wolle.

Das Lokal des Heiner Müller liegt in unmittelbarer Nachbarschaft zur katholischen Kirche „St. Gertrudis". Dort finden jeden Sonntag um 09:00 Uhr, 10:00 und 11:15 Uhr Gottesdienste statt. Der Vorstand des Kolpingvereins hält solche Veranstaltungen während der Kirchzeiten für die Gläubigen für unzumutbar. Er fordert den zuständigen Sachbearbeiter des Ordnungsamtes, Herrn Kovermann, auf, unverzüglich gegen die geplante Maßnahme des Gastwirtes vorzugehen.

Herr Kovermann, der ein Stammgast im Lokal „Rendezvous der einsamen Herzen" ist, ruft seinen „guten Freund Heiner" an und fragt nach den Einzelheiten. Der Gastwirt bestätigt ihm die beabsichtigten Tanzveranstaltungen. Er ist jedoch der Meinung, „dass die Angelegenheit absolut in Ordnung gehe". Sein Lokal sei hervorragend schallisoliert, sodass sich niemand gestört oder belästigt fühlen müsse. Für eventuellen Lärm der Gäste nach dem Verlassen der Tanzveranstaltung müsse er nicht geradestehen. Er besitze eine Gaststättenerlaubnis, die ausdrücklich Tanzveranstaltungen beinhalte.

§

Auszug aus dem Niedersächsischen Gesetz über die Feiertage (NFeiertagsG)

§ 1

(1) Die Sonntage, die staatlich anerkannten Feiertage und die kirchlichen Feiertage werden nach Maßgabe dieses Gesetzes geschützt.

(2) ...

§ 3

Die Sonntage und die staatlich anerkannten Feiertage sind Tage allgemeiner Arbeitsruhe.

§ 5

(1) An den in § 3 genannten Tagen sind während der Zeit von 7:00 bis 11:00 Uhr morgens folgende Veranstaltungen und Handlungen verboten, soweit sie nicht nach Bundesrecht besonders zugelassen oder nach Landesrecht gestattet und unaufschiebbar sind:

a) öffentliche Versammlungen unter freiem Himmel und öffentliche Aufzüge, die nicht mit dem Gottesdienst zusammenhängen; das Grundrecht der Versammlungsfreiheit wird insoweit eingeschränkt;

b) die der Unterhaltung oder dem Vergnügen dienenden Veranstaltungen, bei denen nicht ein höheres Interesse der Kunst, der Wissenschaft oder der Volksbildung vorliegt;

c) ...

§ 13

(1) Wer Handlungen vornimmt oder Veranstaltungen durchführt, die nach den §§ 4 bis 9 verboten sind, handelt ordnungswidrig.

(2) Die Ordnungswidrigkeit kann mit einer Geldbuße geahndet werden, ...

Aufgabe:

Prüfen Sie gutachtlich unter Verwendung des *Aufbaumusters* für die Bearbeitung von Rechtsfällen zur Abwehr konkreter Gefahren und unter Hinzuziehung des Auszuges aus dem Niedersächsischen Gesetz über die Feiertage (NFeiertagsG) die Möglichkeit des Erlasses eines Verwaltungsaktes zur Gefahrenabwehr.

Lernarrangement 28

Das Ordnungswidrigkeitenverfahren kennen und auf Sachverhalte anwenden

Leitfragen

1. Wodurch unterscheidet sich das Ordnungswidrigkeitenrecht vom Strafrecht?
2. Was versteht man unter einer Ordnungswidrigkeit?
3. Worin besteht der Unterschied zwischen einem Verwarnungsgeld und einem Bußgeld?
4. Was sind Nebenfolgen zum Bußgeld?
5. Wie läuft ein Ordnungswidrigkeitenverfahren ab?

Durch das Arrangement abgedeckte Inhalte des Rahmenlehrplans:

- ✓ Ordnungswidrigkeitenverfahren

Methodische Hinweise zur Erarbeitung des Lernarrangements:

Die o. a. Leitfragen können in Gruppenarbeit bearbeitet und anschließend präsentiert werden.

Vertiefende Recherchen können im Internet unter www.fahrtipps.de und www.kba.de vorgenommen werden.

LA 28 Ausgangssituation

Martin Lambertz hat von der Stadt Osnabrück eine schriftliche Verwarnung (siehe nachfolgende Seiten) wegen Überschreitens der zulässigen Höchstgeschwindigkeit erhalten.

Arbeitsauftrag:

Prüfen Sie, nachdem Sie die Verwarnung gelesen haben, ob die Ahndung der Geschwindigkeitsüberschreitung rechtmäßig erfolgte.

STADT OSNABRÜCK

Der Oberbürgermeister

Fachbereich Bürger und Ordnung
Natruper-Tor-Wall 2
49074 Osnabrück

Stadt Osnabrück • Postfach 446 CL • 49074 Osnabrück

Herrn
Martin Lambertz
Friedenshagen 24
49082 Osnabrück

Auskunft erteilt von:	Herrn Noetzel
Zimmer-Nr.:	104
Telefon:	0541 323-30771
Telefax:	0541 323-158971 478
Sprechzeiten: Mo.-Fr.	08:30 – 12:00 Uhr
Do.	14:00 – 17:30 Uhr

Datum und Zeichen Ihres Schreibens

(Bitte bei Antwort angeben)
Mein Zeichen
367.41.327620.7

Osnabrück, den
22. 10. d. J.

geboren am 12. 11. 1970 in Lünen

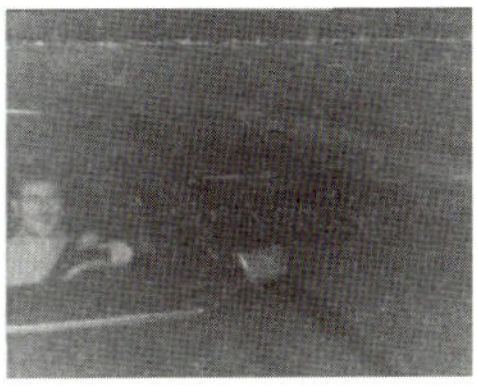

Schriftliche Verwarnung mit Verwarnungsgeld/Anhörung
Keine Eintragung im Verkehrszentralregister

Sehr geehrter Herr Lambertz,

Ihnen wird vorgeworfen, am 05. 10. d. J., um 20:11 Uhr in Osnabrück, Bramscher Straße 279 in Höhe Gaststätte Obermeyer, stadteinwärts, als Führer des PKW, OS–L 375, folgende Ordnungswidrigkeit nach § 24 StVG begangen zu haben:

Sie überschritten die zulässige Höchstgeschwindigkeit innerhalb geschlossener Ortschaften um 6 km/h. Zulässige Geschwindigkeit: 50 km/h; festgestellte Geschwindigkeit (abzgl. Toleranz): 56 km/h.

Erläuterung:	Film § 3 Abs. 3, § 49 StVO; § 24 StVG;11.3.1 BKat
Beweismittel:	Frontfoto, Messgerät Traffipax TPH-S Zeugen:
Kontrolleur:	Kohnert, FB Bürger und Ordnung

Wegen dieser Ordnungswidrigkeit werden Sie hiermit verwarnt; es wird ein Verwarnungsgeld in Höhe von **15,00 EUR** erhoben (§§ 56, 57 OWiG).

Die Verwarnung wird nur wirksam, wenn Sie mit ihr einverstanden sind und das Verwarnungsgeld innerhalb einer Woche ab Zugang dieses Schreibens zahlen. Zur Zahlung verwenden Sie bitte den beigefügten Zahlungsvordruck. Bei allen Zahlungen oder Eingaben ist zur Bearbeitung die Angabe des Aktenzeichens unerlässlich.

Hochachtungsvoll

Im Auftrage

Noetzel

Wenn Sie mit der Verwarnung nicht einverstanden sind, gilt Folgendes:

Nach § 55 des Gesetzes über Ordnungswidrigkeiten (OWiG) gebe ich Ihnen hiermit Gelegenheit, zu dem Vorwurf Stellung zu nehmen. Sie sind aber in jedem Fall – auch wenn Sie die Ordnungswidrigkeit nicht begangen haben – verpflichtet, die Angaben zu Ihrer Person im Anhörungsbogen (durch Ausfüllen der Nr. 1 unten) zu berichtigen oder zu vervollständigen, jedoch nur soweit die Angaben unrichtig oder unvollständig sind. Die Verletzung dieser Pflicht ist nach § 111 OWiG mit Geldbuße bedroht. Der ausgefüllte Anhörungsbogen ist innerhalb einer Woche ab Zugang dieses Schreibens zurückzusenden.

Sie sind verpflichtet, zur Sache auszusagen. Äußern Sie sich nicht zur Sache oder erheben Sie Einwendungen gegen den Vorwurf, werde ich entscheiden, ob weitere Ermittlungen vorgenommen werden, das Verfahren eingestellt oder ohne weitere Mitteilung von mir ein Bußgeldbescheid erlassen wird. Der Erlass eines Bußgeldbescheides ist mit Kosten (Gebühren und Auslagen) verbunden. Hat eine andere Person die Ordnungswidrigkeit begangen, teilen Sie bitte innerhalb einer Woche neben Ihren Personalien zusätzlich die Personalien der verantwortlichen Person unter Nr. 3 „Angaben zur Sache" mit, hierzu sind Sie nicht verpflichtet. Ich weise jedoch darauf hin, dass das beim Pass- und Personalausweisregister hinterlegte Foto zur Feststellung der Fahrerin oder des Fahrers herangezogen werden kann, wenn Sie bestreiten, selber gefahren zu sein, oder wenn Sie innerhalb von einer Woche keine Angaben dazu machen, wer gefahren ist.

Dem Halter eines Kraftfahrzeuges werden die Kosten des Verfahrens wegen eines Halt- oder Parkverstoßes auferlegt, wenn der Führer des Kraftfahrzeuges, der den Verstoß begangen hat, nicht rechtzeitig ermittelt werden kann (§ 25 a StVG), insbesondere wenn der Halter den Führer des Kraftfahrzeuges nicht benannt hat. Vor dieser Kostenentscheidung höre ich Sie hiermit an. Bis zum Abschluss des Verfahrens werden Ihre Daten in einer automatisierten Datei gespeichert.

---

1. **Angaben zu Ihrer Person (Pflichtangaben)**
   Vornamen:
   Familienname:
   Straße und Hausnummer:
   Postleitzahl:
   Standort:
   Geburtstag:
   Geburtsort:
   Geburtsname (wenn abweichend vom Familiennamen):

2. **Angaben zum gesetzlichen Vertreter – bei Personen bis zum 18. Lebensjahr – (freiwillige Angaben)**
   Vor- und Familienname:
   Straße und Hausnummer:
   Postleitzahl, Wohnort:
   Vater ☐ Mutter ☐ Vormund ☐

3. **Angaben zur Sache (freiwillige Angaben)**
   a) Waren Sie der verantwortliche Fahrzeugführer? ☐ ja ☐ nein
   b) Wird der Verstoß zugegeben? ☐ ja ☐ nein
   Wenn Sie b) mit „nein" beantworten, geben Sie bitte eine Begründung an.

__________________ __________________

(Ort, Datum) (Unterschrift)

Theoretische Grundlagen

Abgrenzung des Ordnungswidrigkeitenrechts vom Strafrecht

Das Ordnungswidrigkeitenrecht hat sich in der Bundesrepublik Deutschland in mehreren Schritten vom Strafrecht abgespalten und in seiner jetzigen Form seit 1945 entwickelt. Es stellt den Versuch dar, hochwertige gesetzlich geschützte Rechtsgüter von der sogenannten **„Bagatellkriminalität"** zu trennen. Auch diese „Bagatellverstöße" sind nicht hinnehmbar, auf der anderen Seite aber auch nicht so schwerwiegend, dass sie als kriminell einzustufen sind.

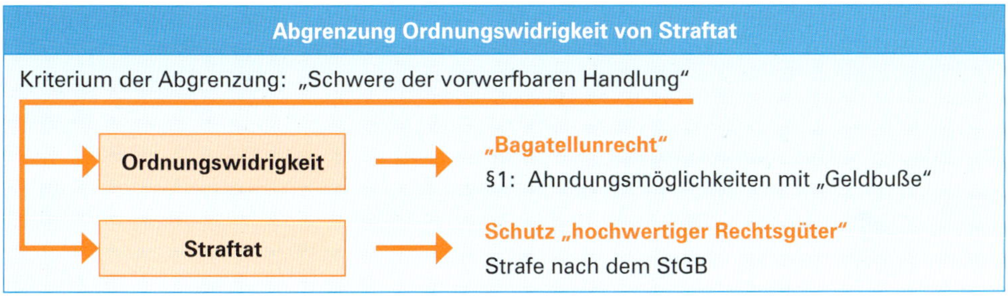

Eine solche Unterscheidung ist nicht zwingend und in Nachbarländern zum Teil nicht gegeben. Die Ursachen für die Abspaltung können zum einen darin gesehen werden, dass die Zunahme der Leistungsverwaltung ein Instrumentarium der Ahndung bei Verstößen benötigte. Zum anderen hätte die Nachkriegszeit viele Menschen bei ihren Versuchen, die Not zu überwinden, kriminalisiert. Hier war das Instrumentarium eines Ordnungswidrigkeitenrechts für geringfügige Fälle sinnvoll.

Ein **erster** Unterschied zwischen dem Strafrecht und dem Ordnungswidrigkeitenrecht liegt in der Differenzierung auf der Rechtsfolgeseite. Bei Verletzungen des Strafgesetzbuches durch eine Straftat erfolgt die Bestrafung nach dem StGB durch Geld- oder Haftstrafe. Eine Ordnungswidrigkeit stellt dagegen die Verwirklichung eines Tatbestandes dar, der die **Ahndung mit einer Geldbuße** zulässt.

Die **zweite** Unterscheidung besteht in der **Zuständigkeit der Verfolgungsbehörde.** Verfolgung und Ahndung erfolgt gem. § 35 OWiG grundsätzlich nicht wie bei Strafverfahren durch die Staatsanwaltschaft, sondern die Verwaltungsbehörden.

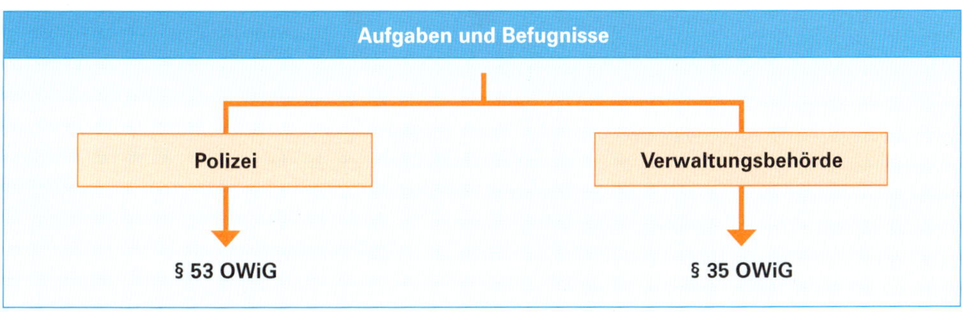

25 Schäfer u.a. - ISBN 978-3-8120-0439-8

Die Anwendung des Legalitätsprinzips bei den Ermittlungsverfahren im Strafrecht und des **Opportunitätsprinzips** auf dem Gebiet des Ordnungswidrigkeitenrechts stellt ein **drittes** Unterscheidungsmerkmal dar. Die Behörde muss nicht eingreifen, sondern handelt nach pflichtgemäßem Ermessen.

Im Strafrecht wird – **viertes** Unterscheidungsmerkmal – der Begriff „Beschuldigter" verwandt, während man die Person, der eine Ordnungswidrigkeit vorgeworfen wird, als **„Betroffener"** bezeichnet. Beschuldigter kann nur eine natürliche Person, Betroffener hingegen sowohl eine natürliche als auch juristische Person und Personenvereinigung sein.

Die **Besonderheit des Ordnungswidrigkeitenrechts** besteht darin, dass die Tatbestandsmerkmale, die verletzt sein müssen, um das Ordnungswidrigkeitengesetz (OWiG) anzuwenden, in anderen Gesetzen genannt werden. Im Ordnungswidrigkeitengesetz selbst werden nur im dritten Teil Ordnungswidrigkeitentatbestände genannt.

Ablauf des Ordnungswidrigkeitsverfahrens

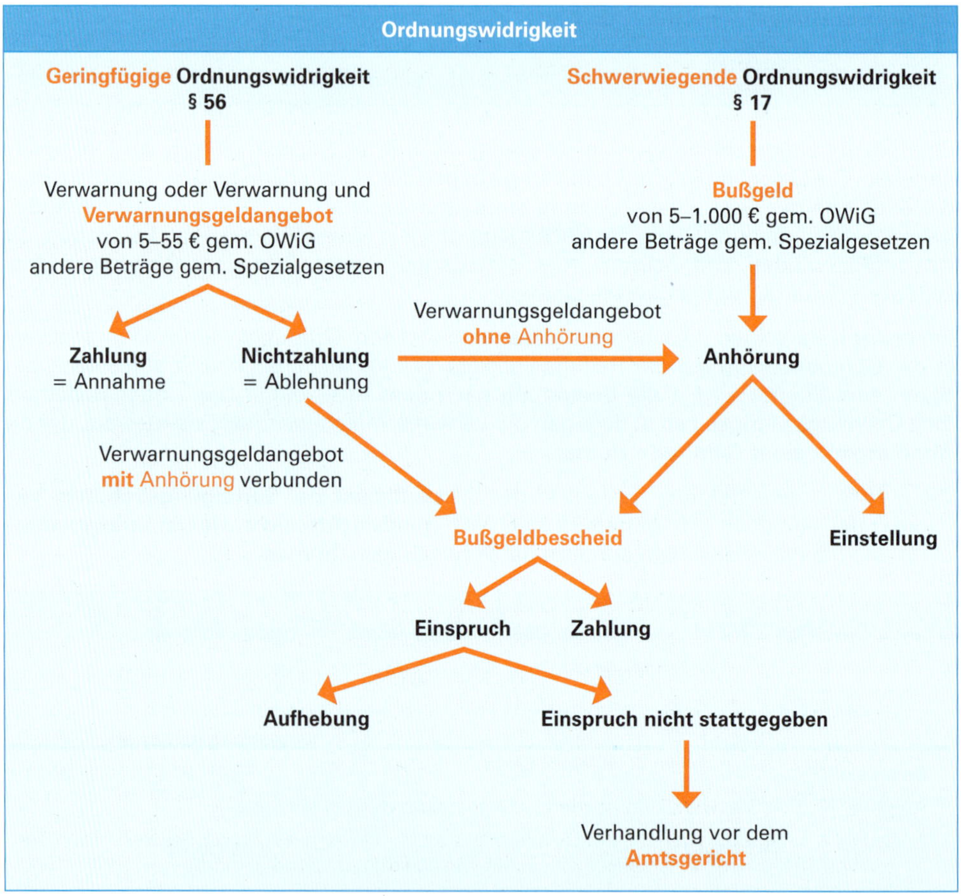

Verwarnungsgeld und Bußgeld

Als **Ahndungsmöglichkeiten** bei Ordnungswidrigkeiten stehen die Verwarnung mit oder ohne **Verwarnungsgeld bei geringfügigen Ordnungswidrigkeiten** und das **Bußgeld bei schwerwiegenden Ordnungswidrigkeiten** zur Verfügung.

Für den Bereich des **Verkehrsrechts** gab es zur einheitlichen Feststellung der Höhe des Ahndungsmittels einen Verwarnungsgeldkatalog und einen Bußgeldkatalog. Seit dem 01.01.2002 ist der bisherige Verwarnungsgeldkatalog zum Bestandteil des Bußgeldkataloges geworden. Weniger schwerwiegende Verstöße können mit einem Verwarngeld von 5–55 € geahndet werden. Schwerwiegende Verstöße werden mit einem Bußgeld belegt.

Der Unterschied zwischen geringfügigen Ordnungswidrigkeiten, die mit einer Verwarnung, und schwerwiegenden Ordnungswidrigkeiten, die mit einem Bußgeld belegt werden, wird auch an den sogenannten **Nebenfolgen zum Bußgeld** **im Bereich des Verkehrsrechts deutlich:**

- Punkte im Verkehrszentralregister in Flensburg
- Verhängung eines Fahrverbotes
- Folgen für die „Fahrerlaubnis auf Probe"

Wer zu schnell gefahren und geblitzt worden ist, dem drohen in der Regel, d.h. beim Fahren eines Pkw bis 3,5 t ohne Anhänger und ohne Hinzutreten besonderer Umstände, die nachfolgend aufgeführten Konsequenzen. Bei Wiederholungstätern oder beim Hinzutreten besonderer Umstände wie z.B. der Schädigung von Personen oder Sachen können auch härtere Sanktionen drohen.

Innerorts				Außerorts			
Überschreitung in km/h	Bußgeldregelsatz	Fahrverbot	Punkte	Überschreitung in km/h	Bußgeldregelsatz	Fahrverbot	Punkte
bis 10	15 €	–	0	bis 10	10 €	–	0
11 bis 15	25 €	–	0	11 bis 15	20 €	–	0
16 bis 20	35 €	–	0	16 bis 20	30 €	–	0
21 bis 25	80 €	–	1	21 bis 25	70 €	–	1
26 bis 30	100 €	–	1	26 bis 30	80 €	–	1
31 bis 40	160 €	1 Monat	2	31 bis 40	120 €	–	1
41 bis 50	200 €	1 Monat	2	41 bis 50	160 €	1 Monat	2
51 bis 60	280 €	2 Monate	2	51 bis 60	240 €	1 Monat	2
61 bis 70	480 €	3 Monate	2	61 bis 70	440 €	2 Monate	2
ab 71	680 €	3 Monate	2	ab 71	600 €	3 Monate	2

Quelle: Bußgeldregelsätze und Fahrverbot: Tabelle 1c Anhang BkatV, Punkte, Anlage 13 zu § 40 FeV. Stand: 2019.

Beispiele:

Aufgabe: Prüfen Sie, wie die folgenden Fälle geahndet werden könnten.

1. Fahrer A befährt die Albrechtstraße innerorts statt mit der zugelassenen Höchstgeschwindigkeit von 50 km/h mit einer Geschwindigkeit von 70 km/h und wird geblitzt.

2. Fahrer B befährt die Bundesstraße 51 außerorts. In einem Bereich, in dem die Höchstgeschwindigkeit 100 km/h beträgt, wird er mit einer Geschwindigkeit von 120 km/h durch eine stationäre Messeinrichtung geblitzt.
3. Fahrer C befährt die Albrechtstraße innerorts statt mit der erlaubten Geschwindigkeit von 50 km/h mit einer Geschwindigkeit von 71 km/h und gerät in eine Radarmessung.
4. Fahrer D befährt die Bundesstraße 51 außerorts. Er wird mit 121 km/h von der Polizei geblitzt. Die zulässige Geschwindigkeit betrug 100 km/h.

Lösungshinweis:

In den Fällen 1. und 2. handelt es sich um Verwarnungsgeldangebote; in den Fällen 3. und 4. hingegen kommt es wegen der Schwere der Ordnungswidrigkeit zu einem Bußgeldverfahren mit Nebenfolgen.

Als Rechtsmittel steht dem Bürger gem. § 67 OWiG der Einspruch innerhalb von 2 Wochen nach Zugang zu.

Prüfschema für die Ahndung von Ordnungswidrigkeiten

I. Ahndung möglich?

1. Mögliche Rechtsgrundlage, gegen die verstoßen wurde (z. B. § 117 Abs. 1 OWiG oder Spezialgesetze, wie z. B. § 24 StVG).
2. Rechtswidrigkeit gem. § 1 OWiG ergibt sich aus der Erfüllung der Tatbestandsmerkmale der Rechtsgrundlage; zu prüfen sind aber die Rechtfertigungsgründe nach §§ 15, 16 OWiG.
3. Vorwerfbarkeit (= Verschulden) gem. § 1 OWiG
   - § 10 OWiG: „Vorsatz und Fahrlässigkeit"

     Vorsatz ist der Wille zur Verwirklichung eines Straftatbestandes in Kenntnis aller seiner objektiven Tatumstände.

     Fahrlässig handelt, wer die im Verkehr erforderliche Sorgfalt außer Acht lässt, zu der er nach den konkreten Umständen und nach seinen persönlichen Kenntnissen und Fähigkeiten verpflichtet und imstande ist.
   - § 12 OWiG: „Verantwortlichkeit" = Zurechnungsfähigkeit
   - „Entschuldigungsgründe"?

     Z. B.: Irrtum (§ 11 OWiG) oder Trunkenheit (beachte hier aber § 122 OWiG).
4. Keine Verfolgungshindernisse, insb. Verfolgungsverjährung (§ 31 OWiG).

II. Ermessensausübung nach dem Opportunitätsprinzip gem. § 47 Abs. 1 OWiG

1. Entschließungsermessen
   - Einstellung des Verfahrens
   - Ahndung der Ordnungswidrigkeit
2. Auswahlermessen
   - Verwarnung ohne Verwarnungsgeld (§ 56 Abs. 1 Satz 2 OWiG)
   - Verwarnung mit Verwarnungsgeld (§ 56 Abs. 1 Satz 1 OWiG)
   - Verhängung eines Bußgeldes

     Hinweis: Ggf. treten Nebenfolgen ein, wie z. B. ein Fahrverbot oder „Punkte" im Straßenverkehrsrecht.

III. Ergebnis

I. Ahndung möglich?

Lösungshinweise zur Ausgangssituation:

1. Mögliche Rechtsgrundlage, gegen die verstoßen wurde

Hier: § 24 Abs. 1, § 6 Abs. 1 StVG i. V. m. § 49 Abs. 1 Nr. 3, § 3 StVO.

2. Rechtswidrigkeit gem. § 1 OWiG

Die Rechtswidrigkeit ergibt sich grundsätzlich aus der Erfüllung des Tatbestands der Rechtsgrundlage.

Rechtfertigungsgründe, wie z. B. Notwehr (§ 15 OWiG) oder Notstand (§ 16 OWiG), sind hier nicht ersichtlich.

3. Vorwerfbarkeit (= Verschulden) gem. § 1 OWiG

- **§ 10 OWiG: „Vorsatz und Fahrlässigkeit"**

Hier ist dem Fahrzeugführer zumindest fahrlässiges Handeln zu unterstellen.

- **§ 12 OWiG: „Verantwortlichkeit" = Zurechnungsfähigkeit; „Entschuldigungsgründe"?**

Hinweise darauf, dass Herr Lambertz nicht verantwortlich (nicht zurechnungsfähig) ist oder dass ein „Entschuldigungsgrund" vorliegt, ergeben sich aus dem Sachverhalt nicht.

4. Keine Verfolgungshindernisse, insb. Verfolgungsverjährung (§ 31 OWiG)

Hier: § 31 Abs. 1 OWiG sieht mindestens eine Verjährungsfrist von sechs Monaten vor. Die Ordnungswidrigkeit wurde am 05. 10. d. J. begangen; das Schreiben der Stadt Osnabrück trägt das Datum des 22. 10. d. J.; Verjährung ist also noch nicht eingetreten.

Zwischenergebnis:
Die Ahnung der Ordnungswidrigkeit ist grundsätzlich möglich.

II. Ermessensausübung nach dem Opportunitätsprinzip gem. § 47 I OWiG

1. Entschließungsermessen

- **Einstellung des Verfahrens oder Ahndung der Ordnungswidrigkeit**

Hier ist die Ahndung der Ordnungswidrigkeit geboten, da der Gesetzgeber über den Bußgeldkatalog ausdrücklich die Ahndung der vorliegenden Geschwindigkeitsübertretung vorsieht. Zudem soll – als Nebeneffekt – auch ein Lerneffekt bei Herrn Lambertz erreicht werden, zukünftig die Geschwindigkeitsbegrenzungen zu beachten.

2. Auswahlermessen

Verwarnung ohne oder mit Verwarnungsgeld (§ 56 Abs. 1 OWiG) oder Verhängung eines Bußgeldes

Hier kommt – durch den vorliegenden Bußgeldkatalog – die Verwarnung des Herrn Lambertz mit dem vorgesehenen Verwarnungsgeld von 15,00 € in Betracht. Nebenfolgen ergeben sich hier nicht.

Zwischenergebnis:

Die Ermessensausübung erfolgte fehlerfrei.

3. Ergebnis

Die Ahndung der Ordnungswidrigkeit war rechtmäßig.

Übungen

1. Definieren Sie den Begriff der „Ordnungswidrigkeit" und nennen Sie die gesetzliche Grundlage.
2. Stellen Sie dar, wodurch sich die Ordnungswidrigkeit von einer Straftat unterscheidet.
3. Erläutern Sie, was in diesem Zusammenhang unter dem Legalitäts- bzw. Opportunitätsprinzip zu verstehen ist.
4. Erläutern Sie mithilfe eines konkreten Beispiels aus dem Verkehrsrecht die Aussage: „Das Ordnungswidrigkeitenrecht bestimmt, von einigen Ausnahmen abgesehen, nicht selbst einzelne Verhaltensweisen als ordnungswidrig, sondern überlässt dies anderen Gesetzen."
5. Ausnahmsweise werden im Ordnungswidrigkeitengesetz doch Verhaltensweisen bestimmt, die zu einer Ordnungswidrigkeit führen. Stellen Sie dar, wo dies im Ordnungswidrigkeitengesetz geregelt ist und geben Sie ein konkretes Beispiel.
6. Stellen Sie die Regelungen hinsichtlich der Anhörung gem. § 55 OWiG dar. Erläutern Sie die Verpflichtungen und Rechte des Bürgers.

Abkürzungen der verwendeten Gesetzestexte bzw. Verordnungen

AbgG	Abgeordnetengesetz
AEUV	Vertrag über die Arbeitsweise der Europäischen Union
AtomG	Atomgesetz
AO	Abgabenordnung
AufenthG	Aufenthaltsgesetz
BArtSchV	Bundesartenschutzverordnung
BauGB	Baugesetzbuch
BBG	Bundesbeamtengesetz
BBesG	Bundesbesoldungsgesetz
BeamtStG	Beamtenstatusgesetz
BGB	Bürgerliches Gesetzbuch
BHO	Bundeshaushaltsordnung
BKat	Bußgeldkatalog
BImSchG	Bundes-Immissionsschutzgesetz
BNatSchG	Bundesnaturschutzgesetz
BRRG	Beamtenrechtsrahmengesetz
BVerfGE	Bundesverfassungsgerichtsentscheid
BVerfGG	Bundesverfassungsgerichtsgesetz
BWahlG	Bundeswahlgesetz
EUV	Vertrag über die Europäische Union
FeV	Fahrerlaubnisverordnung
FStrG	Fernstraßengesetz
GastG	Gaststättengesetz
GewO	Gewerbeordnung
GG	Grundgesetz für die Bundesrepublik Deutschland
GO BT	Geschäftsordnung des Bundestages
KomHKVO	Kommunalhaushalts- und -kassenverordnung
KrWG	Kreislaufwirtschaftsgesetz
LHO	Landeshaushaltsordnung
LuftVG	Luftverkehrsgesetz
NAbfG	Niedersächsisches Abfallgesetz
NBauO	Niedersächsische Bauordnung
NBG	Niedersächsisches Beamtengesetz
Nds. SOG	Niedersächsisches Gesetz über öffentliche Sicherheit und Ordnung
Nds. SperrzeitVO	Niedersächsische Sperrzeit-Verordnung
NHundG	Niedersächsisches Gesetz über das Halten von Hunden
NJG	Niedersächsisches Justizgesetz
NKAG	Niedersächsisches Kommunalabgabengesetz
NKomVG	Niedersächsisches Kommunalverfassungsgesetz
NKWG	Niedersächsisches Kommunalwahlgesetz
NSchG	Niedersächsisches Schulgesetz
NStrG	Niedersächsisches Straßengesetz
NVwVG	Niedersächsisches Verwaltungsvollstreckungsgesetz
NVwZG	Niedersächsisches Verwaltungszustellungsgesetz
OWiG	Ordnungswidrigkeitengesetz
PartG	Parteiengesetz
RuStAG	Reichs- und Staatsangehörigkeitsgesetz
SchfG	Schornsteinfegergesetz
SGB I	Sozialgesetzbuch, Erstes Buch
SGG	Sozialgerichtsgesetz
SOG-VO	Verordnung über die öffentliche Sicherheit und Ordnung
StAG	Staatsangehörigkeitsgesetz
StVG	Straßenverkehrsgesetz
StVO	Straßenverkehrsordnung
StVZO	Straßenverkehrszulassungsordnung
TV-L	Tarifvertrag öffentlicher Dienst – Länderbereich
TVöD	Tarifvertrag für den öffentlichen Dienst
VV	Verwaltungsvorschrift
VwGO	Verwaltungsgerichtsordnung
VwVfG	Verwaltungsverfahrensgesetz (Bund)
VwVG	Verwaltungsvollstreckungsgesetz (Bund)
VwZG	Verwaltungszustellungsgesetz (Bund)
ZustVO Wirtschaft	Zuständigkeitsverordnung auf dem Gebiet des Wirtschaftsrechts sowie in anden Rechtsgebieten

Sonstige Abkürzungen

Abs.	Absatz
AG	Aktiengesellschaft
AOK	Allgemeine Ortskrankenkasse
Art.	Artikel
AT	Angestelltentarif
BGBl.	Bundesgesetzblatt
BIP	Bruttoinlandsprodukt
BRH	Bundesrechnungshof
BT	Bundestag
BVA	Bundesverwaltungsamt
BVerfG	Bundesverfassungsgericht
BVerwG	Bundesverwaltungsgericht
BVerwGE	Bundesverwaltungsgerichtsentscheidung
EAD	Europäischer Auswärtiger Dienst
EAG	Europäische Gemeinschaft für Atomenergie
EG	Europäische Gemeinschaft
EGKS	Europäische Gemeinschaft für Kohle und Stahl
EU	Europäische Union
EuGH	Europäischer Gerichtshof
EURATOM	Europäische Gemeinschaft für Atomenergie
EWG	Europäische Wirtschaftsgemeinschaft
eWK	eigener Wirkungskreis
FAP	Freiheitlich Deutsche Arbeiterpartei
f./ ff.	folgende/fortfolgende
GASP	Gemeinsame Sicherheits- und Außenpolitik
GmbH	Gesellschaft mit beschränkter Haftung
i. d. R.	in der Regel
IHK	Industrie- und Handelskammer
i. V. m.	in Verbindung mit
Kfz	Kraftfahrzeug
LA	Lernarrangement
LaSo	Landessozialamt
LK	Landkreis
LRH	Landesrechnungshof
LSA	Land Sachsen-Anhalt
LT	Landtag
m. b. H.	mit beschränkter Haftung
MdB	Mitglied des Deutschen Bundestages
MS	Mitgliedstaat
NJW	Neue Juristische Wochenschrift
NLVwA	Niedersächsisches Landesverwaltungsamt
NLZSA	Niedersächsisches Landesamt für zentrale soziale Aufgaben
NWVerfGH	Nordrhein-Westfälischer Verfassungsgerichtshof
OLG	Oberlandesgericht
OVG	Oberverwaltungsgericht
Rd. Nr.	Randnummer
RF	Rechtsfolge(n)
RPA	Rechnungsprüfungsamt
S.	Seite
sog.	sogenannte(r)
TBM	Tatbestandsmerkmal(e)
TÜV	Technischer Überwachungsverein
u. E.	unseres Erachtens
üWK	übertragener Wirkungskreis
VA	Verwaltungsakt(e)
VerfGH	Verfassungsgerichtshof
VGH	Verwaltungsgerichtshof
vgl.	vergleiche
v. H.	von Hundert
vs.	versus (gegenüber)
VwR	Verwaltungsrundschau
z. B.	zum Beispiel

Literaturverzeichnis

Blum, Peter; Häusler, Bernd; Meyer, Hubert: Niedersächsisches Kommunalverfassungsgesetz: Kommentar, Wiesbaden, 2014

Brühl, Raimund: Verwaltungsrecht für die Fallbearbeitung – Anleitung zum Erwerb prüfungs- und praxisrelevanter Kenntnisse und Fertigkeiten, 8. Auflage, Stuttgart, 2014

Ehlers, Dirk; Plünder, Hermann (Hrsg.): Allgemeines Verwaltungsrecht, 15. Auflage, Berlin, 2016

Eichhorn, Peter: Verwaltungslexikon, 3. Auflage, Baden-Baden, 2003

Erbguth, Wilfried: Allgemeines Verwaltungsrecht mit Verwaltungsprozess- und Staatshaftungsrecht, 8. Auflage, Baden-Baden, 2016

Erichsen, Hans-Uwe; Ehlers, Dirk u. a. (Hrsg.): Allgemeines Verwaltungsrecht, 14. Auflage, Berlin, 2010

Faber, Heiko: Verwaltungsrecht, 4. Auflage, Tübingen, 1995

Giemulla, Elmar; Jaworsky, Nikolaus; Müller-Uri, Rolf: Verwaltungsrecht: Ein Basisbuch, 6. Auflage, Köln, 1998

Ipsen, Jörn: Staatsrecht I, 28. Auflage, München, 2016

Knack, Hans Joachim; Henneke, Hans-Günter: Verwaltungsverfahrensgesetz: Kommentar, 9. Auflage, Köln, 2014

Kopp, Ferdinand; Ramsauer, Ulrich: Verwaltungsverfahrensgesetz: Kommentar, 11. Auflage, München, 2010

Kopp, Ferdinand; Schenke, Wolf-Rüdiger; Schenke, Ralf Peter: Verwaltungsgerichtsordnung: Kommentar, 23. Auflage, München, 2017

Kunze, Udo: Allgemeines Verwaltungsrecht und Praktische Rechtsanwendung, 3. Auflage, Osnabrück, 2000

v. Landmann, Robert; Rohmer, Gustav: Gewerbeordnung: Kommentar, Band I, 77. Auflage, München, 2018

Maurer, Hartmut; Waldhoff, Christian: Allgemeines Verwaltungsrecht, 19. Auflage, München, 2017

v. Münch, Ingo; Mager, Ute: Staatsrecht I: Staatsorganisationsrecht, 8. Auflage, Stuttgart, 2015

Schäfer, Wilfried; Glufke-Redeker, Uwe: Niedersächsisches Kommunalrecht, 1. Auflage, Stuttgart, 2003

Schmalz, Dieter: Allgemeines Verwaltungsrecht und Grundlagen des Verwaltungsrechtsschutzes, 3. Auflage, Baden-Baden, 1998

Schnellenbach, Helmut: Beamtenrecht in der Praxis, 8. Auflage, München, 2013

Schwabe, Jürgen (Hrsg.): Entscheidungen des Bundesverfassungsgerichts, 8. Auflage, Hamburg, 2004

Seybold, Jan; Neumann, Wolfgang; Weidner, Frank: Niedersächsisches Kommunalrecht, 5. Auflage, Hamburg, 2017

Suckow, Horst; Weidemann, Holger: Allgemeines Verwaltungsrecht und Verwaltungsrechtsschutz, 15. Auflage, Stuttgart, 2008

Suplie, Kurt; Finke, Werner; Sundermann, Welf: Allgemeines Verwaltungsrecht, 8. Auflage, Hamburg, 2000

Thiele, Robert: Niedersächsisches Kommunalverfassungsgesetz: Kommentar, 1. Auflage, Kiel, 2011

Wolff, Hans J.; Bachof, Otto; Stober, Rolf; Kluth, Winfried: Verwaltungsrecht, 12. Auflage, München, 2007

Stichwortverzeichnis

A

abdrängende Sonderzuweisung 303
Abgeordnete 99
Abhilfebescheid 313, 315
Ablauf des Ordnungswidrigkeitsverfahrens 386
absehbare Zeit 360, 366, 371
absolute Mehrheit 55, 102
absolute Zweidrittelmehrheit 55
Abstammungsprinzip 14
Abstimmung 101, 103
abstrakte Gefahr 359
abstrakt generelle Regelungen 168
Adressatentheorie 306
Ahndung von Ordnungswidrigkeiten 388
Akteneinsicht 191
allgemeine Leistungsklage 321
allgemeines Verwaltungsverfahren 325
Allgemeinverfügung 208, 210
Amt 145
Anfechtbarkeit von Nebenbestimmungen 229
Anfechtungsklage 236, 253, 314, 320
Anfechtungswiderspruch 301, 315
Anforderungen an schriftliche Verwaltungsakte 187
Angemessenheit 180, 249, 361, 376
Anhörung 247, 307, 365
Anordnung der sofortigen Vollziehung 292
Anschriftenfeld 194
Anstalten 128, 131
Arbeitsrecht 51
Arbeitsziel 244, 326, 360
Arten des Verwaltungshandelns 166
Aufbau der Verwaltung 126
Aufbau und Merkmale von Rechtsnormen 154
aufdrängende Sonderzuweisung 302
Aufhebung 237, 264, 269, 272
Auflage 225, 228
Auflagenvorbehalt 225, 230
auflösende Bedingung 226
auflösende Befristung 227
aufschiebende Bedingung 226
aufschiebende Befristung 227
aufschiebende Wirkung 236
Aufsichtsmaßnahmen 42
Aufsichtspflichtiger 374
Ausbildungsförderung 51
ausgeschlossene Personen 365
Ausgleichsmandate 54
Auslegung der TBM 161
Auslegungs- oder Interpretationsmethoden 155
Ausnahmenkatalog 104
ausschließliche Gesetzgebung 39
Ausschlussfrist 114
Ausschuss 55
Außenwirkung 168, 198, 203, 283
äußere Wirksamkeit 235, 239
Austauschvertrag 285
Auswahlermessen 108, 174, 361, 373, 388, 390

B

Bedarfsverwaltung 141
Bedingung 225, 228, 230
befehlender Verwaltungsakt 219
Befristung 225, 227, 230
Begriff und Merkmale des Verwaltungsaktes 198
Begründetheit 115, 298, 313, 333
Begründetheitsprüfung 307
Begründung 114, 194, 251, 365
begünstigender Verwaltungsakt 218, 273
Behörde 128, 144, 199
Beistände 191
Beitritt zur Europäischen Union 66
Bekanntgabe 251
belastender Verwaltungsakt 218, 273
Beliehener 129
berechtigte Interessen Einzelner 107
Berufung 296
Bescheiderstellung 187
Bescheidtechnik 147
Beschluss 92
Beschlussfähigkeit 55, 97
Beschwerde 113, 296
Besorgnis der Befangenheit 365
Bestand des Staates und seiner Einrichtungen 366
Bestandskraft 236, 239
bestimmte Rechtsbegriffe 155
Beteiligter 190, 247, 327
Beteiligungsfähigkeit 190, 306
Betroffener 386
beurkundeter Verwaltungsakt 217
Beurteilungsspielraum 156
Bevollmächtigte 191
Bewerber/-innen 85
Bezugszeichenzeile 194
Bundesarbeitsgericht 44
Bundesauftragsverwaltung 41
bundeseigene Verwaltung 41, 43
Bundesfinanzhof 44
bundesfreundliches Verhalten 45
Bundesgerichte 44

Bundesgerichtshof 44
Bundesgesetz 59, 152
Bundeskanzler 21, 57
Bundesminister 57
Bundesmittelbehörde 43
Bundesoberbehörde 132
Bundespräsident 54, 58
Bundesrat 54, 56
Bundesregierung 54, 57
Bundessozialgericht 44
Bundesstaat 19, 36
Bundestag 21, 54
Bundesunterbehörde 43
Bundesverfassungsgericht 54, 62
Bundesversammlung 58
Bundesverwaltung 41
Bundesverwaltungsgericht 44, 319
Bundeszwang 46
Bürger 112
Bürgerbegehren 110, 113
Bürgerentscheid 92, 113
Bürgermeister/-in 96
Bußgeld 382, 387

C
Charta der Grundrechte 69

D
Demokratie 19
Devolutiveffekt 301
Dienstaufsicht 134
Dienstaufsichtsbeschwerde 295
dienstrechtliche Beurteilungen 157
dingliche Regelung 202
Disziplinargerichte 320
Dreiviertelmehrheit 102
Duldungen 339
durch Zeichen gegebener Verwaltungsakt 220

E
echte Rückwirkung 33
Effektivität 376
EG-Recht 152
Ehrenämter 113
ehrenamtliche Tätigkeiten 113
eigener Wirkungskreis 94, 114, 133, 204
Eigentümer 375
Einberufung 97
Einbürgerung 14
einfache Mehrheit 101
einfache Zweidrittelmehrheit 55
Eingriff in die Rechte 247, 327
Eingriffsverwaltung 141
Einheitsstaat 37
Einleitung des Verfahrens 247
Einreichungsfrist 115
einseitige Regelung 283
einseitiger Verwaltungsakt 219
Einspruch 91
Einspruchsgesetz 60
Einwohner 112
Einwohnerantrag 113
Einwohnerbefragung 113
Einzelfall 208, 283, 360, 366, 371
Einzelfallregelung 198, 205
Einzelweisungen 168
elektronischer Verwaltungsakt 217
Entscheidungsvorschlag 244, 250, 361, 377
Entschließungsermessen 107, 174, 361, 372, 388
Entschuldigungsgründe 388
Erforderlichkeit 180, 249, 361, 376
Erlass eines Verwaltungsaktes 327
erlassende Behörde 313
Erlöschen eines Verwaltungsaktes 237
Ermächtigungsgrundlage 244, 307, 326, 360
Ermessen 147, 170, 172, 360
Ermessensausübung 173, 175
Ermessensentscheidung 329
Ermessensfehler 175, 248
Ermessensfehlgebrauch 176, 248
Ermessensmangel 176, 178, 248
Ermessensmissbrauch 176
Ermessensnichtgebrauch 176
Ermessensüberschreitung 176, 249
Ermessensunterschreitung 178
Ermessensverwaltung 158, 163, 175
Ermesssensspielraum 178
Ermesssensüberschreitung 178
Ersatzvornahme 346, 349, 351
Ersatzzwangshaft 347
erwerbswirtschaftlich tätige Verwaltung 141
EU 67
Europäischer Rat 71
Europäisches Parlament 73
Europäische Union 65
Europäische Zentralbank 77
Exekutive 20, 28, 124

F
Fachaufsicht 42, 133
Fachaufsichtsbeschwerde 295
Fahrlässigkeit 388
Fälligkeit 340
fehlerfreier Verwaltungsakt 256
fehlerfreie Verträge 287
fehlerhafte öffentlich-rechtliche Verträge 287
fehlerhafter Verwaltungsakt 256
Festsetzung 348
feststellender Verwaltungsakt 219
Feststellung 202
Feststellungsklage 321

Finanzgerichte 320
fiskalische Verwaltung 136
Form der Einladung 99
Form einer Urkunde 220
formelle Gesetze 149
formelle Rechtmäßigkeit 92, 245, 286, 326, 360, 363
förmliche Verwaltungsverfahren 188
formlose Rechtsbehelfe 295
Fortsetzungsfeststellungsklage 321
Fraktionen 23
freiheitliche demokratische Grundordnung 20
Fremdvornahme 347
Frist 253, 305
Fristbeginn 99
Fristberechnung 99
Fristende 99
Funktionen des Verwaltungsaktes 215

G

GASP 70
Gebietskörperschaften 129
Gebot 202
gebundene Verwaltung 158, 163, 175
Geeignetheit 180, 249, 361, 376
Gefahr 365
Gefahrenabwehrgesetze 358
Gegenvorstellung 295
gegenwärtige Gefahr 349
Gehorsamspflicht 14
Geldbuße 385
Gemeinde 133
Gemeindelasten 113
Gemeinschaftsrecht 77
Generalanwälte 76
Generalermächtigung 360, 363, 365
Gerichtshof der Europäischen Union 75
Gesetz 149
gesetzgebende Gewalt (Legislative) 28, 124
Gesetzgebungskompetenzen 38
Gesetzmäßigkeit der Verwaltung 171, 244
gestaltender Verwaltungsakt 219
gestrecktes Verfahren 348, 351
Gewaltenteilung 27
Gewohnheitsrecht 150
Gleichbehandlungsgrundsatz 170, 182
Grundgesetz 152
Grundrechte 15, 27, 121, 170
Grundsatz der Gesetzmäßigkeit 170
Grundsatz der Gesetzmäßigkeit der Verwaltung 27, 31
Grundsatz der Nichtförmlichkeit 188
Grundsatz der Verhältnismäßigkeit 27, 33, 170, 179, 376
Grundsatz der Wirtschaftlichkeit 184
Grundsätze des Verwaltungshandelns 170
Grundsatz von Treu und Glauben 184
Gutachtentechnik 147

H

Handlungen 339
Handlungsfähigkeit 190, 306
Handlungsformen 166
Hare-Niemeyer 84
Hauptausschuss 101
Hauptbestimmung 226, 230
Hauptverwaltungsbeamte 91, 98
Heilbarkeit 258
Hilfsnormen 154
hinreichende Wahrscheinlichkeit 360, 365, 371
Hinweis auf die Rechtslage 225
historische Auslegung 156
hoheitliche Verwaltung 136
Hoheitsgewalt 130
Hoher Vertreter der Europäischen Union 68
Homogenitätsprinzip 45
horizontale Gliederung der Verwaltung 126

I

Inanspruchnahme nichtverantwortlicher Personen 376
Individualgüter 368
Individualinteresse 369
Inhaltsbestimmung 226, 229
Inkompatibilität 29
Innenwirkung 168
innere Wirksamkeit 236, 239
Interessentheorie 137

J

Judikative 20, 28, 124
juristische Personen des öffentlichen Rechts 129

K

Kabinett 57
Kann-Bestimmung 158
Kanzlerprinzip 58
Klagearten 292
Klageverfahren 325, 333
Kollegialprinzip 58
Kommission 72
kommunale Körperschaften 130
Kommunalverwaltung 132
Kommunalwahl 82
konkrete Gefahr 359
konkret individuelle Regelungen 168
konkurrierende Gesetzgebung 39
Kontrolle der Bundesregierung 55

koordinationsrechtlicher Vertrag 284
Körperschaft 128, 194
kumulieren 84

L
Ladungsfrist 97, 99
landeseigene Angelegenheit 41
Landesgesetz 152
Landesmittelbehörde 132
Landesoberbehörde 132
Landesverfassung 152
Landesverwaltung 41
Landkreis 133
Legislative 20, 28, 124
Legitimationskette 21
Leistungsbescheid 340, 345
Leistungspflicht 14
Leistungsverwaltung 141
Lesungen 59
Listenbewerber/-innen 85

M
Mahnung 340
Maßnahme einer Behörde 198, 283
materielle Gesetze 149
materielle Rechtmäßigkeit 92, 244, 247, 286, 309, 328, 334, 360, 365
Maximalprinzip 184
Mehrheit 55
Mehrheit der Ratsmitglieder 102
Mehrparteienprinzip 22
mehrstufiger Verwaltungsakt 219
Minimalprinzip 184
Ministerrat 71
mittelbare Staatsverwaltung 131, 133
mitwirkungsbedürftiger Verwaltungsakt 219
Mitwirkungsverbot 103
modifizierende Auflagen 228
modifizierende Genehmigung 225, 229
modifizierte Subjektstheorie 138
Möglichkeitstheorie 306
mündlicher Verwaltungsakt 217
Muss-Bestimmung 157

N
nächsthöhere Behörde 313
Nebenbestimmungen 222
nicht förmliche Verwaltungsverfahren 188
Nichtigkeit 260, 287
Nichtigkeit eines Verwaltungsaktes 263
nicht rechtsfähige (unselbstständige) Anstalten 131
Nichtverantwortlicher 373
nicht verfassungsrechtlicher Art 294, 303
nicht vertretbare Handlung 351
Normenkontrollklage 322

O
obere Bundesbehörde 43
obere Landesbehörde/Mittelbehörde 133
oberste Bundesbehörde 43, 132
oberste Landesbehörde 132
Oberverwaltungsgericht 319
objektive Komponente 274, 276
offenbare Unrichtigkeiten 257
Offenkundigkeit 262
öffentliche Einrichtungen 113
öffentliche Ordnung 360, 365, 370
öffentliche Sicherheit 360, 365
öffentliches Recht 139, 168, 198, 200, 283
öffentliches Wohl 106
öffentliche Verwaltung 123, 125
Öffentlichkeit 106
Öffentlichkeitsgrundsatz 106
öffentlich-rechtlicher Vertrag 189, 281, 286
öffentlich-rechtliche Streitigkeit 303
Offizialmaxime 189
Opportunitätsprinzip 189, 372, 388
ordnungsgemäße Vertretung 306
Ordnungsrecht 354
Ordnungsverwaltung 357, 359, 364
Ordnungswidrigkeit 385
Ordnungswidrigkeitenrecht 386
Ordnungswidrigkeitenverfahren 382
Organ 194
Organe der Europäischen Union 71
Organzuständigkeit 95
örtliche Zuständigkeit 245, 265, 307, 360, 364

P
panaschieren 84
parlamentarische Demokratie 22
Parteien 22
Parteienprivileg 24
Personenkörperschaften 129
personenrechtliche Allgemeinverfügung 208
Personenwahl 84
persönliche Voraussetzungen 104
philologische Auslegung 156
Planfeststellungsverfahren 188
Planungsverwaltung 141
Polizei 357, 363, 385
Polizeibehörde 360, 363
Polizeirecht 354
Postzustellungsurkunde 331
Präsident der Europäischen Kommission 68
Präsident des Europäischen Rates 68
Privatrecht 51, 139, 168
Prognoseentscheidungen 157
Prozesskostenhilfe 51
Prüfungsentscheidungen 157
Prüfungsfolge 313

Q

Quellen des Verwaltungsrechts 147

R

Rangordnungspyramide 151
Rat 71, 96
Ratsbeschlüsse 89
Ratsfrauen/-herren 84, 89, 103
Ratsmitglieder 100
Realakte 168
Realkörperschaften 129
Rechnungshof 77
Recht 149
Rechte der Gefahrenabwehr 354
Rechtfertigungsgründe 388
rechtmäßiger Verwaltungsakt 273
rechtmäßige Verwaltungsverträge 287
Rechtmäßigkeit des öffentlich-rechtlichen Vertrages 286
Rechtmäßigkeit des Verwaltungsaktes 241, 255, 325
Rechtsanwendung im engeren Sinne 160
Rechtsaufsicht 42, 133
Rechtsbegriffe 147
Rechtsbehelf 252, 296
Rechtsbehelfsbelehrung 194, 252, 254
rechtsfähige Anstalten 131
Rechtsfolge 157, 160, 163, 310, 360
Rechtsfolgeseite 329
Rechtsform des Verwaltungshandelns 128
Rechtsgestaltung 202
Rechtsgewährung 202
Rechtsmittel 252, 296
Rechtsnorm 148
Rechtsordnung 366
rechtsprechende Gewalt (Judikative) 28, 124
Rechtsprechungskompetenzen 44
Rechtsquellen 147, 151
Rechtsschutz 27, 34
Rechtssetzungsverfahren der Europäischen Union 74
Rechtssicherheit 27, 33
Rechtsstaat 19, 26
Rechtsverordnung 150, 168
Rechtsverordnung des Bundes 152
Rechtsverordnung des Landes 152
Rechtsweg 294
rechtswidriger Verwaltungsakt 273
rechtswidrige Verwaltungsverträge 287
Rechtswidrigkeit 388
Regelung 168, 198, 201
Regelungsfunktion 216
Republik 19
Ressortprinzip 58
Revision 296
Richterrecht 150
Richtlinienkompetenz 58
Rücknahme 237, 269, 272
Rüge des Ladungsmangels 97

S

sachenrechtliche Allgemeinverfügung 209
sachliche Voraussetzungen 104
sachliche Zuständigkeit 245, 265, 307, 360, 364
Samtgemeinden 130
Satzung 150, 152, 168
Schaden 360, 365, 370
schlichtes Verwaltungshandeln 202
Schriftform 115
schriftlicher Verwaltungsakt 217, 325
Schutz privater Rechte 368
Selbstvornahme 347
Sicherheitsbehörden 359
sofortiger Vollzug 348, 351
Soll-Bestimmung 157
Sonderrecht 138
sonstiger begünstigender Verwaltungsakt 274
sonstige Rechtsfehler 287
Sozialgerichte 320
Sozialhilfe 51
Sozialstaat 19
Sozialstaatsprinzip 49
Sozialversicherung 51
Spezialermächtigung 360, 365
spezialgesetzliche Ermächtigungsgrundlage 360
Staat 131
Staatenbund 37
staatliche Einrichtungen 366
Staatsaufgaben 16
Staatsbegriff 13
Staatsform 18
Staatsfunktionen 28
Staatsgebiet 13
Staatsgewalt 13, 15, 123
Staatsvolk 13
Standardmaßnahme 360, 362, 365
Statthaftigkeit 304
Stiftungen 128, 131
Störer 373
Straftat 385
Streitigkeit öffentlich-rechtlicher Art 294
streng einseitiger Verwaltungsakt 220
Subjektions- oder Subordinationstheorie 137
subjektive Komponente 274, 276
subjektive Rechte und Rechtsgüter des Einzelnen 366
subordinationsrechtlicher Vertrag 284
Subsidiaritätsprinzip 368
Subsumtion 161

Suspensiveffekt 301
systematische Auslegung 156

T
Tatbestand 247
Tatbestandsmerkmale 160, 309, 328, 360
tatsächliche Gewalt 375
Technik der Rechtsanwendung 148, 158
Teilgenehmigung 228
teleologische Auslegung 156
Tenor 194
Territorialprinzip 14
Titelfunktion 216
Träger öffentlicher Verwaltung 128
Treuepflicht 14

U
Überhangmandate 54
übertragener Wirkungskreis 94, 133, 204
unbestimmte Rechtsbegriffe 155, 175
unechte Rückwirkung 34
Unionsbürgerschaft 79
unmittelbarer Zwang 346, 348, 351
unmittelbare Staatsverwaltung 131, 133
unmittelbare Wirkung von Richtlinien 78
untere Bundesbehörde 132
untere Landesbehörde 132
Unterlassen 374
Unterlassungen 339
Unterschriftenliste 115
Untersuchungsgrundsatz 189, 191
unwirksame (nichtige) Verwaltungsverträge 287
unwirksamer Verwaltungsakt 256
Unzulässigkeit 114

V
Verantwortlichkeit 388
Verbandskörperschaften 129
Verbot 202
Verfahren 244, 246, 250, 307, 360, 365
Verfahrensablauf 247
Verfahrensvorschriften 327
Verfassung 150
Verfassungsorgane 53
Verfassungsprinzipien 18, 53, 121
Verfassungsrecht 149
Verfolgungshindernis 389
Verfolgungsverjährung 388
Vergleichsvertrag 285
Verhaltensverantwortlichkeit 361, 373
Verhältnismäßigkeit 376
Verhältniswahl 84
Verkehrsrecht 387
Vermittlungsausschuss 60
Verordnung 78, 359
Verpflichtungsklage 253, 314, 320
Verpflichtungswiderspruch 301, 315
Versagung 202
Verteilung der Verwaltungskompetenzen 41
vertikale Gliederung der Verwaltung 126
Vertrag über die Arbeitsweise der Europäischen Union (AEUV) 68
Vertrag über die Europäische Union (EUV) 68
Vertrag von Lissabon 68
Vertrauensausschlussgründe 277
Vertrauensfrage 57
Vertrauensschutz 27, 33
vertretbare Handlung 346, 351
Vertreter 115
Verwaltungsakt 168, 189, 196, 210, 217, 359
- Befugnis 245
- der eine Geld- oder Sachleistung gewährt 274
- durch Zeichen 217
- in Form einer Urkunde 217
- mit begünstigender Wirkung 274
- mit belastender Wirkung 274
- mit Doppelwirkung 218
- mit Drittwirkung 218

Verwaltungsangelegenheiten 113
Verwaltungsaufgaben 128
Verwaltungsausschuss 96
Verwaltungsbehörde 253, 359, 363, 385
Verwaltungsgericht 253, 319
verwaltungsgerichtliche Klage 293, 295
Verwaltungsgerichtsverfahren 318
Verwaltungshandeln 136
Verwaltungshelfer 129
Verwaltungskompetenzen 40
Verwaltungsrechtsweg 294, 302
Verwaltungsverfahren 187, 233, 318
Verwaltungsvertrag 284
Verwaltungsvollstreckung 338
Verwaltungsvorschriften 152, 168
Verwaltungszwang 337, 346
Verwarnung 387
- mit Verwarnungsgeld 388
- ohne Verwarnungsgeld 388

Verwarnungsgeld 382, 387
- bei geringfügigen Ordnungswidrigkeiten 387

Volkssouveränität 20
vollständige Rechtsnorm 154
vollstreckbarer Titel 338
Vollstreckung 340, 345
Vollstreckungsandrohung 345
Vollstreckungsankündigung 344
Vollstreckungsanordnung 339
Vollstreckungsauftrag 343
Vollstreckungsmaßnahme 348
Vollstreckungsvorankündigung 342

Vollziehbarkeit 236, 239
vollziehende Gewalt (Exekutive) 28, 124
vollzugspolizeiliche Aufgaben 359
Vorbehalt des Gesetzes 32, 172
vorbereitende Maßnahmen 359
Vorbereitungshandlungen 202
vorläufiger Rechtsschutz 292, 322
Vorrang des Gesetzes 32, 171
Vorsatz 388
Vorwerfbarkeit 388

W

Wahl 20, 101, 103
Wahlgrundsätze 21
Wesentlichkeitstheorie 30, 123
Widerruf 237, 269, 272, 275
Widerrufsvorbehalt 225, 227, 230
Widerspruch 236, 295, 313
Widerspruchsbefugnis 306
Widerspruchsbehörde 313
Widerspruchsbescheid 313, 315
Widerspruchserhebung 305
Widerspruchsverfahren 292, 298, 313, 318
wirksamer Verwaltungsakt 256
Wirksamkeit des Verwaltungsaktes 235
Wirkung für den Betroffenen 218

Z

Zulässigkeit 114, 298, 313, 333
Zulässigkeit von Nebenbestimmungen 223
Zurechnungsfähigkeit 388
Zuständigkeit 114, 244, 313, 326, 360, 363
Zuständigkeit der Verfolgungsbehörde 385
Zustandsverantwortlichkeit 361, 373, 375
zustimmungsbedürftiger Verwaltungsakt 283
Zustimmungsgesetz 59, 61
Zwangsgeld 346, 351
Zwangshaft 346
Zwangsmittel 346, 351
Zwangsverfahren 348
Zweckmäßigkeit 307
Zweckveranlasser 374
Zweidrittelmehrheit 102